دراسات في
الإدارة التربوية

الأستاذ الدكتور

رياض ستراك

دار وائــل للنشر
الطبعة الأولى
٢٠٠٤

رقم الايداع لدى دائرة المكتبة الوطنية : (2003/8/1691)

371.2

ستراك ، رياض

دراسات في الادارة التربوية /رياض ستراك . عمان: دار وائل، ٢٠٠٣.

(٥٦٤) ص

ر.إ. : 2003/8/1691

الواصفات: الادارة التربوية / الاصلاحات التربوية

* تم إعداد بيانات الفهرسة والتصنيف الأولية من قبل دائرة المكتبة الوطنية

ISBN 9957-11-٤٤٢-5   (ردمك)

* دراسات في الادارة التربوية
* الأستاذ الدكتور رياض ستراك
* الطبعـة الأولى ٢٠٠٤
* جميع الحقوق محفوظة للناشر

دار وائـل للنشر والتوزيع

شارع الجمعية العلمية الملكية - هاتف : ٥٣٣٥٨٣٧-٦-٠٠٩٦٢

فاكس: ٥٣٣١٦٦١-٦-٠٠٩٦٢ - عمان – الأردن

ص.ب (١٧٤٦ – الجبيهة)

www.darwael.com

E-Mail: Wael@Darwael.Com

الإهداء ...

إلى طلابي ... في الوطن العربي الكبير
الذين عرفتهم وأحببتهم ...
مع الـود ...

رياض ستراك

المحتويات

مقدمة

يعيش العالم العربي العديد من المشكلات السياسية والاقتصادية المتمثلة بشح الموارد الطبيعية في بعض الأقطار وسوء استخدامها في أقطار اخرى، بالإضافة إلى المشكلة السكانية، فتبرز الإدارة الفاعلة وسيلة ناجعة لمواجهة هذه التحديات، وهذا يتطلب قيادات ادارية ذات كفاءة، قادرة على تفعيل منظماتها.

وبما أن التخطيط هو الوظيفة الرئيسة للإدارة، فينبغي أن تمتلك القيادات الإدارية مهارات التخطيط في مجال وضع الأهداف المستقبلية واختيار البديل المناسب والمعرفة في كيفية استثمار المدخلات استثماراً امثل بهدف الحصول على مخرجات افضل دون زيادة في الكلفة، أي المفاضلة بين البدائل مع مراعاة التكلفة الاقتصادية.

اقدم هذا الكتاب ثمرة جهد مشترك للباحثين في مجال الإدارة التربوية، وهو عبارة عن مجموعة دراسات متنوعة شملت القيادات الإدارية في العراق والأردن واليمن والجزائر، ارجو ان تعم الفائدة المرجوة منه.

أ. د. رياض ستراك

∧

تمهيد

الإدارة التربوية   Educational Administration

يعد ميدان الإدارة التربوية من الميادين الحديثة، وليدة القرن العشرين، وأن كانت الممارسة الفعلية لها قديمة منذ وجود الإنسان، إلا أن تطور مفاهيم الإدارة التربوية ارتبط بالمفاهيم الإدارية بشكل عام سواء أكان ذلك في مجال الصناعة أو العلوم العسكرية او إدارة الأعمال حينما اتسعت متطلبات العمل التربوي، وتنوعت فعالياته ونشاطاته وتعددت المسؤوليات الإدارية.

وفي الإطار العام للعمليات الإدارية، تتفق الإدارة التربوية مع الإدارة العامة، اما في الميدان فان مجال الإدارة التربوية هو التربية والتعليم.

ومع بدايات النصف الثاني من القرن العشرين، انعقد المؤتمر القومي لاساتذة الإدارة التربوية، الذين اكدوا ضرورة وضع نظرية تستند عليها الإدارة التربوية، فمنهم من ينظر اليها كوظائف ومكونات، ومنهم من ينظر اليها كعملية اجتماعية او عملية اتخاذ قرار، مستندين في نظرتهم تلك على بعدين رئيسيين هما:

١- مبادئ النظريات الإدارية التي ظهرت في مجال إدارة الأعمال والصناعة ومن أهمها المبادئ التي نادت بها نظرية الإدارة العلمية (Seientific Management) التي اقترنت باسم العالم (فردريك تايلور F. Taylor) الذي ركز على دراسة كفاءة الأداء في العمل، فكانت هذه النظرية سبباً اساسياً في تحقيق التنمية الاقتصادية والاجتماعية في المجتمعات المتقدمة، الا انها تعرضت الى جملة انتقادات ركزت على العوامل الانتاجية واهملت العوامل الإنسانية.

٢- اما البعد الثاني فهو الأساس الذي استند عليه دارسو الإدارة التربوية الذي يتمثل في ابحاث وأفكار بعض العلوم السلوكية التي امدتهم بالكثير من افكارها باستخدام البحث العلمي في وصف السلوك الإنساني داخل المنظمات.

القيادة   Leader ship

تعتبر القيادة جوهر العملية الإدارية، وأن ظهور المذهب السلوكي ادى الى أن يأخذ مفهوم القيادة شكلاً ينحصر في العلاقات الإنسانية، حيث ان القائد لا يتمكن من العمل بمفرده، وتظهر السمات القيادية عندما يكون تأثير شخص على شخص اخر او مجموعة من الأشخاص، والقائد الجيد هو الذي يساهم في تكوين الحالات

المبدعة لزيادة الانتاج وتحسين نوعيته من خلال تفجير الطاقات الكامنة لدى المرؤوسين، وهذه المهمة تتطلب من القائد ان يكون انساناً ومنتجاً ومفكراً.. يتفهم اهمية احترام الفرد، ويعمل على توافر فرص النمو المهني والاكاديمي للمرؤوسين.

ان القيادة التربوية هي المرتكز الأساسي في تقدم المؤسسة والمسؤولة عن تحقيق اصلاح فعال فيها، فالقائد التربوي يتعامل مع مختلفي الثقافة، متعددي الاتجاهات، وهذا يتطلب منه قدرة عالية على التعامل على الأفراد كي يتمكن من تنسيق جهودهم لتحقيق اهداف المنظمة.

التقويم Evaluation

وهو عملية مراجعة وإصدار احكام وتطوير لا تقف عند حد بل هو عملية مستمرة وفي النواحي الكمية والنوعية، وهو اشمل وأعم من التقييم Valuation وهو عملية تشتمل على تحديد الأهداف وتوضيح الخطط وإصدار الأحكام.

وأن الأساليب التي تتبع في التقويم التربوي تختلف باختلاف الأهداف وأنه الأساس في كل العمليات التربوية المختلفة وفي اصدار القرارات التربوية أو تقديم معلومات لخدمة متخذ القرار.

وتعد عمليات تقويم الأداء من العمليات الهامة لما تتوصل اليه من معلومات وبيانات عن أداء المنظمة، وهذا يتيح للمنظمة فرصة تلمس نقاط القوة والضعف في وظائف الإدارة، ويمكنها من اعادة النظر في برامجها وسياساتها.

تقويم الأداء Evaluation of Performance

يعد تقويم الأداء احد العناصر الأساسية للعملية الإدارية، لانه قياس ما تم انجازه ومقارنته بالحالة المثالية المطلوب الوصول اليها. ومن خلال تقويم الأداء يتم تحديد كفاية العاملين ومدى اسهامهم في انجاز المهام المكلفين بها، والحكم على سلوكهم اثناء العمل ومدى تقدمهم فيه، وبهذا المعنى فهو يشكل حواراً مفتوحاً مع المرؤوسين للتعرف على امكانية تحسين ادائهم في المستقبل، وهذا ما يعزز القول بضرورة وجود القيادة الديمقراطية التي تساعد على اشاعة روح المشاركة او الحوار لمعالجة المعوقات ورفع مستويات أداء المنظمة للأفضل.

الاتصال الإداري Administrative Communication

الاتصال اداة إدارية مهمة، ومهارة ضرورية في العمل التنظيمي، وهو عملية تفاعلية وتبادلية بين المرسل والمستقبل لها هدف، وقد بدأ منذ بدء الخليقة. ويحقق الاتصال الجيد هدفين اولهما، الحصول على تفهم كلي للرسالة عند انتقالها من شخص الى اخر، وثانيهما الحصول على الاستجابة المطلوبة، وهو جوهر

عملية الاتصال وعليه لابد من معرفة الأهداف التي يسعى الاتصال الى تحقيقها من خلال تبادل المعلومات بين أعضاء المنظمة.

لابد لعملية الاتصال حتى تكتمل من توافر عدد من العناصر الأساسية، والتي تكمل كل منها الأخرى، وفقدان أي عنصر من هذه العناصر يعطل العملية الاتصالية ولا تتم بدونه.

وقد اختلف الباحثون في مجال الاتصال في تحديد عدد العناصر ولكنهم اجمعوا على العناصر الرئيسية الآتية:

١- المرسل   Sender

٢- الرسالة   Massage

٣- الوسيلة   Channel

٤- المستقبل   Receiver

٥- التغذية الراجعة   Feedback

أنواع الاتصال   Communication Type

أولاً: من حيث الرسمية

١- اتصالات رسمية   Formal Communication

٢- اتصالات غير رسمية   Informal Communication

ثانياً: من حيث النطق

١- اتصالات لفظية   Verbal Communications

٢- اتصالات غير لفظية   None verbal Communications

ثالثاً: من حيث التدوين

١- اتصالات شفوية   Oral Communications

٢- اتصالات مكتوبة   Written Communications

رابعاً: من حيث المستوى

١- اتصالات ذاتية Intra Personal Communications

٢- اتصالات شخصية Inter Personal Communications

٣- اتصالات جماهيرية Mass Communications

ويعد الاتصال الفعال مهماً في التنظيم، كونه ينعكس على جوانب التنظيم جميعها، فهو يساعد الأفراد على فهم بعضهم بعضاً، وتعرف اتجاهاتهم، وقيمهم، مما يساعدهم على انجاز أداء فعال، ويخلق لديهم الثقة التي ترفع من معنوياتهم وقدرتهم على الأداء المتميز.وتؤدي الاتصالات وظائف ثقافية واجتماعية وتعليمية وتنموية.

ان القائم بالاتصال عندما يحدد ما يريده، يكون قد خطا أهم خطوة في عملية تعليم كيف يدير الاتصال، فضلاً عن ان التدريب على لغة الزميل سيزيد من النجاح، ويتطلب نجاح الاتصال قدرة المستقبل على تنفيذ ما جاء في الرسالة.

التدريب Training

نشاط مخطط، هادف، لأحداث تغيرات في معارف الأفراد ومهاراتهم بما يمكنهم من القيام بواجباتهم الإدارية بكفاية عالية، وفاعلية، وبشكل يضمن تحقيق أهداف التنظيم، وأهدافهم الشخصية على حد سواء، وزيادة قدرتهم على تحسين الانتاجية ورفع الأداء، والتقليل من الأخطاء.

يتسم عصرنا الذي نعيش فيه بتسارع التغيرات، والتطورات فيه وتراكمية المعارف الإنسانية، مما يترتب معه تغير مستمر في انظمة العمل وأساليبه، مما يستدعى ضرورة اعداد القوى البشرية، وتنميتها لمواجهة هذه التغيرات، واستيعابها، والتكيف معها، واستثمارها بالشكل الأمثل للوصول الى نتائج جيدة.

وقد فرض هذا الوضع حاجة متزايدة للتدريب الفعال والمتواصل والمواكب لهذه التغيرات، بحيث اصبح التدريب ضرورة ملحة، في مجالات الحياة المختلفة لمواكبة التطورات الهائلة والمتسارعة واستثمارها في المعارف الإنسانية وتطبيقاتها العملية.

ويعد التدريب جزءاً من التنمية الإدارية، ووسيلة من وسائلها كونه مسؤول عن تنمية سلوك ايجابي لدى العاملين وتحسين بيئة العمل المؤثرة في الجهاز الإداري.

ولتحديد الاحتياجات التدريبية، وتحليلها، يتطلب وصف الأعمال التي يحتاج اليها التنظيم، والمسؤوليات الملقاة على عاتق من يقومون بها وتقدير مواصفات شاغلي هذه الأعمال مثـل: المؤهل العلمـي، والخبرة الوظيفية، والجنس، والعمر، وواجبات الوظيفة.

إدارة الوقت   Time Management

يتفق كثير من الدارسين على تسمية هذا العصر بعصر الإدارة، فما من نشاط او اختراع او انتاج، الا وتدعمه الإدارة، فالحيـاة المعاصرة وتطور المجتمعـات ونموهـا ادى الى نمـو التنظيمـات التـي وجـدت لخدمتها، وتعد الإدارة عملية استثمار للموارد المتاحـة مـن خـلال تنظيـم جهـود جماعيـة مشتركة بقصد تحقيق الأهداف ضمن وقت محدد بكفاية وفاعلية.

ان التعامل مع الوقت يوماً بعد يوم يصبح كالعدسة الناظرة بدقة لمتطلبات ذلك اليـوم وانجـازه وتحديد طبيعة التفاعل بين الأفراد والمنظمات، وأن النظرة الى الوقت تمثل الوجه الحضاري الصحيح، اذ ان استثماره يؤدي إلى استثمار الأموال.

الوقت هو احد عناصر الانتاج الرئيسة، وهو مـورد لا يتجـدد ولا يختـزن ولا يستأجر، ولا يمكن الاستغناء عنه، لذلك فإن المفهوم الإداري للوقت لا يقتصر على وقت المدير والعاملين معه فحسب، بل يشمل وقـت الأجهزة والمعدات والأبنية، وأن ادارة الوقت لابد ان تصبح إحدى المفاهيم الأساسية في المنظمات الحديثة.

ان القيمة الإدارية للوقت لم تتبلور بأسلوب علمي ومنطقـي الا مـع اوائـل القـرن العشـرين، عنـدما فجـر (تايلور) نظريته حول الوقت والحركة واسترعت افكاره انتباه المختصين من الإداريين وأصحاب العمل، لمـا قدمه من افكار حول انتاج يوم واحد يمكن أن ينتج بساعة واحدة.

ويمكن القول أن اهتمامات وكتابات (تايلور) تركزت بشكل اساسي عـلى رفع كفـاءة العمل في المصنع الى اقصى درجة ممكنة وذلك عن طريق تأطير قوانين الانتاج وإيجاد درجة عالية من تقسيم العمل، وتلا ذلـك حركة العلاقات الانسانية، والتي بدأ اهتمامها بالزمن واضحاً من خلال إعطاء العامل فـترة للراحـة وأخرى للعمل، لأن ذلك يساهم برفع معنوية العامل وزيادة انتاجيته، وبعد ذلك ظهرت النظريات الحديثة ومنها نظرية اتخاذ القرار التي تستعين بالزمن في حل مشكلات التخطيط والانتاج. ان التطور الهائل الذي تشهده إدارة المنظمات الحديثة، والتوسع في التطور التكنولوجي، ما كان لـيتم لـولا ادراك اهمية الوقت في حيـاة الشعوب والمنظمات، وضرورة السباق مع الزمن في استثمار اجزاء الثانية.

الاشراف التربوي Educational Supervision

وسيلة يتم فيها تقويم العملية التعليمية وتطويرها ومتابعة وتنفيذ كل ما يتعلق بها لتحقيق الأهداف التربوية، وهي عملية ديمقراطية تقوم على احترام المعلمين والطلاب وغيرهم من المتأثرين بالعمل الإشرافي والمؤثرين فيه لتحقيق الأهداف المرسومة بأقل الجهود وأعلى المنافع التربوية.

كان الاشراف التربوي موضوعاً لدراسات عالمية ومحلية متنوعة، شملت أهدافه وأساليبه وبرامجه وتقويمه وتنحصر المشكلات الاشرافية في جانبين اساسيين هما:

أولاً: مشكلات تتعلق بالمشرفين انفسهم وهي:

١- ارتبط الاشراف بعملية زيارة المعلمين في صفوفهم، مما يؤدي في اغلب الأحيان الى التوتر في العلاقة بين المشرف والمعلم.

٢- كثرة اصدار الأوامر والانتقاد للمعلم بسبب عدم امتلاك المشرف التربوي خطة متكاملة لتحسين التعليم.

٣- عدم وضوح الأهداف.

٤- يقلل المشرفون من قيمة افكار المعلمين.

ثانياً: مشكلات تتعلق بالجهة المسؤولة عن الإشراف التربوي

١- يتم اختيار المشرف بناءاً على تصورات تتركز على كفايات المشرف السابقة عندما كان معلماً.

٢- عدم وجود برامج تدريب للمشرفين قائمة على الاحتياجات التدريبية.

٣- الجهة المسؤولة عن الاشراف في أغلب الأحيان غير مختصة وغير مؤهلة فنياً.

٤- عدم وضوح مهمات المشرف التربوي.

ومن الأساليب والاتجاهات الاشرافية الحديثة ما يأتي:

١- الاشراف الأكلينيكي.

٢- الأشراف التشاركي.

٣- الأشراف الشامل.

٤- الأشراف بالأهداف.

١- الأشراف الأكلينيكي

وهو أسلوب حديث استعار أسلوب الفحص الطبي الذي يعتمد على التشخيص الدقيق للمرض قبل وصف العلاج، وهو الأسلوب الذي ينقل لنا صورة العلاقة بين المشرفين والمعلمين حينما يكونون وجهاً لوجه، بهدف تحسين اداء المعلم داخل الفصل من خلال خلق التفاعل بين المعلم وعدد من الطلبة في شكل مجموعات وأفراد.

٢- الأشراف التشاركي

وهو أسلوب عمل مشترك بين المعلم والمشرف، بهدف تشخيص المشكلات والتعرف على اسبابها وبناء البرنامج العلاجي المناسب لدعم جهود المعلم لتطوير أنواع التعلم لدى الطالب، ويتطلب الانفتاح والتعاون المستمر بين المشرف والمعلم.

ويعتمد هذا الأسلوب من الأشراف على مسلمة اساسية هي ان المفاهيم التي يمتلكها المعلم يمكن ان تتحول الى خبرات تربوية وسلوك فعال من خلال حوار مهني يرمي الى تنمية الأداء المهني للمعلم لصالح المتعلم.

٣- الأشراف الشامل

وهو أسلوب يتناول الظاهرة او المشكلة من منظور كلي حتى يكون هناك ضمان لدراسة وبحث كافة العوامل والمتغيرات المؤثرة في العملية التعليمية كي تقل احتمالات الخطأ، ويشمل جميع عناصر ومكونات العملية التعليمية من معلم وطالب ومنهج، لان التركيز على عنصر ـ واحد لا يخدم العملية التربوية.

وأن الأساس الذي يستند عليه هذا النوع من الأشراف هو الثقة المتبادلة بين المشرف والمعلم، بحيث يحرص المشرف التربوي على تشجيع المعلم على طرح مشكلاته الشخصية والعلمية والمهنية للبحث عن الحلول بالاعتماد على التغذية الراجعة.

٤- الأشراف بالأهداف

يعد هذا الأسلوب اتجاهاً حديثاً في مجال الأشراف التربوي ويتلخص بقيام الرؤساء والمرؤوسين معاً بتحديد الأهداف العامة وأنماط المسؤولية الرئيسة لكل فرد ولكل وحدة ادارية، وتحديد النتائج التي يسعون بلوغها من خلال معايير تستخدم لقياس هذه النتائج، وتجري مراجعة دورية يقوم بها الرؤساء والمرؤوسين لتقويم نتائج الأهداف الموضوعة، وبالتالي اتخاذ القرارات المناسبة في ضوء النتائج، ووضع أهداف جديدة للعمل في المراحل اللاحقة.

طريقة دلفي Delphi Method

يشير الاسم "دلفي" الى معبد "دلف" في اليونان، ويستخدم هذا الأسلوب في البحوث والدراسات التي تعنى بالمستقبل، ويستند الى استقصاء اراء مجموعة من الخبراء حول ظاهرة معينة بطريقة منهجية منظمة بهدف الحصول على اراء مفصلة عن الظاهرة موضوع البحث، وأعطاء أحكام تعتمد على التوقع الذي يعبر عن وجهة نظر كل خبير بشكل مستقل، وبعد توحيد تلك الآراء، تعود مرة ثانية الى الخبراء انفسهم بصورة منفصلة ويطلب من كل خبير إعادة النظر في ارائه السابقة في ضوء أراء مجموعة الخبراء، وهكذا تتكرر هذه العملية مرات عديدة الى ان يتم التوصل الى أراء متفق عليها بالاجماع او شبه الاجماع.

ان هذا الأسلوب يعتمد على سلسلة من الاستبانات، تصمم كل واحدة منها في ضوء نتائج الاستبانة التي تسبقها تبعاً للمعلومات الاسترجاعية التي يقدمها الخبراء، وهذا يعني تلخيص تلك الآراء وتوحيدها وأعادتها الى الخبراء أنفسهم، وتتكون الاستبانة من مجموعة من الفقرات تستخدم فيها المقاييس الموضوعية المصممة لقياس الآراء والاتجاهات، وتطبق هذه الاستبانات على المشاركين على مدى جولتين أو اكثر، ويصاحب كل اعادة تغذية راجعة احصائية عن الاستجابات الكلية السابقة للمحكمين عن الفقرة، وتستمر عملية الاعادة الى المحكمين لحين وصول تقارب الآراء.

ومن المهم ان لا تحمل الاستبانة اسماء الخبراء جميعاً بل تقتصر على اسم الخبير الواحد فقط، بهدف تقليص استغلال النفوذ وتمحور رأي الجماعة والسيطرة عليها من جانب شخص او اكثر.

ويعد اسلوب "دلفي Delphi" من الأساليب العلمية الحديثة والدقيقة في تحسين دقة التنبؤ بالقضايا الاجتماعية والتكنولوجية، وأول من طور هذا الأسلوب في اوائل الخمسينات "مؤسسة راند Rand Corporation " ثم تبعها عدد من الباحثين الذين قاموا بتكيفه ليكون ملائماً للاستخدام في ميادين مختلفة، وقد انتشر استخدام هذا الأسلوب في الحكم على الحقائق وأهداف المستقبل من خلال اجماع في الحكم من جانب المجموعة المستجيبة.

ينفذ اسلوب دلفي Delphi من خلال جولات عديدة وعلى النحو الآتي:

الجولة الأولى: يمكن ان تبدأ بسؤال استطلاعي مفتوح يوجه الى الخبراء المراد استقصاء ارائهم او بفقرات ضمن استبانة مغلقة يجمعها الباحث من مصادر عديدة عن الظاهرة موضوع البحث، وبعد جمع الاستجابات يقوم الباحث بتلخيصها

وتوحيدها وتنظيمها بشكل فقرات في استبانة مغلقة تكون القاعدة الأساس للجولات الأخرى.

الجولة الثانية: يوزع الباحث الاستبانة الأساس وهي خلاصة ما تم تحقيقه في الجولة الأولى على الخبراء الذين اختارهم في الجولة الأولى انفسهم، ويطلب من كل خبير مراجعة رأيه في ضوء بقية الآراء او ما استجد لديه من معلومات بهدف التعديل او التغيير او الثبات على الرأي الأول مع تقديم الأسباب والمبررات، وبعد جمع المعلومات يتولى الباحث تنظيمها في ضوء المستجدات من الآراء ثم يعاملها بالوسائل الاحصائية ويقدم خلاصتها بالأرقام مرفقاً معها الفقرات الأساس مرة اخرى الى مجموعة الخبراء أنفسهم في جولة جديدة.

الجولة الثالثة: بعد توزيع الاستبانة الجديدة التي تم تنظيمها بعد الجولة الثانية يطلب الباحث من الخبراء مراجعة آرائهم مرة ثالثة لغرض الوصول الى حالة الاتفاق او شبه اتفاق الآراء.

وفي ضوء نتائج الجولة الثالثة يقوم الباحث بوضع أحكام لحسم التباين بين آراء الأقلية والأكثرية من الخبراء، فان كانت حالة الاتفاق او الاقتراب فيه قد تحققت عندئذ يكتفي بالجولة الثالثة، اما اذا كان التباين واسعاً بين الآراء فأن الباحث يلجأ إلى جولة رابعة، وهكذا يتحقق الاجماع أو شبه الاجماع.

المناخ التنظيمي Organizational Climate

من الصعب التحديد الدقيق لأبعاد المناخ التنظيمي، وهذا يعود لتباين وجهات نظر الباحثين في تحديدهم لتلك الأبعاد.

أنواع المناخات عند هالبن

١- المناخ المفتوح Open Climate

في هذا المناخ يتمتع العاملون بروح معنوية عالية حيث يعملون معاً كفريق واحد متكامل ومتجانس وتسود بينهم علاقات ودية. ودور مدير المدرسة هو العمل على تسهيل انجاز المرؤوسين لأعمالهم دون ان يرهقهم بالأعمال الروتينية.

٢- المناخ الاستقلالي Autonomous Climate

السمة المميزة لهذا المناخ هي الحرية شبه الكاملة التي يعطيها المدير للأساتذة في تنفيذ اعمالهم، ولا يركز المدير على انجاز العمل بقدر ما يركز على اشباع حاجات المعلمين، وبذلك ترتفع الروح المعنوية للاساتذة.

٣- المناخ العائلي   Familiar Climate

يتصف هذا المناخ بالألفة الشديدة بين الأساتذة، اذ توجه الجهود نحو اشباع حاجاتهم دون الاهتمام بتحقيق أهداف المنظمة، كما ان العلاقة التي تربط بين الأساتذة والمدير علاقة صداقة.

٤- المناخ الموجة   Controlled Climate

يتصف هذا المناخ بالاهتمام الشديد لإنجاز العمل على حساب اشباع الحاجات الاجتماعية للأفراد، وبذلك يمتاز المدير بالتسلط ولا يسمح للأساتذة بالمشاركة في اتخاذ القرارات.

٥- المناخ الأبوي   Paternal Climate

يتميز هذا المناخ بأن المدير يهتم بأشباع حاجات الأساتذة بشكل متكلف بهدف تحقيق اهدافه، وأنه يحاول دفع العمل ويحفز الأساتذة ولكنه لا يسمح لهم بالمشاركة في العمل لذا فهو فاشل في ادارته، وأن روح الصداقة منعدمة بين الأساتذة.

٦- المناخ المغلق   Closed Climate

في هذا المناخ يسود الفتور جميع الأساتذة نظراً لعدم تمكنهم من اشباع حاجاتهم الاجتماعية، ولا يتوفر في المدرسة الرضا الوظيفي، لذا فأن مدير المدرسة يعتبر غير فعال ومعيق للعمل.

القدرة القيادية   Leadings Ability

القدرة تعني تمكن الفرد من أداء الأعمال الحركية والعقلية، ويرتبط مفهوم القدرة القيادية بالمكونات الشخصية للفرد ومدى تحمله لمسؤولية الدور الذي يقوم به وكذلك على ما يمتلكه الفرد من سلطة من خلال موقعه ومدى ما يمتلكه من معرفة ومهارة وخبرة في مجال الإدارة التربوية.

ويقسم الادب الإداري السمات والمهارات القيادية اللازمة للإداري الى أربع اقسام هي:

١- المهارات الذاتية   Individualistic Skills

وتشمل مجموعة من السمات اللازمة لبناء شخصية الأفراد ليصبحوا قادة.

٢- المهارات الفنية Technical Skills

ويقصد بها قدرة القائد على استخدام معرفته المتخصصة وبراعته في استخدام الطرق العلمية واتاحه الوسائل الفنية الضرورية لانجاز العمل.

٣- المهارات الانسانية Human Skills

وهي قدرة القائد على التعامل مع مرؤوسيه وتنسيق جهودهم، وخلق روح العمل الجماعي بينهم ومعرفته لأدائهم وميولهم واتجاهاتهم.

٤- المهارات الذهنية Conceptional Skills

وهي قدرة القائد على رؤية التنظيم الذي يقوده، وفهمه للترابط بين اجزائه، وأثر التغيرات التي قد تحدث في أي جزء منه في بقية اجزائه، وقدرته على فهم علاقات الموظف بالمنظمة.

الأنماط القيادية لمديري المدارس الثانوية المهنية الحكومية في الأردن من وجهة نظر المعلمين وعلاقتها بالرضا الوظيفي

أ. د. رياض ستراك　　　　د. معن الشناق

مشكلة البحث:

لما كانت الإدارة التربوية أداة رئيسة لتحقيق أهداف العملية التربوية من خلال الاستخدام الأمثل للإمكانات والموارد والتسهيلات التربوية المتاحة والمتوافرة، وإيمانا بأهمية القيادة التربوية المتطورة، اتجاهات وأنماطاً وممارسات، وحتى تؤدي هذه الأداة دورها بكفاءة وفعالية عاليتين، فقد أوصى المؤتمر الوطني الأول للتطوير التربوي الذي انعقد في الأردن عام ١٩٨٧ بالعمل على بلورة مفهوم القيادة الإدارية وإعداد القادة التربويين على مستوى مركز الإدارة والمناطق التعليمية والمدارس في ضوء مبادئ القيادة الإدارية واتجاهاتها وأدوارها لتمكينهم من إحداث نقلة نوعية في أساليب الإدارة بما يحقق أهداف العملية التربوية بشكل أفضل. كما أوصى المؤتمر بتعميق مفهوم الدور القيادي الشامل والمتكامل وبالتركيز على تهيئة المدير وإعداده وتمكينه من عقد اللقاءات والاجتماعات المتخصصة لمعلمي مدرسته بهدف رفع الأداء المدرسي والتعليمي. كما أكد المؤتمر على ضرورة اهتمام المدير بالحاجات الإنسانية، والعلاقات الاجتماعية داخل المؤسسة التربوية وخارجها، ومساعدة المعلمين على النمو المهني، وإشراكهم في عملية صنع القرارات التربوية، والاهتمام بمستوى الطلبة ورعايتهم واحترامهم، وضرورة اتباع إدارة المدرسة للنهج الديمقراطي في عملها حيث إن الإدارة التربوية تخصص مهني تتطلب قيادة مدرسية واعية قادرة على رؤية الأبعاد الحقيقية للعملية التعليمية من خلال النمو المهني للمعلمين لمتابعتهم بشكل خاص لنتائج البحوث والدراسات المتخصصة في مجال الإدارة التربوية (وزارة التربية والتعليم، ١٩٨٨: ٨١، ٨٢).

يعد مدير المدرسة الثانوية المهنية قائداً تربوياً له الدور المهم والأساس في نجاح العملية التربوية في المدرسة التي يتولى إدارتها، ويفترض أن تكون لديه الخبرة والمؤهلات اللازمة والولاء التنظيمي والالتزام بالعمل من خلال قيادة

مدرسية ناجعة تعمل على إرساء علاقات إيجابية مع المعلمين وتثير حوافزهم ودوافعهم للعمل.

ويرى الباحث إن مديري المدارس الثانوية المهنية المختلفة لا يسيروا في قيادة مدارسهم وتعاملهم مع الطلاب والمعلمين وأفراد المجتمع الآخرين الذين لهم اتصالات أو علاقات مختلفة مع المدرسة، على نمط واحد من القيادة، ولا يسلكون في تطبيق البرامج المدرسية أو تنفيذ السياسة التعليمية في مدارسهم أسلوباً واحداً أو مماثلاً ويختلفون في تعاملهم الشخصي وإجراءاتهم ووسائلهم الإدارية باختلاف فلسفاتهم الإدارية من جهة واختلاف إعدادهم وتدريبهم واتساع خبرتهم ونظرتهم إلى الإدارة من جهة أخرى.

ونظرا لهذه الاختلافات فإننا لا نستطيع إيجاد نمط واحد من أنماط الإدارة أو اسلوب متماثل من السلوك الإداري لمديري المدارس الثانوية المهنية كافة، ومع ذلك فإن الفاحص أو المدقق لما يجري في هذه المدارس على اختلاف أنواعها ومستوياتها من أعمال إدارية وتصرفات شخصية يستطيع أن يتلمس النمط القيادي المتبع من قبل مديري تلك المدارس.

أن النمط القيادي الذي يتصف به مدير المدرسة الثانوية المهنية من الممكن أن ينعكس على درجة رضى المعلمين عن عملهم، كما قد ينعكس على سلوكهم وإخلاصهم وتفانيهم في خدمة أهداف المجتمع وبالتالي يؤثر في عطائهم، فظهور علامات الشعور بعدم الرضا بين المعلمين يدل على وجود حاجات لم يتم اشباعها، أو على أن الإشباع لم يحقق نتائجه المتوخاة، مما يفقده أثره في القضاء على أسباب عدم الرضا والإدارة الرشيدة هي التي تحاول الكشف عن الحاجات التي يفتقد اليها المعلم وتسعى قدر المستطاع لإشباعها بأسلوب قيادي رشيد، حيث إن رضى المعلم عن عمله، وعن الظروف المحيطة به يجعله أكثر عطاء وحماسا لمهنته، ولهذا فأن المدرسة لا تستطيع أن تؤدي رسالتها على الوجه الأكمل إلا إذا كان المعلمون راضين عن عملهم ومقتنعين به.

لذا فان المطلب الأساسي والملازم للقيادة المدرسية الثانوية المهنية - بصفتها مركزا مهنيا وتربويا - هو العلاقات الإنسانية، فلمدير المدرسة الثانوية المهنية اتصالات مع الناس من طرق عديدة، فهو يعمل مع الناس أفراداً وجماعات، رسميين وغير رسميين داخل النظام المدرسي وخارجه، أن مدير المدرسة في تعامله مع معلميه ومع المربين التربويين ومع مؤسسات تربوية واجتماعية كثيرة بحاجة لكي يفهم كيف، ولماذا، يتصرف الناس هكذا، حتى يتسنى له من مركزه أن يدرك معنى تصرفهم وأن يستجيب بطريقة ملائمة.

ومن خلال إطلاع الباحث على واقع المدارس الثانوية المهنية ولقائه مع بعض المعلمين الـذين يعملـون في تلك المدارس، لاحظ أن ثمة تذمراً حول نمط سلوك بعض مديري المدارس الثانوية المهنيـة، كـما وجـد بعـض الاخفاقات القيادية التي تعد مشكلة حقيقية تؤثر سلباً على رضى المعلمين الوظيفي، مما يـؤدي إلى شـعور المعلمين بعدم الاستقرار وعدم الرغبة في العطاء، وبالتالي ينعكس ذلك على مخرجات التعليم المهنـي مـن جراء النمط القيادي الخاطئ الذي يمارسه بعض مديري المدارس.

ويرى الباحث إن وجود قيادات إدارية فعالة في المؤسسـات التربويـة عامـة والمـدارس الثانويـة المهنية منها خاصة يساعد على أن يسودها المناخ الملائم مـن العلاقـات الشخصية والإنسـانية بـين الإدارة والعاملين لتحقيق الأهداف المرسومة بتعاون وفعالية.

ونظراً لقلة الدراسات حول هذا الموضوع رغم مـا لـه مـن أهميـة في النظـام التربـوي فقد رأى الباحث إن التعرف على النمط القيادي لمديري ومديرات المدارس الثانوية المهنية من وجهة نظر المعلمـين والمعلمات وتحديد العلاقة بين هذه الأنماط بين رضا المعلمين الوظيفي مشكلة تستحق الدراسة.

أهمية البحث والحاجة إليه:

لم تكن الإدارة في الغالب وظيفة معقدة حتى بداية الثورة الصناعية في القرن الثامن عشر، ومع نهاية القرن التاسع عشر وبداية القرن العشرين، تعقدت الإدارة وأصبحت تحظى بـاهتمام البـاحثين والدارسين بفضل التقدم العلمي والتكنولوجي، والتقدم الاقتصادي، ونمـو المؤسسـات المختلفـة، والبحـوث النفسية وما صاحبها من اهتمام بالإنسان وحاجاته وميوله. (Owens, 1970: 33)

ويتفق علماء الإدارة على أن الاهتمام الرئيسي لأية مؤسسة هو تحقيق أهدافها بشكل فعـال، إلا أنهم اختلفوا في أسلوب تحقيق تلك الأهداف، فبينما ركز بعضهم على ضرورة تحقيق أهداف المؤسسـة في الإنتاج واعتبروا الإنسان مجرد آله، أو أداة عمل، وأن دوره لا يتعدى تنفيذ الأوامر، ركز بعضهم الآخر عـلى حاجات الأفراد ومشاعرهم، وعلى ضرورة بناء علاقات إنسانية بين القيادة والعاملين. (الشنواني، ١٩٨٣: ٤٥)

.

من هنا جاء الاهتمام بالسلوك القيادي لأنه يمثل أحد المحددات الرئيسية لكفـاءة الإدارة وإنتاجيتها، فالإدارة المستبدة غالباً ما تخفي وراءها عدم الكفاية والقدرة على التوجيه السليم ممـا يعكـس سلبياً على العلاقات العامة بين الإدارة

والعاملين، بينما تعمل الإدارة الديمقراطية على إشاعة جو من المحبة والثقة والرضا عـن العمـل (Hoy & miskel, 1978: 158)

لقد أنعكس هذا الاهتمام على التربويين في دراسة السلوك القيادي لمدير المدرسة لما لـه مـن أثـر سلبي أو إيجابي في رضى المعلمين عن عملهم، فإذا كان هـذا السـلوك مبنيـاً عـلى احـترام مشـاعر المعلمـين، وإثارة اهتماماتهم، وأخذ أهدافهم بعين الاعتبار، أثـر ذلـك إيجابيـا عـلى رضـاهم، وانعكـس عـلى روحهـم المعنوية، وأشعرهم بأنهم مسؤولون، وقـادرون عـلى تحسـين العمليـة التعليميـة التعلميـة. أمـا إذا كانـت العلاقة تقوم على الشك والتسلط، وعدم احترام مشاعر العاملين، انعكس ذلـك سـلباً عـلى رضـاهم وبالتـالي على علاقتهم بطلابهم (Sharma, 1955: 95)

كما تناولت نظريات القيادة وصف دور مـدير المدرسـة باعتبـاره قائـداً تربويـاً. وكـان للنظريـة السلوكية دور بارز في مساعدة الباحثين والدارسين على وصف السـلوك القيـادي لمـدير المدرسـة، وتحليلـه وبيان أثره، بعد أن تراجعت كل من نظرية السـمات ونظريـة الموقـف في إعطـاء إجابـات شـافية لتوضيح مفهوم القيادة وأنماطها وفاعليتها. (العمري، أ، ١٩٩٢: ١٤٥، ١٤٦)

وقد بدأ الاهتمام بدراسة السلوك القيادي في أواخـر الثلاثينيـات بظهـور أنماط القيـادة الثلاثـة المشهورة حينئذ وهي: التسلطي، والديمقراطي، والترسلي. وكان أول من عرفها وطبقهـا: ليـون ولبـت ووايـت (Lewin, Lippitt & White) وقد توصل هؤلاء الباحثون إلى أن القيادة الديمقراطية كانت الأفضل والأنجح. (العمري، أ، ١٩٩٢: ١٥٠)

وفي هذا الاتجاه ظهرت عدة محاولات لوصف السـلوك القيـادي، وتحديـد أبعـاده بشـكل أدق، وبيان أثر النمط القيادي في رضى المعلمين عن عملهم وعلاقة هذا الرضا بالانتاج، ومن أبـرز الـذين وصـفوا السلوك القيادي هالبن (Halpin) الذي حدد بعدين للسلوك القيادي هـما: المبـادأة في وضـع إطـار العمـل (Initiating Structure) والاعتبارية (Consideration) (الشلول، ١٩٨٥: ٧٧).

فالقيادة هي الأداة الرئيسة التي تستطيع المؤسسات من خلالها تحقيق أهـدافها، وهـي القـادرة على تنسيق عناصر الإنتاج المختلفة لتصل بالمؤسسة إلى التكامل المنشـود بـين مـدخلات العمليـة الإداريـة المادية منها، والبشرية والمعنوية على المستويين السياسي والاقتصادي إضافة إلى التربوي، فنجـاح المجتمـع ووصوله إلى طريق التقدم مرتبط بقدرة مؤسساته المختلفة عـلى تحقيـق أهـداف المجتمـع، وقـد توصـلت الكثير من الدراسات والأبحاث الى تحديد أنماط متعددة للسلوك القيادي تباينت في صفاتها وفعاليتهـا تبعـاً للمدرسة الفكرية التي تنتمي إليها، فالقيادة في

المؤسسة التربوية لا تقل أهميتها عن مثيلاتها في المؤسسات الأخرى، بل تفوقها أهمية لاتصالها بالعنصرـ البشري.

إذ يلعب مدير المدرسة الثانوية المهنية دوراً رئيساً، وهاماً في التأثير على العملية التربوية في مختلف مستوياتها، كما يلعب دوراً رئيساً وهاماً بالنسبة للأفراد العاملين في المؤسسة، إذ إن فاعلية المؤسسة التربوية بمختلف مستوياتها، يعود بالدرجة الأساس على النمط القيادي الذي يمارسه المدير مع معلميه، ويتوقف على سلوكه القيادي النجاح الذي تحققه المؤسسة، متمثلا بمدى قدرته على اختيار النمط القيادي المناسب لهم (العاني، ١٩٩٦: ٨٢).

فمدير المدرسة الثانوية المهنية معني بالتفهم الكامل لمتغيرات، ومسببات سلوك الأفراد داخل المؤسسة، وكيفية التعامل معها، ومحاولة إيجاد تفسيرات للأبعاد التي ينطوي عليها هذا السلوك، فسلوك المدير القيادي داخل المؤسسة يؤثر على تحديد وتوجيه سلوك الأفراد، وله أهمية كذلك في تحديد علاقة الأفراد بالمؤسسة، وعلاقة المؤسسة بالأفراد وأثر كل منها على الآخر، وعلى قناعة الفرد وواقعيته ورضاه عن العمل ومن ثم تحفيزه ورفع كفايته لتحقيق أهداف المؤسسة.

ولكي يؤدي المعلمون دورهم بفاعلية ونشاط فأن ذلك يتطلب قيادة واعية ومتطورة ذكية على مستوى من الكفاية والفاعلية تعمل على توجيه العملية التربوية والمهنية وتسهل عملية الوصول إلى الأهداف التربوية ونوعية التعليم وفق الأسس العلمية الدقيقة والتحليل الموضوعي. كما تعمل على ممارسة الأنماط القيادية المناسبة والقادرة على دفع المعلمين نحو العمل وتشجيعهم وتحفيزهم مما يؤدي إلى الرضا الوظيفي لديهم، وهذا ينعكس بشكل واضح على زيادة الانتاج، فالقيادة الواعية هي القادرة على تفعيل دور العاملين وحفزهم على القيام بواجباتهم على أكمل وجه (عبد القادر، ب ت : ٣٣، ٣٤).

ومن منطلق أهمية السلوك القيادي لمدير المدرسة، وتأثيره على كافة جوانب التنظيم المدرسي ومنها: التعاون مع المعلمين، وتذليل الصعوبات التي تعترضهم، والعمل على إشباع رغباتهم، وتحقيق طموحاتهم، جاءت هذه الدراسة لمعرفة نمط السلوك القيادي لمديري المدارس الثانوية المهنية من وجهة نظر المعلمين والمعلمات وعلاقته في تحقيق الرضا الوظيفي لديهم.

وجاء التركيز على دراسة الرضا الوظيفي للعاملين في أي تنظيم منطلقا من الافتراض القائل بأن الشخص الراضي عن عمله، أكثر إنتاجية من زميله غير الراضي عن عمله، وعلى الرغم من تضارب نتائج الدراسات التي اجريت حول هذه الفرضية فقد بينت بعض الدراسات وجود علاقة إيجابية بين الرضا عن العمل

والإنتاجية، بينما أظهرت نتائج دراسات أخرى عدم وجود مثل هذه العلاقة (العمري، ب، ١٩٩٢: ١٦).

وقد مرت الإدارة في النصف الأول من القرن العشرين عبر مرحلتين من التطور مرتبطة بمفهوم الرضا الوظيفي. فقد بدأت المرحلة الأولى بمنهج الإدارة العلمية التي طورها تايلور (Taylor) ومن جاء بعده من العلماء والتي وصفها ماكجريجور (McGregor) بما اسماه نظرية (x) ويعتقد أصحاب هذا الاتجاه أن المكافآت المادية من أهم حوافز العمل، بل هي الدافع الوحيد. وفي هذا النمط القيادي تتجاهل الإدارة العلاقات الإنسانية، وتعد العاملين مجرد أدوات إنتاج، والجو المؤسسي في هذا النمط الإداري يسوده نوع من عدم الثقة بين الإدارة والعاملين. ويشعر العاملون في ظل هذا النمط القيادي بالقلق والاحباط، وتدني الروح المعنوية وعدم الرضا عن العمل. (Tanner, 1982: 144, 145)

أما المرحلة الثانية فتمثلت بظهور حركة العلاقات الإنسانية التي طورها مايو (Mayo) ورفاقه في دراسة هوثورن الشهيرة. وقد بدأ استقصاءهم على ظروف العمل، وفعالية المستخدمين. وقد وجد هؤلاء الباحثون أن العلاقات الشخصية المتداخلة تخلق نوعاً من المسؤولية الجماعية التي تحفز على العمل، وأن الرقابة لا دخل لها في زيادة الإنتاجية، وأن الحافز المادي ليس العامل الأهم في زيادة الإنتاج، بل أن الاهتمام بشخصية العامل ومشكلاته، ومشاركته في اتخاذ القرار، وتوافر جو من الثقة، والعلاقات الإنسانية التي تربط العاملين بمؤسستهم يزيد من الإنتاج. (السلمي، ١٩٧٩: ٨٩، ٩٠).

بعد دراسات هوثورن ودراسات تايلور بدأ الإداريون بدراسة أهمية العلاقات الإنسانية والاجتماعية في حقل التعليم، في مجال الرضا الوظيفي للمعلمين. وقد أسهم هرزبرغ في نظريته التي أسماها نظرية العاملين (Two- Factor Theory) والمتعلقة بالدوافع تجاه العمل في توضيح وتصنيف الحاجات عند الإنسان وأثرها في الرضا الوظيفي حيث صنف الدوافع في مجموعتين:

المجموعة الأولى وتشمل العوامل المرتبطة بمحتوى العمل والتي اسماها "العوامل الدافعة" والتي تؤدي إلى الرضا وتتكون من (الإنجاز، والتقدير، والعمل نفسه، والمسؤولية، والترقية، والنمو).

وتشتمل المجموعة الثانية على العوامل الخارجية أو عوامل الصحة (Hygiene Factors) والتي تؤدي اذا ما تم توافرها بشكل مناسب إلى تجنب الألم لدى العاملين وفي حالة عدم توافر هذه العوامل أو عدم ملاءمتها في الوسط الوظيفي فأنها تسبب شعور بعدم الرضا الوظيفي (الطويل، ١٩٨٦: ٩٤، ٩٥)

وقد حظيت هذه النظرية بقبول واهتمام واسعين أديا إلى إثراء مفهوم الرضا الوظيفي، كما ساهمت في استقلالية الفرد الذاتية، مما جعله ملتزما ومنضبطا في عمله. كما أوضحت للإداريين أن عليهم الاهتمام بتنمية العوامل الداخلية اذا أرادوا تحقيق أهداف مؤسساتهم. وتعد هذه النظرية مصدراً من مصادر تفسير سلوك العاملين، ومعرفة حاجاتهم، وتصنيفها ليصار إلى إشباعها حسب الأولوية وحسب الاهمية، وفي الوقت نفسه حسب تأثيرها على الناحية المعنوية للعاملين حتى اذا ما أشبعت هذه الحاجات، كان هذا الإشباع سببا في القناعة والرضا الوظيفي، والانتماء للعمل، وهذا بدوره يؤدي إلى زيادة الإنتاج الذي ترمي إليه المؤسسة (دره وصباغ، ١٩٨٦: ١٠٢)

كما حظي الرضا عن العمل باهتمام كبير في جميع المجالات، حيث اهتم الباحثون في الرضا عن العمل في مجال التعليم بشكل عام، وفي مجالات الإدارة التجارية والصناعية وعلم النفس التنظيمي على وجه الخصوص. كما أن جودة إنتاجية المعلمين وإخلاصهم وولائهم وقيامهم بواجباتهم المهنية نحو مجتمعهم، وطلابهم، وزملائهم يتوقف على عوامل في مقدمتها رضاهم عن عملهم وطمأنينيتهم فيه وارتباطهم وولائهم لمهنتهم، لذلك فإن دراسة هذه الجوانب والعوامل التي تؤثر فيها، ذات أهمية كبيرة بالنسبة لتطوير مهنة التعليم. (طناش، ١٩٩٠: ٢٢٩)

وبذلك تطور مفهوم الرضا الوظيفي من النظرة المبسطة، من أنه شعور عام يحمله الفرد نحو عمله أو وظيفته إلى نظرة مركبة تحدد جوانب متعددة للرضى الوظيفي وتبين مكوناته وعوامل التأثير فيه.

ونظراً لأهمية الدور لمدير المدرسة الثانوية المهنية وأثره في الرضا الوظيفي للمعلمين جاءت هذه الدراسة لتوضح هذا الدور خاصة أن الدراسات في هذا الموضوع في العالم العربي لا زالت محدودة رغم ظهور بعضها في عدد من القطاعات (بدر، ١٩٨٢: ٢٥)

إن القيادة المدرسية هي التي تستطيع أن تتغلب على الصعاب التي تقف أمام الابتكار والتطور، وتستطيع أن تضفي الجو المناسب الذي يشعر المعلمين بقدرتهم ومسؤوليتهم على تحسين العملية التعليمية وهي المسؤولة عن نجاح المدرسة أو فشلها في إدارة رسالتها على الوجه الأكمل، لأن نجاح أي مدرسة يتوقف على الطريقة التي تدار بها. ومن أبرز المواصفات المطلوبة لإدارة وتخطيط وتقويم المدارس المهنية هو أن تتم هذه العناصر تحت إطار الروح العلمية السلمية وداخلها. فالتخطيط الذي لا يبنى على مبادئ وأساليب علمية لا يمكن أن يعطي ثماراً لما خطط له. والتنفيذ غير القائم على مواصفات المنهج العلمي لا يمكن له أن

يحقق أهداف التخطيط وأهداف البرامج التعليمية القائمة، والتقويم غير المستند إلى الأساليب العلمية كذلك يفقد معناه.

وعليه فإن أهمية هذا البحث تنبع من الاعتبارات الآتية:

١- أن الوقوف على الممارسات الواقعية لمديري المدارس الثانوية المهنية يساعد في تلمس مواقف القوة والضعف في الأساليب القيادية وأثر ذلك في تفعيل القيادة التربوية وتعزيز الأنماط الفاعلة وتشجيعها وتعميق تجربتها.

٢- أن معرفة مديري المدارس الثانوية المهنية بنمط قيادتهم يعطيهم تصوراً أكثر دقة عن مدى اهتمامهم بوظيفتهم من خلال التعرف على وجهة نظر المعلمين حول انماطهم القيادية وعلاقتها برضاهم الوظيفي، لتوجيه الجهود نحو المزيد من الرضا لهم، ورفع مستوى انتاجيتهم ومساعدة طلابهم على الإبداع وصولا الى معرفة أي نمط من هذه الأنماط يكون أكثر فعالية من غيره مما يساعد على تعديل نمطهم القيادي بحيث يكون أكثر نجاحاً.

٣- تقدم هذه الدراسة وصفا للأنماط القيادية التي يمارسها مديرو المدارس الثانوية المهنية وتبين مدى رضا المعلمين الذين يعملون في ظل هذه الأنماط عن عملهم، الأمر الذي يمكن وزارة التربية والتعليم الأردنية من التعرف على مدى فاعلية هذه الأنماط ووضع معايير للتقليل من الأنماط غير الفاعلة التي من المحتمل أن تظهرها نتائج هذا البحث .

٤- يساهم هذا البحث في إثراء المكتبة في هذا الميدان ويزيد من فرصة الاستفادة من التطبيقات العملية للمنطلقات النظرية في هذا الجانب القيادي التربوي.

٥- قلة الدراسات التي تناولت الأنماط القيادية لمديري المدارس الثانوية المهنية في الأردن على وجه الخصوص، حيث أنه من خلال اطلاع الباحث على الدراسات المتعلقة بالأنماط القيادية لمديري المدارس وعلاقتها بالرضا الوظيفي للمعلمين، تبين أن الباحثين ركزوا في بحوثهم على الأنماط القيادية لمديري المدارس الأكاديمية وعلاقتها برضا المعلمين الوظيفي، متناسين المدارس الثانوية المهنية ودورها المهم والمتميز في تطوير وتأهيل القوى البشرية المدربة والواعية والدور المهم الـذي يقوم به المدير والمعلم.

٦- تفيد هذه الدراسة وزارة التربية والتعليم في التعرف على جوانب الرضا عن العمل وجوانب عدم الرضا عنه لدى معلمي التعليم الثانوي المهني للعمل على تعزيز جوانب الرضا ومعالجة جوانب الرضا التي قد تظهرها نتائج هذا البحث مـما يؤدي إلى زيادة الإنتاجية والانتماء والارتباط بمهنة التعليم وتطويرها وتنميتها.

أهداف البحث:

يهدف البحث الإجابة عن الأسئلة الآتية:

١- ما النمط القيادي الذي يمارسه مديرو ومديرات المدارس الثانوية المهنية في بعدي العمل والعلاقات الانسانية، كما يراه معلمو تلك المدارس؟

٢- ما مستوى الرضا الوظيفي لمعلمي المدارس المهنية؟

٣- هل هناك فروق ذات دلالة احصائية في النمط القيادي لمديري ومديرات المدارس الثانوية المهنية في كلا البعدين (العمـل والعلاقات الإنسانية) كما يراه معلمو المدارس الثانوية المهنية وفق متغير (الجنس، الخبرة، المؤهل العلمي)؟

٤- هل هناك علاقة ذات دلالة احصائية بين نمط القيادة الـذي يمارسـه مـديرو ومـديرات المـدارس الثانويـة المهنيـة في كلا البعدين (العمل والعلاقات الإنسانية) ودرجة الرضا المعلمين الوظيفي؟

حدود البحث:

سيقتصر هذا البحث على المدارس الثانوية المهنية الحكومية في الأردن والتي يدرس فيها تخصصات مهنية فقـط منها (الصناعية والتجارية والزراعية والاقتصاد المنزلي والتمريضي والفندقي) وعلى المعلمين الـذين يعملـون في هـذه المـدارس والحاصلين على مؤهل علمي: البكالوريوس كحد أدنى للعام الدراسي ١٩٩٩-٢٠٠٠ .

تعريف المصطلحات:

١- النمط:

سلوك الفرد كما يراه الآخرون ممن يعمل معهم ولهم وليس كما يراه صاحبه (الهواري، ١٩٧٦: ٨٦)

٢- النمط القيادي:

ذلك النمط أو الأسلوب الـذي ينتهجه القائـد للتأثير في سـلوك الجماعـة والعـاملين مـن أجـل تحقيـق أهـداف المؤسسة. (البياع، ١٩٨٤: ١٣٦)

٣- القيادة:

عرفها "زيدان" بأنها المهارة الفنية والإدراكية الإنسانية في توجيه العمل داخل جهاز إداري معين (زيدان، ب ت: ٤٥).

وعرفها (فيدلير Fiedler) بأنها عملية أو حالة من التأثير على الأنشطة المختلفة التي تقوم بها مجموعة معينة من الناس من أجل وضع هدف معين والوصول الى تحقيقه (Fiedler, 1971: 75)

وعرفت بأنها "سلوك يقوم به القائد للمساعدة على بلوغ أهداف الجماعة وتحريكها نحو هذه الأهداف وتحسين التفاعل الاجتماعي بين الأعضاء والحفاظ على تماسك الجماعة وتيسير المواد للجماعة (رضوان، ١٩٩٤: ٨١)

وعرفت بأنها "العملية التي يتم عن طريقها التأثير على سلوك الأفراد والجماعات وحثهم على العمل وترغيبهم لتحقيق أهداف معينة" (زويلف، ١٩٩٦: ٢٤٤).

وعرفت بأنها "مجموعة من المفاهيم المتكاملة المتناغمة والمهارات الفنية والإنسانية والإدراكية التي لابد من توافرها، إضافة إلى عوامل أخرى متداخلة تتصل بالبعد البنيوي للفرد المتعلق بشخصيته وقيمه واتجاهاته ودوافعه التي تسهم في مجملها في بناء القائد التربوي" (الطويل، ١٩٩٧: ٤)

كما عرفت القيادة بأنها المقدرة على التأثير، من خلال الاتصال، على أفعال الآخرين، أفراداً وجماعات، من أجل تحقيق أهداف ذات معنى وقيمة. (حريم، ١٩٩٨: ٢٥٦)

٤- القيادة التربوية:

عرفت بأنها "القدرة التي يؤثر بها المدير على مرؤوسيه ليوجههم بطريقة يتسنى بها كسب طاعتهم واحترامهم وولائهم وخلق التعاون بينهم في سبيل تحقيق هدف بذاته" (درويش، ١٩٧٢: ٣٨٦)

وعرفت بأنها "النشاط أو السلوك الذي يمارسه التربوي للتأثير في جميع العاملين بغية توجيه سلوكهم، وتنظيم جهودهم، وتحسين مستوى أدائهم من أجل الارتقاء بالعملية التربوية من حيث الكم والكيف والعمل على تحقيق أهدافها" (العرفي، ١٩٩٦: ٢١٠)

٥- **الرضا الوظفي:**

عرف بأنه "رضاء الفرد عن عمله في منظمة ما، ويتوقف ذلك على المدى الذي يجد فيه منفذا مناسبا لقدراته وميوله وسمات شخصيته وقيمه، كما يتوقف أيضا على موقعه العملي وعلى طريقة الحياة التي يستطيع بها أن يلعب الدور الذي يتمشى مع نموه وخبراته (Super, 1953: 185)

وعرفت بأنه "التعبير الذي يطلق عادة على مشاعر الموظفين والعمال تجاه أعمالهم" (Herbert, 1982: 127)

وعرف كذلك "درجة تحقيق الشخص للاحتياجات المهمة في حياته مثل الصحة والأمن والغذاء والمحبة والتقدير أثناء الوظيفة أو نتيجة لها" (Dessler, 1982: 24) .

٦- **المدارس الثانوية المهنية الحكومية:**

وهي المدارس التي تشرف عليها وزارة التربية والتعليم الأردنية ومدة الدراسة فيها سنتين وتقبل هذه المدارس طلابها ممن أنهوا الصف العاشر أو ما يعادله بنجاح، وتهدف إلى تخريج طلاب مهنيون مهرة في مجالات العمل الصناعي والتجاري والبريدي والزراعي والنسوي والتمريضي والفندقي (مؤسسة التدريب المهني، ١٩٩٩: ١٦)

التعريف الإجرائي للأنماط القيادية لمديري المدارس الثانوية المهنية الحكومية وعلاقتها بالرضا الوظيفي:

الأساليب الغالبة التي يمارسها مديرو ومديرات المدارس الثانوية المهنية في الأردن أثناء تعاملهم مع المعلمين والمعلمات سواء وجهت الأساليب نحو العمل أم وجهت نحو العلاقات الانسانية وصولاً للأهداف التي يسعى المدير/ المديرة لتحقيقها ومدى شعور المعلم/ المعلمة باحترام واعتراف المحيطين به في حقل العملية التعليمية وما يشعر به من طمأنينة واحترام ورضى نحو القيادة التي يتفاعل معها.

المنهجية والإجراءات

إجراءات البحث:

يحفل هذا الفصل بوصف تفصيلي للخطوات التي أتبعها الباحث تمثلت في اختيار عينـة مناسبة من معلمي ومعلمات المدارس الثانوية المهنية والخطوات التي اتبعت في بناء أداتي البحث وإيجاد صدقهما وثباتهما لتطبيقهما النهائي على عينة البحث الأساسية وإبراز الوسائل الاحصائية لتحليل النتائج.

مجتمع البحث:

تألف مجتمع البحث من جميع معلمي ومعلمات المـدارس الثانويـة المهنيـة الحكوميـة للـذكور والإناث التابعة لوزارة التربية والتعليم الأردنية الذين كانوا على قيد الخدمة الفعلية للعام الـدراسي ١٩٩٩-٢٠٠٠ حيث بلغ عددهم حوالي (١٥١٥) معلمـاً ومعلمـة بواقـع (٩٩٦) معلمـاً و(٥١٩) معلمة يتبعـون لـ (٣٩) مدرسة ثانوية مهنية حكومية منها (٢٥) مدرسة ذكور و(١٤) مدرسة إناث موزعين على (١٨) مديرية تربية وتعليم في مختلف محافظات المملكة، استناداً للتقرير الاحصائي الصـادر مـن وزارة التربيـة والتعلـيم الأردنية للعام الدراسي ٢٠٠٠/٩٩ كما هو موضح في الجدول (١).

الجدول (١)

توزيع مجتمع الدراسة في ضوء متغير الجنس والمديرية

الرقم	المديرية	عدد المعلمين	عدد المعلمات	المجموع
١	عمان الأولى	٢٣٤	١٠٣	٣٣٧
٢	عمان الثانية	٩١	٣٩	١٣٠
٣	عمان الثالثة	٣٦	٣٢	٦٨
٤	مادبا	٢٨	-	٢٨
٥	قصبة الزرقاء	٨٦	٥٣	١٣٩
٦	لواء الرصيفة	٤٩	٥٧	١٠٦
٧	السلط	٤٦	٧٩	١٢٥
٨	دير علا	٢٧	-	٢٧
٩	اربد الأولى	١٠٥	٧١	١٧٦
١٠	اربد الثانية	٢٥	٣٢	٥٧
١١	بني كنانة	٤٥	-	٤٥
١٢	الرمثا	٣٥	-	٣٥
١٣	عجلون	٥٢	٣٣	٨٥
١٤	المفرق	٣٤	-	٣٤
١٥	قصبة الكرك	٤٠	-	٤٠
١٦	الطفيلة	٣١	-	٣١
١٧	العقبة	٣٢	-	٣٢
١٨	معان	-	٢٠	٢٠
	المجموع	٩٩٦	٥١٩	١٥١٥

عينة البحث:

تكونت عينة البحث من (٤٥٩) أربعمائة وتسعة وخمسين معلماً ومعلمة منهم (٣٠٢) معلماً و (١٥٧) معلمة من مجتمع الدراسة، أي بنسبة تقارب (٣٠%) من مجموع أفراد المجتمع الأصلي. حيث تم اعتماد التوزيع الجغرافي في اختيار عينة البحث من الأقاليم (إقليم الوسط، الشمال، والجنوب) لغرض أن تكون العينة ممثلة تمثيلاً مناسباً للمجتمع حيث تم اختيار العينة بالطريقة العشوائية الطبقية وكما هو مبين في الجدول (٢)

الجدول (٢)

توزيع عينة الدراسة حسب الجنس والمديرية

المديرية	المعلمون	المعلمات	المجموع
عمان الأولى	٧٣	٢٩	١٠٢
عمان الثانية	٢٩	١٠	٣٩
عمان الثالثة	١٤	١٢	٢٦
مادبا	٥	-	٥
قصبة الزرقاء	١٩	١٢	٣١
لواء الرصيفة	١٧	١٧	٣٤
السلط	١٨	٢٩	٤٧
دير علا	٦	-	٦
اربد الأولى	٣٢	٢٢	٥٤
اربد الثانية	١٤	١١	٢٥
بني كنانة	١٣	-	١٣
الرمثا	٦	-	٦
عجلون	١٥	٩	٢٤
المفرق	١٠	-	١٠
قصبة الكرك	١٤	-	١٤
الطفيلة	١٢	-	١٢
العقبة	٥	-	٥
معان	-	٦	٦
المجموع	٣٠٢	١٥٧	٤٥٩

أما عدد الاستبانات الفعلية وذلك بموجب عدد الاستبانات الراجعة فقد بلغت (٤٥٥) استبانة أي بنسبة ٩٩.١% من عينة البحث مكونة من (٢٩٩) معلماً و (١٥٦) معلمة، كما أن هناك (٤) استبانات لم تسترد. وبالنسبة لتوزيع عينة الدراسة في ضوء متغيرات الجنس، الخبرة، والمؤهل العلمي، أنظر الجدول (٣)

الجدول (٣)

توزيع عينة الدراسة في ضوء متغيرات الجنس، الخبرة، والمؤهل العلمي

	المتغير	العدد	النسبة %
الجنس	ذكر	٢٩٩	٦٥.٧
	أنثى	١٥٦	٣٤.٣
الخبرة	أقل من ٥ سنوات	١١٤	٢٥.١
	٦-١٠ سنوات	١١٠	٢٤.٢
	١١- فأكثر	٢٣١	٥٠.٨
المؤهل	بكالوريوس	٣٦٤	٠.٨٠
	أعلى من بكالوريوس	٩١	٠.٢٠

أدوات البحث:

لتحقيق أهداف البحث تم استخدام استبانتين مكونتين من ثلاثة أقسام، أشتمل القسم الأول على المعلومات العامة للمستجيبين وهي الجنس وله فئتان (ذكر، انثى) والمؤهل العلمي وله مستويان (بكالوريوس، أعلى من بكالوريوس) والخبرة ولها ثلاثة مستويات (أقل من خمسة سنوات)، (٦-١٠ سنوات)، (١١ سنة فأكثر) وقد اشتمل القسم الثاني على استبانة وصف النمط القيادي. وله مجالان (المجال الأول بعد العمل، والمجال الثاني بعد العلاقات الانسانية) أما القسم الثالث فقد اشتمل على استبانة أداة لقياس الرضا الوظيفي للمعلمين وقد تم ذلك تبعاً للخطوات الآتية:

١- تم توجيه ثلاثة أسئلة للمعلمين من النوع المفتوح، وطلب في السؤال الأول تحديد الأنماط القيادية لمديري ومديرات المدارس الثانوية المهنية وفق مجالي النمط القيادي (العمل، والعلاقات الإنسانية) وفي السؤال الثاني طلب تحديد العوامل التي تجعل مستوى الرضا الوظيفي لدى المعلمين عالياً. وفي السؤال

الثالث تحديد العوامل التي تجعل مستوى الرضا الوظيفي لدى المعلمين منخفضاً.

٢- وقد تم تطوير هذا المقياس معتمداً على نتائج العينة الاستطلاعية وعلى عدد من الدراسات والأدبيات التي تناولت موضوع البحث، ومفيداً من الأدوات التي استخدمت في وصف النمط القيادي في دراسة الرضا الوظيفي.

وصف أداتي البحث:

١- تحتوي استبانة وصف الأنماط القيادية لمديري ومديرات المدارس الثانوية المهنية على (٧١) فقرة (٣٩) منها تقيس السلوك الخاص ببعد العمل و (٣٢) فقرة تقيس السلوك الخاص ببعد العلاقات الإنسانية.

وقد تمت الاستجابة على كل فقرة وفق تدريج خماسي وكما يأتي:

دائماً ، غالباً ، أحياناً ، نادراً ، أبداً

٥ ٤ ٣ ٢ ١

إذ يمثل الرقم (١) أدنى درجة من درجات ممارسة النمط القيادي موضوع الفقرة، بينما يمثل رقم (٥) أعلى درجة من درجات ممارسة هذا النمط، القسم الثاني.

٢- أما أداة وصف مستوى الرضا الوظيفي لمعلمي ومعلمات المدارس الثانوية المهنية فقد تكونت من (٤٧) فقرة تتعلق بجوانب العمل المرتبطة بمستوى رضا المعلمين عن عملهم، وقد تمت الاستجابة على كل فقرة وفق تدرج خماسي وذلك باختيار أحد البدائل الآتية:

راض بدرجة عالية، راض إلى حد ما، لا يعنيني الأمر، غير راض إلى حد ما، غير راض إطلاقا.

صدق الاداة:

للتأكد من صدق أداتي البحث تم استخدام الصدق المنطقي/ صدق المحكمين حيث تم عرض أداتي البحث على مجموعة من الخبراء بلغ عددهم (٢٨) خبيرا من أعضاء هيئة التدريس والعاملين في جامعة بغداد، جامعة اليرموك، الجامعة الأردنية، وكذلك من ذوي الاختصاص والخبرة في مجال الإدارة التربوية في وزارة التربية الأردنية.

حيث طلب إلى هؤلاء المحكمين إبداء الرأي في فقرات أداة الدراسة اما بالإضافة أو الحذف أو التعديل حسب ما يرونه مناسباً ووفق مجريات الدراسة. حيث تم اعتماد الفقرات التي وافق عليها معظم المحكمين.

ثبات الأداة:

للتأكد من ثبات الأداة تم استخدام طريقة الاختبار وإعادته (Test- ReTest) حيث تم توزيع الاستبانة على عينة من المعلمين والمعلمات بلغ عددهم (٥٠) معلماً ومعلمة، وذلك من خارج عينة الدراسة، وقد تم توزيع أداة الدراسة مرة ثانية على العينة التجريبية نفسها بعد أسبوعين من التوزيع الأول، ومن ثم تم حساب معامل الثبات من خلال معامل ارتباط بيرسون، كما وقد تم حساب معامل الاتساق الداخلي وفق معامل كرونباخ الفا، حيث بلغت قيم معاملات الثبات كما هو مبين في الجدول (٤).

الجدول (٤)

قيم معاملات الثبات وفق طريقة الاختبار وإعادته وكرونباخ الفا للأداة والمجالات

المجال	قيم الثبات بطريقة الاختبار والإعادة	قيم ثبات الاتساق الداخلي (كرونباخ الفا)
النمط القيادي	٠.٩٤	٠.٩٦
مجال بعد العمل	٠.٩٣	٠.٩٥
مجال العلاقات الإنسانية	٠.٩٥	٠.٩٦
الرضا الوظيفي	٠.٩٢	٠.٩٤
الأداة كاملة	٠.٩٥	٠.٩٦

يتضح من خلال الجدول (٤) بأن قيم معاملات الثبات كانت مقبولة لإجراء الدراسة، وذلك لان معاملات ثبات الأداة كانت فوق (٠.٧٠)

الصياغة اللغوية للفقرات:

بعد إعداد الصيغة النهائية للاستبانة، تم وضع التعليمات الخاصة بالإجابة والغرض من الدراسة وكيفية الاجابة على فقرات الاستبانة وتم عرضها بصيغتها النهائية على خبيرين [1] في اللغة العربية للتأكد من سلامة الفقرات من الناحية

---

(١) الأستاذ الدكتور طه الدليمي.

اللغوية، إذ أجريت عليها تعديلات لغوية طفيفة وبذلك أصبحت الاستبانة جاهزة للتطبيق بشكلها النهائي.[1]

المعالجة الاحصائية:

للإجابة على أسئلة البحث فقد استخدم الباحث التحليل الاحصائي المناسب لكل سؤال:

١- تم استخدام معامل ارتباط بيرسون لحساب الثبات بطريقة الإعادة، لتحقيق الهدف الرابع:

$$ r = \frac{n\sum xy - (\sum x)(\sum y)}{\sqrt{\left[n\sum x^2 - (\sum x)^2\right]\left[n\sum y^2 - (\sum y)^2\right]}} $$

(Dowinie, 1983: 106)

٢- تم استخدام اختبار (ت) لعينة واحدة لتحقيق الهدف الأول والثاني:

$$ t = \frac{\overline{X} - \mu}{s/\sqrt{n}} $$

(Dowinie, 1983: 165)

٣- تم استخدام الاختبار التائي لعينتين مترابطتين لتحقيق جزء من الهدف الأول

$$ t = \frac{\overline{d}}{sd/\sqrt{n}} $$

d = متوسط الفرق بين درجات الأفراد في الاختبار الأول والاختبار الثاني

sd = الانحراف المعياري للفرق

n = عدد الأفراد

(Dowinie, 1983: 178)

٤- فيما يتعلق بتحليل التباين فقد استخدم Three- Way- ANOVA لتحقيق الهدف الثالث (Gravetter, 1988: 312)

٥- الانحراف المعياري والوسط الحسابي لتحقيق الهدف الثاني

٦- المتوسط النظري لتحقيق الهدف الأول = ٣ × عدد الفقرات

---

(١) الدكتور عمر أبو خرمة.

عرض النتائج ومناقشتها

يتضمن هذا الفصل الإجابة عن أسئلة الدراسة في ضوء ما توصل إليه الباحث من نتائج وللإجابة على التساؤل الأول الذي نصه "ما النمط القيادي الذي يمارسه مديرو ومديرات المدارس الثانوية المهنية المتمثل في بعدي (العمل والعلاقات الانسانية)، كما يراه معلمو تلك المدارس؟ حيث أظهرت النتائج أن متوسط دراسات مديري ومديرات المدارس الثانوية المهنية في مجال العمل بلغ (١٤١.١١٩) درجة، وعند مقارنته بالمتوسط النظري للمقياس (مجال العمل) البالغ (١١٧) درجة، باستخدام الاختبار التائي لعينة واحدة One sample t.test فقد كانت القيمة التائية المحسوبة (٣٨.٧٢) وعند مقارنتها بالقيمة التائية الجدولية البالغة (٢.٣٢٦) عند متوسط دلالة (٠.٠١) ودرجة حرية (٤٥٤) فقد تبين أن متوسط درجات مديري ومديرات المدارس الثانوية المهنية في مجال العمل أكبر من المتوسط النظري وبدلالة احصائية حيث أن الفروق بينهما حقيقية ولا ترجع لعامل الصدفة.

كما أظهرت النتائج أن متوسط درجات مديري ومديرات المدارس الثانوية المهنية في مجال العلاقات الانسانية (١١٥.٥٥٨) درجة، وعند مقارنته بالمتوسط النظري للمقياس (مجال العلاقات الإنسانية) البالغ (٩٦) درجة باستخدام الاختبار التائي لعينة واحدة One sample t.test فقد كانت القيمة التائية المحسوبة (٢٩.٩٤) ودرجة حرية (٤٥٤) وقد كان متوسط درجات مديري ومديرات المدارس الثانوية المهنية في مجال العلاقات الانسانية أكبر من المتوسط النظري وبدلالة إحصائية حيث أن الفروق بينهما حقيقية ولا ترجع لعامل الصدفة.

ولتحديد النمط القيادي الذي يركز فيه مديرو المدارس الثانوية المهنية على الاهتمام ببعد العمل وبعد العلاقات الانسانية قام الباحث بإجراء اختبار (ت) لعينتين مترابطتين للفروق بين الأداء على المجالين.

الجدول (٥)

نتائج اختبار (ت) للمقارنة بين أوساط الاستجابة لمجالي بعدي العمل والعلاقات الانسانية

المجال/ النمط القيادي	العدد	الوسط الحسابي	الانحراف المعياري	القيمة التائية المحسوبة	دلالتها
- بعد العمل	٤٥٥	١٤١.١١٩	٢٤.٢٤١	١٦.٢٧١	٠.٠٠ *
- بعد العلاقات الانسانية	٤٥٥	١١٥.٥٥٨	٢٥.٤٣٤		

* ذات دلالة إحصائية على مستوى الدلالة ($\alpha \geq$ ٠.٠٥)

يلاحظ من خلال الجدول (٥) وبعد إجراء اختبار (ت) للفروق بين أداء العينة على مجالي (العمل، العلاقات الإنسانية) ان هناك فروقا بين المجالين ذات دلالة احصائية حيث بلغت القيمة التائية المحسوبة (١٦.٢٧١) وعند مقارنتها بالقيمة التائية الجدولية البالغة (٢.٥٧٦) عند مستوى دلالة (٠.٠٥) ودرجة حرية (٩٠٨) تبين أن الفروق ذات دلالة احصائية وحقيقية وليست ناجمة عن عامل الصدفة وأن هذه الفروق كانت لصالح بعد العمل لحصولها على وسط حسابي أعلى.

إذ يتضح من خلال ما سبق أن الأنماط القيادية السائدة بين مديري ومديرات المدارس الثانوية المهنية من وجهة نظر المعلمين والمعلمات هي المهتمة ببعدي النمط القيادي (العمل، العلاقات الانسانية) مع اهتمام أكبر في مجال العمل لحصوله على وسط حسابي أعلى، ويمكن إرجاع ذلك إلى دقة العمل وامتلاك المهارات فيه يضاف إليه ما يمتلكون من خبرة ومعرفة بأهمية العمل، وقد اتفقت نتائج هذه الدراسة مع نتائج عبد الرحيم (١٩٩٦) اذ كان الاتفاق في النمط القيادي السائد المتمثل في بعد العمل أكثر من العلاقات الإنسانية.

- للإجابة على التساؤل الثاني "ما مستوى الرضا الوظيفي لمعلمي المدارس الثانوية المهنية؟" تم إيجاد الوسط الحسابي لمقياس الرضا الوظيفي لمعلمي المدارس الثانوية المهنية، حيث بلغ (١٥٦.١٥) درجة بانحراف معياري مقداره (٣٣.٢٢) درجة، وعند مقارنته بالمتوسط النظري للمقياس البالغ (١٤١) درجة، وباستخدام الاختبار التائي لعينة واحدة One sample t.test كانت قيمة الاختبار التائي المحسوبة البالغة (٩.٧١) وعند مقارنتها بالقيمة التائية الجدولية البالغة (٢.٥٧٦) عند مستوى دلالة (٠.٠١) ودرجة حرية (٤٥٤) فقد كان متوسط العينة في الرضا الوظيفي أكبر من المتوسط النظري للمقياس وبدلالة احصائية مما يدل على وجود فروق حقيقية ولا ترجع إلى عامل الصدفة.

يتضح مما سبق أن مستوى الرضا الوظيفي لمعلمي ومعلمات المدارس الثانوية المهنية كان في الغالب أعلى من المتوسط، هذا وقد اتفقت نتائج دراسة (عودة، ١٩٩٢) مع نتائج هذه الدراسة، حيث كان مستوى رضى المعلمين عن وظيفتهم متوسطاً بشكل عام ويمكن إرجاع ذلك إلى أن طبيعة العمل التربوي ومحتواه وما يصاحبه من شعور بالإنجاز والاحترام وخدمة المجتمع والتعامل مع المجتمع بما لا يتعارض مع الضمير هو المصدر الأساسي للرضى عند العاملين في الميدان التربوي ومنهم معلمو المدارس الثانوية المهنية.

- للإجابة على التساؤل الثالث "هل هناك فروق ذات دلالة إحصائية في النمط القيادي لمديري ومديرات المدارس الثانوية المهنية في كلا البعدين (العمل والعلاقات الإنسانية) كما يراه معلمو المدارس الثانوية المهنية وفق متغير (الجنس، الخبرة والمؤهل العلمي) فقد تم استخدام تحليل التباين الثلاثي (Three-Way-ANOVA).

الجدول (٦)

نتائج تحليل التباين الثلاثي لمقياس الأنماط القيادية

قيمة "ف"	متوسط المربعات	درجة الحرية	مجموع المربعات	مصدر التباين
٠.٠٠٠*	١.٠٦٥	١	١.٠٦٥	الجنس
٠.٤١**	٩٣٣.٩٦	٢	١٨٦٧.٩١	الخبرة
٠.٩٥*	٢١٥٩.٧٤	١	٢١٥٩.٧٤	المؤهل العلمي
٠.٧٠**	١٥٨٧.٨١	٢	٣١٧٥.٦٢	الجنس الخبرة
٠.٢٠*	٤٤٦.٣٤	١	٤٤٦.٣٤	الجنس* المؤهل العلمي
٠.٤٣**	٩٩٠.٧٠	٢	١٩٨١.٤٠	الخبرة * المؤهل العلمي
٠.٥٦**	١٢٨٤.٧٢	٢	٢٥٦٩.٤٤	الجنس*الخبرة* المؤهل العلمي
	٢٢٨٠.٧٠	٤٤٣	١٠١٠٣٥١.١	الخطأ المتبقي

بلغت قيمة النسبة الفائية الجدولية عند مستوى دلالة (٠.٠٥)

* وبدرجة حرية (٤٤٣،١) هي –٣.٨٤

** وبدرجة حرية (٤٤٣،٢) هي –٣.٠٠

يتضح من خلال الجدول (٦) وبعد إجراء تحليل التباين الثلاثي أن ليس هناك فروق ذات دلالة احصائية تعود لمتغيرات (الجنس، المؤهل العلمي، الخبرة، تفاعل الجنس والخبرة، تفاعل الجنس والمؤهل العلمي، تفاعل الخبرة والمؤهل العلمي، تفاعل الجنس والخبرة والمؤهل العلمي) إذ كانت قيمة النسبة الفائية المحسوبة اقل من قيمة النسبة الفائية الجدولية، وهذا يدل إلى أنه ليس لهذه المتغيرات أثر أو اختلاف في النمط القيادي لمديري المدارس الثانوية المهنية ومديراتها وفق هذه المتغيرات. وقد اختلفت نتائج هذه الدراسة مع دراسة (عبد الرحيم، ١٩٩٦) والتي أشارت إلى وجود فروق جوهرية تعود للجنس، واتفقت مع متغير الخبرة بأنه لا توجد هناك فروق، ويمكن أن نعزوا هذا التباين إلى الاختلاف في العينات وكذلك الاختلاف في أدوات الدراسة، ويمكن تفسير عدم وجود اختلاف دال إحصائياً للمؤهل العلمي والجنس، بان المعلمين في المرحلة الثانوية المهنية متشابهون في مؤهلاتهم حيث أن معظمهم ذكوراً أو إناثاً يخضعون لنفس الظروف الوظيفية في الوزارة، كما اتفقت نتائج هذه الدراسة مع دراسة (Windel) في الخبرة حيث توصلت إلى أن الخبرة ليست عاملاً دالاً في النمط القيادي.

- أما فيما يتعلق بالإجابة على التساؤل الرابع "هل هناك علاقة ذات دلالة إحصائية بين نمط القيادة الذي يمارسه مديرو ومديرات المدارس الثانوية المهنية في كلا البعدين (العمل والعلاقات الانسانية) ودرجة رضى المعلمين الوظيفي؟ فقد تم حساب معامل ارتباط بيرسون لتحديد ما إذا كان ثمة علاقة ارتباطية ومدى قوة هذه العلاقة.

تبين بأن هناك علاقة ارتباطية ما بين الدرجات على مقياس الأنماط القيادية (بعد العمل) ومقياس الرضا الوظيفي حيث كانت قيمة معامل الارتباط (٠.٦٧) وتعد هذه القيمة ايجابية وقوية وكذلك فهي ذات دلالة احصائية عند مستوى دلالة (٠.٠١)

وعند حساب معامل الارتباط ما بين الدرجات على مقياس الأنماط القيادية (بعد العلاقات الإنسانية) ومقياس الرضا الوظيفي، حيث كانت قيمة معامل الارتباط (٠.٦٧) وتعد هذه القيمة ايجابية وقوية وكذلك فهي ذات دلالة احصائية عند مستوى دلالة (٠.٠١)

هذا وقد اتفقت نتائج هذه الدراسة مع دراسة (عودة، ١٩٩٢) حيث أشارت نتائج دراسة عودة إلى أن هناك علاقة ذات دلالة احصائية على مستوى الدلالة ($\alpha \geq$ ٠.٠١) بين متغيرات الاعتبارية والمباداة وإطار العمل من جهة والرضا الوظيفي من جهة أخرى، كما واتفقت مع دراسة (Benit, 1992) حيث توصلت إلى أن هناك علاقة ايجابية بين رضى المعلمين الوظيفي والأنماط القيادية للمديرين، ويمكن إرجاع ذلك إلى أن الرضا الوظيفي هو حصيلة تفاعلات بين الانسان العامل في المؤسسة وكل ما يحيط به من داخلها، كما واتفقت نتائج هذه الدراسة مع دراسة (Tharrington, 1993) في أن الرضا الوظيفي لدى المعلمين كان يرتبط بشكل دال مع أسلوب القيادة المساعد الذي يمارسه المدير.

المصـــادر

1. بدر، حامد (١٩٨٢) الرضا الـوظيفي لأعضـاء هيئـة التـدريس والعـاملين بكليـة التجـارة والاقتصـاد والعلوم السياسية بجامعة الكويت، مجلة العلوم الاجتماعية.
2. البياع، محمد حسن، (١٩٨٤) القيادة الإدارية في ضوء المنهج العلمي، دار واسط، بغداد.
3. حريم وآخرون، (١٩٩٨) أساسيات الإدارة، عمان - الأردن.
4. دره، عبد الباري، وصباغ، زهير (١٩٨٦) إدارة القوى البشرية، دار الندوة، عمان.
5. درويش، عبد الكريم وتكـلا، لـيلى، (١٩٧٢)، أصـول الإدارة العامـة، ط٢، مكتبـة الانجلـو المصريـة، القاهرة.
6. رضوان، شفيق، (١٩٩٤)، السلوكية والإدارة، المؤسسة الجامعية للدراسات والنشر والتوزيع، بيروت.
7. زويلف، مهدي، والعضايلة، علي، (١٩٩٦)، إدارة المنظمات نظريات وسلوك، (دار مجـدلاوي للنشر-والتوزيع)، عمان- الأردن.
8. زيدان، محمد مصطفى (ب.ت) عوامل الكفاية الإنتاجية في التربية، دار الشروق، جدة.
9. السلمي، علي، (١٩٧٩)، العلوم السلوكية في التطبيق الإداري، دار المعارف، القاهرة.
10. الشلول، أنور حمزة (١٩٨٥) أنمـاط السـلوك الإداري لـدى مـديري الـدوائر الأكاديميـة كـما يـدركها أعضاء هيئة التدريس بجامعة اليرموك وعلاقتها ببعض عوامل الرضا عن العمل، رسالة ماجستير غير منشورة، جامعة اليرموك.
11. الشنواني، صلاح (١٩٨٣) الأفراد والسلوك التنظيمي، دار الجامعات المصرية، الاسكندرية.

١٢. طناش، سلامة (١٩٩٠)، الرضا عن العمل لدى أعضاء هيئة التدريس في الجامعة الأردنية، دراسات الجامعة الأردنية، ١٧ (٣).

١٣. الطويل، هاني (١٩٩٧)، الإدارة التربوية والسلوك المنظمي، سلوك الأفراد والجامعات في التنظيم، ط٢، دار وائل للنشر، عمان- الأردن.

١٤. الطويل، هاني (١٩٨٦)، الإدارة التربوية والسلوك التنظيمي، مطبعة كتابكم، عمان- الأردن.

١٥. العاني، محمد (١٩٩٦) ملامح دراسة مقارنة لنظم التعليم المهني في الدول العربية، رسالة المعلم، م (٣٧) وزارة التربية والتعليم، الأردن.

١٦. عبد القادر، وصديقة، زكي، (ب.ت)، دور الإدارة التربوية في تطوير المنهاج، دار المريخ، الرياض، السعودية.

١٧. العرفي، عبد الله، ومهدي، عباس (١٩٩٦) مدخل إلى الإدارة التربوية، منشورات جامعة قاريونس، بنغازي.

١٨. العمري، خالد (١٩٩٢/أ) السلوك القيادي لمدير المدرسة وعلاقته بثقة المعلم بالمدير وبفعالية المدير من وجهة نظر المعلمين، مجلة أبحاث اليرموك- سلسلة العلوم الإنسانية والاجتماعية، ٨، ٣.

١٩. العمري، خالد، (١٩٩٢/ب) مستوى الرضا الوظيفي لمديري المدارس في الأردن وعلاقته ببعض خصائصهم الشخصية والوظيفية، مجلة مؤته للبحوث والدراسات، ٧، ٣.

٢٠. مؤسسة التدريب المهني في الأردن (١٩٩٩)، عمان، وزارة الإعلام.

٢١. الهواري، سيد (١٩٧٦) المدير الفعال، دار الجيل للطباعة، القاهرة.

٢٢. وزارة التربية والتعليم في الأردن، (١٩٨٨) المؤتمر الوطني الأول للتطوير التربوي، مجلة رسالة المعلم، بديل العددين (٣) و (٤) م (٢٩)، قسم المطبوعات التربوية، وزارة التربية والتعليم، عمان- الأردن.

23. Dessler, Gray, (1982), Organization and Management, Reston Publishing Co.

24. Dowinie, N.W. & Robert, W.H. (1983), Basic Statistical Methods, 5th Ed. Harpert & Row Publishers, N.Y.

25.   Fiedler, F. (1971), Leadership: General Learning, Press, Morris Town, N.J.

26.   Gravetter, F. (1988). Statistic for the behavior science, NewYork.

27.   Herbert and others (1982), Personal Human Resource Management, Illinois, Richardlrwin.

28.   Hoy, W, & Miskel , C. (1978), Educational Administration: Theory Research and Practice, NewYork, Random House.

29.   Owens, Robert (1970) Organizational – Behavior in Schools. Engelwool Cliffs, N.J. Printice Hall.

30.   Sharma, C.J. (1955) Who Should Make What Decisions. International Encyclopedia of the Social Sciences NewYork: MacMillan and the Free Press.

31.   Super, D.E. (1953) The Theory of Vocational Development. The American Psychologist, VIII.

32.   Tanner, R. (1982) Effective of Leadership Climate and Demographic Factor in School Effectiveness, D.A.R. 11.2P.4126.

تقويم أداء مديريات التربية والتعليم في الأردن في ضوء
مهامها الإدارية والفنية

أ.د. رياض ستراك   د. كامل الخزاعلة

أهمية البحث

إن التربيـة في مفهومهـا المعـاصر، هـي عمليـة تغيـير وتطـوير، وأداة مهمـة مـن أدوات البنـاء الحضاري، وعامل أساسي في أحداث التغييرات الاجتماعية والاقتصادية ممـا يجعل لهـا مـن الآثـار والنتـائج الإيجابية التي تأخذ بسببها المكان الأول بين وسـائل الإصـلاح والتقـدم، وإن نجـاح أي تنظيـم يعتمـد عـلى الأسلوب أو الطريقة التي يدار بها، وقدرة هـذا التنظيـم عـلى توجيـه الأعمـال والنشاطات نحـو تحقيـق الأهداف المرغوب فيها.

"وتحقق التربية أهدافها المختلفة من خلال جملة من النشاطات والفعاليات التي تقوم أجهـزة ومؤسسـات متخصصة من مجموعها النظام التربوي، وتتباين هذه الأجهزة من حيث أهميتها ومدى اسهامها في تحقيق الأهداف التربوية بشكل عام، وتحتل الأجهزة القيادية دوراً بارزاً ومتميزاً في هـذا المجال، وتعد مـديريات التربية والتعليم واحدة من هذه الأجهزة القيادية لما لها من دور فاعل في قيادة العملية التربوية وتوجيـه مساراتها نحو تحقيق الأهداف المرسومة بالكفاءة والفعالية المطلوبتين باسـتخدام أفضل الطـرق وأقـل التكاليف من الجهد والوقت والمال. كونها التي يتم من خلالها قيادة العمليـة التربويـة وتوجيـه أنشطتها نحو تحقيق الأهداف المرسومة لها، وبذلك فهي المسؤولة عن النجاح أو الإخفاق الذي تواجهه المؤسسـات التربوية" (مطاوع، ١٩٨٤، ص ٢٠).

فجاءت هذه الدراسة كونها رائدة من نوعها لتقويم أداء مـديريات التربيـة والتعليـم في الأردن اكتسبت أهميتها نظراً لتفردها في موضوعها، وفي النتـائج التي يتوقـع أن تتوصل اليهـا، إذ سـتكون مهمة لأصحاب القرار في وزارة التربية والتعليم والمديريات التابعة لها حين يتعرفـون واقـع الممارسـات الحاليـة (الإدارية والفنية) وما يجب أن تكون عليه عملية التقويم مما يدفعهم من ثم إلى رفع درجـات جهودهـم لسد الثغرات إن وجدت.

كما يمكن أن تكون نتائج هذه الدراسة مهمة للمخططين التربونين والمشرعين في وزارة التربية من أجل تطوير الإدارة التربوية وإجراء تشريعات إدارية جديدة تؤدي إلى تغيير نوعي وجذري في الأعمال الإدارية وممارستها، وقد تكشف الدراسة عن مهمات وأدوار جديدة للممارسات الإدارية والفنية في مديريات التربية والتعليم في الأردن التي تنشد التطور والتقدم.

"لذلك أصبحت قضية الفعالية الإدارية هي شغل رجال الإدارة في كثير من المجتمعات حيث تنصب الجهود على تطوير الجهاز الإداري بما يمكنه من الأعمال الإدارية بدرجات عالية من الكفاءة والفعالية، وإن الأساليب والإجراءات الإدارية لا تعبر بذاتها، بل وسائل معاونة تساعد الإدارات في تحقيق الأهداف التي تطمح المؤسسات الى تحقيقها" (نزار، ١٩٨٦: ص٢٧)

وإن المؤسسات التربوية بحاجة لثورة قيادية، يقودها تربويون مقتدرون على وضع استراتيجية ينطلقون بها في خدمة المؤسسة التربوية بجميع أشكالها، وبكيفية استلهام عناصر التنمية الإدارية في إنجاح خططهم، إلى جانب إحداث التغيير الذي لن يكون دون فهم لفلسفة الإدارة التربوية الدائمة النمو والتطور وحتى تتمشى مع طبيعة التطور التربوي. وإذا تحقق ذلك فإن توجهات الإدارة التربوية سترقى إلى المستوى الحضاري والتغير الاجتماعي، وبذلك تكون المؤسسة التربوية مسؤولة عن التنمية الفعلية للتربية برمتها.

"فقد زاد الاهتمام بالإدارة التربوية وتحديثها، كونها عاملاً أساسياً لكل تطوير في مجال التربية والتعليم، ومع ذلك فإن المؤسسات التربوية لا تزال تعاني من نقص في الكفاءات الإدارية التربوية القادرة على تشغيل الطاقات واستثمار كافة الموارد المتاحة" (الشهاوي، ١٩٨٦: ص٢١)

"فقد اتفق الباحثون والمعنيون في مجال الإدارة التربوية، على ضرورة الاهتمام بحسن اختيار العاملين في الإدارة التربوية، وبخاصة الذين يحتلون المواقع القيادية منها، وضرورة اتباع الأساليب العلمية في اختيارهم مراعية في ذلك الخبرة والكفاءة والتأهيل" (بولتربان،١٩٨٢ : ص ١٨)

"ويحاول بعض الباحثين تحديد أساليب الاختيار هذه، فيشيرون إلى الامتحانات التنافسية والمقابلات الشخصية، واجتياز الدورات التخصصية بوصفها أساليب فعالة في ضمان حسن الاختيار، واحتلال المواقع القيادية في الإدارة التربوية" (العتوم، ١٩٩٧: ص ٣١)

وتعد الإدارة إحدى الوسائل الأساسية القادرة على تقدم المجتمع وتطويره وذلك من خلال استثمار واستخدام طاقاته المتوافرة ضمن إمكاناته وفي الاتجاه

الصحيح وما حدث من ثورات وانقلابات عبر التاريخ كالانقلاب الصناعي، وما رافقه بالنتيجة من تقدم تكنولوجي يعود في معظمه الى تغيير في الأساليب الإدارة في البلدان التي وجدت فيها.

"وإدراكاً لأهمية عملية الإدارة بوصفها الإطار العام الذي تعمل في نظامه أجهزن القيادة التربوية، وبما فيها مديريات التربية التي تستند في تحقيقها لأهداف العملية التربوية وفي أداء المهام المنوطة بها على المبادئ والأسس التي تقوم عليها عملية الادارة التربوية مما يجعلها تعد من المجالات الرئيسة التي تحتاج إلى تحديث والتطوير، فانها حظيت باهتمام واسع وكبير من لدن المهتمين بشؤون التربية والتعليم، إيمانا منهم بأن نجاح التربية أو إخفاقها في تحقيق أهدافها مرهون بكفاءة إدارتها وفاعليتها، وإن الاهتمام بعملية الإدارة التربوية وتطوير اجهزتها هو تطوير للعملية التربوية" (عبد ربه، ١٩٨٤: ص٣)

"فقد زاد اهتمام الأوساط التربوية الدولية في تحديث الإدارة التربوية، على اعتبار انها عامل أساسي لكل تطوير تربوي يتم فيه تلبية حاجات المجتمع المتغيرة، ذلك أن كل تطوير في التعليم قوامه تطوير في إدارته، فمتطلبات التعليم قد زادت وكبر حجمه وتضخمت وظيفته، مما يستلزم إدارة تربوية قادرة على تشغيل طاقاته، واستثمار موارده، وتحديثه باستمرار بدءاً من القاعدة الأساسية وهي المدرسة، وانتهاء بالقمة حيث واضعوا السياسات التربوية والبحث والتخطيط والتنهيج" (قاسم، ١٩٨٣: ص١)

"ومن هنا فقد دعا المؤتمر الدولي للتربية في دورته السابعة والثلاثين في جنيف عام ١٩٧٩، إلى الاهتمام بموضوع الإدارة التربوية عن طريق إجراء تحليل نتائج العمل التربوي بشكل موسع، بحيث يشمل ذلك تقويم القائمين على الإدارة التربوية" (مديحة، ١٩٨١: ص٢٥).

"كما دعت المنظمة العربية للتربية والثقافة والعلوم في مطلع السبعينات في القرن العشرين إلى وضع استراتيجية لتطوير التربية في الوطن العربي من خلال تطوير الادارة التربوية كمدخل رئيسي- في استراتيجية التطوير" (التقرير، ١٩٧٧: ص٣٥)

والأردن يسعى دائما الى تطوير تربوي شامل خصوصا بعد عقد مؤتمر التطوير التربوي الأول عام ١٩٨٧م الذي أكد على ضرورة الاهتمام باختيار القادة التربويين وتأهيلهم وتدريبهم في أثناء الخدمة، وتقويم مهامهم الادارية والفنية". (مؤتمر، ١٩٨٧: ص٧٩)

فإن مديري التربية والتعليم يأتون في مقدمة هـؤلاء القـادة الـذين يحضـون بالعنايـة والاهـتمام لأنهم حلقة الوصل بالمرؤوسين والميدان، إذ دعا المؤتمر المذكور إلى رفع كفاياتهم لتمكينهم من أحداث نقلة نوعية في أساليب الإدارة بما يحقق أهداف العملية التربوية بشكل أفضل" (مؤتمر، ١٩٨٧: ص٨٠)

"وكون الإداري الكفؤ هو أهم الموارد التـي تـثرى بـه أي مؤسسـة، كـما أن الأداء الإداري السـليم للمديرين يعد من أهم ما يسهمون به في خدمة المؤسسات التي يعملـون بهـا، لـذلك فإن عمليـة تقـويم الأداء الاداري مهما في حياة المديرين الوظيفية كما هي مهمة للمؤسسة نفسها" (هوانه، ١٩٨٥: ص٣٠)

ويحقق نظام تقويم الأداء فوائد كبيرة لكـل مـن المـديرين وتلـك المؤسسـات التـي يعمـل بهـا المديرين والموظفين أيضا، حيث يسـاهم تقـويم الأداء في تطوير القـدرات الذاتيـة للأفراد كونـه يبصرهم بجوانب ضعفهم ويدلهم بصورة تلقائية على معالجة الضعف لديهم، كما يساعد في رفع معنويـات الأفراد الذين يكون مستوى أدائهم مرتفعاً ويبرز العلاقات الانسانية بين العاملين" (Cronbach, 1982: P85)

وتقويم الأداء بأهدافه الأساسية يعمل على كشف الأخطاء وتحليل جوانبها، وهو بذلك يسهم في التوصل إلى علاج لتلك الأخطاء ويذلل المشكلات التي تعرقل إنجاز الأهداف بما يحسن العلاقـة بـين الإدارة والمؤسسة نفسها" (Jinlins, 1964: P154)

"ومن هنا برزت أهمية تقويم الأداء بوصفه أحـد مكونـات العمليـة الإداريـة، لأنـه يـزود الإدارة العليا بالمؤسسة بالبيانات والمعلومات التي تساعدها في رسم وإعداد الخطط والاستراتيجيات المسـتقبلية، لم يحظى تقويم الأداء الإداري بالاهتمام الذي حظيت به المواضيع الأخرى في حقل الإدارة" :Terry, 1994) P49)

"ولا يزال تقويم الأداء الإداري حديث النشأة من حيـث الاسـتخدام، فقـد ظهـر أسـلوب تقـويم الأداء في أواخر النصف الأول من القرن العشرين، حيث برز كوسيلة لقياس الأداء الإداري للمديرين لمعرفـة قدراتهم ومدى تحقيقهم لمستويات الأداء المطلوبة وعن استعدادهم للتطوير والإبـداع" (الاسمري ١٩٨٦: ص٢٠)

"وإن عملية التقويم في أي نظام تشكل بعداً هاماً من أبعـاد ممارسـاته، فإدارة النظـام وقيادتـه تستخدم عملية التقويم للوصول إلى أفضل قرارات ممكنة تتعلق بإدارة العاملين فيها مثل ترقيتهم، أو نقلهم أو الاستغناء عـن خـدماتهم، كـما يسـتخدم التقـويم لتحديـد حاجـات النظـم المتعلقـة بالتـدريب والتطوير.

فالتقويم يبرز المهارات والكفايات التي تتطلب تطويراً وعلاجاً، كما يمكن الاستفادة من التقويم كمعيار يتم على ضوئه تبرير اختيار برامج النظام وتطويرها، كما يفيد التقويم كوسيلة تغذية راجعة يتعرف من خلالها العاملون في النظام على وجهة نظر النظام في أدائهم" (الطويل، ١٩٩٧: ص٣٥٢)

"كما ينظر لعملية تقويم الاداء على إنها من العمليات الإدارية الأساسية ومن المواضيع الحساسة التي تثير اهتمام الاداريين لما لها من آثار على فاعلية الأداء وعلى الروح المعنوية، وهي عملية دورية ومستمرة، فهي من العمليات التي تتكرر بصورة منتظمة" (الصباغ ١٩٨٦: ص٢٨)

"وهي من العمليات الإدارية المهمة لأنها تدفع المديرين للعمل بحيوية وجد ونشاط، كما تدفعهم إلى مراقبة ومتابعة أداء مرؤوسيهم بصورة مستمرة، وهي من العمليات الإدارية المعقدة لأن تقويم الأداء في بعض الأعمال الإدارية يصعب تقويمه بصورة موضوعية" (زويلف، ١٩٨١: ص٣٦)

"وهي جزء من عمليات الرقابة التي تشكل عنصراً أساسياً في العملية الإدارية، وتسير بصورة متوازنة مع العمليات الإدارية الأخرى" (Carol 1978: P210)

"وتعد عمليات تقويم الأداء من العمليات الهامة لما تتوصل اليه من معلومات وبيانات عن أداء المؤسسة بكاملها، وهذا يتيح للمؤسسة فرصة تلمس نقاط القوة والضعف في وظائف الإدارة في مجالاتها المختلفة، ويمكنها من إعادة النظر في برامجها وسياساتها، وفي مدى صلاحية التنظيم الداخلي للمؤسسة أو عدم صلاحيتها" (Good, 1973: P93)

"وهي عملية مهمة لأنه على ضوء نتائج التقويم يتم تقديم المساعدة للذين تبين من خلال عملية التقويم، أنهم بحاجة الى مساعدة في أي مجال من مجالات الإدارة المختلفة، وبصورة تجعلها تلبي احتياجات الفرد ومتطلبات الإدارة" (Robbins, 1979: P112)

ويرى الباحث أنه لابد لعملية تقويم الأداء من أن تعد وتصاغ بحيث تخدم تحسين الأداء الإداري وترفع مستوياته، حيث يحتاج الإداريون في أغلب الأحيان الى إرشادات واضحة تؤدي إلى رفع مستوى أدائهم، على أن تكون إرشادات محددة ومناسبة تحقق الأهداف المرتبطة بالعمل وفق قدراتهم وطاقاتهم.

وبناء على ما تقدم فإن تقويم الأداء يعد إحدى الركائز الأساسية التي يمكن اعتمادها في تطوير أداء العمل الإداري لمديريات التربية والتعليم وبالتالي تحسين

الجوانب النوعية للعملية التربوية ككل، وبما يؤدي إلى أن تحقق هذه العملية ما يراد منها في قيادة العملية التربوية بفاعلية وكفاءة عالية.

وبناء على ذلك يتبين ما يأتي:

١- يكتسب هذا البحث أهميته كونه سيزود وزارة التربية والتعليم في الأردن بمؤشرات فعالة ومفيدة وبمعلومات واقعية عن مستوى الأداء للفئة التي استهدفها البحث.

٢- تهتم وزارة التربية والتعليم في الأردن بمؤسساتها المختلفة بتقوية المؤسسات التي يتم السعي الى تطويرها والارتقاء بمستوى الأداء فيها بما يؤهلها لأن تكون هي مركز الإنطلاق التي ستقود عملية البناء والنهوض التنموي الشامل.

٣- اهمية تحديد المهمات الإدارية لمديريات التربية والتعليم بشكل تفصيلي يحقق الوضوح والاستيعاب الكامل للقياديين والعاملين معهم، وتحديد الممارسات الإدارية المطلوب منهم القيام بها لانجاز هذه المهمات.

٤- أهمية الأخذ بأسلوب تقويم الأداء بناءاً على معايير علمية سليمة كي يسهم في تطوير ورفع مستوى أداء الاداريين في مركز الوزارة، وسوف يخدم من ثم قضية التنمية والبناء.

٥- تقويم أداء مديريات التربية والتعليم في الأردن، وتشخيص جوانب القوة ومواطن الضعف، سوف يسهم في توفير قاعدة معلوماتية عن القدرات الحقيقية لمستوى الأداء الإداري بصورة علمية موضوعية مما يسهل على الإدارة العليا بالوزارة مهمة القيام بإعداد البرامج التاهيلية، والتخطيط للتطوير الإداري بصورة أكثر دقة وشمولا.

٦- إن إتباع أسلوب تقويم الأداء بصورة صحيحة سوف يساعد الوزارة على اختيار القادة في المستقبل وفق أسس علمية بناء على معلومات مستوفاة من الواقع ووفقا للقدرات التي يمكن معرفتها من خلال ما يتجمع من معلومات وبيانات.

٧- يكتسب هذا البحث أهميته ايضا كونه يتبنى أداة تقويمية تتصف بالثبات والموضوعية لقياس أداء مديريات التربية والتعليم للمهمات المطلوبة التي يمكن أن تستخدم من قبل المسؤولين لغرض تحديد مستوى الأداء.

مشكلة البحث:

يسعى الأردن دائما إلى تطوير مؤسساته التربوية وإن تطوير الإدارة التربوية وتحديثها في مديريات التربية والتعليم مطلب أساسي ليواكب التطوير التكنولوجي الكبير في هذا العصر، ويحقق أهداف التنمية بشكل عام.

"إن الإدارة التربوية جزء من النظام التربوي العام، وإن رفع كفاءة الملاك الإداري جانب من جوانب إصلاح النظام التعليمي، لذلك لابد من تقويم الجهاز الإداري التربوي بشكل عام، والعملية الإدارية بمديريات التربية والتعليم بشكل خاص لأنها المسؤولة عن الأجهزة التنفيذية للتطوير التربوي الذي ينشده الأردن ويخطط له.

ذلك لأن الدور الذي تقوم به هذه الإدارة في قيادة الفعاليات المختلفة في المدارس وتوجيهها والإشراف عليها يعد ركناً أساسياً في نجاح العملية التربوية" (قباعة، ١٩٩٣: ص٢٠)

"وقد أكدت الدراسات إن الإدارة التربوية في الأردن تواجه في مختلف مستوياتها في مركز الوزارة، وفي مديريات التربية والتعليم مجموعة من المشكلات مثل قصور التشريعات، والحاجة إلى وضع وصف وظيفي للعاملين في مركز الوزارة والميدان، كذلك الحاجة إلى وضع معايير تقويمية لتنمية كفايات العاملين في مجال الإدارة التربوية، وبخاصة مديريات التربية والتعليم" (وزارة ١٩٨٨: ص١)

"ونتيجة التوسع المتسارع والكبير في المؤسسات التعليمية في الأردن، فقد تزداد احتياجات وزارة التربية والتعليم إلى الملاكات الإدارية بصورة كبيرة.

ولسد هذه الاحتياجات المتزايدة قامت الوزارة بتعيين كثير من الإداريين بالوزارة بطرق عشوائية ومن عناصر غير مؤهلة إدارياً في كثير من المجالات ودون الالتزام بالشروط الواجب توافرها في الأشخاص الذين تعينهم لشغل الوظائف الإدارية في الوزارة" (ابو سليم، ١٩٩٦: ص٢٣)

وبما أن الإدارة التربوية هي جزء من النظام التربوي العام، ورفع الكفايات الفنية والإدارية جانب من جوانب إصلاح النظام التربوي، كان لابد من تقويم الإجهزة الادارية التربوية في مديريات التربية لأنها المسؤولة عن الأجهزة التنفيذية في الميدان الذي يخطط له الأردن، ولأن الدور التي تقوم به تلك الأجهزة في قيادة الفعاليات المختلفة في الميدان وتوجيهها يعتبر ركناً أساسياً في نجاح العملية التربوية.

والباحث كغيره من المهتمين بشؤون التربية والتعليم وإدارتها التربوية ولمعايشته للواقع الإداري الذي تعيشه مديريات التربية والتعليم بالأردن، تبلورت لديه فكرة ضرورة اجراء دراسة ميدانية لتقويم مستوى الأداء الإداري لمديريات التربية والتعليم في الأردن، وتسليط الأضواء على ذلك المستوى، وبيان جوانب القصور إن وجدت للوصول إلى توصيات تساعد وزارة التربية والتعليم في معالجة تلك الجوانب.

أهداف البحث:

١- تحديد المهمات التي ينبغي أن تؤديها الوحدات الإدارية، والفنية في مديريات التربية والتعليم في الأردن.

٢- تقويم أداء مديريات التربية والتعليم في الأردن في ضوء مهامها الإدارية والفنية من وجهة نظر رؤساء الأقسام والمشرفين التربويين.

٣- معرفة هل هناك فروق ذات دلالة إحصائية في المهمات الإدارية والفنية بين رؤساء الأقسام والمشرفين التربويين في الأقاليم الثلاث.

حدود البحث:

يقتصر هذا البحث على:

١- مديريات التربية والتعليم في أقاليم الأردن الثلاث:

(الشمال والوسط والجنوب) خلال العام الدراسي ١٩٩٩-٢٠٠٠م

٢- مديريات التربية والتعليم موزعة في الأقاليم الآتية:

- إقليم الشمال: مديرية تربية قصبة المفرق.

مديرية تربية محافظة جرش.

مديرية تربية لواء الرمثا

- إقليم الوسط : مديرية تربية عمان الكبرى الأولى

مديرية تربية عمان الكبرى الثانية

مديرية تربية قصبة الزرقاء

- إقليم الجنوب: مديرية تربية قصبة الكرك

مديرية تربية محافظة معان

مديرية تربية محافظة العقبة

تحديد المصطلحات

أولاً: التقويم   Evaluation

- عرفه (تيري Terry) بأنه "عملية الحصول على المعلومات وإصدار أحكام تفيد في اتخاذ القرارات" (Terry 1994: P 42)

- وعرفه (كود Good) بأنه "عملية تأكيد قيمة أو مقدار شيء بتثمينه بعناية" (Good 1975: P220)

- وعرفه (تايلور Taylor) بأنه "عملية تقدير مدى تحقق الأهداف التربوية للبرنامج" (Taylor 1968: P21)

- وعرفه (وايلز Wiles) أنه "عملية تصدر منها أحكام تستخدم كأساس للتخطيط وتشمل على تحديد الأهداف وتوضيح الخطط وإصدار الأحكام على الأدلة ومراجعة الأساليب والأهداف في ضوء هذه الأحكام" (وايلز، ١٩٧٣: ص٣٥)

- تعريف Micheels بأنه "الأسلوب الذي تستعمل به البيانات المجمعة بوساطة القياس أو الوسائل الأخرى كأساس لإصدار أحكام عن الأشخاص والأماكن، أو الأشياء المختبرة أو المقاسة أو المفحوصة" (Micheels 1970: p74)

- وعرفه (أبو حطب وآخرون) بأنه "عملية إصدار الحكم على قيمة الأشياء أو الأشخاص او الموضوعات، وهو بهذا المعنى يتطلب استخدام المعايير أو المستويات او المحاكاة لتقدير هذه القيمة، كما يتضمن أيضاً معنى التعديل أو التحسين أو التطوير الذي يعتمد على هذه الأحكام (ابو حطب ١٩٧٣: ص٣٧)

ثانياً: الأداء (Performance)

- يعرفه (كود Good) إنه "الجهد الذي يقوم به الشخص لإنجاز عمل ما بالفعل حسب قدرته واستطاعته" (Good, 1984: p5757)

- كما يعرفه (جنليوز وولیم Juilus & William) بأنه "السلوك الذي يقوم به الفرد لتنفيذ عمل خاص" (Juilus & William 1973: p75)

- وعرفه (صالح) بأنه "مجموع الاستجابات التي يأتي بها الفرد في موقف معين وتكون قابلة للملاحظة والقياس" (صالح، ص٩)

التعريف الإجرائي للأداء:

(سلوك هادف تمارسه الوحدات الإدارية في مديريات التربية في الأردن، بهـدف إنجـاز المهـمات الموكولة إليها بكفاءة وفعالية عاليتين)

ثالثاً: تقويم الأداء (Performance Appraisal)

- عرفه (عيسى) بأنه: "العملية التي عن طريقها يتم تقدير الموظف في تحقيق أهداف وظيفته، وترمـي إلى تحسين الأداء وتطوير الموظف بتعديل سلوكه الوظيفي الحالي، ويذهب البعض إلى أنه يقصد بتقـويم أداء المديريات أو قياس كفاءتها، تحليل وتقويم إنجاز أعمالها" (عيسى، ١٩٩٧: ص١٧٥)

- وعرفه (القضاة) بأنه "مدى مطابقة العمليات الإنتاجية التي تم إنجازها في مدة زمنية محدودة للخطط الموضوعة العلمية والعملية التي تكفل تجاوز القصور وتجنب الإنحراف في الإنتاج مستقبلاً" (القضاة، ١٩٩٧: ص٥٥)

- وعرفه (جاسم) بأنه: "عملية توجيه مسارات الأنشطة داخل المديريات في الاتجاهات المحققة للأهداف أو تصحيح هذه المسارات في حالة انحرافها، لذا فإن عمليـة التقـويم هـي حالـة حركيـة مستمرة غير ثابتة" (جاسم، ١٩٨٤: ص٢٢).

- وعرفه (روبنس) بأنه: "عملية مرشدة للنشاطات لتقدير مـا اذا كانت الوحدات المستقلة أو المنظمات نفسها قد حصلت على مواردها، وانتفعت بها في سبيل تحقيق أهدافها (Robbing 1979: p413) .

- **التعريف الإجرائي لتقويم الأداء:**

(هي عملية تشخيصية علمية ودقيقة لإصدار حكم لواقع أداء مديريات التربية والتعليم في الأردن في ضوء مهامها ومسؤولياتها لاتخاذ قرار رشيد يؤدي إلى تطوير هذه المهام لضمان تحقيق الأهداف وفقاً للخطط والبرامج الموضوعة).

رابعاً: مديريات التربية والتعليم

(وهي وحدات إدارية تنشأ في مراكـز المحافظات والألوية وتختص مسؤولياتها برفع مسـتوى التعليم في المستويات التعليمية (المدارس) التابعة لها، والعمل على تنفيذ السياسة والخطط التربويـة التـي تضعها وزارة التربية والتعليم ضمن القوانين والأنظمة والتعليمات) (وزارة التربية، ١٩٩٨: ص٢١)

خامساً: المهام الإدارية

(هـي مجموعـة الأنشـطة أو الوظـائف التـي يمارسـها الإداري لتحقيـق الأهـداف الإداريـة بأيـة مؤسسة من المؤسسات، وتتكون العملية الإدارية من سلسـلة مـن العمليـات الجزئيـة أو الصـغيرة، يـرتبط بعضها بالبعض الآخر، وتقسيمها الى سلسلة من العمليات الجزئية لتسهيل دراستها لانهـا تشـكل في الواقـع العملي كلا متكاملاً يصعب تحليل أجزائه) (قباعة، ١٩٩٣: ص٢٣)

سادساً: المهام الفنية

يعرفها الباحث بأنها: (مجموعة من الأنشطة والمهارات المعرفية المتخصصة، والتي يـتم اداؤهـا بوسائل فنية بشكل يكفل تحقيق الأهداف).

منهج البحث:

يتضمن هذا الفصل وصفاً لمجتمع البحث وعينته، وادواته، وإجراءات تطبيقه، والأساليب الاحصائية المستخدمة.

أولاً: مجتمع البحث

تكون مجتمع البحث من جميع رؤساء الاقسام والمشرفين التربويين في مديريات التربية والتعليم في الأردن، موزعين على الاقاليم الثلاثة، وكان عددهم (٨٨٢) كما هو مبين بالجدول (١)

جدول (١)

الرقم	اسم المديرية	عدد رؤساء الاقسام	عدد المشرفين التربويين	المجموع الكلي
١.	عمان الكبرى/ أولى	١٦	٥٤	٧٠
٢.	عمان الكبرى/ ثانية	١٦	٣٠	٤٦
٣.	عمان الثالثة	١٦	٢٢	٣٨
٤.	محافظة مادبا	١٦	١٤	٣٠
٥.	السلط	١٦	٢٧	٣٣
٦.	لواء دير علا	١٦	٠٨	٢٤
٧.	قصبة الزرقاء	١٦	٣٢	٤٨
٨.	لواء الرصيفة	١٦	١٣	٢٩

٩.	اربد الاولى	١٦	٤٦	٦٢
١٠.	اربد الثانية	١٦	٢٦	٤٢
١١.	لواء الكورة	١٦	١٦	٣٢
١٢.	لواء بني كنانة	١٦	١٧	٣٣
١٣.	الاغوار الشمالية	١٦	١٠	٢٦
١٤.	لواء الرمثا	١٦	١٦	٣٢
١٥.	محافظة جرش	١٦	٢٧	٤٣
١٦.	محافظة عجلون	١٦	١٩	٣٥
١٧.	قصبة المفرق	١٦	٣١	٤٧
١٨.	لواء البادية الشمالية	١٦	١٢	٢٨
١٩.	محافظة معان	١٦	١٦	٣٢
٢٠.	قصبة الكرك	١٦	٢٧	٤٣
٢١.	لواء القصر	١٦	٠٦	٢٢
٢٢.	لواء المزار الجنوبي	١٦	١٢	٢٨
٢٣.	محافظة الطفيلة	١٦	١١	٢٧
٢٤.	محافظة العقبة	١٦	٠٦	٢٢
	المجموع	٣٨٤	٤٩٨	٨٨٢

ثانياً: عينة البحث

تم اختيار عينة البحث بالطريقة الطبقية المقصودة، حيث كان العدد الكلي لعينة البحث (١٩٣) رئيس قسم ومشرفاً تربوياً وبنسبة (٢٣%) وهذه النسبة تعد ممثلة للاقاليم الثلاثة في الأردن، كما هو موضح بالجدول (٢).

جدول (٢)

الرقم	الاقليم	اسم المديرية	عدد رؤساء الأقسام	عدد المشرفين التربويين	المجموع
١		لواء الرمثا	٨	٠٨	١٦
٢	الشمال	محافظة جرش	٨	١٤	٢٢
٣		قصبة المفرق	٨	١٦	٢٤
٤		عمان الكبرى/ اولى	٨	٢٧	٣٥
٥	الوسط	عمان الكبرى/ ثانية	٨	١٥	٢٣
٦		قصبة الزرقاء	٨	١٦	٢٤
٧		محافظة معان	٨	٠٨	١٦
٨	الجنوب	قصبة الكرك	٨	١٤	٢٢
٩		محافظة العقبة	٨	٠٣	١١
		المجموع	٧٢	١٢١	١٩٣

ثالثاً: أداة البحث

إن الهدف الرئيس لهذا البحث، هو تقويم أداء مديريات التربية والتعليم في الأردن في ضوء مهامها الإدارية والفنية، وقد تطلب ذلك ما يأتي:

١- تحديد المهام الإدارية والفنية التي ينبغي أن تؤديها مديريات التربية والتعليم في الأردن.

٢- بناء اداة لتقويم أداء مديريات التربية والتعليم في ضوء مهامها.

وفيما يلي عرض للإجراءات التي قام بها الباحث:

لتحديد المهام الإدارية والفنية التي ينبغي أن تؤديها مديريات التربية والتعليم قام الباحث ببناء استبانة لتقويم الأداء الإداري والفني لأجهزة مديريات التربية والتعليم بالاعتماد على الأدب النظري والدراسات السابقة في مجال الإدارة التربوية، وعلى أنظمة وقوانين وزارة التربية والتعليم للإفادة منها في تحديد المهام التي ينبغي أن تؤديها مديريات التربية، وقد اشتملت هذه الدراسة على مجالين رئيسين يمثلان جوانب العملية التربوية للمديريات وهذان المجالان هما:

- المحال الإداري: ويشتمل على (٣٩) فقرة.

- المجال الفني: ويشتمل على (٤٩) فقرة.

وقد أعدت الاستبانة بصورتها الأولية، حيث تم عرضها على لجنة من المحكمين والخبراء من أعضاء هيئة التدريس في كلية التربية في جامعة بغداد وجامعة اليرموك، كما عرضت على مجموعة من المتخصصين وذوي الخبرة في الإدارة التربوية، وطلب الباحث من المحكمين إبداء آرائهم وملاحظاتهم على فقرات الاستبانة من حيث:

- مدى مناسبة الفقرة للمجال الذي اندرجت تحته.

- وضوح الفقرة.

- الصياغة اللغوية.

واذا كان هناك حذف أو إضافة أو تعديل أو أية ملاحظات.

وعلى ضوء ما ورد من المحكمين والخبراء من آراء وملاحظات أجريت التعديلات المناسبة، وقد انطبقت شروط اختيار الفقرات من حيث وضوح الفقرة، والصياغة اللغوية، والانتماء للمجال الذي تنتمي اليه، لتصبح مجموع فقرات المجالين (٨٨) فقرة، موزعة على المجالين الاداري والفني، وجرى بعد ذلك بناء واخراج الاستبانة بصورتها النهائية.

وقد صممت الاستبانة على شكل المقياس الخماسي المتدرج الموجود في استمارة الاستبانة امام تلك الفقرات، والذي يبدأ تدرجه من (١-٥) إذ إن الدرجة (١) تمثل ادنى مستوى للأهمية، وهي تدل على أن الفقرة (غير مهمة إطلاقا) والدرجة (٢) تدل على أن الفقرة (قليلة الأهمية) والدرجة (٣) تدل على أن الفقرة (مهمة الى حد ما) والدرجة (٤) تدل على أن الفقرة (مهمة) والدرجة (٥) تمثل أعلى مستوى من الأهمية.

هذا وقد عبرت كل فقرة من فقرات الاستبانة عن مهارة من المهارات الادارية او الفنية التي تؤديها مديريات التربية والتعليم في الأردن، وطلب الباحث من افراد عينة البحث تقدير مستوى اداء المديرية لهذه المهمة، وفقا للمقياس الذي حددته الاستبانة، وهو مقياس خماسي متدرج التقسيم على ان يعطي المستجيب تقديراً واحداً لكل مهمة من المهمات على ذلك المقياس.

وقد تم اعتماد المقياس المئوي، وهو المقياس الخماسي من اجل تفسير النتائج، حيث يعطي هذا المقياس الدرجات الآتية:

- ٨٠% فأكثر متحقق بدرجة كبيرة جداً.

- ٧٠-٧٩.٩% متحقق بدرجة كبيرة.

- ٦٠-٦٩.٦% متحقق بدرجة متوسطة.

- ٥٠-٥٩.٩% متحقق بدرجة قليلة.

- ٥٠ فأقل متحقق بدرجة قليلة جداً.

رابعاً: صدق الأداة

بغرض الوقوف على صدق الأداة، تم اختيار عينة مكونة من (١٢) فرداً من اعضاء هيئة التدريس بكلية التربية بجامعة بغداد، وجامعة اليرموك، ومن العاملين في الميدان التربوي، ومن ذوي الخبرة في مجال الادارة التربوية، وطلب الباحث منهم الحكم على درجة مناسبة الفقرة للمجال الذي اندرجت تحته، ووضوح الفقرة، والصياغة اللغوية، أو اية ملاحظات يرونها مناسبة وقد جرى تعديل الاستبانة بناء على هذه الملاحظات وقد كانت متقاربة جدا وتم الأخذ بها.

وقد عد الباحث حصول اية فقرة على موافقة (٨٠%) من لجنة الخبراء دليلا على انها اداة صادقة لما أعدت من اجله.

اسماء الخبراء والمحكمين:

١- الاستاذ الدكتور رياض بدري ستراك/ جامعة بغداد.

٢- الأستاذ الدكتور احمد الخطيب/ جامعة اليرموك.

٣- الأستاذ الدكتور كايد سلامة/ جامعة اليرموك.

٤- الأستاذ الدكتورة رداح الخطيب/ جامعة اليرموك.

٥- الاستاذ المساعد الدكتور عواد جاسم/ مدير عام متقاعد.

٦- الاستاذ المساعد الدكتورة هيام الشريد/ جامعة اليرموك.

٧- الاستاذ المساعد الدكتور يحيى شديفات/ جامعة آل البيت.

٨- الدكتور عدنان بدري الابراهيم/ جامعة اليرموك.

٩- الدكتور صالح عليمات/ جامعة اليرموك.

١٠- الدكتور علي مقبل/ مدير الشؤون الادارية في تربية المفرق.

١١- الاستاذ راكان القاضي/ مدير التربية والتعليم في تربية المفرق.

١٢- الاستاذ مصطفى راشد شديفات/ مدير الشؤون الفنية في تربية المفرق.

خامساً: ثبات الأداة

للوقوف على ثبات الاداة قام الباحث بتوزيعها على عينة تجريبية تكونت من (١٥) رئيس قسم ومشرف تربوي من خارج عينة البحث، وذلك باستخدام طريقة اعادة الاختبار (Test-Retest) بفاصل زمني قدره اسبوعين وتم استخدام معامل الثبات لهذا المقياس باستخدام معامل ارتباط بيرسون بينهما، وقد بلغ معامل الثبات الكلي (٩١.١٢) وهو معامل ثبات عالي الاختبار كما تم استخراج معامل الثبات للمجالين الاداري والفني وكما هو موضح في الجدول (٣) وبهذا قد تم التأكد من استقرار استجابات المستجيبين.

الجدول (٣)

يبين معاملات ثبات الاداة للمجالين الاداري والفني ومعامل الثبات الكلي

الرقم	المجال	قيم الثبات
١	الاداري	٠.٩١
٢	الفني	٠.٨٩
	الاداة ككل	٠.٩١

سادساً: إجراءات البحث

تم بناء استبانة رئيسة واحدة بصورة اولية، وكانت مكونة من (٨٨) فقرة موزعة على المجالين الاداري والفني لاداء مديريات التربية والتعليم في الأردن، ثم تم عرض الاستبانة على مجموعة من المحكمين والخبراء لابداء الرأي واعطاء الملاحظات، وبعد استعادتها تم دراسة مقترحات وملاحظات المحكمين والخبراء، وكانت ملاحظاتهم متقاربة، واجريت عملية تعديل وتصويب الفقرات بما يتناسب وملاحظاتهم كما تم تغيير بعض الكلمات التي لا تتناسب والفقرات، حيث تم استبقاء معظم الفقرات التي وردت بالاستبانة والتي اشار اليها المحكمون، حيث تم شطب (٣) فقرات وفصل (٣) فقرات عن فقرات الاستبانة وبقي عدد الفقرات الكلي (٨٨) فقرة موزعة على المجالين الإداري والفني، ثم تم استخراج معامل الثبات الكلي للاداة، وجرى حساب معامل الثبات للمجالين الاداري والفني أيضا.

وبعد التأكد من دلالات الصدق قام الباحث بطباعة الاستبانة بعدد من النسخ تزيد عن أفراد عينة البحث المشمولة بهذه الدراسة، وارفق مع كل نسخة من نسخ الاستبانة تعليمات واضحة تعطي المستجيب صورة وافية عن أهداف وأغراض البحث، وطريقة الاجابة عليها، كما طلب من أفراد عينة البحث تعبئة البيانات الضرورية التي تساعد الباحث على ضبط المتغيرات، ثم تم توزيع الاستبانة على جميع أفراد عينة البحث باليد أعطي المستجيبون فرصة كافية للاجابة على الاستبانة وبعد انقضاء المدة الكافية للاجابات تم جمع كامل الاستبانات.

سابعاً: الوسائل الإحصائية

لغرض معالجة البيانات احصائيا، استخدم الباحث الأساليب الاحصائية الآتية:

١- معامل ارتباط بيرسون (Person) :

وقد استخدم في حساب الثبات بطريقة اعادة الاختبار (Test-Retest)

$$\text{معامل الارتباط} = \frac{\text{ن مجـ س ص} - (\text{مجـ س})(\text{مجـ ص})}{\sqrt{[\text{ن مجـ س}^{2} - (\text{مجـ س})^{2}][\text{ن مجـ ص}^{2} - (\text{مجـ ص})^{2}]}}$$

٢- معادلة (فيشر Fishcer) لايجاد الحدة (الوسط المرجح) واستخدمت لترتيب مستوى اداء مديريات التربية والتعليم وفقاً لاهميتها، وبحسب حدتها المرجحة وذلك وفق القانون الآتي:

$$\text{الوسط المرجح} = \frac{\text{ت}_{1} \times 5 + \text{ت}_{2} \times 4 + \text{ت}_{3} \times 3 + \text{ت}_{4} \times 2 + \text{ت}_{5} \times 1}{\text{ت ك}}$$

حيث أن:

ت_{5} = تكرار استجابات أفراد عينة البحث على البديل (مهمة جداً).

ت_{4} = تكرار استجابات أفراد عينة البحث على البديل (مهمة).

ت_{3} = تكرار استجابات أفراد عينة البحث على البديل (مهمة الى حد ما).

ت_{2} = تكرار استجابات أفراد عينة البحث على البديل (غير مهمة).

$ت_1$ = تكرار استجابات أفراد عينة البحث على البديل (غير مهمة اطلاقا).

ت ك = عدد افراد العينة

$$٣- كا^٢ = \sum \frac{(ل - ق)^٢}{ق}$$

ل - التكرارات الملاحظة.

ق - التكرارات المتوقعة (عودة، ١٩٨٨: ص٦٣)

عرض النتائج وتحليلها:

يتضمن هذا الفصل عرضاً للنتائج في هذا البحث الذي هدف إلى تقويم أداء مديريات التربية والتعليم في الأردن في ضوء مهامها الإدارية والفنية من وجهة نظر رؤساء الأقسام والمشرفين التربويين.

- للإجابة على التساؤل الأول "ما مدى تحقق المهام الإدارية والفنية عند عينة البحث (رؤساء الأقسام والمشرفين التربويين) في أقاليم الأردن الثلاثة (الشمال، الوسط، الجنوب) ثم الإجابة عليه من خلال إيجاد الوسط الحسابي المرجح لفقرات أداة الدراسة كاملة وكذلك المجال المهام الادارية، ومجال المهام الفنية.

جدول (٤)

قيم الوسط المرجح لفقرات الأداة كاملة

الفقرة	بدرجة قليلة جدا	بدرجة قليلة	بدرجة متوسطة	بدرجة كبيرة	بدرجة كبيرة جدا	الوسط المرجح
تساهم المديرية في التطوير المهني للمديرين والمعلمين	١	٩	-	١٥	١٦٨	٤.٧٦
تعقد دورات التدريب على كيفية استعمال الوسائل التعليمية	٨	-	٥	٦٧	١١٣	٤.٤٣
تنظم زيارات خاصة لمكتبات المدارس والاطلاع على أوضاعها وتوجيه المسؤولين عنها.	٩	٣	٤	٤٩	١٢٨	٤.٤٣
تجري مساهمة فعلية في تنفيذ المناهج الدراسية	١	٥	٢١	٤٤	١٢٢	٤.٤١

وضع تصورات مستقبلية لكل منطقة لمعرفة الاعداد تي يتم قبولها في الأول الاساسي.	٤	٩	٨	٥٧	١١٥	٤.٣٥
جري تنظيم الامتحانات والعمل على تطويرها.	٧	٢٢	١	٢٣	١٤٠	٤.٣٤
وفر الصيانة اللازمة للأجهزة والأدوات المختبرية	-	٦	٧	٨٨	٩٢	٤.٣٣
تم توزيع أجهزة الراديو والتلفزيون للمدارس حسب أولويات	٩	١١	٤	٤٥	١٢٤	٤.٣٢
عد قاعات الامتحان وتزود بما تلزم.	-	١٠	٥	٨٦	٩٢	٤.٣٠
قوم النتائج المتحققة من برامج محو الأمية	٢١	١٢	٤٥	١١٥	١٩٣	٤.٢٧
نسق بين الأقسام المعنية بشأن شراء الأجهزة والمواد لازمة لتحضير الوسائل التعليمية وإنتاجها.	٥	٢٨	٥	١٩	١٣٦	٤.٢٧
تابع صيانة السيارات الخاصة بالمديرية بشكل ستمر.	٥	١	٢٥	٧٠	٩٢	٤.٢٣
عمل المديرية على إعداد لوحات بيانية تبين التطور كمي لإعداد الطلبة سنويا.	١٤	٤	١٧	٤٥	١١٣	٤.١٩
عمل على تزويد مكتبات المديرية بمصادر المعرفة ضرورية	-	٢١	١٣	٦٣	٩٦	٤.١٧
عتمد زيارات دورية ومفاجئة لمركز التعليم غير نظامي لمتابعة سير الدراسة.	١٧	١٠	١٠	٣٨	١١٨	٤.١٥
عمل على تنمية العاملين في المديرية.	-	-	٣٠	١٠٩	٥٤	٤.٠٨
وجد تعاون بين التعليم المهني والأقسام ذات العلاقة ، اعداد التشكيلات المدرسية.	-	-	٤٥	٨٧	٦١	٤.٠٤
قوم أداء العاملين في المديرية بموضوعية	٣	-	٣٥	٩٩	٥٦	٤.٠٢
قوم معارض للأعمال الانتاجية المركز المهنية	٧	١٩	١١	٧٤	٨٢	٤.٠٢
تابع الاعمال الانتاجية للمراكز المهنية وتوثيقها.	-	١٥	٣٥	٦٧	٧٦	٤.٠١

٣.٩٠	٥٩	٨٣	٣٥	١٢	٤	يشترك القسم في صرف مستحقات المدارس من الهلال الاحمر
٣.٩٠	٤١	١٠٠	٥٢	-	-	تقوم الخطة السنوية للوحدة في بيانه لعدم بالتعاون مع المختصين.
٣.٨٩	١٠٢	٤٣	٨	١٣	٢٧	توزع ملصقات ونشرات للتوعية التعليم غير النظامي
٣.٨٩	٥٧	٩٠	٢٩	٩	٨	تجرى التنقلات وتعبئة الشواغر قبل بداعية السنة الدراسية بمدة مناسبة.
٣.٨٩	٤٥	١٠٦	٣١	٦	٥	يتم القيام بزيارات ميدانية للمدارس من خلال الرقابة المالية وبشكل دوري
٣.٨٢	٤٠	٨٨	٦٤	١	-	يتم الإشراف على التخطيط الأنشطة اللامنهجية ومتابعة تنفيذها
٣.٨٢	٥٦	٨٧	٢٨	١٢	١٠	تدقق سجلات الاثاث واللوازم المستهلكة قبل الموافقة على شطبها.
٣.٨٢	٨٧	٤٢	٢١	٣٦	٧	تعقد دورات تحكيمية لمعلمي التربية الرياضية.
٣.٨٠	٤٦	٩٢	٤٠	٩	٦	يوزع العاملون في المديرية حسب الملاك المقرر.
٣.٨٠	٤٠	٨٨	٦٠	٥٠	-	تقوم المديرية بزيارات ارشادية للمدارس لتوضيح كيفية استعمال الأجهزة المختلفة.
٣.٧٩	٤٨	٩٥	٣٣	٥	١٢	تجري متابعة الصيانة والاصلاحات المختلفة والطارئة للمديرية.
٣.٧٨	٥٥	٧٤	٧٨	٧	٩	توفر مستلزمات المديرية من أثاث ولوازم.
٣.٧٧	٧٣	٥٤	٢٧	٣٦	٣	تزود أقسام المديرية بما تحتاجه من بيانات احصائية
٣.٧٦	٤٥	٩٥	٣٤	٨	١١	يكون الرد على جميع المعاملات بوقت كاف.
٣.٧٥	٦٤	٧٢	٢٩	٨	٢٠	يتم التأكد من تطابق سجلات المقاصف المدرسية مع واقع المبيعات اليومية.
٣.٧٥	٤١	١٠٢	٢٦	١٧	٧	يستفاد من نتائج التقويم في تطوير الخطة السنوية القادمة.
٣.٧١	٥٠	٩٦	٦	-	٩	تعمل المديرية على تسجيل وتصوير الانشطة المختلفة.

تم اختيار رؤساء القاعات والمراقبين في امتحانات ثانوية العامة وفق أسس علمية.	٩	٣٤	٦	٩٨	٤٦	٣.٦٧
تخذ إجراءات وقائية كافية لمنع الغش أو التلاعب المصروفات.	١١	١٦	٣٦	٩١	٣٩	٣.٦٤
ستثمر أوقات الدوام الرسمي في إنجاز العمل متابعته.	٢٠	١٥	٢٧	٧٨	٥٣	٣.٦٢
قدر موازنة المديرية بمشاركة رؤساء الأقسام كافة.	١٠	٢٤	٤٢	٦٤	٥٢	٣.٥٩
عد تقرير احصائي سنوي عن التعليم في المديرية.	١٥	٢٠	٣٦	٧٢	٥٠	٣.٥٩
بلغ المدير المختص عن أي مخالفة او تجاوز مالي ور اكتشافه.	١٥	١٩	٣٠	٨٩	٤٠	٣.٥٩
نظم الشؤون المالية ويتابع تنفيذها	١٩	١٠	٤٣	٧٢	٤٩	٣.٥٩
قدير المخصصات المالية عادة تكفي لما وجدت من جله.	١٢	١٩	٣٦	٩٠	٣٦	٣.٥٧
ؤكد على السرعة في إنجاز معاملات الأبنية لستأجرة.	٢٤	١٧	٢٤	٧٤	٥٤	٣.٥٦
ستثمر البيانات الاحصائية في صنع القرارات الإدارية.	٨	٣٣	٣٧	٦٦	٤٩	٣.٥٥
تم اختيار مديري المدارس وفق أسس موضوعية.	١٤	٢٠	٤٧	٦٤	٤٨	٣.٥٤
وضح أسباب الزيادة أو النقص في المصروفات سنوية للمديرية.	١٧	٢٢	٢٨	٨٩	٣٧	٣.٥١
جري مساهمة فعلية في تقويم المناهج المدرسية	٢٨	١٠	٤٩	٤٥	٦١	٣.٤٨
عد الاحصاءات التربوية للمدارس وتعبئتها بشكل قيق.	٢٨	١٩	٥٤	٤٣	٤٩	٣.٣١
قدير المخصات المالية عادة تكفيي لما وجدت من جله.	٣٣	٣٥	٥٠	٥٠	٢٥	٢.٩٥
نجز الأعمال الإدارية وفقا للصلاحيات والمسؤوليات لمحددة.	٣٩	٦٤	٢٩	٦	٥٥	٢.٨٢
عمل على تقديم تقرير دوري سنوي فيما يتعلق منجزات الأبنية	٤٥	٧٦	٣١	-	٤١	٢.٥٢

تعقد دورات تدريبية لانتاج الوسائل التعليمية.	٢٦	١٠٦	١٤	٢٦	٢١	٢.٤٩
تواجه الظروف والمواقف المختلفة دون الرجوع إلى التعليمات.	٥٠	٧٠	٣٤	-	٣٩	٢.٤٨
تحويل البريد الى المعنيين بالمديرية بشكل مرض.	٤٦	٨٧	٢١	-	٣٩	٢.٤٣
تسهل مهمة المراجعين وتوجههم.	٣٧	٨٦	٤٣	-	٢٧	٢.٤١
تقام الاحتفالات في المناسبات الوطنية	٣٩	٧٣	٥٣	١٩	٩	٢.٣٦
تلقى المعاملات بكافة أشكالها وابلاغها للموظفين ثم إعادتها الى مصادرها دون تأخير.	٦٣	٧٢	٣٢	-	٢٦	٢.٢٠
يشرف على تنظيم برامج محو الأمية ومتابعة تنفيذها	٦٧	٦٦	٢٩	٢٦	٥	٢.١١
تجهز سجلات للنشاطات المكتبية للمديرية والميدان.	٩١	٤٠	٢٢	٢٩	١٦	٢.٠٩
تنجز المعاملات المالية المتعلقة بالموظفين في المديرية بالشكل المطلوب.	٥٦	٩٥	٢٦	-	١٦	٢.٠٥
تتابع سجلات الدوام الوظيفي بشكل مستمر.	٦٩	٨٠	٢٤	-	٢٠	٢.٠٣
تعقد دورات تدريبية للمعلمين في المجال الرياضي.	٨٦	٦٨	٥	١١	٢٣	٢.٠١
تدقق حسابات المدارس المالية نهاية العام الدراسي.	٥٩	٩٥	٢٧	-	١٢	١.٩٨
يجري العمل على إيجاد نماذج من الوسائل التعليمية الضرورية لدعم تطبيق المنهج الدراسي.	٨٦	٦٥	٨	٢٨	٦	١.٩٣
ترسل نتائج تقويم المناهج الى الجهات المختصة.	٤٣	١١٥	٣٥	-	-	١.٩١
يعمل على تنظيم تبادل الزيارات الصفية بين المعلمين في المدرسة الواحدة وبين مدارس المنطقة لتبادل الخبرات.	٤٩	١١٢	٣٢	-	-	١.٨٧
تطلع الجهات ذات العلاقة على تقارير المشرفين التربويين.	٧٠	٨٥	٣٨	-	-	١.٧٩

١.٧٩	-	-	٦	١٤٥	٤٢	مل على إعادة الطلبة المتسربين ومعرفة أسباب ربهم.
١.٦٩	-	-	١٣	١١٧	٦٣	جد سجل احصائي يتضمن عدد الأميين وفئاتهم ختلفة في المنطقة التابعة للمديرية.
١.٥٧	-	-	٦	١٣٠	٥٧	ستق الخطط الإشرافية من الإجراءات الواقعية مكنة التحقق.
١.٥٧	-	-	٢٦	٧٢	٩٥	زار المدارس الخاصة للتأكد من تطبيق المناهج قررة رسميا.
١.٥٥	٦	١٧	٨	٢٧	١٣٥	ابع تطبق أحكام التعليم الأساسي
١.٥٥	-	-	١٤	٨٦	٩٣	ـارك الإشراف التربوي مع الأقسام ذات العلاقة نشاطات المدرسية.
١.٥١	-	-	١٢	٨٣	٩٨	عاون أقسام الشؤون التعليمية في تنفيذ مناهج حو الأمية.
١.٤٩	-	-	٦	٩١	٩٦	مل على رفع المستوى العلمي للطلبة.
١.٤٧	-	-	٥	٨٩	٩٩	ساهم الاشراف التربوي في تلبية احتياجات المدارس ن الأجهزة واللوازم.
١.٤٠	-	-	٤	٧٨	١١١	عطي دروس تطبيقية في المدارس التدريب والتوجيه
١.٣٥	-	-	٧	٦٢	١٢٤	شجع البحوث التربوية وتوفير ما يلزمها.
١.٣١	-	-	١٤	٤٠	١٣٩	خذ الاجراءات اللازمة بشأن المعلمين المقصرين في ائهم.
١.٢٩	-	-	٧	٥١	١٣٥	هود المديرين الكفوئين في أداء اعمالهم
١.٢٩	-	-	٨	٤٩	١٣٦	م متابعة الطلبة المتسربين ومعرفة اسباب تسربهم.
١.٢٩	-	-	٩	٤٦	١٣٨	مل على إشراك المشرفين التربويين في اختيار معلمي تعليم الإضافي.
١.٢٠	-	-	٩	٢٩	١٥٥	جري مساهمة فعلية في تطوير المناهج الدراسية.
١.١٩	-	-	٤	٣٧	١٥٢	جود تعاون مشترك بين الأقسام المعنية بخصوص اجات المدارس من المعلمين المتخصصين.
١.١٣	-	-	٧	١٩	١٦٧	مل على متابعة التوجيهات والملاحظات التي يتم وينها المعلمين.

للاجابة على الهدف الثاني تقويم اداء مديريات التربية والتعليم في الأردن في ضوء مهامها الادارية والفنية من وجهة نظر رؤساء الأقسام والمشرفين التربويين فقد عدت المهام التي حصلت على وسط مرجح يزيد عن (٣) مهاماً تم اداؤها بصورة كبيرة وكبيرة جدا من قبل مديريات التربية والتعليم وتمثل مستوى جيدا لادائها في حين عدت المهام التي حصلت على وسط مرجح يقل عن (٣) مهامها تم اداؤها بصورة قليلة وقليلة جدا وتمثل مستوى ضعيفا لادائها، وتبين من خلال الجدول (٤) أن قيم الوسط المرجح لتقديرات عينة البحث (رؤساء الاقسام والمشرفين التربويين) للأداة كاملة تراوحت ما بين (١.١٣-٤.٧٦) حيث حصلت الفقرة "يعمل على متابعة التوجيهات والملاحظات التي يتم تدوينها للمعلمين " على أدنى تقدير (١.١٣) في حين حصلت الفقرة "تساهم المديرية في التطور المهني للمديرين والمعلمين" على أعلى تقدير (٤.٧٦).

كما يتضح من الجدول (٤)

- كان هناك (١٢) فقرة كان الأداء لها بدرجة كبيرة جداً لحصولها على وسط مرجح تراوح ما بين (٤.٢٣-٤.٧٦).
- إن هناك (٣٨) فقرة كان الأداء لها بدرجة كبيرة لحصولها على وسط مرجح تراوح ما بين (٣.٤٨-٤.١٩).
- إن هناك (٣) فقرات كان الأداء لها بدرجة متوسطة لحصولها على وسط مرجح تراوح ما بين (٢.٨٢-٣.٣١).
- إن هناك (١٦) فقرة كان الأداء لها بدرجة قليلة لحصولها على وسط مرجح تراوح ما بين (١.٨٧-٢.٥٢).
- إن هناك (١٩) فقرة كان الأداء لها بدرجة قليلة جدا لحصولها على وسط مرجح تراوح ما بين (١.١٣-١.٧٩).

هذا وقد اتفقت نتائج هذه الدراسة مع كل من دراسة كرافورد (Crowford, 1983) ودراسة غنيمات (١٩٩٠) ودراسة الشبول (١٩٩٥) في مجال المهام الإدارية وتعارضت مع دراسة الشبول في مجال المهام الفنية.

وقد قام الباحث بايجاد الوسط المرجح لمجال المهام الإدارية لوحده بناءاً على تقديرات عينة البحث (رؤساء الأقسام والمشرفين التربويين) كما هو مبين في الجدول (٤)

وهكذا يتضح ندرة الدراسات السابقة والمماثلة لهذه الدراسة سواء كانت دراسات عربية أو أجنبية والتي يمكن مقارنة نتائجها مع نتائج هذه الدراسة مما يحتم إجراء مثل هذه الدراسات مستقبلا.

جدول (٥)

قيم الوسط المرجح لفقرات مجال المهام الإدارية

الفقرة	بدرجة قليلة جدا	بدرجة قليلة	بدرجة متوسطة	بدرجة كبيرة	بدرجة كبيرة جدا	الوسط المرجح
وضع تصورات مستقبلية لكل منطقة لمعرفة الأعداد تي يتم قبولها في الأول الأساسي.	٤	٩	٨	٥٧	١١٥	٤.٣٥
تابع صيانة السيارات الخاصة بالمديرية بشكل ستمر.	٥	١	٢٥	٧٠	٩٢	٤.٢٣
عمل المديرية على إعداد لوحات بيانية تبين التطور كمي لإعداد الطلبة سنويا.	١٤	٤	١٧	٤٥	١١٣	٤.١٩
عمل على تنمية العاملين في المديرية.	-	-	٣٠	١٠٩	٥٤	٤.٠٨
قوم أداء العاملين في المديرية بموضوعية.	٣	-	٣٥	٩٩	٥٦	٤.٠٢
شترك القسم في صرف مستحقات المدارس من الهلال أحمر	٤	١٢	٣٥	٨٣	٥٩	٣.٩٠
قوم الخطة السنوية للوحدة في نهاية العام بالتعاون ع المختصين.	-	-	٥٢	١٠٠	٤١	٣.٩٠
جري التنقلات وتعبئة الشواغر قبل بداية السنة دراسية بمدة مناسبة.	٨	٩	٢٩	٩٠	٥٧	٣.٨٩
تم القيام بزيارات ميدانية للمدارس من خلال رقابة المالية وبشكل دوري.	٥	٦	٣١	١٠٦	٤٥	٣.٨٩
دقق سجلات الاثاث واللوازم المستهلكة قبل الموافقة لى شطبها	١٠	١٢	٢٨	٨٧	٥٦	٣.٨٢
وزع العاملون في المديرية حسب الملاك المقرر.	٦	٩	٤٠	٩٢	٤٦	٣.٨٠
جري متابعة الصيانة والاصلاحات المختلفة والطارئة لمديرية.	١٢	٥	٣٣	٩٥	٤٨	٣.٧٨

توفر مستلزمات المديرية من أثاث ولوازم.	٩	٧	٤٨	٧٤	٥٥	٣.٧٧
تزود أقسام المديرية بما تحتاجه من بيانات احصائية	٣	٣٦	٢٧	٥٤	٧٣	٣.٧٦
يكون الرد على جميع المعاملات بوقت كاف.	١١	٨	٣٤	٩٥	٤٥	٣.٧٥
يتم التأكد من تطابق سجلات المقاصف المدرسية مع واقع المبيعات اليومية.	٢٠	٨	٢٩	٧٢	٦٤	٣.٧٥
يستفاد من نتائج التقويم في تطوير الخطة السنوية القادمة.	٧	١٧	٢٦	١٠٢	٤١	٣.٦٤
تتخذ إجراءات وقائية كافية لمنع الغش أو التلاعب بالمصروفات	١١	١٦	٣٦	٩١	٣٩	٣.٥٩
تستثمر اوقات الدوام الرسمي في انجاز العمل ومتابعته	٢٠	١٥	٢٧	٧٨	٥٣	٣.٦٢
تقدر موازنة المديرية بمشاركة رؤساء الأقسام كافة.	١٠	٢٤	٤٢	٦٤	٥٢	٣.٥٩
يعد تقرير احصائي سنوي عن التعليم في المديرية.	١٥	٢٠	٣٦	٧٢	٥٠	٣.٥٩
تنظم الشؤون المالية ويتابع تنفيذها.	١٩	١٠	٤٣	٧٢	٤٩	٣.٥٩
تستخدم المخصصات المالية لما وضعت من أجله.	١٢	١٩	٣٦	٩٠	٣٦	٣.٥٧
يؤكد على السرعة في إنجاز معاملات الابنية المستأجرة.	٢٤	١٧	٢٤	٧٤	٥٤	٣.٥٦
تستثمر البيانات الاحصائية في صنع القرارات الإدارية	٨	٣٣	٣٧	٦٦	٤٩	٣.٥٥
يتم اختيار مديري المدارس وفق أسس موضوعية	١٤	٢٠	٤٧	٦٤	٤٨	٣.٥٤
توضح أسباب الزيادة أو النقص في المصروفات السنوية للمديرية.	١٧	٢٢	٢٨	٨٩	٣٧	٣.٥١
تعد الاحصاءات التربوية للمدارس وتعبئتها بشكل دقيق.	٢٨	١٩	٥٤	٤٣	٤٩	٣.٣١
تقدير المخصصات المالية عادة تكفي لما وجدت من اجله.	٣٣	٣٥	٥٠	٥٠	٢٥	٢.٩٥

جز الأعمال الإدارية وفقا للصلاحيات والمسؤوليات حددة.	٣٩	٦٤	٢٩	٦	٥٥	٢.٨٢
عمل على تقديم تقرير دوري وسنوي فيما يتعلق نجزات الأبنية.	٤٥	٧٦	٣١	-	٤١	٢.٥٢
واجه الظروف والمواقف المختلفة دون الرجوع الى تعليمات.	٥٠	٧٠	٣٤	-	٣٩	٢.٤٨
حويل البريد الى المعنيين بالمديرية بشكل مرض.	٤٦	٨٧	٢١	-	٣٩	٢.٤٢
سهل مهمة المراجعين وتوجههم	٣٧	٨٦	٤٣	-	٢٧	٢.٤١
قي المعاملات بكافة أشكالها هوابلاغها للموظفين م إعادتها إلى مصادرها دون تأخيرها.	٦٣	٧٢	٣٢	-	٢٦	٢.٢٠
جز المعاملات المالية المتعلقة بالموظفين في المديرية لشكل المطلوب	٥٦	٩٥	٢٦	-	١٦	٢.٠٥
ابع سجلات الدوام الوظيفي بشكل مستمر.	٦٩	٨٠	٢٤	-	٢٠	٢.٠٣
دقق حسابات المدارس المالية نهاية العام الدراسي	٥٩	٩٥	٢٧	-	١٢	١.٩٨

يتضح من خلال جدول (٥) أن قيم الوسط المرجح لتقديرات عينة البحث لمجال المهام الإدارية قد تراوحت ما بين (١.٩٨-٤.٣٥) في حين حصلت المهمة "توضع تصورات مستقبلية لكل منطقة لمعرفة الأعداد التي يتم قبولها في الأول الأساسي" على أعلى تقدير (٤.٣٥) في حين حصلت المهمة "تدقق حسابات المدارس المالية نهاية العام الدراسي" على أدنى تقدير (١.٩٨).

كما ويتضح من الجدول (٥) ما يأتي:

- أن هناك (٢) مهمتان كان الأداء لها بدرجة كبيرة جداً لحصولها على وسط مرجح تراوح ما بين (٤.٢٣-٤.٣٥) وأن هاتين المهمتين هما: توضع تصورات مستقبلية لكل منطقة لمعرفة الأعداد التي يتم قبولها في الأول الأساسي، وتتابع صيانة السيارات الخاصة بالمديرية بشكل مستمر.
- إن هناك (٢٦) مهمة كان الأداء لها بدرجة كبيرة لحصولها على وسط مرجح تراوح ما بين (٣.٥١-٤.١٩) ويبدو أن غالبية هذه المهمات تتصف بالروتينية مثل العمل على إعداد لوحات بيانية تبين التطور الكمي لأعداد الطلبة السنوي

تقويم أداء العاملين، التنقلات متابعة إنشاء الأبنية متابعة الصيانة والإصلاح والمتابعة للأمور المالية والإدارية.

- أن هناك (٣) مهمات كان الأداء لها بدرجة متوسطة لحصولها على وسط مرجح تراوح ما بين (٢.٨٢-٣.٣١) وأن هذه المهمات هي (تعد الاحصاءات التربوية للمدارس وتعبئتها بشكل دقيق، تقدير المخصصات المالية عادة تكفي لما وجدت من أجله، تنجز الأعمال الإدارية وفقا للصلاحيات والمسؤوليات المحددة).

- أن هناك (٨) مهمات كان الأداء لها بدرجة قليلة لحصولها على وسط مرجح تراوح ما بين (١.٩٨-٣.٣١) من هذه المهمات (العمل على تقديم تقرير دوري وسنوي فيما يتعلق بمنجزات الأبنية، ومواجهة الظروف دون الرجوع إلى التعليمات تسهيل مهمة المراجعين وتوجيههم، متابعة أمور المعاملات، متابعة سجلات الدوام الوظيفي بشكل مستمر.

يتضح من خلال الجدول السابق ان مستوى أداء مديريات التربية والتعليم في الأردن، لمهمات العمل على تقديم تقرير عن منجزات الأبنية، ومواجهة الظروف دون الرجوع إلى التعليمات وتسهيل مهمة المراجعين ومتابعة امور المعاملات وسجلات الدوام الوظيفي كانت ضعيفة وقد يعود سبب ضعف مستوى اداء مديريات التربية والتعليم لهذه المهمات الى عدم تحديدها بشكل تفصيلي وعدم وضوح المهام، وقد يعزى الى الاعتقاد انه لا حاجة إلى الإشراف على هذه المهمات، مما ينعكس ذلك على تدنى مستوى الأداء فيها.

هذا وقد اتفقت نتائج هذه الدراسة مع كل من دراسة غينمات (١٩٩٠) الشبول (١٩٩٥) احمد يونس (١٩٩٨).

كما وقام الباحث بايجاد الوسط المرجح لمجال المهام الفنية لوحده وذلك بناءاً على تقديرات عينة البحث (رؤساء الأقسام والمشرفين التربويين) وكما هو مبين في الجدول (٦)

جدول (٦)

قيم الوسط المرجح لفقرات مجال المهام الفنية

الفقرة	بدرجة قليلة جدا	بدرجة قليلة	بدرجة متوسطة	بدرجة كبيرة	بدرجة كبيرة جدا	الوسط المرجح
تساهم المديرية في التطوير المهني للمديرين والمعلمين.	١	٩	-	١٥	١٦٨	٤.٧٦
تعقد دورات التدريب على كيفية استعمال الوسائل التعليمية.	٨	-	٥	٦٧	١١٣	٤.٤٣

ظيم زيارات خاصة لمكتبات المدارس والاطلاع على ضاعها وتوجيه المسؤولين عنها.	٩	٣	٤	٤٩	١٢٨	٤.٤٣
جري مساهمة فعلية في تنفيذ المناهج الدراسية.	١	٥	٢١	٤٤	١٢٢	٤.٤١
جري تنظيم الامتحانات والعمل على تطويرها.	٧	٢٢	١	٢٣	١٤٠	٤.٣٤
وفر الصيانة اللازمة للأجهزة والأدوات المختبرية.	-	٦	٧	٨٨	٩٢	٤.٣٣
م توزيع اجهزة الراديو والتلفزيون للمدارس حسب ولويات.	٩	١١	٤	٤٥	١٢٤	٤.٣٢
عد قاعات الامتحان وتزود بما تلزم	-	١٠	٥	٨٦	٩٢	٤.٣٠
قوم النتائج المتحققة من برامج محو الأمية.	٢١	١٢	٤٥	١١٥	١٩٣	٤.٢٧
سق بين الأقسام المعنية بشأن شراء الأجهزة والمواد لازمة لتحضير الوسائل التعليمية وإنتاجها.	٥	٢٨	٥	١٩	١٣٦	٤.٢٧
عمل على تزويد مكتبات المديرية بمصادر المعرفة ضرورية	-	٢١	١٣	٦٣	٩٦	٤.١٧
عتمد زيارات دورية ومفاجئة لمراكز التعليم غير نظامي لمتابعة سير الدراسة.	١٧	١٠	١٠	٣٨	١١٨	٤.١٥
وجد تعاون بين التعليم المهني والأقسام ذات العلاقة إعداد التشكيلات المدرسية.	-	-	٤٥	٨٧	٦١	٤.٠٤
قام معارض للأعمال الإنتاجية للمراكز المهنية.	٧	١٩	١١	٧٤	٨٢	٤.٠٢
تابع الأعمال الانتاجية للمراكز المهنية وتوثيقها.	-	١٥	٣٥	٦٧	٧٦	٤.٠١
وزع ملصقات ونشرات للتوعية بأهمية التعليم غير نظامي.	٢٧	١٣	٨	٤٣	١٠٢	٣.٨٩
تم الإشراف على تخطيط الأنشطة اللامنهجية متابعة تنفيذها.	-	١	٦٤	٨٨	٤٠	٣.٨٢
عقد دورات تحكيمية لمعلمي التربية الرياضية.	٧	٣٦	٢١	٤٢	٨٧	٣.٨٢

تقوم المديرية بزيارات ارشادية للمدارس لتوضيح كيفية استعمال الأجهزة المختلفة.	-	٥٠	٦٠	٨٨	٤٠	٣.٨٠
تعمل المديرية على تسجيل وتصوير الأنشطة المختلفة.	٩	٣٢	٦	٩٦	٥٠	٣.٧١
يتم اختيار رؤساء القاعات والمراقبين في امتحانات الثانوية العامة وفق أسس علمية.	٩	٣٤	٦	٩٨	٤٦	٣.٦٧
تجري مساهمة فعلية في تقويم المناهج المدرسية.	٢٨	١٠	٤٩	٤٥	٦١	٣.٤٨
تعقد دورات تدريبية لإنتاج الوسائل التعليمية.	٢٦	١٠٦	١٤	٢٦	٢١	٢.٤٩
تقام الاحتفالات في المناسبات الوطنية والقومية.	٣٩	٧٣	٥٣	١٩	٩	٢.٣٦
يشرف على تنظيم برامج محو الأمية ومتابعة تنفيذها.	٣٧	٦٦	٢٩	٢٦	٥	٢.١١
تجهز سجلات للنشاطات المكتبية للمديرية والميدان.	٩١	٤٠	٢٢	٢٩	١٦	٢.٠٩
تعقد دورات تدريبية للمعلمين في المجال الرياضي.	٨٦	٦٨	٥	١١	٢٣	٢.٠١
يجري العمل على ايجاد نماذج من الوسائل التعليمية الضرورية لدعم تطبيق المنهج الدراسي.	٨٦	٦٥	٨	٢٨	٦	١.٩٣
ترسل نتائج تقويم المناهج الى الجهات المختصة.	٤٣	١١٥	٣٥	-	-	١.٩١
يعمل على تنظيم تبادل الزيارات الصفية بين المعلمين في المدرسة الواحدة وبين المدارس المنطقة لتبادل الخبرات.	٤٩	١١٢	٣٢	-	-	١.٨٧
تطلع الجهات ذات العلاقة على تقارير المشرفين التربويين	٧٠	٨٥	٣٨	-	-	١.٧٩
يعمل على إعادة الطلبة المتسربين ومعرفة اسباب تسربهم.	٤٢	١١٧	١٣	-	-	١.٦٩
تشتق الخطط الاشرافية من الإجراءات الواقعية الممكنة التحقيق.	٥٧	١٣٠	٦	-	-	١.٥٧
تزار المدارس الخاصة للتأكد من تطبيق المناهج المقررة رسميا.	٩٥	٧٢	٢٦	-	-	١.٥٧

ابع تطبيق احكام التعليم الأساسي	١٣٥	٢٧	٨	١٧	٦	١.٥٥
شارك الإشراف التربوي مع الأقسام ذات العلاقة لنشاطات المدرسية.	٩٣	٨٦	١٤	-	-	١.٥٥
عاون أقسام الشؤون التعليمية في تنفيذ مناهج حو الأمية.	٩٨	٨٣	١٢	-	-	١.٥١
عمل على رفع مستوى العلمي للطلبة.	٩٦	٩١	٦	-	-	١.٤٩
ساهم الاشراف التربوي في تلبية احتياجات المدارس ن الأجهزة واللوازم.	٩٩	٨٩	٥	-	-	١.٤٧
عطي دروس تطبيقية في المدارس لغايات التدريب لتوجيه.	١١١	٧٨	٤	-	-	١.٤٠
شجع البحوث التربوية وتوفير ما يلزمها	١٢٤	٦٢	٧	-	-	١.٣٥
تخذ الإجراءات اللازمة بشأن المعلمين المقصرين في دائهم.	١٣٩	٤٠	١٤	-	-	١.٣١
ثمن جهود المديرين الكفؤئين في أداء اعمالهم.	١٣٥	٥١	٧	-	-	١.٢٩
تم متابعة الطلبة المتسربين ومعرفة أسباب تسربهم.	١٣٦	٤٩	٨	-	-	١.٢٩
عمل على إشراك المشرفين التربويين في اختيار معلمي تعليم الاضافي	١٣٨	٤٦	٩	-	-	١.٢٩
جري مساهمة فعلية في تطوير المناهج الدراسية.	١٥٥	٢٩	٩	-	-	١.٢٠
جود تعاون مشترك بين الأقسام المعنية بخصوص حاجات المدارس من المعلمين المتخصصين.	١٥٢	٣٧	٤	-	-	١.١٩
عمل على متابعة التوجيهات والملاحظات التي يتم دوينها للمعلمين.	١٦٧	١٩	٧	-	-	١.١٣

يتضح من خلال الجدول (٦) ان قيم الوسط المرجح لتقديرات عينة البحث لمجال المهام الفنية قد تراوحت ما بين (١.١٣-٤.٧٦) وحصلت المهمة "تساهم المديرية في التطور المهني للمديرين والمعلمين" على أعلى تقدير (٤.٧٦) حصلت المهمة "يعمل على متابعة التوجيهات والملاحظات التي يتم تدوينها للمعلمين على أدنى تقدير (١.١٣).

كما ويتضح من الجدول (٦) ما يأتي:

- أن هناك (١٠) مهمات، كان الأداء عليها بدرجة كبيرة جداً لحصولها على وسط مرجح تراوح ما بين (٤.٢٧-٤.٧٦) وأن هذه المهمات تتمثل في التطور المهني للمديرين والمعلمين، الاهتمام بالدورات التدريبية، تنظيم الامتحانات والعمل على تطويرها والاهتمام بقاعات الامتحانات وتقويم النتائج المتحققة من برامج محو الأمية.

- أن هناك (١٢) مهمة كان الأداء عليها بدرجة كبيرة لحصولها على وسط مرجح تراوح ما بين (٣.٤٨-٤.١٧) وأن هذه المهمات تتمثل في تزويد المكتبات بمصادر متنوعة للمعرفة، الزيارات الدورية والمفاجئة لمراكز التعليم غير النظامي، إقامة معارض لمنتجات المدارس المهنية، التوعية بأهمية التعليم غير النظامي، متابعة الأنشطة اللامنهجية، عقد الدورات التدريبية والتحكمية لمعلمي التربية الرياضية، العمل على تقويم المناهج المدرسية.

- أن هناك (٨) مهمات كان الأداء عليها بدرجة قليلة لحصولها على وسط مرجح تراوح ما بين (١.٨٧-٢.٤٩) وأن هذه المهمات تتمثل في عقد الدورات لإنتاج الوسائل التعليمية، إقامة الحفلات في المناسبات الوطنية، تنظيم برامج محو الأمية، العمل على إيجاد نماذج من الوسائل التعليمية لدعم تطبق المنهج الدراسي، العمل على تنظيم تبادل الزيارات الصفية بين المعلمين.

- أن هناك (١٩) مهمة كان الأداء عليها بدرجة قليلة جدا لحصولها على وسط مرجح تراوح ما بين (١.١٣-١.٧٩) وان هذه المهمات تتمثل في الإطلاع على تقارير المشرفين التربويين، العمل على إعادة الطلبة المتسربين، معرفة عدد الأميين في المنطقة التعليمية، زيادة المدارس الخاصة للتأكد من تطبيق المناهج المقررة رسميا، العمل على رفع المستوى العلمي للطلبة، العمل على تلبية الاحتياجات الضرورية للمدارس، تشجيع البحوث التربوية، المساهمة الفعلية في تطوير المناهج التربوية.

يتضح من الجدول (٦) أن هناك (٨) فقرات كان الأداء فيها بدرجة قليلة وأن هناك (١٩) مهمة حصلت على درجة قليلة جدا في الاداء وقد يعود سبب تدني مستوى الأداء فيها إلى:

١- أن إنجاز بعض هذه المهمات يتوقف على تعاون بعض المؤسسات الأخرى مثل الأسرة وإدارات الحكم المحلي، والمؤسسات الاعلامية والمدرسة.

٢- أن ضعف أداء مديريات التربية لبعض هذه المهام لا يتفق وطموحات مؤتمر التطوير التربوي في الأردن الذي أكد على أهمية تشجيع البحوث التربوية وتطوير المناهج التربوية (٦٢، ص٦٥).

٣- أن أغلب الوسائل التي تدعم المنهج الدراسي تأتي جاهزة من قبل الوزارة وليس هناك حاجة لإنتاج مثل هذه الوسائل.

٤- ضرورة القيام بحملة وطنية شاملة لمحو أمية جميع المواطنين.

٥- تجهيز مراكز مصادر التعلم والمكتبات المدرسية بالتجهيزات اللازمة من أثاث وأدوات وأجهزة ومواد تعليمية.

وهذا وقد اتفقت نتائج هذه الدراسة مع دراسة شحادة (١٩٩٠م) من حيث المهام الإدارية وتعارضت من حيث المهام الفنية، كما واتفقت من حيث المهام الفنية مع دراسة غنيمات (١٩٩٠م) واتفقت أيضا مع دراسة وزارة التربية والتعليم (١٩٧٨م) من حيث المهام الإدارية، كذلك اتفقت مع دراسة كرافورد (Graowforrd, 1983) من حيث المهام الإدارية.

- وللإجابة على التساؤل الثالث هل هناك فروق ذات دلالة احصائية عند مستوى دلالة احصائية (α ≤ ٠.٠٥) للمهام الإدارية والفنية بين رؤساء الأقسام والمشرفين التربويين في الأقاليم الثلاث، فقد تم استخدام اختبار مربع كاي للمقارنة بين المجموعتين، والجدول (٧) يبين ذلك.

جدول (٧)

اختبار مربع كاي للمقارنة بين عينة رؤساء الأقسام والمشرفين التربويين

نوع المهمة	مربع كاي	الوسط المرجح	الفقرة	الرقم
ادارية	١١.٧٥٣	٣.٧٧	تزود اقسام المديرية بما تحتاجه من بيانات احصائية.	١-
ادارية	١٠.٧٣٩	٣.٧٥	يستفاد من نتائج التقويم في تطوير الخطة السنوية القادمة.	٢-
ادارية	١٠.٢١٦	٣.٥٩	يبلغ المدير المختص عن أي مخالفة او تجاوز مالي فور اكتشافه.	٣-
فنية	٩.٧٣٦	٤.٤٣	تعقد دورات للتدريب على كيفية استعمال الوسائل التعليمية.	٤-
ادارية	٩.٥٧٤	٣.٧٦	يكون الرد على جميع المعاملات بوقت كاف.	٥-

بلغت قيمة مربع كاي الجدولية عند مستوى الدلالة (٠.٠٥) ودرجة حرية (٤) تساوي (٩.٤٩)

يتبين من الجدول (٧) ان هناك أربع فقرات في مجال المهام الإدارية، وهـي الفقـرات المرقمـة بـ : ١١، ١٥، ١٨، ٢٧ في الاستبانة، حيث كانت قيمة مربع كاي المحسوبة أكبر مـن قيمـة مربـع كـاي الجدوليـة عنـد مستوى الدلالة (٠.٠٥) ودرجة حرية (٤) وهذا يعني وجـود فروق ذات دلالـة احصائية في هـذه المهـام الادارية لصالح المشرفين التربويين، حيث كان الشائع للإجابة بدرجة كبيرة وبدرجة كبيرة جدا (٤٦، ٤٢، ٦٢، ٤٩) على التوالي وبنسبة (٦٣.٨٩%، ٥٨.٣٣%، ٨٦.١١% ، ٦٨.١%) على التوالي وتبين أن هناك فقـرة واحـدة في مجال المهام الفنية وهي الفقرة رقم (٣٣) في الاستبانة، حيث كانت قيمة مربع كاي المحسوبة اكبر مـن قيمة مربع كاي الجدولية عند مستوى الدلالة (٠.٠٥) ودرجة حرية (٤)، وهـذا يعنـي وجـود فـروق ذات دلالة احصائية في هذه المهمة الفنية ولصالح المشرفين التربويين، حيث كـان الشـائع للإجابـة بدرجـة كبيرة (٧٠) وبنسبة (٥٦.٩١%) والجدول (٧) يبين ذلك.

يتضح من الجـدول السـابق أن أداء مـديريات التربيـة والتعلـيم للمهـمات الإداريـة افضل مـن أداءهم للمهمات الفنية التربوية، ويعزي الباحث ذلك إلى أن أغلب هذه المهمات تتصف بالروتينية، إضافة إلى أن اغلب المهام الإدارية محددة بمهام موصوفة وليس فيها مجال للإبداع.

المصـــادر

١. أبو حطب، فؤاد وآخرون، التقويم النفسي، القاهرة، مكتبة الانجلو المصرية، ١٩٧٣.

٢. أبو سليم، وليد محمود، تقـويم البرنـامج التـدريبي لـلادارة العليـا الخـاص بمـوظفي وزارة التربيـة والتعليم، ١٩٩٦.

٣. الأسمري، سالم حسن، فعالية تقييم الأداء، مجلة الإدارة العامة، الرياض، ٢٥ ديسمبر، ١٩٨٦م.

٤. بولقريعات، بوجمعة، القيادة الإدارية ودورها في تطوير الادارة الجزائرية، جامعة الجزائـر، رسـالة ماجستير غير منشورة، ١٩٨٢م

٥. جاسم، علي صـاحب، تقـويم الأداء في الشركـة العامـة لمقـاولات المبـاني، رسـالة دبلـوم عـالي (غـير منشورة) كلية الإدارة والاقتصاد، جامعة بغداد، ١٩٨٤م.

٦. زويلف، مهدي حسن، تقييم منجـزات الأفـراد في العـراق، مجلـة البحـوث الاقتصـادية والاداريـة، بغداد ١-(٩) كانون الثاني، ١٩٨١م

٧. الشهاوي، محمد هاشـم، (١٩٨٦) مشـكلة المسـلم اليمنـي تطورهـا والآثـار المترتبـة عليهـا، مجلـة البحوث والدراسات التربوية، مركز البحث والتطوير التربوي، صنعاء، (١) ٧-٢١.

٨. صالح، أحمد زكي، التعليم أسسه ومفاهيمه ونظرياته، القاهرة، مكتبة النهضة العربية (ب.ت)

٩. الصـــباغ، هـــاني عبـــد الـــرحمن صـــالح، الإدارة التربويـــة والســـلوك المنظمـــي، ط١، ١٩٨٦م.

١٠. الطويل، هاني عبد الرحمن، الادارة التربوية والسلوك التنظيمي، دار وائل للنشر، عمان، ١٩٩٧.

١١. عبد ربه، عبد الوهاب، الاتجاهات العالميـة المعـاصرة في القيـادة التربويـة، مكتـب التربيـة العـربي لدول الخليج العربي، الرياض، ١٩٨٤م.

١٢. العتوم، احمد حسن، المحاسبة الإدارية المتقدمة، الاسكندرية، مكتب الإقطاع ١٩٩٧م.

١٣. عودة، احمد سليمان، والخليلي، خليل يوسف، الاحصاء في التربيـة والعلـوم الإنسـانية، دار الفكر، عمان الأردن، ط١، ١٩٨٨م

١٤. عيسى، نصار، معايير تقويم أداء مديري المدارس، اللجنة الوطنية للتربية والثقافة والعلوم، مجلـة كلية التربية، العدد (١٢٢)، ١٩٩٧.

١٥. قاسم، صلاح الدين سعد، مفهوم تقيـيم كفـاءة الأداء، دراسـة نظريـة مـع الاشارة الى تطبيقهـا في العراق ودول اخرى، جامعة بغداد، كلية الإدارة والاقتصاد، ١٩٧٨م.

١٦. قباعة، محمد علي جدوع، تقويم الادارة التربوية الوسطى في الأردن، رسالة ماجستير غير منشورة، الجامعة الأردنية، ١٩٩٣م.

١٧. القضاة، كمال، الشركات المساهمة العامة نظرتها الى تقييم السوق المالي لاسهمها، أبحاث اليرمـوك، (العلوم الإنسانية والاجتماعية)، م:١٣، ع١: (ب)، ١٩٩٧م.

١٨. مديحة الإمام، أضواء عـلى الادارة التربويـة وملامحها في النظام التربوي في سـوريا، مجلة الفكـر العربي، معهد الانماء العربي في بيروت، السنة الثالثة، العدد (٢٤) كانون اول، ١٩٨١م.

١٩. مطاوع، ابراهيم، الأحوال الإدارية للتربية، دار المعارف، القاهرة، ط٢، ١٩٨٤.

٢٠. مؤتمر التطوير التربوي الأول في الأردن، عمان ١٩٨٧م.

٢١. نزار، توفيق سلطان (١٩٨٦) الرقابة الادارية جوانـب تنظيميـة وسـلوكية، مجلـة آفـاق اقتصـادية، (الامارات العربية المتحدة) عدد (٢٧)

٢٢. هوانه، عبد اللطيف (١٩٨٥) تقييم الأداء بين الذاتية والموضوعية، مجلـة الإدارة العامـة، الريـاض، العدد (٢٥).

٢٣. وايلز، كيميول، نحو مدارس أفضل، ترجمة فاطمة محجوب، القاهرة، مؤسسة فرانكلين ١٩٧٣م.

٢٤. وزارة التربية والتعليم، الأردن، ١٩٩٨، تقييم أداء مديريات التربية والتعليم في اقليم الشمال.

٢٥. وزارة التربية والتعليم مؤتمر التطوير التربوي الأول في الاردن، بديل العددين الثالث والرابـع مـن المجلد التاسع والعشرين من رسالة المعلم النشرة الدولي للطباعة والنشر، عمان، الأردن، ١٩٨٨.

26. Cronbach, L. (1982) Designing Evaluations of Educational and social programs. San Francisco: Jossy press. Crowford A.L. Skills Percieved to lead to success in Higher Education Administration, American Educational Research Association, Montreal, April, 1983, P 202-240.

27. Crowford A. L, Skills Percieved to lead to success in Higher Education Administration, American Educational Research Association, Montreal, April, 1983, P. 202-240.

28. Dell, James. I, E. The professional role of the school superintendence as perceived by superintendence and board dresindents in certain Pennsylvania public schools Dissertation abstracts international, 36 (6) 1975, d371-A.

29. Good, Gaveter, V. At al Dictionary of education, 3rd, E. el, MC Graw-Hill Book Company, NewYork, 1975.

30. Henderson, R. (1984) Practical guide to performance appraisal prentice Hall company U.S.A 1984.

31. Jinlins, Goeld and William L. Kolb, Dictionary of the social soignee newyork, the united nations Educational, and cultural organization, 1964.

32. Neagly, Ross, L , and Evans, Dean, N. Hand book for offective supervision of instruction, 2nd, ed. (Engle wood Gliffs) N. Prentice- Hall, New Jerccy, 1970.

33. Robbins, Stephon P. the administrative process: interlacing theory and practice Englewood cliffs, N.J: prinicc Hell INC, 1979.

34. Strong farip, Robert, D. Smith, management control models, N.Y. Holt rinehart and winiston, 1968.

35. Taylor, R. 1968 the General statement on evaluation Sag Publication.

36. Terry D. Tanbrink D. Evaluation a practical Guid for teachers, NewYork, MOGraw-Hill, 1994.

بناء برنامج تدريبي لتطوير عملية الاتصال الاداري للعاملين في الجامعات الأردنية الرسمية في ضوء كفاياتهم الادارية

أ.د. رياض ستراك   د. عمر الخرابشة

التدريب

تمهيد:

تؤدي الملاكات المؤهلة إمكانات علمية، ومهنية، وتكنيكية، تسهم في عملية النهوض الحضاري، فضلاً عن أن ارتفاع معدلات النمو في قطاعات الاقتصاد الوطني جميعها، تتطلب بشكل رئيس قوى عاملة، مؤهلة للقيام بهذه المهمة الكبيرة، فالإنسان هو محور جميع التطورات العلمية، والتكنولوجية، وقد مكنه تراكم الخبرات، والمعرفة من اقتحام الطبيعة وتسخيرها لخدمته، وكانت احتياجاته سبباً رئيساً إلى اكتشاف الكثير من العلوم (ستراك، ١٩٩٨: ٢٨٢، ٢٨٤، ٢٨٥) وتواجه الدول النامية مشكلة الاستخدام المثمر للمهارات، والقدرات البشرية، لكنها لم تحقق في هذا المجال أي نتائج مرضية (ستراك، ١٩٩٨: ٣٠٩).

ويؤدي إهمال الموارد البشرية، أو التعثر في تعليمها إلى هدر طاقتها الإنتاجية، ويجعلها عبئاً ثقيلاً على الاقتصاد الوطني، بدلا من جعلها عوناً لتطوره. فمسألة الاستخدام الأمثل للقوى العاملة، تفرضها متطلبات التنمية الاقتصادية في الاستخدام بالطاقات المتاحة لها، وأن توافر المهارات المناسبة، من شأنه أن يمكن من استخدام الطاقات المتاحة بشكل جيد (ستراك، ١٩٩٩: ٥٤، ٥٥، ٥٦، ٥٧، ٥٨).

ويؤدي امتلاك القوى العاملة للمهارات المناسبة إلى سهولة تكييف نشاطات العاملين لمتطلبات التغيير، إذ تسهل المهارات، والخبرات، والمعارف، والإمكانات الواعية، في مجال السيطرة على القوى العاملة استيعاب التغييرات الضرورية على بنية المهنة (ستراك، ١٩٩٩: ٥٩).

وكل قيادة إدارية لا بد لها من استثمار القوى البشرية المتوافرة لديها بكفاية عالية، من خلال تنسيق جهود الأفراد والمجموعات، لتحقيق الأهداف الإدارية العليا، وهذا بطبيعة الحال يتطلب تدريباً دائماً، ومستمراً للمديرين المشرفين، يمكنهم

من القيام بمهامهم الإدارية، والقيادية بأعلى قدر من القدرات المصقولة، والمهيأة للعمل القيادي، وهذا بدوره يؤدي إلى تقليل الكلفة الإدارية، والمادية اللازمة لذلك، وييسر العمل نحو الأهداف العليا للتنظيم، (بندقجي، ١٩٨٦: ٢٠٦).

مشكلة البحث:

يؤدي التعليم العالي دوراً مهماً في إعداد الملاكات الفنية، والعلمية للمجتمع، وهذا يساعد على تحقيق أهداف التربية وسياساتها. ولما كان الاتصال من العمليات الرئيسة في الإدارة، ولا غنى للعمليات الإدارية إلى أخرى عنه في تحقيق أهدافها، والمساعدة في تحقيق الأهداف العامة للتنظيم بالنتيجة، وجب أن تتم هذه العملية بكفاية وفعالية للتوصل إلى أداء سليم وجيد.

وتأكيدا لأهمية التدريب والاتصال في العملية التربوية خرج المؤتمر الوطني الأول للتطوير التربوي المنعقد في عمان عام ١٩٨٧ بتوصيات متعددة منها (رسالة المعلم، ١٩٨٨: ١٠٠-١٠١):

١- الاهتمام بتنمية قدرات المدير من خلال:

أ- عقد برامج تدريبية للمديرين الجدد قبل تسلمهم مهام أعمالهم.

ب- إتاحة فرصة النمو المهني للمديرين بإلحاقهم ببرامج تدريبية إدارية تلبي الحاجات العملية والعلمية لهم.

٢- توثيق الاتصال بين المدرسة والمجتمع، والمؤسسات الرسمية في المجالات جميعها ليكون التخطيط والتنفيذ مشتركا.

ويمكن إجمال مشكلة البحث في النقاط الآتية:

أولاً: قلة إلمام المديرين ورؤساء الأقسام الإدارية بطرق الاتصال الحديث ووسائله، ونقص خبراتهم واطلاعهم في مجال الاتصال، وقلة إدراكهم لأهمية الاتصال في تنفيذ الأعمال المختلفة، وإنجازها (مفتاح، ١٩٩٦: ٨٤).

ثانياً: أثبتت الدراسات وجود حاجة كبيرة للتدريب على وسائل الاتصال، ومهارة الاصغاء والحوار الفعال، ووسائل التكنولوجيا الحديثة في الإدارة، والمهارات المتعلقة بالاتصال بشكل عام لدى الإداريين في الجامعات الأردنية الرسمية (الزعبي، ١٩٩١: ٨٦-٨٧).

ثالثاً: وجود نقص كبير في التدريب الإداري لرؤساء الأقسام على الوظائف الإدارية، وقد ركز التدريب الذي جرى لهم على المهارات التقليدية أكثر من تركيزه على المهارات الحديثة (حمامي وعبد الحليم، ١٩٩٦: ٢٨٤) والاتصال وظيفة

إدارية تتصف بالحركة، والتجدد المستمر مما يستدعي ضرورة التدريب المستمر على كل جديد في ميدان الاتصال الإداري.

رابعاً: يرى الأكاديميون والإداريون أن هنالك "علاقة وطيدة بين الجهود الإدارية التي تبذل، ونجاح الجامعة بوصفها مؤسسة، زيادة على انهم يرون أن التطوير والتقدم في العمل يعتمد أساساً على إنجاز الأعمال" (السبيعي، ١٩٩٨: ٢٧١) وهذا بطبيعة الحال يتطلب وجود نظام اتصالات فعال بين أطراف العملية الإدارية.

وزيادة على ما تقدم، استطاع الباحث من خلال اطلاعه الميداني، ومقابلاته مع أصحاب الاختصاص، أن يشخص المشكلات الآتية:

أولاً: تتطلب عملية اتخاذ القرار في الجامعات الأردنية الرسمية عدة خطوات اتصالية تصاعدية إلى أن يصل الى المستوى الإداري صاحب السلطة والمسؤولية في اتخاذ القرار، وهذا يتطلب وقتا وجهدا كبيرين قد يؤديان الى التسبب في نسبة عالية من الهدر في العملية الإدارية والحال نفسه ينطبق على الاتصالات النازلة والأفقية.

ثانياً: قلة توافر وسائل اتصال وتقنيات كافية تتضمن سرعة وصول الرسالة إلى مستقبلها ثم نقلها إلى مستقبل آخر بعد أن يتم اتخاذ إجراء إداري عليها، فضلا عن أن انشغال القيادات الإدارية يؤدي في بعض الأوقات إلى تأخير في انجاز المعاملات.

ثالثاً: المركزية وغياب التفويض في التعامل مع المستجدات، وضرورة اطلاع المسؤولين ابتداء على كل معاملة قبل أن يتم تحويلها إلى القسم المعني ليتخذ من أجلها الإجراء اللازم.

رابعاً: لا تصل المعلومات كما هي للمسؤول، أما بسبب حجب المعلومات، أو تحريفها، أو تشويهها لسبب أو لآخر.

خامساً: عدم تضمين التقارير المرفوعة للرؤساء لجوانب الموضوع جميعها.

سادساً: عدم تحقيق الاجتماعات التي تعقد الفعالية والكفاية المتوقعتين منها، بسبب غياب جدول الاعمال في بعضها، وعدم كتابة محضر الاجتماع أو توزيعه على الأعضاء في بعضها الآخر وعدم تنفيذ ما يتخذ من قرارات ومتابعتها.

أهمية البحث:

تعد الجامعات مصدراً رئيساً من مصادر رفد المجتمع بالكفاءات البشرية القادرة، والمؤهلة لخدمته، إذ يتلقى الطالب فيها معلومات نظرية، وتطبيقات عملية، تجعله قادراً عند تخرجه على القيام بمتطلبات الوظيفة التي يشغلها بنجاح.

ولا شك أن عملية تهيئة الملاكات البشرية في الجامعات تتطلب وجود هيئة تدريسية، وهيئة إدارية، تمتلك مواصفات التدريس الناجح، والإداري الناجح، لينعكس ذلك بالضرورة على مخرجات الجامعة. والموظفون الإداريون في الجامعات الأردنية الرسمية لا يقلون أهمية عن غيرهم، ويعدون عنصراً رئيساً من عناصر الجامعة، مما يلقي عليهم مسؤولية كبيرة تتطلب منهم امتلاك كفايات إدارية رئيسة تؤهلهم لأداء رسالتهم، ورسالة الجامعة على الوجه الأكمل.

وتسعى التنظيمات الإدارية الناجحة دوما إلى تدريب أعضائها على كل جديد، ومفيد في العمل الاداري، بحيث يتم تعزيز السلوكيات الإيجابية، والمهارات المتوافرة لديهم، وتطويرها، والقضاء ما أمكن على جوانب الضعف، والقصور لديهم، للوصول إلى درجة أداء عالية ومن هنا أكد المختصون أهمية الاتصالات ودورها الفعال في الإدارة، ولا سيما بعد ظهور التنظيمات الكبيرة، وتباعد المسافات الاجتماعية بين الإدارة من جهة، والأفراد العاملين في التنظيمات من جهة أخرى، وتعدد المستويات الإدارية في التنظيم الواحد، وهنا تتجلى أهمية الاتصالات الإدارية،إذ يمكن إيجاز أهمية البحث في النقاط الآتية:

١- يرى Perry M. Smith أن القائد عندما يكون ممتلكا للقدرة على الاتصال بالآخرين تتم الاتصالات مع قمة الهيكل التنظيمي وقاعدته بطريقة مفهومه، ومؤثرة ولها معنى، وإذا كان القائد متكلما جيدا فيمكنه استمالة الناس، والتأثير فيهم، وإذا كان مستمعا جيدا سيستطيع تقبل الآراء والنقد، وتسلم التغذية المرتدة مما ينعكس إيجاباً على أداء المنظمة (سميث، ١٩٨٩: ١٩)

٢- تمثل الاتصالات الضوء الذي يمكن للإدارة من خلاله تعرف رغبات العاملين، ومشكلاتهم في التنظيم، وردود أفعالهم نحو سياسات الإدارة، وقراراتها وتوجيهاتها، فضلا عن ان الاتصالات هي التي توصل للعاملين مضامين سياسات الإدارة وأهدافها، وتعرف أهداف الجماعة في داخل التنظيم بهدف تحقيقها أو تطويعها لخدمة التنظيم وأهدافه، وتمثل الاتصالات أيضا المرشد الذي ينير للعاملين طريقهم، وتساعدهم على تحديد مواقفهم، واتجاهاتهم والتزاماتهم نحو العمل، وأن الاتصالات أيضا تمكن العاملين من معرفة رأي الإدارة بمستوى أدائهم وإنتاجيتهم، مما يسهم في تحقيق الاستقرار الوظيفي، إذ يتعرف الفرد ما لا من حقوق فيطلبها، وما عليه من واجبات فيقدمها.

٣- تعد الاتصالات وسيلة مساعدة للإدارة في تغيير سلوك الأفراد العاملين حيث تتعرف من خلالها قدراتهم وإمكاناتهم وتضمن استقبال رسالتها، وفهم مضمونها مما يعمل على تغيير سلوك الأفراد بشكل يتفق ورغبات الإدارة التي ترجمتها في رسالتها (زويلف والعضايلة، ١٩٩٦: ٢٨١) وتعد الاتصالات

الفعالة وسيلة مهمة في اتخاذ قرارات رشيدة وعقلانية في وقتها، إذ إن وصول المعلومات متأخرة أو مشوشة أو يشوبها النقص يؤدي إلى عدم تكامل مقومات القرار الإداري وضعفه وتأخير تنفيذه.

٤- تتطلب التقنية العالية التي يشهدها عصرنا مستوى عاليا من الاتصال من أجل بناء تنظيمات ذات ثقة عالية (الكساسبة، ١٩٩٦: ٣٤). ويشترط لنجاح نظام تقويم أداء في أي تنظيم وجود علاقة مباشرة، واتصالات صريحة بين الرئيس والمرؤوس، وتكون المشاركة الفعلية بينهما هي محور النجاح (طعامنة، ١٩٩٤: ٢٧٩).

٥- تشجيع العاملين على طرح الأفكار، والنقاش الحر، والاهتمام بآراء الآخرين، والاعتراف باسهامهم في الإنجاز، وإيجاد قنوات مناسبة وسريعة من الاتصال، تسمح بالتعبير عن الأفكار ومناقشتها، قد يساعد على تنمية الإبداع ويقلل من عوائقه (المعاني، ٢٠٠٠: ١٦٨)

ويساعد الاتصال الفعال على نقل المعلومات بيسرـ وسهولة وحرية، ويبعد التشويش والإشاعات، وتتأثر كفاءة الاتصال بدرجة انفتاح نظام الاتصال، وصدقه وصراحته، وباختيار الوسيلة المناسبة للسلوك الاتصالي، وتوصيل المعلومات المرغوبة في الوقت المناسب (اللوزي، ١٩٩٩: ١٢٨-١٢٩).

٦- القدرة على الاتصال ونقل الأفكار والمعاني والتعبير عن الموقف، ومسوغاته أثرها في سير المفاوضات، فالمفاوض الفعال القادر على التعبير الواضح، والعرض السليم وإقناع الآخرين بوجهة النظر المطروحة، ولا تنحصر القدرة على التعبير والاتصال على الاتصال اللفظي، بل تمتد إلى غيرها من أنواع الاتصالات غير اللفظية (الدهان، ١٩٨٦: ١٦٠).

٧- يشير عالم الإدارة الأمريكي Peter F. Drucker في بيان أهمية الاتصال، والفهم المتبادل بين أعضاء التنظيم فيقول: "تتكون كل مؤسسة من أناس مختلفي المهارات، والمعرفة، يقومون بأداء أنواع مختلفة من العمل، ولهذا السبب ينبغي بناؤها على الاتصال، وعلى المسؤولية الفردية، وعلى كل عضو فيها أن يفكر مليا فيما يرمي إلى إنجازه، وأن يتأكد أن الآخرين يفهمون ذلك ويؤيدونه وعلى كل فرد أيضا أن يفكر مليا فيما هو مطلوب من الآخرين، وأن يتأكد أن الآخرين يعرفون ما هو متوقع منهم" (دركر، ١٩٩٧: ٩٠).

٨- تظهر الحاجة إلى تبادل المعلومات، وتداولها إذا تزايد الاهتمام بالأنظمة المساندة للسياسة الاقتصادية، لاتخاذ القرارات، ويحتاج نظام المعلومات

الخاص بإدارة الموارد الطبيعية إلى بيانات عن الموارد الطبيعية المتاحة، والتقنيـات والقـوى العاملـة (سالمونا، ١٩٩٤: ٨٨).

٩- إن من مبادئ الإدارة التربوية التي يركز عليها بشكل كبير: توفير قنوات اتصال جيدة، واشتراك الجميع في اتخاذ القرار، واحترام رأي الأغلبية، والنظر إلى الديمقراطية على أنها طريقة وأسلوب حياة (هنـدي وآخرون، ١٩٨٩: ١٤٩) وكلما زادت وسائل الاتصال بين الناس وبين الجماعات، شجع ذلك علـى ترقـي الأفراد وتقدمهم في السلم الاجتماعي (الرشدان وجعنيني، ١٩٩٧: ٤٦-٤٧).

١٠- ستكون تكنولوجيا الاتصال حاسمة للعولمة في مجال التعاون الأكاديمي خاصة :Lowenthal, 1998) 308)

١١- تعـد الاتصالات أداة فعالـة، ومـؤثرة في السـلوك الـوظيفي للمرؤوسـين، وتوجيـه جهـودهم في الأداء، وتعزيز انتمائهم الى التنظيم، بحيث يتعرف الرؤساء حاجـات مرؤوسـيهم، وأهـدافهم، وردود الفعـل لديهم تجاه أهداف التنظيم وسياساته (القيسي، ١٩٨٦: ٢) ويرى (Barnard) أن الدرجة التي تحظـى بها السلطة مـن القبـول تتعلـق بمـدى تفهـم المرؤوسـين للاتصالات الصادرة مـن مـديرهم، ومـدى اعتبارهم الاتصال متمشيا مـع أهداف التنظيم، ومـدى مسايرة الاتصال للحاجـات الشخصية للمرؤوسين (بارنارد، ١٩٦٥: ٢٠٧).

١٢- فشل كثير من القرارات بسبب ضعف التواصل أكثر من أي سبب آخر، وافتراض المديرين أن فضائل قراراتهم وميزاتها واضحة ولا يلزم سوى إعلام الآخرين بها (باركر، ١٩٩٨: ١٧٣).

وقد عقدت في الوطن العربي كثير من المـؤتمرات، والنـدوات، والحلقـات النقاشـية التـي خرجـت بتوصيات متعددة من شأنها تفعيل العملية الاتصالية، وتطويرها لتحقق التنظيمات الإدارية أهدافها بيسر ـ وسهولة، فقد خلق المؤتمر العربي الأول لتنظيم وإدارة المؤسسات العامة المنعقد في الربـاط عـام ١٩٧٤ الى ضرورة: "تبسيط إجراءات العمل في المؤسسات العامة، وتحقيق أقصى ـ مـا يمكن مـن اللامركزيـة الإداريـة، وذلك لتلافي المشكلات البيروقراطية المعقدة في الإدارة، وتكوين وحدات استشارية للتنظيم، والإدارة لدراسة المشكلات الإدارية في هذه المؤسسات (المنظمة العربية للعلوم الإدارية، ١٩٨١: ١٨٢)

وخلص المؤتمر العربي الثالث للإدارة المحلية الذي كان موضوعه يدور حول إدارة المـدن العربيـة المنعقد في العاصمة الأردنية عمان عام ١٩٧٥ إلى:

"ضرورة إيجاد وسائل للاتصال بين المستويات الإدارية كافة بما يكفل المرونة الكافية للأجهزة، والإدارات المختلفة، ويخفف من أثر التدرجية في النظام الهرمي التقليدي المعروف. وضرورة عقد اجتماعات غير رسمية بين الرئيس والمرؤوسين في الأجهزة المحلية بصفة دورية منتظمة"(المنظمة العربية للعلوم الإدارية، ١٩٨١: ١٤٤).

وأوصى المؤتمر العربي الأول للتدريب الإداري المنعقد في تونس عام ١٩٧٦ بالتوسع في "تبادل المعلومات، والخبرات، والنشاطات التدريبية بين معاهد التدريب المتخصصة في الأقطار العربية، والمنظمات العربية والدولية" (المنظمة العربية للعلوم الإدارية، ١٩٨١: ٤١).

وأوصت الحلقة الدراسية حول إدارة التنمية الاجتماعية في الوطن العربي المنعقدة في دمشق عام ١٩٧٧ بـ :

١- "العمل على تجنب الروتين، والمركزية الإدارية، وتعدد درجات السلم الإداري عند وضع أنظمة الهيئات الإدارية للتنمية الاجتماعية، أو عند إعادة النظر في أنظمتها الحالية" (المنظمة العربية للعلوم الإدارية، ١٩٨١: ٦٩).

٢- "العمل على التنسيق بين الإدارات، والمؤسسات، والمنظمات العاملة في التنمية الاجتماعية على المستوى المركزي، والمحلي، وإحداث هيئة أو لجنة أو مجلس على المستوى القطري، لتحقيق هذا التنسيق، والسعي لتحقيق هذا التنسيق على المستوى العربي" (المنظمة العربية للعلوم الإدارية، ١٩٨١: ٦٩).

وتوصل المؤتمر العلمي الأول عن التنمية الإدارية في الوطن العربي المنعقد في الرباط عام ١٩٧٨ الى ضرورة:

١- "تنمية القادة الإداريين (ولا سيما على مستوى الإدارة العليا) على استخدام الإدارة بالمشاركة (العمل كفريق)، واتباع اللامركزية في عملية اتخاذ القرارات، وتهيئتهم للقيام بمهمة إحداث التغيير في مؤسساتهم، لتحقيق التطور المطلوب" (المنظمة العربية للعلوم الإدارية، ١٩٨١: ٧٣).

٢- "تبسيط الإجراءات الإدارية المختلفة فيما يتعلق بالخطوات، أو المستندات بحيث تحقق سرعة الإنجاز ودقة الرقابة معا"(المنظمة العربية للعلوم الإدارية، ١٩٨١: ٧٤).

٣- "إيجاد أجهزة متخصصة في التنظيم والأساليب تتولى عملية تحديد الأهداف، وتحليل الوظائف، وتوصيفها، وتخطيط قنوات الاتصال الفعالة لتحسين فعالية التنظيم" (المنظمة العربية للعلوم الإدارية، ١٩٨١: ٧٥)

وخلصت الندوة العلمية لمديري مؤسسات وأجهزة التنمية الإدارية في الوطن العربي المنعقدة في طنجة عام ١٩٨٠ إلى "ضرورة الاتصال بـين أجهـزة التنميـة الإداريـة العربيـة لغـرض تبـادل المعلومـات، والخـبرات في مجالات أنشطتها" (المنظمة العربية للعلوم الإدارية، ١٩٨١: ١١٧).

وتبدو أهمية وجود نظام اتصالات فعال في الجامعات الأردنية الرسمية في تحقيق رسالة كـل جامعة، وأهدافها بغرض الوصول إلى درجة عالية من الأداء، لأن نجاح أي مؤسسة إدارية، وتربوية يعتمـد على وصول القرارات والرسائل الإداريـة في الوقت المناسب مـع الوضوح في المحتوى، وقابليـة التنفيـذ وشرعيته.

ويتطلب بناء برنامج تدريبي لتفعيل عملية الاتصال الإداري القيـام بدراسـة فعليـة للواقـع، ثـم تعرف الحاجات التدريبية الفعلية للعاملين إذ يساعد تقدير هـذه الحاجات الإدارة علـى تحديـد نـوع التدريب المناسب، والفئة المستهدفة منه، فضلاً عن تحديد أهداف البرنامج التدريبي، والمهارات المطلوب إكسابها للعاملين.

أهداف البحث:

يرمي البحث إلى بناء برنامج تـدريبي لتطوير عمليـة الاتصال الإداري للعاملين في الجامعـات الأردنية الرسمية في ضوء كفاياتهم الإدارية، ولكي تحقق الاتصالات الإداريـة الكفايـة، والفعاليـة المتوقعتين منها فإن ذلك يتم من خلال:

١- تعرف واقع العملية الاتصالية المتبعة حاليا في الجامعات الأردنية الرسمية، وبيان مدى ممارسة الإداريين للكفايات الإدارية اللازمة في عملهم.

٢- التوصل إلى قائمة كفايات يحتاج الإداريون فيها الى تدريب، وتطوير فيها، وذلك في ضوء درجة ممارستهم لهذه الكفايات.

٣- بناء برنامج تدريبي مبني على قائمة الاحتياجات التدريبية في مجال الاتصال الإداري بين العاملين في الجامعات الأردنية الرسمية.

حدود البحث:

يتحدد البحث بما يأتي:

١- حدود بشرية: تتمثل بالموظفين الإداريين من حملة الشهادة الجامعية الأولى (البكالوريوس أو الليسانس).

٢- حدود مكانية: تتمثل بالجامعات الأردنية الرسمية كافة.

٣- حدود زمانية: تتمثل بالعام الجامعي ١٩٩٩/ ٢٠٠٠م

تحديد المصطلحات:

أ- البرنامج التدريبي:

تعددت تعريفات البرنامج التدريبي نذكر منها:

* مجموعـة مـن النشـاطات المنظمـة، والمخططـة، التـي تهـدف إلى تطوير معـارف، وخبرات، واتجاهـات المتدربين، والتي تساعدهم على تجديد معلوماتهم، ورفع كفاءتهم الإنتاجية، وحل مشكلاتهم وتطوير أدائهم في عملهم (Good, 1973: 294)

* "نشاط يستهدف تمييز الأفراد على نحو ما يضيف معرفة إلى ما لديهم من معرفة، ويمكنهم من أن يـؤدوا مهارات لم يكونوا قادرين على أدائها من غيره، ويساعدهم على تنمية فهـم واستبصار معـين" (هنـدام وجابر، ١٢١: ١٩٧٨)

* "ذلك النشاط الذي يهدف إلى اكتساب المعرفة والمهارة والسلوك التنافسي على المستوى المحلي والعـالمي، آخذا في الاعتبار القياس الدقيق للمعرفة، والمهارة، والسلوك قبـل التـدريب، وبعـده، وبعـد العـودة إلى العمل، مراعيا في التصميم نوعية القياس سواء بالاختبار المبـاشر، أو بحسـاب العائـد علـى الإنتاج مـن ارتفاع في الكم والنوع" (نصار، ١٩٨٩: ٨).

* "مجموعة الخبرات التدريبية المخططة لتحقيق النمو المهني لدى المـديرين، والمديرات لمسـاعدتهم علـى اكتساب المعارف، والمهارات والاتجاهـات الإداريـة المعـاصرة، ويشـتمل علـى: الأهـداف التدريبيـة، والموضوعات التدريبية، واستراتيجيات التـدريب الملائمـة، واسـتراتيجيات التقويم الملائمـة" (طرخـان، ١٩٩٣: ٢٠).

* "مجموعـة مـن المفردات التـي تتضـمنها الموضـوعات، والنشـاطات، والفعاليـات التـي تتعلـق بوظـائف الإشراف التربوي، والتـي تهـدف إلى تنميـة الكفايـات الإشرافيـة، وتطويرهـا للمشرفين التربـويين - الاختصاص العام، والتي يحتاجون فيها الى تنمية أو تطوير" (العيساوي، ١٩٩٧: ٢٦)

* "مجموعة نشاطات مخططة، ومنظمة تتضمن بناء أو تطوير موقف تعليمي أو تدريبي في ضوء أهدافه، ومعطياته، ومحدداته، وترمى إلى تطوير أداء المتدربين، وإكسابهم مجموعة كفايـات قياديـة مختلفـة، ومطلوبة للإدارات العليا في الجامعة لمن يشغلون وظيفة عميـد كليـة أو رئيس قسـم علمـي، بحيـث يتضمن الأهداف، والمحتوى والأساليب التدريبية، والمستلزمات الماديـة، والبشريـة وأسـاليب المتابعـة، والتقويم التي تضمن تنفيذه، ويحقق أهدافه بكفاءة وفاعلية" (الحيالي، ١٩٩٧: ١٦)

* "مجموعة المعارف، والخبرات والمهارات والقدرات المنظمة، التي سوف تقدم لرؤساء الأقسام العلمية في كليات الجامعات بقصد تنمية وتطوير كفاياتهم الإدارية، بطرائق منهجية، وعلمية هادفة، وبما يمكنهم مستقبلا من تحقيق أهداف القسم العلمي بكفاءة وفاعلية" (المنصور، ١٩٩٩: ١٥)

أما التعريف الإجرائي للبرنامج التدريبي فهو: مجموعة نشاطات ومهارات وخبرات ومعارف إدارية تقدم للموظفين الاداريين في الجامعات الأردنية الرسمية لتطوير أدائهم وخبراتهم في مجال الاتصال الإداري وفق أسلوب علمي مدروس ومنظم.

ب- الاتصال الإداري:

لغرض الوصول إلى تعريف إجرائي للاتصال الإداري يرى الباحث أن من المفيد عرض التعريفات الآتية للاتصال:

* "إنتاج وتبادل وتخزين الأفكار، والمعلومات، والأخبار من جهة إلى أخرى" (عليوة، ١٩٨٧: ١١).

* "انتقال المعلومات من شخص لآخر، سواء بالكلام، أو الحركة، أو الرمز" (التويجري، ١٩٨٨: ١٠٨)

* "عملية تفاعل بين طرفين إلى أن تتحقق المشاركة بينهما" (فهمي وبدوي، ١٩٩١: ٦).

* عملية تبادل للمعلومات، والأفكار، والحقائق، وحتى الانفعالات بين العاملين على اختلاف مستوياتهم" (القريوتي وزويلف، ١٩٩٣: ٢٠٨)

* "عملية نقل للبيانات أو المعلومات (الرسائل) من طرف إلى آخر يسمى الطرف الأول مرسلا، والطرف الثاني مستقبلا" (عساف وعساف، السلوك الإداري (التنظيمي) في المنظمات المعاصرة، ١٩٩٤: ١٨٦).

* "عملية تبادل المعلومات بين إدارات، وأقسام المنظمة، وجمهورها الخارجي، من منظمات وأفراد، من أجل تحقيق أهداف معينة" (العمار والعسكر والأسمري، ١٩٩٥: ٢١).

* "عملية تفاعل مشتركة بين طرفين (شخصين أو جماعتين أو مجتمعتين) لتبادل فكرة أو خبرة معينة، عن طريق وسيلة" (سلامة، ١٩٩٦: ١٤).

* "عملية ربط مقصودة بين طرفين: مرسل، مستقبل، لتأدية وظيفة محددة في إطار النشاط الإنساني" (المصالحة، ١٩٩٦: ٥).

* "العملية أو الطريقة التي تنقل بها الأفكار والمعلومات بين الناس، داخل نسق اجتماعي معين، يختلف من حيث الحجم، ومن حيث محتوى العلاقات المتضمنة فيه، بمعنى أن هذا النسق الاجتماعي قد يكون مجرد علاقة ثنائية نمطية بين شخصية او جماعة صغيرة، أو مجتمع محلي، أو قومي، أو حتى المجتمع الإنساني" (المهدلي، ١٩٩٧: ١١).

* "الإجراء الذي يتم عبره تبادل الفهم بين الكائنات البشرية، أو الوسيلة التي تنتقل عن طريقها المعاني، والأفكار من إنسان لآخر، أو من جماعة إلى أخرى" (الطويل، ١٩٩٧: ٢٢٥-٢٢٦).

* "عملية نقل هادفة للمعلومات من شخص إلى آخر، بغرض إيجاد نوع من التفاهم المتبادل بينهما" (ياغي، ١٩٩٨: ١٦٢)

* "عملية مستمرة تتضمن قيام أحد الأطراف بتحويل أفكار، ومعلومات معينة إلى رسالة شفوية، أو مكتوبة تنقل من خلال وسيلة اتصال إلى الطرف الآخر" (ماهر، ١٩٩٨: ٢٤).

* "عملية يقوم بها الشخص بنقل رسالة تحمل المعلومات، أو الآراء أو الاتجاهات، أو المشاعر إلى الآخرين لهدف ما، في موقف ما، عن طريق الرموز بغض النظر عما قد يعترضها من تشويش" (أبو اصبع، ١٩٩٨: ١٣)

* "العملية التي ينقل بمقتضاها الفرد (أو القائم بالاتصال) منبهات، (عادة رموز لغوية) لكي تؤثر في الأفراد الآخرين، (مستقبل الرسالة) ويعدل سلوكهم وذلك بتثبيت بعض المفاهيم، أو تعديلها، بحيث تنعكس على سلوكهم" (فهد وكنجو، ١٩٩٩: ٣١٩)

* "عملية نقل الرسائل وتبادل المعلومات، أو الآراء" (Webster, 1993: 104)

* "مهارة رئيسة على المرشدين تطويرها، لتسهيل العلاقات الإرشادية، وعليهم ليس فهم المسترشدين فحسب بل أيضا القدرة على ايصال الفهم للأشخاص (Shertzer & Stone, 1981: 184)

* "إيصال الرسالة إلى الهدف الصحيح باسلوب جيد" (Broadwell, 1990: 38)

* "وسيلة ذات اتجاهين، أو سبيلين، تحصل من نقل المعلومات والتفاهم بين الأفراد" (Kossen, 1991:59)

* "عملية نقل المعلومات، من جهة إلى أخرى، بوساطة استعمال الرموز" (Higgins, 1991: 263)

* "إرسال الإشارة واستقبالها، من شخص إلى آخر، أما بشكل مباشر من خلال الكتابة أو الكلام، أو اللغة غير المنطوقة، أو بشكل غير مباشر من خلال التكنولوجيا، مثـل: الهـاتف، والتلفـاز، والمـذياع، والحاسـوب" (Hackett, 1992: 161)

* "العملية التي تتبادل الكيانات بها المعلومات، وتؤسس فهما مشتركا" (Schermerhorn & Others, 1995: 177)

* "عملية نقل المعاني، وفهمها" (De Cenzo & Robbins, 1996: 445)

* "خطوات نقل المعاني بين مرسل ومستقبل، ينجم عنها تفهم لهذه المعاني" (Robbins, 1998: 312)

ويعرف الباحث الاتصال الإداري إجرائياً بأنه: عملية تفاعل، يتم من خلالها تبادل المعلومات، والأفكار بين العاملين في الجامعات الأردنية الرسمية الذين تضمنتهم حدود البحث من جهة، ودوائرهم، أو دوائر أخرى ذات علاقة من المجتمع الخارجي من جهة أخرى، لغرض الوصول إلى حالة من الفهم المتبادل بين المرسل والمستقبل، وتحقيق أهداف محددة، ومرسومة سابقا، مثل تعديل في السلوك، أو ترسيخ بعض المفاهيم، أو القيام بعمل معين.

جـ- العاملون في الجامعات الأردنية الرسمية:

وهم كل من يشغل وظيفة إدارية، في أي من الجامعات الأردنية الرسمية، ويحمل مؤهلا علميا هو درجة البكالوريوس أو الليسانس، وفي أي تخصص، واسمه مسجل في سجلات أي جامعة من الجامعات الأردنية الرسمية للعام الدراسي ١٩٩٩/ ٢٠٠٠م.

د- الجامعات الأردنية الرسمية:

وهي "مؤسسة وطنية للتعليم العالي والبحث العلمي، ذات نفع عام وترمي إلى:

أ- نشر المعرفة وتطويرها والإسهام في تقديم الفكر الإنساني.

ب- إتاحة فرص الدراسة الجامعية النظرية والتطبيقية.

جـ- القيام بالبحث العلمي وتشجيعه.

د- تطوير المنهج العلمي والاستقلال الفكري، والمبادرة الشخصية وتنمية الشعور بالإنتماء للـوطن وروح المسؤولية والعمل الجماعي.

هـ- تعميق العقيدة الإسلامية، وقيمها الروحية والاخلاقية، والعناية بالحضارة الإسلامية ونشر تراثها.

و- خدمة المجتمع الأردني وتلبية حاجاته، والإسهام في خدمة المجتمع العربي (قانون الجامعات الأردنية رقم ٢٩ لسنة ١٩٨٧ وتعديلاته المادة ٤).

هـ- الكفاية الإدارية:

وتعني لفظة كفاه "استغنى به عن غيره، وكفى فلانا حفظه من كيـده" (مجمـع اللغـة العربيـة، ١٩٨٦: ٥٣٨) وكفاية من الفعل كفى، بمعنى كفاه مؤونته، أي يكفيه وكفاه الشيء أي اكتفى بـه، ورجـل كاف وكفي أي سالم وسليم (الرازي، ١٩٨٦: ٢٤٠) وكفاه الشيء كفاية أي "استغنى به عن غـيره، فهو كـاف، واكتفى بالشي: استغنى به وقنع" (المعجم الوسيط، ١٩٨٩: ٧٩٣).

وتعني اصطلاحاً:

* "جميع المعلومات، والخبرات، والمعارف، والمهارات التي تـنعكس عـلى سـلوك المعلـم، والمـتعلم تحـت التدريب، والتي تظهر في أنماط، وتصرفات مهنية، خلال الـدور الـذي يمارسه المعلـم، عنـد تفاعلـه مـع العناصر، أو المواقف التعليمية" (بهادر، ١٩٨١: ١٩).

* "المقدرة على شيء بكفاءة وفعالية، وبمستوى معين من الأداء" (مرعي، ١٩٨٣: ٢٥).

* "جميع المعارف والمهارات، والقـدرات، والاتجاهـات المتعلقـة بوظـائف الاداري، التـي يفـترض أن يؤديهـا لاتمام عمله على أحسن وجه" (الدليمي، ١٩٩٥: ٢٩).

* "بيان القدرة على التعامل مع البيئة، والتحكم في الخبرات في نطاقها" (حنا الله وجرجس، ١٩٩٨: ١٠٩).

* "القدرة على تطبيق المبادئ والتقنيات لأداء عمـل معـين بكفـاءة وفعاليـة في ضـوء مـا يملكه الفـرد مـن معارف ومهارات واتجاهات" (التميمي، ٢٠٠٠: ١٠)

* "مجمل السلوك الذي يتضمن المعارف والمهارات الأدائية، بعد المرور في برنامج تعلم محدد يعكس أثـره على الأداء والتحصيل المعرفي ويقاس من خلال ادوات القياس" (جامل، ١٩٩٨: ١٣).

* "القدرة على تطبيق المبادئ والتقنيات لأداء عمل معين بكفـاءة وفعاليـة في ضـوء مـا يمتلكه الفـرد مـن معارف ومهارات واتجاهات" (التميمي، ٢٠٠٠: ١٠).

* "الوفاء بالمهمة، أو امتلاك المعرفة المطلوبة، والمهارات والقدرات" (Houston & Howsam, 1972: 3).

* "المهارات والأفكار والاتجاهات اللازمة لجميع العاملين بغض النظر عن وظائفهم، أو أعمالهـم المحـددة" (Good, 1973: 121)

* "مجموعة المهارات، والمعارف، والأساليب، وأنماط السلوك التي يمارسها المعلمون بصورة ثابتة ومستمرة في أثناء التدريس" (Hewitt, 1978: 109)

ويعرف الباحث الكفاية الإدارية إجرائيا بأنها: مجموعة المعلومات، والمهارات، والاتجاهات، التـي يمتلكها الموظف الإداري في أي من الجامعات الأردنية الرسمية، لكي يؤدي عمله بدرجة من الإتقان، على ان تنعكس هذه المعلومات، والمهارات، والاتجاهات، على فعل سلوكي قابل للملاحظة والقياس.

يتناول هذا الفصل، وصفاً للإجراءات التي استخدمها الباحث، ووصفاً لمجتمع البحـث، والطريقـة التي تم بها اختيار العينة، وصدق الأداة، وثباتها، واستخراج القوة التمييزية للفقرات، لتعرف الفقرات الدالة، وغير الدالة، لاعتماد الأولى، واستبعاد الثانية، والاستفادة من الفقرات الدالة في تحديد الاحتياجـات التدريبية، التي سيتم في ضوئها وبناء عليها بناء البرنامج التـدريبي، فضلاً عـن تحديد الوسـائل الاحصائية التي استخدمها الباحث في تحليل النتائج.

أولاً: منهج البحث:

استخدم الباحث المنهج الوصفي التحليلي لتحقيق أهداف البحث، وهذا المـنهج مـن أكـثر انـواع المناهج شيوعاً وانتشاراً في البحوث التربوية، ويعرف البحث الوصفي بأنه "كل استقصاء ينصب على ظاهرة من الظواهر التعليمية والنفسية كما هـي قائمـة في الحاضر بقصد تشخيصها وكشف جوانبها، وتحديد العلاقات بين عناصرها" (الزوبعي والغنام، ١٩٨١: ٥١).

ولا يقف البحث الوصفي عند حدود وصف الظاهرة موضوع البحث بـل يتعداه إلى التحليـل والتفسير والمقارنة، والتقويم، للوصول إلى تعميمات ذات معنى" يزيد بها رصيد معارفنا عن تلك الظاهرة.

ثانياً: مجتمع البحث :

يرمي البحث إلى تعرف واقع العملية الاتصالية في الجامعـات الأردنيـة الرسمية، ومعرفـة نقـاط القوة لتعزيزها، ونقاط الضعف لمعالجتها، ولذلك اختار الباحث الجامعات الأردنية الرسمية كافة، مجتمعـاً لبحثه، وهي موزعة على مختلف

محافظات المملكة، من شمالها إلى جنوبها، والجدول الآتي يبين الجامعات الأردنية الرسمية مجتمع البحث.

الجدول (٢)

يبين الجامعات الأردنية الرسمية، وفقا للمحافظات التي تقع فيها، وسنة تأسيسها، وعدد العاملين فيها

الرقم	اسم الجامعة	المحافظة	سنة التأسيس	العاملون من حملة درجة البكالوريوس
١	الأردنية	العاصمة	١٩٦٢	٣٣٧
٢	اليرموك	اربد	١٩٧٦	٣٤٧
٣	مؤتة	الكرك	١٩٨١	٢٨٩
٤	العلوم والتكنولوجيا الاردنية	اربد	١٩٨٦	٢٥٥
٥	الهاشمية	الزرقاء	١٩٩١	٧٩
٦	آل البيت	المفرق	١٩٩٢	٨٢
٧	البلقاء التطبيقية	البلقاء	١٩٩٧	٥٢
٨	الحسين بن طلال	معان	١٩٩٩	٢٩
	المجموع			١٤٧٠

المصدر: التقرير الاحصائي السنوي عن التعليم العالي في الأردن لعام ١٩٩٨/١٩٩٩م ص٢٩

وقد اختار الباحث الموظفين الإداريين من حملة الدرجة الجامعية الأولى حتى يكون المجتمع متجانسا، فضلا عن أن هذه الشريحة تمثل أغلب الموظفين الإداريين، إذ إن المهام الوظيفية والمسؤوليات التي تقع على كاهلهم تعد كثيرة وهامة، وتشكل نسبة حملة الدرجة الجامعية الأولى (البكالوريوس أو الليسانس) في الجامعات الأردنية الرسمية ٣٥.٢٧% ممن يحملون مؤهل ثانوية عامة فأكثر، وقد تم استبعاد حملة المؤهل العلمي الدبلوم المتوسط والثانوية العامة لأنهم يشغلون وظائف تنفيذية يسيرة ومسؤولياتهم الوظيفية متواضعة موازنة بزملائهم الجامعيين، وتم استبعاد حملة المؤهل الأعلى من الدرجة الجامعية الأولية لقلة عددهم.

ثالثاً: عينة البحث:

جرت العادة أن تعمم النتائج التي يتم التوصل إليها مـن دراسـة العينـة عـلى أفـراد المجتمـع المأخوذة منه، لذا وجب اختيار العينة بشكل دقيق بأن تأتي ممثلة لمجتمعها أكثر مما يمكن (عـدس، ١٩٩٩: ٢٤٥) ولزيادة دقة النتائج، استخدم الباحث طريقـة العينـة الطبقيـة العشـوائية، إذ يقسم المجتمـع عـلى طبقات متجانسة، وتم التعامل مع أفراد كل جامعة على حـدة، عـلى أنهـا تشـكل طبقـة متجانسـة، وأخـذ نسبة ٣٠% من أفراد كل جامعة، بحسب المعادلة الآتية:

$$ \text{عدد أفراد العينة الأولى} = \text{ك} \times \frac{\text{ك}_\text{١}}{\text{ن}} $$

(ك‚١) = عدد أفراد الطبقة الأولى

(ن) = عدد أفراد المجتمع

(عدس، ١٩٨٣: ٢٥٩)

على أن يكون عدد الأفراد في الطبقة الواحدة متناسبا مع العدد الكـلي للأفـراد الـواقعين في تلـك الطبقة (الجامعة)، ويمتاز هذا النوع من العينات بدقته، وبأنه أكثر الأنـواع الأخـرى تمثيلا للمجتمـع، لأنـه يوزع أفراد عينة البحث على طبقات المجتمع كافة وبانتظام (عدس، ١٩٩٩: ٢٥٣)

وقد شكل مجموع أفراد عينة البحث (٤٤٣) موظفا وموظفة بنسبة ٣٠% من المجتمـع البحـث، موزعين حسب الجدول الآتي:

الجدول (٣)

يبين توزيع أفراد مجتمع البحث وعينته

عينة البحث (٣٠% من مجتمع البحث)	العاملون (مجتمع البحث)	الجامعة	الرقم
١٠١	٣٣٧	الأردنية	١
١٠٤	٣٤٧	اليرموك	٢
٨٧	٢٨٩	مؤتة	٣
٧٧	٢٥٥	العلوم والتكنولوجيا الأردنية	٤
٢٤	٧٩	الهاشمية	٥
٢٥	٨٢	آل البيت	٦
١٦	٥٢	البلقاء التطبيقية	٧
٩	٢٩	الحسين بن طلال	٨
٤٤٣	١٤٧٠	المجموع	

رابعاً: إجراءات بناء أداة البحث:

تحديد مجالات الكفايات الإدارية:

بهدف تحديد مجالات الكفايات الإدارية، استخدم الباحث أسلوب الملاحظة، ومراجعة الأدب الإداري التربوي، والاطلاع على دراسات، وأبحاث سابقة، خرج بعدها بحصيلة من المعلومات، استطاع معها تحديد المجالات الآتية:

المجال العام.

مجال الاتصال غير اللفظي.

مجال وسائل الاتصال.

مجال التنظيم والأساليب.

مجال السلوك التنظيمي.

مجال محتويات الرسائل الإدارية.

المجال الإداري والتنظيمي.

مجال الاجتماعات.

مجال المركزية واللامركزية

مجال التقنيات.

تحديد فقرات قائمة الكفايات:

بعد الرجوع إلى الأدب الإداري التربوي، ودراسات سابقة، تم تصميم أداة تمهيدية تضمنت (٧٨) فقرة، موزعة على المجالات السابقة وكما في الجدول (٤) عرضت على مختصين في الإدارة، والإدارة التربوية، لبيان مدى ملاءمتها بالحذف، أو التعديل، أو الإضافة، وكان عددهم (٣٠) خبيرا ومختصاً وبعد تحليل آراء المحكمين خلص الباحث إلى أداة أولية تضمنت (٦٣) فقرة إذ تم فيها حذف فقرات، وإضافة أخرى، وتعديل صياغة فقرات أخرى، ودمج المجالات العشرة في سبعة مجالات، عرضت من جديد على محكمين بلغ عددهم (١٤) خبيراً ومختصاً.

الجدول (٤)

يبين مجالات القائمة التمهيدية، وعدد الفقرات لكل مجال

الرقم	المجال	عدد الفقرات
١.	المجال العام	٧
٢.	الاتصال غير اللفظي	٦
٣.	وسائل الاتصال	٧
٤.	التنظيم والأساليب	٨
٥.	السلوك التنظيمي	١٣
٦.	محتويات الرسائل الإدارية	١١
٧.	المركزية واللامركزية	٤
٨.	الإداري والتنظيمي	٨
٩.	الاجتماعات	٧
١٠.	التقنيات	٧
	المجموع	٧٨

صدق الأداة:

يقصد بالصدق: "أن يقيس الاختبار فعلا القدرة، أو السمة، أو الاتجاه، أو الاستعداد الذي وضع الاختبار لقياسه، أي يقيس فعلا ما يقصد أن يقيسه" (عباس، ١٩٩٦: ٢٢)

ويعني الصدق: مقدرة الأداة على قياس ما وضعه من أجله، أو السمة المراد قياسها (الإمام وآخرون، ١٩٩٠: ١٢٣).

ويعد الصدق من أهم شروط المقياس، وفقدان هذا الشريط يعني عدم صلاحية المقياس، وعدم اعتماد نتائجه، ويحتاج الباحث في دراسته إلى التحقق من صدق مقياسه (الطبيب ١٩٩ : ٢٩١)

وقد تم احتساب الصدق باستخدام الطرق الآتية:

١- استخراج الصدق من الثبات: يمكن استخراج الصدق من الثبات لوجود ارتباط قوي بين صدق الاختبار، وثباته إذ إن الاختبار الصادق يكون ثابتا دائما (الطبيب، -١٩٩ : ٢٩٣) وحسب هذه الطريق يكون:

صدق الاختبار = $\sqrt{\text{الثبات}}$

وعليه يكون صدق الاختبار مساويا $\sqrt{0.88}$ = ٩٣.٨% حسب معادلة بيرسون

ويساوي ايضا $\sqrt{0.9369}$ = ٩٦.٨ حسب الفا كرونباخ

٢- آراء المحكمين: وهي من أكثر الطرائق استخداما، لا سيما في الأدوات التي نسعي فيها إلى معرفة صدق محتواها، أو مضمونها، إذ تعرض الأداة على مجموعة من المحكمين من أصحاب الخبرة في المجال الذي وضع مقياسه، ويتم اخذ آراء المحكمين في المقياس، وفقراته وفي حال حصول الموافقة على فقرات المقياس اعتبر ذلك دليلا على صدق الأداة (الطبيب، -١٩٩: ٢٩٣)

وقد تم عرض القائمة النهائية بعد صياغتها بشكل استبانة على مجموعة من الخبراء، والمختصين في الإدارة التربوية، والإدارة العامة، في الجامعات الأردنية، والعراقية، واليمنية، وقد بلغ عددهم (١٤) خبيراً أو مختصاً وطلب منهم تقرير مدى صلاحيتها من عدمه أو إذا كان بها حاجة إلى تعديل، وما التعديل المقترح، أو الحذف أو الإضافة، حسب ما يرونه مناسبا، وذلك لغرض قياس صدق القائمة.

وبعد استعادة الاستبانة من الخبراء والمختصين، ودراسة ملاحظاتهم، وتحليلها، تم حذف الفقرات التي حصلت على نسبة اتفاق عن ٨٠% وزيادة فقرات جديدة، وتعديل أخرى، وإدماج المجالات التسعة في سبعة مجالات.

ثبات الأداة:

يعد الثبات مؤشرا لمدى الاتساق، أو الثبات، الذي يقيس به الاختبار ما صمم من أجل قياسه (دوران، ١٩٨٥: ١٣١)

ويعني الثبات: أن يعطي الاختبار النتائج نفسها، في حال تكراره على العينة نفسها، وتحت الظروف نفسها، شريطة عدم حدوث تدريب بين فترات إجراء الاختبار (الظاهر وآخرون، ١٩٩٩: ٢١).

ويعني أيضا مدى دقة قياس الاختبار للصيغة التي تقيسها، والتي يمكن الاستدلال عليها من خلال إمكانية حصول المفحوصين على النتائج نفسها، عند إعادة تطبيق الاختبار عليهم ثانية، أو لعدد لا متناه من المرات، وفي الظروف نفسها (إبراهيم وآخرون، ١٩٨٩: ٧٣).

وتعتمد صحة القياس على مدى ثبات نتائجه، وصدقها إذ يعطي المقياس الثابت النتائج نفسها، إذا قاس الشيء مرات متتالية (الإمام وآخرون، ١٩٩٠: ١٤٣)

ولقياس الثبات إحصائيا من خلال معامل الارتباط بين البيانات التي حصل عليها الفرد، "ويختص كل أسلوب بتقدير نوعية محددة من تباين الخطأ، وهو التباين الذي يؤثر في ثبات المقياس" (الإمام وآخرون، ١٩٩٠: ١٤٧).

ولمعرفة ثبات أداة البحث، استخدم الباحث الطرائق الآتية:

١- طريقة الاختبار وإعادة الاختبار (Test & Re-Test)

ويطلق على معامل الثبات الذي نحصل عليه بهذه الطريقة معامل الاستقرار (Index of Stability) كما كانت المدة التي تمضي بين مرتي التطبيق قصيرة، كان الثبات مرتفعا، إذ إنه خلال هذه المدة القصيرة يكون احتمال حدوث تغيير في الدرجات المقيسة والحقيقية صغيرا (موسى، ١٩٩٠: ١٤٨).

وقد قام الباحث بتطبيق أداة الدراسة على (١٠٠) مئة فرد من خارج مجتمع البحث، وأعاد توزيع الاستبانة بعد أسبوعين على العينة نفسها، وحسب الثبات باستخدام معادلة بيرسون إذ كان معامل الثبات ٠.٨٨ وهي نسبة مقبولة احصائيا إذ إن النسبة المقبولة احصائيا في مثل هذه البحوث ٠.٦٥ فما فوق (عودة، ١٩٩٨: ٣٦٦).

٢- معادلة الفا - كرونباخ (Alpha-Gronbach)

وتم استخراج معامل الثبات على الأداة كلها باستخدام معادلة الفا-كرونباخ

$$ر = \frac{ن}{ن-١} \left(١ - \frac{مج\ ع^{٢}ك}{ع^{٢}س} \right)$$

إذ يعني (ر) معامل الارتباط و(ن) عدد الفقرات وع٢ ك تباين الفقرات و ع٢س تباين الاختبار (الطبيب، - ١٩٩ : ٣٠١) وقد بلغ معامل الارتباط ٠.٩٣٦٩.

٣- طريقة التجزئة النصفية:

تم احتساب الثبات أيضاً باستخدام طريقة التجزئة النصفية، وتم تقسيم الاستبانة على نصفين، إذ يحتوي النصف الأول على الفقرات الفردية، والنصف الثاني على الفقرات الزوجية، وتم احتساب معامل الثبات باستخدام معادلة سبيرمان- براون (Spearman-Brown) بايجاد معامل الارتباط بين درجات الفقرات الفردية، والزوجية، ووفق المعادلة الآتية:

$$ر = \frac{٢ر^{١/٢}}{١ - ر^{١/٢}}$$

(الطبيب، -١٩٩ : ٢٩٦)

إذ إن ر = معامل الارتباط

$ر^{١/٢}$ = ثبات نصف الاختبار

وكان معامل الارتباط وفق المعادلة السابقة يساوي ٨٨.٥٨% ويعطي معامل الارتباط المحسوب في الطرق الثلاث ثباتا مطمئنا لأداة البحث.

القوة التمييزية للفقرات:

تم حساب القوة التمييزية للفقرات باستخدام معامل ارتباط بيرسون، وقد حصلت سبع فقرات على معامل ارتباط يقل عن ٠.٠٥ عند مستوى دلالة ٠.٠٥ مما يعني أنها غير دالة احصائيا، إذ تم استثناءها من أداة البحث، ولذلك تكون الاستبانة النهائية مكونة من (٥٦) فقرة تمثل المجالات السبعة.

وصف الاستبانة:

تتضمن أداة البحث الاستبانة النهائية، التي قام الباحث بصياغة فقراتها، بعد مراجعته للأدب الإداري التربوي، وبعد تحكيمها من عدد من الخبراء، والمختصين، إذ بلغت فقرات الاستبانة ستا وخمسين فقرة، توزعت على سبعة مجالات رئيسة، معتمدا في صياغتها على استخدام مقياس ليكرت بدرجاته الخمس، وذلك بحسب درجة ممارسة الإداري للكفاية وأعطيت كل درجة وزنا وحسب ما يأتي:

الجدول (٥)

يبين النقاط التي أعطيت حسب درجة الممارسة، وللفقرات السلبية والايجابية

الدرجة / الفقرة	عالية جداً	عالية	متوسطة	منخفضة	منخفضة جداً
الفقرات السلبية	١	٢	٣	٤	٥
الفقرات الايجابية	٥	٤	٣	٢	١

ويأتي اختيار الباحث لمقياس ليكرت (Likert) لتمتعه بالامتيازات الآتية (مرعي وبلقيس: ١٩٨٢: ٢٠٠)

١- سهولة ويسر إعداده، لأنه يتيح اختيار أكبر عدد من العبارات المرتبطة بالاتجاه المراد قياسه.

٢- شموليته، ودقته، وامتياز نتائجه بأنها أكثر ثباتا.

٣- عدم رجوعه الى الحكام في بناء المقياس بل الى تجربة كل بند، وملاحظة علاقته بالاتجاه قبل تبنيه.

٤- أنه يعطي درجة لكل عبارة من عبارة المقياس، وعلى المفحوص أن يعبر عن عبارات المقياس جميعها.

٥- تمثل الدرجة العالية الاتجاه الإيجابي، وتمثل الدرجة القليلة الاتجاه السلبي، وتتكون درجة الاتجاه من حاصل جمع علامات المفحوص.

تطبيق الأداة:

طبقت أداة الدراسة على عينة البحث خلال الفصل الدراسي الثاني من العام الجامعي ١٩٩٩/٢٠٠٠م بتوزيعها شخصيا على الموظفين الإداريين في الجامعات

الأردنية الرسمية جميعها، باختيار عينة طبقية عشوائية، إذ تم توزيع (٤٤٣) استبانة على أفراد عينة البحث، وتم استعادة (٤٢٦) استبانة شكلت نسبتها ٩٦.٣٨% من عينة البحث، وبعد فرزها تم استبعاد احدى عشرة استبانة لعدم صلاحيتها، ولذلك تكون الاستبانات الداخلة في عملية التحليل الاحصائي (٤١٥) استبانة شكلت نسبتها ٩٣.٨٩% من عينة البحث، ونسبة ٢٨.٣% من مجتمع البحث، ويوضح الجدول الآتي الاستبانات الموزعة بحسب الجامعة، والمعادة منها، ونسبتها، والاستبانات الخاضعة للتحليل، ونسبتها الى المعادة.

الجدول (٦)

يبين عدد الاستبانات الموزعة بحسب الجامعة، والعائدة منها، والخاضعة للتحليل، ونسبة كل منها

نسبتها الى المعادة	الاستبانات الخاضعة للتحليل	نسبتها الى الموزعة	الاستبانات المعادة	الاستبانات الموزعة	الجامعة
١٠٠%	٩٦	٩٥.٠%	٩٦	١٠١	الاردنية
٩٩%	٩٧	٩٤.٢%	٩٨	١٠٤	اليرموك
٩٦.٤%	٨٠	٩٤.٥%	٨٣	٨٧	مؤتة
٩٠.٧%	٦٨	٩٧.٤%	٧٥	٧٧	العلـــوم والتكنولوجيـــا الاردنية
١٠٠%	٢٤	١٠٠%	٢٤	٢٤	الهاشمية
١٠٠%	٢٥	١٠٠%	٢٥	٢٥	آل البيت
١٠٠%	١٦	١٠٠%	١٦	١٦	البلقاء التطبيقية
١٠٠%	٩	١٠٠%	٩	٩	الحسين بن طلال
٩٧.٤%	٤١٥	٩٦.١%	٤٢٦	٤٤٣	المجموع

خامساً: الوسائل الاحصائية:

تستخدم الباحث في معالجته للبيانات، والتوصل الى النتائج الوسائل الاحصائية الآتية:

١- الاختبار التائي (t-test) :

وذلك لاختبار معنوية معاملات الارتباط، ولاختبار معنوية الفروق بين متوسط العينة والوسط الفرضي.

وقد تم استخراج معامل الارتباط باستخدام المعادلة الآتية:

$$ر = \frac{ر \sqrt{ن - ٢}}{\sqrt{١ - ر^{٢}}}$$

(Downie & Heath, 1988: 190)

اذ (ت) القيمة التائية المحسوبة

(ر) معامل الارتباط

($ر^{٢}$) مربع معامل الارتباط

(ر) معامل الارتباط

(ن) عدد الأفراد

٢- معامل ارتباط بيرسون:

وذلك لحساب معامل الثبات بطريقة الاختبار وإعادة والاختبار (test & re test) وقد تم احتساب معامل ارتباط بيرسون وفق المعادلة الآتية:

$$ر = \frac{\frac{١}{ن} مج\ س\ ص - س\ ص}{ع\ س \times ع\ ص}$$

(الصياد وسمرة، ١١٨: ١٩٩١)

إذ س: درجة الاختبار

ص: درجة إعادة الاختبار

س : الوسط الحسابي لدرجات الاختبار

ص: الوسط الحسابي لدرجات إعادة الاختبار

ع س: الانحراف المعياري لدرجات الاختبار

ع ص: الانحراف المعياري لدرجات إعادة الاختبار

٣- معادلة الف كرونباخ :

وذلك لحساب معامل الثبات على الأداة ككل، وقد تم احتساب معامل الثبات وفق المعادلة الآتية:

$$\text{معامل الثبات} = \frac{\text{ن}}{\text{ن}-١} \quad \frac{(١ - \text{مج ت}^٢)}{\text{ت}^٢}$$

(Nunnally, 1978: 230)

إذ (ن) عدد الفقرات

مج (ت^٢) مجموع مربع تباين درجات الأفراد على الفقرات

(ت^٢) مربع تباين الدرجات الكلية

٤- الوسط المرجح:

وذلك لتحديد الاحتياجات التدريبية لموظفي الجامعات الأردنية الرسمية، وقد تم احتساب الوسط المرجح وفق المعادلة الآتية:

$$\text{الوسط المرجح} = \frac{\text{ن}١.\text{ت}١ + \text{ن}٢. \text{ت}٢ +\text{ن}٣ . \text{ت}٣ + \text{ن}٤ . \text{ت}٤ + \text{ن}٥ . \text{ت}٥}{\text{ن}١ + \text{ن}٢ + \text{ن}٣ + \text{ن}٤ + \text{ن}٥}$$

(مسعود والريماوي، ١٩٩٧: ٩٠)

٤- معادلة سبيرمان براون: وذلك لايجاد معامل الثبات وفق طريقة التجزئة النصفية، وقد تم حساب معامل الثبات وفق المعادلة الآتية:

$$\text{معامل الثبات} = \frac{\text{ن ر}}{١ + (\text{ر}) \text{ر}}$$

(السيد ١٩٧٩: ٥٢٢)

إذ (ن) عدد الأجزاء

(ر) معامل ارتباط الجزئين

يتضمن هذا الفصل عرضا لنتائج الدراسة الميدانيـة، ومناقشـتها وتحديـد المجـالات التـي يحتـاج الموظفون الإداريون في الجامعات الأردنية الرسمية إلى تدريب، وتطويـر عليهـا مـن خـلال مـا توصـل اليـه الباحث بعد تحليل نتائج استجابات أفراد عينة الدراسة، وقد اتبع الباحث الإجراءات الآتية في عرض نتـائج البحث:

١- اعتماد الوسط الفرضي (٣) ووزنه المئوي (٦٠) معيارا لقياس الدرجة المتحصل عليها في اسـتجابات أفـراد العينة، وضمن التقدير اللفظي لأوزان الاستبانة الخمسة.

٢- احتساب الوسط الفرضي، ووزنه المئوي، بجمع درجتي المقياس العليا والدنيا وقسمتها على اثنـين (٥+١) ÷ ٢ = ٣ وهي الوسط الفرضي، واحتساب الوزن المئوي بقسمة الوسط الفرضي علـى أعـلى درجـة في المقياس وضرب الناتج بمئة (٣/٥×١٠٠) = ٦٠ فيكون الوزن المئوي للوسط الفرضي ٦٠ .

٣- اعتماد الوسط المرجح والـوزن المئوي لوصف اسـتجابات أفـراد العينـة في مـدى ممارسـتهم للكفايـات الإدارية، وفي تحديد قوة الفقرة، ومدى قبولها من عدمه.

٤- استخرجت الأوساط المرجحة والأوزان المئوية بناء عـلى تكـرار اسـتجابات أفـراد العينـة عـلى مسـتوى الفقرة، والمجال، والمجالات كافة، وعلى النحو الآتي:

أ- احتساب الوسط المرجح لكل فقرة من فقرات الاستبيان وفقا للآتي:

$$\text{الوسط المرجح للفقرة} = \frac{\text{مجموع تكرارات الفقرة}}{\text{عدد المستجيبين}}$$

(Kurtz & Mayo, 1979: 40)

$$\text{أي أن الوسط المرجح للفقرة} = \frac{(ت٥×١) + (ت٤×٢) + (ت٣×٣) + (ت٢×٤) + (ت١×٥)}{\text{مج ت}}$$

(Kurtz & Mayo, 1979: 41)

ب- احتساب الوسط المرجح للمجال الواحد بالمعادلة السابقة حيث:

$$\text{الوسط المرجح للفقرة} = \frac{\text{مجموع التكرارات التي حصل عليها المجال}}{\text{عدد الفقرات} \times \text{عدد المستجيبين}}$$

٥- ترتيب الحاجات التدريبية على مستوى الفقرة والمجال تنازليا، باستخدام الوسط المرجح، والوزن المئوي.

٦- تحديد التقدير اللفظي للوسط المرجح وفق ما يأتي (صالح، ١٩٩٧: ١٥):

طرح اصغر وزن في البدائل من اكبر وزن وكان ٥-١=٤

قسمة الناتج على أربعة وكما يأتي ٤/٤ =١ حيث يمثل ذلك طول الفقرة وعليه أصبحت قيم الوسط المرجح وتقديراتها اللفظية كما يأتي:

قيم الوسط المرجح	التقدير اللفظي
من ١ الى أقل من ٢	ضعيف جدا
من ٢ الى أقل من ٣	ضعيف
من ٣ الى أقل من ٤	جيد
من ٤ إلى ٥	ممتاز

تم تعرف مدى ممارسة الموظفين الإداريين في الجامعات الأردنية الرسمية للكفايات الادارية اللازمة للقيام بعملية الاتصال الإداري من خلال مجالات الدراسة السبعة، حيث تم ترتيبها تنازليا حسب درجة ممارستهم لكفايات كل مجال وتبين أن ممارستهم لكفايات خمسة مجالات كانت اكثر من الوسط المرجح الفرضي ومجال واحد حول الوسط المرجح الفرضي ومجال آخر اقل من الوسط المرجح الفرضي. ويوضح الجدول (٦) معدل الوسط المرجح والوزن المئوي لكل مجال من مجالات استمارة الملاحظة مرتبة تنازليا.

الجدول (٦)

يبين معدل الوسط المرجح والوزنم المئوي لكل مجال من مجالات استمارة الملاحظة مرتبة تنازليا

الترتيب	المجال	الوسط المرجح	الوزن المئوي
١.	محتويات الرسائل الإدارية	٣.٧٤	٧٤.٨٠
٢.	السلوك التنظيمي	٣.٧٠	٧٤.٠٧
٣.	الاجتماعات	٣.٦١	٧٢.١٨
٤.	التنظيم والأساليب	٣.٥١	٧٠.٢٦
٥.	وسائل الاتصال وتقنياته	٣.٣٣	٦٦.٥٩
٦.	الاتصال غير اللفظي	٣.٠٣	٦٠.٢٤
٧.	الإداري التنظيمي	٢.٨٩	٥٩.٥٥
	المعدل	٣.٤٧	٦٩.٤٤

ويمكن القول أن أداء الموظفين الإداريين في الجامعات الأردنية الرسمية كان جيدا في خمسة مجالات ودون ذلك في مجال واحد وحول الوسط الفرضي في آخر للكفايات التي تمت ملاحظتهم فيها قياسا بالمعيار الذي استخدمه الباحث.

ويلاحظ من الجدول السابق أن الوسط المرجح لأداء الموظفين الإداريين في الجامعات الأردنية الرسمية كان أكثر من الوسط المرجح الفرضي والبالغ (٣) وبوزن مئوي (٦٠) في خمسة مجالات من أصل سبعة في حين انخفضت عن الوسط المرجح الفرضي في مجال واحد وحوله في آخر وهي على التوالي:

١- المجال الإداري والتنظيمي حيث حصل على وسط مرجح ٢.٨٩

٢- مجال الاتصال غير اللفظي حيث حصل على وسط مرجح ٣.٠٣

وهذا يعني أن الموظفين بحاجة إلى تدريب في هذين المجالين.

أما عن مدى تحقق الكفايات الإدارية لدى الموظفين الإداريين في الجامعات الأردنية الرسمية في ميدان الاتصال الإداري واستناداً إلى تحليل استجاباتهم على فقرات الاستبانة فقد تحقق (٤٤) كفاية وعدم تحقق (١٢) كفاية تشكل نسبتها (٢١.٤٣%) من مجموع الكفايات، وهي نسبة تعد غير قليلة نسبيا، والجدول (٧) يوضح ذلك.

الجدول (٧)

يبين عدد الكفايات المتحققة وغير المتحققة وفق كل مجال

الرقم	المجال	الكفايات المتحققة	الكفايات غير المتحققة	المجموع
١.	الاتصال غير اللفظي	٢	٢	٤
٢.	وسائل الاتصال وتقنياته	٦	٣	٩
٣.	التنظيم والأساليب	٧	١	٨
٤.	السلوك التنظيمي	١١	٢	١٣
٥.	محتويات الرسائل الإدارية	٩	صفر	٩
٦.	الإداري والتنظيمي	٤	٣	٧
٧.	الاجتماعات	٥	١	٦
	المجموع	٤٤	١٢	٥٦

وعليه يمكن القول أن النقص الكفائي الكلي عند الموظفين في الجامعات الأردنية الرسمية على مستوى المجالات كافة بلغ (١٢) كفاية وبنسبة (٢١.٤٢%) من الكفايات جميعها حيث بلغ العدد الاجمالي لكفايات الاتصال (٥٦) كفاية إدارية، أما النقص الكفائي الجزئي على مستوى المجالات كلا على انفراد فقد بلغ كما في الجدول (٨)

الجدول (٨)

يبين ترتيب الحاجات التدريبية تنازليا بحسب نسبة الحاجات في كل مجال الى العدد الكلي للحاجات

التسلسل	المجال	عدد الحاجات التدريبية	نسبتها إلى العدد الكلي للحاجات
١.	وسائل الاتصال وتقنياته	٣	٢٥%
٢.	محتويات الرسائل الإدارية	٣	٢٥%
٣.	الاتصال غير اللفظي	٢	١٦.٦٧%
٤.	الإداري والتنظيمي	٢	١٦.٦٧%
٥.	التنظيم والأساليب	١	٨.٣٣%
٦.	الاجتماعات	١	٨.٣٣%
٧.	السلوك التنظيمي	صفر	صفر %
	المجموع	١٢	١٠٠%

اعتمد الباحث الوسط الفرضي (٣) والوزن المئوي الفرضي (٦٠) معيارا لتحقق الكفايات الإدارية.

وقد تم استخراج الأوساط المرجحة والأوزان المئوية لاستجابات كل فقرة من فقرات الاستبانة لتعرف درجة ممارسة الموظفين للكفايات الإدارية الواردة في كل مجال من مجالاتها وذلك بناء على عدد تكرارات استجابات أفراد عينة الدراسة وكانت على النحو الآتي:

١- مجال الاتصال غير اللفظي:

يبين الجدول (٩) أن الوسط المرجح لمجال الاتصال غير اللفظي كان(٣.٠١) وبوزن مئوي قدره (٦٠.٢٤) ويتضح من هذه النتيجة أن درجة ممارسة الموظفين الإداريين في الجامعات الأردنية الرسمية لكفاية الاتصال غير اللفظي قريبة من الوسط المرجح الفرضي. وقد اتضح من الجدول أن كفايات المجال كانت درجة ممارستها موزعة بين الجيد والضعيف، إذ كانت كفايتان درجة ممارستهما جيدة، في حين كانت كفاية واحدة تمارس بدرجة ضعيفة وأخرى حول الوسط الفرضي، إذ بلغتا على التوالي (٢.٦٢) و (٣.٠٢)

ومن خلال النتائج المعروضة يخلص الباحث الى حقيقة أن ممارسة موظفي الجامعات الأردنية الرسمية لكفاية الاتصال غير اللفظي كانت حول الوسط الفرضي، وربما يعود السبب في ذلك إلى اعتماد الموظفين على الاتصالات اللفظية المعززة بالتوثيق لضمان شرعية قراراتهم وإجراءاتهم وتنفيذها بدقة.

الجدول (٩)

يبين تكرار استجابات أفراد عينة الدراسة على فقرات مجال الاتصال غير اللفظي وقيم الوسط المرجح والوزن المئوي على مستوى الفقرة والمجال

الرقم	الفقرة	عالية جدا	عالية	متوسطة	منخفضة	منخفضة جدا	الوسط المرجح	الوزن المئوي
١.	ألجأ للصمت عند عدم قدرتي على التعبير اللفظي في تعاملي مع المسؤول	٧٥	١٠٦	١٢٥	٨٠	٢٩	٣.٢٨	٦٥.٦٩
٢.	التزم الصمت عند عدم قناعتي بما يقوله المسؤول	٧٣	٧٨	١٤٧	٦٣	٥٤	٣.١٣	٦٢.٥٥
٣.	اعزز الاتصال اللفظي عن طريق الاتصال غير اللفظي	٣٦	١٠٨	١٤٥	٨٠	٤٦	٣.٠٢	٦٠.٣٩
٤.	أتقن اللغة غير المنطوقة عند التعامل مع الآخرين	٣٢	٧٣	١٠٦	١١٢	٩٢	٢.٦٢	٥٢.٣٤
	المجال كاملا	٢١٦	٣٦٥	٥٢٣	٣٣٥	٢٢١	٣.٠١	٦٠.٢٤

٢- مجال وسائل الاتصال وتقنياته:

يبين الجدول (١٠) أن الوسط المرجح لمجال وسائل الاتصال وتقنياته كان (٣.٣٣) وبوزن مئوي قدره (٦٦.٥٩) وهو أعلى من الوسط المرجح الفرضي والوزن المئوية الفرضي وهذا يشير إلى أن مجتمع البحث يمارس كفايات هذا المجال بشكل جيد.

الجدول (١٠)

يبين تكرار استجابات أفراد عينة الدراسة على فقرات مجال وسائل الاتصال وتقنياته وقيم الوسط المرجح والوزن المئوي على مستوى الفقرة والمجال

الرقم	الفقرة	عالية جدا	عالية	متوسطة	منخفضة	منخفضة جدا	الوسط المرجح	الوزن المئوي
.	اختار نوعية وسيلة الاتصال في ضوء درجة سرية الرسالة	٢١٨	١١٣	٤٠	١٤	٣٠	٤.١٤	٨٢.٨٩
.	استخدم طريقة معينة في ايصال المراسلات الى هدفها دون تأخير	١٤٦	١٧٢	٤٩	٢٦	٢٢	٣.٩٥	٧٨.٩٩
.	اعتمد في اختيار وسيلة الاتصال على الزمن المتاح لنقل الرسالة	١٣٤	١٨١	٥٨	٢٧	١٥	٣.٩٤	٧٨.٨٩
.	أوظف شبكة الاتصال المتوافرة في وحدتي الإدارية لخدمة الأهداف التنظيمية	١١٤	١٥٩	٦٣	٣٩	٤٠	٣.٦٥	٧٢.٩٢
.	اعتمد في اختيار وسيلة الاتصال على عدد الأشخاص المراد الاتصال بهم	٨٠	١٦٣	١٠٧	٣٣	٣٢	٣.٥٤	٧٠.٨٩
.	أتمتع بحرية في استخدام وسيلة الاتصال المحاسبة لضمان وصول رسالتي في الوقت المحدد	٩١	١٢٠	١٠٢	٤٤	٥٨	٣.٣٤	٦٦.٨٤
.	استخدم جهاز حاسوب شخصي- في وحدتي الإدارية	٩٢	٦٠	٥٨	٥٨	١٤٧	٢.٧٤	٥٤.٨
.	استثمر جزءاً كبيراً من المخصصات المالية المتوافرة في توفير وسائل اتصال حديثة	٣٦	٥٨	٧٩	٧٢	١٧٠	٢.٣٢	٤٦.٤١
.	استخدم الناسوخ (الفاكس) في اتصالاتي الإدارية	٥٥	٥٤	٥٧	٥٨	١٩١	٢.٣٣	٤٦.٧
	المجال كاملاً	٩٦٦	١٠٨٠	٦١٣	٣٧١	٧٠٥	٣.٣٣	٦٦.٥٩

ويشير الوسط المرجح لفقرات المجال الى انخفاض ممارسة الموظفين مجتمع البحـث للكفايات الإدارية في مجال وسائل الاتصال وتقنياته عن الوسط المرجح الفرضي ووجود ضعف في ممارستهم لثلاث كفايات هي:

١- استخدام الحاسوب في الوحدة الإدارية.

٢- استثمار المخصصات المالية المتوافرة في توفير وسائل اتصال حديثة.

٣- استخدام الفاكس (الناسوخ)

وهذا يتفق مع نتائج دراسة (الزعبي) التي خلصت الى وجود حاجة كبيرة للتـدرب عـلى وسائل الاتصال ووسائل التكنولوجيا الحديثة (الزعبي ١٩٩١: ٨٦-٨٧)

مما يعني ضرورة إعادة النظر في استخدام الموظفين لوسائل الاتصال وتقنياته، من اجل تحسينها، وضمان طريقة أفضل في التعامل معها، خاصة في مجالات الحوسبة، والناسوخ واستثمار المخصصـات المالية في توفير وسائل اتصال حديثة ومتطورة.

٣- مجال التنظيم والأساليب:

يبين الجدول (١١) أن الوسط المرجح لمجال التنظيم والأساليب كان (٣.٥١) وبوزن مئوي قدره (٧٠.٢٦) وهذا يشير إلى أن الوسط المرجح والوزن المئوي لممارسة مجتمع الدراسة لكفايات هذا المجال كانت جيدة وأعلى من الوسط المرجح الفرضي والوزن المئوي الفرضي.

وهذا من شأنه المساعدة على تحقيق العملية الاتصالية لأهدافها التي قامت من أجلها، ووصـول الرسالة بالشكل الذي يريده مرسلها، وأنه يعطي المـوظفين ثقـة بأنفسهـم وبعملهـم ويقبلـوا عليـه بـروح معنوية عالية، وقدرة وقابلية على العمل.

الجدول (١١)

يبين تكرار استجابات أفراد عينة الدراسة على فقرات مجال التنظيم والأساليب وقيم الوسط المرجح على مستوى الفقرة والمجال

رقم	الفقرة	عالية جدا	عالية	متوسطة	منخفضة	منخفضة جدا	الوسط المرجح	الوزن المئوي
	أتعامل بجدية مع التقارير التي تصلني	٢٠٤	١٤٥	٢٢	١٧	٢٧	٤.١٦	٨٣.٢٣
	احدد لكل عملية اتصالية هدفا واضحا وبشكل مسبق	١٠٧	١٥١	٩٣	٤١	٢٣	٣.٦٧	٧٣.٤٠
	اعتمد على الأوامر والتعليمات المكتوبة اكثر من اعتمادي على الاتصال الشخصي- الشفهي	١١٤	١٢٨	١٠١	٤١	٣١	٣.٦١	٧٢.١٩
	استخدم في وحدتي الإدارية صيغا موحدة في التعامل مع البريد	٨٠	١٦٥	١٠٠	٤٥	٢٥	٣.٥٥	٧١.٠٨
	أعيد النظر دائما بالإجراءات الإدارية المتبعة في عملية الاتصال	٧٨	١٤٥	١١٩	٤٠	٣٣	٣.٤٧	٦٩.٤٠
	أتابع كل ما يستجد في الاتصال الحديث واعمل على تطبيقه في وحدتي الإدارية	٨٤	١٣٤	٩٨	٥٢	٤٧	٣.٣٧	٦٧.٥٢
	اختار الأوقات التي تخلو من ضغط العمل لارسال ما لدي من أفكار ومعلومات لضمان اهتمام الجمهور بها.	٧٧	١٢٥	١١١	٤٣	٥٩	٣.٢٨	٦٥.٦٩
	استخدم في وحدتي الإدارية لوحة الإعلانات لتبليغ الأوامر والتعليمات	٧٩	٩٤	٨٨	٤٧	١٠٧	٢.٩٨	٥٩.٥٧
	المجال كاملا	٨٢٣	١٠٨٧	٧٣٢	٣٢٦	٣٥٢	٣.٥١	٧٠.٢٦

ويشير الوسط المرجح لفقرات المجال إلى وجود ضعف في ممارسة الموظفين لكفاية واحدة هي: استخدام لوحة الإعلانات لتبليغ الأوامر والتعليمات، أما باقي كفايات المجال فكانت درجة ممارستهم لها اكثر من الوسط المرجح الفرضي.

وبشكل عام يمكن القول إن درجة ممارسة الموظفين لكفايات مجال التنظيم والأساليب كانت بدرجة جيدة، وهو أمر يبعث على الارتياح لمدى ممارسة الموظفين لكفايات هذا المجال.

٤- مجال السلوك التنظيمي:

يبين الجدول (١٢) أن الوسط المرجح لمجال السلوك التنظيمي كان (٣.٧٠) وبوزن مئوي قدره (٧٤.٠٧) وهذا يشير على أن الوسط المرجح والوزن المئوي لممارسة مجتمع الدراسة لكفايات مجال السلوك التنظيمي كانت أعلى من الوسط المرجح الفرضي والوزن المئوي الفرضي وهي نسبة جيدة.

وهذا يعني وجود ثقافة تنظيمية وعادات سلوكية تنظيمية جيدة لدى الموظفين الإداريين العاملين في الجامعات الأردنية الرسمية، ووجود درجة عالية من التنسيق بين أطراف العملية الاتصالية، وتجنب إحراج الزملاء، وتشجيع روح المبادرة، وتقبل النقد، والاعتراف بالخطأ، والتراجع عنه، وتعزيز العلاقات مع زملاء العمل ورؤساء ومرؤوسين، والثقة بهم، والتفاعل معهم.

الجدول (١٢) يبين تكرار استجابات أفراد عينة الدراسة على فقرات مجال السلوك التنظيمي وقيم الوسط المرجح والوزن المئوي على مستوى الفقرة والمجال

رقم	الفقرة	عالية جدا	عالية	متوسطة	منخفضة	منخفضة جدا	الوسط المرجح	الوزن المئوي
.	اتفهم الأوامر والتعليمات الإدارية وأنفذها بدقة.	١٨٢	١٦٣	٢٧	١٩	٢٤	٤.١١	٨٢.١٧
.	أنبة المرؤوسين الى أخطائهم بشكل فردي وبأسلوب لبق.	١٧٢	١٦٣	٣٦	١٦	٢٨	٤.٠٥	٨٠.٩٦
.	أتشاور مع الجهات ذات العلاقة قبل اتخاذ القرار	١٧٠	١٦٦	٣٢	٢٢	٢٥	٤.٠٥	٨٠.٩٢
.	اشجع نقد الآخرين البناء العملي	١٥٨	١٧٣	٣٩	١٩	٢٦	٤.٠١	٨٠.١٤
.	أثق بزملائي	١٤٦	١٧٣	٤٨	١٤	٣٤	٣.٩٢	٧٨.٤٦
.	أتجاهل الخلاف بين العاملين في وحدتي الإدارية	١٦٥	١٣٩	٤٥	٢٧	٣٩	٣.٨٨	٧٧.٥٤
.	اشجع روح المبادرة في تقديم الأفكار الجديدة	١٣٦	١٦٥	٥٨	٢٦	٣٠	٣.٨٥	٧٦.٩٣
.	أتجنب إحراج المرؤوسين أمام زملائهم	١٣٣	١٥١	٥٨	٣٣	٤٠	٣.٧٣	٧٤.٦٥
.	اعمل على تعزيز علاقاتي الشخصية مع الرؤساء في تسيير العمل بالطريقة التي أرغب	١٠٩	١٦٧	٨٢	٣٢	٢٥	٣.٧٣	٧٤.٦٠
.١	أعترف بالخطأ وأتراجع عنه فورا	١٠٠	١٥٣	٨١	٣٩	٤٢	٣.٥٥	٧١.٠٨
.١	أعمل على استخدام قنوات الاتصال غير الرسمية في وحدتي الإدارية كمصدر مهم للمعلومات	٨١	١٤٢	١٢٥	٢٧	٤٠	٣.٧٤	٦٩.٤٩
.١	أتفاعل مع الزملاء	٤١	٩٨	١٣٢	٧٥	٦٩	٢.٩٢	٥٨.٤١
.١	استخدم الاتصالات غير الرسمية في التنظيم خدمة التنظيم الرسمي	٤٥	٨١	١٤٣	٧٠	٧٦	٢.٨٨	٥٧.٥٤
.١	المجال كاملا	١٦٣٨	١٩٣٤	٩٠٦	٤١٩	٤٩٨	٣.٧٠	٧٤.٠٧

ويشير الوسط المرجح لفقرات المجال الى وجود ضعف في ممارسة الموظفين لكفايتين فقط هما:

١- استخدام الاتصالات غير الرسمية في التنظيم لخدمة التنظيم الرسمي.

٢- التفاعل مع الزملاء.

وعليه يخلص الباحث الى أن الموظفين الإداريين في الجامعات الأردنية الرسمية يعتمدون بشكل كبير على الاتصالات الرسمية في تنفيذ أعمالهم، وهو التطبيق العملي للبيروقراطية التي تعتمد الرسمية والتدوين ثوابت في عملها. أما عملية التفاعل مع الزملاء فهي ظاهرة صحية وتخدم التنظيم وتساعد على تسيير أعماله بيسر وسهولة، ويستغرب الباحث وجود ضعف في ممارسة هذه الكفاية لدى الموظفين الإداريين في الجامعات الأردنية الرسمية ويعدها ظاهرة غير صحية، وعموما فان درجة ممارسة الموظفين لكفايات مجال السلوك التنظيمي كانت جيدة.

٥- مجال محتويات الرسائل الإدارية:

يبين الجدول (١٣) أن الوسط المرجح لمجال محتويات الرسائل الإدارية كان (٣.٧٤) وبوزن مئوي قدره (٧٤.٨٠) وهذا يشير إلى أن الوسط المرجح والوزن المئوي لممارسة مجتمع الدراسة لكفايات هذا المجال كانت جيدة وأعلى من الوسط المرجح الفرضي والوزن المئوي الفرضي.

ويعني ذلك أن الموظفين في الجامعات الأردنية الرسمية يحددون أهداف رسائلهم بوضوح، ويركزون على الدقة في وصفهم للواقع عند إعدادهم للتقارير والمذكرات، واتصافها بالشمولية، وتركيزهم على وضوح الأفكار في أذهانهم قبل صياغتها، ومراعاتهم للمستوى العلمي لجمهورهم عند صياغة الرسائل، واعتمادهم في إنجاح عملية الاتصال على قدرة الرسالة في إحداث التأثير المطلوب في المستلم.

الجدول (١٣)

يبين تكرار استجابات أفراد عينة الدراسة على فقرات مجال محتويات الرسائل الإدارية وقيم الوسط المرجح والوزن المئوي على مستوى الفقرة والمجال

رقم	الفقرة	عالية جدا	عالية	متوسطة	منخفضة	منخفضة جدا	الوسط المرجح	الوزن المئوي
	استطيع تكوين أفكار واضحة في ذهني قبل صياغتها	١٤٦	١٩٣	٣٩	٩	٢٨	٤.٠١	٨٠.٢٤
	اعتمد الدقة في وصف الواقع عند إعداد التقارير والمذكرات	١٥٤	١٧٥	٤٢	١٨	٢٦	٤.٠٠	٧٩.٩
	احرص على أن تتميز رسائلي بالانسيابية حتى يسهمل على مستقبلها فهمها.	١٤٥	١٧٨	٤١	٢٦	٢٥	٣.٩٤	٧٨.٨٩
	اعتمد في إنجاح عملية الاتصال على قدرة إحداث التأثير المطلوب في المستلم	١١٥	١٨٢	٧١	٢٣	٢٤	٣.٨٢	٧٦.٤٣
	أراعي في صياغة رسائلي المستوى العلمي للجمهور المستهدف	١٠١	٢٠٤	٦٤	٢٥	٢١	٣.٨٢	٧٦.٣٤
	اعتمد الشمولية في إعداد التقارير والمذكرات	١١٦	١٧٤	٦٧	٣٠	٢٨	٣.٧٧	٧٥.٤٢
	أتجنب التباس الفهم لدى المستقبل بتحديد الهدف بوضوح	٩٩	١٦٤	٩٣	٣٥	٢٤	٣.٦٧	٧٣.٤٥
	احدد في رسائلي موعدا نهائيا للإجابة عنها ضمانا للتغذية الراجعة.	٥٩	١٦٥	١٠٦	٥١	٤٣	٣.٣٣	٦٦.٦٠
	أتدرب على كيفية كتابة الرسائل والتقارير كلما أتيحت لي الفرصة.	٦٠	١٤٦	١١٠	٥٥	٤٤	٣.٣٠	٦٥.٩٣
	المجال كاملا	٩٩٥	١٥٧٢	٦٣٣	٢٧٢	٢٦٣	٣.٧٤	٧٤.٨٠

ومهما يكن فان الباحث يعتقد أن التدريب عملية مستمرة تمكن الموظف منم الاطلاع على كل جديد والاستفادة منه وان الخبرة العملية ليست هي المجال الوحيد للتدريب فقد يستمر المرء في استخدام أسلوب معين تعود عليه منذ زمن طويل ويوفي بالغرض، ولكن هناك أساليب جديدة وحديثة وأمور علمية وعملية استجدت في العصر الحديث نتيجة تقدم العلوم والتكنولوجيا يستلزم اطلاع الموظفين عليها والاستفادة منها.

٦- المجال الإداري والتنظيمي:

يبين الجدول (١٤) أن الوسط المرجح للمجال الإداري والتنظيمي كان (٢.٩٨) وبوزن مئوي قدره (٥٩.٥٥) وهذا يشير إلى أن الوسط المرجح والوزن المئوي لممارسة مجتمع الدراسة لكفايات المجال الإداري والتنظيمي كانت دون الوسط المرجح الفرضي والوزن المئوي الفرضي. وهذا يدل على وجود ضعف في ممارستهم لكفايات هذا المجال مما يستدعي ضرورة تدريبهم على ممارسة كفايات هذا المجال.

ويستنتج الباحث من هذه النتائج وجود مركزية شديدة لدى المسؤولين في الجامعات الأردنية الرسمية، ويعزز هذا الاستنتاج ما واجهه الباحث خلال توزيع أداة الدراسة على عينة البحث والإجراءاته الإدارية الكثيرة التي سبقت السماح له بتوزيعها.

الجدول (١٤)

يبين تكرار استجابات أفراد عينة الدراسة على فقرات المجال الإداري والتنظيمي وقيم الوسط المرجح والوزن المئوي على مستوى الفقرة والمجال

الرقم	الفقرة	عالية جدا	عالية	متوسطة	منخفضة	منخفضة جدا	الوسط المرجح	الوزن المئوي
١.	أحرص على إيصال القرارات والتعليمات للمعنيين بها قبل وقت كاف لتمكنهم من اتخاذ الإجراء المناسب عليها.	١٣٣	١٨٥	٤٢	٢٣	٣٢	٣.٨٨	٧٧.٥٤
٢.	أحرص على أن تسير عملية الاتصال في وحدتي الإدارية بوجودي أو غيابي	١٠٤	١٩٨	٥٧	٢٩	٢٧	٣.٧٨	٧٥.٥٢
٣.	استخدم الاتصالات الإدارية في عملية اتخاذ القرار	١١٠	١٨٣	٧٠	٢٣	٢٩	٣.٧٨	٧٥.٥٢
٤.	احتفظ في وحدتي الإدارية بقائمة مراسلات للدوائر ذات العلاقة ليسهل الاتصال بها عند الحاجة	١١٢	١٣٦	٧٤	٣٦	٥٧	٣.٥١	٧٠.١٢
٥.	أعرض المراسلات الإدارية الواردة كافة على مسؤولي المباشر قبل اتخاذ أي إجراء عليها	١٧	٣٠	٨٤	١٥٦	١٢٨	٢.١٦	٤٣.٢٣
٦.	ألتزم التسلسل الإداري في اتصالاتي الإدارية ولا اتجاوزه مهما كان السبب	٢٠	١٩	٦٢	١٣٠	١٨٤	١.٩٤	٣٨.٨٤
٧.	أحرص على أداءة عملي بنفسي	١٦	١١	٣٧	١٦٢	١٨٩	١.٨٠	٣٦.٠٥
	المجال كاملا	٥١٢	٧٦٢	٤٢٦	٥٥٩	٦٤٦	٢.٩٨	٥٩.٥٥

ويشير الوسط المرجح لفقرات المجال الإداري والتنظيمي الى وجود ضعف في ممارسة الموظفين لثلاث كفايات إدارية هي:

١- عرض المراسلات الإدارية الواردة كافة على المسؤول المباشر قبل اتخاذ أي إجراء عليها.

٢- حرص الموظف على أداء عمله بنفسه.

٣- التزم التسلسل الإداري في اتصالاتي الإدارية ولا أتجاوزه مهما كانت الأسباب.

ويمكن تفسير ذلك بان المسؤولين يميلون إلى الاطلاع على كل شيء، ولا يفوضون مرؤوسيهم في التصرف مع بعض الأمور، وهذا قد يعود إلى عدم ثقة الرؤساء بقدرات مرؤوسيهم أو حرصهم على أن يكونوا هم وحدهم دون غيرهم القادرين على حل المشكلات والتعامل مع المستجدات. وهذه نظرة خاطئة من وجهة نظر الباحث لان الإداري الناجح هو من يستطيع أن يؤهل أفراداً من المستوى الإداري الأدنى ليكونوا قادرين على قيادة زملائهم، وتسير أمور العمل، وهذا من شأنه أن يعطي هؤلاء الموظفين الثقة بأنفسهم وبرؤسائهم ليتعاملوا معهم بأريحية، ويساعدوهم على تسيير أمور التنظيم بالشكل المطلوب، وخلق الولاء للتنظيم وأهدافه.

٧- مجال الاجتماعات:

يبين الجدول (١٥) أن الوسط المرجح لمجال الاجتماعات كان (٣.١٦) وبوزن مئوي قدره (٧٢.١٨) وهذا يشير إلى أن الوسط المرجح والوزن المئوي لممارسة مجتمع الدراسة لكفايات مجال الاجتماعات كانت جيدة، وأكثر من الوسط المرجح الفرضي والوزن المئوي الفرضي.

وهذا يدل على حرص الموظفين في الجامعات الأردنية الرسمية على حضور الاجتماعات الاستفادة منها، وتنفيذ القرارات التي تصدر عنها واحترام الآراء والمقترحات التي تطرح فيها.

الجدول (١٥)

يبين تكرار استجابات أفراد عينة الدراسة على فقرات مجال الاجتماعات وقيم الوسط المرجح والوزن المئوي على مستوى الفقرة والمجال

الرقم	الفقرة	عالية جدا	عالية	متوسطة	منخفضة	منخفضة جدا	الوسط المرجح	الوزن المئوي
١.	احترم الآراء والمقترحات التي يطرحها الآخرون في الاجتماعات	١٤٧	١٨٢	٣٩	١٧	٣٠	٣.٩٦	٧٩.٢٣
٢.	احرص على حضور الاجتماعات التي تعقد في وحدتي الإدارية لمعرفة الهدف منها	١٦٧	١٤٧	٤٤	٢١	٣٦	٣.٩٣	٧٨.٧٠
٣.	أنفذ القرارات المتخذة في الاجتماعات وبشكل فوري	١٣٠	١٧٠	٦٣	٢٥	٢٧	٣.٨٥	٧٦.٩٢
٤.	أجيد أسلوب التفاوض مع الآخرين	٨٣	١٨٣	٩٢	٢٤	٣٣	٣.٦٢	٧٢.٤٨
٥.	أبلغ المرؤوسين بنتائج التقويم خلال الاجتماع	٦٥	١٣٠	١٢٧	٤٢	٥١	٣.٢٨	٦٥.٥٩
٦.	أنبه المرؤوسين الى أخطائهم خلال الاجتماع	٤٧	١١٤	١١٩	٦٦	٦٩	٣.٠١	٦٠.١٩
	المجال كاملا	٦٣٩	٩٢٩	٤٨٤	١٩٥	٢٤٦	٣.٦١	٧٢.١٨

ويشير الوسط المرجح لفقرات مجال الاجتماعات إلى وجود ضعف في ممارسة الموظفين لكفاية واحدة هي: تنبيه المرؤوسين الى أخطائهم خلال الاجتماع. حيث تبين أن نسبة عالية ينبهون مرؤوسيهم الى أخطائهم خلال الاجتماع، وهذا بدوره يخلق حساسية بين الموظف والمسؤول وإحراجاً للأول قد ينجم عنه توتر في العلاقات بين الطرفين يؤدي إلى عرقلة العمل، وإعاقة تحقيق أهداف التنظيم. وهذه النتيجة مخالفة لأفكار المدرسة السلوكية في الإدارة. ويرى الباحث أن تنبيه المرؤوسين الى أخطائهم بشكل فردي، وضمن لقاء يتصف بالودية بين الرئيس والمرؤوس يعطي نتائج أفضل، ويعد نصيحة بينما اذا تم تنبيهه أمام الآخرين وفي الاجتماع سيعد ذلك تشهيرا به، مما يدفعه إلى الدفاع عن هذا الخطأن وتبريره وعدم الاعتراف به، وربما يؤدي به الى العناد.

وإن إبلاغ المرؤوسين بنتائج التقويم خلال الاجتماع يخلق إحراجا للموظفين ذوي الأداء المتدني، لكن ذلك لا يمنع من الإشادة بأداء الموظفين المتميزين، ولا ضير من ذكر شخص أو اثنين بالاسم، ليكونوا نموذجا يحتذى لزملائهم.

يتضمن هذا الفصل وصفاً للإجراءات، والخطوات التي اتبعها الباحث، للوصول إلى الهدف، وهو بناء برنامج تدريبي لتطوير عملية الاتصال الإداري للعاملين في الجامعات الأردنية في ضوء كفاياتهم الإدارية، إذ أظهرت نتائج البحث وجود ضعف في ممارسة العاملين في الجامعات الأردنية الرسمية لعدد من الكفايات الإدارية المتعلقة بميدان الاتصال الإداري. ويحتوي البرنامج التدريبي المقترح على صياغة أهداف البرنامج، وتحديد موضوعاته ومفرداتها وعدد المجموعات المناسبة لكل منها، والأساليب التدريبية المناسبة للموضوعات، وللمتدربين أنفسهم، والنشاطات التدريبية، واختيار المدربين المناسبين، وإدارة البرنامج، ومدته، وزمنه، ومكان تنفيذه، والامتيازات والحوافز المرافقة له، وأساليب التقويم المناسبة.

خطوات بناء البرنامج:

بعد أن توصل الباحث إلى تحديد الكفايات الإدارية التي حصلت على وسط مرجح أقل من الوسط المرجح الفرضي، عدت هذه الكفايات هي التي يحتاج الموظفون الى تدريب، وتطوير فيها إذ أن (١٢) كفاية صنفت بأن درجة ممارستها ضعيفة، ثم تمت صياغة أولية للبرنامج.

قام الباحث بعرضه على لجنة من (الخبراء والمختصين) والاستئناس بآرائهم ومقترحاتهم حول مدى صلاحية البرنامج المقترح وملاءمته لمعالجة نقاط الضعف.

وقد تكونت لجنة الخبراء والمختصين، من عدد من أعضاء هيئة التدريس في الجامعات الأردنية والعراقية واليمنية.

وفيما يأتي عرض للخطوات والإجراءات التي اتبعها الباحث في بناء كل جزء من أجزاء البرنامج:

أولاً: أهداف البرنامج

وضع (١٤) هدفاً للبرنامج التدريبي المقترح استنبطت من قائمة الحاجات التدريبية التي تم التوصل اليها من البحث الميداني، وعرضت قائمة الأهداف على لجنة الخبراء والمختصين، إذ تم بعد دراسة ارائهم ما يأتي:

حذف ثلاثة أهداف، وإضافة هدفين، وتعديل صياغة ستة أهداف، وأصبح عدد أهداف البرنامج التدريبي (١٣) هدفاً هي كما يأتي:

١- تزويد الموظفين بالمعارف وتنمية مهاراتهم اللازمة لتطوير عملية الاتصال الإداري.

٢- تنمية اتجاهات إيجابية لدى الموظفين نحو أهمية ممارسة الاتصال غير اللفظي لتعزيز فهم الاتصال اللفظي.

٣- تشجيع الموظفين على استثمار المخصصات المالية المتوافرة في التنظيم في توفير وسائل اتصال حديثة.

٤- تعزيز القناعة بأهمية استخدام الحاسوب وتعريف الموظفين بدوره في إيصال الرسالة بسرعة وتدريبهم على كيفية استخدامه.

٥- تدريب الموظفين على استخدام الناسوخ ووسائل الاتصال وتقنياته الحديثة وتنمية مهاراتهعم لاستخدامها بكفاءة وفعالية.

٦- تمكين الموظفين من استثمار لوحة الإعلانات بوصفها وسيلة اتصال لتبليغ القرارات والتعليمات.

٧- تعريف الموظفين بأهمية التفاعل مع الزملاء ودوره في إقامة علاقات طيبة بين أعضاء التنظيم بما يحقق أهدافه.

٨- تعريف الموظفين بأهمية تبسيط الإجراءات وآليات الاتصال المطلوبة لذلك.

٩- تنمية قدرات الموظفين ومهاراتهم في المجال الإداري والتنظيمي.

١٠- تنمية قدرات الموظفين ومهاراتهم في مجال إدارة الاجتماعات.

١١- تعريف الموظفين بأهمية الاتصالات غير الرسمية في التنظيم ودورها في خدمة التنظيم الرسمي.

١٢- تنمية قدرات الموظفين في فهم اللغة غير المنطوقة.

١٣- تدريب الموظفين على القيام بمهام إدارية ومسؤوليات وظيفية أعلى من التي يشغلونها.

ثانياً: موضوعات البرنامج التدريبي:

وضع الباحث(١٨) موضوعاً تدريبياً، يرتبط كل منها بهدف أو أكثر من الأهداف التي تضمنها البرنامج التدريبي بصيغته الأولية، وبعد ذلك تم وضع مفردات كل من موضوعات البرنامج، وتحديد عدد الساعات التدريبية اللازمة لكل منها، وبعد مراجعة آراء الخبراء والمختصين أجريت التعديلات الآتية:

دمج موضوعين في واحد، وتعديل صياغة (١٢) مفردة وإضافة (٣) مفردات.

وعليه أصبح محتوى البرنامج التدريبي بشكل النهائي يتكون من (١٧) موضوعاً تضمنت (٣٧) مفردة يستلزم تنفيذها (٤٨) ساعة تدريبية، نظرية وعملية، يوضحها الجدول الآتي:

الجدول (١٨)

يبين موضوعات البرنامج التدريبي النهائي وعدد مفرداتها، والساعات المحددة لها

الرقم	الموضوع	عدد مفرداته	عدد الساعات		
			نظري	عملي	مجموع
١.	الاتصال غير اللفظي .	٣	٢	٠	٢
٢.	حركة الجسد.	٢	٢	١	٣
٣.	اللغة غير المنطوقة.	٢	٢	١	٣
٤.	وسائل الاتصال وتقنياته.	١	١	٠	١
٥.	استخدام الحاسوب.	١	٣	٦	٩
٦.	وسائل الاتصال الحديثة.	٢	٢	١	٣
٧.	استخدام الناسوخ	٢	٢	١	٣
٨.	تنظيم العمل وأساليبه	١	٢	٠	٢
٩.	استخدام لوحة الإعلانات	١	١	١	٢
١٠.	السلوك التنظيمي.	٣	١	٠	١
١١.	الاتصالات غير الرسمية	٢	٢	٠	٢
١٢.	العمل الجماعي.	٢	٢	٠	٢
١٣.	الادارة	٢	٢	٠	٢
١٤.	المراسلات الإدارية.	٣	٢	١	٣
١٥.	تفويض الصلاحيات.	٣	٢	٠	٢
١٦.	الهيكل التنظيمي.	٣	٢	١	٣
١٧.	الاجتماعات	٤	٤	١	٥
	المجموع	٣٧	٣٤	١٤	٤٨

ثالثاً: أساليب التدريب:

حدد الباحث الأساليب التدريبية الآتية:

أ- المحاضرات.

ب- فرق العمل.

جـ- تمثيل الأدوار.

د- المباريات الإدارية.

هـ- النقاش والحوار.

و- العصف الذهني.

ز- التقارير والبحوث.

ح- الزيارات الميدانية.

ط- التمرينات الإدارية.

وأضاف إليها الخبراء والختصون أسلوبين آخرين هما:
دراسة الحالة، والتدريب الذاتي، لتصبح الأساليب التدريبية المعتمدة (١٠) أساليب.

رابعاً: المواد التدريبية:

حدد الباحث (٤) مواد تدريبية يمكن الاستفادة منها واستخدامها في تنفيذ البرنامج التدريبي المقترح، وقد حصلت على موافقة الخبراء والمختصين، واضافوا اليها (٤) مواد تدريبية، وعليه تصبح المواد التدريبية المستخدمة (٨) مواد هي:

* السبورة.

* الكراسات.

* دليل يتضمن أسماء بعض المراجع والكتب والدوريات ذات الصلة بموضوعات البرنامج.

* الأفلام التدريبية.

* جهاز العرض فوق الرأس Over Head Projector

* الفيديو

* أجهزة الحاسوب.

* أجهزة الناسوخ.

خامساً: النشاطات التدريبية:

يعتمد البرنامج التدريبي بشكل رئيس على المحاضرات النظرية والتطبيقية العملية فضلاً عن النشاطات التدريبية الآتية:

أ- كتابة بحث ميداني يقوم به كل مشارك على حدة.

ب- زيارة لمؤسستين تربويتين رسمية ولا رسمية.

جـ- تقديم تقرير عن الزيارة.

وبعد عرض آراء الخبراء والمختصين تبين أنهم عدوا النشاطات المقترحة كافية ولم يزيدوا عليها أي نشاط آخر.

سادساً: المدربون:

حدد الباحث الفئات الآتية للمشاركة في إدارة جلسات البرنامج التدريبي وهي:

أ- أعضاء الهيئة التدريسية في الجامعات الأردنية الرسمية من المختصين في الإدارة التربوية والإدارة العامة ولهم خبرة عملية في هذا المحال.

ب- مدربون من معهد الإدارة العامة في الأردن.

جـ- خبراء من المنظمة العربية للتربية والثقافة والعلوم.

د- خبراء من قطاع التربية والتعليم.

هـ- خبراء من القطاع الخاص.

سابعاً: إدارة البرنامج:

تضمنت الصيغة الأولية للبرنامج المقترح أن يدار من لجنة مؤلفة من:

أ- مدير مركز الاستشارات وخدمة المجتمع في الجامعة الأردنية/ مشرفاً، (لأنها تحتل موقعاً وسطاً بين الجامعات الأردنية الرسمية)

ب- رئيس قسم الإدارة التربوية في احدى الجامعات الأردنية الرسمية/ عضواً.

جـ- مدير التدريب في معهد الإدارة العامة في الأردن/ عضواً.

د- مسؤول إداري عن تنفيذ البرنامج التدريبي ومتابعته/ عضواً.

وبعد عرض آراء الخبراء والمختصين تبين أنهم اكتفوا باللجنة المقترحة ولم يضيفوا إليها أي عضو آخر.

ثامناً: مدة البرنامج ووقته:

اقترح الباحث أن ينفذ البرنامج التدريبي خلال العطلة الدراسية بين الفصلين الأولو والثاني والصيفي أو بعد الفصل الصيفي مباشرة إذ تكون ساعات التدريب اليومية (٤) ساعات تدريبية على فترتين واستراحة لمدة نصف ساعة، على أن ينفذ البرنامج بمعدل خمسة أيام في الأسبوع، ويضاف إلى ذلك ثلاثة أيام تخصص لمناقشة الأبحاث التي يعدها المشاركون ويوم واحد لزيارة جامعتين إحداهما رسمية والثانية لا رسمية لتعرف نظام الاتصالات المتبع فيها إذ يقسم المشاركون على قسمين الأول يزور جامعة رسمية، الثاني يزور جامعة أهلية، ويجعل اليوم التالي لمناقشة تقريري المجموعتين لتعرف أوجه الشبه والاختلاف ونقاط القوة والضعف في الجامعتين اللتين تمثل كل منهما صورة للجامعات التي تنتمي اليها رسمية ولا رسمية. ويجعل يوم لإجراء امتحان شامل لمختلف الموضوعات التي تدرب المشاركون عليها وبعد عرض آراء الخبراء والمختصين استقر الرأي على ان تكون أيام البرنامج التدريبي الفعلية (١٨) يوماً موزعة على (٤) أسابيع.

تاسعاً: مكان عقد البرنامج:

وقع اختيار الباحث على الجامعة الأردنية في عمان لأنها تحتل موقعاً بين الجامعات الرسمية الأردنية إذ تتوزع الجامعات الأخرى على الجهات الأربع للجامعة الأردنية زيادة على أن الجامعة الأردنية تقع في موقع معروف يسهل على الجميع الوصول اليه. وقد لاقى المكان المقترح لعقد البرنامج موافقة الخبراء المحكمين.

عاشراً: تمويل البرنامج:

يعتمد تمويل البرنامج على رسوم الاشتراك التي تدفعها الجامعات نيابة عن موظفيها المشاركين والتبرعات من الجامعات الأردنية والمؤسسات المعنية بالتدريب والتطوير الإداري.

حادي عشر: الامتيازات والحوافز:

حدد الباحث في الصيغة الأولية للبرنامج التدريبي المقترح الامتيازات والحوافز التشجيعية الاتية للمشاركين:

أ- اعتماد الدورات التدريبية التي اشترك فيها الموظف، واجتازها بنجاح عند النظر في اختيار الموظفين لترقيتهم لوظيفة أعلى.

ب- منح شهادة لمن يجتاز الدورة بنجاح.

جـ- منح الموظف الذي يجتاز الدورة بنجاح إجازة مدفوعة الأجر لمدة أسبوع.

د- منح مكافأة مالية للموظف الذي يجتاز الدورة بتفوق.

وقد لاقت هذه الامتيازات والحوافز موافقة الخبراء والمختصين، ولم يضيفوا إليها أي امتيـاز أو حافز آخر.

ثاني عشر: أساليب التقويم:

تضمنت الصيغة الأولية للبرنامج التدريبي الأساليب الآتية في تقويمه:

أ- توزيع الاستبانة على المشاركين في نهاية البرنامج لتعرف ردود أفعال المشاركين ودرجة رضاهم عما تحقـق من البرنامج.

ب- توزيع استبانة لا سيما بكل موضوع تـوزع بعـد الانتهـاء منـه مباشـرة لتعـرف مـدى تحقيـق البرنامج لأهدافه في هذا الموضوع، وعلاقته بتحقيق أهداف البرنامج بشكل عام.

جـ- إخضاع المشاركين لامتحان تحريري شامل لموضوعات البرنامج في نهايته.

د- تقويم الأبحاث والتقارير التي يعدها المشاركون.

هـ- تقويم تفاعل المشاركين داخل حجرة التدريب.

وقد أجمع الخبراء بالموافقة على هذه الأساليب ولم يضيفوا إليها أي أسلوب آخر.

ثالث عشر: صدق البرنامج:

تم عرض البرنامج التدريبي المقترح على مجموعة من الخبراء والمختصـين بلـغ عـدد (٢٢) خبـيراً ومختصاً، وذلك بقصد التثبت من صحة اشتقاق الأهداف والموضوعات والمفردات، ومدى صلاحية ومناسبة محتوى البرنامج لأهدافه وبيان رأيهم بالخطوات التنفيذية، وكان معيار قبول الفقرة حصولها علـى نسـبة اتفاق (٨٠%) فأكثر من الخبراء والمختصين.

ويوضح الشكل (٣) النموذج الذي اعتمده الباحث في إعداده للصيغة النهائية للبرنامج التدريبي

الشكل (٣)

يبين الأنموذج المعتمد في إعداد صيغة البرنامج التدريبي النهائية

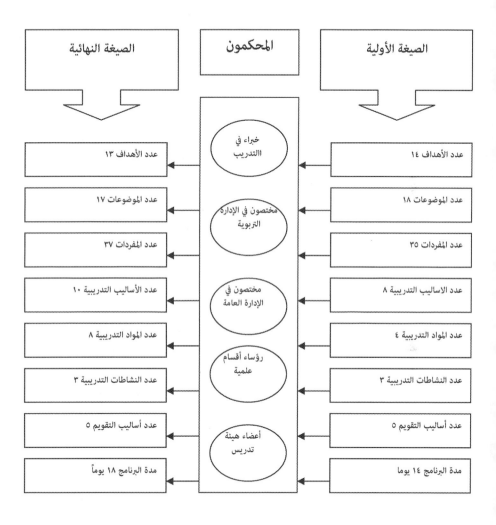

وأصبح البرنامج التدريبي بصيغته النهائية كما هو موضح في الآتي:

برنامج تدريبي مقترح لتطوير عملية الاتصال الإداري للعاملين في الجامعات الأردنية الرسمية في ضوء كفاياتهم الإدارية

الحاجات التدريبية للموظفين الإداريين العاملين في الجامعات الأردنية الرسمية

قائمة الكفايات التي أظهرت نتائج البحث الميداني ضعف تحققها:

١. تعزيز الاتصال اللفظي عن طريق الاتصال غير اللفظي.

٢. إتقان اللغة غير المنطوقة عند التعامل مع الآخرين.

٣. استخدام جهاز حاسوب شخصي في الوحدة الإدارية.

٤. استثمار جزء من المخصصات المالية المتوافرة في توفير وسائل اتصال حديثة.

٥. استخدام الناسوخ (الفاكس) في الاتصالات الإدارية.

٦. استخدام لوحة الاعلانات في تبليغ الأوامر والتعليمات.

٧. استخدام الاتصالات غير الرسمية في التنظيم لخدمة التنظيم الرسمي.

٨. التفاعل مع زملاء العمل.

٩. عرض المراسلات الواردة على المسؤول المباشر قبل اتخاذ أي اجراء عليها.

١٠. حرص الموظف على أداء عمله بنفسه.

١١. التزام التسلسل الإداري وعدم تجاوزه.

١٢. تنبيه المرؤوسين إلى أخطائهم خلال الاجتماع.

أهداف البرنامج:

الرقم	الهدف
١.	تزويد الموظفين بالمعارف وتنمية مهاراتهم اللازمة لتطوير عملية الاتصال الإداري.
٢.	تنمية اتجاهات إيجابية لدى الموظفين نحو أهمية ممارسة الاتصال غير اللفظي لتعزيز فهم الاتصال اللفظي.
٣.	تشجيع الموظفين على استثمار المخصصات المالية المتوافرة في التنظيم لتوفير وسائل اتصال حديثة.
٤.	تعزيز القناعة بأهمية استخدام الحاسوب وتعريف الموظفين بدورهم في إيصال الرسالة بسرعة وتدريبهم على كيفية استخدامه.
٥.	تدريب الموظفين على استخدام الناسوخ ووسائل الاتصال وتقنياته الحديثة وتنمية مهاراتهم لاستخدامها بكفاءة وفعالية.
٦.	تمكين الموظفين من استثمار لوحة الإعلانات بوصفها وسيلة اتصال لتبليغ القرارات والتعليمات.
٧.	تعريف الموظفين بأهمية التفاعل مع الزملاء ودوره في إقامة علاقات طيبة بين أعضاء التنظيم بما يحقق أهدافه.
٨.	تعريف الموظفين بأهمية تبسيط الإجراءات وآليات الاتصال المطلوبة لذلك.
٩.	تنمية قدرات الموظفين ومهاراتهم في المجال الإداري والتنظيمي.
١٠.	تنمية قدرات الموظفين ومهاراتهم في مجال إدارة الاجتماعات.
١١.	تعريف الموظفين بأهمية الاتصالات غير الرسمية في التنظيم ودورها في خدمة التنظيم الرسمي.
١٢.	تنمية قدرات الموظفين في فهم اللغة غير المنطوقة.
١٣.	تدريب الموظفين على القيام بمهام إدارية ومسؤوليات وظيفية أعلى من التي يشغلونها.

الفعاليات التدريبية
أساليب التدريب: * المحاضرات. * فرق العمل. * تمثيل الأدوار. * المباريات الإدارية. * النقاش والحوار. * العصف الذهني. * التقارير والبحوث. * الزيارات الميدانية. * التمرينات الإدارية. * دراسة الحالة. * التدريب الذاتي
المواد التدريبية: * السبورة. * جهاز عرض الشفافيات. * الأفلام التدريبية. * الحالات الإدارية. * الحالات الإدارية. * دليل يتضمن أسماء الكتب والمراجع ذات العلاقة. * الكراسات. * الفيديو. * أجهزة الحاسوب.

* أجهزة الناسوخ.
المتدربون: * الموظفون الإداريون في الجامعات الأردنية الرسمية ممن يحملون مؤهل البكالوريوس أو الليسانس.
المدربون: * أعضاء الهيئة التدريسية في الجامعات الأردنية الرسمية من المختصين في الإدارة التربوية والإدارة العامة ولهم خبرة عملية في هذا المجال. * مدربون من معهد الإدارة العامة في الأردن. * خبراء من المنظمة العربية للتربية والثقافة والعلوم. * خبراء من قطاع التربية والتعليم. * خبراء من القطاع الخاص.
مكان البرنامج: الجامعة الأردنية - عمان.
النشاطات التدريبية: * المحاضرات النظرية. * التطبيقات العملية. * زيارة لمؤسستين تربويتين (رسمية وأهلية) * تقديم تقرير عن الزيارة.
مدة البرنامج ووقته: * (١٨) يوماً تدريبياً. * ينفذ خلال العطلة الدراسية بين الفصول الدراسية. * خمسة أيام عمل أسبوعياً. * بمعدل أربع ساعات يومياً.
الامتيازات والحوافز: * اعتماد الدورات التدريبية التي اشترك بها المرشح لغايات الترقية.

* منح شهادة لمن يجتاز الدورة بنجاح.

* منح الموظف الذي يجتاز الدورة إجازة مدفوعة الأجر لمدة أسبوع.

* منح مكافأة مالية للموظفين الأوائل في الدورة.

أساليب التقويم:

* توزيع استبانة خاصة بكل موضوع من موضوعات البرنامج بعد الانتهاء مباشرة من التدريب على فعاليات الموضوع.

* توزيع استبانة على المشاركين في نهاية البرنامج لتعرف ردود أفعالهم ودرجة رضاهم عما تحقق منه.

* إخضاع المشاركين لامتحان تحريري شامل لموضوعات البرنامج في نهايته.

تمويل البرنامج:

* رسوم الاشتراك والتبرعات.

محتوى البرنامج التدريبي:

الرقم	الكفايات الإدارية التي تمثل حاجات تدريبية	الموضوع	مفردات البرنامج	الساعات		
				نظري	عملي	مجموع
	مجال الاتصال غير اللفظي:	* الاتصال غير اللفظي	* مفهوم الاتصال بشكل عام. * أنواعه مع التركيز على الاتصال غير اللفظي. * أهمية الاتصال غير اللفظي.	٢	-	٢
١-	* تعزيز الاتصال اللفظي عن طريق الاتصال غير اللفظي.	* حركات الجسد.	* الانتباه للحركات المرافقة للتعبير اللفظي.	٢	١	٣
٢-	* إتقان اللغة غير المنطوقة عند التعامل مع الاخرين	* اللغة غير المنطوقة	* تعزيز التعامل بالحركات غير اللفظية.	٢	١	٣
	مجال وسائل الاتصال وتقنياته:	* وسائل الاتصال وتقنياته	* وسائل الاتصال وتقنياته	١	٠	١
١-	* استخدام جهاز حاسوب في الوحدة الإدارية.	* استخدام الحاسوب	* أساسيات استخدام الحاسوب.	٣	٦	٩
٢-	* استثمار جزء كبير من المخصصات المالية المتوافرة في توفير وسائل اتصال حديثة.	* وسائل الاتصال الحديثة.	* وسائل الاتصال الحديثة. * توظيف وسائل الاتصال الحديثة في العمل الإداري.	٢	١	٣

٣-	* استخدام الناسوخ (الفاكس) في الاتصالات الإدارية.	* استخدام الناسوخ	* أهمية الناسوخ ودوره في وصول الرسالة بسرعة. * كيفية إرسال الرسائل واستقبالها بواسطة الناسوخ.	٢	١	٣
	مجال التنظيم والأساليب:	* تنظيم العمل وأساليبه	* التعريف بتنظيم العمل وأساليبه	٢	-	٢
١-	* استخدام لوحة الإعلانات لتبليغ الأوامر والتعليمات.	* استخدام لوحة الاعلانات.	* لوحة الإعلانات وكيفية استثمارها في إيصال الرسائل لجمهورها.	١	١	٢
	مجال السلوك التنظيمي:	* السلوك التنظيمي	* السلوك التنظيمي * اهميته * مجالاته	١	-	١
١-	* استخدم الاتصالات غير الرسمية في التنظيم لخدمة التنظيم الرسمي.	* الاتصالات غير الرسمية	* الاتصالات غير الرسمية	٢	-	٢
٢-	* التفاعل مع الزملاء	* العمل الجماعي	* أهمية العمل الجماعي. * دور التنظيم في تعزيز العلاقات بين الموظفين.	٢	-	٢
	المجال الإداري والتنظيمي:	* الإدارة	* التعريف بالإدارة. * عناصرها	٢	-	٢

١-	* عرض المراسلات الإدارية الواردة كافة على المسؤول المباشر قبل اتخاذ أي إجراء عليها.	* المراسلات الإدارية	* أسس التعامل مع البريد الوارد. * فرز الرسائل الواردة وتصنيفها. * كيفية التعامل مع الرسائل الواردة.	٢	١	٣
٢-	* حرص الموظف على أداء عمله بنفسه.	* تفويض الصلاحيات	* مفهوم التفويض. * أهميته. * حسناته.	٢	-	٢
٣-	* التزام التسلسل الإداري في الاتصالات الإدارية وعدم تجاوزه مهما كانت الأسباب	* الهيكل التنظيمي	* الهيكل التنظيمي. * العلاقات التي تحكم عمل الموظفين. * متى يجوز تجاوز التسلسل الإداري في الاتصالات الإدارية.	٢	١	٣
	مجال الاجتماعات:	* الاجتماعات	* الاجتماعات * إدارة الاجتماعات	٢	-	٢
١-	* تنبيه المرؤوسين إلى أخطائهم خلال الاجتماع.	* إدارة الاجتماعات	* التعامل مع أعضاء الاجتماع. * أخطاء يجب تجنبها في الاجتماع.	٢	١	٢

المصــادر

١. إبراهيم: عاهد وآخرون، مبادئ القياس والتقييم في التربية، الطبعة الأولى، (عمان: دار عمار للنشر والتوزيع، ١٩٨٩).

٢. أبو إصبع: صالح، الاتصال والإعلام في المجتمعات المعاصرة (عمان: دارآرام للدراسات والنشر والتوزيع، ١٩٩٥).

٣. الإمام: مصطفى محمود، وعبد الرحمن: أنور، والعجيلي: صباح حسين، التقويم والقياس (بغداد: مطبعة دار الحكمة، ١٩٩٠).

٤. بارنرد" تشستر، وظائف الرؤساء، ترجمة كمال دسوقي (القاهرة: دار الفكر العربي، ١٩٦٥).

٥. بهادر: سعدية محمد علي، "الإفادة من تكنولوجيا التعليم في تصميم برامج التدريب المعلمين المبنية على الكفاية" مجلة تكنولوجيا التعليم، المنظمة العربية للتربية والثقافة والعلوم، المركز العربي للتقنيات التربوية، الكويت، العدد الثامن، السنة الرابعة، كانون أول، ١٩٨١.

٦. التميمي: عواد جاسم محمد، كفايات أمين المكتبة المدرسية، بحث غير منشور (بغداد: ٢٠٠٠) مطبوع بالآلة الكاتبة.

٧. التويجري: محمد إبراهيم احمد، "الاتصال الإداري: أنواعه وأساليبه- دراسة مقارنة"، الإداري، مسقط، السنة العاشرة، العدد ٣٣-٣٤ حزيران- أيلول١٩٨٨م.

٨. جامل: عبد الرحمن عبد السلام، الكفايات التعليمية في القياس والتقويي واكتسابها بالتعلم الذاتي، الطبعة الأولى (عمان: جامعة القدس المفتوحة، ١٩٩٤).

٩. حمامي: يوسف، وعبد الحليم: احمد، "خصائص ومهارات رؤساء الأقسام العلمية في بعض الجامعات الأردنية"، مؤتة للبحوث والدراسات، المجلد الحادي عشر، العدد الرابع، ١٩٩٦.

١٠. حنا الله: رمزي كامل، وجرجس: ميشيل تكلا، معجم المصطلحات التربوية، مراجعة يوسف خليل يوسف، الطبعة الأولى (بيروت، مكتبة لبنان ناشرون، ١٩٩٨).

١١. الحيالي: سعدون رشيد عبد اللطيف، التخطيط لبرنامج تدريبي للإدارات العليا في الجامعة في ضوء الكفايات القيادية المطلوبة، اطروحه دكتوراه غير منشورة (بغداد: الجامعة المستنصرية، ١٩٩٧).

١٢. دركر: بيتر ف. ، (الإدارة والعمل على نطاق العالم) في: فن الإدارة تحرير جوزيف إل. باور، ترجمة اسعد ابو لبدة، مراجعة محمد ياغي، (عمان: دار البشير، ١٩٩٧).

١٣. الدليمي: احمد محمد مخلف، بناء برنامج لتدريب مديري المدارس الثانوية في ضوء كفاياتهم الإدارية، أطروحة دكتوراه غير منشورة مقدمة إلى مجلس كلية التربية- ابن رشد (بغداد: جامعة بغداد، ١٩٩٥)

١٤. الدهان: أميمة "إدارة المفاوضات وتنمية مهاراتها في المنظمة"، دراسات (الاقتصاد والعلوم الإدارية) الجامعة الأردنية، المجلد الثالث عشر، العدد الثالث، آذار ١٩٨٦.

١٥. دوران: رودني، أساسيات القياس والتقويم في تدريس العلوم، ترجمة محمد سعيد صباريني وخليل يوسف الخليلي وفتحي حسن ملكاوي، (بدون مكان نشر: بدون ناشر، ١٩٨٥).

١٦. الرازي: محمد بن أبي بكر بن عبد القادر، مختار الصحاح، (بيروت، مكتبة لبنان، ١٩٨٦).

١٧. الرشدان: عبد الله وجعنيني: نعيم، المدخل إلى التربية والتعليم، الطبعة الأولى، الإصدار الثاني (عمان: دار الشروق للنشر والتوزيع، ١٩٩٧).

١٨. الزعبي: دلال محمد ذياب، الاحتياجات التدريبية للمديرين ورؤساء الأقسام الإداريين في الجامعات الأردنية من وجهة نظرهم والبرامج التدريبية التي اشتركوا بها، رسالة ماجستير غير منشورة (إربد: جامعة اليرموك، ١٩٩١).

١٩. الزوبعي: عبد الجليل، والغنام: محمد أحمد، مناهج البحث في التربية، الجزء الأول (بغداد: مطبعة جامعة بغداد، ١٩٨١).

٢٠. سالمونا: جين، (أنظمة المعلومات الحكومية: تحدي للإدارة العامة) في: إدارة أنظمة المعلومات الحكومية: عناصر الاستراتيجيات والسياسات، من منشورات الأمم المتحدة، ترجمة محمد نور برهان مراجعة محمد علي شهيب، ومحمد عبد اللطيف مال الله (عمان: المنظمة العربية للتنمية الإدارية، ١٩٩٤).

٢١. السبيعي: نورة خليفة تركي، "بعض قيم العمل لدى الأكاديميين والإداريين بجامعة قطر" ، مجلة مركز البحوث التربوية بجامعة قطر، العدد الثالث عشر، السنة السابعة، كانون ثاني، ١٩٩٨.

٢٢. ستراك: رياض بدوي، "تخطيط التعليم في إطار التخطيط الاقتصادي" العلوم التربوية والنفسية، الجمعية العراقية للعلوم التربوية والنفسية، العدد ٣٢، نيسان ١٩٩٩.

٢٣. ستراك: رياض بدري،"تنمية الموارد البشرية في الاقتصاد الاشتراكي" العلوم التربوية والنفسية، الجمعية العراقية للعلوم التربوية والنفسية، العدد ٣٠، تشرين أول ١٩٩٨.

٢٤. سلامة: عبد الحافظ محمد، وسائل الاتصال والتكنولوجيا في التعليم، الطبعة الأولى، (عمان: دار الفكر للطباعة والنشر التوزيع، ١٩٩٦).

٢٥. سميث: بيري م. تولي المسؤولية: دليل عملي للقادة، ترجمة عبد القادر عثمان، (عمان: مركز الكتب الأردني، ١٩٨٩).

٢٦. السيد: فؤاد البهي، علم النفس الاحصائي وقياس العقل البشري، الطبعة الثالثة، (القاهرة: دار الفكر العربي، ١٩٧٩).

٢٧. صالح: أحمد علي، تصميم برنامج تدريبي للمفتشين التربويين في ضوء متطلبات الوظيفة، (بغداد: معهد التدريب والتطوير التربوي، ١٩٩٧) مطبوع بالآلة الكاتبة.

٢٨. الصياد: جلال، وسمرة: عادل، مبادئ الاحصاء، الطبعة الخامسة (جدة: دار تهامة، ١٩٩١).

٢٩. الطبيب: احمد محمد، الإحصاء في التربية وعلم النفس، الطبعة الأولى، الاسكندرية، المكتبة الجامعي الحديث، ١٩٩- .

٣٠. طرخان: عبد المنعم احمد محمد، اثر برنامج تدريب المدربين أثناء الخدمة في مدارس وكالة الغوث في الأردن على تطوير البنى المفاهيمية الإدارية والإشرافية لديهم، رسالة ماجستير غير منشورة (عمان: الجامعة الأردنية، ١٩٩٣)

٣١. طعامنة: محمد، "اتجاهات موظفي الحكومة نحو تقييم الأداء في نظام الخدمة المدنية في الأردن" ابحاث اليرموك، سلسلة العلوم الإنسانية والاجتماعية، المجلد العاشر، العدد الثالث، ١٩٩٤.

٣٢. الطويل: هاني عبد الرحمن صالح، الإدارة التربوية والسلوك المنظمي: سلوك الأفراد والجماعات في النظم، الطبعة الثانية (عمان: دار وائل للنشر، ١٩٩٧)

٣٣. الظاهر: زكريا محمد، وتمرجيان: جاكلين، وعبد الهادي: جودت عزت، مبادئ القياس والتقويم في التربية، الطبعة الأولى، الإصدار الأول، (عمان: مكتبة دار الثقافة للنشر والتوزيع، ١٩٩٩).

٣٤. عباس: فيصل، الاختبارات النفسية، تقنياتها وإجراءاتها، الطبعة الأولى (بيروت: دار الفكر العربي، ١٩٩٦).

٣٥. عدس: عبد الرحمن ، الإحصاء في التربية، الطبعة الأولى، (عمان: دار الفكر للطباعة والنشر والتوزيع ١٩٩٩)

٣٦. عدس: عبد الرحمن، مبادئ الإحصاء في التربية وعلم النفس، الجزء الأول، الطبعة الرابعة (عمان: مكتبة الأقصى، ١٩٨٣)

٣٧. عليوه: السيد، مهارات التفاوض: سلوكيات الاتصال والمساومة الدبلوماسية والتجارية في المنظمات الإدارية (عمان: المنظمة العربية للعلوم الإدارية، ١٩٨٧).

٣٨. العمار: عبد الله بن ابراهيم والعسكر: عبد الله بن ناصر،والأسمري: عوض بن سعيد، واقع الاتصالات الكتابية في الأجهزة الحكومية- دراسة ميدانية مقارنة، (الرياض، معهد الإدارة العامة، ١٩٩٥)

٣٩. عودة: احمد، القياس والتقويم في العملية التدريسية، الطبعة الثانية، الإصدار الثاني، (اربد: دار الأمل للنشر والتوزيع، ١٩٩٨)

٤٠. العيساوي: كريم ناصر علي، برنامج تدريبي مقترح للمشرفين التربويين في ضوء كفاياتهم اللازمة، اطروحة دكتوراه غير منشورة كلية التربية/ الجامعة المستنصرية، بغداد، ١٩٩٧.

٤١- فهد: إبراهيم وهبي، وكنجو عبود، العلاقات العامة وإدارتها مدخل وظيفي، الطبعة الأولى (عمان: مؤسسة الوراق، ١٩٩٩)

٤٢. فهمي: محمد سيد، وبدوي: هناء حافظ، تكنولوجيا الاتصال والخدمة الاجتماعية الاسكندرية: المؤلفان، ١٩٩١)

٤٣. القريوتي: محمد قاسم، وزويلف: مهدي حسن، مبادئ الإدارة: النظريات والوظائف، الطبعة الثانية (عمان: دار المستقبل للنشر والتوزيع، ١٩٨٩)

٤٤. القيسي: سهيل حسن: "أثر نمط العلاقات الشخصية الداخلية على عملية الاتصال الإداري لدى مديري المدارس الثانوية في الأردن" رسالة ماجستير غير منشورة (عمان: الجامعة الأردنية، ١٩٨٦)

٤٥. الكساسبة: محمد مفضي عثمان، العوامل المؤثرة في الثقة التنظيمية: دراسة ميدانية على أجهزة الخدمة المدنية الأردنية، رسالة ماجستير غير منشورة، (عمان: الجامعة الأردنية، ١٩٩٦)

٤٦. اللوزي:موسى "الاتصالات الإدارية في المؤسسات الحكومية الأردنية: دراسة تحليلية ميدانية"أبحاث اليرموك - سلسلة العلوم الإنسانية والاجتماعية، المجلد ١٥، العدد الرابع، ١٩٩٩.

٤٧. ماهر: احمد، كيف ترفع مهاراتك الإدارية في الاتصال (الاسكندرية: مركز التنمية الإدارية، ١٩٩٨).

٤٨. مرعي: توفيق، الكفايات التعليمية في ضوء النظم، الطبعة الأولى، (عمان: دار الفرقان للنشر والتوزيع، ١٩٨٣).

٤٩. مسعود: سامي، والريماوي: أحمد شكري، مقدمة في علم الإحصاء الوصفي والتحليلي، (عمان: دار حنين، ١٩٩٧)

٥٠. المصالحة: محمد حمدان، الاتصال السياسي: مقترب نظري- تطبيقي، الطبعة الأولى، (عمان: دار وائل للنشر، ١٩٩٦).

٥١. المعاني: أيمن عودة، المؤسسات العامة، أسس وإدارة، الطبعة الأولى، (عمان: مركز احمد ياسين، ٢٠٠٠) .

٥٢. مفتاح: مفتاح احمد، الاحتياجات التدريبية لمديري الإدارات ورؤساء الأقسام الإدارية في الجامعات الليبية، رسالة ماجستير غير منشورة (اربد: جامعة اليرموك، ١٩٩٦).

٥٣. المنصور: احمد علي محمد، بناء برنامج تدريبي لرؤساء الأقسام العلمية في كليات الجامعات اليمنية في ضوء كفاياتهم الإدارية، أطروحة دكتوراه غير منشورة (بغداد، جامعة بغداد، ١٩٩٩)

٥٤. المنظمة العربية للعلوم الإدارية، توصيات المؤتمرات والندوات العلمية التي عقدتها المنظمة العربية للعلوم الإدارية خلال عشر سنوات ١٩٧١-١٩٨٠ وعرض نتائجها (عمان: المنظمة العربية للعلوم الإدارية، ١٩٨١).

٥٥. موسى: فاروق عبد الفتاح علي، القياس النفسي والتربوي للأسوياء والمعوقين، الطبعة الأولى (القاهرة، مكتبة النهضة المصرية، ١٩٩٠).

٥٦. نصار: عاطف، (التدريب والتكنولوجيا والمستقبل) ورقة عمل مقدمة إلى المؤتمر الثالث للتدريب والتنمية الإدارية، المنعقد في القاهرة ٦-٨ آذار ١٩٨٩ الخبراء العرب في الهندسة والإدارة- المركز العربي للتطوير الإداري.

٥٧. هندام: يحيى حامد، وجابر: جابر عبد الحميد، المناهج: أسسها، تخطيطها، تقويمها (القاهرة: مجمع اللغة العربية، ١٩٧٨)

٥٨. هندي: صالح ذياب وآخرون، أسس التربية، الطبعة الأولى، (عمان: دار الفكر للنشر والتوزيع، ١٩٨٩)

٥٩. ياغي: محمد عبد الفتاح، مبادئ الإدارة العامة، الطبعة الثالثة، (عمان: المؤلف، ١٩٩٨).

60. Broadwell: Martin M., The New Supervisor, Fourth Edition, (Reading, Addison- Wesley Publishing Company, Inc., 1990)

61. De Cenzo: David A. and Robbins: Stephen P., Human Resource Management, Fifth Edition, (NewYork, John Wiley and Sons,Inc., 1996).

62. Downie: N. M. & Heath: R. W. Basic Statistical Methods (NewYork: Harper & Row Publishers, 1988).

63. GoodL Carter V. (ed). Dictionary of Education (New York: Mc Graw Hill Book, Inc. 1973).

64. Hackett: Penny, Success in Management : Personnel, Third Edition, (U.S.A John Murray, 1992).

65. Hewitt: W. Tomes, "Competency Reference Professional Development" In Competency Based Teacher Education Professionalizing Social Studies, Teaching, Edited by Felder Dell (Washington: National Council For The Social Studies, 1978).

66. Higgins: James M., The Management Challenge: An Introduction to Management (NewYork: Macmillan Publishing Company, 1991).

67. Houston: Robert W. and Howsam: Robert B., Competency- Based Teacher Education (U.S.A: Science Research Associates, Inc., 1972)

68. Kossen: Stan, The Human Side of Organization, Fifth Edition (New York: Harper Collins Publishers, 1991).

69. Kurtz: Albert K. & Mayo: Samuel T., Statistical Methods in Education and Psychology, (NewYork: Springer-Veralg, 1979)

70. Lowenthal: Marla, The Internationalization of Higher Education: A Participatory Research Study (Communication Technology) EDD Thesis, University of San Francisco 1998, Dissertation Abstracts International, Vol. 59, N. 6 Dec. 1998. (On C. D. ROM).

71. Nunnally, J. S. Psychometric Theory, 2nd Edition, (NewYork: Mcgrow-Hill, 1978)

72. Stephen P., Organizational Behavior, Concepts, Controversies, Applications, Eighth Edition, (NewJersey: Prentice-Hall International, Inc., 1998)

73. Schermerhorn: John R., Jr., Hunt: James G., and Osborn: Richard N. Basic Organizational Behavior, (NewYork, John Wiley and Sons, Inc., 1995)

74. Shertzer: Bruce and Stone: Shelley C., Fundamentals of Guidance, Fourth Edition (Boston: Houghton Mifflin Company, 1981).

75. Webster: Merriam, Webster's New Ideal Dictionary, Second Edition (Spring field, Massachusetts: Merriam Webster Inc., Publishers, 1993).

بناء برنامج تدريبي لرؤساء الأقسام العلمية في كليات الجامعات اليمنية
في ضوء كفاياتهم الإدارية

أ.د. رياض ستراك   د. احمد علي المنصور

مشكلة البحث

لقد أكدت الدراسات والأدبيات التربوية والإدارية على المستويين النظري والميداني، إن مشكلة القيادات العلمية في التعليم العالي (الممثلة برؤساء الأقسام العلمية) تعد من اهم المشكلات التي تواجهها الإدارات العليا في الجامعات. إذ أن مستوى هذه القيادات وكفائتها الإدارية تعد من العوامل الأساسية التي يمكن أن تجعل هذه المؤسسات في وضع متميز إدارياً وعلمياً، والعكس صحيح (حمامي وعبد الحليم ١٩٩٦، ص ٢٦٢) وقد شعر بهذه المشكلة مسؤولو الجامعات المتقدمة في العالم قبل مسؤولي جامعات الدول النامية، وتصدوا لهذه المشكلة بموضوعية، حيث أقيمت الدراسات العديدة التي تؤكد جميعها وجود بعض الجوانب السلبية في أداء رؤساء الأقسام العلمية في الجامعات العربية والأجنبية على حد سواء. وإن هذه الجوانب السلبية شملت المجالات الإدارية المتمثلة في (الكفايات الإدارية) التي ينبغي توافرها في رؤساء الأقسام العلمية كقيادات تربوية مهمة في تحديث الجامعات من خلال تحقيق أهداف أقسامهم العلمية.

ومن أبرز هذه الدراسات التي أظهرت أدبياتها بعض هذه الجوانب السلبية الآتي:

- دراسة (ميكوشي، ١٩٦٨م McKeuchie) المتعلقة بدراسة أدوار رؤساء الأقسام العلمية الجدد، حيث خرجت هذه الدراسة بنتائج منها عدم قيام رؤساء الأقسام العلمية بالأدوار التي تحقق أهداف أقسامهم، نظراً لضعف إعدادهم بشكل مناسب.

- دراسة (والتزر ١٩٧٥م Waltzer) التي تناولت وظائف رؤساء الأقسام العلمية ونادت بدور أكبر لرؤساء الأقسام العلمية بما فيها الأدوار الإدارية ونادت على أهمية إعدادهم من خلال الدورات التدريبية.

- دراسة (ضحاوي، وقطامي ١٩٩٧م، ص ٢٨-٢٩) المتعلقة بمهام رؤساء الأقسام العلمية وصفاتهم الشخصية، حيث كشفت هذه الدراسة عن ضعف قدرة بعض رؤساء الأقسام العلمية في اتخاذ القرار الإداري السليم على مستوى القسم وأوصت بتوخي الدقة في اختيار رؤساء الأقسام العلمية، وإخضاع من وقع عليهم الاختيار بدورات وبرامج تدريبية في العمل الإداري والقيادي تتناسب وطبيعة عملهم.

- أما بعض الدراسات اليمنية التي تناولت مشكلات الجامعات الإدارية مثل دراسة (العريقي، ١٩٩٦) التي تناولت تقويم أهم العمليات الإدارية التي تقوم بها الإدارة الجامعية في عدن والمتمثلة (في التخطيط، والتنظيم، والتوجيه، واتخاذ القرارات والعلاقات الإنسانية وإدارة الوقت والتنسيق) حيث خلصت الباحثة إلى أن إدارة جامعة عدن ممارستها للعمليات الإدارية لم يكن بالدرجة الكفائية وكان عند مستوى وأقل من المتوسط في استجابات العينتين (الإداريين والتدريسين) وتوصلت دراسة (علي، ١٩٩٧) التي تناولت قياس كفاءة الأداء الإداري في جامعة صنعاء، ودراسة (الهادي، ١٩٩٥) التي تناولت تنظيم جامعة صنعاء وإدارتها الى نفس النتائج التي توصلت إليها دراسة (العريقي، ١٩٩٦)

إن هذه الدراسات جعلت الباحث أكثر تحسباً بما يجري حوله من مشكلات متشابهة تحدث في إدارات الجامعات اليمنية، خاصة في مستوى الأداء الإداري والقيادي لرؤساء الأقسام العلمية ذلك المستوى الذي لم يكن في مستوى الطموح الذي يحقق أهداف الأقسام العلمية، والذي تنشده إدارة الجامعات اليمنية في هذا اليوم.

وبناءاً على ما سبق فأن خلو ميدان الإدارة الجامعية في الجامعات اليمنية من الدراسات التي أهتمت ببناء البرامج التدريبية في ضوء الكفايات الإدارية يكفي وحده لان يكون مسوغاً لأجراء هذه الدراسة، لا سيما وأن القيادات الجامعية (المتمثلة برؤساء الأقسام العلمية) لم يجر إعدادهم المسبق لممارسة مهامهم الإدارية، إذ أنهم يختارون من بين صفوف أعضاء الهيئة التدريسية عن طريق الانتخاب، مما يجعل التدريب للمتوقع تسلمهم هذا الموقع ضروري جداً لضمان حد أدنى من المهارات الإدارية، ولذلك فأن الباحث اختار منطلق بحثه من الأمور الآتية:

١- إن إعداد رؤساء الأقسام العلمية لممارسة مهام رئاسة القسم العلمي لم ينل الاهتمام الكافي من الإدارات العليا في الجامعات اليمنية.

٢- قصر المدة الزمنية لشغل وظيفة رئيس القسم العلمي، التي حددها قانون الجامعات اليمنية رقم(١٨) لسنة ١٩٩٥م مدة لا تزيد عن سنة دراسية تجدد لمرة واحدة فقط.

٣- شعور الباحث بأن موضوع بناء برنامج تدريبي في ضوء الكفايات الإدارية لم يعط حقه من الدراسة والبحث العلمي في الجامعات اليمنية، ولا سيما في مجال إعداد القادة الإداريين، على حد علم الباحث.

كل هذا دفع الباحث لبحث هذه المشكلة عن طريق إقامة دراسة موضوعية ميدانية تطبيقية للكشف عن واقع حال مستوى ممارسة رؤساء الأقسام العلمية للكفايات الإدارية، وتحديد حاجاتهم من التدريب لغرض أن يبنى برنامج تدريبي في ضوء كفاياتهم الإدارية يساعدهم على تنمية مهاراتهم الإدارية المطلوب توافرها لديهم حتى يتمكنوا من ممارسة هذه المهمات بكفاية عالية.

أهمية البحث والحاجة إليه

تنبثق أهمية البحث الحالي من أهمية النظام التربوي في اليمن بصفة عامة والنظام الجامعي بصفة خاصة، ودورهما في تحقيق أهداف المجتمع اليمني المنشودة، حيث تستخدم المجتمعات والشعوب النظام التربوي في تحقيق وترسيخ القيم التي تؤمن بها. لأن التربية هي قيمة بحد ذاتها تنتج قيما مطلوبة لهذه المجتمعات فهي تنتج المعرفة والمهارات وتبث القيم والاتجاهات لصالح حضارات الشعوب (World, Bank, 1995, P. x,y) إن التربية التي تعتمد على استراتيجيات حديثة في تحقيق أهداف المجتمع يمكنها أن تتكيف وتحديات العصر وتغيراته التكنولوجية من خلال تفاعلها مع التوأم المسمى بالتدريب. حيث يعد التدريب قلب العملية التربوية وموجهها نحو التكيف مع التغيرات العصرية وعلى هذا الأساس ينظر الى التربية والتدريب مصدرين أساسيين في انتاج القوى العاملة الماهرة والمدربة والمؤثرة في حياة المجتمعات الاقتصادية والاجتماعية (دره، والصباغ، ١٩٨٦، ص٢٠) فالتربية والتدريب يشكلان عنصرين أساسيين في تأهيل العنصر البشري لمواجهة التطورات الاقتصادية وتحديات العصر، ويلبيان حاجات السوق العمل من القوى العاملة المؤهلة والمدربة التي تتناسب مع التطورات التكنولوجية السريعة والمستمرة.

والتربية هي عملية مستمرة هدفها الأساس بناء الشخصية الانسانية بناءاً يتفق والتطورات الحادثة في مسيرة المجتمع، ولم تعد مهمتها مقتصرة على المؤسسات التربوية النظامية فحسب بل أصبحت من مسؤولياتها الاهتمام بمؤسسات المجتمع كافة (مهدي وآخرون ١٩٩٣، ص٣) والتربية بما تمتاز به من شمولية تحظى بأهمية استثنائية لأثرها البالغ في تنمية الموارد البشرية، فهي عطاء إنساني

يحقق للأفراد والمجتمع تطويرا وارتقاءا الى المستويات أفضل (نعمه، ١٩٨٢، ص١٨) وتهدف الى بناء شخصية الفرد عن طريق إعداده ثقافيا وفكريا لمواجهة الحياة وتأهيله للدخول في الحياة العملية، بينما التدريب يهدف أساسا الى زيادة كفاءة الفرد الأدائية بما يمكنه من ممارسة الحياة العملية نفسها (الدوري، ١٩٨٥، ص١٦٣) والتدريب، عموما هو صيغة مباشرة من التربية يتم به تكون أو تعديل أو تحديث مهارات سلوكية للفرد والمؤسسة التي تخدم فيها، معتمدا في ذلك على طرق وأساليب عملية وتطبيقية، فلا يكتمل سلوك تربوي بدون التدريب (حمدان، ١٩٩١، ص١٢).

وتعد مؤسسات التعليم العالي المتمثلة في الجامعات والمعاهد العليا من أهم مراكز التربية والتدريب بوصفها مراكز إنتاج لمخرجات التربية والتدريب من القوى العاملة المؤهلة والمدربة. ولذلك أصبحت الجامعات في العصر الراهن ينظر اليها مؤسسات تعليمية لها دورها المميز في خدمة المجتمع وتقدمه، ومصدرا أساسيا للطاقات البشرية الكفوءة. وأن الأنظار تتوجه إلى الجامعة كمؤسسة علمية تربوية وتعليمية بحثية وتنموية قيادية في المجتمع لها دورها المميز في خدمة المجتمع وتقدمه، وذلك من خلال إعداد الكوادر والطاقات والقوى البشرية الفنية المؤهلة علميا وتربويا وثقافيا ومهنيا (زيتون، ١٩٩٥، ص٩)

وتعتمد أهمية البحث الحالي على أهمية التعليم العالي بصورة عامة، فالتدريب بصورة خاصة حيث يعد الأول أبناء المجتمع وفقا لقدراتهم غارسا فيهم القيم الاجتماعية بصورة سليمة لمواجهة الحياة المستقبلية. والثاني يكون المسؤول عن تكوين إعداد الكوادر البشرية العاملة مباشرة في التنمية الاقتصادية والاجتماعية. فالعملية التعليمية في مؤسسات التعليم العالي تعتمد على مدخلات هذا النظام ومخرجاته التي تجري عليها العملية التربوية المتمثلة في أساليبها التنظيمية والتدريبية هو الذي يحدد في النهاية مردود نظام التعليم العالي ونتاجه (ستراك، ١٩٩٨، ص٥)

وتعد الجامعة من أهم مؤسسات التعليم العالي التي تقوم بتأهيل وتنمية الموارد البشرية، وجعلها قادرة على تحقيق التنمية الاقتصادية والاجتماعية والسياسية. وفي تأكيد دور أهمية الجامعة يمكن القول، أن بقاء المجتمع يعتمد اعتمادا كليا على الجامعات، والتعليم العالي يعني الفكر، والفكر يعني الأبحاث العلمية، والأبحاث العلمية تعني التقدم التكنولوجي (المخلافي، ١٩٩٧، ص٢) وتعمل الجامعات الى التطلع إلى التجديد والتحديث لتتعامل ليس فقط مع مستلزمات الحاضر وإنما مستلزمات وحاجات المستقبل لأن الجامعات تؤدي دوراً حيويا في حياة الأمم حاضرا ومستقبلا. أما هذا الدور في حد ذاته فيخرج تلك المؤسسة من

إطارها التقليدي المتمركز حول المشاكل الحاضرة إلى الإطار التجديدي الحديث الذي يسهم في التصدي للتحديات المستقبلية (بو بطانه، ١٩٨٨، ص٥٦) وتتعامل الجامعة في خلق الشخصية المتوازنة مكتشفة قابلياتها في تنمية روح التجديد الابداعي فيما إيمانا منها بأن هذه الشخصية ستأخذ مكانها في قيادة المجتمع، وتسعى الجامعة لخلق شخصية متوازنة متكاملة للطالب فكراً وسلوكاً وتنمي فيه روح الإبداع والتجديد والمبادرة (محمد سعيد، ١٩٩٠، ص٦٢)

وينظر إلى الجامعة مؤسسة قيادية تتبنى الهياكل والأنظمة الإدارية المستحدثة التي تحدد الأجهزة العلمية والإدارية لعامليها في القطاعات الجامعية كافة لترسم مسارات الإجراءات في المستويات الإدارية والفنية والأكاديمية المتعددة وبين سلطات إصدار القرارات بما يكفل النهوض برسالة جامعة اليوم، الذي لا يتحقق الا اذا توفرت ركائز إدارية أساسية يعتمد عليها.

ويمكن القول أن الجامعة مؤسسة قيادية تعتمد أنظمة إدارية وهياكل تنظيمية تتناسب مع طبيعة الجامعة وظروفها وتخلق مناخا تنظيميا سليما حيث التنسيق بين جميع أعمال الإداريين (أبو الوفا، ١٩٩٢، ص ٦٧) وقد لخص (اللامي، ١٩٩٦) الدور المهم للتعليم الجامعي بقوله "من المسلم به أن التعليم الجامعي يؤدي بصورة عامة أدوارا مهمة وخطيرة جدا في حياة الأمم والشعوب فهو الذي يصنع حاضرها ويرسم معالم مستقبلها. فالتعليم الجامعي هو القيادة الفكرية للمجتمع وهو القيم على تراثه الثقافي والمسؤول عن تطويره وإنمائه وهو الذي ينمي الانتماء إلى الوطن ويرسخ الوجدان القومي. فالتعليم الجامعي هو الذي يعد للمجتمع أطره الإدارية والفنية والعسكرية والمهنية وغيرها، وهو الذي يعالج قضاياه ومشكلاته ويطور إمكاناته ويكتشف خاماته وثرواته وهو المسؤول عن توسيع آفاق المعرفة الإنسانية، وقد أصبحت مؤسساته مراكز اساسية لخدمة المجتمع المحلي وإثراء حياته (اللامي، ١٩٩٦، ص١)

ولن تكمن أهمية الجامعات لما يدور حولها في الوقت الحاضر بل ينبغي عليها أن تتطلع لما يحققه المستقبل لها وأن تتهيء تهيئا تتكيف معه وتتصدى لتحدياته وتأخذ مكانها القيادي ويمكن ذكر المسلمات الآتية التي ينبغي أن تتصف بها الجامعات استراتيجيات في مواجهة تحديات القرن الحادي والعشرين وهذه المسلمات هي:

١- إن الجامعة هي مؤسسة قيادية تعتمد القرارات الرشيدة في تحقيق أهدافها.

٢- إن الجامعة هي مؤسسة غرضية تعتمد التخطيط عملية استراتيجية في تحقيق أهدافها.

٣- إن الجامعة هي وحدة استثمارية تؤمن بشعار (بأقل تكلفة تحصل على أكبر مردود ممكن) وتستخدم التفكير العقلاني في توزيع مصادرها المالية على النشاطات المتنوعة من أجل الحصول على نتائج أفضل.

٤- إن الجامعة هي مؤسسة إبداعية تسعى نحو التجديد والنماء وتحفظ حريتها في الابداع.

٥- إن الجامعة هي وحدة للانتاج البحثي.

٦- ان الجامعة هي جزء من التراث العلمي والثقافي العربي والإنساني.

٧- إن الجامعة هي مؤسسة تعليمية في بناء الأفراد ذوي المؤهلات العليا في الاختصاصات المتنوعة خدمة للمجتمع (رهيف، والعبيدي، ١٩٩٧، ص ٧-١٢)

وإذا كانت التربية ومؤسساتها التعليمية المختلفة بالجامعات هي من أهم العناصر الأساسية في بناء الإنسان الجديد، فالادارة التربوية وسط هذه العملية تعد عنصراً بارزاً ومميزاً يؤثر في كفاءة العملية التربوية وتحسين مردودها وتحقيق الأهداف التي تسعى لترجمتها. لذا فإن تحقيق التربية لاهدافها يتوقف الى حد كبير على كفاءة إداراتها، وفاعلية الأساليب المستخدمة في أنشطتها ومهارات القوى البشرية العاملة فيها. إذ تتولى الإدارة التربوية التخطيط، والتنظيم، وما يتصل بالعمل التربوي من توجيه، وتقويم، ومتابعة، وصولا إلى الأهداف التربوية المرسومة باستخدام أفضل الطرق وأقل التكاليف من الجهد والوقت والمال (الدويك، ١٩٨٤، ص٥٣) والإدارة الجامعية وفقا للاتجاهات التربوية الحديثة تعد قيادة مسؤولة عن العمل التربوي وحسن توجيهه. باعتبار أن نجاح أي تنظيم يتوقف على الطريقة التي تدار بها تنظيماته ومدى قدرة هذه التنظيمات على توجيه النشاطات نحو الأهداف المطلوب تحقيقها، حيث ان من "المسلم به ليس هناك ثمة نشاط او اكتشاف او اختراع أو خدمة انتاجية أو تعليمية إلا وتكون من ورائه إدارة قادرة على التوجيه والإخراج الى حيز الوجود. فالإدارة هي المسؤولة عن النجاح أو الإخفاق الذي تصادفه اية مؤسسة من المؤسسات أو أي مجتمع من المجتمعات (مطاوع، ١٩٨٤، ص ٢٠) ولما كانت الجامعة هي نواة الأجهزة التنموية في المؤسسات الاجتماعية والبنى الأساسية لبناء صرح النظام الاقتصادي للمجتمع، من هنا كان حسن اختيار عناصر أجهزتها الإدارية يعد أمرا في غاية الأهمية. لذلك فإن تحقيق الإدارة الجامعية لأهدافها التربوية وأغراضها التعليمية لا سيما في الدول النامية يتوقف إلى حد كبير على تفعيل اجهزتها الإدارية التي تعني بتنظيم الجهود الجماعية للاستفادة من الموارد المتاحة لتحقيق أهدافها المحددة، واستخدام أفضل الطرق وأقل التكاليف، الذي لا يتأتى إلا بتطوير مهارات وقدرات القوى البشرية

العاملة فيها عن طريق التدريب المستمر لعناصر أجهزتها الإدارية وهـذا هـو الفـرق بـين الجامعـات في الدول المتقدمة التي تعتمد التدريب المستمر وسيلة لزيادة كفـاءة وفاعليـة قياداتهـا، وبـين الجامعـات في الدول النامية التي لا تركز على التدريب عنصرا فاعلا في تدريب قياداتها، الأمر الذي يتطلب إعادة النظر في تكوين أجهزتها الإدارية، واعتماد التدريب المستمر عنصرا فاعلا في إعداد قياداتها اذا أرادت هذه الـدول أن تحقق جامعاتها اهدافها التربوية التعليميـة المرسومة لهـا، إذ تتعـاظم الحاجـة إلى المؤسسـات التربويـة العلمية اليوم في الدول النامية بالشكل الذي يفوق عما هو عليه في الـدول المتقدمة كي تستطيع اللحـاق بركب التطور والتقدم من خلال الاستثمار الأمثل للثروة البشرية، وهـي مـن جهـة أخـرى بحاجة ايضا الى قيادات ادارية جيدة وفاعلة (عبد الدائم، ١٩٨٨، ص٩) لـذلك فإن العديد مـن البـاحثين في مجال الإدارة التربوية وخصوصا الجامعية يتفقون على ضرورة الاهتمام بحسن اختيار القادة الإداريين المؤهلين، وتحديد مهماتهم ومسؤولياتهم، فضلا عن تـدريبهم أثنـاء الخدمـة باعتبـار أن التـدريب يشـكل مصدراً أساسيا في عملية التنمية الإدارية.

ومن هنا تبرز أهمية التدريب كونه مصدراً أساسياً في تفعيل الوحـدات الإداريـة في الجامعـات، واسلوبا حديثا من أساليب تطوير العاملين، ورفع كفاياتهم الإدارية بتنمية معارفهم وقـدراتهم ومهـاراتهم وتغيير اتجاهاتهم، لأن الإداريين وفقا للنظرة الحديثة للتطور الإداري هم بأمس الحاجة الى تخطيط وتنفيذ النشاط الإداري الذي طرحته المدارس الفكرية والنظريـات الحديثـة في الإدارة التربويـة، وفي الوقت نفسـه هم بحاجة ماسة الى ترجمة هذه الأفكار إلى المواقف العملية، وتحقيق عملية الـدمج بين الفكر والعمـل الإداري، (البياع، ١٩٨٦، ص١٤) وتحقيق عملية الدمج بين الفكر والعمل الإداري يحتاج بطبيعـة الحـال إلى بناء برامج تدريبية متطورة للإداريين.

والتدريب بجميع أنواعه يهدف إلى تطوير كفاءات وإمكانيـات العـاملين مـن مختلـف الـدوائر والمنشآت، وهو يهدف إلى إكساب المتـدربين معـارف جديـدة وإلى تغيـير اتجاهـاتهم وسـلوكياتهم نحـو الأحسن وبالنتيجة رفع مستوى أدائهم (الكاظمي، وحميد ١٩٨٩، ص ١) وتتعدد أهـداف التـدريب تبعـا لحاجات التدريب فهو يوصل المعلومات الجديدة ويكون المهارات ويخلق الاتجاهات الايجابية وبذلك فهو عملية مستمرة طالما يستمر العمل الاداري ذات العلاقة الايجابيـة في زيادة الأداء ورفع الكفايات، حيث ذكر (العبيدي وآخرون، ١٩٩٠) أن الهدف الأساس للتدريب هو إيصال معلومات وتكوين مهـارات معينـة وخلق اتجاهات ايجابية، وذلك بقصد التأثير عـلى سـلوك المتـدربين ورفع قـدراتهم الوظيفيـة وكفايـاتهم الإدارية (العبيدي وآخرون، ١٩٩٠، ص١) كما أن التدريب عملية منظمة مستمرة محورها الفرد في مجمله، يهدف الى احداث تغيرات محددة سلوكية- وفنية- وذهنية لمقابلة احتياجات حالية

ومستقبلية يتطلبها الفرد، والعمل الذي يؤديه، والمنظمة التي يعمل فيها (عبد الوهاب، ١٩٨١، ص٩) والتدريب لا يمكن أن يكون فعالا ما لم يستند على أسس علمية رصينة، وما لم يأخذ بنظر الاعتبار نوع الكفايات المطلوبة للتطوير لدى الإداري، ولكي يكون التطوير في الإدارة مجديا وفعالا فلابد أن يستند إلى أسس علمية رصينة وإجراءات محكمة ودقيقة ومنظمة ومخططة تتم على وفق منهجية محددة قائمة على اسس علمية ورصية وان كل عمل بوجه عام يتوقف على القائمين به، ومدى اخلاصهم وكفاياتهم التي تعتمد على قدراتهم ومهاراتهم، وما يتصفون به من صفات ومميزات، وما يمتلكونه من معارف ومهارات (صخى، ١٩٩٤، ص١٦).

ومن خلال قراءات الباحث لموضوعات كثيرة في الإدارة التربوية بصفة عامة والتدريب وبناء البرامج التدريبية بصفة خاصة أتضح مدى أهمية البرامج التدريبية التي أصبحت من الوسائل التقنية الحديثة والأنشطة التي تساعد على النمو في الحقل الإداري ضمن مفاهيم الكفاية والفاعلية والتي أكدت عليها نظريات الإدارة التربوية الحديثة وأظهرتها نتاجات البحوث في هذا الميدان، وما طرحته من آراء ذات صبغة علمية نظرية وتطبيقية تغذي الكفايات الادارية العاملة في هذا الميدان الحيوي باحدث ما يستجد في العمل الإداري. "إن من الواجبات الملحة لأية إدارة هي تنمية مهارات العمل والخبرة واستخدام التكنيكات المطلوبة لانجاز العمل، وهذا بطبيعة الحال لا يمكن تحقيقه ما لم يبنى برنامج تدريبي لهؤلاء العاملين يتضمن ما استجد من خبرة في مجال العمل، لأن هذه الخبرة تكون ذو فاعلية في تنمية مهارات وكفايات الإداريين في تحقيق أهداف مؤسساتهم" حيث اتضح ان هناك علاقة ايجابية فاعلة بين البرامج التدريبية المتطورة وزيادة كفاءة الإداريين (Parter & et al, 1987, P. 168) ولغرض زيادة فعالية وكفاءة الإداريين لابد أن يبنى لهم برامج تدريبية تنمي خبراتهم ومهاراتهم في مجال عملهم والذي ينعكس هذا بدوره ليس على العاملين معهم فحسب بل سيزيد من انتاجية مؤسساتهم (Davis and New storm, 1989, P.25) ومن هنا فقد أتفق الباحثون المعنيون في مجال الإدارة التربوية على ضرورة الاهتمام بالقادة الإداريين وتأهيلهم ورفع كفاياتهم وقدراتهم عن طريق تدريبهم أثناء الخدمة، بوصف التدريب عملية مستمرة تبدأ من اللحظة التي تشعر فيها المؤسسات ان الموظف بحاجة إلى تحسين الأداء أو زيادة الإنتاج (الزعبي، ١٩٩١، ص٧) ولعل البرامج التدريبية هي العمود الفقري في هيكلية التدريب التنظيمية والعملية، ومن هنا اكتسبت البرامج التدريبية أهمية خاصة، وبدأت العناية بها تنحو نحو إغنائها ووضع أسس لبنائها، وأساليب متنوعة ومتخصصة للإيفاء بأغراضها (أبو سليم، ١٩٩٦، ص١٤).

إن التعليم الجامعي من المهن المتطورة التي تستند على أسس تربوية نظرية وعلمية تحكم تطبيقاتها وتوجه طرائقها، لذا فإن العاملين في ميدان التعليم الجامعي من مدرسين وقادة إداريين في مختلف مستوياته، بحاجة الى نمو مهن، وتجديد مستمر في صقل معارفهم ومهاراتهم التي اكتسبوها خلال برامج التكوين والإعداد قبل الالتحاق بهذه المهنة. وقد أكدت احدى ندوات المنظمة العربية للتربية والثقافة في تونس ١٩٨٥ . إن العاملين في مؤسسات التربية بحاجة ماسة إلى ان يطلعوا بين الحين والآخر على ما تضيفه ثورة المعرفة إلى مجال تخصصهم وما تستحدثه من وسائل تكنولوجية وتقنيات علمية من تغييرات في طرائق التدريس والادارة الحديثة (المنظمة العربية للتربية والثقافة تونس، ١٩٨٥، ص٣٢)

إن تطوير الإدارة الجامعية هو أحد الأركان المهمة لتطوير التعليم الجامعي بشكله العام فإدارة التعليم الجامعي تعد عاملا اساسيا في كفاءة هذا التعليم، ومن ثم فإن تدريب القيادات الجامعية يؤدي في النهاية الى تحقيق أهداف المؤسسة التعليمية (المخلافي، ١٩٩٧، ص١٢) بهدف صقل معارفها ومهاراتها الفكرية والإدارية، وتحسين قدراتها على الأداء واتخاذ القرار السليم وتحويلها الى قيادات إبداعية ذات رؤى بعيدة يمكنها ترجمة الشعارات الى واقع ملموس وإحداث التغير المنشود وتسهيل تصحيحه (المنظمة العربية للتربية والثقافة والعلوم، تونس، ١٩٨٥، ص٣٢)

ولا تختلف الصورة في الجامعات اليمنية كثيرا عما ذكرناه، بل هناك عوامل إضافية تجعل من موضوع كفاءة الإدارة الجامعية اليمنية بشكل عام والقيادة العلمية بشكل خاص أكثر أهمية، فحداثة التعليم الجامعي في اليمن لا يزيد عمره عن ثلاثة عقود، وهي مدة تعد قصيرة في عمر الجامعات لتكوين قيم وأعراف مؤسسية ومهارات فنية وإدارية يمكن اعتمادها من قبل قياداتها العلمية، فضلا عن ذلك يواجه التعليم الجامعي في اطاره الجديد توسعا عاليا في انشاء الجامعات الجديدة وزيادة عدد الطلبة المقبولين، ومن ثم زيادة في عدد أعضاء الهيئة التدريسية. وهذه الزيادة تتطلب اتباع أساليب جديدة في الإدارة واعتماد طرق وبرامج إدارية حديثة في إعداد وتأهيل القيادات الإدارية العلمية والزيادة في كفاياتهم الإدارية وإتقانهم لمهارات وخبرات جديدة لتحقيق أهداف التعليم الجامعي بأقل جهد وباسرع وقت لازم، وليكون في إمكانهم التغلب على بعض المشكلات الإدارية التي يواجهونها نتيجة هذه الزيادات السريعة والمتلاحقة في اعداد الطلاب وأعضاء الهيئة التدريسية، وذلك لمواجهة خطط التنمية الاجتماعية والاقتصادية.

ويعد تطوير وتدريب القادة الإداريين وإعدادهم في الجامعات اليمنية، وإعداد البرامج التدريبية المختلفة، أحد المرتكزات الأساسية لتطوير التعليم الجامعي، ومن الضروري أن تشهد المرحلة القادمة طفرة في إعداد القادة الجامعيين، من حيث الكم والنوع، والتخصصات، ووضع برامج تدريبية تطويرية من خلال إقامة الدورات التدريبية، والمؤتمرات، والندوات العلمية، وذلك لرفع كفاياتهم الإدارية لمواجهة الحاجات الجديدة للمجتمع اليمني.

والجامعات اليمنية تعتمد هياكل تنظيمية تتناسب مع طبيعة العمل الجامعي وظروفه فقد أشار (النشار) إلى أن العمل في الجامعة يتوزع بين الجهاز الأكاديمي الذي يعد الأكاديميون مسؤولون عن إدارته وحدهم، وبين الجهاز الإداري الذي يشترك في تحمل مسؤولياته الادارية الأكاديميون والإداريون حتى لا يكون هناك إنفصال بين مسؤولية اصدار القرار وبين مسؤولية تنفيذه (النشار، ١٩٧٦، ص٢٣٤) وتتمثل وحدات الجهاز الإداري في الجامعات اليمنية على مستوى الكليات في الوحدات الإدارية الأكاديمية تحت اشراف وقيادة عمداء الكليات ورؤساء الأقسام العلمية، وتعد هذه الفئات الإدارية مجتمعة بالتعاون مع أعضاء هيئة التدريس، مسؤولة عن جميع الممارسات الإدارية والفنية والإشرافية داخل الكلية، وتحقيق أهداف الكليات، والأقسام العلمية عن طريق مجموعة من العمليات الإدارية التي تتمثل في التخطيط، والتنظيم، والتوجيه، والمتابعة مما دفع القيادات العليا في الجامعات الى الحرص على أن تعهد هذه المسؤوليات الادارية الى أكثر الأفراد تأهيلاً وصلاحية للقيام بهذه المهام (ضحاوي، وقطامي، ١٩٩٧، ص١٣) المتمثلة في رؤساء الأقسام العلمية والذين يتحملون مسؤولية اختيار الطلاب واعضاء الهيئة التدريسية، والفنيين، وتصميم المناهج الدراسية، وتنفيذها، وتطويرها، ودفع الحركة العلمية الى الامام، وقيادة البحوث العلمية الهادفة لخدمة المجتمع على المستويين المحلي والعالمي (مطر، ١٩٨٧، ص٩).

ولذلك تكمن أهمية البحث في أهمية القسم العلمي وحدة اساسية في الجامعات الحديثة، وأهمية الدور الذي يقوم به رئيس القسم باعتباره حجر الزاوية في إدارة القسم، وتنظيم أعماله، وتحسين أدائه، حيث يؤدي رؤساء الأقسام العلمية الدور الرئيس في تحقيق رسالة الجامعة، وتكمن أهمية الأقسام العلمية ايضا في المهام الرئيسية التي يقوم بها القسم العلمي، وتؤكد دراسة (الأسدي وآخرين، ١٩٩٧) أن الأقسام العلمية ظهرت ضرورة فكرية، ووحدة لاتخاذ القرارات عن المنهج والطلبة والأساتذة، تلك القرارات التي أصبحت من الصعب أن تتخذ في الإدارة الجامعية بكفاءة ودقة. وإن الأقسام العلمية مهما اختلفت في فروع المعرفة والتخصصات، إلا انها تبقى وحدة إدارية وعلمية تؤدي رسالتها ومهامها المطلوبة لجامعة اليوم، إذ تكمن قوة التعليم الجامعي في قوة أقسامه العلمية، فمن خلالها

تنجح الكليات والجامعات، وسمعة الكليات مرهونة في سمعة أقسامها العلمية. وقوة ورصانة أقسامها تستند على القيادة العلمية والإدارية والتربوية لها المتمثلة برؤساء الأقسام العلمية (الأسدي وآخرون، ١٩٩٧، ص٣٤٢)

وفي هذا الصدد يبرز دور رئيس القسم والأدوار المختلفة التي يجب ان يمارسها رئيسا للقسم إداريا واتخاذه قرارات إلى جانب الدور القيادي. ولكي يدور رؤساء الأقسام العلمية شؤون القسم بكفاءة، ينبغي عليهم افراداً متميزين علميا ومهنيا إن يعرفوا ويمارسوا مسؤولياتهم الإدارية بكفاءة واقتدار (التميمي، ١٩٩٨م، ص٧)

والكفايات الإدارية المتمثلة في التخطيط، والتنظيم، والقيادة والعلاقات الإنسانية، واتخاذ القرار، والنمو الذاتي، وشؤون الطلاب من الكفايات الادارية التي ينبغي، بل يجب على كل رئيس قسم ان يمارسها بكفاية وفاعلية، حيث يعد رؤساء الأقسام العلمية من القيادات المهمة في الكليات، كونها المسؤولة عن تحقيق خطط التعليم الجامعي ميدانيا، من خلال تعاملها مع أعضاء الهيئة التدريسية والطلبة وكل ما يتعلق بعناصر التعليم الجامعي. وفي مجال التخطيط السليم يتطلب من رئيس القسم ان يسهم بشكل فعال في ربط القسم والكلية والجامعة بالمجتمع المحلي، وإشراكها إشراكا مؤثرا في تقدير وتنفيذ البرامج والخطط التنموية (كنعان، ١٩٨٠) اما في مجال التعامل مع الطلبة فإن لرئيس القسم دوراً كبيراً في توجههم نحو التحصيل والارتقاء بالمستويات العلمية وتفوقهم، وتذليل مشاكلهم، وبما يوفر جواً صحياً ديمقراطياً يزيد من التآلف والمحبة والانسجام بين جميع الطلبة وأعضاء الهيئة التدريسية في القسم (دليل جامعة بغداد، ١٩٨٦، ص٢٥-٢٦)

وقد حدد (قانون الجامعات اليمنية رقم (١٨) لسنة ١٩٩٥م) مهام رئيس القسم وصفه بإنه المسؤول عن تنفيذ السياسة العامة للقسم،وإدارة شؤونه العلمية والإدارية والمالية، ومسؤول عن انتظام سير المحاضرات والتمارين والدروس العلمية وغيرها من الواجبات التدريسية، وتنفيذ قرارات مجلس القسم ومجلس الكلية ومجلس الجامعة، ويشجع الطلبة والأساتذة على القيام بالأبحاث العلمية، واقتراح الخطط الدراسية ويصمم المناهج الدراسية، وكل ما من شأنه النهوض بالمستوى العلمي في القسم والكلية (قانون الجامعات اليمنية رقم ١٨ لسنة ١٩٩٥، ص١٨) وقد أكدت دراسة (مطر، ١٩٨٧) هذه المهام وزادت عليها. وعد الباحث هذه المهام أنموذجا عاما للمهام العلمية والإدارية التي ينبغي أن يمارسها رؤساء الأقسام العلمية في الجامعات اليمنية، التي بلغت ثلاث وأربعين مهمة حددت بعض الواجبات التي يجب ان يمارسها رؤساء الأقسام العلمية بكفاءة،والتي تمثلت في الأنشطة الطلابية الخاصة بالتدريس والاشراف والتقويم. وكذلك الأنشطة المتعلقة بالبحوث

والدراسات العليا وبحوث أعضاء هيئة التدريس، وأنشطة العلاقات المتبادلة من حيث الاتصال باعضاء هيئة التدريس والإدارة والهيئات الخارجية، كذلك أنشطة الضبط والرقابة، من حيث حفظ السجلات والمعلومات والإشراف والرقابة على توزيع الموارد، الى جانب الأنشطة الخاصة بتقديم الأعضاء الجدد وتعيينهم وتشجيع التنمية المهنية (مطر، ١٩٨٧، ص١٢٧) وأزاء ذلك فان رؤساء الأقسام العلمية مهما اختلفت صفاتهم وتخصصاتهم ومؤهلاتهم العلمية، وخبراتهم الإدارية ينبغي أن يكون رئيس القسم العلمي إداريا ناجحا، ملما بالمهارات الإدارية، حيث يكون قادراً على التخطيط والتنظيم والتوجيه والمتابعة والتقويم والاشراف واتخاذ القرارات السليمة الى جانب المهارات في التعامل الإنساني، وتطوير أعضاء هيئة التدريس بما يؤهلهم للعمل بكفاءة واقتدار، لتحقيق رسالة الجامعة المتمثلة في أهداف اقسامهم في كلياتهم فجامعاتهم.

إن امتلاك رؤساء الأقسام العلمية في الجامعات اليمنية حدا معينا من المهارات الإدارية اللازمة لإدارة الأقسام العلمية توفر لهم امكانيات جيدة على قيادة مجموعة العمل وتحفيز وإدارة الأفراد وبالتالي التأثير على أداء العاملين من أعضاء هيئة التدريس والفنيين والإداريين فيها. وعليه فان إعطاء تدريب إداري مكثف في جوانب أساسية من الكفايات الإدارية كالتخطيط والتنظيم والتحفيز وتقويم الأداء لرؤساء الأقسام العلمية وأعضاء هيئة التدريس المتوقع تسلمهم منصب رئاسة القسم العلمي ضروري جدا لضمان حد ادنى من المهارات الإدارية (حمامي، عبد الحليم، ١٩٩٦، ص٢٦٢)

واستنادا إلى ما تقدم، فقد اختار الباحث جامعتي صنعاء وعدن ميدانا لتطبيق البحث الحالي، نظرا لاقدميتها وعراقتهما في مجال التعليم الجامعي ومساهمتها بشكل فاعل في إعدادهما للعناصر البشرية المؤهلة، في تحقيق برامج التنمية الشاملة في اليمن. حيث تأسست جامعة صنعاء في عام (١٩٧٠) وتأسست جامعة عدن في عام (١٩٧١) وكانت كلية التربية هي نواتهما الأولى ثم نمتا نمواً سريعاً في ظل دولة الوحدة المجيدة فكان لهما الرعاية الكاملة، مما دفعهما للمضي- المتواصل في طريق البناء العلمي التربوي والإسهام الجاد في بناء الحياة الجديدة للمجتمع اليمني، وتقوم هاتان الجامعتان بعدة نشاطات على المستويين الداخلي والاجتماعي، وتظهر آثار هذه النشاطات في تطوير العناصر الفنية والتدريسية في الجامعتين وخارجهما. فقد أسهمت الجامعتان في الندوات والمؤتمرات واللقاءات العلمية على المستويين العربي والأجنبي.

ومن هنا تتضح أهمية المؤسسات التربوية الجامعية ودور القائد التربوي الجامعي (المتمثل في رؤساء الأقسام العلمية)، كما تتضح أهمية الكفايات التدريبية في أداء رؤساء الأقسام العلمية، ودور التدريب الإداري بالنسبة الى هذه القيادات، لذا فان هذه الدراسة تكتسب أهميتها من حيث قيامها تحديد الكفايات الإدارية التي ينبغي توافرها لدى رؤساء الأقسام العلمية في الجامعات اليمنية، والكشف عن واقع ممارستهم لهذه الكفايات، فضلا عن تحديد الاحتياجات التدريبية التي على أساسها سوف يبنى برنامج تدريبي لرؤساء الأقسام العلمية في الجامعات اليمنية، وتعد هذه أول دراسة علمية تبحث في هذا المجال على حد علم الباحث.

أهداف البحث

يهدف البحث الحالي الى بناء برنامج تدريبي لرؤساء الأقسام العلمية في كليات الجامعات اليمنية، في ضوء كفاياتهم الإدارية، من أجل تطوير أدائهم وبما يسهم في تحقيق أهداف أقسامهم العلمية بفعالية وذلك من خلال إجراءات الآتية:

أولاً: تحديد الكفايات الإدارية المطلوبة توافرها لدى رؤساء الأقسام العلمية في كليات الجامعات اليمنية.

ثانياً: تعرف مدى ممارسة رؤساء الأقسام العلمية لهذه الكفايات من وجهة نظر العمداء ونوابهم، ورؤساء الأقسام العلمية أنفسهم، وأعضاء الهيئة التدريسية.

ثالثاً: تحديد الاحتياجات التدريبية (النقص الكفائي الكلي والجزئي) لدى رؤساء الأقسام العلمية في كليات الجامعات اليمنية.

رابعاً: بناء برنامج تدريبي لرؤساء الأقسام العلمية في كليات الجامعات اليمنية لتطوير كفاياتهم الإدارية في ضوء حاجاتهم من التدريب (هدف البحث).

حدود البحث

اقتصر البحث الحالي على جامعتي صنعاء وعدن وذلك لأنهما تمثلان أقدم وأكبر جامعتين رسميتين في الجمهورية اليمنية، ويحدد البحث باستطلاع آراء فئات العينات الثلاث:

١- عمداء الكليات ونوابهم.

٢- رؤساء الأقسام العلمية.

٣- أعضاء الهيئة التدريسية.

في جميع الأقسام العلمية في الكليات التابعة لهاتين الجامعتين للعام الجامعي ١٩٩٨/٩٧م لغرض تحديد الكفايات الإدارية وتحديد الاحتياجات التدريبية، وبناء البرنامج التدريبي لرؤساء الأقسام العلمية في ضوء النقص الكفائي لهم.

تعريف المصطلحات

وردت المصطلحات الاتية:

أ- البرنامج التدريبي.

ب- رئيس القسم العلمي.

جـ- الجامعات اليمنية.

د- الكفايات

هـ- الإدارة الجامعية.

وقد عرفت تعريفا اجرائيا يتلائم وطبيعة استخدامها في البحث الحالي

أ- البرنامج التدريبي:

لقد تناول الباحثون عدة تعريفات للبرنامج التدريبي نذكر منها:

١- تعريف (كود Good, 1973) "هو مجموعة الأنشطة المنظمة أو المخططة التي تهدف الى تطوير معارف وخبرات واتجاهات المتدربين وتساعدهم في تحديث معلوماتهم ورفع كفاءتهم الإنتاجية، وحل مشكلاتهم، وتحسين أدائهم وهم في عملهم" (Good, 1973, P. 294)

٢- تعريف (البزاز، ١٩٨٦، ص١٢٩) "هو نوع من الفعالية والنشاط الموجه لرفع كفاءة المتدربين العلمية والمهنية والفنية" (البزاز، ١٩٨٦، ص ١٢٩)

٣- تعريف (طرخان، ١٩٩٣) البرنامج التدريبي هو: "مجموعة الخبرات التدريبية المخططة لتحقيق لنمو المهني لدنا المتدربين لمساعدتهم على اكتساب المعارف والمهارات والاتجاهات الإدارية المعاصرة التي تشتمل على الأهداف التدريبية والموضوعات التدريبية واستراتيجيات التدريب والتقويم والمتابعة" (طرخان، ١٩٩٣، ص ٢٠).

٤- وعرفه كل من (روك مان وسولان Rok man & Slon, 1993) بأنه "البرنامج الذي يؤكد النقص الكفائي للإداريين وتنميته لمهاراتهم ذات العلاقة بعملهم باستخدام التقنيات الحديثة التي تمكنهم من كسب الخبرة والمهارة والنجاح في عملهم" (Rok man & Slon, 1993, P. 23)

٥- كما عرفه إجرائيا (الدليمي، ١٩٩٥) هو "مجموعة المفردات التي تنظمها الموضوعات والأنشطة والفعاليات التي تتعلق بوظائف الإدارة التي تهدف إلى تنمية الكفايات الإدارية وتطويرها للمديرين الذين يحتاجون فيها الى تنمية وتطوير" (الدليمي، ١٩٩٥، ص٢٦)

٦- كما عرفه (عقيلي، ١٩٩٦) هو "عملية مخططة تقوم باستخدام أساليب وأدوات بهدف خلق وتحسين وصقل المهارات والقدرات لدى الفرد وتوسيع نطاق معرفته للأداء الكفء من خلال التعليم، لرفع مستوى كفاءته من ثم كفاءة المؤسسة" (عقيلي، ١٩٩٦، ص ٢٣٣)

التعريف الإجرائي للبرنامج التدريبي:

هو مجموعة المعارف والخبرات والمهارات والقدرات المنظمة التي سوف تقدم لرؤساء الأقسام العلمية في كليات الجامعات اليمنية بقصد تنمية وتطوير كفاياتهم الإدارية بطرائق منهجية وعلمية وهادفة، وبما يمكنهم من تحقيق أهداف القسم العلمي بكفاءة وفاعلية.

ب- رئيس القسم العلمي:

يعرفه قانون وزارة التعليم العالي والبحث العلمي في العراق رقم ٤٠ لسنة ١٩٨٨ المعدل "بأنه تدريسي يعين بقرار من رئيس الجامعة بناء على توصية من عميد الكلية، وتحدد صلاحياته بموجب النظام الجامعي في قانون وزارة التعليم العالي رقم ٤٠ لسنة ١٩٨٨، ص ١٦)

بينما يعرفه قانون الجامعات اليمنية رقم ١٨ لسنة ١٩٩٥ "بأنه المسؤول عن تنفيذ السياسة العامة للقسم، وإدارة شؤونه العلمية والإدارية والمالية، وتنفيذ قرارات مجلس القسم ومجلس الكلية ومجلس الجامعة ويعين بقرار من رئيس الجامعة بعد انتخابه من قبل أعضاء الهيئة التدريسية بالقسم العلمي، ولمدة سنة واحدة قابلة للتجديد لمرة واحدة (قانون الجامعات اليمنية رقم ١٨ لسنة ١٩٩٥، ص١٩-٢٠) وسوف يتبنى الباحث تعريف قانون الجامعات اليمنية إجرائيا.

جـ- الجامعات:

إن تعريف الجامعة ووظائفها في المجتمع تتبدل وتتغير وتتطور بتطور المجتمع علميا، وتكنولوجيا، وهي بذلك تخضع في كل عصر لتلبية الحاجات الجديدة لمتطلبات المجتمع، تسخر طاقاتها لخدمة المجتمع، وتعد ثورته العلمية والتكنولوجية ومع ذلك فأن المختصين وضعوا للجامعة في كل زمن وعصر تعاريف، نذكر منها اكثر حداثه:

تعريـف (بشـر ١٩٨٦) للجامعـة "أنهـا تضـم في رحابهـا وداخـل أسـوارها أشخاصـا تختلـف مشـاربهم واتجاهاتهم، وتربط بينهم أهداف مشتركة وغايات ينشدها الجميع" (بشر، ١٩٨٦، ص ٣)

كما عرفتها (وزارة العدل العراقية، ١٩٨٨) "الجامعة: هي حرم آمن، ومركز إشعاع حضاري فكري وعلمي وتقني في المجتمع، يزدهر في رحابها العقل، وتعلو فيها قدرة الإبداع، والابتكار لصياغة الحياة، وتقـع عليهـا المسؤولية المباشرة في تحقيق الأهداف الموكلة إليها" (وزارة العدل العراقية، ١٩٨٨، ص ١٨)

كما عرفها (الهادي، ١٩٩٤م) "هـي مؤسسـة انتاجيـة تعمـل عـلى إثـراء المعرفة وإعـداد الكـوادر البشريـة المؤهلة وإعدادها علميا وفكريا وثقافيا واقتصاديا وسياسيا واجتماعيا وروحيا" (الهادي، ١٩٩٤، ص ١٤)

كما عرفتها إجرائيا (العريقي، ١٩٩٦) بأنها "المؤسسـة التربويـة التعليميـة العليـا التي تهدف الى تحقيـق الأهداف المرسومة لها، والتي ترفد خطط التنمية القومية بالعناصر البشرية اللازمة لها، وتنهض بـالمجتمع في المجالات العلمية والثقافية والاجتماعية والاقتصادية من خلال مناهجها وبرامجها المقررة التي تقـدمها لكلياتها" (العريقي، ١٩٩٦، ص١٠)

أما الجامعات اليمنية فهي مؤسسات التعليم العالي تأتي في قمـة السـلم التعليمـي في الجمهوريـة اليمنية، وتمثل آخر مرحلة من مراحل النظام التعليمي فيها، ومدة الدراسة فيها أربع سنوات للحصول على الشهادة الجامعية الأولية في الاختصاصات المتنوعة وكذلك تمنح شهادة الماجستير والدكتوراه في بعض العلـوم، التي امدها سنتان للماجستير وثلاث سنوات للـدكتوراه، وتحتـل الجامعات اليمنيـة مركـز القيـادة العلميـة في المجتمع اليمني لانها تمثل الركيزة الأساسية في تأهيل وتنمية الموارد البشرـية، وجعلهـا قـادرة عـلى تحقيـق التنمية الاقتصادية والاجتماعية في الجمهورية اليمنية (قانون الجامعات اليمنية، ١٩٩٥)

د- الكفاية Compentency

إن تعريف (Webester, 1971) لها بأنهـا: "حالـة امتـلاك المعلومـات والاتجاهـات، والمهـارات أو القدرة على اداء واجب أو عمل معين" (Webester, 1971, P. 463)

أما تعريف (المعجم الوسيط، ص٧٩٩) "فتعنـى الكفايـة: الاسـتغناء عـن غـيره فهو كـاف"، وإن الكفاءة تقيس الجانب الكمي فقـط، في حين تقيس الكفاية الجانب الكمـي والكيفـي معـا. وفي مجـال التعليم، يستخدم مصطلح الكفاية للدلالة على كم وكيف المخرجات التي يعدها النظام التعليمـي (غنـايم، ١٩٨٩، ص ٩٠)

ويعرفها (Hart, 1980) "بأنها مجمل سلوك القائد التربوي الذي يتضمن المعارف والمهارات بعد مروره ببرنامج تدريبي وينعكس أثره على أدائه، ويظهر ذلك من خلال أدوات قياس خاصة تعد لهذا الغرض" (Hart, 1980, P. 171)

في حين يعرفها (محمد، ١٩٨٩) "بأنها مجموعة المعارف والمفاهيم والمهارات والاتجاهات التي توجه السلوك الفرد وتساعده على أداء عمله بمستوى من التمكن، ويمكن قياسه بمعايير خاصة متفق عليها" (محمد، ١٩٨٩، ص١٦٥)

ويعرفها (الدليمي، ١٩٩٥) إجرائيا "بأنها جميع المعارف والمهارات والاتجاهات المتعلقة بوظائف الإداري التي يفترض أن يؤديها لإتمام عمله في أحسن وجه" (الدليمي، ١٩٩٥، ص ٢٩)

ويجد الباحث إن تعريف (الدليمي، ١٩٩٥) للكفاية هو تعريف من الممكن ان يتبناه الباحث لأغراض هذا البحث.

أما التعريف الإجرائي:

فهو عملية تحقيق مستوى من الممارسات المهارية الإدارية لرئيس القسم العلمي في ضوء مجموعة العمليات الإدارية المتمثلة في التخطيط، والتنظيم، والقيادة والنمو العلمي والمهني، والعلاقات الانسانية، والتقويم والمتابعة، واتخاذ القرار وشؤون الطلبة، وتقاس إجرائيا بالدرجة التي تحصل عليها وفقا لمقياس ليكرت الخماسي المعد في أداة هذا البحث.

هـ- الإدارة الجامعية:

عرفها (الهادي، ١٩٩٤) هي احدى فروع الإدارة التربوية التي تهتم في إدارة وتوجيه الأنشطة الخاصة بالسياسات والتنظيم والتخطيط وأساليب التقويم الجامعية من خلال مجموعة من الأفراد والقيادات المكلفة بتسيير الاعمال الجامعية مستخدمة في ذلك وظائف الإدارة الجامعية من تخطيط وتنظيم وتوجيه ورقابة واتخاذ قرار لتحقيق أهداف الجامعة بأفضل الطرق وأيسر السبل والتكاليف (الهادي، ١٩٩٤، ص ٢٧)

- كما عرفتها إجرائيا (العريقي، ١٩٩٦) هو ذلك الجهاز المكون من مجموعة من الأفراد والقيادات والمكلف بتحقيق الأهداف المرسومة لجامعة عدن من خلال الاستخدام الفعال للعمليات الإدارية الأساسية والتي تتمثل في (التخطيط، التنظيم، التوجيه، التنسيق، الاتصال، الرقابة، التقويم، اتخاذ القرارات، العلاقات الإنسانية وإدارة الوقت) (العريقي، ١٩٩٦، ص ١٠)

- كما عرفها إجرائيا (الحيالي، ١٩٩٧) إنها عملية منظمة يتم فيها تفاعل وتوازن بين القائد الإداري والمرؤوسين في المؤسسة الجامعية، بحيث يستطيع القائد الإداري سواء كان عميدا أم رئيس قسم علمي من تنظيم وتنسيق جهود العاملين ومتابعة أعمالهم وتقويم أدائهم والتأثير فيهم وتشجيعهم وزيادة دافعيتهم لبذل المزيد من الجهد وتحقيق الأهداف المنشودة بمستوى أعلى وبما يخدم مسيرة التعليم الجامعي (الحيالي، ١٩٩٧، ص١٧)

وسوف يتبنى الباحث تعريف (الحيالي، ١٩٩٧) إجرائيا لهذه البحث.

إجراءات البحث

يتناول هذا الفصل وصفاً لإجراءات البحث الحالي والمتضمنة وصف المجتمع الكلي وطريقة اختيار العينة، ووسائل تحديد الكفايات الإدارية وتحديد مجالاتها، وإعداد قائمة الكفايات الإدارية وإيجاد صدقها وثباتها مدخلاً لاستخدامها كأداة لمعرفة مدى ممارسة رؤساء الأقسام العلمية في الجامعات اليمنية للكفايات الإدارية لغرض تحديد الاحتياجات التدريبية التي في ضوئها يتم بناء البرنامج التدريبي فضلا عن تحديد الوسائل الاحصائية التي استخدمت في تحليل النتائج.

وفيما يأتي عرض لهذه الإجراءات:

أولاً: مجتمع البحث

لما كان الهدف الأساس للبحث الحالي هو بناء برنامج تدريبي لرؤساء الأقسام العلمية في كليات الجامعات اليمنية في ضوء كفاياتهم الإدارية، فمن الطبيعي أن يكون المجتمع الجامعي، وبالتحديد أعضاء الجهاز الأكاديمي الإداري، المتمثل في عمداء الكليات ونوابهم ورؤساء الأقسام العلمية وأعضاء الهيئة التدريسية في كليات الجامعات اليمنية، هو مجتمع البحث. ونظراً لحداثه افتتاح بعض الجامعات اليمنية الرسمية في التسعينات كما هو ملاحظ في الجدول (٢) فقد اختار الباحث جامعتي صنعاء وعدن مجتمعا لهذا البحث، لعدة اعتبارات منها: أنهما تمثلان أقدم وأكبر جامعتين رسميتين تضمان أكبر عدد من الكليات وأقسامها العلمية وأعداد الطلبة. وأعضاء الهيئة التدريسية وفي ضوء ما تقدم يتكون مجتمع البحث الحالي من العاملين في الكليات والأقسام العلمية في جامعتي صنعاء وعدن، والذين يمثلهم عمداء الكليات ورؤساء الأقسام العلمية وأعضاء الهيئة التدريسية للعام الجامعي ١٩٩٨/٩٧.

الجدول (٢) يبين اسماء الجامعات اليمنية الرسمية للعام الجامعي ١٩٩٨/٩٧

اسم الجامعة	مكانها	سنة التأسيس
جامعة صنعاء	صنعاء	١٩٧٠
جامعة عدن	عدن	١٩٧٠
جامعة تعز	تعز	١٩٩٥
جامعة الحديدة	الحديدة	١٩٩٥
جامعة إب	إب	١٩٩٥
جامعة حضرموت	المكلا	١٩٩٥
جامعة ذمار	ذمار	١٩٩٥

والجدولان (٣-٤) يمثلان توزيع مجتمع جامعتي صنعاء وعدن بحسب فئاته على مختلف الكليات والأقسام العلمية. ويتبين من الجدول (٥) أن مجموع أفراد مجتمع جامعتي صنعاء وعدن يتكون من (١٢٢١) فرداً أي بواقع (٦٥١) فرداً في جامعة صنعاء وبواقع (٥٧٠) فرداً في جامعة عدن موزعين على النحو الآتي:

أ- في جامعة صنعاء بلغ عدد العمداء (١٤) و (٢٣) نائباً و (٧٥) رئيس قسم و (٢٩٦) عضو هيئة تدريس من حملة الدكتوراه و(١٤٣) عضو هيئة تدريس من حملة الماجستير، جدول (٣) دليل جامعة صنعاء، ١٩٩٧.

ب- في جامعة عدن بلغ عدد العمداء (٩) و(١٥) نائباً و(٥٨) رئيس قسم و(٣٢٤) عضو هيئة تدريس من حملة الدكتوراه و(١٦٤) عضو هيئة تدريس من حملة الماجستير جدول (٤) (دليل جامعة عدن، ١٩٩٧)

جدول (٣): يمثل فئات مجتمع جامعة صنعاء للعام الجامعي ١٩٩٧/١٩٩٨

م	الكليات	مجتمع العمداء والنواب		مجتمع رؤساء الأقسام العلمية	مجتمع اعضاء الهيئة التدريسية		المجموع
		عميد	نائب		دكتوراه	ماجستير	
١	الاداب	١	٢	١٢	٦٨	٢٦	١٠٩
٢	التجارة والاقتصاد	١	٢	٥	٤٩	٩	٦٦
٣	الشريعة والقانون	١	٢	١٠	٥١	٤	٦٨
٤	العلوم	١	٢	٦	٣٩	٢٥	٧٣
٥	الطب والعلوم الصحية	١	٣	٤	٧٨	٤٣	١٢٩
٦	الهندسة	١	٢	٤	٣٣	١٠	٥٠
٧	الزراعة	١	٢	٩	٣٤	٢	٤٨
٨	التربية صنعاء	١	٢	١٢	٤١	١٩	٧٥
٩	التربية أرحب	١	١	٣	٢	٢	٩
١٠	التربية عمران	١	١	٢	-	-	٤
١١	التربية حجة	١	١	٢	١	٣	٨
١٢	التربية صعدة	١	١	٢	-	-	٤
١٣	التربية المحويت	١	١	٢	-	-	٤
١٤	التربية خولان	١	١	٢	-	-	٤
	المجموع	١٤	٢٣	٧٥	٣٩٦	١٤٣	٦٥١

جدول (٤): يمثل فئات مجتمع جامعة عدن للعام الجامعي ١٩٩٧/١٩٩٨

م	الكليات	مجتمع العمداء والنواب		مجتمع رؤساء الأقسام العلمية	مجتمع اعضاء الهيئة التدريسية		المجموع
		عميد	نائب		دكتوراه	ماجستير	
١	العلوم والاداب والتربية	١	٢	١٣	١٠٦	٥٦	١٧٨
٢	الزراعة	١	٢	١١	٣٢	١٢	٥٨
٣	الاقتصاد والادارة	١	٢	٤	٤٣	٢٠	٧٠
٤	الطب	١	٢	٩	٦٨	١٦	٩٦
٥	الحقوق	١	٢	٤	١٧	٧	٣١
٦	الهندسة	١	٢	٤	٤٦	١٨	٧١
٧	تربية صبر	١	١	٥	٣	١٣	٢٣
٨	تربية زنجبار	١	١	٣	٣	١٧	٢٥
٩	تربية شبوة	١	١	٥	٦	٥	١٨
	المجموع	٩	١٥	٥٨	٣٢٤	١٦٤	٥٧٠

ويمكن ان يوصف مجتمع البحث الكلي في الجامعتين على النحو الآتي:

فئة العمداء (٢٣) عميداً، فئة النواب (٣٨) نائبا، فئة رؤساء الأقسام (١٣٣) رئيساً، وفئة أعضاء الهيئة التدريسية من حملة الدكتوراه (٧٢٠) وحملة الماجستير (٣٠٧) عضو هيئة تدريس، وبذلك يكون مجموع مجتمع البحث الكلي هو (١٢٢١) فرداً، وكما هو موضح في الجدول الآتي.

جدول (٥) يظهر المجموع الكلي لمجتمع البحث في جامعتي صنعاء وعدن للعام الجامعي ١٩٩٨/٩٧

الجامعة	مجتمع العمداء والنواب		رؤساء الأقسام العلمية	أعضاء هيئة التدريس		المجموع
	عميد	نائب		دكتوراه	ماجستير	
جامعة صنعاء	١٤	٢٣	٧٥	٣٩٦	١٤٣	٦٥١
جامعة عدن	٩	١٥	٥٨	٣٢٤	١٦٤	٥٧٠
المجموع	٢٣	٣٨	١٣٣	٧٢٠	٣٠٧	١٢٢١

ثانياً: عينة البحث

بعد الإطلاع على صفات المجتمع الكلي للبحث الحالي، اتضح أنه يحتوي على فئات مختلفة. وأن هذا النوع من المجتمع يعد مجتمعاً طبقياً، وأن اختيار العينة فيه ينبغي أن يعتمد على اسلوب العينة الطبقية العشوائية لانها الوسيلة الملائمة لاختيار العينة الممثلة لذلك المجتمع، وتكون العينة ممثلة تمثيلاً واضحاً وصادقاً لجميع صفات المجتمع (Baker, 1988, P. 137) ونظراً لان البحث الحالي يهدف بشكل أساس الى بناء برنامج تدريبي لرؤساء الأقسام العلمية في كليات الجامعات اليمنية في ضوء الكفايات الإدارية من وجهة نظر عمداء الكليات ونوابهم إداريين مشرفين على رؤساء الأقسام العلمية، ومن جهة نظر رؤساء الأقسام العلمية أنفسهم، والعاملين تحت إشرافه كأعضاء الهيئة التدريسية فان استطلاع هذه الآراء سيعطي صورة واضحة عن الكفايات الإدارية اللازم توافرها لدى رؤساء الأقسام العلمية، وتقدير مدى ممارستهم لهذه الكفايات لغرض تحديد الاحتياجات التدريبية لهم.

لذلك تطلبت إجراءات البحث اختيار عينة مكونة من الفئات الثلاث للمجتمع الكلي وكما يأتي:

أ- عمداء الكليات ونوابهم[*] : فئة إدارية مشرفة على رؤساء الأقسام العلمية.

ب- رؤساء الأقسام العلمية: فئة مستهدفة للدراسة والبحث.

جـ- أعضاء هيئة التدريس[**] : فئة عاملة مع رؤساء الأقسام العلمية.

وحرصا على توزيع العينة على الأقسام العلمية في كليات جامعتي صنعاء وعدن، وليمثل الاختيار العشوائي جميع فئات المجتمع، تم اختيار عينة طبقية عشوائية من فئات مجتمع البحث.

ولتطبيق إجراءات اختيار العينة، قام الباحث بسحب عينة عشوائية بنسبة (٢٥%) من فئات مجتمع العمداء ونوابهم ورؤساء الأقسام العلمية ونسبة (٢٠%) من فئة مجتمع اعضاء الهيئة التدريسية[***] حيث بلغت عينة العمداء ونوابهم في جامعتي صنعاء وعدن (١٦) فرداً وعينة رؤساء الأقسام العلمية (٣٣) فرداً وعينة أعضاء الهيئة التدريسية (٢٠٦) أفراد بحيث يكون إجمالي العينة (٢٥٥) فرداً وكما هو موضح في الجدول (٦)

جدول (٦) يبين فئات المجتمع ونسبة العينة في جامعتين صنعاء وعدن

اجمالي عدد افراد العينة	العينة من المجتمع %	اجمالي المجتمع	مجتمع جامعة عدن	مجتمع جامعة صنعاء	فئات العينة
١٦	٢٥%	٦١	٢٤	٣٧	العمداء ونوابهم
٣٣	٢٥%	١٣٣	٥٨	٧٥	رؤساء الأقسام
٢٠٦	٢٠%	١٠٢٧	٤٨٨	٥٣٩	أعضاء الهيئة التدريسية
٢٥٥		١٢٢١	٥٧٠	٦٥١	الاجمالي الكلي

[*] ضم النواب الى العمداء في اختيار عينة البحث ولم يجر أي تمييز بين آرائهم وآراء العمداء مستجيبين لأنهم يمثلون وظيفة واحدة.
[**] ضم حملة الماجستير الى حملة الدكتوراه عند اختيار العينة ولم يجر أي تمييز بين استجاباتهم واستجابات حملة الدكتوراه كونهم يعملون جميعا تحت توجيهات رئيس القسم العلمي.
[***] حددت نسبة (٢٠%) من اختيار عينة مجتمع أعضاء هيئة التدريس نظراً لكبر حجم المجتمع.

ثالثاً: إجراءات بناء أداة البحث

- ما يتعلق بإجراءات تحديد الكفايات الإدارية

لما كان من محاور تحقيق هدف البحث الحالي تحديد الكفايات الإدارية المطلوب توافرهـا لـدى رؤساء الأقسام العلمية في الجامعات اليمنية، اتبع الباحث الخطوات الآتية وهي:

١- تحديد مجالات الكفايات الإدارية.

٢- تحديد فقرات قائمة الكفايات الإدارية.

٣- إعداد قائمة الكفايات الإدارية بصيغتها الأولية.

٤- قياس صدق القائمة

٥- الثبات

٦- وصف الاستبانة.

٧- التطبيق الاستطلاعي

٨- التطبيق النهائي

ولغرض تحقيق هذه الخطوات استخدم الباحث وسائل متعددة للحصول على المعلومات اللازمة لذلك، إذ أن لكل أداة ميزتها في جمع بيانات معينة (فان دالين ١٩٨٤، ص ٤٢٣) وفيما يـأتي تفصيل هـذه الخطوات ووسائلها:

١- تحديد مجالات الكفايات الإدارية:

المقابلة الشخصية

لغرض تحديد المجالات الرئيسة للكفايات الإدارية التي ينبغـي أن تتـوافر كفاياتهـا لـدى رؤسـاء الأقسام العلمية في الجامعات اليمنية، استخدم الباحث وسيلة المقـابلات الشخصية وهو أسلوب لجمع المعلومات والبيانات شفوياً، وهو أسلوب يتسم فيـه طـابع الـود والثقـة بـالأفراد والجماعـات الـذين يـراد التعرف على آرائهم ورغباتهم للتعبير بحرية تعبيراً كاملاً وصادقاً ودون مؤثرات أخرى وهـي في الوقت نفسه تعين الباحث على التثبت من البيانات والمعلومات التي يحصل عليها مـن مصـادر أخرى وتقويمها (جابر وآخرون، ١٩٧٨، ص ٢٦٥) حيث قام الباحث بإجراء عدة مقابلات بصورة فردية وجماعية مع عـدد من رؤساء الأقسام العلمية وعمداء الكليات وخبراء في الإدارة التربوية في جامعات صنعاء، وعـدن، وبغداد، والمستنصرية. وقد طرح عليهم سؤال مفاده تعيين المجالات الإدارية لرؤساء

الأقسام العلمية في كليات الجامعات والكفايات الإدارية التي ينبغي ان يمتلكوها، وفي ضوء خبرات المفحوصين، خرج الباحث بحصيلة من المعلومات، عززت معلوماته السابقة التي استفادها من خلال إطلاعه على الأدبيات والدراسات التي تناولت رؤساء الأقسام العلمية في مختلفة الجامعات العربية والأجنبية، وخاصة التي استهدفت الكفايات الإدارية، وتحليل الدور الوظيفي لرؤساء الأقسام العلمية، وتحليل المهام الموكلة اليهم، وصفاتهم الشخصية واساليبهم القيادية فضلا عن الرجوع إلى بعض اللوائح الجامعية في مختلف الجامعات، ولائحة مهام رؤساء الأقسام العلمية التي حددها قانون الجامعات اليمنية رقم (١٨) لسنة ١٩٩٥ واستطاع الباحث أن يحدد الأنشطة الإدارية لرؤساء الأقسام العلمية في المجالات الآتية:

١- مجال التخطيط.

٢- مجال التنظيم.

٣- مجال النمو العلمي والمهني.

٤- مجال العلاقات الإنسانية.

٥- مجال التقويم والمتابعة.

٦- مجال اتخاذ القرار.

٧- مجال شؤون الطلبة.

٢- تحديد فقرات قائمة الكفايات الإدارية:

الاستبانة الاستطلاعية:

بعد أن حدد الباحث المجالات التي يجب أن تتضمنها الاستبانة الاستطلاعية والتي حددت في (٧) مجالات، قام الباحث باعداد استبانة استطلاعية، اعتمدها من المصادر الهامة في تحديد الكفايات الإدارية لرؤساء الأقسام العلمية في الجامعات اليمنية، احتوت على سؤالين موجهين لأفراد عينة الاستبانة الاستطلاعية السؤال الأول: كان سؤالاً مغلقاً احتوى على ذكر الكفايات الإدارية للمجالات السبعة، والسؤال الثاني: كان سؤالاً مفتوحا، مفاده ذكر المجالات الأكاديمية والإدارية التي لم ترد في هذه الاستبانة.

عرضت الاستبانة على عينة بلغ عددها (٣٣) فرداً، اختيروا من بين العمداء ونوابهم ورؤساء الأقسام العلمية في جامعة صنعاء وعدن وبغداد،

والمستنصرية، ومسؤولين في الادارة الجامعية، وخبراء في الإدارة التربوية وكما هو مبين في الجدول (٧)

جدول (٧) توزيع أفراد عينة الدراسة الاستطلاعية حسب الوظيفة والجامعة

الجامعة / الوظيفة	اسم الجامعة اليمنية		اسم الجامعة العراقية		
	جامعة صنعاء	جامعة عدن	جامعة بغداد	جامعة المستنصرية	الاجمالي
عمداء ونواب	٤	٢	-	-	٦
رؤساء الأقسام العلمية	٤	٢	٢	٢	١٠
مسؤولين في الادارة الجامعية	٣	٢	-	-	٥
خبراء في الادارة التربوية	٤	٣	٣	٢	١٢
الاجمالي	١٥	٩	٥	٤	٣٣

٣- الصيغة الأولية لقائمة الكفايات الإدارية (أداة البحث)

قام الباحث بأعداد صياغة أولية لفقرات قائمة الكفايات الإدارية من واقع استجابات أفراد عينة الاستبانة الاستطلاعية، وبالاستفادة من قوانين ولوائح الجامعات اليمنية والجامعات العراقية التي حددت المهام والأنشطة الادارية لرؤساء الأقسام العلمية وبالرجوع إلى الأدبيات والدراسات السابقة، والاستفادة من خبرة الباحث السابقة في العمل الإجاري في جامعة صنعاء والحديدة في كليات التربية للفترة من ١٩٧٤ وحتى ١٩٩٥ وبالاعتماد على قانون الجامعات اليمنية رقم (١٨* لسنة ١٩٩٥م الذي حدد مهام وأنشطة رئيس القسم العلمي. وقد راعي الباحث أن تتضمن قائمة الكفايات الإدارية المهام والممارسات التي تتطلبها طبيعة عمل رئيس القسم العلمي في ميدان العمل الاداري، وأن تكون شاملة لأهداف القسم والكفايات الإدارية التي تعكس الواجبات الوظيفية والعلمية والبرامج والأنشطة الثقافية والعلمية والخدمية لأعضاء القسم العلمي من أساتذة وطلاب وتكونت قائمة الكفايات الإدارية بصيغتها الأولية من (٩٤) كفاية موزعة على سبعة مجالات ضم مجال التخطيط (١٣) كفاية ومجال التنظيم (١٦) كفاية ومجال النمو والمهني (١٤) كفاية مجال العلاقات الانسانية (١٧) كفاية، ومجال التقويم والمتابعة (١١) كفاية ومجال اتخاذ القرار (٨) كفايات ومجال شؤون الطلبة (١٥) كفاية.

وقبل أن يعرض الباحث القائمة الأولية للكفايات الإدارية على الخبراء المحكمين في جامعتي صنعاء وعدن، عرض القائمة على مجموعة استشارية من ذوي الخبرة والكفايات التربوية والنفسية في جامعتي بغداد والمستنصرية وكان عددهم (٢٠) لابداء الراي في الصيغة الأولية للفقرات ومدى وضوحها وقدرتها على تحديد درجة ممارسة رؤساء الأقسام العلمية في الجامعات اليمنية للكفايات الإدارية، أثناء إدارة أقسامهم العلمية، وقد طلب منهم إضافة كفايات اخرى لم ترد في القائمة، وحذف وتعديل الفقرات غير المناسبة .

وقد استجاب الخبراء لذلك وأشاروا إلى إضافة بعض التعليمات وإعادة صياغة بعض الفقرات، وحذف بعض الفقرات ودمج بعضها، إضافة مجال "القيادة" الى المجالات السبعة، بعد تعديل (٢٠) كفاية تكون منها مجال "القيادة" بحيث أصبحت قائمة الكفايات الإدارية قبل عرضها على الخبراء المحكمين تضم (٧٤) كفاية موزعة على ثمانية مجالات وكما هو موضح في الجدول الآتي:

جدول (٨) يبين عدد فقرات ومجالات القائمة الأولية للكفايات الإدارية

تسلسل	المجالات	عدد الكفايات
١.	التخطيط	٨
٢.	التنظيم	٩
٣.	القيادة	١١
٤.	النمو العلمي والمهني	١١
٥.	العلاقات الإنسانية	١٠
٦.	التقويم والمتابعة	٨
٧.	اتخاذ القرار	٧
٨.	شؤون الطلبة	١٠
	المجموع	٧٤

واصبحت الصيغة الأولية لقائمة الكفايات الإدارية تتمثل في القائمة الآتية:

قائمة الكفايات الإدارية لرؤساء الأقسام العلمية في كليات الجامعات اليمنية

أولاً: كفايات التخطيط

١- يضع خطة القسم بناء على إلمامه بسياسة الجامعة والكلية واهدافهما التربوية والتعليمية والبحثية.

٢- يضع خطة مرنة للقسم لتطوير المناهج والمقررات الدراسية في ضوء الحاجات المستقبلية التي تخدم المجتمع المحلي.

٣- يطبق مبدأ الاولويات عند وضع الخطة بما يتناسب مع الامكانات البشرية والمادية المتاحة في القسم وضمن صلاحياته.

٤- لديه القدرة على التنبؤ باحتياجات القسم الفعلية من الطاقات البشرية والتجهيزات العلمية والفنية والمادية.

٥- يجيد رسم الخطط للبرامج والنشاطات العلمية الفنية التي تخدم اهداف القسم العلمي.

٦- يوجه أعضاء الهيئة التدريسية اثناء وضع خططهم الدراسية الفصلية والسنوية ويناقشها معهم.

٧- يمتلك الخلفية الإدارية والمالية الكافية لاعداد خطة إدارية ومحاسبية تحقق أهداف القسم.

٨- يدعم محتوى خطة القسم باحدث النظم الاكاديمية والإدارية وفق التوجهات الحديثة للجامعات الاقليمية والدولية.

ثانياً: كفايات التنظيم:

١- يشكل اللجان العلمية والفنية من بين التدريسين لتنفيذ شؤون القسم.

٢- لديه الالمام الكافي باللوائح التنظيمية والقوانين الجامعية ما يمكنه من توضيحها لاعضاء الهيئة التدريسية في قسمه.

٣- يقوم باعداد تصور لتوزيع الأعباء التدريسية والادارية على اعضاء هيئة التدريس وحسب قابلياتهم داخل القسم.

٤- ينظم اجتماعات مجلس القسم واللجان العلمية والمقابلات وفقا لجدول زمني.

٥- يعتمد نظام المعلومات لتنظيم وتبويب البيانات الخاصة باعضاء هيئة التدريس ومحاضر الاجتماعات.

٦- يجيد إعداد وحفظ التقارير الفصلية والسنوية والدراسية والادارية والمالية داخل القسم.

٧- ينظم عملية الرد على المذكرات والمراسلات الرسمية المتعلقة بالقضايا الاكاديمية والادارية بالقسم العلمي في مواعيدها المحددة.

٨- لديه مهارة في تحديد وتوصيف الوظائف المنوطة لاعضاء القسم.

٩- يرفع توصيات مجلس القسم الى مجلس الكلية بامانة وموضوعية.

ثالثاً: كفاية القيادة:

١- يمتلك الخصائص القيادية كالمبادرة والجرأة والمرونة والابتكار داخل القسم.

٢- يدير جلسات مجلس القسم واللجان العلمية وحلقات السمنار وفق اسلوب ديمقراطي.

٣- يعالج القضايا والمشكلات الإدارية في داخل القسم بهمة واقتدار.

٤- يمثل قسمه بتميز علمي في المؤتمرات والندوات العلمية المحلية والاقليمية والدولية.

٥- يخلق تواصل علمي بين أعضاء الهيئة التدريسية واعضاء المؤسسات ذات العلاقة.

٦- لديه القدرة على أيجاد تعاون وتنسيق بين اعضاء قسمه واعضاء الاقسام الاخرى.

٧- يولي اهتمام بعنصر الزمن ويستثمر الوقت استثمارا امثل.

٨- يعمل على ايجاد روح الفريق الواحد بين اعضاء هيئة التدريس داخل القسم.

٩- يعمل على ترسيخ القيم والتقاليد والاعراف الجامعية لدى منتسبي القسم والكلية.

١٠- تتوفر فيه مهارة الاشراف الاكاديمي على البحوث العلمية داخل القسم وخارجه.

١١- يبدي اهتماما بالعمل ورغبة في انجازه وتطويره.

رابعاً: كفايات النمو العلمي والمهني:

١- يحرص على توفير المهارات البحثية والتدريبية للاعضاء داخل القسم وخارجه.

٢- يحفز اعضاء الهيئة التدريسية الجدد بالالتحاق بالدورات التدريبية حسب حاجاتهم المهنية.

٣- يحرص على استغلال فرص النمو العلمي والمهني لاعضاء الهيئة التدريسية من خلال المشاركة في المؤتمرات والندوات المحلية والدولية.

٤- يوفر لاعضاء الهيئة التدريسية امكانيات البحث العلمي من اجل الحصول على الترقيات العلمية.

٥- يواكب الاتجاهات الحديثة في الإدارة التربوية.

٦- ينشط حركة البحث العلمي والتأليف والترجمة بين اعضاء هيئة التدريس.

٧- يعمل على توفير مصادر لتمويل البحث العلمي في قسمه.

٨- يعمل على دعم مكتبة القسم باحدث المراجع والمجلات والدوريات العلمية العربية والأجنبية.

٩- يعمل على توفير احدث الاجهزة والأدوات اللازمة للعملية التعليمية داخل القسم.

١٠- يعمل على تحديث اساليب طرق التدريس والإرشاد التربوي داخل القسم.

١١- يعلم اعضاء هيئة التدريس بنشاطات الادارات العليا في الجامعة ومستحدثات القسم في الوقت المناسب.

خامساً: كفايات العلاقات الإنسانية:

١- يعمل على توطيد العلاقات الإنسانية بين اعضاء الهيئة التدريسية والطلاب داخل القسم.

٢- يعتمد سياسة الباب المفتوح في الاتصال باعضاء الهيئة التدريسية والمراجعين.

٣- يحرص على السمعة الاكاديمية لاعضاء هيئة التدريس في القسم.

٤- يشعر العاملين معه بانه واحد منهم وليس مسلطا عليهم.

٥- يعمل على ايجاد مناخ تنظيمي واكاديمي يسوده الود والتعاون الانساني بين الاعضاء داخل القسم.

٦- يتسم بالعدالة في التعامل مع اعضاء هيئة التدريس ومعاونيهم داخل القسم.

٧- يتعامل مع اعضاء هيئة التدريس بروح الفريق الواحد بما يحقق التوازن بين اهـداف القسـم وحاجـات العاملين.

٨- يمتلك القدرة على كسب اعضاء القسم واثارة الدافعية والحماس لديهم لمصلحة العمل.

٩- يدافع بموضوعية عن حقوق اعضاء الهيئة التدريسية لدى الجهات الادارية العليا.

١٠- يتغلب على الصراعات السلبية (الحزبية وغيرها) بين الاعضاء ويحسمها للصالح العام.

سادساً: كفايات التقويم والمتابعة:

١- يتابع تنفيذ خطط اعضاء هيئة التدريس ونتائج المهام الموكلة اليهم.

٢- يعتمد المعايير الموضوعية في تقويم أداء أعضاء الهيئة التدريسية.

٣- يعتمد مبدأ المقارنة بين المخطط والمنجز في تقويم أداء أعمال القسم.

٤- يطلع اعضاء الهيئة التدريسية على نتائج تقويمهم الاكاديمية والإدارية.

٥- يتابع بانتظام سير المهام التعليمية والبحثية في القسم.

٦- يوظف وسائل الحديثة في تقويم التحصيل المعرفي للطلاب.

٧- لديه قدرة على تقويم الابحاث العلمية في مجال تخصص القسم.

٨- يشيد بالتدريسيين الكفوئين في انجاز عملهم.

سابعاً: كفايات اتخاذ القرار:

١- يشرك اعضاء الهيئة التدريسية في اتخاذ القرارات وتعليمات القسم.

٢- يعتمد الخطوات العلمية في صنع القرارات الادارية على مستوى القسم.

٣- يحرص على الوضوح والدقة في صياغة قرارات القسم.

٤- يتبنى القرارات السليمة التي صدرت بالاغلبية في مجلس القسم.

٥- يحرص على توفير المعلومات الكافية التي تساعد على اتخاذ القرارات الرشيدة داخل القسم.

٦- يعتمد اسلوب البديل الأنسب من بين البدائل المقترحة في اتخاذ قرارات القسم.

٧- ينفذ بدقة ووضوح قرارات وتوصيات مجالس القسم والكلية والجامعة.

ثامناً: كفايات شؤون الطلبة:

١- يلم بمستحدثات انظمة القبول والتسجيل في الجامعات الاقليمية والعالمية.

٢- يساهم في تحديد معايير قبول الطلاب الجدد في القسم.

٣- يقابل الطلبة الجدد ويطلعهم على سياسة القسم والالتزام بها.

٤- يحسن ترشيح الطلبة المتميزين علميا في برنامج الدراسات العليا في القسم ويتبناها.

٥- يشرف على اعداد وحفظ السجلات الاكاديمية لطلاب القسم واصدار وثائق النجاح والتخرج.

٥- صدق القائمة

بعد أن أنهى الباحث إعداد الصيغة الأولية لقائمة الكفايات الإدارية لرؤساء الأقسام العلمية في الجامعات اليمنية، قام بعرضها على شكل استبانة على مجموعة من ذوي الخبرة في الادارة الجامعية والتربوية في جامعتي صنعاء وعدن وقد بلغ عددهم (٢٥) خبيراً.

وقد ذكرت التعليمات على الاستبانة كي تساعد الخبراء في الاستجابة على فقرات الاستبانة، وطلب منهم إبداء الرأي حول القائمة، ومدى صلاحية الفقرات في تمثيل وصياغة الكفايات الادارية لرؤساء الأقسام العلمية في الجامعات اليمنية، وطلب منهم أيضا التعديل والإضافة والحذف لما يرونه مناسبا وذلك لغرض قياس صدق قائمة الكفايات الإدارية. ولكون الصدق من أهم الشروط الواجب توافرها في الأداة، ومن الخصائص المهمة التي يجب التركيز عليها عند بناء الأداة في البحوث التربوية والنفسية، ويعد الصدق الظاهري من مستلزمات بناء المقاييس الذي يعتمد على آراء الخبراء والمحكمين من المختصين على مواصفات وطريقة بنائه (العجيلي وآخرون، ١٩٩٠، ص٢٧) وقد أكد (أيبل Ebel) ان أحسن وسيلة للتأكد من الصدق الظاهري لأداة القياس ان يقوم عدد من الخبراء المتخصصين بتقرير مدى كون الفقرات ممثلة للصفة المراد قياسها (Ebel, 1972, P. 555)

٦- الصيغة النهائية لقائمة الكفايات الإدارية

وبعد أن تم إعادة الاستبانة من الخبراء جميعا قام الباحث بتحليل استجاباتهم مستخدماً مربـع كاي (X2) والنسبة المئوية، وقد تم حذف جميع الفقرات التي حصلت على نسبة اتفاق اقل مـن (٨٠%) حيث تم حذف (٦) فقرات لعدم صلاحيتها وكما هو موضح في الجدول الآتي:

جدول (٩-أ) يوضح عدد الفقرات المحذوفة في الصيغة النهائية للاستبانة

المجال	رقم الفقرة المحذوفة	النسبة التي حصلت عليها
التخطيط	-	-
التنظيم	١	٤٠%
القيادة	-	-
النمو العلمي والمهني	٥	٤٨%
العلاقات الإنسانية	٢	٥٥%
التقويم والمتابعة	٨	٣٠%
شؤون الطلبة	٩	٤٥%
شؤون الطلبة	١٠	٣٥%
الاجمالي	٦	

وبهذا أصبحت الاستبانة بصيغتها النهائية مكونـة مـن (٦٨) فقـرة وهـي التـي حصـلت عـلى نسبة اتفـاق (٨٠%) فأكثر توزعت فقراتها على المجالات الثمانية كما هو موضح في الجدول الآتي:

جدول (٩-ب) يبين عدد فقرات الاستبانة ونسبتها المئوية حسب المجالات

المجال	رقم الفقرة المحذوفة	النسبة التي حصلت عليها
التخطيط	٨	%١١.٧٦
التنظيم	٨	%١١.٧٦
القيادة	١١	%١٦.١٧
النمو العلمي والمهني	١٠	%١٤.٧٠
العلاقات الإنسانية	٩	%١٣.٢٣
التقويم والمتابعة	٧	%١٠.٢٩
شؤون الطلبة	٧	%١٠.٢٩
شؤون الطلبة	٨	%١١.٧٦
الاجمالي	٦٨	%١٠٠

٧- ثبات الاستبانة

لكي يحصل الباحث على أداة تعينه في الحصول على معلومات دقيقة تساعده على تحقيق أهداف البحث، لابد أن تكون تلك الأداة قادرة على إعطاء اجابات ثابتة نسبيا. ويعد الثبات من متطلبات وشروط أداة البحث التي تعطي اتساقاً في النتائج عند تطبيقه لعدة مرات، (العجيلي، ١٩٩٠، ص١٤٥) ويقصد كذلك بالثبات الحصول على النتائج نفسها "تقريبا" التي حققها المقياس اذا ما أعيد تطبيقه بعد مدة زمنية على العينة نفسها وباستخدام التعليمات نفسها (Berigman 1974; P.55) وكما هو معلوم أن معامل الثبات ومعامل الارتباط يعتمد على درجة الإتفاق بين تطبيق الاداة لمرتين بينهما فارق زمني (Best, 1981, P. 179) علماً أن هنالك نوعين من الثبات هما:

١- الثبات بمفهوم الاستقرار.

٢- الثبات بمفهوم الاتساق.

ويختلف هذان النوعان في هدفهما وقياسهما اذ تذكر (Cronlund, 1981, P.96) ان معامل الاستقرار هو أمر لابد منه في بناء أدوات البحث، وتحدد بطرق تجريبية واحصائية كثيرة والطريقة شائعة الاستخدام والانتشار خصوصاً في البحوث الإنسانية هي طريقة الاختبار وإعادة الاختبار اذ تقارن نتائج التطبيق الأول مع نتائج تطبيقه في المرة الثانية عن طريق استخدام معادلة معامل ارتباط (بيرسون)

أما مقياس الثبات بمفهوم الاتساق الذي يعني الثبات الداخلي لفقرات الأداة، حيث يعتمد على العلاقة بين فقرة وفقرة أخرى لجميع فقرات الأداة. وتستخدم لهذا الغرض معادلة (ألفا - كرونباخ) لأنها من الطرق المعتمدة من قبل الباحثين في الدراسات السابقة (ثرونديك، وهيدسن، ١٩٨٩، ص٧٩) وفي أدناه شرحاً موجزاً لاستخدام هاتين الطريقتين:

الطريقة الأولى: معامل الثبات بمفهوم الاستقرار

(الاختبار واعادة الاختبار) (Test-Restest) :

قام الباحث باستخراج ثبات الاستبانة الذي أعد لهذا البحث، وذلك باستخدام طريقة الاختبار واعادة الاختبار (Test-Re Test-Method) إذ يؤكد (آدمز Adams) ان المدة الزمنية بين التطبيق الأول والثاني يجب أن لا تتجاوز اسبوعين الى ثلاثة أسابيع (Adams, 1969, P.85)

وقد طبق الباحث هذه الطريقة على (٢٩) فرداً من غير أفراد العينة الأساسية موزعين بين العاملين في أقسام وكليات جامعتي صنعاء وعدن، حيث بلغ عدد عينة العمداء ونوابهم (٦)، ورؤساء الأقسام العلمية(٨)وأعضاء الهيئة التدريسية (١٥) وكانت المدة الزمنية بين التطبيق الأول والثاني (١٨) يوماً.

وتم معالجة النتائج احصائيا باستخدام معامل ارتباط بيرسون بشكل عام، واستخدام القيمة التائية على مستوى المجالات الثمانية كما هو موضح في الجدول (٨)

جدول (١٠) معامل ثبات مقياس درجة ممارسة رؤساء الأقسام العلمية للكفايات الإدارية حسب المجالات بطريقة (الاختبار- وإعادة الاختبار)

القيمة الجدولية (ت) عند درجة حرية ٢٨ ومستوى ٠.٠٠١	قيمة t المحسوبة	معامل ثبات بيرسون	المجالات	ت
	١٢.٤٢١	٠.٩٢	التخطيط	١.
	١٠.٣٢٨	٠.٨٩	التنظيم	٢.
	١١.٦١٤	٠.٩١	القيادة	٣.
٣.٦٧٤	٧.٨٧٤	٠.٨٣	النمو العلمي والمهني	٤.
	٧.٥٨١	٠.٨٢	العلاقات الإنسانية	٥.
	١١.٦١٤	٠.٩١	التقويم والمتابعة	٦.
	٧.٣٠٩	٠.٨١	اتخاذ القرارات	٧.
	٩.٣٣٧	٠.٨٧	شؤون الطلبة	٨.
	٨.٩١٨	٠.٨٦	الكلي (r)	

ويظهر من الجدول (٨) أن قيم (ت) المحسوبة في كل الحالات ذات دلالة احصائية عند مستوى (٠.٠٠١) ودرجة حرية (٢٨) حيث إن القيمة الجدولية هي (٣.٦٧٤) وهذا يعني أن معاملات الارتباط مرضية وعالية جدا، أي أن معاملات الثبات جيدة جدا.

وبعد استخدام معادلة (بيرسون) فقد وجد أن معامل الثبات الكلي بمعنى الاستقرار قد بلغ (٠.٨٩) أي بتباين مشترك قدره (٠.٧٩) مما يدل على قوة معامل الارتباط (Ferquson, 1999, P. 418) أي بواقع (٠.٨٦) للعمداء ونوابهم و(٠.٨٩) لرؤساء الأقسام و(٠.٩١) لاعضاء الهيئة التدريسية كما يلاحظ ذلك في الجدول (٩)

جدول (١١) يمثل معامل الثبات بمعنى الاستقرار

فئات العينة	معامل الثبات	معامل الثبات العام	التباين المشترك	التباين المشترك العام
العمداء ونوابهم	٠.٨٦	٠.٨٩	٠.٧٤	٠.٧٩
رؤسلء الأقسام	٠.٨٩		٠.٧٩	
أعضاء هيئة التدريس	٠.٩١		٠.٨٣	

الطريقة الثانية: معامل الثبات بمفهوم الإتساق

(معادلة ألفا- كرونباخ)

قام الباحث أيضا بتطبيق معادلة (ألفا- كرونباخ) بالنسبة الى الأداة ككل، والتي بلغت (٠.٩٣) أي بتباين مشترك قدره (٠.٨٦) اما بالنسبة للعمداء ورؤساء الأقسام وأعضاء الهيئة التدريسية فقد بلغ على التتالي (٠.٩٠) و(٠.٩٢) و(٠.٩٤) كما يشير إلى ذلك الجدول (١٢)

جدول (١٢) يمثل معامل الثبات بمفهوم الاتساق

فئات العينة	الثبات بمفهوم الاتساق	معامل الثبات العام	التباين المشترك	التباين العام
العمداء ونوابهم	٠.٩٠	٠.٩٣	٠.٨١	٠.٨٦
رؤسلء الأقسام	٠.٩٢		٠.٨٥	
أعضاء هيئة التدريس	٠.٩٤		٠.٨٨	

إن معامل الثبات المحصل بطريقتي الاختبار وإعادة الاختبار باستخدام معامل إرتباط بيرسون ومعامل (الفا- كرونباخ) قد أعطت معامل ارتباط يطمئن اليه بالنسبة الى ثبات أداة البحث.

٨- وصف الاستبانة

تتمثل أداة البحث في الاستبانة النهائية الذي قام الباحث بإعداد فقراتها من واقع فقرات قائمة الكفايات الإدارية لرؤساء الأقسام العلمية في كليات الجامعات اليمنية بعد عرضها على لجنة من الخبراء المحكمين الذين توصلوا الى نسبةاتفاق

قبول الفقرات مقدارها ٨٠% وبذلك تأكد الباحث أن فقرات الكفايات الإدارية في الاستبانة النهائية ممثلة للمهمات والممارسات التي تتطلبها طبيعة عمل رئيس القسم العلمي في كليات الجامعات اليمنية والتي بلغ عدد فقراتها (٦٨) فقرة، صنفت في ثمانية مجالات رئيسية واعتمد الباحث مقياس ليكرت ذا الدرجات الخمس حيث يتم على أساس تقدير درجة ممارسة الكفاية الإدارية وفقا لأوزانه الخمسة فتعطى:

درجة (٥) لممارسة الكفاية بدرجة عالية جدا.

درجة (٤) لممارسة الكفاية بدرجة عالية.

درجة (٣) لممارسة الكفاية بدرجة متوسطة.

درجة (٢) لممارسة الكفاية بدرجة منخفضة.

درجة (١) لممارسة الكفاية بدرجة منخفضة جدا.

بهذه الطريقة يمكن أن يعطي المجيب فرصة لتحديد درجة قوة الإجابة لكل فقرة معبرة عن الكفايات الإدارية لرؤساء الأقسام العلمية للاختبارات الخمسة المتدرجة.

إن سبب استخدام مقياس ليكرت (Lekert) كونها يمتاز بالآتي:

١- يعطي حكماً أكثر دقة لقياس درجة المتغير.

٢- له درجة كبيرة من الثبات والصدق.

٣- ذو تركيب بسيط، ويكون احساسا جيداً عند المجيب، لانه يتيح له فرصة لاختيار أكبر عدد من العبارات التي ترتبط بالموقف المراد قياسه.

٤- إعطاء درجة لكل عبارة من عبارات المقياس، وعلى المستجيب أن يجيب عن جميع فقرات المقياس.

٥- تمثل الدرجة العالية الاتجاه الايجابي للموقف من فقرات الاستبانة، وتمثل الدرجة المنخفضة الاتجاه السلبي للموقف من فقرات الاستبانة، وتتكون درجة الموقف من مجموع الدرجات التي يحصل عليها المستجيب (مرعي وآخرون، ١٩٨٢، ص٢٠٠)

وهنالك بعض الملاحظات المتعلقة بالكفايات الإدارية التي تضمنها الاستبانة:

١- إن المجالات الرئيسية للكفايات الإدارية التي شملت الاستبانة، تغطي نسبياً الكفايات الإدارية التي يحتاج اليها رئيس القسم العلمي في الجامعات اليمنية في

تعامله الإداري مع رؤسائه ومرؤوسيه، بعيدا عـن أيـة كفايات تتصـل بالواجبات التدريسية، أو الجانـب الوجداني من الصفات الشخصية.

٢- إن الغرض من تصنيف الكفايات الإداريـة في مجالات رئيسة، هـو تسـهيل مهمة الباحـث في تصنيف المعلومات التي يتم جمعها بقصد التحليل الاحصائي، وهو تصنيف ينسجم مع التصنيفات المعروفة في هذا المجال.

٣- تتفاوت الكفايات الإدارية التي اشتملت عليها الاستبانة من حيث العمومية والتخصيص فقد تبدو صفة العمومية على بعض الكفايات فيما تبدو صفة التخصيص على بعضها الآخر.

٤- ركزت فقرات الاستبانة على الكفايات الإداريـة الأساسـية التـي تـؤثر عـلى عمـل وفاعليـة رئيس القسـم العلمي.

٥- احتوت الاستبانة على معلومات شخصيـة عـن المبحوث والمستجيب، مثل النـوع، والجامعة،والكليـة، والقسم الذي ينتمي اليه والوظيفة الحالية والسابقة واللقب العلمي، والتخصص العام الدقيق، فضلاً عن عدد سنوات الخدمة في الجامعة والكلية والقسم العلمي.

٩- التطبيق الاستطلاعي للاستبانة

لغرض التحقق من وضوح الاستبانة وفهم المستجيبين لتعليماتها، والمدة الزمنية للإجابـة الملائمـة، قام الباحث بتطبيق الاستبانة بصورة تجريبية على عينـة استطلاعية مختارة عشـوائياً مـن قبـل الاداريـين الأكاديميين، وأعضاء هيئة التدريس بالتساوي إذ كان العدد (١٢) فرداً من جامعة صنعاء ومثلهـا في جامعـة عدن ومن خارج أفراد عينة البحث الأساسية.

وقد تبين ان فقرات وتعليمات المقياس (الاستبانة) كانت واضحة ومفهومة من قبل أفراد العينـة التجريبية حيث كان المعدل الزمني لمدة الإجابة (تتراوح بين ٤٠-٤٥ دقيقة تقريبا) وبعد تأكد الباحث مـن وضوح (الاستبانة) أصبحت الاستبانة في حالتها النهائية جاهزة للتطبيق على عينة البحث الأساسية.

١٠- التطبيق النهائي للاستبانة

طبقت الاستبانة النهائية على عينة البحث الأساسية بفئاتها الثلاث بتاريخ ١٩٩٧/١٠/١ ولغاية ١٩٩٨/١/١٥ وقد وزع الباحث الاستبانة شخصياً على أفراد العينة الموجودين في جامعتي صنعاء وعدن من عمداء ورؤساء أقسام علمية، وأعضاء الهيئة التدريسية، حيث تم توزيع (٢٥٥) استمارة على جميع أفراد العينة ولأجل إعطاء الوقت الكافي لأفراد العينة في دراسة فقرات الاستبانة بتأنٍ، فقد ترك

الاستبانة لديهم لمدة لا تقل عن خمسة أيام، وقد قام الباحث بالجهد اللازم في المتابعة المستمرة لأفراد العينة لاستعادة الإستبانة من المستجيبين، إلا أن عدد الاستمارات المعادة كان أقل من العدد الذي تم توزيعه على عينة البحث، حيث حصل النقص في استمارات اعضاء الهيئة التدريسية، فقد تم استعادة (١٥٣) استمارة من أعضاء الهيئة التدريسية من أصل (٢٠٦) استمارات كل المفقود منها (٥٣) استمارة من استمارات أعضاء الهيئة التدريسية حيث ان نسبة الاستمارات المسترجعة (٧٤%) أما استمارات العمداء فقد تم استرجاع (١٥) استمارة من اصل (١٦) استمارة، وبنسبة (٩٤%) في حين تم استرجاع (٣٢) استمارة من اصل (٣٣) استمارة خاصة برؤساء الأقسام العلمية، أي بنسبة (٩٧%) اذ أصبح مجموع الاستمارات الخاضعة للتحليل (٢٠٠) إستمارة تشمل أفراد العينة بفئاتها الثلاث، وكما هو موضح في الجدول الآتي:

جدول (١٣) يوضح عدد الاستمارات الموزعة لأفراد العينة ونسبة الاستمارات المعادة الخاضعة للتحليل

الفائد	النسبة المئوية	عدد الاستمارات المعادة	عدد الاستمارات الموزعة	فئات العينة
١	٩٤%	١٥	١٦	عمداء الكليات
١	٩٧%	٣٢	٣٣	رؤساء الأقسام
٥٣	٧٤%	١٥٣	٢٠٦	أعضاء هيئة التدريس
٥٥	٧٨%	٢٠٠	٢٥٥	الاجمالي

رابعاً: الوسائل الاحصائية

استخدم الباحث لمعالجة البيانات والنتائج، الوسائل الاحصائية الآتية:

١- الوسط المرجح والوزن المئوي:

استخدم لوصف آراء فئات العينات الثلاث في ممارسة رؤساء الأقسام العلمية للكفايات الإدارية.

٢- لتحديد الاحتياجات التدريبية لرؤساء الأقسام العلمية

$$\text{الوسط المرجح} = \frac{\text{مجموع التكرارات التي يحصل عليها}}{\text{عدد المستجيبين}}$$

$$\text{الوسط المرجح} = \frac{(\text{ت}١\times٥) + (\text{ت}٢\times٤) + (\text{ت}٣\times٣) + (\text{ت}٤\times٤) + (\text{ت}٥\times١)}{\text{مجـ ت}}$$

(Nie, et al., 1973, P. 566)

٢- معامل الارتباط (لبيرسون)

استخدم لايجاد معامل الثبات بطريقة الاختبار وإعادة الاختبار test-retest بمفهوم الاستقرار.

$$r = \frac{\sum xy - \sum x \sum y}{\sqrt{\left[n\sum x^2 (\sum n)^2\right]\left[n\sum y^2 - (\sum y)^2\right]}}$$

r = معامل الاتباط ، n = عدد أفراد العينة ، x = درجات أفراد العينة في الاختبار الأول، y = درجات أفراد العينة في الاختبار الثاني (Harmett, 1982, P.523)

٣- معادلة (الفا كرونباخ)

استخدم لقياس معامل الثبات بمفهوم الاتساق Nunnaly, 1978, P. 214

$$= \left(\frac{\text{ن}}{\text{ن} - ١}\right) \left(١ - \frac{\text{مجـ ع}^٢ \text{ ك}}{\text{ع}^٢}\right)$$

ن = عدد أفراد الاختبار ، ك = أحد أجزاء الاختبار ، ع^٢ = تباين الاختبار الكلي

٤- التباين المشترك

استخدم لقياس قوة الارتباط (Ferquson, 1990, P. 918)

٥- مربع كاي

استخدم لايجاد الصدق الظاهري، ولايجاد معامل الثبات بمفهوم الاستقرار والإتساق في حالة التأكد من ثبات أداة البحث

$$\text{مربع كاي} = \frac{(\text{التكرار الملاحظ} - \text{التكرار المتوقع})^{2}}{\text{التكرار المتوقع}}$$

(عودة، ١٩٩٢، ص ٧٨)

$$X^2 = \sum \frac{(O-E)}{E}$$

٦- الاختبار التائي (T-test)

أ- استخدم لاختبار معنوية معامل الارتباط

ب- استخدم لاختبار معامل ثبات مجالات الاستبيان

$$t = r\sqrt{\frac{N-2}{1-r^2}}$$

r = معامل الارتباط ، n = عدد أفراد العينة (Runyon, 1979, P.262)

عرض وتحليل النتائج

توصل الباحث في الفصل الثالث الى تحديد الكفايات الإدارية المطلوب توافرها لدى رؤساء الأقسام العلمية في كليات الجامعات اليمنية. وخصص هذا الفصل لعرض وتحليل نتائج الدراسة الميدانية التي تسعى إلى تحديد مدى ممارسة رؤساء الأقسام العلمية للكفايات الإدارية، وتحديد الاحتياجات التدريبية من خلال ما توصلت إليه نتائج استجابات فئات العينة الثلاث، المتمثلة بعمداء الكليات ونوابهم، ورؤساء الأقسام العلمية، وأعضاء الهيئة التدريسية في جامعتي صنعاء وعدن.

وسيتم عرض النتائج وفقا للإجراءات الآتية:

١- اعتمد الباحث الوسط الفرضي (٣) وزنه المئوي (٦٠%) معياراً لقياس الدرجة المتحصل عليها لاستجابات فئات العينة، ضمن التقدير اللفظي لأوزان الاستبان الخمسة.

٢- تم احتساب الوسط الفرضي ووزنه المئوي من حقيقة أن أعلى درجة من المقياس هي (٥) وأقل درجة فيه هي (١) أي أن (٥+١) = ٦ ÷٢=٣ ، لذا فأن الوسط الفرضي هو (٣). أما الوزن المئوي فتم التوصل اليه من قسمة المتوسط الفرضي على أعلى درجة في المقياس، وهي (٥) فيكون كالآتي (٣/٥×١٠٠= ٦٠%) وبذلك يكون الوزن المئوي للوسط المذكور (٦٠%) (صالح، ١٩٩٣)

٣- اعتمد الباحث الوسط المرجح، والوزن المئوي، لوصف استجابات فئات العينة الثلاث المتمثلة في (تحديد مدى الممارسة للكفايات الإدارية وتحديد الاحتياجات التدريبية)

٤- تم استخراج الأوساط المرجحة وأوزانها المئوية بناء على تكرار استجابات أفراد العينة على مستوى الفقرة والمجال والمجالات كافة وعلى النحو الاتي:

أ- تم احتساب الوسط المرجح لكل فقرة من الفقرات وفقاً للقانون الآتي:

$$\text{الوسط المرجح للفقرة} = \frac{\text{مجموع التكرارات التي حصلت عليها الفقرة}}{\text{عدد المستجيبين}}$$

$$\text{أي أن الوسط المرجح للفقرة} = \frac{(ت١×٥) + (ت٢×٤) + (ت٣×٣) + (ت٤×٢) + (ت_٥×١)}{\text{مج ت}}$$

ب- احتساب الوسط المرجح للمجال الواحد بالقانون نفسه، وبالشكل الآتي:

$$\text{الوسط المرجح للمجال} = \frac{\text{مجموع التكرارات التي حصل عليها المجال}}{\text{عدد الفقرات} \times \text{عدد المستجيبين}}$$

جـ- احتساب الوسط المرجح للمجالات كافة وعلى النحو الآتي:

$$\text{الوسط المرجح} = \frac{\text{مجموع التكرارات التي حصلت عليها المجالات كافة}}{\text{عدد المجالات} \times \text{عدد المستجيبين}}$$

(دوران، رودني، ١٩٨٥، ص ١٠٢)

٥- اعتمد الباحث (مربع كاي) للتعرف على مستوى الدلالة للفروق المعنوية لاستجابات فئات العينة الثلاث في تحديد الاحتياجات التدريبية لمختلف وجهات النظر، فكلما كانت قيمة (كاي) الجدولية أكبر من المحسوبة، دل ذلك على وجود التجانس في الاستجابات،لعدم وجود فروق ذات دلالة احصائية والعكس صحيح.

٦- تم ترتيب الحاجات التدريبية على مستوى الفقرة والمجال تنازلياً باستخدام النسبة المئوية لاحتساب عدد الفقرات والمجالات إلى المجموع الكلي لفقرات المجال الواحد وفقرات المجالات كافة.

وفيما يأتي تطبيق تلك الإجراءات:

- ما يتعلق بإجراءات مدى ممارسة رؤساء الأقسام العلمية للكفايات الإدارية في الجامعات اليمنية:

للتوصل إلى النتائج تم استخراج الأوساط المرجحة، والأوزان المئوية لاستجابات كل فقرة من فقرات الكفايات الإدارية، وضمن كل مجال من المجالات الثمانية المحددة في الاستبانة، وذلك بناء على عدد تكرار استجابات فئات العينة الثلاث التي تتكون من: عمداء الكليات ونوابهم ورؤساء الأقسام العلمية أنفسهم، وأعضاء الهيئة التدريسية حيث تشير نتائج الجداول (أ، ب،ج) من جداول المجالات الثمانية للكفايات الإدارية الى استجابات العمداء ونوابهم، ورؤساء الأقسام العلمية

أنفسهم، وأعضاء الهيئة التدريسية في مدى ممارسة رؤساء الأقسام العلمية في الجامعات اليمنية للكفايات الإدارية على مستوى الفقرة والمجال وعلى النحو الآتي:

١- مجال التخطيط

أ- استجابات عمداء الكليات ونوابهم:

يظهر الجدول (١٤-أ) ان الوسط المرجح لمجال التخطيط هو (٢.٨٣٣) وبوزن مئوي قدره (٥٦.٦٦%) وتؤكد هذه النتيجة وجود ضعف في ممارسة رؤساء الأقسام العلمية لكفاية التخطيط، لان الوسط المرجح ظهر أقل من الوسط الفرضي البالغ (٣) ووزنه المئوي (٦٠%) حيث اتضح من خلال الجدول أن سبع كفايات من أصل ثمان كفايات مكونة لهذا المجال كانت ممارستها ضعيفة من رؤساء الأقسام العلمية، التي تمثلها الفقرات (١،٢،٤،٥،٦،٧،٨) إذ كانت أوساطها المرجحة وأوزانها المئوية أقل من الوسط الفرضي ووزنه المئوي، أما الكفاية(٣) فكانت الوحيدة التي كانت ممارستها مرضية.إذ حظيت بوسط مرجح مقداره (٣.٣٣) ووزن مئوي (٦٢.٧٠%).

ومن خلال النتائج المعروضة، يمكن للباحث أن يخلص إلى حقيقة مفادها أن ممارسة رؤساء الأقسام العلمية لكفاية التخطيط ضعيفة وغير مشجعة من وجهة نظر العمداء ونوابهم، ولاسيما وقد حدد العمداء ونوابهم النقص الكفائي في أغلب كفايات التخطيط.

ب- استجابات رؤساء الأقسام العلمية:

يبين الجدول (١٤-ب) رأي رؤساء الأقسام العلمية في ممارستهم لكفايات التخطيط، حيث يتضح من نتائج هذا الجدول أن الوسط المرجح لمجال التخطيط بلغ (٣.٠٣١) وبوزن مئوي (٦٠.٦٢%) وتشير هذه النتيجة وبشكل عام الى رضا الرؤساء الأقسام العلمية عن ممارستهم لكفايات التخطيط، لأن الوسط المرجح وزنه المئوي كان أكبر من الوسط الفرضي ووزنه المئوي.

وعلى الرغم من هذه النتيجة إلا أن نتائج الفقرات تشير إلى وجود ضعف في أربع كفايات من أصل ثمان كفايات تشكل هذا المجال، وهذا الضعف كان في الفقرات (١،٢،٦،٧) وهذا يعن أن (٥٠%) من كفايات المجال ممارستها ضعيفة من وجهة نظر رؤساء الأقسام العلمية، والباحث يرى أنها تستحق وقفه وإعادة نظر في تحسين طريقة ممارستها، لان بقاءها بهذا الشكل سيضعف مرتكزات اعداد خطة القسم، ولا سيما وقد أكد العمداء ونوابهم على القصور الحاصل لدى رؤساء الأقسام في ممارستهم لهذه الكفايات.

جـ- استجابات أعضاء الهيئة التدريسية

يظهر الجدول (١٤-ج) رأي أعضاء الهيئة التدريسية في ممارسة رؤساء الأقسام العلمية لكفايات التخطيط، إذ تشير النتائج إلى أن الوسط المرجح لهذا المجال بلغ (٢.٨٢٨) وبوزن مئوي (٥٦.٥٦%) وهذا يعني أن التدريسيين غير راضين عن ممارسة رؤساء الأقسام العلمية لكفايات التخطيط، ويؤشرون وجود ضعف لديهم، ومما يؤكد ذلك أن ست كفايات من أصل ثمان، حظيت بأوساط مرجحة منخفضة وأقل من الوسط الفرضي وهي الفقرات (١،٢،٤،٥،٦،٧) ويشير إلى أن أعضاء الهيئة التدريسية غير راضين عن مستوى ممارسة رؤساء الأقسام العلمية لهذه الكفايات، ويطالبون من خلال اجاباتهم معالجة الخلل والنقص الحاصل في كفايات مجال التخطيط، ولا سيما وقد أكد على ذلك العمداء ونوابهم ورؤساء الأقسام العلمية وكما هو مبين في الجدول الآتي:

جال: التخطيط

الجدول (١٤) تكرار استجابات عينات الفئات الثلاث على فقرات الاستبيان وقيم الوسط المرجح والوزن المئوي على مستوى الفقرة والمجال

رقم الفقرة	أ- استجابات عمداء الكليات ونوابهم								ب- استجابات رؤساء الأقسام العلمية								ج- استجابات أعضاء الهيئة التدريسية						
	عالية جدا	عالية	متوسطة	منخفضة	منخفضة جدا	اجمالي التكرار	الوسط المرجح	الوزن المئوي	عالية جدا	عالية	متوسطة	منخفضة	منخفضة جدا	اجمالي التكرار	الوسط المرجح	الوزن المئوي	عالية جدا	عالية	متوسطة	منخفضة	منخفضة جدا	اجمالي التكرار	الوسط المرجح
١	صفر	٥	٦	٢	٢	-	٢.٩٣٣٣	٥٨.٦٧	٣	٧	١٠	١٠	٢	٣٢	٢.٩٦٩	٥٩.٣٨	٧	٢٨	٨٠	٣١	٧	-	٢.٩٨
٢	صفر	٤	٦	٣	٢	-	٢.٨٠٠	٥٦.٠٠	٤	٣	١٥	٥	٥	-	٢.٨٧٥	٥٧.٥٠	١٥	٣٠	٤٨	٥٤	٦	-	.٩٧٤
٣	صفر	٧	٤	٣	١	-	٣.٣٣	٦٢.٧٠	٣	١١	١٠	٧	٣	-	٣.١٢٥	٦٢.٥٠	٢٣	٢٣	٥٩	٤١	٧	-	.٠٩٢
٤	صفر	٤	٧	٣	٢	-	٢.٨٦٧	٥٧.٣٣	٤	٦	١٤	٧	١	-	٣.١٥٦	٦٣.١٣	٥	٣٨	٥٣	٤١	١٦	-	.٨٣٧
٥	صفر	٣	٦	٥	٢	-	٢.٥٣٣	٥٠.٦٧	٦	٤	١٢	٨	٢	-	٣.١٢٥	٦٢.٥٠	٥	٢٣	٥٦	٥٠	١٩	-	.٦٤١
٦	١	٣	٥	٥	١	-	٢.٨٦٧	٥٧.٣٣	٥	٣	١٣	٧	٤	-	٢.٧٨١	٥٥.٦٣	١١	٢٠	٥٣	٣٨	٣١	-	.٦٢١
٧	١	٣	٥	٣	٣	-	٢.٧٣٣	٥٤.٦٧	٥	٢	٨	١٣	٤	-	٢.٧١٩	٥٤.٤٤	٦	١٠	٥٢	٤٥	٤٠	-	.٣٣٧
٨	١	١	١	٤	١	-	٢.٨٠٠	٥٦.٠٠	٨	٦	١٠	٥	٣	-	٣.٣٤٤	٦٦.٨٧	٢٩	٣٤	٤٢	٢٩	١٩	-	.١٦٣
	الوسط المرجح ووزنه المئوي						٢.٨٣٣	٥٦.٦٦	الوسط المرجح ووزنه المئوي						٣.٠٣١	٦٠.٦٣	الوسط المرجح ووزنه المئوي						.٨٢٨

وبعد العرض لنتائج استجابات الفئات الثلاث بصورة منفردة، حول مدى ممارسة رؤساء الأقسام العلمية لكفايات التخطيط، قام الباحث بتحليل استجابات الفئات الثلاث مجتمعة على مستوى المجال، وخلص الى أن النتائج المتحققة أظهرت أن هناك نقص كفائي جزئي على مستوى المجال لدى رؤساء الأقسام العلمية إذ بلغ الوسط المرجح للمجال (٢.٨٦) ووزن مئوي (٥٧.٢%) أي أقل من الوسط الفرضي ووزنه المئوي وعند مستوى منخفض ويعني ذلك إتفاق الفئات الثلاث مجتمعة على هذا النقص الكفائي في هذا المجال الذي يدل على مدى ضعف إلمام رؤساء الأقسام العلمية بمعارف ومهارات وضع الخطة السنوية ولا سيما في جانب تطوير المناهج الدراسية والتنبؤ باحتياجات القسم الفعلية من الطاقات البشرية والتجهيزات العلمية والفنية وبحسب ما أظهرته نتائج البحث الميداني.

ويلخص الباحث نتائج استجابات الفئات الثلاث مجتمعة على مستوى المجال في الشكل الآتي:

الشكل (١٠) خلاصة نتائج استجابات الفئات مجتمعة لمدى ممارسة كفايات مجال التخطيط

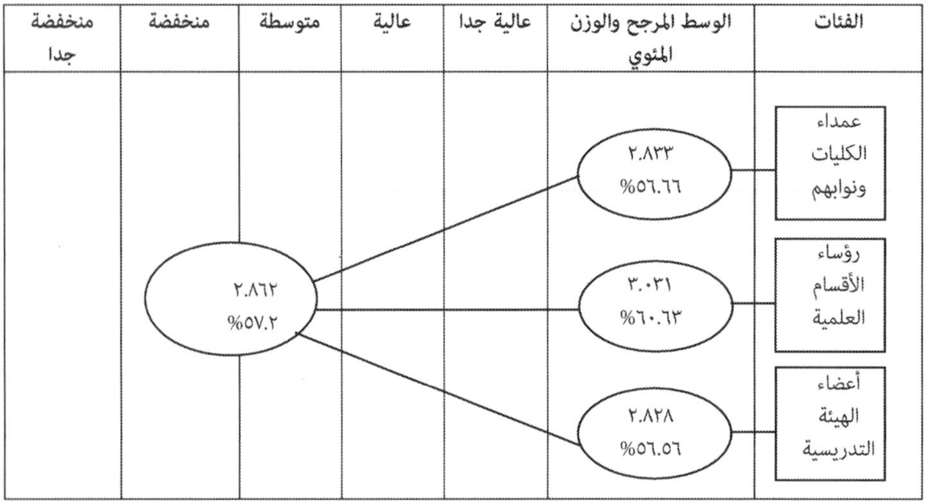

٢- مجال التنظيم

أ- استجابات عمداء الكليات ونوابهم

تتضح من الجدول (١٥-أ) نتائج آراء العمداء ونوابهم عن مدى ممارسة رؤساء الأقسام العلمية لكفايات التنظيم، حيث يبين الجدول ذاته أن الوسط المرجح لمجال التنظيم بلغ (٢.٩١٧) وبوزن مئوي (٥٨.٣٤%) حيث تشير هذه النتائج إلى أن ممارسة رؤساء الأقسام العلمية لكفاية التنظيم هي كذلك منخفضة من وجهة نظر عمداء الكليات ونوابهم. لأن الوسط المرجح لها أقل من الوسط الفرضي ووزنه المئوي وعند التمعن في نتائج الجدول يظهر أن خمس كفايات من أصل ثمان مكونة للمجال والمتمثلة بالفقرات (٩، ١٥، ١٤، ١٢، ١١) كانت ممارستها من قبل رؤساء الأقسام منخفضة ودون مستوى الطموح أما الكفايات الثلاث الأخرى وهي (١٦، ١٣، ١٠) كانت ممارستها مرضية، إذ كان وسطها المرجح وأوزانها المئوية أكبر من الوسط الفرضي قليلاً.

وبشكل عام يمكن أن يخرج الباحث بحصيلة تشير إلى وجود ضعف في ممارسة كفاية التنظيم، وأن رؤساء الأقسام العلمية لا يمتلكون الكثير من المعارف والمهارات في عملية التنظيم ولا سيما وقد لاحظ ذلك العمداء ونوابهم في جانب تطبيق اللوائح التنظيمية للكلية وتوضيحها لاعضاء هيئة التدريس والاعتماد على نظام المعلومات في تنظيم أعمال القسم وتوصيف الوظائف.

ب- استجابات رؤساء الاقسام العلمية

يبين الجدول (١٥-ب) أن الوسط المرجح لمجال التنظيم من وجهة نظر رؤساء الأقسام العلمية أنفسهم بلغ (٢.٩٤٥) وبوزن مئوي (٥٨.٩%) ويعد أقل من الوسط الفرضي ووزنه المئوي، ومن خلال هذا الجدول يتضح أن هناك كفايتين من أصل ثمان كفايات ضعيفة، بينما أظهرت النتائج ست كفايات فوق المتوسط الفرضي ووزنه المئوي قليلا، وبصورة عامة، يمكن القول أن رؤساء الاقسام العلمية راضون عن ممارستهم لكفايات التنظيم، ولا يمنع ذلك من تحسين وتطوير الكفايات التي ظهرت نتائجها فوق المتوسط الفرضي قليلاً وقد أكد العمداء ونوابهم على النقص الكفائي في أغلب كفايات التنظيم.

جـ- استجابات اعضاء الهيئة التدريسية

يوضح الجدول (١٥-ج) رأي أعضاء الهيئة التدريسية في ممارسة رؤساء الأقسام العلمية لكفايات التنظيم، حيث تشير النتائج إلى أن الوسط المرجح لهذا المجال بلغ (٣.٠٥٠) وبوزن مئوي (٦١.٠١%) وتشير تلك النتائج إلى أن درجة

ممارسة رؤساء الأقسام العلمية لكفايات التنظيم هي أكبر من الوسط الفرضي ووزنه المئوي.

وعلى الرغم من تلك النتيجة، إلا أن المتفحص لنتائج الجدول يرى بوضوح أن خمس كفايات من أصل ثمان مكونة للمجال كانت درجة ممارستها منخفضة، والمتمثلة في الفقرات (١٥،١٤،١٢،١١،٩) وخلاصة القول، أن الأمر يستلزم تطوير الكفايات التي كانت درجة ممارستها فوق الوسط الفرضي هي (١٠ ،١٦،١٣) والتصدي للفقرات الضعيفة لأهميتها في العملية التنظيمية، لأن بقاءها بهذا الحال سيضعف كفايات المجال بالكامل، ونشر تأثيره على المجالات الأخرى، ونتائج الجدول الآتي توضح وجهات النظر الثلاث.

جال: التنظيم

الجدول (١٥) تكرار استجابات العينات الثلاث على فقرات الاستبيان والوسط المرجح والوزن المئوي على مستوى الفقرة والمجال

رقم الفقرة	أ- استجابات عمداء الكليات ونوابهم								ب- استجابات رؤساء الأقسام العلمية								ج- استجابات أعضاء الهيئة التدريسية						
	عالية جدا	عالية	متوسطة	منخفضة	منخفضة جدا	اجمالي التكرار	الوسط المرجح	الوزن المئوي	عالية جدا	عالية	متوسطة	منخفضة	منخفضة جدا	اجمالي التكرار	الوسط المرجح	الوزن المئوي	عالية جدا	عالية	متوسطة	منخفضة	منخفضة جدا	اجمالي التكرار	الوسط المرجح
٩	١	٤	٢	٥	٣	١٥	٢.٦٦٧	٥٣.٣٣	٢	٣	٥	١١	١١	٣٢	٢.١٨٨	٤٣.٧٦	١٤	٢٨	٦٧	٢٣	٢١	١٥٣	٢.٩٤١
١٠	١	٧	٤	٣	صفر	-	٣.٦	٧٢.٠٠	٤	٧	١٣	٥	٣	-	٣.١٢٥	٦٢.٥	١٤	٥٣	٥٠	٢٦	١٠	-	٣.٢٢٩
١١	صفر	٣	٧	٣	٢	-	٢.٧٣٣	٥٤.٦٧	٤	٦	١٢	٧	٢	-	٣.٠٣١	٦٠.٦٢	١٣	٣١	٦٠	٣٦	١٣	-	٢.٩٦٧
١٢	١	٢	٤	٥	٣	-	٢.٥٣٣	٥٠.٦٧	٢	٣	٧	١٢	٨	-	٢.٣٤٤	٤٦.٨٨	٥	٣٥	٥٠	٣٨	٢٥	-	٢.٧١٩
١٣	١	٢	٨	٤	صفر	-	٣.٠٠	٦٠.٠٠	٥	٨	١٢	٢	٥	-	٣.٠٣١	٦٠.٦٢	٩	٤٢	٥٨	٣٠	١٤	-	٣.٠٣
١٤	١	٣	٤	٤	٣	-	٢.٦٦٧	٥٣.٣٣	٦	٧	٨	٥	٦	-	٣.٠٦٣	٦١.٣٦	٨	٤١	٦٢	٣٨	٤	-	٢.٩٠٤
١٥	١	٤	٤	٤	٢	-	٢.٨٦٧	٥٧.٣٣	٤	٨	١١	٧	٢	-	٣.١٥٦	٦٣.١٢	١٥	٣٢	٤٦	٤٠	٢٠	-	٢.٨٨٣
١٦	٢	٧	١	٢	٢	-	٣.٤٧	٦٩.٣٣	٦	٩	١١	٤	٢	-	٣.٤٠٦	٦٨.١٢	٤٤	٤١	٣٢	٣٢	٤	-	٣.٥٨٢
	الوسط المرجح ووزنه المئوي						٢.٩١٧	٥٨.٣٤	الوسط المرجح ووزنه المئوي						٢.٩٤٥	٥٨.٠٩	الوسط المرجح ووزنه المئوي						٣.٠٥٠

وفي ضوء تحليل استجابات الفئات الثلاث مجتمعة استطاع الباحث في الشكل الآتي أن يحدد مدى ممارسة رؤساء الأقسام العلمية لكفايات (التنظيم) من وجهة نظر الفئات الثلاث، حيث أظهرت النتائج للاستجابات أن الوسط المرجح والوزن المئوي على مستوى المجال بلغ (٣.٠٢٤) و (٦٠.٤٨%) أي بمعنى أعلى من الوسط الفرضي ووزنه المئوي قليلاً، وهذه النتيجة لا تعبر عن المستوى المطلوب في المعارف والمهارات التي يجب أن تتوافر لدى رؤساء الأقسام العلمية في مجال التنظيم، وبالأخص وقد أكد العمداء ونوابهم وأعضاء الهيئة التدريسية على النقص الكفائي في أغلب كفايات التنظيم.

الشكل (١١) خلاصة نتائج استجابات الفئات الثلاث مجتمعة لمدى ممارسة رؤساء الأقسام العلمية لكفايات مجال التنظيم

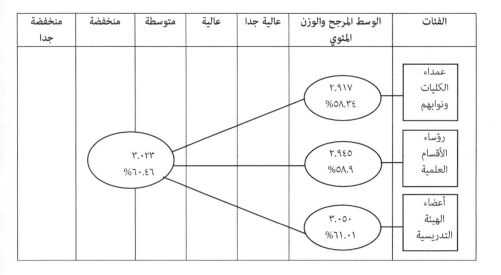

٣- مجال القيادة

أ- استجابات عمداء الكليات ونوابهم

يتبين من خلال الجدول (١٦-أ) ان الوسط المرجح لمجال القيادة كان فوق المتوسط الفرضي قليلاً إذ بلغ (٣.٠٨٤) وبوزن مئوي قدره (٦١.٦٩%) وتؤكد هذه النتيجة أن مستوى او درجة ممارسة رؤساء الأقسام العلمية لكفايات القيادة

مرضية من وجهة نظر العمداء ونوابهم على الرغم من ذلك تؤكد بعض نتائج الجدول وجود ضعف في ممارسة خمس كفايات من أصل احدى عشرة كفاية المكونة للمجال المذكور وهذه الكفايات متمثلة في الفقرات (١٧،١٨،٢٣،٢٤،٢٧) إذ حظيت بأوساط مرجحة أقل من الوسط الفرضي، وأوزان مئوية أقل من الوزن المئوي المطلوب والبالغ (٦٠%) وبصفة عامة يمكن القول، بأن العمداء ونوابهم راضون عن درجة ممارسة رؤساء الأقسام العلمية لكفايات القيادة. إلا أن الطموح ما زال مطلوبا والسعي مرغوب في زيادة درجة ممارسة الكفايات المذكورة، والبلوغ بها حد العطاء الأكبر.

ب- استجابات رؤساء الأقسام العلمية

يوضح الجدول (١٦-ب) أن الوسط المرجح لمجال القيادة بلغ (٣.٠٧١) وبوزن مئوي (٦١.٤٣%) وهذا يؤكد أن مستوى ممارسة رؤساء الأقسام العلمية لكفايات القيادة من وجهة نظر رؤساء الأقسام العلمية أنفسهم، هو أعلى من الوسط الفرضي ووزنه المئوي قليلا. ومن خلال تفحص نتائج الجدول ظهر ضعف في خمس كفايات من أصل إحدى عشرة كفاية مكونة للمجال المذكور، وهذه الكفايات تمثلها الفقرات (١٨،٢٠،٢١،٢٢،٢٣)

وتأسيساً على النتائج المعروضة نجد أن رؤساء الأقسام العلمية راضون عن أنفسهم في ممارسة كفايات القيادة وفي الوقت نفسه هناك دعوة للتصدي إلى الفقرات الضعيفة ومعالجتها.

جـ- استجابات أعضاء الهيئة التدريسية

يبين الجدول (١٦-جـ) أن النتائج أظهرت ضعفاً لدى رؤساء الأقسام العلمية في ممارسة كفايات القيادة، ومن وجهة نظر أعضاء الهيئة التدريسية.

إذ بلغ الوسط المرجح (٢.٩٠١) وبوزن مئوي (٥٨.٠٢%) وهو أقل من الوسط الفرضي وزنه المئوي، وبنظرة سريعة الى تفصيلات نتائج الجدول المذكور يمكن وبيسر ملاحظة سبب ضعف درجة المجال، إذ حظيت تسع كفايات من أصل إحدى عشرة كفاية مكونة للمجال على أوساط مرجحة، وأوزان مئوية ضعيفة.

وهذا يشير إلى أن أعضاء الهيئة التدريسية غير راضين تماماً عن ممارسة رؤساء الأقسام العلمية لكفايات القيادة، ويشيرون من خلال استجاباتهم إلى ضعف واضح في تنفيذ هذه الكفايات وكما هو موضح في الجدول الآتي:

مجال: القيادة

الجدول (١٦) تكرار استجابات العينات الثلاث على فقرات الاستبيان والوسط المرجح والوزن المئوي على مستوى الفقرة والمجال

رقم الفقرة	أ- استجابات عمداء الكليات ونوابهم								ب- استجابات رؤساء الأقسام العلمية								ج- استجابات أعضاء الهيئة التدريسية						
	عالية جدا	عالية	متوسطة	منخفضة	منخفضة جدا	اجمالي التكرار	الوسط المرجح	الوزن المئوي	عالية جدا	عالية	متوسطة	منخفضة	منخفضة جدا	اجمالي التكرار	الوسط المرجح	الوزن المئوي	عالية جدا	عالية	متوسطة	منخفضة	منخفضة جدا	اجمالي التكرار	الوسط المرجح
١٧	٢	٤	٣	٣	٣	١٥	٢.٩٣٣	٥٨.٦٧	٥	٥	١٤	٦	٢	٣٢	٣.١٥٦	٦٣.١٣	٢٠	٣٠	٤٢	٣٤	٢٧	١٥٣	٢.٨٨٢
١٨	٢	٣	٤	٣	٣	-	٢.٨١٧	٥٧.٣٣	٣	٨	١١	٥	٥	-	٢.٩٨٨	٥٩.٣٨	٢٠	٢٥	٥٧	٣٦	٢٥	-	٢.٩٢٨
١٩	٢	٣	٤	٣	٣	-	٣.٢٦٧	٦٥.٣٣	٦	٩	٨	٨	١	-	٣.٣٤٤	٦٦.٨٨	١٧	٣٥	٥٦	٣٢	١٣	-	٣.٠٧٢
٢٠	٢	٤	٤	٤	١	-	٣.١٣٣	٦٢.٦٧	٤	٤	١٠	٨	٦	-	٢.٧٥٠	٥٥.٠٠	٢٠	٢٣	٤٧	٣٢	٣١	-	٢.٧٩٧
٢١	٢	٣	٣	٧	صفر	-	٣.٠٠٠	٦٠.٠٠	٧	٢	٩	٧	٧	-	٢.٨٤٤	٥٦.٨٨	٨	٣٦	٤١	٥٣	٢٥	-	٢.٦٠١
٢٢	٢	٥	٥	٢	١	-	٣.٣٣٣	٦٦.٦٧	٥	٥	٩	٨	٥	-	٢.٩٠٦	٥٨.١٣	٥	٢٠	٥٣	٥٣	٢٢	-	٢.٥٦٢
٢٣	١	٣	٧	١	٣	-	٢.٨٦٧	٥٧.٣٣	٤	٧	٩	٨	٤	-	٢.٩٦٩	٥٩.٣٨	١٧	٢٠	٥٩	٤٧	١٠	-	٢.٩١٥
٢٤	صفر	٥	٤	٤	٢	-	٢.٨٠٠	٥٦.٠٠	٤	٦	١٣	٦	٣	-	٣.٠٦٢	٦١.٢٥	١٦	٢٢	٧٢	٢٧	١٦	-	٢.٩٦٧
٢٥	٣	٦	٢	٣	١	-	٣.٤٦٧	٦٩.٣٣	٨	٥	١٢	٥	٢	-	٣.٣٧٥	٦٧.٥٠	٣٦	٥٦	٢٩	٢٩	١٣	-	٣.٣٤٦
٢٦	٢	٥	٥	٢	١	-	٣.٣٣٣	٦٦.٦٧	٦	٨	٩	٧	٢	-	٣.٥٠٠	٧٠.٠٠	١٨	٣١	٤٦	٣٢	٣٦	-	٢.٨٨٩
٢٧	٢	٢	٥	٥	١	-	٢.٩٣٣	٥٨.٦٧	٦	٧	٨	٧	٤	-	٣.١٥٦	٦٣.١٣	٢٥	٣٥	٣٠	٣٣	٣٠	-	٢.٩٣٥
	الوسط المرجح ووزنه المئوي						٣.٠٨٤	٦١.٦٩	الوسط المرجح ووزنه المئوي						٣.٠٧١	٦١.٤٢	الوسط المرجح ووزنه المئوي						٢.٩٠١

مجال: النمو العلمي والمهني

وفي ضوء نتائج استجابات الفئات الثلاث بصورة منفردة، يستطيع الباحث أن يحدد مدى ممارسة رؤساء الأقسام العلمية لكفايات مجال القيادة من وجهة نظر الفئات الثلاث مجتمعة. ومن خلال تحليل نتائج الاستجابات للفئات الثلاث على مستوى المجال، فقد توصل الباحث في نتائجه إلى أن الفئات الثلاث أجمعت على أن ممارسة رؤساء الأقسام العلمية لكفايات مجال القيادة أقل من الوسط الفرضي ووزنه المئوي، ولم يبلغ المستوى المطلوب إذ بلغ الوسط المرجح على مستوى المجال (٢.٩٤١) ووزن مئوي (٥٨.٨٣%) أي بحد أدنى من الوسط الفرضي ووزنه المئوي، ويعنى ذلك ان وجهة نظر أعضاء هيئة التدريس أكثر ترجيحاً نظراً لتعاملهم مباشرة مع رؤساء الأقسام العلمية، ويعزى الباحث سبب تقارب وجهات نظر العمداء ونوابهم ورؤساء الأقسام العلمية في تحديد الممارسة إلى عدم إدراكهم للضعف الحاصل لديهم كونهم فئة قيادية مشرفة على أعضاء هيئة التدريس وبذلك يكون تقييم أعضاء الهيئة التدريسية تقييماً مرجحاً.

ويؤطر الباحث نتائج استجابات الفئات الثلاث على مستوى المجال في الشكل الآتي:

الشكل (١٢) خلاصة النتائج استجابات الفئات الثلاث مجتمعة لمدى ممارسة كفايات القيادة

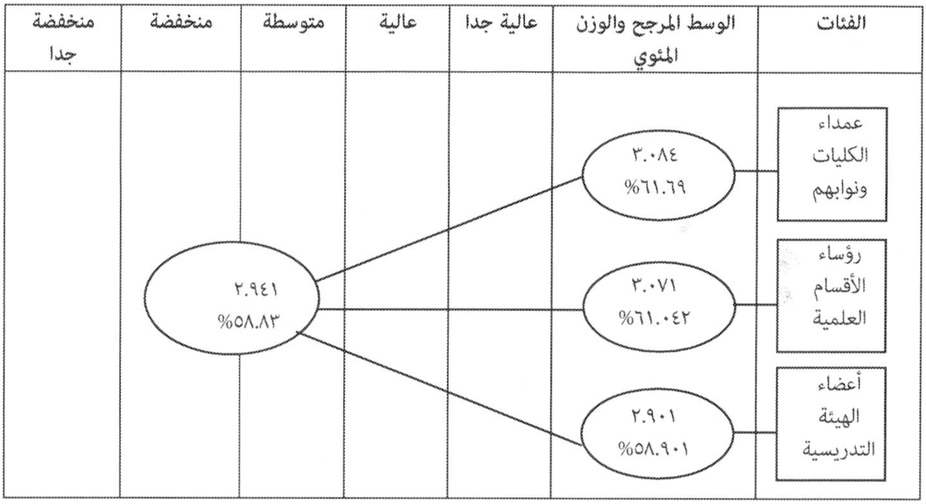

منخفضة جدا	منخفضة	متوسطة	عالية	عالية جدا	الوسط المرجح والوزن المئوي	الفئات
						عمداء الكليات ونوابهم
					٣.٠٨٤ ٦١.٦٩%	
						رؤساء الأقسام العلمية
		٢.٩٤١ ٥٨.٨٣%			٣.٠٧١ ٦١.٠٤٢%	
						أعضاء الهيئة التدريسية
					٢.٩٠١ ٥٨.٩٠١%	

٤- مجال النمو العلمي والمهني

أ- استجابات عمداء الكليات نوابهم

دلت نتائج الجدول (١٧-أ) على أن الوسط المرجح لهذا المجال بلغ (٢.٨٥٣) وبوزن مئوي
(٥٧.٦٦%) وهذا يشير إلى أن درجة ممارسة رؤساء الأقسام العلمية لكفايات النمو العلمي والمهني لأعضاء
الهيئة التدريسية من وجهة نظر العمداء ونوابهم ضعيفة وليست بالمستوى المطلوب. ومن خلال نظرة
فاحصة الى تفاصيل الجدول يظهر أن ست كفايات من أصل عشر كفايات كانت درجة ممارستها منخفضة،
وهي المتمثلة بالفقرات (٣٠،٣١،٣٣،٣٤،٣٦،٣٧) إذ بلغت أوساطها المرجحة وأوزانها المئوية أقل من الوسط
الفرضي ووزنه المئوي.وأما الكفايات الأربع الأخرى والمتمثلة بالفقرات (٢٨،٢٩،٣٢،٣٥) فقد حظيت بأوساط
مرجحة وأوزان مئوية أكبر من الوسط الفرضي ووزنه المئوي.

وتأسيساً على النتائج المتحصل عليها، يؤكد الباحث أن العمداء ونوابهم غير راضين عن درجة
ممارسة رؤساء الأقسام العلمية لكفايات النمو العلمي والمهني لأعضاء الهيئة التدريسية، ويرغبون في
المزيد من الأداء الفعال لرفع درجة ممارسة هذه الكفايات الى الحد المرغوب فيه وبالأخص في جانب
إشراك أعضاء هيئة التدريسية في المؤتمرات والندوات العلمية وتوفير امكانية البحث العلمي المالية وغيرها
وبما يسهم في تطويرهم علمياً ومهنياً.

ب- استجابات رؤساء الأقسام العلمية أنفسهم

يشير الجدول (١٧-ب) إلى نتائج مدى ممارسة رؤساء الأقسام العلمية لكفايات النمو العلمي
والمهني لاعضاء الهيئة التدريسية، حيث يتبين من النتائج المتحصل عليها أن الوسط المرجح للمجال المذكور
بلغ (٢.٥٣٧) وبوزن مئوي (٥٠.٧٤%) وتشير هذه النتيجة – دون شك- إلى وجود ضعف عام في ممارسة
رؤساء الأقسام العلمية لكفايات هذا المجال، لأن الوسط المرجح ووزنه اقل كثيرا من الوسط الفرضي ووزنه
المئوي. وبالنظر الى نتائج الجدول تأكد أن جميع الفقرات المجال المذكور، والبالغة عشر- حظيت بأوساط
مرجحة وأوزان مئوية أقل من الوسط الفرضي ووزنه المئوي وتشير هذه النتائج من جهة نظر الباحث الى
عدم قناعة رؤساء الأقسام العلمية في طريقة ممارستهم لكفايات النمو العلمي والمهني. ومما تجدر الإشارة
اليه أن هذا المجال يتعلق بالمواقف العلمية والبحثية البحتة، ولذلك نجد رأي العمداء ونوابهم كانت هي
الأخرى غير مرضية عن ممارسة رؤساء الأقسام العلمية لهذه الكفايات بشكل كبير، وينبغي التصدي لهذا
الضعف الواضح والاهتمام بتحسين وتطوير هذه الكفايات لدى رؤساء الأقسام العلمية.

جـ- استجابات اعضاء الهيئة التدريسية

يبين الجدول (١٧-ب) نتائج ممارسة رؤساء الأقسام العلمية لكفايات النمو العلمي والمهني لأعضاء الهيئة التدريسية التي تشير الى ان الممارسة كانت بدرجة منخفضة، إذ نرى ان الوسط المرجح لهذا المجال بلغ (٢.٤٣٩) ووزن مئوي (٤٨.٧٩%) ويعني ذلك ان درجة ممارسة رؤساء الأقسام العلمية لهذه الكفايات كانت ضعيفة، ولم ترق إلى المستوى الأدنى المطلوب من وجهة نظر أعضاء الهيئة التدريسية، وقد يعود سبب الضعف إلى أن تسع كفايات من أصل عشر كفايات مكونة هذا المجال حظيت بأوساط مرجحة ضعيفة.

ونتائج الجدول الآتي تظهر ضعفاً واضحاً لممارسة رؤساء الأقسام العلمية لكفايات هذا المجال الذي يعد من الكفايات الإدارية المهمة، التي يجب أن يتقن ممارستها رئيس القسم العلمي.

رقم الفقرة	أ- استجابات عمداء الكليات ونوابهم								ب- استجابات رؤساء الأقسام العلمية								ج- استجابات أعضاء الهيئة التدريسية						
	عالية جدا	عالية	متوسطة	منخفضة	منخفضة جدا	اجمالي التكرار	الوسط المرجح	الوزن المئوي	عالية جدا	عالية	متوسطة	منخفضة	منخفضة جدا	اجمالي التكرار	الوسط المرجح	الوزن المئوي	عالية جدا	عالية	متوسطة	منخفضة	منخفضة جدا	اجمالي التكرار	الوسط المرجح
٢٨	١	٣	٩	٢	صفر	١٥	٣.٢٠٠	٦٤.٠٠	٤	٣	٦	١٣	٦	٣٢	٢.٢٥٠	٤٥.٠٠	٥	٢٩	٣٥	٦٥	١٩	١٥٣	٢.٥٨٢
٢٩	٢	٢	٦	٥	صفر	-	٣.٠٦٧	٦١.٣٣	٥	١	٦	١١	٩	-	٢.٤٤٠	٤٨.٧٥	١١	٢٦	٣٥	٣٨	٤٣	-	٢.٥٠٣
٣٠	١	٢	٤	٧	١	-	٢.٨٠٠	٥٦.٠٠	٦	٣	٤	١١	٨	-	٢.٦٢٥	٥٢.٥٠	٨	٢١	٣٩	٤٥	٤٠	-	٢.٤٢٥
٣١	١	١	٦	٦	١	-	٢.٦٦٧	٥٣.٣٣	٣	٤	٦	٧	١٢	-	٢.٣٤٤	٤٦.٨٨	٥	٢٣	٤٤	٣٨	٤٣	-	٢.٤٠٥
٣٢	٤	١	٦	٤	صفر	-	٣.٣٣٣	٦٦.٦٧	٤	٥	٥	٨	١٠	-	٢.٤٠٦	٤٨.١٣	٣٠	٢٦	٤٨	٢٢	٢٧	-	٣.٠٦٥
٣٣	٢	صفر	٣	٦	٤	-	٢.٣٣٣	٤٦.٦٧	٢	٦	٨	٩	٧	-	٢.٨٧٥	٥٧.٥٠	٨	٨	٢٩	٥٣	٥٥	-	٢.٠٣٢
٣٤	٢	١	٤	٤	٤	-	٢.٣٣٣	٤٦.٦٧	٤	٢	٩	٨	٩	-	٢.٥٠٠	٥٠.٠٠	٥	١١	٤١	٥٠	٤٦	-	٢.٢٠٩
٣٥	٢	١	٧	٥	صفر	-	٣.٠٠٠	٦٠.٠٠	٤	٣	٤	١٠	١١	-	٢.٣٤٤	٤٦.٨٨	٥	٥	٢٩	٦٨	٤٦	-	١.٩٩٣
٣٦	٢	٢	٥	٤	٢	-	٢.٨٦٧	٥٧.٣٣	٤	٤	٩	٧	٨	-	٢.٦٥٦	٥٣.١٣	٥	٢٠	٢٩	٥٦	٤٣	-	٢.١٧٦
٣٧	١	٥	٢	٥	٢	-	٢.٨٦٧	٥٧.٣٣	٦	٢	١٠	٧	٧	-	٢.٧٨١	٥٥.٦٣	٨	٢٩	٥٦	٤٤	١٦	-	٢.٧٩٧
	الوسط المرجح ووزنه المئوي						٢.٨٥٣	٥٧.٠٦	الوسط المرجح ووزنه المئوي						٢.٥٣٧	٥٠.٧٤	الوسط المرجح ووزنه المئوي						٢.٤٣٩

وعند تحليل نتائج استجابات الفئات الثلاث مجتمعة، أظهرت النتائج أن استجابات الفئات الثلاث اجمعت على قصور جزئي في كفايات هذا المجال، إذ بلغ الوسط المرجح (٢.٤٨٥) ووزنه المئوي (٤٩.٧١%) أي أقل من الوسط الفرضي ووزنه المئوي، وقد اتفقت وجهات النظر الثلاث على هذا القصور في ستة كفايات إدارية والمتمثلة في جانب اشراك أعضاء هيئة التدريس في المؤتمرات والندات العلمية، وتوفير امكانيات البحث العلمي المالية وغيرها، ودعم مكتبة القسم بأحدث المراجع العلمية، وتحديث أساليب طرق التدريس والارشاد التربوي داخل القسم.

ويلخص الباحث نتائج استجابات الفئات الثلاث مجتمعة في تحديد مستوى النمو العلمي والمهني في الشكل الآتي:

الشكل (١٣) خلاصة نتائج استجابات الفئات الثلاث لمدرسة ممارسة رؤساء الأقسام العلمية لكفايات النمو العلمي والمهني

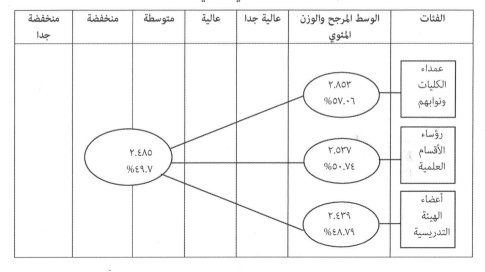

منخفضة جدا	منخفضة	متوسطة	عالية	عالية جدا	الوسط المرجح والوزن المئوي	الفئات
					٢.٨٥٣ %٥٧.٠٦	عمداء الكليات ونوابهم
					٢.٥٣٧ %٥٠.٧٤	رؤساء الأقسام العلمية
					٢.٤٣٩ %٤٨.٧٩	أعضاء الهيئة التدريسية

(الوسط المرجح الكلي: ٢.٤٨٥ %٤٩.٧)

٥- مجال العلاقات الإنسانية

أ- استجابات عمداء الكليات ونوابهم

يوضح الجدول (١٨-أ) أن الوسط المرجح لكفايات العلاقات الإنسانية بلغ (٣.٢٢٢) ووزن مئوي (٦٤.٤٤%) وهو مستوى مرض، وأعلى من الوسط

الفرضي، ووزنه المئوي . إلا أن تلك النتيجة لا تعني عدم وجود كفايات ذات ممارسات ضعيفة من قبل رؤساء الأقسام العلمية في هذا المجال. وبالنظر إلى الجدول يتضح أن ثلاث كفايات من أصل تسع، مكونة لهذا المجال كان مستوى أو درجة ممارستها ضعيفة، والمتمثلة بالفقرات (٣٨،٤٤،٤٦) أما الكفايات الست الأخرى والمتمثل بالفقرات (٣٩،٤٠،٤١،٤٢،٤٣،٤٥) فقد حظيت بأوساط مرجحة وأوزان مئوية عالية ومشجعة.

ويرى الباحث أن ممارسات الكفايات العلاقات الإنسانية كانت مرضية، وتدعو إلى الاطمئنان، وتؤكد قدرة رؤساء الأقسام العلمية في التعامل الديمقراطي والإنساني مع مرؤوسيهم من وجهة نظر عمداء الكليات ونوابهم. ولكن في الوقت نفسه تنبه الى المعالجة في الكفايات الضعيفة، والارتقاء بها الى الدرجة المرغوبة فيها.

ب- استجابات رؤساء الأقسام العلمية أنفسهم

يشير الجدول (١٨-ب) ان الوسط المرجح لهذا المجال بلغ (٣.١٨٧) ووزن مئوي (٦٣.٧٥%) حيث يدل على رضاء رؤساء الأقسام عن ممارستهم لكفايات العلاقات الإنسانية، لأن الوسط المرجح والوزن المئوي لهذا المجال أعلى من الوسط الفرضي ووزنه المئوي. وعند ملاحظة نتائج الجدول يتبين أن كفاية واحدة فقط من أصل تسع كفايات تشكل هذا المجال كانت ممارستها ضعيفة والواردة في الفقرة (٤١) ويمكن القول مع خلال النتائج السابقة أن مستوى ممارسة رؤساء الأقسام العلمية لكفايات العلاقات الإنسانية مشجع، ويدل على توافر احد قطبي [*] قيادة العاملين بشكل فعال.

جـ- استجابات أعضاء الهيئة التدريسية

يتبين من الجدول (١٨-ج) أن الوسط المرجح لهذا المجال بلغ (٣.٠٤٨) بوزن مئوي (٦٠.٠٩٧%) وهو أعلى من الوسط الفرضي ووزنه المئوي قليلا. إلا أن هناك خمس فقرات تشير الى ضعف في درجة ممارسة رؤساء الأقسام العلمية لكفايات العلاقات الإنسانية من وجهة نظر أعضاء الهيئة التدريسية. وهي اكثر من النصف، والتي تمثل الفقرات (٣٨،٤١،٤٤،٤٥،٤٦) من أصل تسع كفايات. وبصفة عامة يمكن القول أن اعضاء الهيئة التدريسية راضون نوعاً ما عن ممارسة رؤساء الأقسام العلمية لكفايات العلاقات الانسانية. الا انه لا يمنع من تطوير وتحسين الكفايات التي ظهر فيها ضعف. وكما هو موضح في الجدول الآتي:

---

[*] القطب الاول (الاتجاه نحو العمل) والقطب الثاني (الاتجاه نحو العلاقات الانسانية)

جال: العلاقات الانسانية

الجدول (١٨) تكرار استجابات العينات الثلاث على فقرات الاستبيان وقيم الوسط المرجح والوزن المئوي على مستوى الفقرة والمجال

رقم الفقرة	أ- استجابات عمداء الكليات ونوابهم								ب- استجابات رؤساء الأقسام العلمية								ج- استجابات أعضاء الهيئة التدريسية						
	عالية جدا	عالية	متوسطة	منخفضة	منخفضة جدا	اجمالي التكرار	الوسط المرجح	الوزن المئوي	عالية جدا	عالية	متوسطة	منخفضة	منخفضة جدا	اجمالي التكرار	الوسط المرجح	الوزن المئوي	عالية جدا	عالية	متوسطة	منخفضة	منخفضة جدا	اجمالي التكرار	الوسط المرجح
٣٨	٢	٤	٣	٣	٣	١٥	٢.٩٣٣	٥٨.٦٧	٨	٢	١١	٨	٣	٣٢	٣.١٢٥	٦٢.٥	١٣	١٧	٦٨	٤٨	٧	١٥٣	٢.٨٧٦
٣٩	٣	٥	٤	٣	صفر	-	٣.٥٣٣	٧٠.٦٧	٨	٧	٨	٧	٢	-	٣.٣٧٥	٦٧.٥	٢٩	٤٤	٣٨	٢٠	٢٢	-	٣.٢٤٨
٤٠	٢	٧	٣	٢	١	-	٣.٤٦٧	٦٩.٣٣	٩	٧	٩	٥	٢	-	٣.٥	٧٠	٤٤	٤٧	٣٥	١٤	١٣	-	٣.٦٢١
٤١	٢	٤	٣	٤	٢	-	٣.٠٠	٦٠.٠٠	٣	٥	١٢	٩	٣	-	٢.٨٧٥	٥٧.٥٠	١٧	٢٣	٥١	٣٦	٢٦	-	٢.٧٩٧
٤٢	٢	٦	٣	٢	٢	-	٣.٢٦٧	٦٥.٣٣	٩	٦	٧	٦	٤	-	٣.٣١٢	٦٦.٢٥	٣٨	٢٣	٤١	٣٦	٢٥	-	٣.١٥٠
٤٣	٢	٦	٣	٤	صفر	-	٣.٤	٦٨.٠٠	٩	٥	٨	٧	٣	-	٣.٣١٢	٦٦.٢٥	٣٨	٢٦	٣٨	٣٢	١٩	-	٣.٢٠٩
٤٤	١	٣	٥	٤	٢	-	٢.٨٠٠	٥٦.٠٠	٧	٧	١٠	٧	١	-	٣.٣٧٥	٦٧.٥٠	٢٠	٢٦	٤٧	٣٢	٢٨	-	٢.٨٥٦
٤٥	٣	٣	٨	صفر	صفر	-	٣.٧٣٣	٧٤.٦٧	٩	٦	١٠	٥	٢	-	٣.٤٦٩	٦٩.٣٨	١٤	٣٥	٥٣	٣٢	١٩	-	٢.٣٦٦
٤٦	صفر	٤	٧	٢	٢	-	٢.٨٦٧	٥٧.٣٣	٨	٤	١١	٤	٥	-	٣.١٨٨	٦٣.٧٥	٢٠	٢١	٣٨	٤٥	٢٩	-	٢.٧٢٦
	الوسط المرجح ووزنه المئوي						٣.٢٢٢	٦٤.٤٤	الوسط المرجح ووزنه المئوي						٣.١٨٧	٦٣.٧٥	الوسط المرجح ووزنه المئوي						٣.٠٤٨

جال: التقويم والمتابعة

وبناء على النتائج المتحصل عليها من استجابات الفئات الثلا بصورة منفردة، لمجال العلاقات الإنسانية قام الباحث بتحليل استجابات الفئات الثلاث، وأظهرت النتائج أن الفئات الثلاث متفقة على أن ممارسة رؤساء الأقسام العلمية على مستوى المجال كانت مرضية، إذ بلغ الوسط المرجح للمجال (٣.٠٨٣) ووزن مستوى (٦١.٦٦%) بمعنى فرق الوسط الفرضي ووزنه المئوي. وهذا يدل على أن رؤساء الأقسام يعملون على توطيد العلاقات الإنسانية بين أعضاء القسم ويتسمون بالعدالة في التعامل لكسب أعضاء القسم والحرص على سمعة القسم. ويعزى الباحث السبب في ذلك الى حرص رؤساء الأقسام على توطيد العلاقة الإنسانية مع أعضاء القسم وهذا طبع الإنسان اليمني في التعامل، فضلاً عن محاولة كسب الأعضاء لاعادة انتخابهم لمدة أخرى، ومع ذلك لم تبلغ النتيجة مستوى الطموح.

الشكل (١٤) خلاصة استجابات الفئات الثلاث لمدى ممارسة رؤساء الأقسام العلمية لكفاية العلاقات الإنسانية

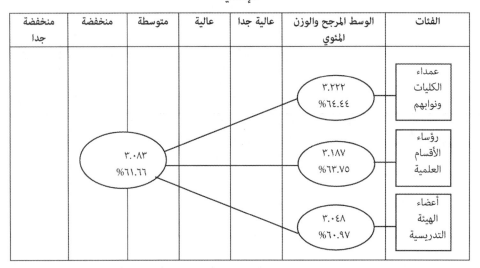

٦- مجال التقويم والمتابعة

أ- استجابات عمداء الكليات ونوابهم

يظهر الجدول (٩-أ) أن الوسط المرجح لهذا المجال بلغ (٣.٢١٩) ووزن مئوي (٦٤.٣٨%) وهو أعلى من الوسط الفرضي ووزنه المئوي، ويؤكد إيجابية ممارسة رؤساء الأقسام العلمية لكفايات هذا المجال، حيث حصل في ثلاث كفايات من أصل سبع على أوساط مرجحة عالية. أما الكفايات الأربع الأخريات فحظيت بأوساط مرجحة وأوزان مئوية ضعيفة.

ب- استجابات رؤساء الأقسام العلمية أنفسهم

يتضح من الجدول (١٩-ب) أن الوسط المرجح لهذا المجال بلغ (٢.٥٥٨) ووزن مئوي (٥١.١٦%) وهو أقل من الوسط الفرضي ووزنه المئوي، ويؤكد هذا عدم رضا رؤساء الأقسام العلمية عن أنفسهم في ممارسة كفايات التقويم والمتابعة بالرغم من ظهور كفاية واحدة تمثلها الفقرة (٥٠) دون المتوسط الفرضي من أصل سبع كفايات تكون هذا المجال، بينما كانت ست فقرات فوق المتوسط الفرضي قليلاً ويرى الباحث ضرورة تطوير كفايات هذا المجال وزيادة درجة فعالياتها.

جـ- استجابات أعضاء الهيئة التدريسية

يشير الجدول (١٩-ج) الى ان الوسط المرجح لهذا المجال كان (٢.٦٧١) ووزن مئوي (٥٣.٤٢%) وهذا يعني أن درجة ممارسة رؤساء الأقسام العلمية لكفايات هذا المجال غير مشجعة، بسبب حصول ست كفايات من أصل سبع كفايات على أوساط مرجحة أقل من الوسط الفرضي ووزنه المئوي، وفي هذا الصدد تؤكد وجهة نظر أعضاء الهيئة التدريسية وجهة نظر رؤساء الأقسام العلمية أنفسهم، وفي ان ممارسة رؤساء الأقسام العلمية لكفايات التقويم والمتابعة ضعيفة بشكل عام. وكما هو واضح في الجدول الآتي:

رقم الفقرة	أ- استجابات عمداء الكليات ونوابهم								ب- استجابات رؤساء الأقسام العلمية								ج- استجابات أعضاء الهيئة التدريسية						
	عالية جدا	عالية	متوسطة	منخفضة	منخفضة جدا	اجمالي التكرار	الوسط المرجح	الوزن المئوي	عالية جدا	عالية	متوسطة	منخفضة	منخفضة جدا	اجمالي التكرار	الوسط المرجح	الوزن المئوي	عالية جدا	عالية	متوسطة	منخفضة	منخفضة جدا	اجمالي التكرار	الوسط المرجح
٤٧	٣	٥	٤	٣	صفر	١٥	٣.٥٣٣	٧٠.٦٧	٥	٦	١١	٦	٤	٣٢	٣.٠٦٢	٦١.٢٥	١٨	٤٤	٤٧	٢٩	١٥	١٥٣	٣.١٣٧
٤٨	١	٥	٧	١	١	-	٣.٢٦٧	٦٥.٣٣	٦	٥	١٢	٤	٥	-	٣.٠٩٣	٦١.٨٨	٢٢	٣٥	٣٨	٣٠	٣٨	-	٢,٩٥٤
٤٩	١	٤	٤	٥	١	-	٣.٩٣٣	٥٨.٦٧	٦	٥	١١	٦	٤	-	٣.٠٩٣	٦١.٨٨	٨	٣٥	٤٤	٣٥	٣١	-	٢.٦٩٩
٥٠	٢	١	٦	٤	٢	-	٢.٨٠٠	٥٦.٠٠	٥	٥	١٠	٦	٦	-	٢.٩٠٦	٥٨.١٣	٥	١٤	٥٣	٣٨	٤٣	-	٢.٣٤٦
٥١	٢	٦	٤	٣	صفر	-	٣.٣٦٧	٦٩.٣٣	٩	٤	٦	٩	٤	-	٣.١٥٦	٦٣.١٣	٨	٢٠	٦٢	٢٩	٣٤	-	٢.٦٠١
٥٢	١	٢	٨	٣	١	-	٢.٩٣٣	٥٨.٦٧	٧	٣	١٣	٥	٤	-	٣.١٢٥	٦٢.٠٥	٥	٢٦	٣٢	٥٣	٣٧	-	٢.٤٠٥
٥٣	٤	٣	٦	٢	صفر	-	٣.٠٦	٧٢.٠٠	٧	٥	٩	٥	٦	-	٣.٠٦٢	٦١.٢٥	١١	٢٦	٦٢	٣٢	٢٢	-	٢.٨١٧
	الوسط المرجح ووزنه المئوي						٣.٢١٩	٦٤.٣٨	الوسط المرجح ووزنه المئوي						٢.٥٥٨	٥١.١٦	الوسط المرجح ووزنه المئوي						٢.٦٧١

ومن خلال نتائج استجابات الفئات الثلاث منفردة استطاع الباحث أن يحلل هذه الاستجابات مجتمعة على مستوى المجال في الشكل الآتي، حيث خلص الى ان الوسط المرجح للفئات الثلاث على مستوى المجال بلغ (٢.٦٩٤) ووزن مئوي (٥٣.٨٨%) أي أنه أقل من الوسط الفرضي ووزنه المئوي، وبما يؤكد اجماع الفئات الثلاث وجود نقص كفائي جزئي لدى رؤساء الأقسام العلمية في ممارسة كفايات التقويم والمتابعة، وهو ما أكد عليه أعضاء الهيئة التدريسية كمرؤوسين الذي تجري عليهم عملية التقويم والمتابعة في جانب مستوى الأداء العلمي وتقويم الأبحاث العلمية وتقويم التحصيل المعرفي للطلاب.

الشكل (١٥) خلاصة استجابات الفئات الثلاث عن مدى ممارسة رؤساء الأقسام العلمية لكفاية التقويم والمتابعة

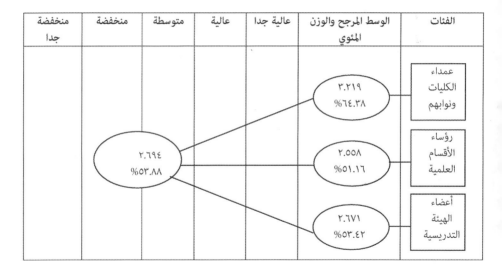

منخفضة جدا	منخفضة	متوسطة	عالية	عالية جدا	الوسط المرجح والوزن المئوي	الفئات
					٣.٢١٩ %٦٤.٣٨	عمداء الكليات ونوابهم
	٢.٦٩٤ %٥٣.٨٨				٢.٥٥٨ %٥١.١٦	رؤساء الأقسام العلمية
					٢.٦٧١ %٥٣.٤٢	أعضاء الهيئة التدريسية

٧- مجال اتخاذ القرار

أ- استجابات عمداء الكليات ونوابهم

يبين الجدول (٢٠-أ) أن الوسط المرجح لهذا المجال بلغ (٢.٣٠٤) ووزن مئوي (٤٦.٠٩%) وهذا يعني أن درجة ممارسة رؤساء الأقسام العلمية لكفايات اتخاذ القرار هي منخفضة عن الوسط الفرضي ووزنه المئوي من وجهة نظر

العمداء ونوابهم. إذ يظهر من نتائج الجدول أن أربع كفايات من أصل سبغ كفايات حظيت بأوساط مرجحة وأوزان مئوية أعلى من الوسط الفرضي ووزنه المئوي قليلا، والمتمثلة بالفقرات (٥٤،٥٦،٥٧،٦٠) أما الكفايات الثلاث الأخرى والمتمثلة بالفقرات (٥٥،٥٨،٥٩) فهي منخفضة جداً عن الوسط الفرضي.

ب- استجابات رؤساء الأقسام العلمية أنفسهم

يتبين من الجدول (٢٠-ب) أن الوسط المرجح لهذا المجال بلغ (٣.٤٠٦) ووزن مئوي (٦٨.١٢%) وهو أعلى من الوسط الفرضي ووزنه المئوي، وتؤكد هذه النتيجة رضا رؤساء الأقسام عن ممارستهم لكفايات اتخاذ القرار وقناعتهم بقدرتهم على اتخاذ القرار، بدليل حصول جميع فقرات هذا المجال على أوساط مرجحة، وأوزان مئوية أعلى من الوسط الفرضي ووزنه المئوي، وتراوحت أوساط هذا المجال بين أعلى قدره (٣.٦٥٦) للفقرة رقم (٦٠) وحد أدنى قدره (٣.٣٥) للفقرة (٥٩)

ويرى الباحث أن النتائج التي حصلت عليها كفاية هذا المجال تدعو إلى الاطمئنان طالما وآراء العمداء ونوابهم، وأعضاء هيئة التدريس، متقاربة الى حد ما مع رأي رؤساء الأقسام العلمية أنفسهم.

جـ- استجابات أعضاء الهيئة التدريسية

يوضح الجدول (٢٠-ج) أن الوسط المرجح لهذا المجال بلغ (٣.٠٧٣) ووزن مئوي (٦١.٤٦%) وهو أعلى من الوسط الفرضي ووزنه المئوي، ويشير ذلك الى رضا أعضاء الهيئة التدريسية عن ممارسة رؤساء الأقسام العلمية لكفايات اتخاذ القرار. وعلى الرغم من تلك النتيجة المشجعة الا ان ثلاث من كفايات هذا المجال والمتمثلة بالفقرات (٥٥، ٥٨،٥٩) بحاجة إلى معالجة وتحسين وتطوير لأن أوساطها المرجحة ضعيفة وغير مشجعة، وأن بقاءها من دون تطوير قد يؤثر على بقية الكفايات ويضعف المجال برمته ولا سيما وقد أشار رأي عمداء الكليات ونوابهم إلى وجود ضعف قوي في الفقرات الثلاث المذكورة آنفا. وكما هو محدد في الجدول الآتي:

مجال: اتخاذ القرارات

الجدول (٢٠) تكرار استجابات العينات الثلاث على فقرات الاستبيان وقيم الوسط المرجح والوزن المئوي على مستوى الفقرة والمجال

رقم الفقرة	أ- استجابات عمداء الكليات ونوابهم								ب- استجابات رؤساء الأقسام العلمية								ج- استجابات أعضاء الهيئة التدريسية						
	عالية جدا	عالية	متوسطة	منخفضة	منخفضة جدا	اجمالي التكرار	الوسط المرجح	الوزن المئوي	عالية جدا	عالية	متوسطة	منخفضة	منخفضة جدا	اجمالي التكرار	الوسط المرجح	الوزن المئوي	عالية جدا	عالية	متوسطة	منخفضة	منخفضة جدا	اجمالي التكرار	الوسط المرجح
٥٤	٣	٧	٣	١	١	١٥	٣.٦٦٧	٧٣.٣٣	١٠	٧	٨	٥	٢	٣٢	٣٣.٥٦٣	٧١.٢٥	٢٠	٥٣	٣٥	٣٥	١٣	١٥٣	٣.٢٢٩
٥٥	صفر	صفر	صفر	صفر	١٥	-	١.٠٠٠	٢٠.٠٠	٨	٦	٩	٥	٤	-	٣.٢٨١	٦٥.٦٣	١١	٤١	٥٣	٣٠	٢٨	-	٣.٩١٥
٥٦	صفر	٧	٤	٣	١	-	٣.١٣٣	٦٢.٦٧	٨	٩	٨	٤	٣	-	٣.٤٦٩	٦٩.٣٨	٢٣	٤٤	٤٤	٣٢	١٠	-	٣.٢٤٨
٥٧	١	٦	٦	١	١	-	٣.٣٣٣	٦٦.٦٧	٨	٨	٩	٥	٢	-	٣.٤٦٩	٦٩.٣٨	٢٣	٤٧	٤١	٣٠	٢٢	-	٣.٠١٩
٥٨	صفر	صفر	صفر	صفر	١٥	-	١.٠٠٠	٢٠.٠٠	٨	٦	٨	٧	٣	-	٣.٢٨١	٦٥.٦٣	١٤	٣٢	٥٣	٢٩	٢٥	-	٣,٨٧٦
٥٩	صفر	صفر	صفر	صفر	١٥	-	١.٠٠٠	٢٠.٠٠	٦	٦	١٢	٦	٢	-	٣.٠٢٥	٦٥.٠٠	١٧	٣٤	٤٤	٢٨	٣٠	-	٣.٨٦٩
٦٠	١	١	٤	٤	-	-	٣.٠٠٠	٦٠.٠٠	١٠	٧	٩	٢	٤	-	٣.٦٥٦	٧٣.١٣	٢٠	٣٢	٧١	١٧	١٣	-	٣.٠١٩
	الوسط المرجح ووزنه المئوي						٢.٣٠٤	٤٦.٠٩	الوسط المرجح ووزنه المئوي						٢٣.٤٠٦	٦٨.١٢	الوسط المرجح ووزنه المئوي						٣.٠٧٣

وبعد تحليل نتائج استجابات الفئات الثلاث مجتمعة في الشكل الآتي ظهر من خلال النتائج المتحصل عليها أن هناك اتفاق بين الفئات الثلاث على أن ممارسة رؤساء الأقسام العلمية لكفايات المجال اتخاذ القرارات عالية نوعا ما. حيث ظهر أن ان الوسط المرجح بلغ (٣.٠٦٨) ووزن مئوي (٦١.٣٧%) أعلى من الوسط الفرضي ووزنه المئوي قليلاً. وعلى الرغم من تلك النتيجة الا أن المتفحص لنتائج الجدول يرى بوضوح من خلال الكفايات التي ظهرت أعلى من الوسط الفرضي أن رؤساء الأقسام بحاجة الى مساعدة الآخرين في صنع القرار من خلال مشاركتهم على مستوى مجال اتخاذ القرارات. أما الكفايات التي أظهرت النتائج ضعفاً في ممارستها فهي الكفايات التي يرتكز عليها خطوات صنع القرار، وتوفير معلومات اتخاذ القرار واعتماد اسلوب البدائل المناسبة لاتخاذ القرارات.

الشكل (١٦) ملخص لاستجابات الفئات الثلاث عن مدى ممارسة رؤساء الأقسام العلمية لكفايات مجال اتخاذ القرار

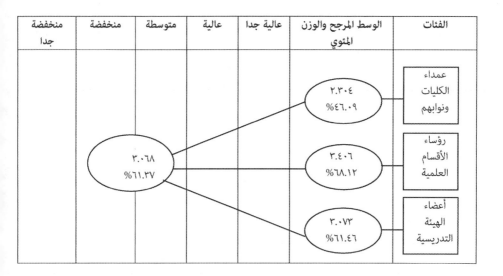

٨- مجال شؤون الطلبة

أ- استجابات عمداء الكليات نوابهم

يوضح الجدول (٢١-أ) أن الوسط المرجح لمجال شؤون الطلبة هو (٢.٧٣٣) ووزنه المئوي (٥٤.٦٦%) وتشير هذه النتائج إلى وجود ضعف في ممارسة رؤساء الأقسام العلمية لكفايات شؤون الطلبة إذ تؤكد تفصيلات الجدول أن ست كفايات من أصل ثمان مكونة لهذا المجال، حظيت بأوساط مرجحة وأوزان مئوية ضعيفة دون مستوى الطموح، ممثلاً بالفقرات (٦٧،٦٦،٦٥،٦٣،٦٢،٦١) أما الكفايتان المتمثلة في الفقرتين (٦٤،٦٨) فقد حظيت بأوساط مرجحة وأوزان مئوية أعلى من الوسط الفرضي ووزنه المئوي.

ويخلص الباحث من خلال النتائج السابقة الى عدم رضا العمداء ونوابهم عن درجة ممارسة رؤساء الأقسام العلمية لكفايات هذا المجال، وهو من المجالات الحساسة والمهمة في أعمال رئيس القسم الإدارية.

ب- استجابات رؤساء الأقسام العلمية أنفسهم

يتبين من الجدول (٢١-ب) أن الوسط المرجح لهذا المجال هو (٢.٨٣٥) ووزنه المئوي (٥٦.٠٧%) وهذا يشير إلى ضعف في درجة ممارسة رؤساء الأقسام العلمية لكفايات شؤون الطلبة من وجهة نظرهم، لأن الوسط المرجح ووزنه المئوي أقل من المتوسط الفرضي ووزنه المئوي، وقد يعود سبب الضعف المذكور الى وجود ست كفايات من أصل ثمان كفايات حصلت على اوساط مرجحة ضعيفة، وأقل من الوسط الفرضي وهذا يشير إلى عدم رضا رؤساء الأقسام عن ممارستهم لكفايات هذا المجال، وتؤكد وجود ضعف واضح يجب تلافيه.

جـ- استجابات أعضاء الهيئة التدريسية

يبين الجدول (٢١-ج) إلى أن الوسط المرجح لمجال شؤون الطلبة بلغ (٢.٧٢٨) ووزن مئوي (٥٤.٥٦%) وهو أقل من الوسط الفرضي ووزنه المئوي وجاء ذلك بسبب حصول خمس كفايات من أصل ثمان كفايات تشكل هذا المجال على أوساط مرجحة ضعيفة، وأقل من الوسط الفرضي المتمثلة في الفقرات (٦٧،٦٦،٦٣،٦٢،٦١) وتشير النتائج المذكورة إلى عدم رضا أعضاء الهيئة التدريسية عن ممارسة الأقسام العلمية لكفايات هذا المجال وكما هو مفصل في الجدول الآتي:

مجال: شؤون الطلبة

الجدول (٢١) تكرار استجابات العينات الثلاث على فقرات الاستبيان وقيم الوسط المرجح والوزن المئوي على مستوى الفقرة والمجال

رقم الفقرة	أ- استجابات عمداء الكليات ونوابهم								ب- استجابات رؤساء الأقسام العلمية								ج- استجابات أعضاء الهيئة التدريسية						
	عالية جدا	عالية	متوسطة	منخفضة	منخفضة جدا	اجمالي التكرار	الوسط المرجح	الوزن المئوي	عالية جدا	عالية	متوسطة	منخفضة	منخفضة جدا	اجمالي التكرار	الوسط المرجح	الوزن المئوي	عالية جدا	عالية	متوسطة	منخفضة	منخفضة جدا	اجمالي التكرار	الوسط المرجح
٦١	١	٣	٤	٤	٣	١٥	٢.٦٦٧	٥٣.٣٣	٤	٤	١٠	١٠	٤	٣٢	٢.٨١٣	٥٦.٢٥	١١	٣٠	٥٦	٣٨	٢٨	١٥٣	٢.٦٦٠
٦٢	١	١	٣	٦	٤	-	٢.٦٧٧	٥٣.٣٣	٥	٣	١١	٦	٧	-	٢.٦٢٥	٥٢.٥٢	٨	٢٠	٥٦	٣٨	٣١	-	٢.٥٨٢
٦٣	١	٢	٣	٤	٥	-	٢.٢٣٣	٤٦.٦٧	٥	٣	٩	٩	٦	-	٢.٠٧٥	٥٥.٠٠	١١	١٤	٣٨	٥٦	٣٤	-	٢.٤٢٥
٦٤	٤	٣	٣	٤	١	-	٣.٣٣٣	٦٦.٧٨	٦	٣	١٠	٩	٤	-	٢.٩٣٨	٥٨.٧٥	٢٥	٣٢	٥٣	٢٧	١٦	-	٣.٠٥٢
٦٥	٢	٣	٤	٣	٣	-	٢.٨٦٧	٥٧.٣٣	٦	٦	٨	٦	٦	-	٣.١٨٨	٦٣.٧٥	١٨	٤١	٤٥	٣١	١٨	-	٣.٠٦٥
٦٦	١	٢	٦	٤	٢	-	٢.٧٣٣	٥٤.٦٧	٤	٢	١١	٦	٩	-	٢.٠٧٥	٥٥.٠٠	٥	٢٣	٤٧	٤١	٣٧	-	٢.٤٦٤
٦٧	صفر	٢	٧	٢	٤	-	٢.٧٣٣	٥٤.٦٧	٣	٦	٩	٦	٨	-	٢.٦٨٨	٥٣.٧٥	٥	١٤	٥٦	٤١	٣٧	-	٢.٤٠٥
٦٨	١	٤	٨	١	١	-	٣.٠٠٢	٦٤.٠٠	٧	٥	١١	٤	٥	-	٣.٠٥٦	٦٣.١٣	٢٤	٣٢	٤٧	٣٢	١٨	-	٣.٠٧٨
	الوسط المرجح ووزنه المئوي								الوسط المرجح ووزنه المئوي						٢.٨٣٥	٥٦.٠٧	الوسط المرجح ووزنه المئوي						٢.٧٢٨

وقد قام الباحث بتحليل نتائج استجابات الفئات الثلاث مجتمعة على مستوى المجال في الشكل الآتي وحصل على نتائج أظهرت أن الوسط المرجح للمجال بلغ (٢.٧٤٦) ووزنه المئوي (٥٤.٩٢%) وهو أقل من الوسط الفرضي ووزنه المئوي. وهذا يشير الى اتفاق الفئات الثلاث على وجود قصور لدى رؤساء الأقسام العلمية في ممارسة كفايات شؤون الطلبة. بدليل اتفاقهم على ست كفايات من أصل (٨) كفايات مثلت ضعفاً واضحاً تركز حول عدم الالمام بأنظمة القبول والتسجيل وسياسة القبول في الكليات، وطريقة اعداد السجلات والوثائق الدراسية، ومشاركة الطلاب في وضع برامج الأنشطة الطلابية والتفاعل معها.

والشكل الآتي يلخص نتائج استجابات الفئات الثلاث مجتمعة على مستوى مجال شؤون الطلبة.

الشكل (١٧) ملخص لنتائج استجابات الفئات الثلاث عن مدى ممارسة رؤساء الأقسام العلمية لكفايات شؤون الطلبة

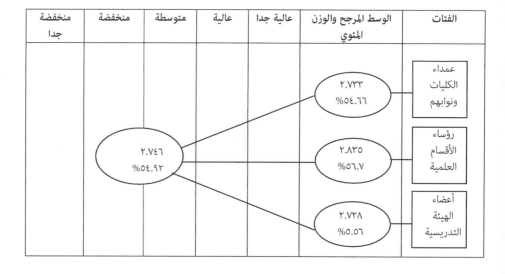

منخفضة جدا	منخفضة	متوسطة	عالية	عالية جدا	الوسط المرجح والوزن المئوي	الفئات
					٢.٧٣٣ ٥٤.٦٦%	عمداء الكليات ونوابهم
					٢.٨٣٥ ٥٦.٧%	رؤساء الأقسام العلمية
					٢.٧٢٨ ٥.٥٦%	أعضاء الهيئة التدريسية

٢.٧٤٦ ٥٤.٩٢%

وأخيراً وجد الباحث أنه من المناسب واستكمالاً للفائدة العلمية، وزيادة في وضوح الرؤية، ودقة للقرار، أن يستخرج الوسط المرجح والوزن المئوي لاستجابات الفئات الثلاث المبحوثة (العمداء ونوابهم، رؤساء الأقسام العلمية، أعضاء الهيئة التدريسية) ومن منظور وجهة نظر الفئات الثلاث مجتمعة على مستوى المجالات كافة.

وبعد المعالجة الإحصائية لجداول المجالات الإدارية كافة تشير النتائج أن ممارسة رؤساء الأقسام العلمية في الجامعات اليمنية للكفايات الإدارية كان عند مستوى منخفض من وجهة نظر فئات العينة الثلاث المبحوثة وكما يأتي:

١- العمداء ونوابهم: كان الوسط المرجح (٢.٨٩) والوزن المئوي (٥٧.٨%) وعند مستوى منخفض.

٢- رؤساء الأقسام العلمية: كان الوسط المرجح (٢.٧٠) والوزن المئوي (٥٤%-) وعند مستوى منخفض.

٣- أعضاء الهيئة التدريسية: كان الوسط المرجح (٢.٧١) والوزن المئوي (٥٤.٢%) وعند مستوى منخفض.

٤- فئات العينة الثلاث مجتمعة: كان الوسط المرجح (٢.٨٦٢) والوزن المئوي (٥٧.٢٥%) وعند مستوى ما بين المتوسط والمنخفض.

وفي النهاية يمكن القول أن نتائج مدى ممارسة رؤساء الأقسام العلمية في الجامعات اليمنية قد تحققت ويصور الباحث خلاصة نتائجه في الجدول (٢٢) والشكل (١٨)

جدول (٢٢) الوسط المرجح، والوزن المئوي لدرجة ممارسات الكفايات الإدارية على مستوى المجال والمجالات كافة من منظور كل فئة على حدة، والفئات الثلاث مجتمعة

	الفئات الثلاث		اعضاء الهيئة التدريسية		رؤساء الأقسام العلمية		العمداء ونوابهم	المجال
الوزن المئوي	الوسط المرجح	الوزن المئوي	الوسط المرجح	الوزن المئوي	الوسط المرجح	الوزن المئوي	الوسط المرجح	
٥٧.٢	٢.٨٦	٥٦.٥٦	٢.٨٢٨	٦٠.٦٣	٣.٠٣١	٥٦.٦٦	٢.٨٣٣	التخطيط
٦٠.٤٦	٣.٠٢٣	٦١.٠١	٣.٠٥٠	٥٨.٠٩	٢.٩٤٥	٥٨.٣٤	٢.٩١٧	التنظيم
٥٨.٨٣	٢.٩٤١	٥٨.٠٢	٢.٩٠١	٦١.٤٢	٣.٠٧١	٦١.٦٩	٣.٠٨٤	القيادة
٤٩.٧	٢.٤٨٥	٤٨.٧٩	٢.٤٣٩	٥٠.٧٤	٢.٥٣٧	٥٧.٠٦	٢.٨٥٣	النمو العلمي والمهني
٦١.٦٦	٣.٠٨٣	٦٠.٧٩	٣.٠٤٨	٦٣.٧٥	٣.١٨٧	٦٤.٤٤	٣.٢٢٢	العلاقات الانسانية
٥٣.٨٨	٢.٦٩٤	٥٣.٤٢	٢.٦٧١	٥١.١٦	٢.٥٥٨	٦٤.٣٨	٣.٢١٩	التقويم والمتابعة
٦١.٣٧	٣.٦٨	٦١.٤٦	٣.٠٧٣	٦٨.١٢	٣.٤٠٦	٤٦.٠٩	٢.٣٠٤	اتخاذ القرار
٥٤.٩٢	٢.٧٤٦	٥٤.٥٦	٢.٧٢٨	٥٦.٠٧	٢.٨٣٥	٥٤.٦٦	٢.٧٣٣	شؤون الطلبة
٥٧.٢٥	٢.٨٦٢	٥٤.٢	٢.٧١	-٥٤	٢.٧٠	٥٧.٨	٢.٨٩	الوسط المرجح

الشكل (١٨) ملخص نتائج استجابات الفئات الثلاث مجتمعة لمستوى مجالات الكفايات الإدارية كافة

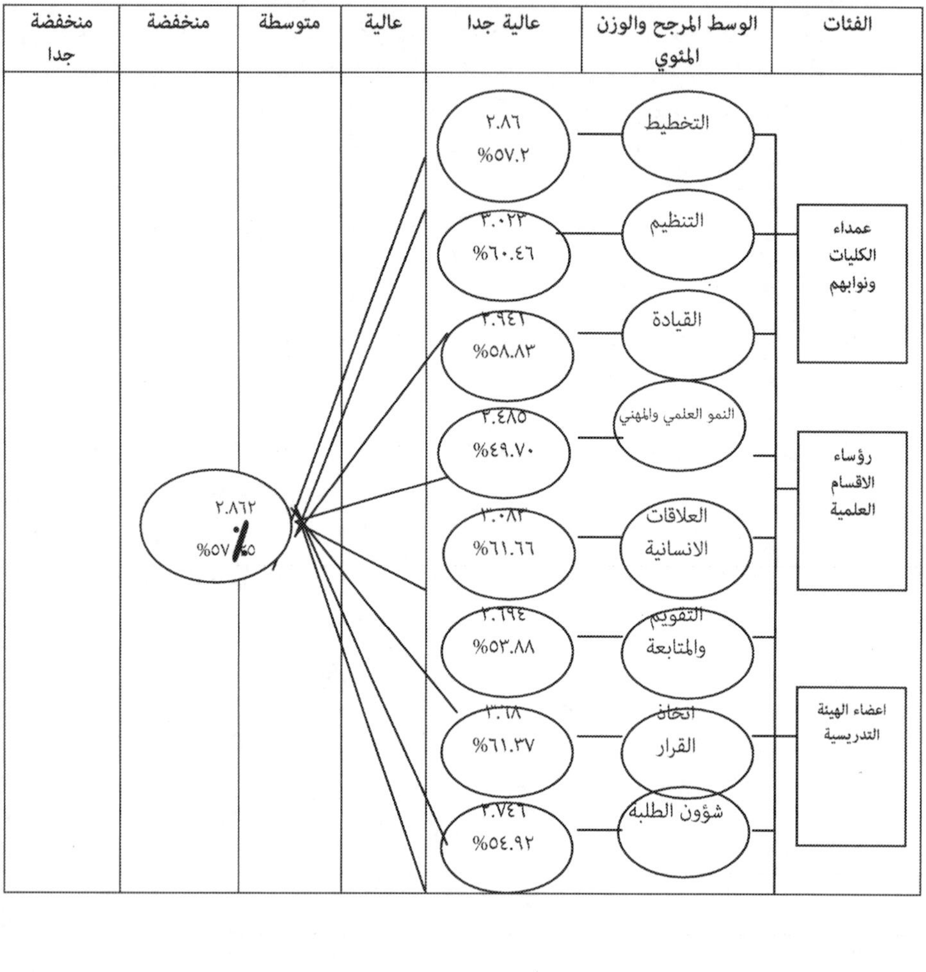

منخفضة جدا	منخفضة	متوسطة	عالية	عالية جدا	الوسط المرجح والوزن المئوي	الفئات
				٢.٨٦ %٥٧.٢ (التخطيط)		
				٣.٠٢٣ %٦٠.٤٦ (التنظيم)		عمداء الكليات ونوابهم
				٢.٩٤١ %٥٨.٨٣ (القيادة)		
				٢.٤٨٥ %٤٩.٧٠ (النمو العلمي والمهني)		رؤساء الاقسام العلمية
				٣.٠٨٣ %٦١.٦٦ (العلاقات الانسانية)		
				٢.٦٩٤ %٥٣.٨٨ (التقويم والمتابعة)		
				٣.٠٨ %٦١.٣٧ (اتخاذ القرار)		اعضاء الهيئة التدريسية
				٢.٧٤٦ %٥٤.٩٢ (شؤون الطلبه)		

٢.٨٦٢
%٥٧

ولغرض إعطاء صورة أكثر وضوحا عن تحديد مدى ممارسة رؤساء الأقسام العلمية من وجهة نظر كل فئة
على حدة قام الباحث بتحليل نتائج استجابات جداول المجالات الثمانية واتضح ان العمداء ونوابهم حددوا
(٣٨) كفاية إدارية، كانت درجة ممارستها أقل من الوسط الفرضي ووزنه المئوي من أصل (٦٨) كفاية
إدارية وبنسبة (٥٥.٨٨%) من إجمالي الكفايات الإدارية، بينما نجد رؤساء الأقسام العلمية حددوا (٢٩)
كفاية إدارية كانت درجة ممارستها أقل من الوسط الفرضي ووزنه المئوي من أصل (٦٨) كفاية أي بنسبة
(٤٢.٦٤%) من أصل مجموع الكفايات الإدارية. أما أعضاء الهيئة التدريسية فقد حددوا (٤٨) كفاية إدارية
كانت درجة ممارستها من قبل رؤساء الأقسام العلمية أقل من الوسط الفرضي ووزنه المئوي من أصل (٦٨)
كفاية وبنسبة (٧٠.٥٨ %) من أصل مجموع الكفايات الإدارية. وقد اتفقت وجهات نظر فئات العينة
الثلاث على تحديد (٢٠) كفاية إدارية درجة ممارستها أقل من الوسط الفرضي ووزنه المئوي من أصل (٦٨)
كفاية وبنسبة (٢٩.٤١) من أصل مجموع الكفايات الإدارية، هي الكفايات
(٥٠،٦١،٦٢،٦٣،٦٦،٦٧،١،٢،٦،٧،٩،١٢،١٨،٢٣،٣٠،٣١،٣٣،٣٤،٣٦،٣٧) واتفقت وجهات نظر فئات العينة
الثلاث على (١٦) كفاية إدارية درجة ممارستها من قبل رؤساء الأقسام العلمية كانت فوق الوسط الفرضي
ووزنه المئوي من أصل (٦٨) كفاية وتمثل نسبة (٢٣.٥٢%) من أصل مجموع الكفايات، ومن ثم استبعدت
من التحليل الاحصائي عند تحديد الحاجات التدريبية، وهي الكفايات
(٣،١٠،١٣،١٦،١٩،٢٥،٣٩،٤٠،٤٢،٤٣،٤٧،٥٤،٥٦،٥٧،٦٠،٦٨) وبذلك أصبحت الكفايات التي ستخضع للتحليل
الاحصائي لتحديد الاحتياجات التدريبية
(٥٢) كفاية ادارية من أصل (٦٨) كفاية، وبنسبة (٧٦.٤٧%) وكما هو موضح في الجدول الآتي:

**جدول (٢٣) يبين عدد الكفايات الإدارية التي ممارستها أقل وأعلى من الوسط الفرضي من وجهة نظر كل
فئة ونسبتها إلى مجموع الكفايات**

اجمالي الكفايات	كفايات ممارستها أعلى من الوسط الفرضي		كفايات ممارستها أقل من الوسط الفرضي		الفئات
	النسبة	العدد	النسبة	العدد	
٦٨	٤٤.١١	٣٠	٥٥.٨٨	٣٨	العمداء ونوابهم
٦٨	٥٧.٣٥	٣٩	٤٢.٦٤	٢٩	رؤساء الأقسام
٦٨	٢٩.٤١	٢٠	٧٠.٥٨	٤٨	أعضاء هيئة التدريس
٥٢=٦٨-١٦ كفاية	٢٣.٥٢	١٦	٢٩.٤١	٢٠	اتفاق الفئات الثلاث

إن المعلومات الـواردة في الجـدول أعـلاه تشـير إلى انخفـاض مسـتوى ممارسـة رؤسـاء الأقسـام العلميـة في الجامعات اليمنية للكفايات الإدارية وباستعراض بعض النتائج للدراسات السابقة نجـد أن هنـاك اتفـاق في النتائج التي توصلـت إليهـا مـع هـذه الدراسـة، ومـن هـذه الدراسـات دراسـة (Waltzer, 1975) ودراسـة (حمامي، عبد الحليم، ١٩٩٦) ودراسة (العريقي، ١٩٩٦) ودراسـة (عـلي، ١٩٩٧) ودراسـة (الهـادي، ١٩٩٤) ولعل التفسير المنطقي لهذا المستوى المنخفض لدى رؤساء الأقسـام العلميـة في الجامعـات اليمنيـة هـو أن إدارة الجامعات اليمنية لا تعطي الاهتمام الكافي لإعداد وتأهيل رؤساء الأقسام العلمية إداريا قبـل توليهم مناصبهم، فضلا عن أن المعيار الأول لاختيارها لرؤساء الأقسام العلمية هـو تـوفر الاختصـاص العلمـي اكثر منه المهارات الادارية. وعليه فإن إعطاء تدريب إداري مكثف لرؤسـاء الأقسـام العلميـة في بعـض جوانـب الكفايات الإدارية التي أظهرت نتائج البحـث الميـداني ضـعفاً في ممارسـتها كالقيـادة والتنظـيم والتخطـيط وتقويم الأداء واتخاذ القرارات وشؤون الطلبة ضروري جـداً لضـمان حـد أدنى مـن المهـارات الإداريـة لـدى رؤساء الأقسام العلمية.

- ما يتعلق بإجراءات تحديد الاحتياجات التدريبية

لغرض التوصل إلى نتائج تحديـد الاحتياجـات التدريبيـة لرؤسـاء الأقسـام العلميـة في الجامعـات اليمنية، تم حصر الكفايات الإدارية التي حظيت بأوساط مرجحة أقل من الوسط الفرضي البالغ (٣) ووزنـه المئوي البـالغ (٦٠%) لمختلـف وجهـات نظـر فئـات العينـات الـثلاث والبالغـة (٥٢) كفايـة إداريـة، وهـي الكفايات التي سوف تخضع للتحليل الإحصائي، وبمعنى أن كل كفاية إدارية كانت درجة ممارستها أقل مـن الوسط الفرضي ووزنه المئوي من وجهة نظر كل فئة تمثل حاجة تدريبية على مستوى الفقـرة والمجـال، وفي حالات وجود الاختلاف بين آراء الفئات الثلاث على مستوى الفقرة والمجال، تـم اسـتخدام (مربـع كـاي) في تحليل نتائج استجابات الفئات الثلاث للتعرف فيما كانت هناك فـروق ذات دلالـة معنويـة بـين آرائهـم في تحديد الاحتياجات التدريبية، فاذا كانت هناك فروق على كفايـة معينـة ليسـت ذات دلالـة عـدت حاجـة تدريبية من وجهة نظر الفئات الثلاث، وإن كانت ذات دلالة، فلا تعد حاجة تدريبية، أنظر جدول (٣٩)

وبعد إجراء عملية الحصر والتحليل الاحصائي عبرت نتائج الجداول لمختلف المجالات عن تحديـد الحاجات التدريبية لرؤساء الأقسام العلمية في كليات الجامعات اليمنية من وجهة نظـر العمـداء ونـوابهم، ورؤساء الأقسام العلمية أنفسهم، وأعضاء الهيئة التدريسية، وكما هو مبين في جداول المجالات وعلى النحـو الآتي:

١- حاجات التخطيط

يعرض الجدول (٢٤) الحاجات التدريبية لرؤساء الأقسام العلمية في كفايات (التخطيط) من وجهة نظر فئات العينة المبحوثة الثلاث، إذ نجد في نتائج الجدول (٢٤-أ) أن العمداء ونوابهم حددوا (٧) كفايات إدارية حاجات تدريبية لرؤساء الأقسام العلمية، بينما حدد رؤساء الأقسام العلمية في الجدول (٢٤-ب) (٤) كفايات إدارية حاجة تدريبية لهم من أصل (٨) كفايات. وفي الجدول (٢٤-ج) يأتي اعضاء الهيئة التدريسية ويحددون (٦) كفايات إدارية من أصل (٨) كفايات حاجات تدريبية لرؤساء الأقسام العلمية. واتفقت الفئات الثلاث مجتمعة على تحديد (٤) كفايات إدارية حاجات تدريبية هي (١،٢،٦،٧) وكفاية واحدة لا تمثل حاجة تدريبية هي الكفاية (٣) كما هو موضح في الجدول الآتي:

رقم الفقرة	الكفاية الإدارية	أ - وجهة نظر عمداء الكليات ونوابهم				ب- وجهة نظر رؤساء الأقسام ونوابهم				جـ- وجهة نظر أعضاء الهيئة التدريسية			
		رقم الفقرة	الوسط المرجح	الوزن المئوي	ترتيبها ضمن المجال	رقم الفقرة	الوسط المرجح	الوزن المئوي	ترتيبها ضمن المجال	رقم الفقرة	الوسط المرجح	الوزن المئوي	ترتيبها ضمن المجال
١	يضع خطة القسم بناء على إلامه سياسة الجامعية والكلية واهدافهما التربوية والتعليمية والبحثية.	١	٢.٩٣٢	٥٨.٦٧	٧	١	٢.٩٦٩	٥٩.٣٨	٤	١	٢.٩٨	٥٩.٦	٥
٢	يضع خطة مرنة للقسم لتطوير المناهج والمقررات الدراسية في ضوء الاحتياجات المستقبلية التي تخدم المجتمع المحلي.	٢	٢.٨٠٠	٥٦.٠٠	٣	٢	٢.٨٧٥	٥٧.٥٠	٣	٢	٢.٩٧٤	٥٩.٤٨	٣
٣	يطبق مبدأ الأولويات عند وضع الخطة بما يتناسب مع الإمكانيات البشرية والمادية المتاحة في القسم ضمن صلاحياته.												
٤	لديه قدرة على التنبؤ بأحتياجات القسم المتقلبة من الطاقات البشرية والتجهيزات العلمية والفنية والمادية.	٤	٢.٨٦٨	٥٧.٣٢	٥					٤	٢.٨٢٧	٥٦.٧٢	٤
٥	يجيد رسم الخطط للبرامج والنشاطات العملية والفنية التي تخدم اهداف القسم العلمي.	٥	٢.٥٢٣	٥٠.٦٧	١					٥	٢.٦٤١	٥٢.٨١	٢
٦	يوجه اعضاء الهيئة التدريسية اثناء وضع خططهم الدراسية الفصلية والسنوية وبناقشهم معهم.	٦	٢.٨٦٨	٥٧.٣٢	٦	٦	٢.٧٨١	٥٥.٦٢	٢	٦	٢.٦٢١	٥٢.٤٢	٦
٧	يمتلك الخلفية الإدارية والمالية الكافية لاعداد خطة إدارية ومحاسبية تحقق اهداف القسم.	٧	٢.٧٢٣	٥٤.٦٧	٢	٧	٢.٧١٩	٥٤.٣٤	١	٧	٢.٣٢٧	٤٦.٥٢	١
٨	يدعم محتوى الخطة للقسم بأحدث النظم الأكاديمية والإدارية وفق التوجيهات الحديثة للجامعات.	٨	٢.٨٠٠	٥٦.٠٠	٤								

ونظراً لتباين آراء كل فئة حول تحديد الحاجات التدريبية وعدم تجانسها بسبب اختلاف تقدير كل فئة من الفئات المبحوثة في تحديد الحاجات التدريبية لرؤساء الأقسام العلمية في مجال (التخطيط) تم استخدام مربع (كاي) للتعرف فيما اذا كان هناك فروق ذات دلالة معنوية بين استجابات فئات العينة الثلاث حول تحديد الحاجات التدريبية لهذا المجال. حيث أشارت نتائج الجدول (٣٩) ان هناك فروقاً غير دالة معنويا في (٥) كفايات إدارية وهي الكفايات (١،٢،٤،٦،٧) لان قيمة مربع كاي أقل من قيمته الجدولية عند مستوى دلالة (٠.٠٥) ودرجات حرية (٨) البالغة (١٥.٥١%) وقيم مربع كاي المتحصلة هي على التتالي (١٥.١١)، (١٤.٢٥١)، (١١.٥٧٩)، (٥.٠٦٢)، (١٠.٨٣٤) وبذلك عدت حاجات تدريبية لرؤساء الأقسام العلمية في مجال (التخطيط) باتفاق فئات العينة الثلاث (انظر قائمة الحاجات التدريبية) بينما جدت فروق ذات دلالة معنوية في الكفايتين (٥،٨) لأن قيمة مربع كاي أعلى من قيمته الجدولية هي على التتالي (١٨.٦٠٨) و (٢٣.٩٧١) وبذلك أصبحت لا تمثل حاجات تدريبية لرؤساء الأقسام العلمية باتفاق فئات العينة الثلاث، وكما هو مبين في الجدول الآتي:

جدول (٢٥) يمثل قيمة مربع كاي للكفايات الإدارية التي لا تمثل حاجات تدريبية في مجال (التخطيط) باتفاق فئات العينة الثلاث

رقم الكفاية	محتوى الكفاية التي لا تمثل حاجة تدريبية	قيم مربع كاي	مستوى الدلالة ٠.٠٥
٥	يجيد رسم الخطط للبرامج والنشاطات العلمية والفنية التي تخدم أهداف القسم العلمي	١٨.٦٠٨	دالة
٨	يدعم محتوى خطة القسم بأحدث النظم الأكاديمية والإدارية وفق التوجهات الحديثة للجامعات الاقليمية والدولية	٢٣.٩١٧	دالة

٢- حاجات التنظيم

يوضح الجدول (٢٦) الحاجات التدريبية لرؤساء الأقسام العلمية في كفايات (التنظيم) من وجهة نظر فئات العينة الثلاث المبحوثة حيث تشير نتائج الجدول (٢٦-أ) الى أن عمداء الكليات ونوابهم حـددوا (٥) كفايات إدارية حاجة تدريبية من أصل (٨) كفايات ادارية، بـينما رؤساء الأقسام العلميـة في نتـائج الجـدول (٢٦-ب) حـددوا كفـايتين حاجـة تدريبيـة مـن اصـل (٨) كفايـات إداريـة، ويـأتي أعضـاء الهيئـة التدريسية في نتائج الجدول (٢٤-ج) وحددوا (٥) كفايات إدارية حاجة تدريبية مـن أصـل (٨) كفايـات إدارية لرؤساء الأقسام العلمية. واتفقت الفئات الثلاث مجتمعة على تحديد كفايتين حاجة تدريبيـة هـي الكفايات (٩،١٢) اما الكفايتان (١،١٦) فلا تمثل حاجـة تدريبيـة لرؤسـاء الأقسـام العلميـة باتفـاق الفئـات الثلاث كما هو موضح في الجدول الآتي:

جال: التنظيم

الجدول (٢٦) يبين الحاجات التدريبية من وجهة نظر فئات العينات الثلاث بناءا على حدة الوسط المرجح والوزن المئوي للفقرات وترتيبها ضمن المجال

رقم الفقرة	الكفاية الادارية	أ- وجهة نظر عمداء الكليات ونوابهم				ب- وجهة نظر رؤساء الأقسام أنفسهم				جـ- وجهة نظر أعضاء الهيئة التدريسية			
		رقم الفقرة	الوسط المرجح	الوزن المئوي	ترتيبها ضمن المجال	رقم الفقرة	الوسط المرجح	الوزن المئوي	ترتيبها ضمن المجال	رقم الفقرة	الوسط المرجح	الوزن المئوي	ترتي ضم المج
٩	لديه الالمام الكافي باللوائح التنظيمية والقوانين الجامعية بما يمكنه من توضيحها لاعضاء الهيئة التدريسية في قسمه.	٩	٢.٦٦٧	٥٣.٣٣	٢	٩	٢.١٨٨	٤٣.٧٦	١	٩	٢.٩٤١	٥٨.٨٢	٤
١٠	يقوم باعداد تصور لتوزيع الاعباء التدريسية والادارية على اعضاء هيئة التدريس وحسب قابلياتهم داخل القسم.												
١١	ينظم اجتماعات مجلس القسم واللجان العلمية والمقابلات وفقاً لجدول زمني.	١١	٢.٧٣٣	٥٤.٦٧	٤					١١	٢.٩٦٧	٥٩.٣٥	٥
١٢	يعتمد نظام المعلومات في تنظيم وتبويب البيانات الخاصة باعضاء هيئة التدريس ومحاضر الاجتماعات.	١٢	٢.٥٣٣	٥٠.٦٧	١	١٢	٢.٣٤٤	٤٦.٨٨	٣	١٢	٢.٧١٩	٥٤.٣٨	١
١٣	يجيد اعداد وحفظ التقارير الفصلية والسنوية والدراسية والادارية والمالية بداخل القسم.												
١٤	ينظم عملية الرد على المذكرات والمراسلات الرسمية المتعلقة بالقضايا الاكاديمية والادارية بالقسم العملي في مواعيدها المحددة.	١٤	٢.٦٦٧	٥٣.٣٣	٣					١٤	٢.٩٠٤	٥٩.٠٨	٣
١٥	لديه مهارة في تحديد وتوصيف الوظائف المنوطة باعضاء القسم.	١٥	٢.٨٦٧	٥٧.٣٣	٥					١٥	٢.٨٨٣	٥٧.٦٥	٢
١٦	يرفع توصيات مجلس القسم الى مجلس الكلية بامانة وموضوعية.												

ونظراً لتباين آراء الفئات الثلاث حول تحديد الحاجات التدريبية، وعدم تجانسها بسبب اختلاف كل فئة في تحديد الحاجات التدريبية لرؤساء الأقسام العلمية في مجال التنظيم، تم استخدام مربع (كاي) للتعرف فيما اذا كانت الفروق ذات دلالة معنوية بين آراء استجابات فئات العينة الثلاث، حيث أشارت نتائج الجدول (٣٩) أن هناك فروقاً غير دالة معنويا في (٣) كفايات إدارية هي الكفايات (٩،١٢،١٥) لان قيمة مربع كاي أقل من قيمته الجدولية عند مستوى دلالة (٠.٠٥) ودرجات حرية (٨) وقيم مربع كاي المتحصلة هي على التتالي (٩.٨٨٥) و (٣.٣١٠) و (٤.٣٠٥) وبذلك عدت حاجات تدريبية لرؤساء الأقسام العلمية باتفاق فئات العينة الثلاث في مجال (التنظيم) (انظر قائمة الحاجات التدريبية) بينما وجدت فروق ذات دلالة معنوية في الكفايتين (١١،١٤) لان قيمة مربع كاي أعلى من قيمته الجدولية وهي على التتالي (١٦.٦٩٠) و (٢٥.٣٠٥) وبذلك أصبحت لا تمثل حاجات تدريبية لرؤساء الأقسام العلمية باتفاق فئات العينة الثلاث وكما هو مبين في الجدول الآتي:

جدول (٢٧) يمثل قيمة مربع كاي للكفايات الإدارية التي لا تمثل حاجات تدريبية في مجال (التنظيم) باتفاق فئات العينات الثلاث

رقم الكفاية	محتوى الكفاية التي لا تمثل حاجة تدريبية	قيم مربع كاي	مستوى الدلالة ٠.٠٥
١١	ينظم اجتماعات مجلس القسم واللجان العلمية والمقابلات وفقا لجدول زمني.	١٦.٦٩٠	دال
١٤	تنظم عملية الرد على المذكرات والمراسلات الرسمية المتعلقة بالقضايا الاكاديمية والإدارية في القسم العلمي في مواعدها المحددة.	٢٥.٣٠٥	دال

٣- حاجات القيادة:

يبين الجدول (٢٨) الحاجات التدريبة لرؤساء الأقسام العلمية في كفايات (القيادة) من وجهة نظر فئات العينة الثلاثة المبحوثة حيث تشير نتائج الجدول (٢٨-أ) الى أن عمداء الكليات ونوابهم حددوا (٥) كفايات حاجات تدريبية من أصل (١١) كفاية إدارية. وفي الجدول (٢٨-ب) حدد رؤساء الأقسام العلمية أيضا (٥) كفايات حاجات تدريبية من أصل (١١) كفاية إدارية. بينما في الجدول (٢٨-ج) يأتي أعضاء الهيئة التدريسية ويحددون (٩) كفايات إدارية لرؤساء الأقسام العلمية. واتفقت فئات العينة الثلاث في تحديد كفايتين حاجة تدريبية وهي الكفاية (٢٣،١٨) اما الكفايتان (١٩،٢٥) فلا تمثل حاجة تدريبية لرؤساء الأقسام العلمية في مجال (القيادة) وكما هو مبين في الجدول الآتي:

جدول يوضح الكفاءات الادارية وترتيبها ضمن المجال

رقم الفقرة	الكفاءة الادارية	أ- وجهة نظر عمداء الكليات ونوابهم				ب- وجهة نظر رؤساء الأقسام أنفسهم				جـ- وجهة نظر أعضاء الهيئة التدريسية			
		رقم الفقرة	الوسط المرجح	الوزن المئوي	ترتيبها ضمن المجال	رقم الفقرة	الوسط المرجح	الوزن المئوي	ترتيبها ضمن المجال	رقم الفقرة	الوسط المرجح	الوزن المئوي	ترتيبها ضمن المجال
١٧	يمتلك الصلاحيات القيادية كالقيادة والمرونة والابتكار داخل القسم.	١٧	٢.٩٤٣	٥٨.٦٧	٤					١٧	٢.٨٨٢	٥٧.٦٥	٤
١٨	يدير جلسات القسم واللجان العلمية وحلقات السمنار وفق اسلوب ديمقراطي.	١٨	٢.٩١٧	٥٧.٣٣	٢	١٨	٢.٩٦٨	٥٩.٣٨	٤	١٨	٢.٩٢٨	٥٨.٥٦	٦
١٩	يعالج الشكاوى والمشكلات الادارية في داخل القسم بهمة واقتدار.												
٢٠	يمثل قسمه بتميز علمي في المؤتمرات العلمية والمحلية والاقليمية والدولية.					٢٠	٢.٧٥٠	٥٥.٠٠	١	٢٠	٢.٧٩٧	٥٥.٩٥	١
٢١	يخلق تواصل علمي بين اعضاء الهيئة التدريسية واعضاء قسمه واعضاء الاقسام الاخرى.					٢١	٢.٨٤٤	٥٦.٨٨	٢	٢١	٢.٦٠٢	٥٢.٠٣	٢
٢٢	لديه القدرة على ايجاد التعاون والتنسيق بين اعضاء قسمه واعضاء الاقسام الاخرى.					٢٢	٢.٩٠٦	٥٨.١٣	٣	٢٢	٢.٥٦٢	٥١.٢٤	٢
٢٣	يولي اهتمام بعنصر الزمن ويستثمر الوقت استثمار امثل.	٢٣	٢.٨١٧	٥٧.٣٣	٣	٢٣	٢.٩٢٩	٥٩.٣٨	٥	٢٣	٢.٩١٥	٥٨.٢٠	٦
٢٤	يعمل على ايجاد روح الفريق الواحد بين اعضاء هيئة التدريس داخل القسم.	٢٤	٢.٨٠٠	٥٦.٠٠	١					٢٤	٢.٩٦٧	٥٩.٣٥	٨
٢٥	يبدي اعتمادا بالعمل وورقة في انجازه وتطويره.												
٢٦	يعمل على ترسيخ القيم والتقاليد والاعراف الجامعية لدى منتسبي القسم والكلية.									٢٦	٢.٨٨٩	٥٧.٧٨	٥
٢٧	تتوفر فيه مهارة الاشراف الاكاديمي على البحوث العلمية داخل القسم وخارجه.	٢٧	٢.٩٤٣	٥٨.٦٧	٥					٢٧	٢.٩٢٥	٥٨.٤٩	٧

ومن خلال الجدول المذكور نجد أن آراء فئات العينة الثلاث قد تباينت حول تحديد الحاجات التدريبية، وعدم تجانسها بسبب اختلاف تقدير كل فئة من الفئات الثلاثة المبحوثة في تحديد الحاجات التدريبية لرؤساء الأقسام العلمية في مجال (القيادة)، ولذلك تم استخدام مربع كاي للتعرف إن كانت هناك فروق ذات دلالة معنوية بين استجابات فئات العينة الثلاث، إذ أشارت نتائج الجدول (٣٩) أن هناك فروقا غير دالة معنويا في (٨) كفايات إدارية، وهي الكفايات (١٧،١٨،٢٠، ٢١،٢٣،٢٤،٢٦،٢٧) لان قيمة مربع كاي أقل من قيمته الجدولية عند مستوى دلالة (٠.٠٥) ودرجات حرية (٨) حيث أن القيم المتحصلة لمربع كاي هي على التتالي (٨.٩٤٧) و (٦.٧٧٣) و (٤.٧٦٤) و (١٤.٢٠٧) و (٩.٧٢٩) و (٥.٣٦٥) و (١,٩٩٩) و (٩.٣٦١) وبذلك عدت حاجات تدريبية لرؤساء الأقسام العلمية في مجال (القيادة) باتفاق فئات العينة الثلاث (انظر قائمة الحاجات التدريبية) بينما وجدت فروق ذات دلالة معنوية في الكفاية (٢٢) لأن قيمة مربع كاي أعلى من قيمته الجدولية حيث كانت المتحصلة (١٦.١٩٥) وبذلك أصبحت لا تمثل حاجة تدريبية باتفاق فئات العينة الثلاث، وكما هو موضح في الجدول الآتي:

جدول (٢٩) يمثل قيمة مربع كاي للكفايات الإدارية التي لا تمثل حاجات تدريبية في مجال (القيادة) باتفاق فئات العينة الثلاث

رقم الكفاية	محتوى الكفاية التي لا تمثل حاجة تدريبية	قيم مربع كاي	مستوى الدلالة ٠.٠٥
٢٢	لديه القدرة على ايجاد التعاون والتنسيق بين اعضاء قسمه وأعضاء الاقسام الاخرى.	١٦.١٩٥	دال

٤- حاجات النمو العلمي والمهني

تظهر نتائج الجدول (٣٠) تحديد الحاجات التدريبية لرؤساء الأقسام العلمية في مجال (النمو العلمي والمهني) من وجهة نظر فئات العينة الثلاث والجدول (٣٠-أ) تبين نتائجه بأن عمداء الكليات ونوابهم حددوا (٦) كفايات إدارية حاجة تدريبية من أصل (١٠) كفايات، أما نتائج الجدول (٣٠-ب) فتظهر أن رؤساء الأقسام العلمية حددوا (١٠) كفايات حاجة تدريبية من أصل (١٠) كفايات. بينما في الجدول (٣٠-ج) يأتي أعضاء الهيئة التدريسية فيحددون (٩) كفايات حاجة تدريبية من أصل (١٠) كفايات إدارية لرؤساء الأقسام العلمية. واتفقت فئات العينة الثلاث مجتمعة في تحديد (٦) كفايات إدارية حاجة تدريبية من أصل (٨) كفايات إدارية وهي (٣٠،٣١،٣٣،٣٤،٣٦،٣٧) وكما هو مبين في الجدول الآتي:

... الوسط المرجح والوزن المئوي للفقرات وترتيبها ضمن المجال

رقم الفقرة	الكفاية الادارية	أ- وجهة نظر عمداء الكليات ونوابهم				ب- وجهة نظر رؤساء الأقسام أنفسهم				ج- وجهة نظر أعضاء الهيئة التدريسية			
		رقم الفقرة	الوسط المرجح	الوزن المئوي	ترتيبها ضمن المجال	رقم الفقرة	الوسط المرجح	الوزن المئوي	ترتيبها ضمن المجال	رقم الفقرة	الوسط المرجح	الوزن المئوي	ترتيبها ضمن المجال
٢٨	يحرص على توفير المهارات البحثية والتدريبية للاعضاء داخل القسم وخارجه.					٢٨	٢.٢٥٠	٤٥.٠٠	١	٢٨	٢.٥٨٢	٥١.٦٣	٧
٢٩	يحفز اعضاء الهيئة التدريسية الجدد بالالتحاق بالدورات التدريبية حسب حاجاتهم المهنية.					٢٩	٢.٤٤٠	٤٨.٧٥	٥	٢٩	٢.٥٠٣	٥٠.٦٠	٦
٣٠	يحرص على استغلال فرص النمو العلمي والمهني لاعضاء الهيئة التدريسية من خلال المشاركة في المؤتمرات والندوات المحلية والدولية.	٣٠	٢.٨٠٠	٥٦.٠٠	٤	٣٠	٢.٦٢٥	٥٢.٥٠	٧	٣٠	٢.٤٢٥	٤٨.٤٩	٥
٣١	يوفر لاعضاء الهيئة التدريسية امكانيات البحث العلمي من اجل الحصول على الترقيات العلمية.	٣١	٢.٦٦٧	٥٣.٣٣	٣	٣١	٢.٣٤٤	٤٦.٨٨	٢	٣١	٢.٤٠٥	٤٨.١٠	٤
٣٢	ينشط حركة البحث العلمي والتأليف والترجمة بين اعضاء هيئة التدريس.					٣٢	٢.٤٠٦	٤٨.١٣	٣				
٣٣	يعمل على توفير مصادر لتمويل البحث العلمي في قسمه.	٣٣	٢.٣٣٣	٤٦.٦٧	١	٣٣	٢.٨٧٥	٧٥.٥٠	٩	٣٣	٢.٠٣٢	٤٠.٦٥	١
٣٤	يعمل على دعم مكتبة القسم باحدث المراجع والمجلات والدوريات العلمية العربية والاجنبية.	٣٤	٢.٣٣٣	٤٦.٦٧	٢	٣٤	٢.٥٠٠	٥٠.٠٠	٦	٣٤	٢.٢٠٩	٤٤.١٨	٣
٣٥	يعمل على توفير احدث الاجهزة والادوات اللازمة للعملية التعليمية داخل القسم.					٣٥	٢.٣٤٤	٤٦.٨٨	٤	٣٥	١.٩٩٣	٣٩.٨٧	٩
٣٦	يعمل على تحديث اساليب طرق التدريس والارشاد التربوي داخل القسم.	٣٦	٢.٨٦٧	٥٧.٣٣	٥	٣٦	٢.٦٥٦	٥٣.١٣	٨	٣٦	٢.١٧٦	٤٣.٥٣	٢
٣٧	يعلم اعضاء هيئة التدريس بنشاطات الادارات العليا بالجامعة ومستحدثات القسم في الوقت المناسب.	٣٧	٢.٨٦٧	٥٧.٣٣	٦	٣٧	٢.٧٨١	٥٥.٦٣	١٠	٣٧	١.٧٩٧	٥٥.٩٥	٨

ويتضح من نتائج الجدول أن آراء كل فئة قد تباينت حول تقدير كل فئة للحاجات التدريبية لرؤساء الأقسام العلمية في مجال (النمو العلمي والمهني) ولذلك استخدم مربع كاي للتعرف إذا كان هناك فروق ذات دلالة معنوية بين استجابات فئات العينة الثلاث في تحديد الاحتياجات التدريبية في هذا المجال. وقد أشارت نتائج الجدول (٣٩) أن هناك فروقاً غير دالة معنويا في (٦) كفايات إدارية، وهي الكفايات (٣٦،٣٥،٣٤،٣٣،٣١،٢٩) لأن قيمة مربع كاي أقل من قيمته الجدولية عند مستوى (٠.٠٥) ودرجات حرية (٨) حيث أن قيمة مربع كاي المتحصلة هي على التتالي (١٣.٤٨٩) و (٩.٨٩٠) و (١٢.٦٣٣) و (٦.٦٠٣) و (١٢.٩٣٩) و (١١.٠٨٣) وبذلك عدت حاجات تدريبية لرؤساء الأقسام العلمية في مجال (النمو العلمي والمهني) باتفاق فئات العينة الثلاث (انظر قائمة الحاجات التدريبية) بينما وجدت فروق ذات دلالة معنوية في (٤) كفايات هي (٣٧،٣٢،٣٠،٢٨) لان قيمة مربع كاي أعلى من قيمته الجدولية وهي على التتالي (١٧.٧٩١) و (١٦.٠٢٥) و

(١٩.٢٦٥) و (١٦.٥١٤) وبذلك أصبحت لا تمثل حاجات تدريبية، وكما هو موضح في الجدول الآتي:

جدول (٣١) يمثل قيمة مربع كاي للكفايات الإدارية التي لا تمثل حاجات تدريبية في مجال (النمو العلمي والمهني) باتفاق فئات العينات الثلاث

رقم الكفاية	محتوى الكفاية التي لا تمثل حاجة تدريبية	قيم مربع كاي	مستوى الدلالة ٠.٠٥
٢٨	يحرص على توفير المهارات البحثية والتدريبية لأعضاء داخل القسم وخارجه.	%١٧.٧٩	داله
٣٠	يحرص على استغلال فرص النمو العلمي والمهني لأعضاء الهيئة التدريسية من خلال المشاركة في المؤتمرات والندوات المحلية والدولية.	%١٦.٠٢٥	دال
٣٢	ينشط حركة البحث العلمي والتأليف والترجمة بين أعضاء هيئة التدريس.	%١٩.٢٦٥	دال
٣٧	يعلم أعضاء هيئة التدريس بنشاطات الادارات العليا بالجامعة ومستحدثات القسم في الوقت المناسب.	%١٦.٥١٤	داله

٥- مجال العلاقات الإنسانية

تبين نتائج الجدول (٣٢) الحاجات التدريبية لرؤساء الأقسام العلمية في مجال العلاقات الإنسانية من وجهة نظر فئات العينة الثلاث. حيث تظهر نتائج الجدول (٣٢-أ) أن عمداء الكليات ونوابهم حددوا (٣) كفايات حاجة تدريبية من أصل (٩) كفايات إدارية، بينما نجد في الجدول (٣٢-ب) رؤساء الأقسام العلمية يحددون كفاية واحدة فقط من أصل (٩) كفايات إدارية ويأتي الجدول (٣٢-ج) فتظهر نتائجه أن أعضاء الهيئة التدريسية حددوا (٥) كفايات حاجة تدريبية من أصل (٩) كفايات إدارية حاجات تدريبية لرؤساء الأقسام العلمية. واتفقت فئات العينة الثلاث على أن الكفايات (٣٩،٤٠،٤٢،٤٣) لا تمثل حاجة تدريبية لرؤساء الأقسام العلمية في مجال العلاقات الإنسانية وكما هو موضح في الجدول الآتي:

جال: العلاقات الانسانية

الجدول (٣٢) يبين الحاجات التدريبية من وجهة نظر فئات العينات الثلاث بناءا على حدة الوسط المرجح والوزن المئوي للفقرات وترتيبها ضمن المجال

رقم الفقرة	الكفاية الادارية	أ- وجهة نظر عمداء الكليات ونوابهم				ب- وجهة نظر رؤساء الأقسام أنفسهم				جـ- وجهة نظر أعضاء الهيئة التدريسية			
		رقم الفقرة	الوسط المرجح	الوزن المئوي	ترتيبها ضمن المجال	رقم الفقرة	الوسط المرجح	الوزن المئوي	ترتيبها ضمن المجال	رقم الفقرة	الوسط المرجح	الوزن المئوي	ترتيـ ضمـ المجـ
٣٨	يعمل على توطيد العلاقات الانسانية بين اعضاء الهيئة التدريسية والطلاب داخل القسم.	٣٨	٢.٩٣٣	٥٨.٦٧	٣					٣٨	٢.٨٧٦	٥٧.٥٢	٥
٣٩	يحرص على السمعة الاكاديمية لاعضاء هيئة التدريس بالقسم.												
٤٠	يشعر العاملين معه بانه واحدا منهم وليس مسلطاً عليهم.												
٤١	يعمل على خلق مناخ تنظيمي واكاديمي يسوده الود والتعاون الانساني بين الاعضاء داخل القسم.					٤١	٢.٨٧٥	٥٧.٥٠	١	٤١	٢.٧٩٧	٥٥.٩٥	٣
٤٢	يتسم بالعدالة في التعامل مع اعضاء هيئة التدريس ومعاونيهم داخل القسم.												
٤٣	يتعامل مع اعضاء هيئة التدريس بروح الفريق الواحد بما يحقق التوازن بين اهداف القسم وحاجات العاملين.												
٤٤	يمتلك القدرة على كسب اعضاء القسم واثارة الدافعية والحماس لديهم لمصلحة العمل.	٤٤	٢.٨٠٠	٥٦.٠٠	١					٤٤	٢.٨٥٦	٥٧.١٢	٤
٤٥	يدافع بموضوعية عن حقوق اعضاء الهيئة التدريسية لدى الجهات الادارية العليا.									٤٥	٢.٣٦٦	٤٧.٣٢	١
٤٦	يتغلب على الصراعات السلبية (الحزبية وغيرها) بين الاعضاء ويحسمها للصالح العام.	٤٦	٢.٨٦٧	٥٧.٣٣	٢					٤٦	٢.٧٢٥	٥٤.٥١	٢

وقد أوضحت نتائج الجدول أن هناك اختلافا في وجهات النظر بين فئات العينات الثلاث حول تقدير كل فئة للحاجات التدريبية لرؤساء الأقسام في مجال (العلاقات الإنسانية) وباستخدام مربع كاي للتعرف على الفروق ذات الدلالة المعنوية بين استجابات الفئات الثلاث في تحديد الحاجات التدريبية. اتضح من خلال الجدول (٣٩) أن هناك فروقاً غير دالة معنوياً في (٥) كفايات إدارية هي الكفايات (٣٨،٤١،٤٤،٤٥،٤٦) لأن قيمة مربع كاي أقل من قيمته الجدولية عند مستوى دلالة (٠.٠٥) ودرجات حرية (٨) حيث أن قيم مربع كاي المتحصلة هي على التتالي (١٢.٧٧٤) و (٤.٧٧٩) و (٥.٥٢٣) و (١٤.٦٩٢) و (٨.٧٠٠) وبذلك عدت حاجات تدريبية لرؤساء الأقسام العلمية في مجال (العلاقات الإنسانية) باتفاق الفئات الثلاث (انظر قائمة الحاجات التدريبية)، ولا توجد فروق دالة معنوياً بين استجابات فئات العينة في هذا المجال.

٦- مجال التقويم والمتابعة

يوضح الجدول (٣٣) الحاجات التدريبية لرؤساء الأقسام العلمية في مجال (التقويم والمتابعة) من وجهة نظر فئات العينة الثلاثة، فقد أظهرت نتائج الجدول (٣٣-أ) أن عمداء الكليات ونوابهم حددوا (٣) كفايات حاجة تدريبية من أصل (٧) كفايات إدارية. والجدول (٣٣-ب) أظهرت نتائجه أن رؤساء الأقسام العلمية حددوا كفاية واحدة فقط حاجة تدريبية من أصل (٧) كفايات إدارية، بينما في الجدول (٣٣-ج) حدد أعضاء الهيئة التدريسية (٦) كفايات حاجة تدريبية من أصل (٧) كفايات إدارية. واتفقت فئات العينة الثلاث على كفاية واحدة تمثل حاجة تدريبية هي الكفاية (٥٠) واتفقوا أيضا على الكفاية (٤٧) وهي لا تمثل حاجة تدريبية لرؤساء الأقسام العلمية وكما هو مبين في الجدول الآتي :

جال: التقويم والمتابعة

الجدول (٣٣) يبين الحاجات التدريبية من وجهة نظر فئات العينات الثلاث بناءا على حدة الوسط المرجح والوزن المئوي للفقرات وترتيبها ضمن المجال

رقم الفقرة	الكفاية الادارية	أ- وجهة نظر عمداء الكليات ونوابهم				ب- وجهة نظر رؤساء الأقسام أنفسهم				جـ- وجهة نظر أعضاء الهيئة التدريسية			
		رقم الفقرة	الوسط المرجح	الوزن المئوي	ترتيبها ضمن المجال	رقم الفقرة	الوسط المرجح	الوزن المئوي	ترتيبها ضمن المجال	رقم الفقرة	الوسط المرجح	الوزن المئوي	ترتي ضم المج
٤٧	يتابع تنفيذ خطط اعضاء هيئة التدريس ونتائج المهام الموكلة اليهم.												
٤٨	يعتمد المعايير الموضوعية في تقويم اعمال القسم.									٤٨	٢.٩٥٤	٥٩.٠٨	٦
٤٩	يعتمد مبدأ المقارنة بين المخطط والمنجز في تقويم أداء اعمال القسم.	٤٩	٢.٩٣٣	٥٨.٦٧	٢					٤٩	٢.٦٩٩	٥٣.٩٩	٤
٥٠	يطلع اعضاء الهيئة التدريسية على نتائج تقويمهم الاكاديمية والادارية.	٥٠	٢.٨٠٠	٥٦.٠٠	١	٥٠	٢.٩٠٦	٥٨.١٣	١	٥٠	٢.٣٤٦	٤٦.٩٣	١
٥١	يتابع بانتظام سير المهام التعليمية والبحثية في قسمه.									٥١	٢.٦٠١	٥٢.٠٣	٣
٥٢	يوظف وسائل الحديثة في تقويم التحصيل المعرفي للطلاب.	٥٢	٢.٩٣٢	٥٨.٦٧	٣					٥٢	٢.٤٠٥	٤٨.١٠	٢
٥٣	لديه قدرة على تقويم الابحاث العلمية في مجال التخصص القسم.									٥٣	٢.٨١٧	٥٦.٣٤	٥

ونلاحظ أن نتائج الجداول تشير إلى أن هناك تبايناً بين آراء فئات العينة الثلاث حول تقدير كل فئة للحاجات التدريبية اللازمة لرؤساء الأقسام العلمية في مجال التقويم والمتابعة. وباستخدام مربع كاي للتعرف فيما إذا كانت هناك فروق ذات دلالة معنوية بين آراء استجابات فئات العينة الثلاث حول تحديد الاحتياجات التدريبية. أشارت نتائج الجدول (٣٩) ان هناك فروقاً ليست دالة معنويا في (٤) كفايات إدارية هي الكفايات (٤٨،٥٠،٥١،٥٢) لان قيمة مربع كاي كان أقل من القيمة الجدولية. حيث أن قيمة مربع كاي المتحصلة لهذه الكفايات هي على التتالي (٦.٦٨١) و (١٢،٣٦١) و (١٣.١٢٣) و (١٣.١٩٩) وبذلك عدت حاجات تدريبية لرؤساء الأقسام العلمية في مجال (التقويم والمتابعة) باتفاق فئات العينة الثلاث (انظر قائمة الحاجات التدريبية) بينما وجدت فروق دالة معنويا في الكفاتين (٥٣.٤٩) لان قيمة مربع كاي أعلى من الجدولية والتي هي على التتالي (١٥.٦٣) و (٢٤.٤٤٩) وبذلك أصبحت لا تمثل حاجات تدريبية باتفاق فئات العينة الثلاث، وكما هو موضح في الجدول الاتي:

جدول (٣٤) يمثل قيم مربع كاي للكفايات الإدارية التي لا تمثل حاجات تدريبية لرؤساء الأقسام العلمية في مجال (التقويم والمتابعة) باتفاق الفئات الثلاث

رقم الكفاية	محتوى الكفاية التي لا تمثل حاجة تدريبية	قيم مربع كاي	مستوى الدلالة ٠.٠٥
٤٩	يعتمد مبدأ المقارنة بين المخطط والمنجز في تقويم أداء أعمال القسم.	١٥.٦٣	دال
٥٣	لدية قدرة على تقويم الأبحاث العلمية في مجال تخصص القسم.	٢٤.٤٤٩	دال

٧- مجال اتخاذ القرار

توضح نتائج الجدول (٣٥) الحاجات التدريبية لرؤساء الأقسام العلمية في مجال اتخاذ القرار من وجهة نظر فئات العينات الثلاث.

حيث أظهرت نتائج الجدول (٣٥-أ) أن عمداء الكليات ونوابهم حددوا (٣) كفايات حاجات تدريبية من أصل (٧) كفايات إدارية، بينما في الجدول (٣٥-ب) حدد رؤساء الأقسام العلمية كفاية واحدة فقط من أصل (٧) كفايات إدارية. ويأتي أعضاء الهيئة التدريسية في نتائج الجدول (٣٥-ج) فيحددون (٦) كفايات حاجة تدريبية من أصل (٧) كفايات إدارية، واتفقت فئات العينة الثلاث على اعتبار الكفايات (٥٤،٥٥،٥٦،٦٠) لا تمثل حاجات تدريبية لرؤساء الأقسام العلمية وكما هو موضح في الجدول الآتي:

مجال: اتخاذ القرار

الجدول (٣٥) يبين الحاجات التدريبية من وجهة نظر فئات العينات الثلاث بناءا على حدة الوسط المرجح والوزن المئوي للفقرات وترتيبها ضمن المجال

رقم الفقرة	الكفاية الادارية	أ- وجهة نظر عمداء الكليات ونوابهم				ب- وجهة نظر رؤساء الأقسام أنفسهم				جـ- وجهة نظر أعضاء الهيئة التدريسية			
		رقم الفقرة	الوسط المرجح	الوزن المئوي	ترتيبها ضمن المجال	رقم الفقرة	الوسط المرجح	الوزن المئوي	ترتيبها ضمن المجال	رقم الفقرة	الوسط المرجح	الوزن المئوي	ترتي ضم المج
٥٤	يشرك اعضاء الهيئة التدريسية في اتخاذ القرارات وتعليمات القسم.									٥٥	٢.٩١٥	٥٨.٣٠	٣
٥٥	يعتمد الخطوات العلمية في صنع القرارات الادارية على مستوى القسم.	٥٥	١.٠٠٠	٢٠.٠٠	١								
٥٦	يحرص على الوضوح والدقة في صياغة قرارات القسم.												
٥٧	يتبني القرارات السلمية التي صدرت بالاغلبية في مجلس القسم .												
٥٨	يحرص على توفير المعلومات الكافية التي تساعد على اتخاذ القرارات الرشيدة داخل القسم.	٥٨	١.٠٠٠	٢٠.٠٠	٢					٥٨	٢.٨٧٦	٥٧.٥٢	١
٥٩	يعتمد اسلوب الدليل الانسب من بين البدائل المقترحة في اتخاذ قرارات القسم.	٥٩	١.٠٠٠	٢٠.٠٠	٣					٥٩	٢.٨٦٩	٥٧.٣٩	٢
٦٠	ينفذ بدقة ووضوح قرارات وتوصيات مجالس القسم والكلية والجامعة .												

وتوضح نتائج الجداول أن هناك اختلافاً في وجهات النظر بين الفئات الثلاث حول تقدير الحاجات التدريبية لرؤساء الأقسام العلمية في مجال (اتخاذ القرار) وباستخدام مربع كاي للتعرف على الفروق ذات الدلالة المعنوية بين آراء الفئات الثلاث في تحديد الاحتياجات التدريبية لرؤساء الأقسام العلمية. أشارت نتائج الجدول (٣٩) أن هناك فروقاً ليست دالة معنوياً في كفايتين هي (٥٩،٥٥) لان قيمة مربع كاي أقل من قيمته الجدولية عند مستوى دلالة (٠.٠٥) ودرجة حرية (٨) حيث أن قيم مربع كاي المتحصلة على التتالي (١٤.٥٤٠) و (١٠.٥٦٨) وبذلك عدت حاجة تدريبية لرؤساء الأقسام العلمية باتفاق فئات العينة الثلاث. أما الكفاية (٥٨) فقد وجد فروق دالة معنويا، لأن قيمة مربع كاي كان أعلى من قيمته الجدولية والقيمة المتحصلة لمربع كاي هي (١٧.١٥٣) ولذلك أصبحت لا تعد حاجة تدريبية باتفاق الفئات الثلاث، كما هو مبين في الجدول الآتي:

جدول (٣٦) يمثل قيم كاي للكفايات الإدارية التي لا تمثل حاجات تدريبية لرؤساء الأقسام العلمية في مجال اتخاذ القرار باتفاق آراء فئات العينة الثلاث.

رقم الكفاية	محتوى الكفاية التي لا تمثل حاجة تدريبية	قيم مربع كاي	مستوى الدلالة ٠.٠٥
٥٨	يحرص على توفير المعلومات الكافية التي تساعد على اتخاذ القرارات الرشيدة داخل القسم.	١٧.١٥٣	دال

٨- مجال شؤون الطلبة

تشير نتائج الجدول (٣٧) الى الحاجات التدريبية لرؤساء الأقسام العلمية في مجال شؤون الطلبة من وجهة نظر فئات العينة الثلاث، حيث توضح نتائج الجدول (٣٧-أ) أن عمداء الكليات ونوابهم حددوا (٦) كفايات حاجة تدريبية من أصل (٨) كفايات إدارية. بينما في الجدول (٣٧-ب) حدد رؤساء الأقسام العلمية ايضا (٦) كفايات حاجة تدريبية من أصل (٨) كفايات إدارية. أما نتائج الجدول (٣٧-ج) فأظهرت بأن أعضاء الهيئة التدريسية حددوا (٧) كفايات حاجة تدريبية من أصل (٨) كفايات إدارية. واتفقت فئات العينة الثلاث على اعتبار الكفايات (٦١،٦٢،٦٣،٦٦،٦٧) حاجات تدريبية. بينما عدوا الكفاية (٦٨) بأنها لا تعد حاجة تدريبية، وكما هو مبين في الجدول الاتي:

جال: شؤون الطلبة

الجدول (٣٧) يبين الحاجات التدريبية من وجهة نظر فئات العينات الثلاث بناءا على حدة الوسط المرجح والوزن المئوي للفقرات وترتيبها ضمن المجال

رقم الفقرة	الكفاية الادارية	أ- وجهة نظر عمداء الكليات ونوابهم				ب- وجهة نظر رؤساء الأقسام أنفسهم				جـ- وجهة نظر أعضاء الهيئة التدريسية			
		رقم الفقرة	الوسط المرجح	الوزن المئوي	ترتيبها ضمن المجال	رقم الفقرة	الوسط المرجح	الوزن المئوي	ترتيبها ضمن المجال	رقم الفقرة	الوسط المرجح	الوزن المئوي	ترتيـ ضمـ المجـ
٦١	يلم بمستحدثات انظمة القبول والتسجيل في الجامعات الاقليمية والعالمية.	٦١	٢.٦٦٧	٥٣.٣٣	٢	٦١	٢.٨١٣	٥٦.٢٥	٤	٦١	٢,٦٦٠	٥٣.٦٣	٥
٦٢	يساهم في تحديد معايير القبول الطلاب الجدد في القسم.	٦٢	٢.٦٦٧	٥٣.٣٣	٣	٦٢	٢.٦٢٥	٥٢.٥٢	٣	٦٢	٢.٥٨٢	٥١.٦٣	٤
٦٣	يقابل الطلبة الجدد ويطلعهم على سياسة القسم والالتزام بها.	٦٣	٢.٣٣٣	٦٦.٧٨	١	٦٣	٢.٠٧٥	٥٥.٠٠	١	٦٣	٢.٤٢٥	٤٨.٠٥	٢
٦٤	يحسن ترشيح الطلبة المتميزين علمياً في برنامج الدراسات العليا في القسم ويتبناها.					٦٤	٢.٩٣٨	٥٨.٧٥	٦				
٦٥	يشرف على اعداد وحفظ السجلات الاكاديمية لطلاب القسم واصدار وثائق النجاح والتخرج.	٦٥	٢.٩٦٧	٧٥.٣٣	٦								
٦٦	يشارك طلاب القسم في برمجة الانشطة الثقافية والعلمية والرياضية والترفيهية.	٦٦	٢.٧٣٣	٥٤.٦٧	٤	٦٦	٢.٠٧٥	٥٥.٠٠	٢	٦٦	٢.٤٦٤	٤٩.٢٨	٣
٦٧	يحسن تعيين مرشداً تربويا واكاديميا للقسم ويشجع الطلاب على مراجعته.	٦٧	٢.٧٣٣	٥٤.٦٧	٥	٦٧	٢,٦٨٨	٥٣.٧٥	٥	٦٧	٢.٤٠٥	٤٨.١٠	١
٦٨	يعالج مشاكل الطلاب الدراسية والاجتماعية والدراسية برحابة صدر.												

ونظرا لتباين آراء كل فئة حول تحديد الحاجات التدريبية، وعدم تجانسها بسبب اختلاف تقدير كل فئة في تحديد الحاجات التدريبية لرؤساء الأقسام العلمية في مجال (شؤون الطلبة)، استخدام مربع كاي للتعرف فيما اذا كانت هناك فروق ذات دلالة معنوية بين استجابات فئات العينة الثلاث في تحديد الحاجات التدريبية. إذ أشارت نتائج الجدول (٣٩) الى أن هناك فروقاً غير دالة معنويا في (٧) كفايات إدارية، هي الكفايات (٦٧،٦٦،٦٥،٦٤،٦٣،٦٢،٦١). لأن قيمة مربع كاي أقل من قيمته الجدولية، حيث إن القيمة المتحصلة لمربع كاي هي على التتالي (٥.٤٥٩) و(١٠.٥٦٨) و (٣.٧٥١) و(١١.٢٢١) و (٨.٨٧٢) و(٨.٥٦٠) و(٨.٠٦٥) وبذلك عدت حاجات تدريبية لرؤساء الأقسام العلمية في مجال (شؤون الطلبة) باتفاق فئات العينة الثلاث ولا توجد فروق دالة معنويا في تحديد الحاجات التدريبية في هذا المجال.

- تحديد عدد الحاجات التدريبية وترتيبها ضمن المجال من وجهة نظر فئات العينة الثلاث:

أ- وجهة نظر العمداء ونوابهم

ولمزيداً من التوضيح والاستفادة، قام الباحث في الجداول (أ،ب،ج من الجدول ٣٨) بتحديد عدد الحاجات التدريبية وترتيبها ضمن المجال من وجهات نظر عمداء الكليات ونوابهم، ورؤساء الأقسام العلمية، وأعضاء الهيئة التدريسية وكما هي: وجهة نظر عمداء الكليات ونوابهم: نجد في الجدول (٣٨-أ) ان العمداء ونوابهم حددوا (٣٨) كفاية حاجة تدريبية من أصل (٦٨) كفاية إدارية أي بنسبة (٥٥.٨٨%) موزعة على المجالات الثمانية كافة، وقد تم ترتيب المجالات بحسب نسبة عدد فقرات كل مجال إلى إجمالي فقرات المجالات كافة. واتضح أنه من وجهة نظر العمداء ونوابهم احتل مجال التخطيط المرتبة الأولى في النقص الكفائي الجزئي، إذ كان عدد الحاجات التدريبية المطلوبة في (٨) كفايات إدارية من أصل (٣٨) كفاية إدارية، وتمثل نسبة (١٨.٤٢%) وجاء بالمرتبة الثانية والثالثة مجال النمو العلمي والمهني وشؤون الطلبة، إذ بلغت (٦) كفايات من أصل إجمالي الكفايات، وبنسبة (١٥.٨٧%) وتقاسم المرتبة الرابعة والخامسة مجال التنظيم والقيادة، إذ بلغ كل منهما (٥) كفايات من اصل الاجمالي، وتمثل نسبة (١٣.١٥%) وتقاسم ايضا المرتبة السادسة والسابعة والأخيرة مجال العلاقات الانسانية، والتقويم والمتابعة، واتخاذ القرار، إذ بلغت حاجات كل منهم (٣) كفايات من أصل الاجمالي وبنسبة (٧.٨٩%) وفي ضوء ذلك يستخلص الباحث أن العمداء ركزوا بالدرجة الأساس على كفايات التخطيط، ويعتقد الباحث أن السبب وراء ذلك يكمن في أن العمداء حريصون جداً على تنمية تلك الكفايات والإرتقاء بها الى المستوى

المطلوب. لأن خطة الكليات ما هي إلا مجموع خطط الأقسام العلمية، ومن ثم كلما كانت خطط الأقسام العلمية معدة بشكل جيد، كانت الخطة العامة للكلية جيدة أيضا. وانطلاقاً من المنظور النظمي (Syetemtic) الذي يؤكد إن النظام الكبير يتكون من مجموعة من النظم الفرعية (Sub-System) وأن أي خلل في أي نظام فرعي يعني خللاً في النظام الكلي بكامله.

ويعتقد الباحث أن سبب تبريز الحاجات التدريبية لمجالي شؤون الطلبة والنمو العلمي والمهني على باقي المجالات، يرجع إلى اعتقاد العمداء أن المسؤولية الرئيسية لرؤساء الأقسام العلمية تكمن في فعاليتهم في تطوير فعاليات شؤون الطلبة، من خلال وضع السياسات الملائمة لبرامج القبول والأنشطة الطلابية فضلا عن الإرتقاء بالمستوى العلمي والمهني لأعضاء الهيئة التدريسية الى مستوى الطموح، أما بقية المجالات فقد جاءت متساوية أو متقاربة في عدد الحاجات التدريبية المطلوبة، وهذا يؤكد أن اهميتها متساوية من وجهة نظر العمداء ونوابهم.

ب- وجهة نظر رؤساء الأقسام العلمية

ونجد ايضا في الجدول (٣٨-ب) أن رؤساء الأقسام العلمية حددوا (٢٩) كفاية حاجة تدريبية من أصل (٦٨) كفاية إدارية، أي بنسبة (٤٢.٦٤%) موزعة على المجالات الثمانية كافة. وقد تم ترتيب المجالات بحسب نسبة عدد فقرات كل مجال الى مجموع فقرات المجالات كافة، وأتضح أنه من وجهة نظر رؤساء الأقسام العلمية حصل مجال النمو العلمي والمهني على المرتبة الأولى في النقص الكفائي الجزئي. اذ كان عدد حاجات التدريبية في (١٠) كفايات من أصل (٢٩) كفاية إدارية أي بنسبة (٣٤.٤٨%) أما المرتبة الثانية فقد احتلها مجال شؤون الطلبة، إذ كان عدد الحاجات التدريبية في (٦) كفايات من أصل (٢٩) كفاية إدارية، أي بنسبة (٢٠.٦٨%) بينما احتل المرتبة الثالثة مجال القيادة، إذ كان عدد الحاجات التدريبية في (٥) كفايات من أصل (٢٩) كفاية إدارية أي بنسبة (١٧.٢٤%) اما المرتبة الرابعة فكانت من نصيب مجال التخطيط، إذ بلغ عدد فقرات الحاجات التدريبية في (٤) كفايات من أصل (٢٩) كفاية إدارية وبنسبة (١٣.٧٩%) بينما أحتل مجال التنظيم المرتبة الخامسة، إذ بلغ عدد فقرات الحاجات التدريبية في كفايتين من أصل (٢٩) كفاية إدارية، أي بنسبة (٦.٨٩%) بينما تقاسم المرتبة السادسة والسابعة في مجال العلاقات الإنسانية، والتقويم والمتابعة إذ بلغ عدد فقرات الحاجات التدريبية في كفاية واحدة من أصل (٢٩) كفاية إدارية أي بنسبة (٣.٤٤%) ، أما مجال اتخاذ القرار فقد احتل المرتبة الثامنة وقد كان نصيبه في عدد الفقرات (صفر)

ويعتقد الباحث، المستند على النتائج السابقة أن تأكيد رؤساء الأقسام العلمية على مجال النمو العلمي والمهني بالدرجة الأساس، يأتي من حقيقة مفادها أن ترصين القدرة العلمية والبحثية لعضو هيئة التدريس سينعكس بنتائج إيجابية على أداء القسم ويزيد من فعالية مخرجاته، وهذا يؤدي بدوره إلى تعزيز مكانة رئيس القسم العلمي لدى الجهات العليا، ويوسع من قدرته الإدارية والعلمية، أما بالنسبة لمجال شؤون الطلبة فان الباحث يرجع السبب الى ما ذكره عند تحليل نتائج العمداء ونوابهم.

جـ- وجهة نظر أعضاء الهيئة التدريسية

أما الجدول (٣٨-ج) فان أعضاء الهيئة التدريسية حددوا (٤٨) حاجة تدريبية من أصل (٦٨) كفاية إدارية أي بنسبة (٧٠.٥٨%) موزعة على المجالات الثمانية كافة وقد تم ترتيب المجالات بحسب نسبة عدد فقرات كل مجال الى مجموع فقرات المجالات كافة. واتضح من وجهة نظر أعضاء الهيئة التدريسية تقاسم مجالي القيادة والنمو العلمي والمهني المرتبة الأولى والثانية من النقص الكفائي الجزئي، إذ بلغ عدد الحاجات التدريبية في (٩) كفايات من أصل (٤٨) كفاية إدارية أي بنسبة (١٨.٧٥%) وتقاسم أيضا المرتبة الثالثة والرابعة مجال التخطيط، والتقويم والمتابعة إذ بلغ عدد فقرات الحاجة التدريبية في (٦) كفايات من أصل (٤٨) كفاية إدارية وبنسبة (١٢.٥%) أما مجالات التنظيم، والعلاقات الإنسانية، وشؤون الطلبة فقد تقاسمت المرتبة الخامسة والسادسة والسابعة، إذ بلغ عدد فقرات الحاجات التدريبية في (٥) كفايات من اصل (٤٨) كفاية إدارية أي بنسبة (١٠.٤١%) اما المرتبة الثامنة فكانت في مجال اتخاذ القرار الذي بلغ عدد فقراته في (٣) كفايات من أصل (٤٨) كفاية وبنسبة (٦.٢٥%) وفي اعتقاد الباحث ان حصول مجالي القيادة، والنمو العلمي والمهني لأعضاء هيئة التدريس على المرتبة الأولى، يعود إلى أن أعضاء الهيئة التدريسية يطمحون في العمل تحت إمرة رئيس قسم يتمتع بخصائص وصفات القائد الناجح صاحب القوة المرجعية، ذات النفوذ المؤثر الذي يستطيع بحنكته الادارية والعلمية أن يكون مناخاً صحياً ايجابيا داخل القسم ويرفع من مكانة القسم العلمية على مستوى الكلية والجامعة.

أما بالنسبة الى مجال النمو العلمي والمهني، فان السبب يرجع إلى أن عضو الهيئة التدريسية طموح لتنمية قدراته العلمية والبحثية، ومن ثم الإرتقاء الى الدرجات العلمية الأعلى وصولاً الى لقب (الأستاذية) وهذا لا يأتي ولا يتحقق إلا من خلال تمتع رئيس القسم العلمي بكفاءة علمية ومهنية عالية، وبالنتيجة سينعكس

ذلك على مساعدة عضو هيئة التدريس في تنمية قدراته ومهاراتـه العلميـة والمهنيـة، وتتضـح أهميـة كـل مجال من وجهة نظر كل فئة في الجدول الآتي:

جدول (٣٨) يوضح ترتيب الحاجات التدريبية تنازليا بحسب أهمية المجال من وجهة نظر كل فئة على حده

أ/ وجهة نظر العمداء ونوابهم				ب/ وجهة نظر رؤساء الأقسام العلمية				ج/ وجهة نظر اعضاء الهيئة التدريبية			
المجال	عـدد الحاجات	النسبة المئوية	الترتيب ضمن المجالات	المجال	عـدد الحاجات	النسبة المئوية	الترتيب ضمن المجالات	المجال	عـدد لحاجات	النسبة المئوية	الترتيب ضمن المجالات
التخطيط	٧	١٨.٤٢	١	النمو العلمي والمهني	١٠	٣٤.٤٨	١	القيادة	٩	١٨.٧٥	١
النمو العلمي والمهني	٦	١٥.٧٨	٢	شؤون الطلبة	٦	٢٠.٦٨	٢	النمو العلمي والمهني	٩	١٨.٧٥	٢
شؤون الطلبة	٦	١٥.٧٨	٣	القيادة	٥	١٧.٢٤	٣	التخطيط	٦	١٢.٥	٣
التنظيم	٥	١٣.١٥	٤	التخطيط	٤	١٣.٧٩	٤	التقويم والمتابعة	٦	١٢.٥	٤
القيادة	٥	١٣.١٥	٥	التنظيم	٢	٦.٨٩	٥	التنظيم	٥	١٠.٤١	٥
العلاقات الانسانية	٣	٧.٨٩	٦	العلاقات الانسانية	١	٣.٤٤	٦	العلاقات الانسانية	٥	١٠.٤١	٦
التقويم والمتابعة	٣	٧.٨٩	٧	التقويم والمتابعة	١	٣.٤٤	٧	شؤون الطلبة	٥	١٠.٤١	٧
اتخاذ القرار	٣	٧.٨٩	٨	اتخاذ القرار	صفر	صفر	٨	اتخاذ القرار	٣	٦.٢٥	٨
الاجمالي	٣٨	٥٥.٨٨	٨	الاجمالي	٢٩	٤٢.٦٤	٨	الاجمالي	٤٨	٧٠.٦٨	٨

وبصورة عامة، يستطيع الباحث أن يستخلص من النتائج السابقة الآتي:

١- أظهرت النتائج ان عمداء الكليات ونوابهم، ورؤساء الأقسام العلمية، وأعضاء هيئة التدريس قـد أعطـوا اهتماماً بالغاً لحاجات رؤساء الأقسام العلمية من التدريس في مجال النمو العلمي والمهنـي، ومجـال القيادة وشؤون الطلبة. بينما أظهروا اهتمامـا متوسـطا في حاجـات التخطـيط، والتنظـيم، والعلاقـات الإنسانية، أما حاجات اتخاذ القرار فقد صادفت أقل اهتماما من فئات العينة الثلاث.

٢- انفردت حاجات التخطيط باهتمام بالغ من قبل عمداء الكليات ونوابهم وهذا يدل على أعطـاء اهميـة لمجال التخطيط الإداري لرئاسة أقسام العلمية والقيادات العليا بالكلية.

٣- أما رؤساء الأقسام العلمية فلم يعيروا اهتماما كبيرا لحاجاتهم من التدريب في مجال التخطيط، والتنظيم، والعلاقات الإنسانية، والتقويم والمتابعة، واتخاذ القرار كما ظهر في المجالات الأخرى.

٤- أما أعضاء الهيئة التدريسية فقد ركزوا تركيزاً كبيراً على حاجات رؤساء الأقسام العلمية من التدريب في مجالات النمو العلمي والمهني والقيادة، والتقويم والمتابعة، وشؤون الطلبة. وهذا يدل على ضعف ممارسة رؤساء الأقسام العلمية لهذه الكفايات تجاه مرؤوسيهم.

ويستطيع الباحث القول، بأن نتائج جداول الكفايات الإدارية بصورة عامة تعبر عن نقص كفائي وكلي، وإن اختلفت وجهات نظر فئات العينات الثلاث حول نسبة تحديد الاحتياجات التدريبية لرؤساء الأقسام العلمية، فالملاحظ ان اختلافهم كان نسبياً بين الصعود والهبوط لمستوى الوسط الفرضي ووزنه المئوي. ولذلك يرى الباحث أنه من الأنفع تطوير وتحسين كفايات رؤساء الأقسام العلمية في مجالات الكفايات الإدارية كافة والبلوغ بها إلى المستوى الطموح والمقبول.

وفي ضوء النتائج السابقة يستطيع الباحث أن يلخص نتائج جداول تحديد الحاجات التدريبية في الأمور الآتية:

أ- بلغ عدد الكفايات التي لم تؤشر حاجات تدريبية باتفاق الفئات الثلاث المبحوثة (١٦) كفاية إدارية هي على التتالي الكفايات (٣،١٠،١٣،١٦،١٩،٢٥،٣٩،٤٠، ٦٨، ٤٢،٤٣،٤٧،٥٤،٥٦،٥٧،٦٠) أي بنسبة (٢٣.٥٣%) من مجموع (٦٨) من أصل عدد الكفايات الإدارية، وهذا يؤكد أن درجة ممارسة تلك الكفايات كانت عالية من وجهة نظر الفئات الثلاث المبحوثة.

ب- بلغ عدد الكفايات الإدارية التي حددت حاجات تدريبية باتفاق الفئات الثلاث (٢٠) كفاية إدارية، هي الكفايات ١،٢،٧،٩،١٢،١٨،٢٣،٣٠،٣١،٣٣،٣٤،٣٦، ٣٧،٥٠،٦١،٦٢،٦٣،٦٦،٦٧) أي بنسبة (٢٩.٤١%) الى أصل مجموع الكفايات الإدارية البالغ (٦٨).

جـ- بلغ عدد الكفايات التي تباينت وجهات النظر في اعتبارها حاجات تدريبية (٣٢) كفاية وبنسبة (٤٧.٠٥%) الى مجموع الكفايات الإدارية وتباينت الآراء حول هذه الكفايات بسبب اختلاف كل فئة من الفئات المبحوثة لأهمية كل كفاية وضرورتها كحاجة تدريبية، وهذا تشخيص ظاهري.

إن النتائج المشار اليها في الفقرات (أ،ب،ج) من هذه الخلاصة، تحتم على الباحث تنقية النتائج وتصفية الحاجات التدريبية الضرورية، وجعلها متجانسة بين وجهات نظر الفئات الثلاث المبحوثة ومتفق عليها بينهم الى درجة كبيرة. وتأسيساً على ذلك لجأ الباحث الى استخدام (مربع كاي) للتعرف فيما اذا كانت هناك فروق ذات دلالة معنوية بين استجابات فئات العينة الثلاث في تقدير الحاجات التدريبية في جداول (أ،ب،ج) من جداول المجالات الثمانية (فاذا كانت هناك فروق على فقرة معينة ليست ذات دلالة معنوية عدت حاجة تدريبية، وأن كانت ذات دلالة فلا تعد حاجة تدريبية)

وبعد المعالجة الاحصائية كانت النتائج كما هو موضح في الجدول الآتي:

رقم الفقرة	م/ التخطيط	رقم الفقرة	م/ التنظيم	رقم الفقرة	م/ القيادة	رقم الفقرة	م/ النمو العلمي والمهني	رقم الفقرة	م/ العلاقات الانسانية	رقم الفقرة	م/ التقويم والمتابعة	رقم الفقرة	م/ اتخاذ القرار	رقم الفقرة	م/ شؤون الطلبة
	قيمة χ^2		قيمة χ^2		قيمة χ^2		قيمة χ^2		قيمة χ^2		قيمة χ^2		قيمة χ^2		قيمة χ^2
١	١٥.١١	٩	٩.٨٨٥	١٧	٨.٩٤٧	٢٨	١٧.٧٩١*	٣٨	١٢.٧٧٤	٤٧		٥٤		٦١	٥.٤٥٩
٢	١٤.٢٥١	١٠		١٨	٦.٧٧٣	٢٩	١٣.٤٨٩	٣٩		٤٨	٦.٦٨١	٥٥	١٤.٥٤٠	٦٢	١٠.٥٦٨
٣		١١	١٦.٦٩٠*	١٩		٣٠	١٦.٠٢٥*	٤٠		٤٩	١٥.٦٣*	٥٦		٦٣	٣.٧٥١
٤	١١.٥٧٩	١٢	٣.٣١٠	٢٠	٤.٧٦٤	٣١	٩.٨٩٠	٤١	٤.٧٧٩	٥٠	١٢.٣٦١	٥٧		٦٤	١١.٢٢١
٥	١٨.٦٠٨*	١٣		٢١	١٤.٢٠٧	٣٢	١٩.٢٦٥*	٤٢		٥١	١٣.١٢٣	٥٨	١٧.١٥٣*	٦٥	٨.٨٧٢
٦	٥.٠٦٢	١٤	٢٥.٣٠٥*	٢٢	١٦.١٩٥*	٣٣	١٢.٦٣٣	٤٣		٥٢	١٣.١٩٩	٥٩	١٠.٥٦٨	٦٦	٨.٥٦٠
٧	١٠.٨٣٤	١٥	٤.٣٠٥	٢٣	٩.٧٢٩	٣٤	٦.٦٠٣	٤٤	٥.٠٢٣		٢٤.٤٤٩*	٦٠		٦٧	٨.٠٦٥
٨	٢٣.٩٧١*	١٦		٢٤	٥.٣٦٥	٣٥	١٢.٩٣٩	٤٥	١٤.٦٩٢					٦٨	
				٢٥		٣٦	١١.٠٨٣	٤٦	٨.٧٠٠						
				٢٦	١.٩٩٩	٣٧	١٦.٥١٤*								
				٢٧	٩.٣٦١	٣٨									

* دالة عند مستوى (٠.٠٥) ودرجة حرية (٨) علما ان قيمة χ^2 الجدولية تساوي (١٥.٥١)

الفقرات التي استبعدت من التحليل نظرا لاتفاق وجهات النظر الثلاث على انها تمثل حاجات تدريبية وعددها (١٦) فقرة

ويتضح من خلال نتائج الجدول رقم (٣٩) ما يأتي:

١- وجـود فـروق ذات دلالـة معنويـة في (١٢) حاجـة تدريبيـة مـن أصـل (٥٢) حاجـة وهـي (٥،٨،١١،١٤،٢٢،٢٨،٣٠،٣٢،٣٧،٤٩،٥٣،٥٨) لان قيمة (χ^2) اكبر مـن الجدوليـة، وعنـد مسـتوى دلالـة (٠.٠٥) ودرجة حرية (٨). وهذا يشير إلى عدم اتفاق أفـراد العينـة حـول اعتبـار الكفايـات المـذكورة حاجات تدريبية فعلية، ومن ثم فان استبعادها من البرنامج كان أمراً ضرورياً.

٢- لا توجد فروق ذات دلالـة معنويـة في (٤٠) حاجـة تدريبيـة مـن أصـل (٥٢) حاجـة خضـعت للتحليـل الاحصائي، إذ كانت قسمة (χ^2) المحسـوبة فيهـا أصـغر مـن الجدوليـة عنـد مسـتوى دلالـة (٠.٠٥) ودرجة حرية (٨) وهذا يعني اتفاق افراد العينة وتجانس استجاباتهم حول اعتبار الكفايات المذكورة حاجات تدريبية فعلية وضرورية لرؤساء الأقسام العلمية.

وخلاصة القول أن النقص الكفائي الكلي عند رؤساء الأقسام العلمية على مستوى المجالات كافة يبلغ في (٤٠) كفاية إدارية وبنسبة (٥٨.٨٢%) لانه يتمثل في (٤٠) حاجة تدريبية من أصل (٦٨) كفاية إدارية. أما النقص الكفائي الجزئي على مستوى المجالات، فيبلغ على التتالي القيادة (-٢٠.٠٠) النمو المهني والعلمي (-١٥.٠٠%) شؤون الطلبة (١٧.٥٠%) التخطيط (١٢.٥٠%) العلاقات الانسانية
(١٢.٥٠%) التنظيم (٧.٥٠%) التقويم والمتابعة (-١٠.٠٠%) اتخاذ القرار
(-٥.٠٠%)

ويصور الجدول (٤٠) خلاصة نتائج النقص الكفائي الجزئي والكلي لرؤساء الأقسام العلميـة مرتبـة تنازلياً حسب عدد الحاجات التدريبية لكل مجال ونسبتها الى المجالات كافة باتفاق فئات العينة الثلاث.

جدول (٤٠) يبين ترتيب الحاجات التدريبية تنازلياً على مستوى المجالات باتفاق وجهات نظر الفئات الثلاث

النسبة المئوية الى حاجات المجال	عدد الحاجات التدريبية	اسم المجال	تسلسل
-٢٠.٠%	٨	القيادة	١
١٧.٥٠%	٧	شؤون الطلبة	٢
-١٥.٠%	٦	النمو المهني والعلمي	٣
١٢.٥٠%	٥	التخطيط	٤
١٢.٥٠%	٥	العلاقات الانسانية	٥
-١٠.٠%	٤	التقويم والمتابعة	٦
٧.٥٠%	٣	التنظيم	٧
-٥.٠%	٢	اتخاذ القرار	٨
٥٨.٨٢	٤٠	اجـمالي الحاجـات التدريبيـة ونسـبتها المئوية	

ويمثل الشكل رقم (١٩) خلاصة نتائج المؤشرات للنقص الكفائي الجزئي والكلي لمجالات الكفايات الإدارية الثمانية لدى رؤساء الأقسام العلمية في كليات الجامعات اليمنية.

شكل (١٩) مؤشرات النقص الكفائي الجزئي والكلي لدى رؤساء الأقسام العلمية في الجامعات اليمنية باتفاق فئات العينة الثلاث

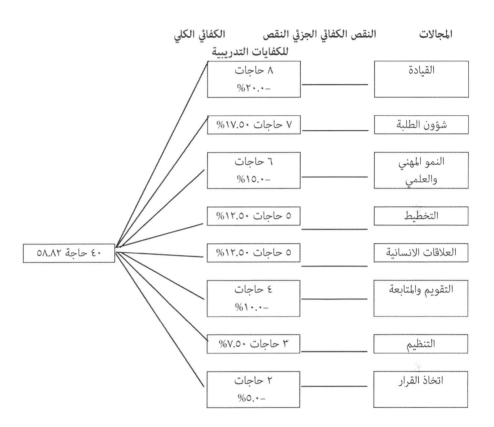

وبذلك تحققت نتائج الإجراء الثاني والثالث لهدف البحث المتمثل في تحديد الحاجات التدريبية لرؤساء الأقسام العلمية في الجامعات اليمنية، والمحددة في قائمة الحاجات التدريبية

قائمة الحاجات التدريبية لرؤساء الأقسام العلمية في كليات الجامعات اليمنية

حسب وجهات نظر فئات العينة الثلاث

أولاً: حاجات كفايات القيادة:

١- يمتلك الخصائص القيادية كالمبادرة والجرأة والمرونة والابتكار داخل القسم.

٢- يدير جلسات مجلس القسم واللجان العلمية وحلقات السمنار وفق اسلوب ديمقراطي.

٣- يمثل قسمه بتميز علمي في المؤتمرات والندوات العلمية المحلية والإقليمية والدولية.

٤- يخلق تواصلاً علمياً بين أعضاء الهيئة التدريسية وأعضاء المؤسسات المحلية ذات العلاقة.

٥- يولي اهتماما بعنصر الزمن ويستثمر الوقت استثمارا أمثل.

٦- يعمل على ايجاد روح الفريق الواحد بين اعضاء هيئة التدريس داخل القسم.

٧- يعمل على ترسيخ القيم والتقاليد والاعراف الجامعية لدى منتسبي القسم والكلية.

٨- تتوفر فيه مهارة الاشراف الاكاديمي على البحوث العلمية داخل القسم وخارجه.

ثانياً: حاجات كفايات النمو العلمي والمهني:

١- يحفز أعضاء الهيئة التدريسية الجدد بالالتحاق بالدورات التدريبية حسب حاجاتهم المهنية.

٢- يوفر لأعضاء الهيئة التدريسية امكانيات البحث العلمي من أجل الحصول على الترقيات العلمية.

٣- يعمل على توفير مصادر لتمويل البحث العلمي في قسمه.

٤- يعمل على دعم مكتبة القسم بأحدث المراجع والمجلات والدوريات العلمية العربية والأجنبية.

٥- يعمل على تحديث اساليب طرق التدريس والارشاد التربوي داخل القسم.

٦- يعمل على توفير أحدث الأجهزة والأدوات اللازمة للعملية التعليمية داخل القسم

ثالثا: حاجات كفايات شؤون الطلبة:

١- يلم بمستحدثات انظمة القبول والتسجيل في الجامعات الاقليمية والعالمية.

٢- يساهم في تحديد معايير قبول الطلاب الجدد في القسم.

٣- يقابل الطلبة الجدد ويطلعهم على سياسة القسم والالتزام بها.

٤- يحسن ترشيح الطلبة المتميزين علميا في برنامج الدراسات العليا في القسم ويتبناها.

٥- يشرف على إعداد وحفظ السجلات الاكاديمية لطلاب القسم وإصدار وثائق النجاح والتخرج.

٦- يشارك طلاب القسم في برمجة الأنشطة الثقافية والعلمية والرياضية والترفيهية.

٧- يحسن تعيين مرشدا تربويا وأكاديميا للقسم ويشجع الطلاب على مراجعته.

رابعاً: حاجات كفايات التخطيط

١- يضع خطة القسم بناء على إلمامه بسياسة الجامعة والكلية وأهدافهما التربوية والتعليمية والبحثية.

٢- يضع خطة مرنة للقسم لتطوير المناهج والمقررات الدراسية في ضوء الحاجات المستقبلية التي تخدم المجتمع المحلي.

٣- لديه القدرة على التنبؤ باحتياجات القسم الفعلية من الطاقات البشرية والتجهيزات العلمية والفنية والمادية.

٤- يوجه أعضاء الهيئة التدريسية أثناء وضع خططهم الدراسية الفصلية والسنوية ويناقشها معهم.

٥- يمتلك الخلفية الإدارية والمالية الكافية لإعداد خطة إدارية ومحاسبية تحقق أهداف القسم .

خامساً: حاجات كفايات العلاقات الإنسانية:

١- يعمل على توطيد العلاقات الإنسانية بين أعضاء الهيئة التدريسية والطلاب داخل القسم.

٢- يعمل على خلق مناخ تنظيمي واكاديمي يسوده الود والتعاون الإنساني بين الاعضاء داخل القسم.

٣- يمتلك القدرة على كسب أعضاء القسم وإثارة الدافعية والحماس لديهم لمصلحة العمل.

٤- يدافع بوضوعية عن حقوق أعضاء الهيئة التدريسية لدى الجهات الإدارية العليا.

٥- يتغلب على الصراعات السلبية (الحزبية وغيرها) بين الأعضاء ويحسمها للصالح العام.

سادساً: حاجات كفايات التنظيم:

١- لديه الإلمام الكافي باللوائح التنظيمية والقوانين الجامعية بما يمكنه من توضيحها لأعضاء الهيئة التدريسية في قسمه.

٢- يعتمد نظام المعلومات لتنظيم وتبويب البيانات الخاصة باعضاء هيئة التدريس ومحاضر الاجتماعات.

٣- لديه مهارة في تحديد وتوصيف الوظائف المنوطة لاعضاء القسم.

سابعاً: حاجات كفايات التقويم والمتابعة:

١- يعتمد المعايير الموضوعية في تقديم أداء أعضاء الهيئة التدريسية.

٢- يطلع أعضاء الهيئة التدريسية على نتائج تقويمهم الأكاديمية والإدارية.

٣- يتابع بانتظام سير المهام التعليمية والبحثية في قسمه.

٤- يوظف الوسائل الحديثة في تقويم التحصيل المعرفي للطلاب.

ثامناً: حاجات كفايات اتخاذ القرار:

١- يعتمد الخطوات العلمية في صنع القرارات الإدارية على مستوى القسم.

٢- يعتمد أسلوب البديل الأنسب من بين البدائل المقترحة في اتخاذ قرارات القسم.

إجراءات بناء البرنامج التدريبي

يتضمن هـذا الفصـل إجـراءات بنـاء محتـوى البرنامج التـدريبي لـرؤسـاء الأقسـام العلميـة في الجامعات اليمنية في ضوء الاحتياجات التدريبية التي تم تحديدها في الفصل الرابع وتتمثل الإجراءات في الآتي:

١- صياغة أهداف البرنامج التدريبي

بناء على ما توصلت اليه نتائج تحديد الاحتياجات التدريبية في الفصل الرابع والمتمثلـة في قائمـة الاحتياجات التدريبية لرؤساء الأقسام العلمية في الجامعات اليمنية التي تضمنت (٤٠) حاجة تدريبية قـام الباحث بتحويل صياغة فقرات قائمة الاحتياجات التدريبية على شكل أهداف للبرنامج التدريبي.

٢- الصيغة الأولية لمحتوى البرنامج التدريبي

اعتمد الباحث في إعداد الصيغة الأولية لمفردات وموضوعات وفعاليات البرنامج التـدريبي عـلى بعض المصادر والبحوث التي تناولت بناء البرامج التدريبية، وبما يعـزز الحاجـات التدريبيـة التـي أظهرتهـا نتائج البحث الميداني من واقع استجابات فئات العينة الثلاث. فضلا عـن اسـتطلاع بعـض الخبراء في الإدارة التربويــة والتـدريب في جـامعتي بغـداد والمستنصـرية في العـراق والـذي بلـغ عـددهم (٦) خبراء وفي ضوء ذلك وبعد الأخذ بآراء الخبراء وملاحظاتهم توصل الباحث الى صياغة (٤٣) موضوعـا و(١٣٨) مفردة، موزعة على ثمانية مجالات، ومجموعة من الفعاليات التدريبية أعدت عـلى شـكل استبيان تضمن أهداف البحث ومحتوى البرنامج تم عرضه على الخبراء المحكمين في جامعتي صنعاء وعدن لتحقيق جانب الصدق.

٣- صدق محتوى البرنامج التدريبي

لتحقيق جانب الصدق في محتوى البرنامج التدريبي، عرضت الصيغة الأولية عـلى الخبراء المحكمين في الإدارة الجامعية والتدريب في جامعتي صنعاء وعدن بلـغ عـددهم (١٤) خبيرا لغـرض إبـداء آرائهم ومقترحاتهم إزاء أهداف البرنامج التدريبي وموضوعاته ومفرداته، وفعالياته.

وعلى وفق آراء الخبراء وملاحظاتهم أجرى الباحث التعديلات المناسبة، وكان معيار قبول الفقرة حصولها على نسبة (٨٠%) فأكثر وقد تحققت هـذه النسبة لجميع فقـرات أهـداف ومحتـوى البرنـامج التدريبي، وأصبح البرنامج التدريبي في صيغته النهائية كما هو موضح في الشكل (٢٠) والجدولين (٤١، ٤٢)

وفي النهاية يمكن القول، بأن هدف البحث قد تحقق والمتمثل في بناء البرنامج التـدريبي لرؤسـاء الأقسام في الجامعات اليمنية في ضوء كفاياتهم الإدارية.

الشكل (٢٠) الأنموذج الذي اعتمده الباحث في إعداد الصيغة النهائية

للبرنامج التدريبي

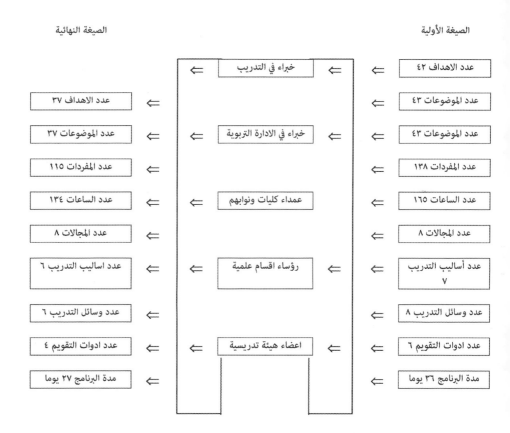

الصيغة الأولية
عدد الاهداف ٤٢
عدد الموضوعات ٤٣
عدد الموضوعات ٤٣
عدد المفردات ١٣٨
عدد الساعات ١٦٥
عدد المجالات ٨
عدد أساليب التدريب ٧
عدد وسائل التدريب ٨
عدد ادوات التقويم ٦
مدة البرنامج ٣٦ يوما
خبراء في التدريب
خبراء في الادارة التربوية
عمداء كليات ونوابهم
رؤساء اقسام علمية
اعضاء هيئة تدريسية
الصيغة النهائية
عدد الاهداف ٣٧
عدد الموضوعات ٣٧
عدد المفردات ١١٥
عدد الساعات ١٣٤
عدد المجالات ٨
عدد اساليب التدريب ٦
عدد وسائل التدريب ٦
عدد ادوات التقويم ٤
مدة البرنامج ٢٧ يوما

جدول (٤١) يبين فعاليات محتوى البرنامج التدريبي المقترح لرؤساء الأقسام العلمية في الجامعات اليمنية

محتوى البرنامج	العدد	
عدد المجالات	٨	مجالات
عدد الأهداف	٣٧	هدفا
عددد الموضوعات	٣٧	موضوعا
عدد المفردات	١١٥	مفردة
عدد المحاضرات والساعات	١٣٤	محاضرة وساعة
نظري	٨٧	ساعة
تطبيقي	٤٧	ساعة
أساليب التدريب	٦	أساليب
وسائل التدريب	٦	وسائل
اساليب التقويم	٤	أساليب
مدة التدريب	٢٧	يوما تدريبيا

ولاً: البرنامج التدريبي المقترح لرؤساء الأقسام العلمية في الجامعات اليمنية

ت	اهداف البرنامج	المحتوى		عدد المحاضرات والساعات		
		موضوعات البرنامج	مفردات البرنامج التي تنتمي الكفاية الادارية	نظري	تطبيقي	المجمو
ولا	**في مجال كفايات القيادة:**					
-	تعريف رؤساء الأقسام العلمية بمفهوم القيادة التربوية الجامعية وأسسها النظرية	القيادة التربوية	• مفهوم القيادة التربوية • نظريات القيادة	٢	٢	٤
-'	اكساب رؤساء الأقسام العلمية مهارات تنمية الاتجاهات والأعراف والقيم الجامعية لدى منتسبي القسم.	الاتجاهات والقيم الجامعية	• مفهوم الاعراف الجامعية وسبل اشاعتها • مفهوم الاتجاهات الجامعية ووظائفها • تغيير الاتجاهات • مفهوم القيم الجامعية وتصنيفاتها • تغيير القيم	٣	-	٣
-'	تنمية قدرات رؤساء الأقسام العلمية ومهاراتهم في مجال قيادة القسم العلمي	الخصائص القيادية الجامعية	• خصائص القائد الفعال • مهارات القائد الفعال	٢	١	٣
-'	تنمية قدرات ومهارات رؤساء الأقسام العلمية في إدارة اجتماعات الاقسام العلمية	ادارة الاجتماعات	• إدارة الاجتماعات الفعالة • تحسين فعاليات الجماعة	٢	١	٣
-(	تنمية القدرات ومهارات رؤساء الأقسام العلمية في خلق التواصل العلمي بين أعضاء القسم وأعضاء المؤسسات العلمية في المجتمع المحلي ذات العلاقة	التعاون العلمي بين الاقسام العلمية ومؤسسات المجتمع المحلي	• مهارات تبادل المعلومات والخبرات العلمية • اساليب التواصل العلمي بين أعضاء الاقسام العلمية • دور رئيس القسم العلمي في توثيق الصلة بين أعضاء القسم العلمي واعضاء المؤسسات المحلية	٢	٢	٤
-'	تنمية مهارات رؤساء الأقسام العلمية في استثمار الوقت استثمارا أمثل	ادارة الوقت	• مفهوم إدارة الوقت وأهميته • تخطيط وقت رئيس القسم العلمي • تنظيم إدارة رئيس القسم العلمي	٣	-	٣

		المحتوى		عدد المحاضرات والساعات		
		موضوعات البرنامج	مفردات البرنامج التي تنتمي الكفاية الادارية	نظري	تطبيقي	المجموع
-'	اكساب رؤساء الاقسام العلمية مهارات العمل بروح الفريق.	إدارة الوقت	• القيادة وديناميكية الجماعة • اهمية بناء فريق العمل	٢	١	٣
-،	تنمية كفايات رؤساء الأقسام العلمية في الاشراف العلمي	الاشراف العلمي	• المبادئ الأساسية للاشراف العلمي • إجراءات الاشراف العلمي	٢	٢	٤
انيا	**مجال النمو العلمي والمهني**					
-	تزويد رؤساء الأقسام العلمية بمفاهيم النمو العلمي والمهني ومجالات تطوير أعضاء الهيئة التدريسية في القسم العلمي.	النمو العلمي والمهني لأعضاء هيئة التدريس	• مفهوم النمو العلمي والمهني • وسائل النمو العلمي والمهن ي • مجالات النمو العلمي والمهني لأعضاء هيئة التدريس • دور رئيس القسم العلمي في تنمية عضو هيئة التدريس علميا ومهنيا	٢	٢	٤
-'	تنمية اتجاهات رؤساء الأقسام العلمية نحو أهمية البحث العلمي ومجالاته في القسم	البحث العلمي	• مفهوم البحث العلمي وأهداف • اساسيات البحث العلمي وأساليبه • مجالات البحث العلمي في القسم	٢	١	٣
-'	تبصير رؤساء الأقسام العلمية بمصادر التمويل الذاتي	التمويل الذاتي	• مصادر تمويل البحث العلمي • دور رئيس القسم العلمي في توظيف نتائج الأبحاث العلمية لصالح تمويل القسم	٢	١	٣
-'	اكساب رؤساء الأقسام العلمية طرق تحديد الاحتياجات التدريبية المهنية لأعضاء الهيئة التدريسية الجدد	التدريب	• مفهوم التدريب المهني وأساليبه أثناء الخدمة • أساليب تحديد الحاجات التدريبية • خطوات تصميم البرامج التدريبية وتقويمها	٢	٢	٤

ت	اهداف البرنامج	المحتوى		عدد المحاضرات والساعات		
		موضوعات البرنامج	مفردات البرنامج التي تنتمي الكفاية الادارية	نظري	تطبيقي	المجموع
-	تنمية مهارات رؤساء الأقسام العلمية بطرق التدريس	طرق التدريس	• الأساليب الحديثة في طرق التدريس الجامعي • دور رئيس القسم العلمي في تطوير أساليب التدريس • تطبيقات عملية	٢	٢	٤
-	تبصير رؤساء الأقسام العلمية بأهمية المكتبة وسبل تنميتها	المكتبات الجامعية	• أهمية المراجع والدوريات في التعليم الجامعي • دور رئيس القسم العلمي في دعم المكتبات بأحدث المراجع والدوريات والمجلات	٢	١	٣
-	تبصير رؤساء الأقسام العلمية بأهمية التقنيات التعليمية وسبل استخدامها	التقنيات التعليمية	• الأجهزة التقنية التعليمية (أنواعها ومميزاتها) • مهارات استخدام الأجهزة التعليمية وصيانتها • مهارات استثمار الأجهزة العلمية لصالح نشاطات القسم العلمي	٣	٢	٥
الثا	**في مجال كفايات شؤون الطلبة:**					
-	تنمية كفايات رؤساء الأقسام العلمية بمفاهيم إدارة شؤون الطلبة	شؤون الطلبة	• مفهوم إدارة شؤون الطلبة • لائحة شؤون الطلبة	٢	-	٢
-	زيادة معارف رؤساء الأقسام العلمية بمهارات إعداد وحفظ السجلات الجامعية وأحكام إصدار وثائق النجاح والتخرج	السجلات الجامعية	• أنواع السجلات الجامعية • اعداد السجلات الجامعية • إحكام إصدار الوثائق الرسمية • دور رئيس القسم العلمي في الاشراف على السجلات الجامعية وإصدار الوثائق الدراسية	٣	٢	٥
-	تنمية كفايات رؤساء الأقسام العلمية في الارشاد التربوي والنفسي	الارشاد التربوي	• مفهوم الإرشاد التربوي • أساليب وطرق ارشاد الطلبة • دور رئيس القسم العلمي في اختيار المرشد التربوي	٢	٢	٤

ت	اهداف البرنامج	المحتوى		عدد المحاضرات والساعات		
		موضوعات البرنامج	مفردات البرنامج التي تنتمي الكفاية الادارية	نظري	تطبيقي	المجموع
-[illegible]	إغناء معارف رؤساء الأقسام العلمية بأحدث أنظمة القبول والتسجيل في الجامعات الحديثة	أنظمة القبول والتسجيل في الجامعات	• التعريف بأنظمة القبول والتسجيل • نظام السنة الدراسية • نظام الفصول الدراسية • نظام الساعات المعتمدة	٢	١	٣
-[illegible]	تبصير رؤساء الأقسام العلمية بلوائح الدراسات العليا وشروط الالتحاق بها	الدراسات العليا	• الإلمام بلوائح الدراسات العليا • طرق تحفيز الطلاب المتميزين للالتحاق بالدراسات العليا	٢	-	٢
-[illegible]	اكساب رؤساء الأقسام العلمية مهارات إعداد البرامج التعليمية والأنشطة الثقافية	الانشطة الطلابية	• مهارات وضع الخطط للبرامج الثقافية والعلمية للقسم • مهارات ربط برامج القسم العلمي بالمجتمع المحلي • مهارات التخطيط لتقديم الخدمات لطلاب القسم	٣	٢	٥
ابعا	**في مجال كفايات التخطيط:**					
-	استيعاب رؤساء الأقسام العلمية للأسس والمنطلقات النظرية لفلسفة التعليم العالي وأهدافه	السياسات والأهداف الجامعية في اليمن	• مرتكزات فلسفة التعليم العالي في اليمن • قانون التعليم العالي وأهدافه • سياسات التعليم العالي وأهداف	٣	-	٣
-[illegible]	تطوير معارف رؤساء الأقسام العلمية بمفاهيم التخطيط التربوي الجامعي ومجالاته	التخطيط التربوي الجامعي	• مفهوم التخطيط التربوي الجامعي • أهمية التخطيط الجامعي ومبرراته • الأساليب الحديثة للتخطيط الجامعي • مجالات التخطيط للأقسام العلمية	٢	٢	٤

ت	اهداف البرنامج	المحتوى		عدد المحاضرات والساعات		
		موضوعات البرنامج	مفردات البرنامج التي تنتمي الكفاية الادارية	نظري	تطبيقي	المجموع
-[illegible]	إكساب رؤساء الأقسام العلمية مهارات اعداد الخطط التي تحقق أهداف القسم العلمي	أسس صياغة الخطة السنوية للقسم العلمي	• مهارات التنبؤ بالمستقبل والتخطيط الاستراتيجي • مهارات التخطيط لحاجات القسم من الوظائف البشرية والتجهيزات العلمية • مهارات التخطيط لتقديرات ميزانية القسم وتوزيعها • دور رئيس القسم العلمي في توجيه المدرسين في وضع خططهم الدراسية • تطبيقات عملية في اعداد خطة القسم السنوية	٣	٣	٦
-[illegible]	تنمية مهارات رؤساء الأقسام العلمية في تخطيط المناهج الدراسية	التخطيط لتطوير المناهج الدراسية الجامعية	• أسس بناء المنهج الجامعي • إجراءات تطوير المنهج وتقويمه • العوامل المؤثرة في بناء المناهج الدراسية • دور رئيس القسم العلمي في بناء المناهج وتطويرها ومتابعة تنفيذها	٢	٢	٤
خامسا	**في مجال الكفايات العلاقات الانسانية**					
-[illegible]	تنمية مهارات رؤساء الأقسام العلمية في توطيد العلاقات بين اعضاء الهيئة التدريسية أنفسهم والطلاب داخل القسم	توطيد العلاقات الانسانية	• مفهوم العلاقات الإنسانية • أهمية توطيد العلاقات الإنسانية بين أعضاء القسم العلمي • دور رئيس القسم في تحقيق التوازن بين حاجات العمل وحاجات العاملين	٢	٢	٤
-[illegible]	تنمية مهارات رؤساء الأقسام العلمية في كيفية إثارة الدافعية للأعضاء العاملين معهم	الدافعية والتحفيز	• مفهوم الدافعية والتحفيز • نظريات الدافعية والتحفيز • أهمية الدوافع والحوافز • مهارات وضع سياسة التحفيز • دور رئيس القسم في تحفيز الأعضاء وإثارة الدافعية لديهم	٢	٢	٤

		المحتوى		عدد المحاضرات والساعات		
		موضوعات البرنامج	مفردات البرنامج التي تنتمي الكفاية الادارية	نظري	تطبيقي	المجموع
-١	تنمية مهارات رؤساء الأقسام العلمية في حل الصراعات داخل القسم	ادارة الصراع التنظيمي	• مفهوم الصراع التنظيمي • أساليب الصراع التنظيمي • كيفية إدارة الصراع التنظيمي بين جماعات العمل	٢	١	٣
-	تنمية مهارات رؤساء الأقسام العلمية في كيفية خلق المناخ التنظيمي السليم داخل القسم	المناخ التنظيمي	• مفهوم المناخ التنظيمي وفوائده • عناصر المناخ التنظيمي • دور رئيس القسم في توفير المناخ التنظيمي والعلمي السليم في القسم	٢	٢	٤
-	تزويد رؤساء الأقسام العلمية بمهارات توضيح واجبات وحقوق أعضاء الهيئة التدريسية	واجبات وحقوق المدرسين	• الألمام بالقوانين واللوائح الادارية • القدرة على تفهم واجبات وحقوق المدرسين • استمرارية التواصل مع نقابة الهيئة التدريسية	٤	-	٤
سادسا	**في مجال كفايات التنظيم**					
-	تزويد رؤساء الأقسام العلمية بأسس التنظيم الإداري والجامعي ومستوياته	التنظيم الاداري الجامعي ومستوياته	• مفهوم التنظيم الجامعي • أهمية التنظيم في مجال الإدارة الجامعية وأهدافه • مستويات التنظيم في الإدارة الجامعية	٣	-	٣
-	تبصير رؤساء الأقسام العلمية بأحكام اللوائح والقوانين الجامعية وأهميتها في تحقيق أهداف القسم	اللوائح والقوانين الجامعية	• عرض بأحكام اللوائح والقوانين الجامعية المختلفة • أسس تطبيقها وتفسيرها	٢	-	٢
-	إكساب رؤساء الأقسام العلمية مهارات استخدام الحاسوب الآلي في تنظيم العمليات العلمية والادارية بالقسم.	أسس نظام المعلومات	• تصميم وتطوير نظم المعلومات الادارية • معلومات نظرية وعملية عن الحاسوب الآلي • تطبيقات عملية في مجالات استخدام الحاسوب في الأقسام العلمية	٤	٢	٦

ت	اهداف البرنامج	المحتوى		عدد المحاضرات والساعات		
		موضوعات البرنامج	مفردات البرنامج التي تنتمي الكفاية الادارية	نظري	تطبيقي	المجمو
ابعا	**مجال التقويم والمتابعة**					
-	تنمية مهارات رؤساء الأقسام العلمية في أساليب تقويم أداء اعضاء الهيئة التدريسية	تقويم الأداء	• مفهوم تقويم الأداء • أهدافه ومجالاته • تطبيقات عملية في تقويم أداء أعضاء الهيئة التدريسية • أهمية التدريب في تحسين الأداء	٢	٢	٤
-	اكساب رؤساء الأقسام العلمية مهارات تقويم التحصيل المعرفي للطلبة	وسائل تقويم أداء الطالب الجامعي	• الوسائل الحديثة في تقويم التحصيل المعرفي للطالب الجامعي • أهداف تقويم الطلبة • أساليب تقويم الطلبة • أنواع الاختبارات الحديثة	٢	-	٢
-	تنمية قدرات رؤساء الأقسام العلمية في الإشراف على التدريس	متابعة الإشراف على التدريس	• مفهوم المتابعة في العمل العلمي • مفهوم المتابعة في العمل الإداري • دور رئيس القسم العلمي في متابعة الأداء المدرسين وسير العملية الدراسية في القسم	٢	-	٢
امنا	**مجال اتخاذ القرارات الإدارية**					
-	استيعاب رؤساء الأقسام العلمية لطبيعة القرار الإداري ومواصفاته وخطوات اتخاذه	اتخاذ القرارات	• ماهية القرار الإداري • أنواع القرارات • مواصفات القرار الجيد • خطوات اتخاذ القرار	٣	٢	٥
	الاجمالي الكلي لعدد المحاضرات والساعات		•	٨٧	٤٧	١٣٤

١٣٤ ÷ ٥ = ٢٧ يوما تدر

الفعاليات	ت
أساليب التدريب ١. المحاضرات. ٢. الندوات. ٣. التدريبات الإدارية. ٤. تمثيل الادوار ٥. دراسة الحالة. ٦. الاسئلة والنقاش المفتوح.	ثانياً
وسائل التدريب ١. عمل مشاريع تتناول موضوعات البرنامج التدريبي. ٢. افلام تدريبية. ٣. الحاسوب الالي ٤. الزيارات الميدانية للاقسام العلمية. ٥. عقد ندوات مفتوحة مع خبراء في الادارة الجامعية والتدريب الاداري. ٦. البحوث الميدانية من قبل المشاركين في الدورة.	ثالثاً
المتدربون ١. رؤساء الأقسام العلمية ٢. أعضاء هيئة التدريس الراغبين في تولي منصب رئاسة القسم.	رابعاً
المدربون ١. اساتذة متخصصون في الادارة التربوية ٢. خبراء متخصصون في العمل الاداري الجامعي ٣. خبراء التدريب الاداري	خامساً

سادساً	**إدارة البرنامج التدريبي** ١. خبير في إدارة التدريب - مشرفاً. ٢. مسؤول اداري عن البرنامج التدريبي لمتابعته وتنفيذه. ٣. معاون للمسؤول الاداري.
سابعاً	**مكان البرنامح** ١. احد الجامعات اليمنية
ثامناً	**مدة البرنامج ومواعيده** ١. (٢٧) يوماً تدريبياً فعلياً. ٢. يكون في أحد أشهر العطلة الصيفية ٣. خمسة أيام في الاسبوع ٤. بمعدل خمس ساعات في اليوم
تاسعاً	**الحوافز والامتيازات** ١. منح المتدرب شهادة اجتياز الدورة ٢. منح المتدرب جوائز وحوافز مادية ٣. منح المتدرب الأفضلية للترشيح في وظيفة رئيس القسم العلمي
عاشراً	**أساليب التقويم** ١. أداة لتقويم المتدربين. ٢. أداة لتقويم المدربين. ٣. أداة لتقويم ردود فعل المتدربين نحو البرنامج التدريبي ٤. أداة لتقويم إدارة البرنامج التدريبي

المصــادر

١. أبو سليم، وليد محمود، تقويم البرامج التدريبية للإدارة العليا الخاص بموظفي وزارة التربية والتعليم في الأردن في ضوء الحاجات التدريبية للمشاركين فيه، الجامعة المستنصرية، بغداد، رسالة دكتوراه (غير منشورة)، ١٩٩٦م.

٢. أبو الوفا، جمال محمد، نموذج جديد للإدارة وتنظيم وتمويل الجامعات المصرية في ضوء بعض التجارب العالمية المعاصرة، جامعة المنصورة، ١٩٩٢.

٣. الأسدي، وآخرون، بناء معيار لاختيار رؤساء الأقسام العلمية في الجامعات العراقية، مجلة العلوم التربوية والنفسية، العدد الثالث والعشرين، حزيران، ١٩٩٧م.

٤. البزاز، حكمت عبد الله، تقويم برامج تدريب المعلمين أثناء الخدمة، مجلة التربوي، كلية التربية، ابن رشد، جامعة بغداد، ١٩٨٦.

٥. بشر، فضل عبد الله، نظم التعليم العالي الجامعي- عرض مقارن مع دراسة ميدانية، الدار الجماهيرية للنشر والتوزيع والاعلان، ليبيا، ط١، ١٩٨٦.

٦. بو بطانه، عبد اله رمضان، الجامعات وتحديات المستقبل مع التركيز على المنظمة العربية، مجلة عالم الفكر، المجلد ١٩، العدد (٢)، الكويت ١٩٨٨م.

٧. البياع، محمد حسن عبد الهادي، التنمية الإدارية- دورها ومعالجة المشكلات الإدارية، بغداد، دار أوسط، ١٩٨٦م.

٨. التميمي، نهاد كريم، نمط السلوك الإداري لرؤساء الأقسام العلمية في كليات الجامعة المستنصرية- ماجستير (غير منشورة)، كلية التربية، المستنصرية، ١٩٩٨م.

٩. ثورندايك، روبرت، وهيجس، اليزابيت، ١٩٨٩، القياس والتقويم في علم النفس والتربية، ترجمة عبد الله زيد الكيلاني وعبد الرحمن عدس، مركز الكتب الأردني، عمان.

١٠. جابر، عبد الحميد وآخرون، مناهج البحث في التربية وعلم النفس، القاهرة، مطبعة دار التأليف، ١٩٧٨.

١١. جامعة بغداد، دليل جامعة بغداد، ١٩٨٦.

١٢. جامعة عدن، دليل جامعة عدن، ١٩٩٥.

١٣. حمامي، بوحسن، وعبد الحليم، أحمد، خصائص ومهارات رؤساء الأقسام العلمية في بعض الجامعات الأردنية- مؤته للبحوث والدراسات، المجلد الحادي عشر، العدد الرابع، ١٩٩٦.

١٤. حمدان، محمد زياد، تصميم وتنفيذ برامج التدريب، سلسلة التربية الحديثة عدد (٣٠)، دار التربية الحديثة، عمان، ١٩٩١م.

١٥. الحيالي، سعدون رشيد عبد اللطيف، التخطيط لبرنامج تدريبي للأدارات العليا في الجامعة في ضوء الكفايات القيادية المطلوبة- أطروحة دكتوراه مقدمة الى كلية التربية المستنصرية، بغداد ١٩٩٧- (غير منشورة)

١٦. دره، عبد الباري، والصباغ زهير، إدارة القوى البشرية، منحى تنظيمي، ط١- عمان، دار الندوة للنشر والتوزيع، ١٩٨٦م.

١٧. الدليمي، أحمد محمد مخلف، بناء برنامج لتدريب مديري المدارس الثانوية في ضوء كفاياتهم الإدارية، رسالة دكتوراه، (غير منشورة)، جامعة بغداد، كلية التربية أبن رشد، ١٩٩٥م .

١٨. دوران، رودني، القياس والتقويم في تدريس العلوم، ترجمة محمد صباريني وآخرون، دار الأمل، الأردن، ١٩٨٥م.

١٩. الدوري، حسين، إعداد وتدريب القوى البشرية، الجامعة المستنصرية، ١٩٨٥م.

٢٠. الدويك، تيسير وآخرون، أسس الإدارة التربوية والمدرسية والإشراف التربوي- الأردن- عمان، دار الفكر للنشر والتوزيع، ١٩٨٤.

٢١. رهيف، علي هداد والعبيدي سيلان، استراتيجيات الجامعات اليمنية في مواجهة تحديات القرن الحادي والعشرون، بحث مقدم الى المؤتمر العلمي المصاحب للدورة الثلاثين لمجلس اتحاد الجامعات العربية، المنعقد في جامعة صنعاء، (ماس ١٩٩٧م).

٢٢. الزغبي، دلال محمد، الاحتياجات التدريبية للمديرين ورؤساء الأقسام الإدارية في الجامعات الأردنية من وجهة نظرهم- والبرامج التدريبية التي اشتركوا بها، اربد، جامعة اليرموك، ١٩٩١م.

٢٣. زيتون، عباس محمود، أساليب التـدريس الجامعـي، الأردن- عمان- دار الشروق للنشـر والتوزيـع، ١٩٩٥م.

٢٤. ستراك، رياض بدري، العلاقة بين تخطيط التعليم العالي وتخطيط القوى العاملـة، بحـث مقـدم الى المؤتمر العلمي الأول، كلية المعلمين، ديالي، ١٩٩٨م، جمهورية العراق.

٢٥. صخي، حسن حطاب، بناء برنامج تدريبي لمدراء المدارس في ضوء حاجاتهم من التدريب، مجلة كليـة المعلمين، الجامعة المستنصرية، العدد الأول، ١٩٩٤م.

٢٦. ضحاوي، بيومي محمد وقطامي، يوسـف محمـود، مهام رؤسـاء الأقسام وصفـاتهم الشخصـية كـما يتوقعها أعضاء الهيئة التدريسية في كلية التربية والعلوم الإسلامية في جامعة السلطان قابوس، دراسـة ميدانية، مجلة الإداري، العدد الثامن والستون، مارس ١٩٩٧م.

٢٧. طرخان، عبد المنعم أحمد، أثر برامج تدريب المديرين أثناء الخدمة بمدارس وكالة الغوث الدوليـة، في الأردن على تطوير البنى والمفـاهيم الإداريـة والإشرافيـة لـديهم، الجامعـة الأردنيـة، رسالة ماجستير ١٩٩٣م، (غير منشورة)

٢٨. عبد الدايم، عبد الله، الثورة التكنولوجية في التربية العربية، دار العلم للملايين، ط٣، بيروت، ١٩٨٨م.

٢٩. عبد الوهاب، علي محمد، التدريب والتطوير (مدخل علمي لفعالية الأفـراد والمـنظمات)، الريـاض، المملكة العربية السعودية، ١٩٨١م، إدارة البحث.

٣٠. العجيلي، صباح حسين وآخرون، التقـويم والقيـاس، بغـداد، وزارة التعليم العـالي والبحـث العلمـي، ١٩٩٠م.

٣١. العريقي، نجيبه مطهر، بناء نموذج لتطوير الإدارة الجامعيـة في جامعة عـدن، كلية التربية، جامعـة المستنصرية، رسالة دكتوراه، غير منشورة ١٩٩٦م.

٣٢. عقيلي، عمر وصفي، إدارة القوى العاملة، دار زهران للنشر والتوزيع عمان، ١٩٩٦.

٣٣. عودة ، احمد سليمان وفتحي حسن ملداوي، أساسيات البحث العلمي في التربية والعلـوم الإنسـانية، ط٣، الأردن، مكتبة الكناني، ١٩٩٢م.

٣٤. غنايم، فهمي محمد إبراهيم، الكفاءة الداخلية الكمية للتعلم الابتـدائي الحكومي بالكويـت، المجلـة التربوية، العدد التاسع، المجلد الخامس، ١٩٨٩.

٣٥. الكاظمي، سامي عبد المجيد وحميد، علي نجيب، التـدريب والعمليـة التدريبيـة، الجـزء الأول، وزارة التربية، معهد التدريب والتطوير التربوي، تموز، ١٩٨٩م.

٣٦. اللامي، عبد العباس نجيب، تقويم المناخ التربوي الجامعي في ضوء العوامل المعززه للإبداع، أطروحـة دكتوراه، كلية التربية- جامعة المستنصرية، ١٩٩٦م، (غيرمنشورة)

٣٧. محمد سعيد، أبو طالب، علم التربية في التعليم العالي، جامعة بغداد، مطبعة التعليم العالي، ١٩٩٠م.

٣٨. المخلافي، محمد سرحان، تصور مقترح لمحددات مؤثرات فعالية الأداء الجامعي مع تحديـد واقـع أداء الجامعات اليمنية على ضوء ذلك، نـدوة التعلـيم العـالي في الجمهوريـة اليمنيـة (٨-٩ اكتـوبر، ١٩٩٧) المركز اليمني للدراسات الاستراتيجية، صنعاء، ١٩٩٧م.

٣٩. محمد، فارعة حسن، تطوير بعض الكفاءات تدريس الجغرافيا لـدى طالبـات المسـتوى الرابـع كليـة التربية، جامعة أم القرى، الكتاب المهني في التربية وعلم النفس، الرياض، المجلد الحادي عشر، ١٩٨٩.

٤٠. مرعي، توفيق، وأحمد بلقيس، الميسر في علم النفس الاجتماعي، الطبعة الأولى، دار العرفان، عمان، ١٩٨٢م.

٤١. مطاوع وأخرون، الأصول الإدارية للتربية، ط٢، القاهرة، دار المعارف، ١٩٨٤م.

٤٢. مطر، سيف الاسلام علي، رئاسة الأقسام العلمية في مؤسسات التعليم العـالي- دراسـة تحليلـة لأدوار رئيس القسم العلم- المجلة العربية لبحوث التعليم العالي والمنظمة العربية للتربية والثقافة والعلوم، العدد ٦ تموز، دمشق، ١٩٨٧م.

٤٣. المنظمة العربية للتربية والثقافة والعلوم، خطة تدريب القيـادات التربويـة العليـا في الـوطن العـربي، تونس، ١٩٨٥م.

٤٤. مهدي، عباس عبدو وآخرون، أسس التربيـة، وزارة التعلـيم والعـالي والبحـث العلمـي، كليـة التربيـة الأولى، أبن رشد، مديرية دار الكتب للطباعة والنشر، ١٩٩٣م.

٤٥. النشار، محمد حمدي، الإدارة الجامعية، التطوير والتوقعات، اتحاد الجامعات العربية، ١٩٧٦م.

٤٦. نعمه، عبد الله حسن، تقويم الاعداد المهني لطلبة كليات التربية في الجامعات العراقية، رسالة ماجستير (غير منشورة) تربية أبن رشد، ١٩٨٢م.

٤٧. الهادي، أشرف ابراهيم، تنظيم جامعة صنعاء وإداراتها في ضوء الاتجاهات المعاصرة، سعد سمكه للطباعة والنشر، القاهرة، ١٩٩٤م.

٤٨. وزارة التعليم العالي، قانون التعليم العالي رقم ٤٠ لسنة ١٩٨٨م، الجمهورية العراقية.

٤٩. وزارة العدل العراقية، جريدة الوقائع العراقية، العدد (٣١٩٦) نيسان، السنة الثانوية، بغداد، ١٩٨٨م.

50. Adams, Georgia Sachs: Measurement and Evaluation in Education, Psychology and Guidance, NewYork, Holt, 1969.

51. Baker, T.L., Doing Social Research Mc. Graw, Hill Book Co. 1988.

52. Berigman Understanding Educational Measurement and Evaluation, London, 1974.

53. Best, J. W., (1981). Research in Education 4th ed. Englewood, Cliffs, N. Paretic, Hall.

54. Cron, Land, N. E.C., (1981) Management and Evaluation in Teaching 4th ed. NewYork, McGawn.

55. Davis, K., Newstorm, I. W. Human Behavior at work Organizational Behavior, 8th ed., McGrow-Hill, Inc., 1989.

56. Ferquson, George A and Yoshio, (1990): Statistical Analysis in Psyology and Ed 6th ed. NewYork, McGraw Hill Co.

57. Good, Garter, V. ed. Dictionary of Education, McGraw Hill Book, Inc. NewYork, 1973.

58. Hart, Arthur, Lesue, A. Comparison of Performances and Expectation, for Conucil on Characteristics Held Eight and Twelfth Crade Students in Tow Georgia School Systems, Dissertation Abstracts international, Vol. 40, No. 10, 1980.

59. Harnett, Donald, (1982) Statistic Statistical Methods, 3rd ed., Int Philipines Gopyright, Addison Wesley Publishing Company, London.

60. Nie, N. H., & et al., 1973: Statishing Decision Making Alogical Approach Bruoe Publishing Co. Nil, Woukee.

61. Nunnaly, J. C., (1978): Paychomatrie theory McGraw Hill Book Company NewYork.

62. Parte, L. W., Lowler, E.E., Hockman, J. R., Behavior in Organization, 4th ed., McGrow-Hill, Inc. 1987.

63. Rockman, S. & Sloan, K.R., A program that works: Indian's Principals Technology Leadership Training Program, 1993.

64. Runyon, R. P. & Audrey Haper. Fundamentals of Behavioral Statistics, 3rd Ed., Addison Wesley Publishing Co. Reading, U.K. 1979.

65. Websster's Third New International Dictionary of the English Language, Unabridged with seven Language Dictionary Chicago William, Benion, Vol. 1, N.C. 1971.

66. World, Bank, Development in Practice Priorities and Strategies for Education. World Bank Review, 1995, U.S.A. Washington, DC.

إدارة الوقت وعلاقتها بالقيادة الإبداعية لدى عمداء كليات جامعة البلقاء التطبيقية في الأردن

أ.د. رياض ستراك   د. صالح العمري

مشكلة البحث

كثيراً ما يسمع عن مديرين أو موظفين يشكون ويتذمرون من ضيق الوقت المحدد لانجاز اعمالهم، ويحاولون إقناع الآخرين بأنه لو توافر الوقت الكافي لعملوا الكثير وحققوا المزيد، فيلاحظ أن بعضاً منهم يكمل عمله الرسمي في البيت على حساب وقته الخاص وبعضهم الآخر يتأخر بعد انتهاء ساعات الدوام الرسمي لإنهاء عمله الرسمي.

على الرغم من أن ذلك دليلا على الاخلاص والالتزام بالعمل والانتماء للمهنة ، إلا أن هذا الأمر قد يعني شيئاً آخر، خاصة وأن المجتمع لديهم الفرصة الزمنية نفسها، لكن بعضهم يحسن استثمارها، وقد يترتب على ذلك سلبيات ومشكلات على المستوى الشخصي والاجتماعي والرسمي، ومن ثم لن يجد المدير الوقت الكافي للتفرغ والتفكير في العمليات الاستراتيجية والهامة في التنظيم ولمتابعة نشاطات مرؤوسيه. وحقيقة الأمر فإن وقت العمل الرسمي لا يستثمر استثماراً فاعلاً لصالح المنظمة بقدر ما هو مستثمر لجوانب عدة.

إن المشكلة في إدارة الوقت لا تكمن في الوقت نفسه، وإنما في كيفية استعمال الأفراد لوقتهم وفيما أنجز من عمل، فالوقت شأنه شأن بقية المصادر الإدارية الأخرى يمكن الإفادة منه، إلا أنه يختلف كونه عنصرا غير قابل للشراء أو البيع أو الخزن، ويهدر إذا لم يتم استثماره بالطريقة المثلى.

ومن الملاحظ أن هناك العديد من العوامل التي تحد من قدرة الإداري على استثمار وقته وتحول دون الاستفادة المثلى منه خاصة في كليات جامعة البلقاء التطبيقية كون العميد هو المسؤول الإداري والأكاديمي وإن الكشف عن هذه العوامل يعد أمراً ضرورياً فمن الملاحظ أن هناك العديد من العوامل التي تحد من قدرة العميد على استثمار وقته في كليات الجامعة وتحول من دون الاستثمار الأمثل للوقت المخصص للعمل الرسمي.

إن أحد المعايير التي تستعمل في تقويم أداء الأفراد والمنظمات هو مدى استثمار الموارد المتاحة لتحقيق إنجازات في حقل معين ومن ضمن هذه الموارد الوقت الذي غدى واضحاً إن كيفية النظر إلى هذا المورد واستثماره، أصبحت تتحكم بدرجة تقدم ورفاهية الشعوب (الملا، ١٩٩٧: ٤)

وهناك مظاهر عدة تتصف بها بعض القيادات من تأجيل إنجاز الأعمال والسماح بكثرة المقاطعات في أثناء العمل، والاجتماعات غير الضرورية والمكالمات الهاتفية المطولة، ولا يوجد نظام معلومات جيد، وكثرة الأعمال الروتينية والإجراءات المطولة والضغوط الخارجية والداخلية فضلاً عن عدم وجود أدلة للعمل.

وهذا ما أكدت عليه دراسة (الرجوب، ١٩٩٧: ١٧-١٨) إذ بينت وجود مشكلات واقعية في إدارة الوقت لدى الإداريين في جامعة اليرموك، وأكدت على ضرورة إجراء المزيد من الدراسات لاستقصاء المشكلات التي تعترض إدارة الوقت في مؤسسات التعليم العالي بشكل خاص.ودراسة (بيدس، ١٩٩٥: ٨٧) التي توصلت إلى أن المديرين لا يخططون للعمل ويصرفون وقتاً كبيراً في أمور روتينية وأكدت على ضرورة إتاحة الفرصة أمام المديرين والعاملين في مختلف المواقع للمشاركة في الدورات التدريبية التي تعقد في إدارة الوقت.

إن استمرار هذه الجوانب على ما هي عليه يعد مشكلة بحد ذاتها، إذ يعني فقدان الكثير من هذا المورد النادر الثمن. وما زالت العلاقة بين الإنسان والوقت في مجتمعاتنا النامية هي الحلقة الأضعف، والتي تتطلب التصدي لمسبباتها ومعالجتها. لان بقاء هذه العلاقة ضعيفة يعني بقاء مجتمعاتنا النامية - ومنها الأردن- تعيش على هامش الحضارة، وتعاني من تبعيتها للتقدم الاقتصادي والعلمي والتقني السائد في دول العالم المتقدمة. فاذا بقي الأفراد والمديرون لا يعطون الوقت الأهمية اللازمة، إذ أنه في كثير من المؤسسات يهدر الوقت ويصرف في مجالات لا تتصل بالعمل الرسمي، فهل هذا الانطباع السائد أمر مسلم به؟ وكيف يستثمر الوقت في كليات جامعة البلقاء التطبيقية؟ ما هي العوامل السائدة لحسن إدارة الوقت واستثماره؟ تكمن مشكلة البحث في أنه ليس هناك إجابة واضحة عن الأسئلة السابقة.

ويؤكد فرانك (Franek, 1991: 319) على أنه لا يمكن استثمار الوقت بالشكل الأمثل وتحقيق ما نصبو إليه عندما ينظر الى الوقت على أنه رأس المال المهم الذي يجب استثماره بحكمة وترو.

لقد وجه جلالة المغفور له الملك الحسين رسالة ملكية بإنشاء جامعة البلقاء التطبيقية أكد فيها على ضرورة معالجة الجامعة للمسؤوليات والصلاحيات الإدارية والتنظيمية التي تعيشها كليات المجتمع في وضعها الحالي والتي تعيق أدائها وتحول من دون تحقيق أهدافها على الوجه المطلوب (منشورات الجامعة ١٩٩٨) فهل وفرت الجامعة قيادات عملت على تصحيح واقع الكليات؟

لقد تسلمت جامعة البلقاء التطبيقية زمام الإشراف على الكليات المتوسطة المنتشرة في محافظات الأردن كافة لتوفر لهذه الكليات قيادات أكاديمية كفؤة تتناسب ودور الجامعة في أداء رسالتها نحو التعليم المهني والفني والتطبيقي، لتعمل على تطويره وتحسين مكانته بالإضافة إلى معالجتها للمسؤوليات والصلاحيات الإدارية والتنظيمية التي تعيشها هذه الكليات (مجلة أنباء البلقاء، ٢٠٠٠: ٥)

فهل عملت هذه القيادة على تصحيح واقع كليات المجتمع، وحالت من دون توقف عطائها، وضبط مستواها الأكاديمي والمهني والتطبيقي، وعملت على إحداث نقلة نوعية في هذه الكليات؟ إذ تتمثل القيادة بأعلى مستوياتها في الكليات بعمدائها، فعميد الكلية يقوم بدور فاعل ومؤثر في بناء الكلية وتطويرها، ولا يكون ذلك من خلال قيامه بدوره الرتيب من خلال مركزه الوظيفي فحسب، بل بقيامه بجهوده التنظيمية وفعالياته الإبداعية بالنهوض بالكلية والعاملين فيها.

وأدركت القيادات التربوية في الأردن بأن هناك حاجة لتفعيل إدارة الوقت والقيادة الإبداعية، إذ أكد مؤتمر التطوير التربوي بمرحلته الثانية الذي عقد في الأردن عام (١٩٩٤) على أهمية تطوير العملية الإدارية في المؤسسات التربوية، لتواكب النقلة النوعية المتطورة في الأداء التربوي من خلال رفع كفاية الكوادر الإدارية وتعميق مفهوم القيادة التربوية مع العمل على تطوير نوعية البرامج التدريبية في أثناء الخدمة بشكل ينعكس على تحقيق الأهداف ولترجمة هذا التوجه طور برنامج الإدارة العليا ليؤكد على مهارات إدارة الوقت والقيادة الإبداعية في برامجه التي تعقد كل عام تمشياً مع ضرورة إعداد وتأهيل القادة التربويين (وزارة التربية، ١٩٩٤: ٢٠)

لعل المتتبع إلى سمات عالم اليوم التي منها الحركة وعدم الثبات والتسابق نحو المستقبل، وكذلك قبول التحدي والصراع. يدرك أن وجود القائد المبدع أصبح ضرورة حتمية في عالم اليوم واصبحت القيادة الإبداعية ضرورة وسمة يتسم بها القائد الناجح، ولقد لخص رئيس الوزراء الأردني في كلمة له لمجلس الخدمة المدنية بتاريخ ١٩٩٧/١/١٢، أن القيادة في المؤسسات الأردنية تتسم ببعض السمات الآتية:

- قلة توافر المؤسسية لعملية التطوير الإداري وغياب التنسيق بين الأجهزة المعنية.

- تعقيد الإجراءات وبطئها.

- قلة التصدي بجدية لظاهرة مركزية الإدارة.

- قلة البيانات والمعلومات وعدم دقتها.

- قلة توافر خطة متكاملة لتنمية القوى البشرية.

- قلة مواكبة التشريعات للنمو السريع في مهام الدولة وواجباتها (منشورات ديوان الخدمة المدنية، ١٩٩٨: ١٣)

هذه المظاهر وصفت بها القيادة الإدارية في الأردن وبما أن الجامعات هي مؤسسات حكومية مستقلة وتضم حوالي (٢٦%) من العاملين في الأردن (دائرة الاحصاءات العامة، ١٩٩٨) وجامعة البلقاء واحدة منها، فقد حفزت هذه الظواهر الباحث لتقديم تبيانا واضحا لجامعة البلقاء التطبيقية عن أهمية هذه المظاهر لمواجهتها وتذليل صعوبات وتحطيم عقباتها.

وكذلك من خلال ما شخصته وحث عليه بعض الدراسات إذ أكدت دراسة أبو فارس (١٩٩٠: ٨٨) التي أجريت على المؤسسات العامة الأردنية على ضرورة اهتمام المؤسسات الأردنية بالإبداع وتنمية القدرات الإبداعية لدى العاملين فيها في كافة مستوياتهم الإدارية.

ودراسة المعاني (١٩٩٠: ٩٩) التي أجريت على المديرين في الوزارات الأردنية حيث أوصت بضرورة إجراء المزيد من الدراسات حول موضوع الإبداع الإداري للعاملين في المؤسسات المختلفة لتزيد من فرصهم في الإبداع والإنجاز والتميز من هنا تتضح طبيعة المشكلة التي يعالجها البحث، والمتمثلة في إدارة الموارد التي يتعامل معها القائد في كليات جامعة البلقاء التطبيقية هذا القائد، الذي لابد أن يكون مميزاً في هذا العصر.

أما فيما يتعلق ببعد العلاقة بين إدارة الوقت والقيادة الإبداعية فيعد هذا الأمر غاية في الأهمية، إذ أنه في حدود علم الباحث تبين ندرة الدراسات المتخصصة التي تناولت موضوع العلاقة بين إدارة الوقت والقيادة الإبداعية، ودراسة هذا البعد تسد نقصا في تحديد نوعية العلاقة بين المتغيرين مما يسهم في طرح نتائج، يرى فيها مسيس الحاجة ولا سيما في عصرنا الحالي فيمكن أن يخدم المديرين والباحثين.

فبعد إدارة الوقت وبعد القيادة الإبداعية، وبعد العلاقة بينهما تشكل مجتمعة مشكلة البحث الحالي، والتي تبلورت من خلال هذه العلاقة، لأن المشكلة بحاجة إلى التحليل والتصدي لمسبباتها، ووصف المعالجات اللازمة لها، والبحث الحالي هو المحاولة المقصودة.

لذا ومن خلال ما تم عرضه ومناقشته وخبرة الباحث الشخصية في الكليات فقد شعر بأهمية وضرورة دراسة إدارة الوقت وعلاقتها بالقيادة الإبداعية لعمداء الكليات في جامعة البلقاء التطبيقية.

أهمية البحث والحاجة إليه

إن أهم ما يميز عالم اليوم، الاهتمام بالعلم والتقدم العلمي والتكنولوجي في المجالات كافة، لذلك لابد من الاهتمام بالقيادة الإبداعية، إذ هي الأداة الرئيسة التي تستطيع المؤسسات من خلالها تحقيق أهدافها، وأن تصل الى التكامل المنشود بينم مدخلات العملية الإدارية البشرية والمادية والمعنوية على الصعيدين السياسي والاقتصادي.

ولكي تظل المنظمات عملية وفاعلة يتعين عليها أن تعمل على الأقل بسرعة مماثلة للتغيرات التي تحدث في بيئتها، ولكي تصبح مبدعة يجب عليها أن تعمل بسرعة أكبر، وأن تسبق المستقبل (أوتون ١٩٩٨: ١٤١)

ولما كان البحث الحالي يتناول مؤسسة عامة من مؤسسات التعليم العالي كونها تؤدي دوراً مهماً في حياة الأمم والشعوب، فهي التي تصنع حاضر الأمم وترسم معالم مستقبلها، فالتعليم العالي هو القيادة الفكرية للمجتمع، إذ يلعب دوراً بارزاً في تنمية التفكير لدى الطلبة والأساتذة، ويدعم عمليات الإبداع العقلي والفني، واتاحة فرص النشاطات الخلاقة.

إن الانتشار الجغرافي للكليات على كامل البقعة الجغرافية في الأردن لتلبي تلك الكليات حاجات كل منطقة من التخصصات الحديثة والعصرية، إذ تركز الجامعة على التقليل من التخصصات الأكاديمية وتطرح التخصصات المهنية والتي تتواءم مع خطة التنمية، كون الأردن مصدراً للطاقات البشرية لدول الخليج العربي المجاورة، فقد راعت الجامعة هذا التميز وخدمة المجتمعات المستقطبة لهذه التخصصات (طوقان، ٢٠٠٠: ٨)

من ذلك كله، نرى أن الحاجة تزداد يوماً بعد يوم لبحث مكونات الاتجاه الإبداعي، سواء أكان ذلك على المستوى الوطني أو التنظيمي، والحضارة المعاصرة لا تكون في الاعتماد كلية على ما يقدم لنا من مكونات تلك الحضارة، بل

في إطلاق الطاقات المخزونة لمواردنا البشرية للإسهام الفعلي في البناء (سر الختم، ١٩٨٦: ١٠٦٨)

ويؤكد موسى (١٩٩٠: ١٧١) على أن قدرة إنتاجية الأفراد والمنظمات وتنمية عمليات الخلق والإبداع، تعتمد الى حد كبير على القدرة في تحقيق الكفاية في استثمار الوقت المتاح للعمل، وزيادة توظيف الإمكانات المادية البشرية الأخربا بكفاية عالية.

وإذ يعد الوقت موردا من الموارد المتاحة التي يجب استثماره بكفاءة، فقد أصبح بعدا مهما يجب استثماره في الحاضر، والتخطيط للإفادة منه بشكل فاعل للمستقبل، لأنه لابد من استثماره بشكل فاعل والعمل على تقليل الضائع منه هدرا من دون فائدة أو إنتاج.

ويرى بلتر في مقالة له نشرت في مجلة الموارد الإنسانية بعنوان (نوعية الوقت في القرن الحادي والعشرين يقول: "وان الوقت هو أهم ميزة للإداريين وإن إدارة الوقت ستصبح بشكل متزايد عاملا مهما جدا في إدارة الجامعة") (Plater, 1995: E)

إن مفهوم الإداري للوقت لا يقتصر على وقت المدير والعاملين فحسب، بل يشمل وقت الأبنية والمعدات والأجهزة، إذ أكد أبو شيخة (١٩٩١: ١٣٧) أن إدارة الوقت لابد أن تصبح من المفاهيم الأساسية في المنظمات الحديثة، ولن نستطيع مواكبة الحضارة واللحاق بركب الأمم المتقدمة ما لم ننظم الوقت ونستثمره استثمارا فاعلا. وتعتمد فاعلية القائد على مدى قدرته على تحليل وقته ومعرفته أين وكيف يقضيه؟ ومع من؟ وفي أي موضوع؟ ولا يمكن للمدير الحصول على كمية إضافية من الوقت ولكن بإمكانه تطوير نوعية العمل وتحسينه.

ولم يكن الاهتمام بالوقت غريبا عن الإسلام، بل إن إدارة الوقت إسلامية قبل أن يمارسها الغرب قال تعالى: "إن الصلاة كانت على المؤمنين كتابا موقوتا" (النساء: ١٠٣) ويقول رسول الله صلى الله عليه وسلم: "اغتنم خمسا قبل خمس شبابك قبل هرمك، وصحتك قبل سقمك، وغناك قبل فقرك، وفراغك قبل شغلك، وحياتك قبل موتك" (النيسابوري، ١٩٧٠: ٣٠٦)

فالمقصود هو استثمار وقت الشباب وطاقته المتدفقة قبل زحف وقت الشيخوخة، وضعف الطاقة وقت الصحة والحيوية، قبل مداهمة المرض وفتور العزيمة، إنها دعوة على الحرص المستمر على استثمار الوقت في كل مجال من مجالات الحياة ومراحلها.

وقال شابلن تيلر (Chaplain Taylor) أن الوقت هو العنصر الأكثر تصلبا والأكثر مرونة في الوجود، ولكن نستطيع القول: إنه يمكن إدارته بفاعلة وان لم نستطيع إدارته لا نستطيع إدارة أي شيء آخر. (Machenzie, 1990: 4)

من كل ما تقدم، يرى أن العنصر البشري أهم عناصر الإنتاج والجودة ولكن تبقى قضية النجاح في استثمار طاقات الإنسان، هي المفتاح الحقيقي في تحقيق الأهداف المطلوبة، وتنظيم علاقة الأفراد بالوقت تأتي في مقدمة مهام القيادة الواعدة والباحثة عن التميز في الأداء (هلال، ١٩٩٥: ٤٦)

إن قياداتنا اليوم في جميع المواقع وفي جميع المستويات يعملون على سبيل الحصر تقريبا من أجل مصلحة الموقع الذي ينتمون إليه (جون وجاردن، ٢٠٠٠: ١٣٨) من أجل ذلك علينا أن ننشئ شبكات من القادة الذين يقبلون قدراً من المسؤولية من أجل مصالح المجتمع المشتركة، مما يؤدي إلى أن يتولون العمل كفريق، إننا بحاجة عند مستوى الجماعة، والمستوى القومي، والمستوى الدولي الى قادة ماهرين في ربط دوائرهم الخاصة بغيرها من الدوائر (جونن وجاردن، ٢٠٠٠: ٤١).

إن أهمية الإبداع لا تتجلى بوصفه عملية تشهد كل لحظة ولادة جوهرة ذات قيمة عالية فحسب، وإنما تكمن في كون الإبداع ضرورة حتمية من ضرورات الحياة (الصبيحي، ١٩٩٤: ٢٥) والإبداع هو العنصر الذي يتيح للقائد وللمؤسسة التحرك إلى الأمام (كوكس وجون، ١٩٩٨: ١٣٥) أن مستقبل الحضارة يتأثر إلى حد كبير بإداراتها فقدراتهم تشكل الفرق بين السلم والحرب، وبين التضخم والاستقرار وهو يلعبون دوراً حاسماً في تحديد أهداف مجتمعاتنا ورسم مساراتها، وسجل إنجاز أهدافها (الطويل، ١٩٩٩: ٢١٨) ويؤكد كوكس وجون (١٩٩٨: ١٥٣) أنه لكي نكون فاعلين يتعين علينا جميعا أن نكون قادرة ولكي نكون قادة علينا أن نكون مواكبين ولدينا شبكات ومعارف وإذا لم يكن لدينا هذه التركيبية سنصبح غير مواكبين وعتيقين.

والإيمان بالإنسان المبدع أصبح ضرورة حتمية في عالم اليوم، كون الإبداع ضرورة للحياة بحد ذاتها، ومما لا شك فيه أن مجتمعنا العربي في أمس الحاجة إلى الانتفاع من القدرات الإبداعية التي يمتلكها ابناؤه لأن القيادة المبدعة تعد صمام الأمان الضروري للإدارة الفاعلة، والتي تطمح إلى تحقيق قفزات وتطورات كمية ونوعية سواء أكان ذلك على مستوى الإنتاج أم الخدمات التي تقدمها للمجتمع (فريد، ١٩٩٥: ٣٣).

إن الإنسان المبدع في أي مجال من مجالات النشاط الإبداعي لا يوجد بمعزل عن المجتمع أو خارج إطاره، ومن ثم فانه لا يحقق أعماله الإبداعية إلا من خلال تفاعله مع الجماعات في إطار المجتمع ككل ولما كان المجتمع في الكليات مجتمعا متجانسا فان ما يسوده من علاقات يومية مستمرة تؤثر في جميع أعضائه، وذلك لا يمكن أن يتم إلا إذا عملت الكلية ممثلة بعميدها - على توفير المناخ الأفضل الذي يفسح المجال أمام القدرات والاستعدادات للنمو والتطور (سر الختم، ١٩٨٦: ١٠٦٨)

من ذلك جاء هذا البحث لتعرف الإبداع لدى العمداء في الكليات، لأن العميد المبدع هو الذي يحترم العاملين معه، ويقيم علاقات إنسانية إيجابية فاعلة معهم، ويؤمن بالطريقة العلمية في التفكير وبالعمل التعاوني. ويتولى العميد الإشراف على تنفيذ السياسة العامة للكلية من خلال تنظيم الأعمال والأشراف على سير النشاطات والتدريبات المختلفة التي تمارس داخل الكلية والعمل على حل المشكلات التي تعترض سير العمل والمسيرة التربوي في الكلية. ذلك بأن القيادات تمثل جوهر العملية الإدارية لأن دورها يؤثر في جميع جوانب العمل الإداري، لأن نجاح الإدارة يتوقف على نوع القيادة التي تتولى تنظيم العمل وتوجيهه.

لقد فرض التقدم العلمي والتقني والتربوي على إدارة المؤسسات التربوية مسؤولية إضافية تجسدت في مواكبة هذا التطوير والتغيير السريع في مجالات الحياة المختلفة، والتكيف معها من خلال إعداد جيل جديد قادر على مسايرة هذه التطورات. مما يتطلب أن تكون القيادات للمؤسسات التربوية على مستوى المسؤولية إذ يشار في أوساط علمية عديدة إلى أن اهم أسس التقدم الحضاري الراهن عنصران: نظم المعلومات، التفكير الإبداعي.

وبذلك يكون الإبداع أحد جانبي التقدم الحضاري الراهن، وانه أحد أداتين بالغتي الأهمية في تقدم الإنسان المعاصر وعونا له في مواجهة مشكلات حياته الراهنة وتحديات مستقبلة معا (درويش، ١٩٨٣: ٨٣)

كما يجب الاقتناع بأن العصر الحديث وما يتضمنه من ظروف وسمات تختلف عن العصر ـ القديم كالحداثة، جعل اللجوء للإبداع أمرا حتميا أمام الدول والمنظمات والمديرين ورجال الأعمال وطالبي العلم وكل إنسان أينما كان (فريد، ١٩٩٥: ٣٧).

وعلى الرغم من تزايد الاهتمام بقضايا الإدارة التربوية في كثير من البلاد العربية خلال العقود الثلاثة الأخيرة. إلا أن قادة النظام التعليمي لم يعملوا بالمفاهيم الحديثة والمتطورة للإدارة التربوية التي تنقلها من مجرد تسيير روتيني للوظائف

الإدارية إلى عمليات قيادة وابتكار وإبداع قوامها: التخطيط الاستراتيجي، التنسيق الفعال، التنظيم المؤسسي والتقييم الشمولي (مؤتمن، ٢٠٠١: ١٠٢)

وبما أن الإدارة هي المفتاح ونقطة البدء في عملية إصلاح التعليم وتطويره فأن الحاجة ملحة الان للتحول الجذري من الأنماط الإدارية الراهنة إلى أنماط جديدة تتسم بالرؤيا المستقبلية، وذلك لأن السلطة الإدارية وحدها قد ترغم العاملين في المؤسسة على الطاعة، ولكنها لا تلهمهم ولا تحفزهم.

يعد هذا البحث مهما على مستويات عدة: منها المستوى العلمي والعملي فعلى المستوى العلمي يعد استمرارا لما بذله الباحثون من جهود في التأكيد على أهمية الوقت والإبداع، وعلى المستوى العملي من خلال كشف عن استراتيجيات إدارة الوقت لعمداء الكليات في جامعة البلقاء التطبيقية ومجالات قيادتهم الإبداعية، وذلك من وجهة نظرهم ووجهة نظر شاغلي الوظائف الإشرافية فيها. ونظراً إلى حداثة الجامعة وندرة الأبحاث في هذا المجال، مما دعا الباحث لاختبار عنوان هذه الدراسة،هو النقص الحاصل في الدراسات المتعلقة بهذا الموضوع. كما أن فهم الأسس التي تستند إليها فلسفة القيادة الإبداعية وإدارة الوقت أصبحت مسألة مهمة للمؤسسات، كي تتمكن من تطبيقها وتكيفها مع بيئتها، ويرى توفيق وباكر (١٩٩٦: ٢) أنه مع تعقد الحياة المعاصرة وتراكم العلوم والمعارف في عصر المعلوماتية أصبح الإبداع ضرورة من ضرورات العصر الحديث، لما للإمكانات البشرية وقدرات الإنسان العقلية من مكانة عالية تضاهي الموارد والإمكانات المادية بل تفوقها في الأهمية، تلك الأهمية التي تتمثل بمواجهة الظروف الآنية والمستقبلية.

وعليه يمكن تلخيص أهمية البحث الحالي بما يأتي:

١- أهمية متغيرات موضوع البحث والتي اشتملت على:

أ- إدارة الوقت: إذ أصبح من الضروري توجيه انظار العمداء إلى أهمية التعامل معه لاستثماره بصورة صحيحة، لأن الاستثمار الأفضل للوقت ينعكس بالنتيجة على حسن الأداء.

ب- القيادة الإبداعية على أساس دراسة مجالاتها وتحديد مستوى توافرها لدى العمداء، والعمل على تأمين جزء من المعلومات للباحثين والمهتمين في هذا الموضوع، وتكون بداية لسلسلة من الأبحاث الميدانية التي يمكن ان تعالج هذا الموضوع من جوانب متعددة.

٢- أهمية الفئة المستهدفة والمنظمات التي يقودونها، وتتضمن:

أ- العمداء كونهم قادة إداريين، ويشكلون العمود الفقري للكلية لما لهم مـن دور بـارز في الإشراف المباشر على إنجاز المهام والأنشطة، ويشكلون حلقة وصل بين الكلية والجامعة.

ب- أهمية الكليات المنتشرة في كافة محافظات الأردن على أساس أن هذه الكليات تتعامل مع قطاع كبير من فئات المجتمع.

٣- أهمية النتائج التي تتعلق بمتغيرات البحث أو بالعلاقة بينهما، مـن خـلال التحليلات الاحصائية التـي تقود إلى نتائج تفصح عن بيان الجوانب الأكثر تأثيراً والأقل، وتضيف معلومات جديدة حول العلاقة بين إدارة الوقت والقيادة الإبداعية.

٤- قد يكون هذا البحث مؤشراً وحافزاً لبحوث أخرى مستقبلية.

أهداف البحث:

يستهدف البحث الحالي تعرف إدارة الوقت لـدى عمـداء كليات جامعـة البلقاء التطبيقيـة وعلاقتها بقيادتهم الإبداعية من وجهة نظر العمداء، ووجهة نظر شاغلي الوظائف الإشرافية ويتحقق ذلك من خلال الإجابة عن الأسئلة الآتية:

١- ما مستوى إدارة الوقت لدى عمداء كليات جامعة البلقاء التطبيقية:

أ- من وجهة نظرهم؟

ب- من وجهة نظر شاغلي الوظائف الإشرافية؟

٢- ما مستوى القيادة الإبداعية لدى عمداء كليات جامعة البلقاء التطبيقية:

أ- من وجهة نظرهم؟

ب- من وجهة نظر شاغلي الوظائف الإشرافية؟

٣- هل هناك فروق ذات دلالة إحصائية في إدارة الوقت لدى العمداء في كليات جامعـة البلقاء التطبيقيـة تعزى إلى نوع الكلية (حكومية، خاصة):

أ- من وجهة نظرهم؟

ب- من وجهة نظر شاغلي الوظائف الإشرافية؟

٤- هل هناك فروق ذات دلالة احصائية في القيادة الإبداعية لـدى العمـداء في كليات جامعة البلقاء التطبيقية تعزى إلى نوع الكلية (حكومية، خاصة)

أ- من وجهة نظرهم؟

ب- من وجهة نظر شاغلي الوظائف الإشرافية؟

٥- هل هناك علاقة ذات دلالة احصائية بين إدارة الوقت والقيادة الإبداعية في كليات جامعة البلقاء التطبيقية.

أ- من وجهة نظر العمداء؟

ب- من وجهة نظر شاغلي الوظائف الإشرافية؟

حدود البحث

اقتصر البحث الحالي على:

١- عمداء الكليات لجامعة البلقاء التطبيقية المنتشرة في محافظات الأردن كافة، الكليات الحكومية والخاصة التي تمنح شهادة الدبلوم والمتوسط.

٢- العام الدراسي (٢٠٠٠-٢٠٠١)

٣- شاغلي الوظائف الإشرافية في كليات الجامعة.

تعريف المصطلحات:

- إدارة الوقت

١- يعرفها مارش:

بانها عملية التخطيط والتنظيم والسيطرة على الوقت، لتجنب الهدر في وقت العمل (Marsh, 1991: 26)

٢- ويعرفها صالح:

بأنها التخطيط والتنظيم وتوجيه ورقاة الوقت بهدف استثماره استثماراً اقتصاديا أمثل في تغيير مجمل أنشطة وفعاليات المجتمع، وتقليل نسبة نسبة الهدر فيه إلى أقصى حد ممكن وزيادة فاعلية العلاقة الموضوعية والديالكتيكية بين أبعاد الزمن الماضي والحاضر والمستقبل (صالح، ١٩٩٣: ٧)

٣- ويعرفها غرايبة:

تنظم العمل، والسيطرة على مجرياته وفق محدد زمني وأنها محاولة جادة لتسير الحياة على وفق قواعد محددة (غرايبة، ١٩٩٥: ١٧)

٤- **ويعرفها الطراونة واللوزي:**

هي فن ترشيد واستعمال وقت المدير من خلال وضع الأهداف وتحديد مضيعات الوقت ووضع الأولويات واستعمال الأساليب الإدارية لتحقيق الأهداف بكفاية وفعالية (الطراونة واللوزي، ١٩٩٩: ٧٧).

٥- **ويعرفها العوائد:**

استعمال لغة العمل الرسمي استعمالا فعالا لإنجاز المهام والأنشطة المختلفة ذات الصلة بالعمل الرسمي والتي يجب إنجازها في أثناء ساعات الدوام الرسمي (العوائد، ١٩٩٩: ٣٢)

ويعرفها الباحث إجرائياً

أ- الدرجة الكلية التي يحصل عليها العميد في كليات جامعة البلقاء التطبيقية من خلال إجاباته على كل فقرة من فقرات الاستبانة (أداة الدراسة) وفقا للبدائل الموضوعة.

ب- الدرجة الكلية التي يحصل عليها العميد في كليات جامعة البلقاء التطبيقية من خلال إجابات شاغلي الوظائف الإشرافية على كل فقرة من فقرات الاستبانة (أداة الدراسة) وفقاً للبدائل الموضوعة.

- **القيادة الإبداعية**

١- **يعرفها (Shaunon) :**

القدرة على إنتاج الجديد الممتع المفيد، أنها إنتاج وكشف حقيقة جديدة، قانون، علاقة وجهاز، ومنتج، ومادة، وهي عملية تستند إلى المعرفة والعلم المتيسر ولكنها لا تنتج مباشرة وبسهولة وببساطة أو حتى بعمليات مجتمعة نمطية معروفة (Shanoon, 1990: 83)

٢- **وتعرفها العناقرة:**

قدرة الإداري على تغيير أو تجديد أو استحداث نهج أو أسلوب جديد واستحداثه بتقنيات حديثة ومتلائمة مع متطلبات البيئة، ومناسبة لتطلعات العصر الحديث، وتلبي حاجات المجتمع، وذلك من خلال أساليب العمل وحفز العاملين وإبراز مواهب وقدرات العاملين واستثمارها من اجل تحقيق أهداف الإدارة (العناقرة، ١٩٩٠: ١٧)

٣- وعرفها العياصرة:

قدرة الفرد على الإنتاج إنتاجا يتميز بأكبر قدر من الطلاقة الفكرية والمرونة التلقائية والأصالة والتداعيات البعيدة، وذلك كاستجابة لمشكلة أو مواقف (عياصرة، ١٩٩٨: ٣)

ويعرفها الباحث إجرائيا بأنها

أ- الدرجة الكلية التي يحصل عليها العميد في كليات جامعة البلقاء التطبيقية من خلال إجاباته عن كل فقرة من فقرات الاستبانة (أداة الدراسة) وفقا للبدائل الموضوعة.

ب- الدرجة الكلية التي يحصل عليها العميد في كليات جامعة البلقاء التطبيقية من خلال إجابات شاغلي الوظائف الاشرافية عن كل فقرة من فقرات الاستبانة (أداة الدراسة) وفقاً للبدائل الموضوعة.

- جامعة البلقاء التطبيقية:

جامعة حكومية رسمية في المملكة الأردنية الهاشمية مركزها السلط ووظيفتها الأساسية إعداد الكوادر البشرية المؤهلة أكاديميا وفنيا والمدربة عملياً على المستوى الجامعي والمستوى الجامعي المتوسط لمختلف احتياجات المجتمع ومتطلباته (المادة (٣٠) من قانون جامعة البلقاء رقم (١٣) السنة: ١٩٩٧)

- الكليات:

مؤسسات جامعية متوسطة فنية عامة أو خاصة في جامعة البلقاء التطبيقية بالمملكة الأردنية الهاشمية تشتمل على تخصصات مختلفة ويلتحق بها الطلبة بعد الحصول على شهادة الدراسة الثانوية العامة أو ما يعادلها، بحيث تقل مدة الدراسة فيها عن أربع سنوات، ويتبع فيها نظام الساعات المعتمدة والفصول الدراسية (المادة (١٧) من قانون الجامعة، رقم (١٣) لسنة: ١٩٩٧)

- العميد:

أ- عميد الكلية الحكومية:

عميد كلية المجتمع الذي يحمل شهادة الدكتوراه، المعين بقرار من رئيس الجامعة ويكون مسؤولا عن إدارة شؤون الكلية التعليمية والإدارية والمالية وأمور البحث العلمي وخدمة المجتمع المحلي (تعليمات، الهيكل التنظيمي، ١٩٩٩)

ب- عميد الكلية الخاصة:

عميد الكلية الذي يحمل شهادة الدكتوراه ويعين بقرار من مجلس أمناء الكلية ويكـون مسـؤولا عن إدارة شؤون الكلية التعليمية والإدارية والمالية وأمور البحث العلمي وخدمة المجتمع المحلي (تعليمات الهيكل التنظيمي، ١٩٩٩)

- شاغلو الوظائف الإشرافية:

أ- في الكليات الحكومية

- كل مدير متخصص أو رئيس قسم يعين بقرار مـن رئيس جامعـة البلقـاء التطبيقيـة بنـاء عـلى تنسيب العميد (التقرير السنوي لديوان الخدمة المدنية، تعليمات الهيكل التنظيمي، ١٩٩٩)

ب- في الكليات الخاصة

- كل مدير مختص أو رئيس قسم يعين بقرار مجلس أمناء الكلية الخاصة بناء على تنسيب العميد (تعليمات الهيكل التنظيمي، ١٩٩٩)

منهج البحث

تضمن هذا الفصل وصفا للإجراءات المتبعة لغرض تحقيق أهداف البحث، التي ابتدأت بوصف مجتمع البحث وطريقة اختيار العينة وإجراءات وخطوات بناء أدوات البحث ووصف للإجراءات التي اتبعت للتأكد من دلالات الصدق والثبات لأدوات البحث، وكيفية تطبيقها على أفراد العينة، بالإضافة إلى عرض الوسائل الاحصائية المستخدمة في معالجة البيانات ووصف لطريقة جمع البيانات وأسلوب التصحيح والتدرج المتبع في الإجابة.

أولاً: مجتمع البحث وعينته

أ- مجتمع البحث:

تمثل مجتمع البحث في (١) مجتمع العمداء: عمداء الكليات المتوسطة في جامعة البلقاء التطبيقية التي تمنح شهادة الدبلوم البالغ عددهم (٤١) عميدا منهم (٢٢) عميد كلية حكومية و (١٩) عميد كلية خاصة كما في جدول (١). (٢) مجتمع شاغلي الوظائف الإشرافية: شاغلي الوظائف الإشرافية في الكليات والبالغ عددهم (٣١١) فردا منهم (٦٣) مديرا مساعدا و (٢٤٨) رئيس قسم. كما في جدول (٢) فيما بلغ عدد المديرين المساعدين في الكليات الحكومية (٤١) مديرا وفي الكليات الخاصة (٢٢) مديرا، وعدد رؤساء الأقسام في الكليات الحكومية (١٦٣) رئيس قسم، وفي الكليات الخاصة (٨٥) رئيس قسم موزعين على كافة الكليات في الأردن.

جدول (١)

توزيع أفراد مجتمع البحث من العمداء

العميد	العدد	النسبة
حكومي	٢٢	%٥٣
خاص	١٩	%٤٧
الكلي	٤١	%١٠٠

جدول (٢)

توزيع أفراد مجتمع البحث من شاغلي الوظائف الإشرافية

الوظيفة / الكلية	مدير مساعد	رئيس قسم	المجموع	النسبة
حكومية	٤١	١٦٣	٢٠٤	%٦٦
خاصة	٢٢	٨٥	١٠٧	%٣٤
الكلي	٦٣	٢٤٨	٣١١	%١٠٠

ب- عينة البحث:

يشير بروك (Broq, 1981: 170) إلى أنه لا يمكن توظيف أية وسيلة من وسائل اختيار العينات مهما أوتيت من دقة، ما لم يوصف المجتمع الذي تؤخذ منه العينة وصفا دقيقا لذلك لأن لكل مجتمع صفاته الخاصة، وبعد تحديد المجتمع الاصلي للبحث حسب الكليات بعمدائها وشاغلي الوظائف الإشرافية وانسجاماً مع هدف البحث فقد تكونت عينة البحث على النحو الآتي:

١- عينة العمداء

اختيرت عينة عشوائية بلغ عدد أفرادها (٣٥) عميداً بنسبة (٨٥%) من المجتمع الأصلي منهم (١٩) عميد كلية حكومية و (١٦) عميد كلية خاصة كما في جدول (٣)

٢- عينة شاغلي الوظائف الإشرافية

اختيرت عينة عشوائية بلغ عددها (٢٠٢) (شكلت نسبة (٦٥%) من المجتمع الأصلي وكان عدد رؤساء الأقسام فيها (١٦١) رئيس قسم (منهم (١٠٦) رئيس قسم في الكليات الحكومية (٥٥) رئيس قسم الكليات الخاصة) بينما تكونت من (٤١) مديراً مساعداً (منهم (٢٧) مديراً مساعداً من الكليات الحكومة و(١٤) مديراً مساعداً في الكليات الخاصة) كما في جدول (٣)

جدول (٣)

توزيع أفراد عينتي البحث

المجموع	خاصة	حكومية	نوع الكلية / الوظيفة		
٣٥	١٦	١٩	العمداء		.١
٤١	١٤	٢٧	مدير	شاغلو الوظائف	.٢
١٦١	٥٥	١٠٦	رئيس قسم	الاشرافية	

ثانياً: أدوات البحث:

لما كان البحث الحالي يستهدف تعرف إدارة الوقت وعلاقتها بالقيادة الإبداعية لـدى عمـداء الكليات في جامعة البلقاء التطبيقية من وجهة نظر العمداء ووجهة نظر شاغلي الوظائف الإشرافية فيها، فقد كان من مستلزمات تحقيق أهداف البحث بناء أداتين لإدارة الوقت مـن خـلال تحديـد مجالات إدارة الوقت. وذلك من وجهة نظر العمداء ووجهـة نظر شـاغلي الوظائف الاشرافية. وبناء أداتين للقيادة الإبداعية من خلال تحديد مجالات القيادة الابداعية من وجه نظر العمداء ووجهة نظر شاغلي الوظائف الإشرافية.

خطوات بناء الأدوات:

١- تحديد مفهوم متغيري البحث وهما: إدارة الوقت والقيادة الابداعية، فقد حددهما الباحث بما يأتي:

إدارة الوقت

عملية مستمرة من الأعمال الإدارية والفنية وتشمل تخطيط وتنفيذ وتقويم مسـتمر للنشاطات التي يقوم بها العميد خلال فترة الدوام الرسمي، تهدف إلى تحقيق فاعلية مرتفعة في استثمار الوقت المتاح للوصول إلى تحقيق الأهداف المنشودة.

القيادة الابداعية

القدرة على التغيير والتجديد والإصلاح في مجالات التفكير والممارسة لاحداث تطورات كميـة ونوعية في مجالات العمل والإنجاز داخل الكلية مع العمل علـى اكتشـاف المشكلات بهـدف حلها وتهيئة المناخ الفعال وتلبية حاجات المرؤوسين والبيئة المحيطة.

٢٩١

٢- **تحديد مجالات كـل متغير:** إذ كانـت مجالات متغير إدارة الوقـت: المجـال الاداري ويهتم بالجانـب التنفيذي والمجال الفني ويهتم بالجانب الإشرافي.

قسمت مجالات القيادة الإبداعية الى خمسة مجالات وذلك على النحو الآتي:

١- المناخ التنظيمي الفعال.

٢- المستجدات العلمية والتقنية الحديثة.

٣- المنهج العلمي في حل المشكلات.

٤- تشجيع وتبني الإبداع.

٥- التدريب.

٣- **مصادر الحصول على الفقرات:**

أ- الأدب النظري ودراسات سابقة متعلقة بموضوع إدارة الوقت والقيادة الإبداعية.

ب- مراجعة بعض المقاييس العالمية والعربية ذات الصلة المباشرة بموضوع البحث.

جـ- الاستبانة الاستطلاعية

تم توجيه سؤالين من نوع الأسئلة ذات النهاية المفتوحة إلى عينـة استطلاعية بلغـت (٦٠) فـرداً بين عميد ورئيس قسم في الجامعات الأردنية الحكومية والخاصة منها (جامعة اليرموك، الجامعـة الأردنيـة، جامعة البلقاء، الجامعة الهاشمية، جامعة مؤتة، جامعة إربد الأهلية، جامعة جرش، جامعة عمان الأهليـة، جامعة الاسراء) اذ بلغ عدد العمداء (١٣) عميداً، ورؤساء الأقسام (٢١) رئيس قسم بينما كان عـدد أعضـاء هيئة التدريس (٢٦) عضواً.

د- دليل المهمات الوظيفية في الكليات ومهام وصلاحيات العمداء والمساعدين ورؤساء الأقسام.

هـ- خبرة الباحث الشخصية في مجال الاشراف التربوي والإدارة.

و- اجراء مقابلة مع عدد مـن المختصـين بحقـل الإدارة التربويـة والبحـوث النفسـية والتربويـة وعـدد مـن العاملين في الكليات.

أسلوب الصياغة

استعانة بما تقدم من مصادر للحصول على الفقرات تم صياغة الأدوات في صورتها الأولية قبل عرضها على المحكمين وذلك على النحو الآتي:

١- اداة إدارة الوقت: بينت بناء على أسلوب المواقف اللفظية، حيث يعبر الموقف عن حالة إدارية أو سلوك إداري يقوم به العميد خلال عمله في الكلية، تلية ثلاثة بدائل متدرجة حسب درجة الأهمية حيث أعطي البديل الأول الأكثر أهمية ثلاث درجات يليه البديل الثاني وأعطي درجتين يليه البديل الثالث وأعطي درجة واحدة. واستنتج الزيباري (١٩٩٧: ١٠٧، ١٠٨) أن أسلوب العبارات التقريرية يعد أسلوبا مقبولا إلا أن أسلوب المواقف اللفظية افضل، وفي ضوء النتائج أوصى باستعمال أسلوب المواقف اللفظية لكونه يعطي دقة للاداة وفقراتها.

وتكونت أداة إدارة الوقت بصورتها الأولية من (٣٧) فقرة موزعة على المجالين منها (٢١) فقرة للمجال الإداري و(١٦) فقرة للمجال الفني.

٢- أداة القيادة الإبداعية: تم اتباع الأسلوب السابق نفسه في بناء المواقف اللفظية كما في أداة إدارة الوقت ولكن تم التقسيم الى خمسة مجالات بواقع (٣٧) فقرة مقسمة على النحو الآتي:

أ- المناخ التنظيمي الفعال ويتضمن(١٠) فقرات.

ب- المستجدات العلمية والتقنية الحديثة ويتضمن (٦) فقرات.

جـ- المنهج العلمي في حل المشكلات ويتضمن (٥) فقرات.

د- تشجيع وتبني الإبداع ويتضمن (١١) فقرة.

هـ- التدريب ويتضمن (٥) فقرات.

صدق الأدوات:

يعني قدرة الأداة على قياس الظاهرة التي وضعت لقياسها (الزوبعي، ١٩٨١: ٥٩) بعد أن قام الباحث بصياغة فقرات الأداة بصورتها الأولية إذ بلغ عدد فقرات متغير إدارة الوقت (٣٧) فقرة موزعة على المجال الإداري والفني. ومتغير القيادة الإبداعية وعدد فقراته (٣٧) فقرة موزعة على خمسة مجالات تحقق الباحث من نوعين من الصدق وهما:

١- الصدق الظاهري:

تم عرض أدوات البحث على مجموعة من المحكمين مرتبة بحسب الأحرف الهجائيـة مـن ذوي الخبرة والاختصاص في مجال الإدارة من عمداء كليات ورؤساء أقسام وأعضاء هيئة تدريس هذا وقد طلـب الباحث من المحكمين إبداء آرائهم في الأدوات من حيث:

- مدى وضوح الفقرة.

- شمولية الأداة.

- مدى انتماء الفقرة للمجال الذي تندرج تحته.

- مدى مناسبة تدرج البدائل.

- ان لكل استبانة جزء ثاني متكافئ معها يجيب عليه شاغلي الوظائف الإشرافية.

اعتمد الباحث على نسبة ٨٠% من آراء المحكمين كأساس لاستبقاء الفقرة أو حذفها، وبذلك أصبحت أداة إدارة الوقت مكونة من (٣٤) فقرة منها (٢٠) فقرة للمجال الإداري و(١٤) فقرة للمجال الفني ولم تحصل ثلاث فقرات على النسبة المعتمدة من آراء المحكمين وهي الفقرة (١٨) من المجال الإداري والفقرتان (٦،١٤) من المجال الفني.

أما في متغير القيادة الإبداعية فقد حذفت الفقرة (٣) في مجال المناخ التنظيمي الفعال. والفقرة رقم (٨) في مجال تشجيع وتبني الإبداع وبقيت المجالات الأخرى كمـا هـي. وبـذا أصبحت فقرات هـذه الأداة (٣٥) فقرة. كـذلك تـم إعادة صياغة بعض الفقرات وإعادة ترتيب وصياغة البـدائل مـن خـلال التوجيهات والملاحظات المكتوبة التي وجهها مجموعة المحكمين. تـم الإشارة إلى أن هنـاك صيغ متكافئـة للأداة سيقوم بالإجابة عنها شاغلو الوظائف الإشرافية في الكليـات وهـم المـديرون المسـاعدون ورؤسـاء الأقسام إذ ستكتب الأداة بصيغة الشخص الغائب أي صيغة التقريـر الـذاتي بعكس صيغة العمـداء التـي تعتمد على صيغة الحاضر وقد أيد المحكمون هذا التوجه. إذ تم حذف بعض الفقرات التي تخص العميـد شخصيا، ولا يستطيع الإجابة عنها غيره وذلك بعد مقابلة عدد من العاملين في الكليات.

وبذلك أصبح عدد الفقرات في متغير إدارة الوقت الذي سيجيب عنه شاغلو الوظائف الإشرافية (٣٠) فقرة موزعة على مجالين الأول الإداري وعدد فقراته (١٧) فقرة والثاني المجال الفني وعدد فقراته (١٣) فقرة أما متغير القيادة الإبداعية فقد أصبح عدد فقراته (٣٢) فقرة بعد حذف فقرة من مجال التدريب وفقرتين من مجال تشجيع وتبني الإبداع.

٢- صدق البناء:

وهو المدى الذي يقيس فيه الاختبار بناءاً نظرياً أو سمة معينة (Anastusi, 1976: 151) وتحقـق الباحث من التجانس الداخلي لأداة شـاغلي الوظائف الإشرافيـة (متغـير إدارة الوقـت (٣٠) فقـرة ومتغـير القيادة الإبداعية (٣٢) فقرة) من خلال ارتباط درجة الفقرة بالدرجة الكلية للمجال الـذي تنتمـي إليـه، إذ قام الباحث باستخراج معامل ارتباط بيرسون بين الفقرة والمجال الذي تنتمي إليه واستعمال الاختبار التـائي لدلالة معاملا الارتباط الكلي من خلال تطبيقه على عينة من شاغلي الوظائف الإشرافيـة مكونـة مـن (٤٥) فرداً (منهم (٩) مديرين مساعدين (٦) في الكليات الحكومية و(٣) في الكليات الخاصة) و(٣٦) رئيس قسـم (منهم (٢٥) في الكليات الحكومية و(١١) في الكليات الخاصة) إذ كانت معاملات الارتباط لجميـع الفقـرات دالة احصائيا وهذا ما يدل على تمتع الأداة بصدق البناء.

الثبــات

يعني الاتساق في النتائج، أي إعطاء النتائج نفسها اذا مـا قاسـت الشيـء مـرات متتاليـة (عـودة، ١٩٩٢: ١٩٤) وللحصول على أداة قادرة على جمع معلومات دقيقـة لابـد أن تكـون تلـك الأداة قـادرة عـلى إعطاء اجابات ثابتة نسبيا، ويعد الثبات من متطلبات وشروط أداة الدراسة (العجيلي، ١٩٩٠: ١٤٥)

قام الباحـث بتطبيق الأدوات بصورها النهائية على أفراد عينـة الثبـات المكونـة مـن (٦) عمـداء: ((٣) عمداء للكليات الحكومية (٣) للكليات الخاصة) ومن (٤٥) شاغل وظيفة إشرافية (منهم (٩) مديرين مساعدين و(٣٦) رئيس قسم) كل على حدة والجدول الآتي يوضح ذلك

جدول (٤)

يوضح أفراد عينة الثبات

الوظيفة / الكلية	العمداء	شاغلو الوظائف الاشرافية		نوع الكلية	المجموع
		مدير مساعد	رئيس قسم		
معان	١	٢	٨	حكومية	١٠
الاميرة عالية	١	٢	٧	حكومية	٩
عجلون	١	٢	١٠	حكومية	١٢
الاميرة ثروت	١	١	٤	خاصة	٥
الملكة علياء	١	١	٤	خاصة	٥
ابن خلدون	١	١	٣	خاصة	٤
المجموع	٦	٩	٣٦	٣حكومية/ ٣ خاصة	٤٥

وتم التحقق من الثبات بطريقتين

١- طريقة الاختبار وإعادة الاختبار:

يعد اسلوب إعادة الاختبار من أهم الأساليب لحساب الثبات، ويكشف لنا العلاقة عن معامل الاستقرار في النتائج بوجود فاصل زمني (احمد، ١٩٨١: ٢٤٢) وبناء على ذلك تم التطبيق على عينتي الثبات كما هو موضح في الجدول (٤) ثم أعيد التطبيق بعد مرور اسبوعين، وبعد تصحيح اجابات أفراد العينتين وتفريغ الدرجات حسبت العلاقة بين التطبيقين باستعمال معادلة ارتباط بيرسون إذ بلغت قيمة معاملات الارتباط لكل مجال والكلي كما هو مبين في الجدول (٥)

٢- معامل ألفا كرونباخ

يعتمد هذا الأسلوب على اتساق أداء الفرد من فقرة إلى أخرى، وهو يشير إلى قوة الارتباطات بين الفقرات في الأداة، اضافة الى ذلك فان معامل الفا كرونباخ يزود بتقدير جيد للثبات في اغلب المواقف (فرج، ١٩٨٠: ٢٠٣)

وللتحقق من ثبات الأدوات بهذا الأسلوب طبقت معادلة ألفا كروبناخ على درجات أفراد عينة الثبات وكانت النتائج كما هي مبنية في الجدول (٥)

جدول (٥)

يوضح قيم معاملات الارتباط لقيمتي الثبات

المتغير	الوظيفة / المجال	العمداء			شاغلو الوظائف الاشرافية		
		عدد الفقرات	معامل الارتباط الداخلي	معامل الاستقار	معامل الفقرات	معامل الارتباط الداخلي	معامل الاستقرار
ادارة الوقت	الابداعي	٢٠	٠.٩٢	٠.٩٣	١٧	٠.٨٥	٠.٨٧
	الفني	١٤	٠.٩١	٠.٩٤	١٣	٠.٨٩	٠.٨٥
	الكلي	٣٤	٠.٩٥	٠.٩٤	٣٠	٠.٩٢	٠.٨٤
القيادة الابداعية	المناخ التنظيمي الفعال	٩	٠.٩٤	٠.٩٣	٩	٠.٨٦	٠.٨٩
	المستجدات العلمية والتقنية الحديثة	٥	٠.٩٠	٠.٩١	٥	٠.٨٥	٠.٨٥
	المنهج العلمي في حل المشكلات	٦	٠.٩١	٠.٩٢	٦	٠.٨٦	٠.٨٧
	تشجيع وتبني الابداع	١٠	٠.٩٠	٠.٩٠	٨	٠.٨٤	٠.٨٣
	التدريب	٥	٠.٩٣	٠.٩٠	٤	٠.٨٧	٠.٩٢
	الكلي	٣٥	٠.٩٤	٠.٩٣	٣٢	٠.٨٦	٠.٨٦

وتدل معاملات الثبات هذه على تمتع الأدوات بصورة عامة بمعامل ثبات مرتفع كاف ومقبول يعبر عن قدرة الأدوات على تحقيق أغراض البحث .

وصف أدوات البحث

تكونت أداة إدارة الوقت بصورتها النهائية الموجهة لعمداء الكليات في جامعة البلقاء التطبيقية من (٣٤) فقرة موزعة على المجالين الإداري والفني حيث بلغ عدد فقرات المجال الاداري (٢٠) فقرة، والفني (١٤) فقرة. أما اداة ادارة الوقت في شقها الثاني المقدمة لشاغلي الوظائف الإشرافية فقد تكونت من (٣٠) فقرة موزعة على المجالين الاداري والفني إذ ان عدد فقرات المجال الإداري (١٧) فقرة، والمجال الفني (١٣) .

وتكونت اداة القيادة الابداعية الموجهة لعمداء الكليات في جامعة البلقاء التطبيقية من (٣٥) فقرة موزعة على خمسة مجالات هي:

١- مجال المناخ التنظيمي الفعال وتمثله (٩) فقرات.

٢- مجال المستجدات العلمية التقنية الحديثة وتمثله (٦) فقرات.

٣- مجال المنهج العلمي في حل المشكلات وتمثله (٥) فقرات.

٤- مجال تشجيع وتبني الابداع وتمثله (١٠) فقرات.

٥- مجال التدريب وتمثله (٥) فقرات الجزء الثاني (ب)

أما الأداة الثانية المقدمة لشاغلي الوظائف الاشرافية، فقد تكونت من (٣٢) فقرة موزعة على المجالات السابقة نفسها عدا مجالي التدريب (٤) فقرات ومجال تشجيع وتبني الابداع (٨) فقرات الجزء الثاني (ب) وكانت البدائل مكونة من ثلاثة خيارات لفظية موحدة لجميع الأدوات.

تكونت الاستبانة من الأجزاء الآتية:

الجزء الأول: ويشمل المعلومات الشخصية (البيانات الشخصية) المتمثلة في المتغيرات نوع الكلية (حكومية خاصة) في الشقين.

الجزء الثاني (أ)

ويتضمن فقرات إدارة الوقت التي تم ترتيبها بطريقة عشوائية وليس حسب المجالات الرئيسية التي تقيسها وروعي ألا تكون البدائل دائما في نفس الترتيب، وذلك للحصول على معلومات أكثر دقة وموضوعية وطلب من الأفراد اختيار البديل الأنسب والأفضل وذلك برسم دائرة حول حرف الإجابة التي يرونها الأنسب في سلوك وممارسات العميد.

الجزء الثاني (ب)

يتضمن فقرات مجال القيادة الإبداعية، التي تم التعامل معها بنفس الطريقة في الجزء الثاني (أ) الخاص بمتغير إدارة الوقت، من حيث الترتيب والعشوائية والبدائل.

أسلوب التطبيق:

بعد اختيار عينة البحث وإعداد الأدوات بصيغتها النهائية شرع بتنفيذ اجراءات التطبيق إذ حرص الباحث على القيام بنفسه بتسليم كل شخص نسخة بيده بعد ان حصل على كتاب تسهيل المهمة من رئاسة الجامعة وكلية التربية: ابن رشد، جامعة بغداد وذلك من خلال جولة استمرت (٧٠) يوما من تاريخ (٢٠٠١/٦/٢٤ - ٢٠٠١/٩/٢) في ربوع الأردن من شماله الى جنوبه الى جميع الكليات بعمدائها ومديريها ورؤساء الأقسام فيها.

وبعدها شرع بحصر العدد النهائي للاستبانات المرتجعة من العينتين بعد استبعاد بعض الاستبانات غير الصالحة للتحليل الاحصائي فكانت عينة العمداء كما في الجدول (٦) حيث لم يرتجع استبانتين واحدة لعميد كلية حكومية أخرى لعميد كلية خاصة وتم استبعاد استبانة لعميد خاصة لعدم اكتمال الاستجابة.

جدول (٦)

يوضح عينة التحليل الاحصائي للعمداء

الكلية	العدد	النسبة
حكومية	١٨	%٥٦
خاصة	١٤	%٤٤
الكلي	٣٢	%١٠٠

اما عينة شاغلي الوظائف الإشرافية فقد اصبحت (١٩١) فردا بعد استبعاد (١١) استبانة منها اثنتين لمدير مساعد في كليات حكومية وخمس استبانات لرؤساء اقسام في الكليات الخاصة وجدول (٧) يوضح عينة شاغلي الوظائف الإشرافية التي اخضعت للتحليل الاحصائي.

جدول (٧)

يوضح عينة التحليل الاحصائي لشاغلي الوظائف الاشرافية

نوع الوظيفة / الكلية	مساعد	رئيس قسم	المجموع
حكومية	٢٥	١٠١	١٢٦
خاصة	١٤	٥١	٦٥
الكلية	٣٩	١٥٢	١٩١

تصحيح أدوات البحث:

حددت الأوزان من (٣-١) فقد حدد للإجابة الأولى ثلاث درجات

وللاجابة الثانية درجتان

وللإجابة الثالثة درجة واحدة

وذلك لكل بديل وحسب تدرجه في الفقرة ولكل فقرات الاداة وحسب نموذج التصحيح المقر، وحسبت درجة إدارة الوقت بايجاد مجموع درجات الفقرات لكل من اجابات العمداء ودرجات إجابات شاغلي الوظائف الإشرافية كل على حدة أي بالدرجة الكلية لكل أداة ولكل مجال، وكذلك الحال بالنسبة لمتغير القيادة الإبداعية.

وقام الباحث بعمل نموذج للتصحيح على النحو الآتي:

O شكل الدائرة يمثل الإجابة رقم (١) فيأخذ العلامة (٣)

Δ شكل المثلث يمثل الإجابة رقم (٢) فيأخذ العلامة (٢)

□ شكل المربع يمثل الإجابة رقم (٣) فيأخذ العلامة (١)

ثالثا: الوسائل الاحصائية

من أجل إجراء المعالجات الإحصائية أدخلت البيانات التي تم جمعها بالاستعانة بأفراد العينة في ذاكرة الحاسوب ومن ثم تحليل البيانات والمعلومات التي جمعت باستعمال الأساليب الاحصائية الآتية

- معامل ارتباط بيرسون لايجاد معامل ثبان الأداتين في البحث بطريقة الاختبار وإعادة الاختبار (Test & Retest) وايجاد العلاقة بين متغير إدارة الوقت ومتغير القيادة الإبداعية وقد تم احتساب معامل ارتباط بيرسون على وفق المعادلة الآتية:

$$ر = \dfrac{\text{مج س ص} - \text{مج س مج ص}}{\sqrt{\text{ن مج ص} - (\text{مج ص})^{٢} \ (\text{ن مج س} - \text{مج س})^{٢}}}$$

(عودة والخليلي، ١٩٨٨: ١٤١)

اذ س : درجة الاختبار

ص : درجة اعادة الاختبار

معادلة ألف كرونباخ:

وذلك لحساب معامل الثبات على الأداة ككل، وقد تم احتساب معامل الثبات وفق المعادلـة الآتية:

$$\dfrac{\text{ن}}{\text{ن}-١} \quad \dfrac{١ - \text{مج ت}^{٢}}{\text{ت}^{٢}}$$

(Nunnelly, 1978: 230)

إذ (ن) : عدد الفقرات

مج(ت^{٢}): مجموع مربع تباين درجات الأفراد على الفقرات

(ت^{٢}): مربع تباين الدرجات الكلية

الوسط المرجح:

وقد تم احتساب الوسط المرجح وفق المعادلة الآتية:

$$\text{الوسط المرجح} = \dfrac{\text{ن}_{١} . \text{ت}_{١} + \text{ن}_{٢} . \text{ت}_{٢} + \text{ن}_{٣} . \text{ت}_{٣}}{\text{ن}_{١} + \text{ن}_{٢} + \text{ن}_{٣}}$$

إذ $ن_1$: عدد الإجابات على الفقرة التي لها درجة واحدة.

$ن_2$: عدد الإجابات على الفقرة التي لها درجتان.

$ن_3$: عدد الإجابات على الفقرة التي لها ثلاث درجات (مسعود والريماوي، ١٩٩٧: ٩٠)

اختبار (ت) :

$$ت = \frac{ر}{\sqrt{\frac{1 - ر^2}{ن - 2}}}$$

إذ ن : عدد أفراد العينة

ر : معامل الارتباط بيرسون

ت: القيمة التائية المحسوبة

$ر^2$: مربع معامل الارتباط (Downie & Heath, 1988: 190)

عرض نتائج البحث وتفسيرها

يتناول هذا المبحث عرضا لنتائج البحث وتفسيرها بعد ان انتهى من تطبيق أدوات البحث على أفراد العينة البحث الرئيسية اذ حللت البيانات التي تم الحصول عليها للتعرف على إدارة الوقت والقيادة الإبداعية لعمداء الكليات في جامعة البلقاء التطبيقية وذلك من وجهة نظرهم ووجهة نظر شاغلي الوظائف الاشرافية فيها. ومعرفة دلالة الفروق بحسب متغير نوع الكلية (حكومية، خاصة)

ومعرفة العلاقة بين المتغيرين، وذلك من خلال الإجابة عن أسئلة البحث الخمسة والمتضمنة في ثناياها أهداف البحث وسيكون العرض والتفسير بالإجابة عن كل سؤال من الأسئلة على حدة.

أولاً: النتائج المتعلقة بالسؤال الأول

ما مستوى إدارة الوقت لدى عمداء الكليات في جامعة البلقاء التطبيقية: (أ) من وجهة نظرهم؟ (ب) من وجهة نظر شاغلي الوظائف الإشرافية؟

من أجل الإجابة عن هذا السؤال استعملت الأوساط المرجحة والوزن المئوي اجابات العمداء كما هو موضح في جدول (٨)

الجدول (٨)

يبين الأوساط المرجحة والأوزان المئوية لكل فقرة من فقرات إدارة الوقت لإجابات العمداء وترتيبها تنازلياً

رقم الفقرة	الرتبة	عنوان الفقرة	الوسط المرجح	الوزن المئوي	رقم الفقرة في إجابات شاغلي الوظائف
٨	١	عندما اكلف شخص للقيام بواجب ما	٢.٨٨	٩٥.٨٣	٨
٢	٢	في نهاية الدوام الرسمي اليومي في الكلية.	٢.٧٨	٩٢.٧١	١
٦	٢	من باب الحرص على العمل.	٢.٧٨	٩٢.٧١	٦
١٦	٢	عند بداية الدوام اليومي في الكلية.	٢.٧٨	٩٢.٧١	١١
٢٥	٢	عند عقد اجتماع لمجلس الكلية.	٢.٧٨	٩٢.٧١	١٦
١٣	٦	من خلال عملي في الكلية أرى أن يعود العاملين.	٢.٦٩	٨٩.٥٨	-
٤	٧	اذا كان لدي عمل يحتاج إلى عشرة اشخاص.	٢.٦٦	٨٨.٥٤	٣
٢٣	٨	الفعالية في إدارة الاجتماع تعني بالنسبة لي.	٢.٥٩	٨٦.٤٦	٢٢
١٤	٩	لانهاء مكالمة هاتفية مع الآخرين.	٢.٥٦	٨٥.٤٢	١٤
١٩	٩	عندما الاحظ أنني مشغولا جدا ولدى عدد كبير من المراجعين.	٢.٥٦	٨٥.٤٢	١٩
٢٢	١١	اذا احتاجت الكلية الى تصميم مشروع ما، فانني أدعو المختصين لاعداد التصميم اللازم.	٢.٥٣	٨٤.٣٧	١٨
١٧	١٢	اشعر بالرضا والانجاز في عملي وذلك لانني	٢.٥٠	٨٣.٣٣	١٧
٣٠	١٣	اذا اردت الاستمرارية في النجاح بالعمل فإنني أرى ضرورة.	٢.٤٧	٨٢.٢٩	٢٨
١٥	١٤	تعد كفاية أجهزة الاستنساخ مهمة للعمل.	٢.٤٤	٨١.٢٥	١٥
٣٢	١٥	بعد الانتهاء من إنجاز المهمات فانني	٢.٣٨	٧٩.١٧	٣٠
٢٤	١٦	عند الدعوة لاجتماع مجلس الكلية لبحث احدى المشكلات.	٢.٣٤	٧٨.١٢	٢٣

١١	١٧	اذا طلب مني الرد السريع على مراسلات هامة.	٢.٣١	٧٧.٠٨	١٢
٢١	١٨	من خلال عملي في الكلية فانني احدد جزءا من برنامجي	٢.٢٥	٧٥.٠٠	٢١
٢٣	١٨	الفعالية في إدارة الاجتماع تعني بالنسبة لي مدى تحقيق أهداف الاجتماع.	٢.٢٥	٧٥.٠٠	٢٣
٩	٢٠	لغرض متابعة الأعمال اليومية المتعلقة بالعمل.	٢.٢٢	٧٣.٩٦	٩
٢٠	٢١	أحرص على استقبال المكالمات الهاتفية	٢.١٩	٧٢.٩٢	٢٠
٧	٢٢	عند إعطاء المواعيد المتعلقة بالعمل	٢.٠٩	٦٩.٧٩	٧
١٢	٢٢	استطيع متابعة العمل بدقة عندما	٢.٠٩	٦٩.٧٩	١٣
١	٢٤	عند اجابتي على البريد اليومي	٢.٠٦	٦٨.٧٥	-
٢٧	٢٤	عند مقابلات أعضاء هيئة التدريس والطلبة	٢.٠٦	٦٨.٧٥	٢٥
٢٨	٢٦	من باب المحافظة على متطلبات ومصالح الأصدقاء والأقارب.	٢.٠٣	٦٧.٧١	٢٦
٥	٢٧	اذا ما دعت الحاجة للحصول على اية معلومة تتعلق بالكلية	٢.٠٠	٦٦.٦٧	٥
٣٤	٢٨	اذا شعرا بالارهاق والتعب في أثناء العمل.	١.٩٤	٦٤.٥٨	٤
١٨	٢٩	من خلال وجود سكرتير خاص بالعمل	١.٩٤	٦٣.٥٤	٣١
٢٦	٢٩	في أثناء القيام بالمراسلات المتكررة فإنني أعمل	١.٩١	٦٣.٥٤	٢٤
٢٩	٢٩	عند اتخاذ قرار في موضوع معين	١.٩١	٦٣.٥٤	٢٧
٣١	٣١	في الزيارات المتعلقة بالمجتمع المحلي	١.٦٣	٥٤.١٧	٢٩
٣	٣٣	لمتابعة أولويات عملي	١.٥٦	٥٢.٠٨	٢
١٠	٣٤	للتعامل مع المشكلات المختلفة في الكلية	١.٣٨	٤٥.٨٣	١٠

يتضح من خلال الجدول (٨) أن نسبة الفقرات التي حصلت على وسط أقل من الوسط الفرضي هي (٢٠.٥٩%) بينما الفقرات التي كانت أعلى من الوسط الفرضي نسبتها (٧٩.٤١%) وهي نسبة جيدة.

ويتضح من خلال الجدول (٨) أن الفقرة رقم (٨) والتي تنص: (عندما أكلف شخصا للقيام بواجب ما) حصلت على أعلى وسط وهو (٢.٨٨) بوزن مئوي مقداره (٩٥.٨٣) مما يدل على ان العمداء يحرصون على إعطاء فكرة واضحة مختصرة ودقيقة على العمل المنوي القيام به من قبل المرؤوسين مما يساهم في استثمار الوقت في أثناء عملية التنفيذ، وقلة قضاء معظم الوقت في الاستشارة والرجوع للعميد ونسبتهم في الإجابات كانت (٨٧.٥٠%) وهذا يدل على وضوح التعليمات مما يؤدي إلى تقليل الجهد وتوفير الوقت.

وكذلك يتضح أن الفقرات (٢، ٦، ١٦، ٢٥) حصلت على المرتبة الثانية بوسط مقداره (٢.٧٨) مما يشير إلى حرص العمداء على التخطيط للعمل في اليوم التالي، وعلى الحرص على توزيع المهام على المرؤوسين ومتابعة العمل، وأن أغلبية العمداء يحضرون الى الدوام مبكرين مما يشير إلى الالتزام بساعات الدوام الرسمي والحرص على بداية الاجتماع وانهائه في الوقت المحدد له ونسبتهم في الإجابات كانت (٨١.١%) وتختلف هذه النتيجة مع دراسة بطرس (١٩٩٠) التي أكدت على طول فترة الاجتماعات.

وبالنظر إلى الفقرة (١٠) نلاحظ أنها حصلت على أقل وسط وهو (١.٣٨) وهو أقل من الوسط الفرضي مما يدل على ان العمداء يقبلون كل المشكلات التي تعرض عليهم ولا يتركون للعاملين او المساعدين حرية حل مشكلاتهم بانفسهم ونسبتهم (٨١%) ويعزو الباحث ذلك الى ان تعامل العمداء مع كل المشكلات في الكلية يكون سبباً واضحاً في مضيعة وقت العميد لانه ينشغل في حل المشكلات على حساب التخطيط والمتابعة والنظرة المستقبلية للكلية.

ويلاحظ ان الفقرة (٣) حصلت على وسط مقداره (١.٥٦) مما يدل على أن أغلبية العمداء يحرصون على توثيق ومتابعة أولويات عملهم بأنفسهم بنسبة (٦٥.٦%) بينما حصلت الفقرة (٣١) على وسط مقداره (١.٦٣) وتشير هذه النتيجة الى ان العدد القليل من العمداء يخصص وقتا لهذه الزيارات فمعظمهم يستقبل الزوار في أي وقت مما يسبب ضياعا للوقت وقلة التفرغ لأولويات العمل ويرى الباحث أن تكون الزيارات ضمن مواعيد وأزمنة محددة احتراما للعمل والزائرين.

ويتضح ان الفقرات (١٨، ٢٦، ٢٩) حصلت على وسط مقداره (١.٩١) مما يدل على ان العميد يركز على البعد الوظيفي للسكرتير مع عدم مراعاة مسؤوليات العميد وأنشطته إذ يعد السكرتير عاملا مهما في توفير وقت العميد وحلقة الوصل بين العميد والعاملين، أما فيما يتعلق بالمراسلات المتكررة فيلاحظ أن الأغلبية من العمداء يعمدون الى طباعة المراسلات في أثناء الحاجة إليها انياً في

الحاسوب مما يسبب هدرا في وقت الموظف وصاحب العلاقة إذ أن النموذج الجاهز يعطي سرعة في إنجاز المهام مما يوفر وقت العمل الرسمي.

أما فيما يتعلق باتخاذ القرارات فيلاحظ أن معظم العمداء يعقدون اجتماعا للبت في أي قرار تنوي الكلية اتخاذه مما يعطل تفويض الصلاحيات وتضارب الآراء في أثناء الاجتماع وأحيانا يكون هناك مجاملات على حساب مصلحة العمل في أثناء الاجتماع.

ويلاحظ أن أغلبية العمداء عند شعورهم بالإرهاق في أثناء العمل يحرصون على استراحة قصيرة ولا يبالون باستمرارية التعب والإرهاق مما يسبب مضاعفات قد تعطل العمل في الكلية إلى أوقات أطول من الاستراحة الى أن يزول الإرهاق.

إن أغلبية فقرات الاستبانة في متغير إدارة الوقت في إجابات العمداء جاءت ضمن مستوى أعـلى من الوسط الفرضي الذي هو (٢) ويتضح من خلال المتوسطات التي كانت كبيرة - في الغالب- مـا يشـير إلى أن العمـداء ينظـرون الى إدارة الوقت نظرة ايجابية، حيث ابدوا اهتمامـا كبـيرا بموضوع إدارة الوقت وأهميته، وهذا شيء منطقي قد يعود إلى الفئة المعنيـة التي تتمتـع بدرجـة كبـيرة مـن العمل والمعرفة، ويعزو الباحث ذلك الى تمتع العمداء بمستوى جيد في إدارة الوقت وأن العمـداء يـرون أنفسـهم يمارسـون إدارة الوقت بشكل جيد اتفقت هذه النتيجة مع دراسة الكيلاني (١٩٩٥) التي أشارت إلى أن هنـاك ادراكـا واسعا لمعنى الوقت وأهميته وإلى قناعة أفراد العينة بحسن استثماره ومع دراسة هنا (١٩٩٨) التي أشارت إلى أن نظرة رؤساء الأقسام لإدارة الوقت كبيرة جدا بنسبة ٨٥.٨% واختلفت مـع دراسـة المعايعـة (١٩٩١) التي أشارت الى أن عدم الإدراك لأهمية الوقت وكذلك اختلفت مع دراسة الجبوري (١٩٩٧) التي اشارت أن كفاية المديرين في استثمار الوقت دون المستوى المطلوب.

ومن أجل الإجابة عن السؤال الأول (ب) استعملت الأوساط المرجحة والوزن المئوي لإجابات شاغلي الوظائف الإشرافية كما هو موضح في الجدول (٩)

جدول (٩)

يبين الأوساط المرجحة والأوزان المئوية لكل فقرة من فقرات إدارة الوقت لإجابات شاغلي الوظائف الاشرافية وترتيبها تنازلياً

رقم الفقرة	الرتبة	عنوان الفقرة	الوسط المرجح	الوزن المئوي	رقم الفقرة في إجابات شاغلي الوظائف
١١	١	عند بداية الدوام اليومي في الكلية	٢.٦١	٨٧.٠٩	١٦
٢٢	١	الفعالية في إدارة الاجتماع تعني بالنسبة للعميد	٢.٦١	٨٧.٠٩	٢٣
١٦	٣	عند عقد اجتماع لمجلس الكلية	٢.٥٩	٨٦.٣٩	٢٥
٣	٤	اذا كان لدى العميد عمل يحتاج الى عشرة أشخاص.	٢.٥٢	٨٤.١٢	٤
٨	٤	عندما يكلف العميد شخصيا للقيام بواجب ما	٢.٥٢	٨٤.١٢	٨
٦	٦	من باب الحرص على العمل فإن العميد	٢.٤٨	٨٢.٥٥	٦
١٧	٧	يشعر العميد بالرضا والانجاز في عمله وذلك لانه	٢.٤٢	٨٠.٨٠	١٧
١٩	٧	عندما يلاحظ العميد أنه مشغول جدا وأن لديه عددا كبيرا من المراجعين	٢.٤٢	٨٠.٨٠	١٩
١٤	٩	لانهاء العميد مكالمة هاتفية مع الآخرين	٢.٤٠	٧٩.٩٣	١٤
٢٨	١٠	اذا اريد الاستمرارية في النجاح بالعمل فإن العميد يرى ضرورة	٢.٣٨	٧٩.٤١	٣٠
١٨	١١	اذا احتاجت الكلية الى تصميم مشروع ما	٢.٣٧	٧٩.٠٦	٢٢
١	١٢	في نهاية الدوام الرسمي اليومي في الكلية	٢.٣٠	٧٦.٦١	٢
١٢	١٣	اذا طلب من العميد الرد السريع على مراسلات هامة	٢.٢٦	٧٥.٢٢	١١
١٥	١٤	تعد كفاية أجهزة الاستنساخ مهمة للعمل	٢.٢٢	٧٤.٠٠	١٥
٣٠	١٥	بعد الانتهاء من إنجاز المهمات	٢.٢٠	٧٣.٤٧	٣٢
٢٣	١٦	عند الدعوة لاجتماع مجلس الكلية لبحث احدى المشكلات	٢.١٩	٧٢.٩٥	٢٤

٢١	٦٩.٦٣	٢.٠٩	من خلال عمل العميد في الكلية فإنه يحدد جزءاً من برنامجه.	١٧	٢١
٢٦	٦٦.٨٤	٢.٠١	في أثناء القيام بالمراسلات المتكررة	١٨	٢٤
٧	٦٥.٢٧	١.٩٦	عند إعطاء العميد المواعيد المتعلقة بالعمل	١٩	٧
٢٠	٦٥.١٠	١.٩٥	يحرص العميد على استقبال المكالمات الهاتفية	٢٠	٢٠
٢٧	٦٣.١٨	١.٩١	ليتابع العميد أولويات عمله فإنه	٢١	٢
٢٧	٦٣.١٨	١.٩٠	عند مقابلة العميد أعضاء هيئة التدريس والطلبة	٢٢	٢٥
٢٨	٦٢.٦٥	١.٨٨	من باب محافظة العميد على متطلبات ومصالح الأصدقاء	٢٣	٢٦
٢٩	٦٢.٦٥	١.٨٨	عند اتخاذ قرار في موضوع معين	٢٣	٢٧
٣٤	٦٢.٣٠	١.٨٧	اذا شعر العميد بالارهاق والتعب أثناء الدوام الرسمي	٢٥	٤
٣١	٥٧.٧٧	١.٧٣	في الزيارات المتعلقة بالمجتمع المحلي	٢٦	٢٩
٩	٥٥.٣٢	١.٦٦	لغرض متابعة العميد للمعلومات اليومية المتعلقة بالعمل	٢٧	٩
١٢	٥٥.٣٢	١.٦٦	يستطيع العميد متابعة العمل بدقة عندما	٢٧	١٣
٥	٤٩.٥٦	١.٤٩	اذا ما دعت الحاجة للحصول على أية معلومة تتعلق بالكلية	٢٩	٥
١٠	٤٩.٥٦	١.٤٩	للتواصل مع المشكلات المختلفة في الكلية	٢٩	١٠

يتضح من خلال الجدول (٩) ان نسبة الفقرات التي حصلت على وسط أقل من الوسط الفرضي كانت (٤٠%) بينما نسبة الفقرات التي كانت أعلى من الوسط الفرضي (٦٠%) وهي نسبة متوسطة وتتفق هذه النسبة مع دراسة العوائد (١٩٩٨) التي أشارت الى أن مستوى فعالية إدارة الوقت كانت متوسطة.

يتضح من الجدول (٩) أن الفقرة (١١) والفقرة (٢٢) قد حصلت على أعلى وسط في إجابات شاغلي الوظائف الإشرافية مقداره (٢.٦١) بنسبة (٧١%) من الإجابات مما يشير إلى أن غالبية العمداء يحضرون إلى الدوام مبكرين وأن الغالبية يحرصون على ادارة الاجتماعات في الوقت المخصص للاجتماع وذلك حسب

جدول الأعمال المعد للاجتماع، وهذا يدل على الدقة في التخطيط للاجتماع، وإعطاء كل موضوع يبحث في أثناء الاجتماع حقه من الوقت وتختلف هذه النتيجة مع دراسة بطرس (١٩٩٠) التي أكدت على طول فترة الاجتماعات وأشارت الفقرة (١١) إلى إلتزام العمداء بدوام مبكر في الكلية مما يوفر صفة القائد القدوة في الكلية مما ينعكس على وقت العمل الرسمي داخل الكلية.

أمـا الفقـرة (٥) والفقـرة (١٠) فقـد جـاءت في المرتبـة الأخـيرة بوسـط مقـداره (١.٤٩) مما يشير إلى أن أغلبية العمداء لا يستثمرون الحاسوب الموجود في مكتبهم في التخزين للمعلومات المتعلقة بالكلية، بـل انهـم لا يسـتطيعون اسـتعمال الحاسـوب مـما يسـبب تـأخر كبـير في الحصـول عـلى المعلومة.

وكذلك فإن معظم العمداء يقبلون كل المشكلات التي تعرض عليهم مما يسبب الهدر في وقت العميد والتفرغ للمشكلات وحلها سواء أكانت بحاجة إلى تدخل العميد أم لا.

ويتضح أن الفقرتين (٩، ١٣) حصلت على وسط (١.٦٦) مما يشير إلى أن أغلبية العمداء إما أن يطلعوا على العناوين سريعا أو أن يقرءون الصحف والمجلات بأنفسهم يوميا مما يسبب الكثير من الضياع في وقت العمل الرسمي، لأن هذه المهمة تتعلق بالقسم المعني لعمل ملخص يومي للعميد مما يعمل على توفير الوقت والجهد.

وكذلك فإن أغلبية العمداء لا يضعون معايير محددة للأداء إذ يكتفون بتوزيع العمل بملاحظة التقدم بصرف النظر عن الوقت لأن وضع المعايير المحددة يسهم في الإنجاز المتميز.

ويتضح أن الفقرة (٢٩) حصلت على وسط مقداره (١.٧٣) مما يدل عـلى أن العمـداء يسـتقبلون الزائرين في أي وقت والفئة القليلة منهم الذين يخصصون وقتا لهـذه الزيـارات مـما يسـبب هـدرا لوقت العمل الرسمي وإعطاء الأولوية للزيارات على حساب أعمال أخرى ضمن البرنامج اليومي، ويعـزو الباحـث ذلك الى تغلب المجاملة والعامل الانساني على مصلحة العمل.

وحصلت الفقرة (٤) على وسط مقداره (١.٨٧) مما يشـير إلى أن غالبيـة العمـداء موزعـون بـين عدم الاستراحة في أثناء الشعور بالإرهاق أو الاستراحة القصيرة حتى وإن لم يزل الإرهاق مما قـد يـؤدي إلى قلة إنجاز المهام في وقتها المحدد كما يسبب صعوبة إدارة الوقت العمل بالشكل المطلوب.

ويتضح أن الفقرتين (٢٦، ٢٧) حصلتا على وسط مقداره (١.٨٨) مما يشير إلى أن غالبية العمداء يقضون وقتا من أوقات العمل الرسمي لمتابعة أعمال ومصالح الأصدقاء والأقارب مما سبب خروجا عن البرنامج الموضوع وضياعا لوقت العمل الرسمي وتغليب المصلحة الشخصية على المصلحة العامة، وأن غالبية العمداء لا يحددون موعدا نهائيا لاتخاذ القرار بل يميلون الى عقد الاجتماعات والى الفردية في اتخاذ القرار مع قلة مراعاة الموعد النهائي مما يؤثر سلبا على المنتفعين بالقرار ويكون سببا في ضياع وقتهم.

ويتضح ان الفقرة (٢٥) حصلت على وسط مقداره (١.٩٠) اذ يشير هذا الوسط الى أن بعض العمداء يتركون للمرؤوسين حرية مقابلته متى يشاءون أي العمل بسياسة الباب المفتوح ويرى الباحث أن على العميد ان يقوم بزيارة المرؤوسين في مكاتبهم لأنه يستطيع المغادرة متى يشاء.

لعل المتمعن في أوساط إجابات العمداء وأوساط إجابات شاغلي الوظائف الاشرافية يلاحظ أن الفقرة (١٠) في إجابات شاغلي الوظائف حصلت على وسط (١.٤٩) بينما الفقرة (١٠) حصلت على وسط (١.٣٨) في إجابات العمداء وهذا يؤكد على أن العمداء يتعاملون مع كل المشكلات التي تحدث في الكلية مهما كانت ولا يتركون للعاملين معهم حرية حل مشكلاتهم بأنفسهم.

ويتضح من إجابات العمداء على الفقرة (٣) والتي تنص على (لمتابعة أولويات عملي) حصلت على وسط (١.٥٦) بينما حصلت في إجابات شاغلي الوظائف الإشرافية على الفقرة نفسها على وسط (١.٩١) وجميعها دون الوسط الفرضي، وكذلك إجابات العمداء على الفقرة (٣١) حصلت على وسط (١.٦٣) بينما في إجابات شاغلي الوظائف على وسط (١.٧٣) وكذلك إجابات العمداء الفقرة (٢٩) حصلت على وسط مقداره (١.٩١) بينما حصلت إجابات شاغلي الوظائف الإشرافية على الفقرة نفسها على وسط مقداره (١.٨٨) هذه هي الفقرات التي حصلت على وسط أقل من الوسط الفرضي في كل من إجابات العمداء وإجابات شاغلي الوظائف الإشرافية، على الرغم من ان هناك (٧) فقرات حصلت على وسط أقل من الوسط الفرضي من أصل (٣٤) أي بنسبة (٢٠%) من عدد الفقرات في إجابات العمداء اما في إجابات شاغلي الوظائف الاشرافية فإن الفقرات التي حصلت على وسط أقل من الوسط الفرضي هي (١٢) فقرة من (٣٠) فقرة أي بنسبة (٤٠%) ويرى الباحث أن هذا الفارق في النسبة وهذا الاختلاف ليس غريبا لأنه نادرا أن تتساوى النتائج تماما لأسلوب تقويم الذات وتقويم الآخرين، لأن أغلب البشر يؤثرون إظهار الصورة الحسنة في حياتهم على غيرها، رغم أن إجابات

شاغلي الوظائف أظهرت قدرة العمداء على استثمار وقت العمل إلا أنها في الغالب بوسط أقل.

ثانياً: النتائج المتعلقة بالسؤال الثاني

ما مستوى القيادة الإبداعية لدى عمداء الكليات في جامعة البلقاء التطبيقية: (أ) من وجهة نظرهم؟ (ب) من وجهة نظر شاغلي الوظائف الإشرافية؟

من أجل الإجابة عن هذا السؤال الثاني (أ) استعملت الأوساط المرجحة والأوزان المئوية لإجابات العمداء كما هو موضح في الجدول (١٠)

جدول (١٠)

يبين الأوساط المرجحة والأوزان المئوية لكل فقرة من فقرات متغير القيادة الإبداعية لإجابات العمداء وترتيبها

رقم الفقرة	الرتبة	عنوان الفقرة	الوسط المرجح	الوزن المئوي	رقم الفقرة في إجابات شاغلي الوظائف
١٥	١	عادة ما يطرح بعض العاملين أفكارا	٢.٩٧	٩٨.٩٦	٢٥
١٦	١	لاحداث التغيير في الكلية	٢.٩٧	٩٨.٩٦	٢٢
٢٨	٣	اذا قدم لي عضو هيئة تدريس مميز طلب نقل	٢.٩٤	٩٧.٩٢	٢
٧	٤	تختلف الآراء في تدريب العاملين فان رأيي في التدريب	٢.٩١	٩٦.٨٧	٣
٢٣	٤	اذا أبلغت بأن الرئاسة سترسل أجهزة حاسوب حديثة.	٢.٩١	٩٦.٨٧	٤
١٤	٦	اذا اردت التوسع في التخصصات العلمية	٢.٨٤	٩٤.٧٩	٢٣
٨	٧	اذا انشغلت في عمل خارج الكلية	٢.٨١	٩٣.٧٥	٦
٢٤	٧	عند ظهور نتائج الامتحان الشامل أخبرت أن نسبة الكلية متدنية	٢.٨١	٩٣.٧٥	٢٤
٣	٩	السبب الذي يدعوني الى ممارسة تفويض الصلاحيات	٢.٧٨	٩٢.٧١	١١
٤	٩	في نطاق الاتصالات الخارجية أعمل على	٢.٧٨	٩٢.٧١	٢٠
٩	٩	اذا ما قامت الكلية بأنشطة لا منهجية	٢.٧٨	٩٢.٧١	٧

١٢	٩	تتعدد أشكال الاتصال لكن شكل الاتصال الذي أفضله	٢.٧٨	٩٢.٧١	١٩
٣٤	١٣	بعد تحقيق الأهداف عند التقويم النهائي للخطة	٢.٧٥	٩١.٦٧	٢٨
١	١٤	اذا كنت مشاركا في دورة تدريبية وطرح المدرب سؤالا	٢.٧٢	٩٠.٦٢	-
٢٩	١٤	بما أن التقليد قاتل للابداع فإن حلولي للمشكلات تتميز بـ	٢.٧٢	٩٠.٩٢	٥
٢١	١٦	تحدد نظرتي للتدريب من خلال	٢.٦٦	٨٨.٥٤	٨
٣١	١٧	أبذل كل جهدي وأسعى لتكون كليتي في المستقبل	٢.٦٢	٨٧.٥٠	١٢
٦	١٨	أسعى إلى أن يفهم العاملون عند انهائهم فترة التدريب إلى أن عملية التدريب	٢.٥٦	٨٥.٤٢	١
١١	١٨	أفضل المعايير التي اعتمد عليها في تقويم المرؤوسين	٢.٥٦	٨٥.٤٢	١٨
٢٥	٢٠	من مسلمات العمل توقع حدوث مشكلات لذلك	٢.٥٣	٨٤.٣٧	٣١
١٧	٢١	إذا أجريت دراسة على أسباب تدني نسبة نتائج الامتحان الشامل	٢.٥٠	٨٣.٣٣	٣٠
١٩	٢٢	عندما أتحدث مع رئيس الجامعة وبدى لي أن الأسلوب لا يعجبه فانني اكتشف ذلك من خلال	٢.٤٧	٨٢.٢٩	١٣
١٨	٢٣	اعتمد في اتخاذ قراراتي على	٢.٤١	٨٠.٢١	٣٢
١٣	٢٤	ترشيح أحد أعضاء هيئة التدريس لحضور مؤتمر علمي	٢.٣٨	٧٩.١٧	١٥
٢٧	٢٥	أسعى للمشاركة في مسابقة حل لاختبار أفضل ثلاث كليات	٢.٣٤	٧٨.١٢	٢٧
٣٠	٢٥	هناك صلة بين إدارة الكلية ورئاسة الجامعة	٢.٣٤	٧٨.١٢	١٤
٥	٢٧	تعد حالة الصراع من مسلمات العمل لأنها ترتبط بأي تجمع بشري	٢.٣١	٧٧.٠٨	٢٠
٢٢	٢٨	أسعى في الكلية الى تفعيل البحث العملي	٢.١٩	٧٢.٩٢	١٧

١٠	٢٩	عند حدوث أزمة داخل الكلية تحتاج الى حلول سريعة فان افضل طريقة تساهم في احتواء الأزمة	٢.١٦	٧١.٨٧	٩
٢٠	٢٩	اذ تقدم شخصيات للحصول على مركز وظيفي فانني أتعرف على الفروقات	٢.١٦	٧١.٨٤	-
٣٢	٣١	اذا عين في الكلية عدد من الموظفين عدد	٢.١٣	٧٠.٨٣	١٦
٣٥	٣٢	أرى أن واحدا مما يأتي يشير إلى تميز المبدعين	٢.٠٦	٦٨.٧٥	-
٣٣	٣٣	في مجال الاعمال التي تتسم بالمخاطرة العالية وروح المجازفة	٢.٠٠	٦٦.٦٧	٢٩
٢	٣٤	عند مواجهة قدرة المعلومات في اتخاذ القرار	١.٧٨	٥٩.٣٧	١٠
٢٦	٣٥	عندما أكون رئيسا لمجلس تحقيق في خلاف ما	١.٧٨	٥٩.٣٧	٢٦

يتضح من الجدول (١٠) أن الفقرة (١٥) والفقرة رقم (١٦) حصلتا على أعلى متوسط وهو (٢.٩٧) وهذا ما يشير إلى أن العمداء يتبنون الأفكار الجديدة ويقومون بتعميمها، كما أنهم في سلوكهم في إدارة التغيير ميالون إلى مشاركة المرؤوسين في التخطيط للتغيير والمشاركة في التنفيذ، وكما يتضح أن الفقرتين (٢، ٢٦) حصلتا على اقل ترتيب بوسط مقداره (١.٧٨) مما يشير إلى أن العمداء يترددون في اتخاذ القرار في حالة ندرة المعلومات، بل انهم ميالون الى جمع المعلومات أو التأجيل في اتخاذ القرار، وأنهم لا ينجزون القرار إلا بعد التمحيص والتدقيق. أما فيما يتعلق بالتحقيق في خلاف ما فان العمداء لا يرون أنفسهم يركزون على أدق التفاصيل التي تؤدي للخلاف بل إنهم يركزون على الأسباب أو السيرة الوظيفية للمختلفين إذ أن (١٦) عميداً من أصل (٣٢) يركزون على تحري السيرة الوظيفية أي بنسبة (٥٠%) و (٧) على تدقيق أسباب الخلاف أي بنسبة (٢١.٧٧%) و (٩) فقط يركزون على أدق التفاصيل أي بنسبة (٢٨.١٣%)

ويتضح من خلال الجدول أن (٩٤. ٢٨%) من عدد الفقرات حصلت على وسط أعلى من الوسط الفرضي، مما يشير إلى أن العمداء من وجهة نظرهم يتمتعون بقيادة إبداعية ويرجع الباحث ذلك الى طبيعة العمداء ومستواهم العملي وإلى خصوصية المؤسسات التي يقودونها والى طبيعة المهام الملقاة على عاتق

العميد وكبر حجم المسؤولية مما يشير إلى قدرة العميد الإدارية وخبرته الأكاديمية الطويلة التي تجعله يضع الأولويات.

ومن أجل الإجابة عن السؤال الثاني (ب) أيضا استعملت الأوساط المرجحة والوزن المئوي لإجابات شاغلي الوظائف الإشرافية كما هو موضح في الجدول (١١)

جدول (١١)

يبين الأوساط المرجحة والأوزان المئوية لكل فقرة من فقرات القيادة الإبداعية لإجابات شاغلي الوظائف الإشرافية وترتيبها

رقم الفقرة	الرتبة	عنوان الفقرة	الوسط المرجح	الوزن المئوي	رقم الفقرة في إجابات شاغلي الوظائف
٤	١	اذا أبلغت رئاسة الجامعة بأنها سترسل للكليات أجهزة حاسوب حديثة	٢.٩٠	٩٥.٥١	٢٣
٣	٢	تختلف الآراء في تدريب العاملين فإن رأي العميد في التدريب	٢.٧٥	٩١.٦٢	٧
٢	٣	اذا قدم عضو هيئة تدريس مميز طلب نقل	٢.٧١	٩٠.٢٣	٢٨
٢٤	٤	عند ظهور نتائج الامتحان الشامل وأخبر العميد بأن نسبة الكلية متدنية	٢.٧٠	٩٠.٠٥	٢٤
٢٥	٥	عادة ما يطرح بعض العاملين أفكارا جديدة	٢.٦٠	٨٦.٧٤	١٥
١٩	٦	شكل الاتصال الذي أفضله	٢.٥٨	٨٦.٠٤	١٢
٥	٧	حلول العميد للمشكلات تتميز بـ	٢.٥٢	٨٣.٩٤	٢٩
١٨	٨	أفضل المعايير التي يعتمد عليها العميد في تقويم المرؤوسين	٢.٥١	٨٣.٦٠	١١
٢٨	٨	بعد تحقيق الأهداف في خطة العام الدراسي المنصرم	٢.٥١	٨٣	٣٤
١١	١٠	السبب الذي يدعو العميد إلى ممارسة تفويض الصلاحيات في الكلية	٢.٤٦	٨٢.٠٢	٣
٢٣	١١	اذا أريد التوسع في التخصصات العلمية	٢.٤٥	٨١.٦٨	١٤
٣١	١٢	من مسلمات العمل توقع حدوث مشكلات	٢.٤٣	٨٠.٩٨	٢٥
٢٢	١٣	لاحداث التغيير في الكلية	٢.٤١	٨٠.٤٥	٣١

١٢	١٤	يسعى العميد ويبذل كل جهده لتكون كليته في المستقبل	٢.٣٨	٧٩.٢٣	١٦
٢١	١٥	في نطاق الاتصالات الخارجية	٢.٣٥	٧٨.١٨	٤
٨	١٦	تتحدد نظرة العميد للتدريب من خلال	٢.٣٢	٧٧.٤٩	٢١
٢٦	١٧	عندما يكون العميد رئيسا لمجلس تحقيق في خلاف ما فانه يستطيع أن يحدد المذنب	٢.٣١	٧٧.١٤	٢٦
١٤	١٨	هناك صلة بين إدارة الكلية ورئاسة الجامعة لذلك فإن العميد يرى أن الإدارة العليا	٢.٣٠	٧٦.٦١	٣٠
٧	١٩	اذا ما قامت الكلية بأنشطة لا منهجية	٢.٢٩	٧٦.٢٧	٩
٣٠	١٩	اذا أجريت دراسة عن تدني نسبة النجاح لامتحان الشامل وأظهرت أن السبب ضعف كفاية رئيس القسم فإن العميد يعالج ذلك	٢.٢٩	٧٦.٢٧	١٧
١٣	٢١	عندما يتحدث العميد مع شخص ما وبدا له أن الأسلوب لا يعجبه فانه يكتشف ذلك من خلال	٢.٢٧	٧٥.٧٥	١٩
١٥	٢١	اذا طلب من العميد ترشيح أحد أعضاء هيئة التدريس للسفر خارج البلاد	٢.٢٧	٧٥.٧٥	١٣
٢٧	٢٣	اذا عرف أن رئاسة الجامعة تقيم مسابقة وأنها ستختار أفضل ثلاث كليات فإن العميد يسعى للمشاركة من أجل	٢.٢٠	٧٣.٤٧	٢٧
٣٢	٢٤	يعتمد العميد في اتخاذ قراراته على	٢.١٤	٧١.٢٠	١٨
٩	٢٥	أفضل طريقة تساهم في احتواء الأزمة عند حدوث الأزمات	٢.١٠	٦٩.٩٨	١٠
١٧	٢٦	يسعى العميد في الكلية إلى تفعيل البحث العلمي	٢.٠٨	٦٩.٢٨	٢٢
١	٢٧	يسعى العميد إلى أن يفهم العاملون عند انتهاء فترة التدريب على أن	٢.٠٤	٦٨.٠٦	٦
٦	٢٨	اذا انشغل العميد خارج الكلية فإن سير العمل عند انشغاله	٢.٠٢	٦٧.٣٦	٨
٢٠	٢٩	تعد حالة الصراع في العمل من المسلمات	١.٩٤	٦٤.٥٧	٥

٢٩	٢٩	في مجال الأعمال التي تتسم بالمخاطرة العالية وروح المجازفة	١.٩٤	٦٤.٥٧	٣٣
١٠	٣١	عند مواجهة ندرة المعلومات في اتخاذ قرار	١.٩٣	٦٤.٤٠	٢
١٦	٣٢	اذا عين في الكلية عدد من الموظفين الجدد	١.٨٨	٦٢.٨٣	٣٢

يتضح من الجدول (١١) ان نسبة الفقرات التي حصلت على وسط أعلى من الوسط الفرضي هي (٨٧.٥٠%) وهي نسبة جيد جدا.ويتضح من الجدول (١١) ان الفقرة (٤) جاءت في المركز الأول بوسط مقداره (٢.٩٠) وهذا مؤشر قوي يدل على أن العمداء في الكليات يسارعون بتحديث الأجهزة الحاسوبية ويعملون على توفير المكان المناسب لهذه الأجهزة ومن ثم قناعة العمداء بضرورة مواكبة العصر العلمي والتقني وذلك من وجهة نظر شاغلي الوظائف الإشرافية.

كما ويتضح أن الفقرة (١٦) حصلت على المركز الأخير بوسط مقداره (١.٨٨) وهذا يدل على أن أغلب العمداء بحسب رأي شاغلي الوظائف يركزون على مباشرة الموظف الجديد العمل والاعتماد على مبدأ التعلم بالمحاولة والخطأ إذ شكلت هذه النسبة (٣٦.٦%) ونسبة العمداء الذين يؤيدون فكرة عمل برنامج تدريبي في اثناء العمل هي (٣٨.٦%) اما العمداء الذين يركزون على إجراء برنامج تدريبي مكثف فنسبتهم (٢٥.١%) ويعزو الباحث سبب انخفاض الوسط إلى أنه لا يوجد لدى العمداء توجه محدد لتدريب الموظف الجديد.

ويلاحظ من خلال الجدول - أيضا- ان الفقرة رقم (١٠) حصلت على وسط (١.٩٣) وهو أقل من الوسط الفرضي مما يدل على أن العمداء في حالة ندرة المعلومات يترددون في اتخاذ القرار فنسبة الذين يؤجلون اتخاذه هي (١٩.٨٩%) بينما نسبة من يجمع المعلومات ويتخذ القرار (٦٧%) ونسبة من يتخذ القرار من غير تردد (١٣.١%)

كما ويلاحظ من خلال الجدول أن الفقرتين (٢٠، ٢٩) حصلتا على وسط مقداره (١.٩٤%) مما يشير إلى ان العمداء في الغالب يحاولون الحد من ظاهرة الصراع في الكلية ولا يعدونها أمرا حتميا داخل الكلية، وأن العمداء بحسب وجهة نظر شاغلي الوظائف الإشرافية يحرصون في الغالب على تنفيذ الأعمال بعيدا عن المخاطرة والمجازفة ومنهم من يتحفظ على هذه الأعمال، مما يدل على أن اهتمام العمداء بادارة الصراع ضعيفة.

لعل المتفحص لأوساط إجابات العمداء وإجابات شاغلي الوظائف الإشرافية يلاحظ ان وسط إجاباتهم على فقرة استقبال اجهزة الحاسوب الحديثة متساوية تقريبا (٢.٩١) عند العمداء (٢.٩٠) عن شاغلي الوظائف مما يدل على اهتمام العمداء باستقبال الأجهزة وكما يلاحظ أن الفقرة رقم (٢) في استبانة العمداء تقاربت في الوسط الحسابي مع الفقرة نفسها في إجابات شاغلي الوظائف الإشرافية وهي تنص على اتخاذ القرار في حالة ندرة المعلومات وكان الوسط أقل من الوسط الفرضي مما يعني اجماع العينتين على ذلك.

ويلاحظ من خلال إجابات العمداء أن نسبة الفقرات التي حصلت على وسط أعلى من الوسط الفرضي هي (٩٤.٢٨%) وهي نسبة عالية، أما في إجابات شاغلي الوظائف الاشرافية فهي (٨٧.٥%) وهي نسبة متقاربة مع نسبة أوساط إجابات العمداء مع العلم أن هناك تباين في توزيع الأوساط على الفقرات لدى أفراد العينتين.

ثالثاً: النتائج المتعلقة بالسؤال الثالث

هل هناك فروق ذات دلالة احصائية في إدارة الوقت لدى عمداء الكليات في جامعة البلقاء التطبيقية تعزى إلى نوع الكلية (حكومية، خاصة): (أ) من وجهة نظرهم؟ (ب) من وجهة نظر شاغلي الوظائف الإشرافية فيها؟

أ- للإجابة عن هذا السؤال تم حساب الأوساط الحسابية والانحرافات المعيارية واستخدم اختبار (ت) للتحقق من وجود الفروق فكانت كما في الجدول (١٢)

جدول (١٢)

يبين الأوساط الحسابية والانحرافات المعيارية في إجابات العمداء على متغير إدارة الوقت بحسب نوع الكلية ونتائج استعمال اختبار (ت)

المجال	نوع الكلية	العدد	الوسط	الانحراف المعياري	قيمة (ت)	مستوى الدلالة
إداري	حكومية	١٨	٤٤.٩٤٤٤	٤.٧٧١	٠.٢٥	٠.٨٠٣
	خاصة	١٤	٤٤.٥٧١٤	٣.٥٥١		
فني	حكومية	١٨	٣٣.٣٣٣	٢.٠١٩	١.٤٥	٠.١٥٧
	خاصة	١٤	٣١.٩٢٨٦	٣.٢٩٣		
الكلي	حكومية	١٨	٧٨.٢٧٧٨	٥.٣٥٦	٠.٩٣	٠.٣٦٢
	خاصة	١٤	٧٦.٥٠٠٠	٥.٤٠٣		

يتبين من خلال الجدول (١٢) أنه لا توجد فروق ذات دلالة احصائية (α = ٠.٠٥) بين أوساط إجابات العمداء في الكليات الحكومية والخاصة في إدارة الوقت والمجالين الاداري والفني من خلال إجابات العمداء.

يظهر من خلال استعمال اختبار (ت) أنه ليس هناك اختلاف بإدارة الوقت ومجالاتها لدى العمداء من وجهة نظرهم، ويعزى السبب إلى أن العمداء يحملون المؤهل العلمي نفسه، ومعظم المدراء العاملين في الكليات الخاصة كانوا في الأغلب عمداء الكليات حكومية قاموا بنقل خبراتهم الى الكليات الخاصة.

وبناء عليه فإن إدارة الوقت لا تختلف باختلاف نوع الكلية (حكومية، خاصة) على الرغم من وجود فروق ظاهرة في المتوسطات إلا أن هذه الفروق ناتجة عن عامل الصدفة وليست فروق حقيقية .

ب- أما في إجابات شاغلي الوظائف الإشرافية فكانت الأوساط الحسابية والانحرافات المعيارية ونتائج استعمال اختبار (ت) لمعرفة دلالة الفروق بين الأوساط كما في الجدول (١٣)

جدول (١٣)

يبين الأوساط الحسابية والانحرافات المعيارية في اجابات شاغلي الوظائف الاشرافية على متغير إدارة الوقت بحسب نوع الكلية ونتائج استعمال اختبار (ت)

مستوى الدلالة	قيمة (ت)	الانحراف المعياري	الوسط	العدد	نوع الكلية	المجال
٠.٦١٧	٠.٥٠	٤.٦٢٦	٣٥.٠٠٧٩	١٢٦	حكومية	إداري
		٣.٦٦٣	٣٥.٣٣٨٥	٦٥	خاصة	
٠.٤١٢	٠.٨٢	٣.٠٩٠	٢٩.٠٣١٧	١٢٦	حكومية	فني
		٤.٠٤٢	٢٨.٦٠٠	٦٥	خاصة	
٠.٩١٤	٠.١١	٦.٣٥٨	٦٤.٠٣٩٧	١٢٦	حكومية	الكلي
		٥.٦٢٠	٦٣.٩٣٨٥	٦٥	خاصة	

يتبين من خلال الجدول (١٣) أنه لا توجد فروق ذات دلالة احصائية عند قيمة (α = ٠.٠٥) بين أوساط اجابات شاغلي الوظائف الإشرافية في الكليات الحكومية والخاصة في متغير إدارة الوقت ومجالاتها الإدارية والفني.

وهذا يشير إلى أنه ليس هناك اختلاف في إدارة الوقت ومجالاتها لدى العمداء من وجهة نظر شاغلي الوظائف الإشرافية في الكليات الحكومية والخاصة، ويعزى السبب إلى ان معظم العمداء العاملين في الكليات الحكومية والخاصة على درجة عالية من التخصص ولهم الكثير من الخصائص المتشابه في إدارة كلياتهم، كما أن غالبية العمداء العاملين في الكليات الخاصة هم منقولين من الكليات الحكومية.

واختلفت هذه النتائج مع دراسة العوائد التي أظهرت فروقا دالة احصائيا في تقديرات أفراد العينة لفعالية رئيس القسم في إدارة الوقت لصالح رؤساء الأقسام في الكليات الأدبية كما اختلفت هذه النتيجة مع دراسة (Yatcs, 1990) التي أشارت بأن الكلية التي يتدرب فيها الإداريون مهنيا لديهم القدرة على إدارة الوقت أكثر ايجابية.

رابعاً: النتائج المتعلقة بالسؤال الرابع

هل هناك فروق ذات دلالة احصائية في القيادة الإبداعية لدى عمداء الكليات في كليات جامعة البلقاء التطبيقية تعزى إلى نوع الكلية (حكومية، خاصة): (أ) من وجهة نظرهم؟ (ب) من وجهة نظر شاغلي الوظائف الإشرافية؟

أ- للإجابة عن هذا السؤال تم حساب الأوساط الحسابية والانحرافات المعيارية واستعمال اختبار (ت) لمعرفة دلالة الفروق بين الأوساط فكانت النتائج بالنسبة لإجابات العمداء كما في الجدول (١٤)

جدول (١٤)

يبين متوسطات إجابات العمداء والانحرافات المعيارية ونتائج اختبار (ت) على متغير القيادة الإبداعية ومجالاتها

المجال	نوع الكلية	العدد	الوسط	الانحراف المعياري	قيمة (ت)	مستوى الدلالة
المناخ التنظيمي الفعال	حكومية	١٨	٢٢.٥٠٠	٢.٤٧٩	٠.٦٥	٠.٥١٩
	خاصة	١٤	٢٣.٠٧١٤	٢.٤٣٣		
الاخذ بالمستجدات العلمية والتقنية	حكومية	١٨	١٦.٢٧٨	١.٥٦٥	٠.١٣	٠.٨٩٧
	خاصة	١٤	١٣.٢١٤٣	١.٠٥١		
المنهج العلمي في حل المشكلات	حكومية	١٨	١٢.٧٢٢	١.٥٦٥	٢.٤٩	٠.٠١٩*
	خاصة	١٤	١١.١٤٢٩	٢.٠٣٣		
تشجيع وتبنى الابداع	حكومية	١٨	٢٤.٣٨٨٩	٢.٤٠٤	٠.٠٥	٠.٩٦٢
	خاصة	١٤	٢٤.٤٢٨٦	٢.٤٠٩		
التدريب	حكومية	١٨	١٣.٧٧٧١	٠.٧٣٢	٣.٣	٠.٠٠٢*
	خاصة	١٤	١١.٩٢٧٦	٢.٢٣٥		
الكلي	حكومية	١٨	٨٩.٦٦٦٧	٥.٢٠٢	١.٥٣	٠.١٣٨
	خاصة	١٤	٨٦.٧٨٥٧	٥.٤٢٣		

* دال احصائيا عند مستوى α = ٠.٠٥.

يتبين من خلال الجدول (١٤) أنه لا توجد فروق ذات دلالة احصائية عند (α= ٠.٠٥) بين أوساط إجابات العمداء في الكليات الحكومية والخاصة في متغير القيادة الابداعية الكلي.

بينما ظهرت فروق دالة احصائيا عند مستوى الدلالة (α = ٠.٠٥) في مجال المنهج العلمي في حل المشكلات ومجال التدريب ولصالح الكليات الحكومية مما يؤشر وجود فروق حقيقية وهذا يبين أن لدى العمداء القدرة على التعامل بنهج علمي لحل المشكلات، أي وجود العقلية العلمية في التعامل مع المشكلات، وكذلك التأكيد على أن القادة يميلون إلى نقل قدرات العاملين وخبراتهم من خلال التدريب والذي يعد ضروريا للعاملين من وجهة نظر العمداء في الكليات الحكومية.

يلاحظ من خلال الجدول (١٤) أن العمداء في الكليات الحكومية يراعون المنهجية العلمية في حل المشكلات وهذا مؤشر ايجابي يدل على أن العمداء في الكليات يمتلكون العديد من القدرات الابداعية، مما يؤكد الحرص الشديد لدى العمداء في الكليات الحكومية على اتباع الأساليب العلمية والبعد عن العشوائية التي تؤدي الى الأضرار بمصلحة الأفراد والكلية على حد سواء.

كما ويشير إلى الاهتمام بالأبحاث والدراسات العلمية، أي ان مستوى استعمال المنهج العلمي يختلف باختلاف نوع الكلية، كما أن عقد الدورات التدريبية والايمان بضرورة التدريب لتزويد العاملين بالمهارات والقدرات الضرورية جاء لصالح الكليات الحكومية، والسبب في ذلك يعود الى بقاء الموظف في الكليات الحكومية والاستقرار في العمل بعكس الكليات الخاصة.

وكذلك فإن للتدريب مخصصات مالية كبيرة قد تتحفظ عليها الكليات الخاصة لكون العاملين في الكلية يمكن أن يتركوا الكلية اذا حصلوا على فرصة عمل أفضل مما يسبب قلة الاهتمام بالتدريب.

أما في متغير القيادة الإبداعية الكلي فلا توجد فروق ذات دلالة احصائية من وجهة نظر العمداء رغم أن هناك فروقا ظاهرة في المتوسطات إلا أنها ليست ذات دلالة احصائية، السبب يعود الى أن العمداء يعملون في مستوى الادارة العليا لذلك فانهم يستطيعون تنفيذ الأفكار التي يرونها مناسبة، وبذلك يمكن القول أنه لا يوجد فروق حقيقية وإنما يرجع لعامل الصدفة في الدرجة الكلية ومجال المناخ التنظيمي الفعال، والأخذ بالمستجدات العلمية والتقنية، وتشجيع وتبني الإبداع.

ب- أما فيما يتعلق بإجابات شاغلي الوظائف الإشرافية فكانت الأوساط الحسابية والانحرافات المعيارية ونتائج اختبار (ت) لمعرفة دلالة الفروق بين الأوساط كما في الجدول (١٥)

جدول (١٥)

يبين متوسطات اجابات شاغلي الوظائف الاشرافية والانحرافات المعيارية ونتائج اختبار (ت) على متغير القيادة الابداعية ومجالاتها

المجال	نوع الكلية	العدد	الوسط	الانحراف المعياري	قيمة (ت)	مستوى الدلالة
المناخ التنظيمي	حكومية	١٢٦	٢٠.٠٩٥٢	٢.٧٧٠	٠.٥٤٠	%٥٩١
الفعال	خاصة	٦٥	٢٠.٣٢٣١	٢.٧٨٤		
المستجدات العلمية	حكومية	١٢٦	١٤.٩٥٢٤	٢.١٤٢	٢.١٥	*%٣٣
والتقنية الحديثة	خاصة	٦٥	١٤.٢٣٠٨	٢.٢٩٨		
المنهج العلمي في	حكومية	١٢٦	١١.٩٢٨٦	١.٧٦٣	٠.٥٥	٠.٥٨٢
حل المشكلات	خاصة	٦٥	١١.٧٦٩٦	٢.١٢٧		
تشجيع وتبنى	حكومية	١٢٦	١٨.٦٩٨٤	٢.٧١١	٠.٨٨	٠.٣٧٧
الابداع	خاصة	٦٥	١٩.٠٧٦٩	٢.٩٧٠		
التدريب	حكومية	١٢٦	٩.٠٣٩٧	٢.٠٤١	٠.٣٧	٠.٧١١
في حل المشكلات	خاصة	٦٥	٨.٩٢٣١	٢.٨٦		
الكلي	حكومية	١٢٦	٧٤.٧١٤٣	٨.٥٨٨	٠.٢٩	٠.٧٧٥
في حل المشكلات	خاصة	٦٥	٧٤.٣٢٣١	٩.٦٢٣		

* دالة عند α = ٠.٠٥.

يتبين من خلال الجدول (١٥) أنه لا توجد فـروق ذات دلالـة احصـائية بـين متوسـطات اجابـات شاغلي الوظائف الإشرافية في الكليات الحكومية والخاصة في متغير القيادة الإبداعية الكـلي، وكـذلك مجـال المناخ التنظيمي ومجال المنهج العلمي في حل المشكلات ومجال تشـجيع وتبنـي الإبـداع ومجـال التـدريب وأن الفروق ترجع الى عامل الصدفة.

في حين أن هناك فروقا ذات دلالة احصائية عند مستوى الدلالة (α=٠.٠٥) في مجال المستجدات العلمية والتقنية الحديثة ولصالح الكليات الحكومية من وجهة نظر شاغلي الوظائف الاشرافية وهذا يشـير إلى العمل بروح الفريق وتصميم الأفكار الجيدة التي تؤدي الى تحقيق الأهداف في الكلية، ومواكبة التطـور التقني والعلمي لدى العمداء في الكليات الحكومية أسرع من الكليات الخاصة ذلك أن ما

ينفق على التكنولوجيا الحديثة والبحث العلمي في الكليات الخاصة أقل منه في الكليات الحكومية.

خامساً: النتائج المتعلقة بالسؤال الخامس

هل هناك علاقة ذات دلالة احصائية بين إدارة الوقت والقيادة الإبداعية (أ) من جهة نظر العمداء (ب) من وجهة نظر شاغلي الوظائف الإشرافية؟

للإجابة عن هذا السؤال تم حساب معامل ارتباط بيرسون بين إجابات العمداء على فقرات استبانة إدارة الوقت وفقرات القيادة الإبداعية، وكذلك حساب معامل ارتباط بيرسون بالنسبة لإجابات شاغلي الوظائف الاشرافية، فكانت النتائج كما هو مبين في جدول (١٦)

وتم استخدام اختبار (ت) لدلالة معاملات الارتباط لاستخراج القيم الدالة بين متغيري الدراسة بحسب رأي العمداء ورأي شاغلي الوظائف الإشرافية.

جدول (١٦)

يبين قيم معامل الارتباط لاجابات العمداء وإجابات شاغلي الوظائف الاشرافية بين إدارة الوقت والقيادة الابداعية

قيمة (ت) الجدولية	قيمة (ت) المحسوبة	درجة الحرية	معامل الارتباط	المهنة
٢.٠٤	*٢.٣٦٨	٣٠	٠.٤٣٤	عميد
١.٩٦	*٦.٩	١٨٩	٠.٤٤٩	شاغل وظيفة

* دال احصائيا عند α = ٠.٠١

يتبين من خلال الجدول (١٦) ان معامل الارتباط بين إجابات العمداء هو (٠.٤٣٤) وهو ارتباط موجب ودال احصائيا عند α = ٠.٠١

وكذلك بالنسبة لارتباط إجابات شاغلي الوظائف الاشرافية إذ بلغ معامل الارتباط (٠.٤٤٩) وقد كانت القيم التائية المحسوبة لمعامل الارتباط بين استجابات العمداء على فقرات استبانة إدارة الوقت والقيادة الإبداعية من وجهة نظر العمداء ووجهة نظر شاغلي الوظائف الإشرافية أكبر من القيمة الجدولية مما يؤشر وجود

علاقة إيجابية دالة احصائية أي يتبين من خلال الإجابة على هذا السؤال وجود علاقة طردية ذات دلالة إحصائياً بين ادارة الوقت والقيادة الإبداعية، أي أن القيادة الإبداعية لدى العمداء من وجهة نظرهم ووجهة نظر شاغلي الوظائف الإشرافية تزيد بازياد إدارتهم لوقتهم، هذه النتيجة جاءت مؤيدة لدراسة المعاني (١٩٩٠) التي أكدت على زيادة الإبداع الإداري كلما زاد الولاء التنظيمي.

المصـــادر

١. أبو شيخة، نادر احمد، (١٩٩١) إدارة الوقت، دار مجدلاوي للطباعة والنشر والتوزيع، عمان، الأردن.

٢. أبو فارس، محمود عودة (١٩٩٠) الإبداع الإداري لدى العاملين في قطاع المؤسسات العامة الأردنية، رسالة ماجستير غير منشورة، الجامعة الأردنية، عمان، الأردن.

٣. احمد، محمد عبد السلام، (١٩٨١) القياس النفسي والتربوي، ط٢، مكتبة النهضة المصرية، القاهرة.

٤. أوتو برودترك (١٩٩٨) التعلم والإبداع التنظيمي، أدوات إعادة إحياء الخدمة العامة، المجلة الدولية للعلوم الإدارية، مجلد رقم (٣)، العدد رقم (١) الإصدار العربي، المجلد رقم (٦٤) العدد (١) الإصدار الانجليزي، معهد التنمية الإدارية الإمارات العربية المتحدة.

٥. بيدس، هالة حسين محمد (١٩٩٥) إدارة الوقت لدى مديري ومديرات المدارس الثانوية الحكومية في محافظة عمان، رسالة ماجستير غير منشورة، جامعة اليرموك، اربد، الأردن.

٦. توفيق، سمية كرم وباكير، فاطمة (١٩٩٦) مدى وعي الأمهات الفطينات بتنمية القدرات الإبتكارية، كلية التربية، جامعة قطر.

٧. جون وجاردن (٢٠٠٠) تميز الموهبة والقيادة، ترجمة محمد محمود رضوان، الدائرة الدولية للاستثمارات الثقافية، مصر.

٨. درويش، زين العابدين، (١٩٨٣) تنمية الإبداع منهجه وتطبيقه، دار المعارف، الكويت.

٩. ديوان الخدمة المدنية (١٩٩٨) تعليمات وصف وظائف الفئة الثانية في جهاز الخدمة المدنية، عمان، الأردن.

١٠. الرجوب، غادة عارف أحمد (١٩٩٧) مشكلات إدارة الوقت كما يراها الإداريون في جامعة اليرموك وتصوراتهم المستقبلية للتغلب عليها، رسالة ماجستير غير منشورة، جامعة اليرموك، اربد، الأردن.

١١. سر الختـم، محجـوب (١٩٨٦) الإدارة العامـة والإصـلاح الإداري في الوطن العـربي، تحريـر نـاصر الصائغ، المنظمة العربية للعلوم الإدارية، عمان، الأردن.

١٢. صالح، احمد علي (١٩٩٣) إدارة وتنظيم الوقت، معهد التدريب والتطوير التربوي، وزارة التربية، بغداد، العراق.

١٣. الصبيحي، تيسير (١٩٩٤) الموهبة والإبداع، طرائق التشخيص وأدواته المحسوسة، دار التنوير العلمي، عمان، الأردن.

١٤. طوقان، خالد (٢٠٠٠) مجلة أنباء البلقاء، العدد (١)، السنة الأولى، قسم العلاقات العامة جامعة البلقاء، الأردن.

١٥. العجيلي، صباح حسين وآخرون (١٩٩٠) التقويم والقياس، وزارة التعليم العالي والبحث العلمي، بغداد، العراق.

١٦. العنـاقرة، فاطمـة (١٩٩٠) المـنظمات الإداريـة الإبداعيـة كـما يتصورها القادة الإداريـين، رسالة ماجستير غير منشورة، جامعة اليرموك، اربد، الأردن.

١٧. العوائد، سعيد بن عيسى مسلم، (١٩٩٩) درجة فعالية إدارة الوقت لدى رؤساء الأقسام الأكاديمية من وجهة نظر أعضاء هيئة التدريس في جامعة السلطان قابوس، رسالة ماجستير غـير منشورة، جامعة اليرموك، اربد، الأردن.

١٨. عـودة، احمد سليمان، والخليلي، خليل يوسف (١٩٨٨) الاحصاء للباحثين في التربية والعلوم الإنسانية، دار الفكر للنشر والتوزيع، عمان، الأردن.

١٩. عياصرة، احمد (١٩٩٨) القيادة الإبداعية، مركز التدريب التربوي، وزارة التربية والتعليم، عمان، الأردن.

٢٠. غرايبة، لطفي عبد القادر (١٩٩٥) أهمية الوقت وإدارته من المنظورين الوضعي والاسلامي دراسة مقارنة، رسالة ماجستير غير منشورة، جامعة اليرموك، اربد، الأردن.

٢١. فرج، صفوت (١٩٨٠) القياس النفسي، دار الفكر العربي، القاهرة.

٢٢. فريد، اسامة محمود (١٩٩٥) كيف تنتمي مهاراتك الإبداعية؟ جامعة عين شمس القاهرة،مصر.

٢٣. كوكس، ديفني-جون، هوفر (Daivny Cox & John Hoover) (١٩٩٨) القيادة في الأزمات، ترجمة هاني خلجة وريم سرطاوي فريق بيت الأفكار الدولية، الرياض.

٢٤. مؤتمن، منى (٢٠٠١) ملخص دراسة التجارب العالمية المتميزة في الإدارة التربوية، رسالة المعلم، العدد (٤)، مجلد (٤٠) ص ١٠٢-١٢٠.

٢٥. مسعود، سامي، الريماوي، احمد شكري (١٩٩٧) مقدمة في علم الإحصاء الوصفي والتحليلي، دار منين، عمان.

٢٦. المعاني، ايمن عودة (١٩٩٠) أثر الولاء التنظيمي على الإبداع الإداري لدى المديرين في الوزارات الأردنية، رسالة ماجستير غير منشورة، الجامعة الأردنية، عمان، الأردن.

٢٧. الملا، عبد الرحمن مصطفى طه (١٩٩٧) إدارة الوقت وعلاقتها بأنماط القيادة الإدارية دراسة ميدانية في مدينة من المنشآت الصناعية، اطروحته دكتوراه غير منشورة، جامعة بغداد، كلية الادارة والاقتصاد، بغداد، العراق.

٢٨. موسى، غانم (١٩٩٠) الاتجاهات الحديثة في إدارة الموارد البشرية، مطبعة الراية، بغداد، العراق.

٢٩. النيسابوري، الحاكم (١٩٧٠) المستدرك على الصحيحين، دار المعرفة، بيروت.

٣٠. هلال، محمد عبد النبي حسن (١٩٩٥) مهارات إدارة الوقت، مركز تطوير الاداء والتنمية، القاهرة.

٣١. وزارة التربية والتعليم، عدد خاص بندوة التطوير التربوي (المرحلة الثانية)، (١٩٩٤) رسالة المعلم، العدد الثاني، المجلد (٣٥) عمان، الأردن.

32. Broq, W. (1981). Applying Educational Research A Practical Guide for Teachers, NewYork.

33. Downie: N. M. & Heath: R. W. (1988) Basic Statistical Methods. Harper & Row, NewYork.

34. Frank, Milo (1991) How to Run a Successful Meeting in Half the Times, Peceb Books, NewYork.

35. Machenzie, Alec. (1990) Team Work Through Time Management, Doubnell, Comporation, P. 4 P. 49.

36. Marsh, W. (1991) Time Management. CPA Jurnal, Vol. 60, Jan.

37. Nunnally, S. S. (1978) Psychometric Theory, 2nd Editions, Mcgrow-Hill, NewYork.

38. Plater, William, M. (1995) Future work-Faculty Time in the 21 century, Change Journal, Vol. 27, No.3.

39. Sharmon (1982) The Hurried Principal: A manual of strategies for time management. Eric Document Reproduction services.

تقويم أداء المشرفين التربويين في الأردن في ضوء مهماتهم والاتجاهات الإشرافية الحديثة

أ.د. رياض ستراك   د. فؤاد الخصاونة

مشكلة البحث

لقد تركزت نظرة الكثيرين إلى الإشراف التربوي وتنفيذها على أنها تأتي في مقدمة مـن يستطيع حمل رسالة تقويم المشرفين للعملية التعليمية الفعلية بمختلف جوانبها وتطويرها. إذ أنه ينظر إلى الإشراف التربوي على أنه عنصر متفاعل مع بقية عناصر النظام التربوي، وقـد عـالج عـدد مـن البـاحثين موضوع الإشراف التربوي فقاموا بدراسته باستخدام مناهج البحـث العلمـي وأسـاليبه إلا أنهـم لم يعطوا جانب التقويم ما يستحقه من الاهتمام المطلوب.

وفي ندوة التطوير التربوي للمرحلة الثانية التي عقدت في عـمان بتـاريخ ١٩٩٤/١٠/٩م تبين أن الإشراف التربوي يواجه المشكلات الآتية:

١- انخفاض عدد المشرفين بالموازنة مع عدد المعلمين الأمر الذي تصعب فيه عمليـة المتابعـة النوعيـة لأداء المعلم، فالمشرف التربوي إن تمكن من زيارة المعلم ومعرفة ما عنده مـن إيجابيـات أو سـلبيات فإنه قد لا يستطيع متابعته بصورة دائمة بسبب ما يطلب منه مـن متابعـات لبقيـة المعلمـين في المدارس الأخرى. ونجد كذلك أن المشرف التربوي قـد لا يتمكن مـن زيارة بعض المعلمين، لكثرة المـدارس الواقعة ضمن خطته والتي يجب أن يقوم بزيارتها.

٢- اقتصار الممارسات الإشرافية غالبا عـلى أسـاليب إشرافيـة معينـة مثل اللقـاءات الفرديـة والجماعيـة والندوات مع التركيز الواضح على الزيارات الصفية وإعـداد التقـارير الخاصة بهـا، وغالبـا مـا تكـون الزيارة الوحيدة للمعلم في العام، إن قام المشرف التربوي بزيارته، وبالنسبة إلى مجال إجراء البحـوث والدراسات وإعداد النشرات التربوية وغيرها من الأمور الأخرى فإن الـدور الإشرافي في الغالـب يكـون معطلاً، وهذا كله بسبب انشغال المشرف التربوي بالزيارات الصفية إن تمـت كـما يجب، وعقـد اللقاءات والندوات التي في الغالب تكون من باب الكلام الذي يمكن تطبيقه في الواقع.

٣- عدم وجود نماذج للتقويم والمتابعة لمختلف فعاليات الدور الإشرافي واختصار الأمر كما قلنا سابقاً على نموذج تقدير الزيارات الصفية. إذ أنه الأسلوب الوحيد الموثق لعمل المشرف التربوي لذلك يركز عليه من أجل إعطاء صورة واضحة لعمله أمام المسؤولين إضافة إلى ما يقوم به من لقاءات وندوات.

٤- نقص الملاكات العاملة في ميدان الإشراف التربوي من حيث متابعة الشؤون الإدارية والفنية المتعلقة بالعمل الإشرافي وهذا يؤثر في درجة العطاء في العمل بالنسبة للمشرف التربوي إذ أنه يتبين من خلال عمل المشرفين ضعف الكفاية المهنية لبعض المشرفين وكذلك العلاقات القائمة بين المشرفين وبعض المدرسين وبعض مديري المدارس وهذا يؤثر وبصورة مباشرة في درجة عطاء المشرف التربوي.

٥- غياب دور المشرف التربوي في مجال إجراء البحوث والدراسات وإعداد النشرات التربوية (وزارة التربية والتعليم، ١٩٩٤، ٣٧، ٢١١)

إن تلك النتائج ولدت لدى الباحث شعوراً بمشكلة البحث في هذا الموضوع لأنه يمثل أرضية خصبة للبحث، وزاد من دافعيته وشجعه على الخوض في الموضوع المذكور عمله في وزارة التربية والتعليم والتي تحسس من خلالها، فضلاً عما تقدم من مشكلات، غياب وجود نماذج للتقويم والمتابعة لمختلف فعاليات الدور الاشرافي مما يضيع الفرصة على مراكز القرار في الوزارة والمديرية وجهاز الاشراف في تعرف مستوى أداء المشرفين التربويين وتشخيص نقاط القوة ومواطن الضعف في ادائهم ومن ثم حرمان الجهات المذكورة من نظام التغذية الراجعة، مما يجعل عملية تلمس التطوير والتجديد امراً مشكوكاً فيه.

إن كل ما تقدم يمثل مشكلة البحث الحالي والتي بلورت في ذهن الباحث ضرورة التصدي لمسبباتها من خلال دراسة تقويم أداء المشرفين في ضوء مهماتهم والاتجاهات الإشرافية الحديثة.

أهمية البحث:

تعد التربية في مجتمعات العصر الحاضر عملية منتظمة وهادفة وأداة فاعلة في إعداد الإنسان المؤهل للحياة، وذلك من خلال تنميتها لشخصية الفرد في جميع جوانبها، وتعديل سلوكه، مما يحقق خدمة الفرد وسعادته، والإسهام في تطوير المجتمع وتقدمه.

وتحقق التربية أهدافها المختلفة من خلال جملة من النشاطات والفعاليات التي تقوم بها أجهزة ومؤسسات متخصصة يتألف من مجموعها النظام التربوي (Good, 1973, P. 18)

ويعد الإشراف التربوي واحداً من الأجهزة القيادية التي تسهم في تحقيق أهداف التربية، لما له من أثر فاعل في توجيه العملية التربوية نحو تحقيق الأهداف المرسومة بالكفاية والفاعلية المطلوبتين كونه عملية تعنى بالعناصر التعليمية كافة من معلم ومتعلم ومنهج وأساليب يعمل على تحسينها وتغييرها في الاتجاه المطلوب (الدويك وآخرون، ١٩٨٧، ص١١٥) فضلاً عن ذلك أنه مهمة قيادية بالدرجة الأولى تفتح قنوات الاتصال بين جميع العناصر المؤثرة في العملية التربوية من إدارة ومناهج دراسية وطرائق تدريسية ونشاطات متنوعة لها علاقة بعملية التعليم (المناصرة، ١٩٩١، ص ٢٢) ويرى الباحث فضلاً عما تقدم، أن الإشراف التربوي عملية متجددة متطورة باستمرار تستوعب كل المستجدات في الأفكار والآراء والطرائق والأساليب.

إن النهوض بالمهمات والنشاطات والمسؤوليات آنفة الذكر تقع على عاتق شخصية تربوية وعمود من أعمدة العملية التربوية أو التعليمية على حد سواء، ألا وهو (المشرف التربوي) الذي يعد المسؤول المباشر عن تطوير الأداء التربوي داخل المدرسة من خلال متابعة كل ما يقوم به المعلم (وإدارة المدرسة) سواء عند التخطيط أو عند التنفيذ، إذ إن المعلم (والمدير) يحتاج كل منهما إلى من يرشده ويشرف عليه حتى تزداد خبرته المهنية ومن ثم يستطيع أن يحقق الأهداف التي تعمل المدرسة على بلوغها (الأفندي، ١٩٨٢، ص٣).

ومن ثم فإن المشرف التربوي يعد موجهاً لمسار العمل التربوي ومن ثم فإن ما قد يحدث من قصور في أداء المعلم يكون ضمن مسؤولية المشرف إذ عليه أن يكون قائداً وموجهاً ومبتكراً ومجدداً ومعلماً ومجدباً وباحثاً وقدوة حسنة للمعلم في كل شيء ومن هنا فإن التأكد من مستوى المشرف التربوي يعني الحرص على مستوى أداء المعلم فإذا كنا نسعى إلى التطوير الحقيقي للمشرف التربوي فلابد أن يخضع للتقويم من حيث مستوى الأداء (الخطيب وآخرون، ٢٠٠٠، ص١٨٣) لان التقويم الأداء عملية تشخيصية ترمي الى دراسة جوانب القوة والضعف في برنامج الإشراف التربوي بقصد الإفادة من القوة وعلاج الضعف، إذ يتميز بالنمو والاستمرارية للبرنامج الإشرافي من بدايته وطيلة مدة امتداده، وبهذا فهو جزء لا يتجزأ من عملية الإشراف التربوي (عدس وآخرون، ١٩٨٨، ص٩١)

إضافة إلى ذلك فإن تقويم الأداء يسهم في تعرف مدى فاعلية الوسائل المتقدمة في تنفيذ البرنامج الإشرافي وملاحظة النواحي التي يمكن أن تكون منها تلك البرامج فعالة، والنواحي التي تتطلب تعديلاً وتطويرا (الزهراني، ١٩٨٠، ص١٦٤) من خلال ما يوفده من تغذية راجعة (Feed Back)

وانطلاقاً مما تقدم وتأسيساً عليه، فإن أهمية البحث الحالي تنبثق من الأمور الآتية:

١- أنه بحث تقويمي: أي أنه يستمد جانباً من أهميته من أهمية عملية التقويم بوصفها الأساس الذي يبنى عليه أي تطوير يتناول جوانب العملية التعليمية (لأنه الوسيلة التي من خلالها يمكن تعريف مدى فاعلية أي عنصر من عناصر عملية التعليم) (الجميعي، ١٩٨٧، ص١٤)

٢- أنه بحث يبني أداتي تقويم: الأولى لتقويم أداء المشرف التربوي من وجهة نظر المديرين، والثانية من وجهة نظر المعلمين تتوافر فيها صفتا الصدق والثبات، وهذا سيسهم في الحد من الأحكام الذاتية في تقويم الأداء إلى حد كبير.

٣- أنه بحث يعتمد معايير ذات أهمية كبيرة في مجال الإشراف التربوي، هما المهمات الإشرافية والاتجاهات الإشرافية الحديثة إذ تمثل هذه المعايير مؤشرات تبين مدى دقة القيام بالمسؤوليات المناطة ومدى مواكبة التطورات والمبتكرات الحديثة.

٤- أنه بحث يستطلع آراء فئتين تربويتين مهمتين هما مديرو المدارس، بوصفهم القادة التربويين المسؤولين مسؤولية مباشرة عن كل ما يحدث في المدرسة وعن سير العمل فيها وعن خلق التعاون بين الهيئة التعليمية وبين كل من يعمل بمدرسته لتحقيق أهدافها (احمد، ١٩٨٨، ص١٩)

والمعلمون الذين يعدون المؤشر الأساس لتحديد نوع الأمة والمواطنين وإدارة التربية في بلوغ اهدافها الرئيسة، ويقول (الخطيب، ١٩٨٧، ص١٨) يحق للمعلمين ما يأتي (أن نوع الأمة يتوقف على المواطنين الذين تتكون منهم، وأن نوع المواطنين يتوقف الى حد كبير على نوع التربية التي يتلقونها وان اهم العوامل في تقرير نوع التربية هو نوع المعلمين)

وان هاتين الفئتين (المعلمين والمديرين) أقدر من غيرها على اعطاء أحكام تتصف بالدقة حول اداء المشرفين التربويين بسبب التماس مباشر معهم والمعايشة المستمرة الى العمل.

٥- كون البحث الأول في الأردن - بحسب علم الباحث- يدرس تقويم أداء المشرفين التربويين في ضوء بعدين اساسيين هما المهام والاتجاهات الاشرافية الحديثة.

أهداف البحث:

يهدف البحث الحالي الى تحقيق ما يأتي:

١- تقويم أداء المشرفين التربويين لمهامهم الإشرافية من وجهة نظر مديري المدارس والمعلمين.

٢- تقويم أداء المشرفين التربويين لمهامهم الإشرافية في ضوء الاتجاهات الحديثة من وجهة نظر مـديري المدارس والمعلمين.

٣- هل هناك فروق ذات دلالة إحصائية في تقويم أداء المشرفين لمهامهم تعزي إلى:

أ- التحصيل العلمي

ب- الجنس

جـ- الخبرة

٤- هل هناك فروق ذات دلالة إحصائية في تقويم أداء المشرفين في الاتجاهات الإشرافية الحديثة تعزي إلى متغيرات المديرين والمعلمين الآتية:

أ- التحصيل العلمي

ب- الجنس

جـ- الخبرة

حدود البحث:

يتحدد البحث الحالي بما يأتي:

١- المشرفون التربويون العاملون في وزارة التربيـة والتعليـم في المنـاطق (عـمان، اربـد، الكرك) في المملكـة الأردنية الهاشمية. اختار الباحث هذه المحافظات لانها تمثل (شمال، وسط، جنوب).

٢- مديرو المدارس والمعلمين في المدارس الثانوية للمناطق المذكورة أعلاه والذين مضى عليهم في الخدمة أكثر من سنتين دراسيتين. وذلك للعام الدراسي (٢٠٠٠/٢٠٠١)

تعريف المصطلحات:

١- التقويم

- عرفه (كود Good) :

عملية التأكد أو الحكم على قيمة أو مقدار الشيء بقيمته بعناية (Good, 1973 P220)

- تعريف (تارا TARA):

عملية الحصول على المعلومات وإصدار أحكام تفيد في إنجازات القرارات (Tara, 1974, P 42)

- تعريف زكي:

عملية تشخيصية علاجية وقائية تهـدف إلى كشـف جوانـب القـوة والضعـف في التعليـم بقصـد
تحسين عمليتي التعليم والتعلم وتطويرها بما يحقق الأهداف المنشودة. (زكي، ١٩٨٥، ص ٤٣٥)

- التعريف الإجرائي:

عملية جمع البيانات والمعلومات الخاصة بأداء المشرفين التربويين للمهام والاتجاهـات الإشرافيـة
الحديثة في الأردن وإصدار الأحكام بشأن هذا الأداء وبيان أوجه القوة والضعف فيه. ويقاس بالدرجة التـي
يحصل عليها المستجيب على فقرات الاستبانة المعدة لهذا الغرض.

٢- الأداء

- عرفه (صالح):

مجموعة الاستجابات التي يأتي بها الفـرد في موقـف معيـن وتكون قابلـة للملاحظـة والقياس.
(صالح، ١٩٩٣، ص١٥)

- عرفه (جنالوز وليم Junlins & William) :

السلوك الذي يقوم به الفرد لتنفيذ عمل خاص (Junlins & William, 1984, P. 144)

- عرفته (المنظمة العربية للتربية والثقافة والعلوم):

الفعل الإيجابي النشيط لاكتساب المهارة أو القدرة أو المعلومة، والتمكن الجيـد مـن أدائهـا تبعـاً
للمعايير الموضوعية (المنظمة العربية للتربية والثقافة والعلوم، ١٩٨٤، ص ١٥٨)

- **التعريف الإجرائي:**

مجموع الإنجازات التي يقدمها المشرفون التربويون في الأردن بوعي وإدراك منهم خلال مدة زمنية محددة نتيجة لممارستهم لمهماتهم واستخدامهم للأساليب الإشرافية المناسبة.

٣- تقويم الأداء:

- **عرفه (يودر Yoder) :**

عملية دورية يقوم بممارستها المسؤول من خلال جمع المعلومات عن الإنجازات الفعلية للعاملين معه خلال مدة سابقة وموازنتها بمعدلات الأداء القياسية المعدة سلفاً (Yoder, 1978, P. 377)

- **عرفه (الدباغ):**

تحليل الفرد وللعمل الذي يؤديه بشكل يمهد للتقدير الموضعي لسلوكه المهني ولمدى كفاية وفاعلية استخدامه الواعي للمدخلات في الأنشطة التي يؤديها خلال مدة زمنية معينة بما يجيزه عن أقرانه في الأعمال المشابهة (الدباغ، ١٩٩٠، ص٣٧).

- **عرفه (عبيدات):**

العملية التي يمكن خلالها قياس مستوى أداء أعضاء المنظمة وتقويمهم ومعرفة معدلات الإنجاز الحقيقية للعاملين في مدة زمنية معينة (عبيدات، ١٩٩٥، ص١٧).

- **التعريف الإجرائي:**

تحليل اداء المشرفين التربويين للمهام الإشرافية والاتجاهات الحديثة في الإشراف لتحديد مستوى أدائهم الفعلي وتشخيص نقاط القوة في هذا الأداء ومواطن الضعف فيه من أجل تطوير الأولى ومعالجة الثانية، بما يسهم في تحقيق أهداف النظام التربوي في الأردن بفاعلية.

٤- الإشراف التربوي:

عملية يتم فيها تقويم العملية التعليمية وتطويرها ومتابعة تنفيذ كل ما يتعلق بها لتحقيق الأهداف التربوية، وهو يشمل الإشراف على جميع العمليات التي تجري في المدرسة وخارجها والعلاقات والتفاعلات الموجودة فيما بينها.

(المركز العربي للبحوث التربوية لدول الخليج العربي، ١٩٨٥، ص ٤٥٠)

٥- تعريف دليل المشرف التربوي في الأردن:

الإشراف التربوي عملية ديمقراطية تقوم على احترام المعلمين والطلاب وغيرهم من المتأثرين بالعمل الإشرافي والمؤثرين فيه، وتسعى لتهيئة فرص متكافئة للنمو لكل فئة من هذه الفئات وتشجعها على الابتكار والإبداع.

(وزارة التربية، دليل المشرف التربوي، ١٩٨٣، ص ٧)

٦- عرفه (Good) :

جميع الجهود المنظمة التي يبذلها المسؤولون لتوفير القيادة للمعلمين والعاملين الآخرين في الحقل التربوي في مجال تحسين التعليم مهنياً، ويشغل ذلك إثارة النمو المهني وتطوير المعلمين واختيار وإعادة صياغة الأهداف التربوية والأدوات التعليمية وطرائق التدريس وتقويم العملية التربوية (Good, 1973, P30)

- التعريف الإجرائي :

الإشراف التربوي خدمة فنية تعاونية هدفها دراسة الظروف التي تؤثر في عمليتي التربية والتعليم في الأردن والعمل على تحسين هذه الظروف بالطريقة التي تكفل لكل طالب أن ينمو نمواً مطرداً على وفق ما تهدف إليه التربية المنشودة.

٧- المشرف التربوي:

- عرفه (بركات):

المسؤول التربوي الذي يتولى مهمة الإشراف التربوي بنظرة شمولية واسعة (بركات، ١٩٨٧، ص ٥٥).

- عرفه (بلقيس):

الشخص الذي يتولى مهمة الإشراف التربوي وتحقيق أهدافه سواء كان هذا الشخص لمرحلة ابتدائية أم متوسطة أم ثانوية (بلقيس، ١٩٨٩، ص١٨)

- عرفه (كود Good):

الشخص المهني المسؤول عن التوجيه بالتطوير وتحسين التدريس في الحقل التعليمي (Good, 1973, P. 275)

- التعريف الإجرائي:

القائد الذي يعمل بالتعاون مع جميع الأطراف ذات العلاقة بالعملية التعليمية في الأردن، من مديرين ومعلمين ومجتمع محلي، بهدف تحسين تلك العملية والسعي لتحقيق الأهداف المرسومة بأقل الجهود وأعلى المنافع التربوية.

أولاً: مجتمع البحث

تكون مجتمع البحث الحالي من (٦٩٣) مدرسة، موزعة على ثلاث مناطق هي: (عمان، اربد، الكرك)

وترتبط هذه المدارس ادارياً بـ (١٣) مديرية تربية، ويعمل فيها (٨٨١١) مدير ومعلماً ويوضح الجدول (٦) وصفاً لمجتمع البحث الحالي.

الجدول (٦)

وصف مجتمع البحث

المنطقة	المديريات		المدارس		المديرون		المعلمون	
	العدد	النسبة	العدد	النسبة	العدد	النسبة	العدد	النسبة
عمان	٤	%٣١	٣٥٧	%٥٢	٣٥٧	%٥٢	٣٦٤٥	%٤٥
اربد	٦	%٤٦	٢٣٨	%٣٤	٢٣٨	%٣٤	٢٩٨٢	%٣٧
الكرك	٣	%٢٣	٩٨	%١٤	٩٨	%١٤	١٤٩١	%١٨
المجموع	١٣	%١٠٠	٦٩٣	%١٠٠	٦٩٣	%١٠٠	٨١١٨	%١٠٠

ويظهر من خلال الجدول السابق أن محافظة اربد جاءت بالمرتبة الاولى من إذ عدد المديريات اذ بلغت ست مديريات من اصل (١٣) مديرية وتشكل نسبة (٤٦%) ثم تلتها محافظة عمان بأربع مديريات وبنسبة (٣١%) واخيرا محافظة الكرك بثلاث مديريات وتشكل نسبة (٢٣%)

وبشأن عدد المدارس فقد حظيت منطقة عمان بالمرتبة الأولى اذ كان عدد المدارس (٣٥٧) مدرسة وتشكل نسبة (٥٢%) من العدد الكلي ثم تلتها محافظة اربد بنسبة (٣٤%) واخيرا محافظة الكرك بنسبة (١٤%) وان النسب المذكورة ايضا تنسحب على مديري المدارس ايضا.

اما بصدد المعلمين فان المرتبة الأولى كانت لمحافظة عمان ايضا إذ بلغ عدد معلميها (٣٦٤٥) معلماً ويشكلون نسبة (٣٧%) واخيرا محافظة الكرك بنسبة (١٨%).

ثانياً: عينتا البحث:

قام الباحث باختيار عينتي بحثه (عينة المديرين وعينة المعلمين) من المدارس التي تم تحديدها في المجتمع الأصلي والبالغة (٦٩٣) مدرسة بالاسلوب الطبقي العشوائي، وقد اختيرت هذه العينات من المدارس لضمان شموليتها وتوزيعها على جميع مناطق المملكة، وتشكل العينة المسحوبة (٨%) من أصل المجتمع الكلي البالغ (٨٨١١) وتعد هذه النسبة مقبولة، إذ يشير المتخصصون في الاحصاء (ان نسبة ٥-١٠% من مفردات مجتمع البحث التي هي نسبة مقبولة) (زيتون، ١٩٨٤: ١٩).

وفيما يأتي وصف لافراد عينتي البحث

١- عينة المديرين : يبين الجدول (٧) خصائص عينة مديري المدارس

الجدول (٧)

وصف لخصائص عينة مديري المدارس

ت	المؤشرات	الفئات	العدد	النسبة
١	المنطقة	عمان	١٨	%٥١
		اربد	١٢	%٣٥
		الكرك	٥	%١٤
		مج	٣٥	%١٠٠
٢	الجنس	ذكر	٢٣	%٦٦
		انثى	١٢	%٣٤
		مج	٣٥	%١٠٠
٣	التحصيل العلمي	بكالويوس	٢٥	%٧٢
		دبلوم تربية	١٠	%٢٨
		مج	٣٥	%١٠٠
٤	الخبرة	اقل من ٥ سنوات	٢	%٦
		٥-١٤	٦	%١٧
		١٥-٢٤	٢١	%٦٠
		اكثر من ٢٤ سنة	٦	%١٧
		مج	٣٥	%١٠٠

ويظهر من نتائج الجدول المذكور آنفا ان محافظة عمان حظيت بالمرتبة الأولى من بين المناطق إذ بلغت نسبة عينة مديريها (٥١%) ثم تلتها محافظة اربد بنسبة (٣٥%) واخيراً محافظة الكرك بنسبة (١٤%)

اما بصدد الجنس، فقد تصدر الذكور بنسبة (٦٦%) مقابل (٣٤%) للاناث، وهذا يعني أن محدودية العنصر النسوي في إدارة المدارس لا زالت واضحة موازنة بالعنصر الرجالي.

وبشأن التحصيل العلمي ظهر ان نسبة حملة شهادة البكالوريوس كانت (٧٢%) مقابل (٢٨%) لحملة شهادة دبلوم التربية.

وعن الخبرة الوظيفية فان الفئة (١٥-٢٤) حظيت بالمرتبة الأولى بنسبة (٦٠%) تلتها وبالتساوي الفئتان (٥-١٤) و (اكثر من ٢٤ سنة) بنسبة (١٧%) لكل منهما واخيرا جاءت الفئة (اقل من ٥ سنوات) بنسبة (٦%) وعموما يمكن القول أن مؤشر الخبرة الوظيفية يشير الى تواجد تراكم معرفي لدى الأفراد عينة البحث ولا سيما من ١٥ سنة فأكثر، وهذا يعني ان محتوى الخبرة لدى هؤلاء الأفراد يتسم بالنضج اتجاه المهمات الوظيفية وقيادة الآخرين وتوجيههم من جهة، ويساعد الباحث كثيراً في الحصول على بيانات ومعلومات واستجابات اكثر دقة لبحثه من جهة أخرى.

٢- عينة المعلمين

يوضح الجدول (٨) خصائص عينة المعلمين

الجدول (٨)

خصائص عينة المعلمين في المدارس

ت	المؤشرات	الفئات	العدد	النسبة
١	المنطقة	عمان	١٨٢	%٤٤
		اربد	١٤٩	%٣٦
		الكرك	٧٩	%٢٠
		مج	٤١٠	%١٠٠
٢	الجنس	ذكر	٢٣٤	%٥٧
		انثى	١٧٦	%٤٣
		مج	٤١٠	%١٠٠
٣	التحصيل العلمي	بكالويوس	١٣١	%٣٢
		دبلوم	٢٧٩	%٦٨
		مج	٤١٠	%١٠٠
٤	الخبرة	اقل من ٥ سنوات	١٢	%٣
		٥-١٤	٨٣	%٢٠
		١٥-٢٤	١٧٩	%٤٤
		اكثر من ٢٤ سنة	١٣٦	%٣٣
		مج	٤١٠	%١٠٠

ويظهر من خلال نتائج الجدول المذكور آنفاً ان محافظة عمان تبوأت المرتبة الأولى لعينة المعلمين بنسبة (٤٤%)

ثم تلتها محافظة اربد بنسبة (٣٦%) واخيراً محافظة الكرك بنسبة (٢٠%)

أما بشأن الجنس فكانت نسبة الذكور هي الأعلى اذ بلغت (٥٧%) مقابل (٤٣%) للاناث.

وبصدد التحصيل العلمي فكانت نسبة حملة الدبلوم هي الاكثر اذ بلغت (٦٨%) مقابل (٣٢%) لحملة شهادة البكالوريوس، وهذا يعني أنه لا زالت نسبة حملة البكالوريوس محدودة وغير مشجعة موازنة بحملة الدبلوم في مدارسنا.

أما الخبرة الوظيفية فقد شهدت حداً اعلى للفئة (١٥-٢٤) وبنسبة (٤٤%) وحداً ادنى للفئة (اقل من ٥ سنوات) بنسبة (٣%)، اما المرتبة الثانية فكانت للفئة (اكثر من ٢٤ سنة) وبنسبة (٣٣%) ثم الفئة (٥-١٤) وبنسبة (٢٠%) وبشكل عام يمكن القول ان عينة المعلمين تمتلك خبرات ناضجة الى حد كبير وهذا مؤشر ايجابي يتأمل الباحث منه الحصول على معلومات ذات فائدة عملية لبحثه.

ثالثاً: منهج البحث

استخدم الباحث المنهج الوصفي – التحليلي في بحثه الحالي، اذ يعد هذا المنهج منهجاً ملائماً لدراسة الظواهر الاجتماعية إذ يقدم بيانات عن واقع الظواهر والعلاقات بين أسبابها ونتائجها وتحليلاً لها وربما يظهر العوامل المؤثرة فيه ويفيد من وراء ذلك بالخروج باستنتاجات وتوصيات بشأنها (ذوقان وآخرون، ١٩٨٤: ٢٣٥-٢٣٦)

ومن ثم فان المنهج المذكور لا يقف عند مجرد جمع المعلومات والحقائق بل بتطبيقها وتحليلها ثم استخلاص النتائج منها (ديوب، بولدب، ١٩٨٥: ١٣٩)

ويعتمد المنهج الوصفي- التحليلي على عدد من الخطوات التي يجب ان يلتزم بها أي باحث وهذه الخطوات هي:

أ- تحديد المشكلة التي يريد دراستها تحديداً دقيقاً.

ب- تحديد الأهداف.

جـ- تحديد طرائق جمع البيانات والمعلومات.

د- تطبيق أدوات البحث بطريقة دقيقة ومنظمة وموضوعية

هـ- وصف النتائج وتحليلها وتفسيرها في عبارات دقيقة وبسيطة وواضحة

و- استخلاص التعميمات والوصول الى الحقائق. (خطاب وياسين، ١٩٨٦،ص١٧)

رابعاً: ادوات البحث:

لغرض تحقيق أهداف البحث والمتمثلة بتقويم أداء المشرفين التربويين في ضوء ادائهم لمهامهم الاشرافية والاتجاهات الحديثة، فان الامر يستلزم ايجاد ثلاث ادوات وعلى النحو الآتي:

١- اداة تقويم المشرفين من قبل مديري المدارس.

٢- اداة تقويم المشرفين من قبل معلمي المدارس.

٣- اداة تقويم المشرفين في ضوء الاتجاهات الحديثة.

ونظراً لعدم وجود ادوات جاهزة بصدد ما تقدم لجأ الباحث الى بناء ادوات لقياس اداء المشرفين التربويين ومن ثم تقويمهم في ضوء مهامهم والاتجاهات الحديثة في الاشراف وبحسب الاجراءات الاتية:

١- تحديد المهام الاشرافية والاتجاهات الحديثة: لغرض تحديد المهام الاشرافية للمشرفين التربويين والاتجاهات الحديثة التي يمكن من خلالها تقويم ادائهم، فان الدراسات تشير الى وجود عدد من الخطوات الواجب اتباعها بصدد بناء اداة قياس الاداء، وقد حدد (Pradfield, 1957, 257) هذه الخطوات بما يأتي:

أ- وضع قائمة بجميع النشاطات ذات العلاقة بالأداء المطلوب قياسه.

ب- اختيار النشاطات التي ستتضمنها اداة القياس.

جـ- تصميم استمارة ملاحظة لقياس النشاطات التي تتضمنها اداة القياس.

د- وضع التعليمات والتوجيهات اللازمة لتطبيق الأداة.

أما (Tukman) فقد ذكر الخطوات الآتية في مجال بناء قياس الأداء هي:

١- تحديد نتائج الأداء المطلوب.

٢- تحديد مواقف القياس.

٣- تحديد معيار او محل لقياس الاداء.

٤- تهيئة قائمة بالاداء المطلوب قياسه (Tukman, 1975, P. 248)

وتأسيساً على ما تقدم واتساقاً معه قام الباحث بتحديد جميع النشاطات ذات العلاقة بالاداء المطلوب قياسه من خلال:

أ- تحديد المهمات الاشرافية في جانبيها الاداري والفني.

ب- تحديد الاتجاهات الاشرافية الحديثة وممارساتها.

وجرى ذلك من خلال:

- توجيه سؤال مفتوح الى عينة من المشرفين والمديرين والمعلمين وبعض المختصين في وزارة التربية والتعليم طلب منهم تحديد المهمات الاشرافية والاتجاهات الاشرافية الحديثة.

- مراجعة عدد من المصادر والمراجع المتخصصة بالادارة التربوية وتقويم أداء العاملين والمنظمات.

- الاطلاع على عدد من رسائل الماجستير والدكتوراه في مجال الإدارة العامة والاعمال التربوية.

- اجراء مقابلات شخصية مع عدد من المتخصصين بالعلوم التربوية والنفسية والادارية.

- عقد لقاء مع (٩) مشرفين تربويين و(٩) مديري مدارس و(٩) معلمين متمرسين ذوي خبرةن بواقع (٣) اشخاص لكل فئة مذكورة من كل منطقة من المناطق الثلاث المختارة (عمان/ اربد/ الكرك).

وفي ضوء البيانات والمعلومات المتحصل عليها من المصادر المذكورة آنفاً تم اعداد ثلاث ادوات لتقويم اداء المشرفين التربويين الاولى من وجهة نظر المديرين، والثانية مـن وجهـة نظـر المعلمـين والثالثـة بخصوص تطبيق الاتجاهات الاشرافية الحديثة من وجهة نظر المديرين والمعلمين.

وفيما يأتي وصف لهذه الأدوات الثلاث:

أولاً:اداة تقويم المشرفين من وجهة نظر المديرين:

يبين الجدول (٩) وصفاً لأداة تقويم المشرفين من وجهة نظر المديرين

الجدول (٩)

وصف اداة تقويم المشرفين التربويين من وجهة نظر المديرين

النسبة	عدد الممارسات	المجالات	ت
١٤.٣%	٧	التخطيط	١
٢٠.٥%	١٠	التنظيم	٢
١٢.٢%	٦	القيادة	٣
١٤.٣%	٧	اتخاذ القرارات	٤
١٢.٢%	٦	تفويض الصلاحيات	٥
١٢.٢%	٦	الاتصالات الادارية	٦
١٤.٣%	٧	الرقابة	٧
١٠٠%	٤٩	المجموع	

ثانياً: اداة تقويم المشرفين من وجهة نظر المعلمين:

يوضح الجدول (١٠) وصفاً لأداة تقويم المشرفين من وجهة نظر المعلمين.

جدول (١٠)

وصف أداة تقويم المشرفين التربويين من وجهة نظر المعلمين

النسبة	عدد الممارسات	المجالات	ت
١٨.٤%	٩	الاشراف على التدريسات	١
١٦.٤%	٨	التطوير المهني	٢
١٤.٣%	٧	تطوير المناهج	٣
١٢.٢%	٦	العلاقات الانسانية	٤
١٤.٣%	٧	القيادة	٥
١٢.٢%	٦	ادارة الصف	٦
١٢.٢%	٦	التقويم والاختبارات	٧
١٠٠%	٤٩	المجموع	

ثالثاً: اداة تقويم المشرفين في ضوء الاتجاهات الحديثة:

يظهر الجدول (١١) وصفاً لأداة تقويم المشرفين في ضوء الاتجاهات الحديثة.

الجدول (١١)

وصف أداة تقويم المشرفين في ضوء الاتجاهات الحديثة

النسبة	عدد الممارسات	المجالات	ت
٢٥%	١٠	الاشراف الاكلينيكي	١
٢٥%	١٠	الاشراف التشاركي	٢
٢٥%	١٠	الاشراف التربوي الشامل	٣
٢٥%	١٠	الاشراف بالاهداف	٤
١٠٠%	٤٠	المجموع	

٢- صدق الادوات

يعد الصدق من أهم خصائص المقياس الجيد، لأنه يكشف قدرة المقياس على ما وضع لقياسه (Ebel, 1972, P 409) ويؤشر التباين الحقيقي المنسوب الى المفردة المقاسة (عودة وملكاوي، ١٩٩٣، ص٣٣٨)

وللصدق انواع عديدة منها الصدق الظاهري والتلازمي والتنبوي والمحتوي (Ghisslli, 1994, P 280)

ويبدو أن صدق المحتوى (Content validity) اكثر شيوعاً واستخداما من قبل التربويين ويؤيد هذا الاتجاه (Kerlinger, 1979: 255) إذ يؤكد اهمية الصدق المذكور في العلوم التربوية والنفسية.

وتأسيساً على ذلك لجأ الباحث الى استخدام الصدق المحتوى من خلال عرض ادواته الثلاث على مجموعة من الخبراء والمتخصصين في العلوم التربوية والنفسية والادارية.

وعد الباحث الممارسات التي تحصل على موافقة (٨٠%) من الخبراء فأكثر ممارسات صحيحة ومقبولة تماشياً مع توصية (بلوم وآخرون، ١٩٨٣، ص١٢٦) في هذا الصدد، إذ يقولون: (إذا حصلت نسبة الاتفاق بين المحكمين (٧٥%) او اكثر يمكن الشعور بالارتياح من اذ صدق المقياس).

وفي ضوء آراء الخبراء وملاحظاتهم حذفت بعض الممارسات وعدلت اخريات ودمج بعض منها، ويمكن تضمين خلاصة آراء الخبراء بالجدول (١٢)

جدول (١٢)

خلاصة آراء الخبراء بممارسات ادوات البحث

الاداة	المجالات	عدد الممارسات قبل الخبراء	صافي عدد الممارسات بعد الخبراء	نسبة صافي الممارسات الى مجموع ممارسات الادارة	الملاحظات
تقويم المشرفين من وجهة نظر المديرين	التخطيط	٧	٦	١٤.٣%	حذف الممارسة (٥)
	التنظيم	١٠	٦	١٤.٣%	حذف الممارسة (٢، ٤، ٩، ١٠)
	القيادة	٦	٦	١٤.٣%	تعديل صياغة بعض الممارسا
	اتخاذ القرارات	٧	٦	١٤.٣%	حذف الممارسة (٥)
	تفويض الصلاحيات	٦	٦	١٤.٣%	تعديل صياغة بعض الممارسا
	الاتصالات	٦	٦	١٤.٣%	تعديل صياغة بعض الممارسا
	الرقابة	٧	٦	١٤.٣%	حذف الممارسة(٧)
	المجموع	٤٩	٤٢	١٠٠%	
تقويم المشرفين من وجهة نظر المعلمين	الاشراف على التدريبات	٩	٦	١٤.٣%	حذف الممارسة (٤، ٧) ودم الفقرتين (٥، ٦)
	التطوير المهني	٨	٦	١٤.٣%	حذف الممارسة (٧، ٨)
	تطوير المناهج	٧	٦	١٤.٣%	حذف الممارسة (٤)
	العلاقات	٦	٦	١٤.٣%	تعديل صياغة بعض الممارسا
	القيادة	٧	٦	١٤.٣%	دمج الفقرتين (٦، ٧)
	ادارة الصف	٦	٦	١٤.٣%	تعديل صياغة بعض الممارسا
	التقويم والاختبارات	٦	٦	١٤.٣%	تعديل صياغة بعض الممارسا
	المجموع	٤٩	٤٢	١٠٠%	
تقويم المشرفين في ضوء	الاكلينكي	١٠	١٠	٢٥%	تعديل الفقرة (٧)
	التشاركي	١٠	١٠	٢٥%	تعديل الفقرات (٢، ٤، ٥)
	الشامل	١١	١٠	٢٥%	حذف الفقرة (٤) وتعد الفقرات (١، ٢، ٣، ٥، ٦، (١١)
	الاهداف	١٠	١٠	٢٥%	تعديل الفقرتين (١، ٢)
	المجموع	٤١	٤٠	١٠٠%	

وبذلك تحقق صدق المحتوى للأدوات الثلاث المشار اليها في الجدول المذكور اعلاه.

٣- ثبات الادوات

يعد الثبات من الخصائص السيكومترية التي لا يستغني الباحث عن استخدامه للمقاييس، فكلما كان المقياس اكثر ثباتا أصبح اكثر موثوقية ونعتمد عليه في اتخاذ القرارات اذا توافر فيه الصدق. (Kerlinger, 1979, P. 442)

ويعرف الثبات بأنه (الدقة في تقدير العلامة الحقيقية للفرد على الفقرة التي يقيسها المقياس او مدى الاتساق في علاقة الفرد اذا اخذ المقياس نفسه عدة مرات في الظروف نفسها). (عودة وملكاوي، ١٩٩٣، ص١٩٤)

وللثبات طرائق متعددة استخدم الباحث اثنتين منها، هي:

أ- طريقة الاختبار وإعادة الاختبار:

قام الباحث بتطبيق المقاييس الثلاث على عينة مكونة من (٣٦) فرداً بواقع (١٢) فرداً لكل مقياس تم اختيارهم بشكل عشوائي من المناطق التعليمية الثلاث، ثم اعيد تطبيقه على العينة نفسها بعد مرور اسبوعين من التطبيق الأول، وتم حساب معامل ارتباط بيرسون بين درجات الأفراد في التطبيق الأول ودرجاتهم في التطبيق الثاني، والجدول (١٣) يوضح معاملات الثبات للمقاييس المذكورة.

الجدول (١٣)

عينة ثبات المقاييس ومعاملات الثبات بطريقة الاختبار واعادة الاختبار

المقياس	العينة		المجموع	قيمة معامل الارتباط	قيمة t		مستوى الدلالة	درجة الحرية	الدلالة
	مدير	معلم			المحسوبة	الجدولية			
ويم المشرفين من ـ المديرين	١٢	-	١٢	٠.٧٤	٣.٤٨	١.٨١	٠.٠٥	١٠	دالة معنوية
ويم المشرفين من ـل المعلمين	٤	٨	١٢	٠.٨١	٤.٤١	١.٨١	٠.٠٥	١٠	دالة معنوية
سويم المشرفين في ـسوء الاتجاهات حديثة	٦	٦	١٢	٠.٧٢	٣.٢٤	١.٨١	٠.٠٥	١٠	دالة معنوية

ويتضح من نتائج الجدول المذكور آنفاً ان جميع معاملات الثبات كانت دالة معنوياً عنـد مسـتوى دلالـة (٠.٠٥) ودرجة حرية (١٠) لأن قيمة (t) المحسوبة كانت اكبر من الجدولية في المقاييس الثلاث مـما يؤكد ثبات المقاييس المذكورة وامكانية الشروع بتطبيقها على العينة الأساسية.

ب- طريقة التجزئة النصفية:

استناداً الى هذه الطريقة قسمت فقرات المقاييس الثلاث على نصفين على أسـاس فقرات فرديـة وزوجية وكما موضح في الجدول (١٤).

وبعد حساب معامل ارتباط بيرسون بـين نصفي كـل مقياس حصلنا علـى المعاملات المثبتـة في الجدول المذكور، ولما كان معامل ارتباط المستخرج هو لنصف المقياس، فقد جرى تعديله باستخدام معامل (سبيرمان- براون) وعلى النحو الآتي:

الجدول (١٤)

معامل ارتباط بيرسون وتصحيحه باستخدم معامل سبيرمان-براون

معامل سبيرمان براون	معامل ارتباط بيرسون	مجموع الفقرات	عدد فقرات نصفي المقياس		المقياس	ت
			الزوجية	الفردية		
٠.٨٢	٠.٧٠	٤٢	٢١	٢١	تقويم المشرفين من وجهة نظر المدير	١
٠.٨٥	٠.٧٤	٤٢	٢١	٢١	من وجهة نظر العينة	٢
٠.٨٠	٠.٦٧	٤٠	٢٠	٢٠	الاتجاهات الحديثة	٣

ويظهر من خلال نتائج الجدول المذكور آنفاً ان جميع معاملات الارتباط عاليـة ومقبولـة، وهـو تأكيد ثان على جاهزية المقاييس المذكورة للتطبيق.

خامساً: الوسائل الاحصائية والحسابية:

استخدم الباحث الوسائل الاحصائية والحسابية الآتية:

١- النسبة المئوية: لوصف عينة البحث، ووصف مجالات الاداة وبعض النتائج التوضيحية (باقر والبلـداوي، ١٩٨٧، ص٢٣)

٢- الوسط المرجح (درجة الحدة): واستخدم التحديد حدة الفقرات، ويستخرج بالقانون الاتي:

$$\text{الوسط المرجح} = \frac{ت_{١} \times ٥ + ت_{٢} \times ٤ + ت_{٣} \times ٣ + ت_{٤} \times ٢ + ت_{٥} + ١}{\text{عدد افراد العينة}}$$

المشهداني وهرمز، ١٩٨٩، ص ١٠٢

٣- الوزن المئوي: لتحديد وزن حدة كل فقرة ووفقاً للقانون الآتي:

$$\text{الوزن المئوي} = \frac{\text{الوسط المرجح} \times ١٠٠}{\text{القيمة القصوى}}$$

المشهداني وهرمز، ١٩٨٩، ص ١٢٥

٤- تقسيم المديات: قسمت المديات في نظر الباحث على:

الفئة	التقدير النقطي
اقل من ٥٠%	ضعيف جدا
٥٠-٥٩%	ضعيف
٦٠-٦٩%	متوسط
٧٠-٧٩%	عالي
اكثر من ٧٩%	عالي جداً

٥- معامل ارتباط بيرسون:

$$Y_{xy} = \frac{V\sum xy\left[\sum x\left(\sum y\right)\right]}{\sqrt{\left\{N\sum x^2 - \left[\sum x\right]^2\right\}\left\{N\sum Y^2 - \left[\sum Y\right]^2\right\}}}$$

(Harnett, 1983; 523)

٦- معادلة سبيرمان- براون:

$$R = \frac{2r}{1+r}$$

(البهي، ١٩٧٩: ٥٢٢)

٧- اختبار (t) لمعنوية الارتباط:

$$t = \frac{r_{xy}\sqrt{N-2}}{\sqrt{1 - r_{xy}^2}}$$

(Runy & Haper, 1979: 262)

٨- اختبار (X2) :

$$X^2 = \sum \frac{(0-E)^2}{E}$$

(المشهداني، هرمز، ١٩٨٩: ٤٤٤)

أولاً: عرض النتائج وتحليلها المتعلقة بتقويم اداء المشرفين التربويين في ضوء مهماتهم

١- عرض النتائج وتحليلها المتعلقة بتقويم أداء المشرفين التربويين في ضوء مهماتهم من وجهة نظر المديرين

يوضح الجدول (١) نتائج تقويم المديرين لاداء المشرفين لمهماتهم

جدول (١)

الوسط المرجح والوزن المئوي لاستجابات المديرين لفقرات الاستبانة الخاصة بتقويم أداء المشرفين في ضوء مهماتهم

المجال	ت	الممارسات	الوسط المرجح	الوزن المئوي
التخطيط	١	يعرف الأهداف التربوية ومستوياتها	٣.٨٢٩	٧٦.٦
	٢	يلم بالسياسة التربوية	٣.٧٧١	٧٥.٤
	٣	يفهم الفلسفة التربوية	٣.٦٥٧	٧٣.١
	٤	يوجه خطة المدرسة استنادا الى توجيهات الوزارة	٣.٦٢٩	٧٢.٦
	٥	يجيد تدريب المديرين على إعداد الخطة ورسم برامجها التنفيذية على مدار العام الدراسي	٣.٤٨٦	٦٩.٧
	٦	يوصي بتطبيق مبدأ الأولويات عند وضع خطة المدرسة بما يناسب الامكانيات البشرية والمادية المتاحة	٣.٠٢٩	٦٠.٦
		المجال كاملا	**٣.٥٦٧**	**٧١.٣**
التنظيم	٧	يشرف على تأليف اللجان العلمية والفنية والرياضية للمدرسة بدلالة الأهداف	٣.٧١٤	٧٤.٣
	٨	يؤكد على تحديث البيانات والمعلومات المدرسية	٣.٦٨٦	٧٣.٧
	٩	يتابع أساليب حفظ البياناته والمعلومات المدرسية	٣.٦٢٩	٧٢.٦
	١٠	يبصر إدارة المدرسة بطرائق الرد على المذكرات والمراسلات الرسمية المتعلقة بالأمور التربوية	٣.٤٨٦	٦٩.٧
	١١	يمتلك مهارة في تحديد "وصف ومواصفات" مديري المدارس	٣.٤٠٠	٦٨.٠
	١٢	يلم بالتشريعات التربوية السارية	٢.٨٢٩	٥٦.٦
		المجال كاملاً	**٣.٤٥٧**	**٦٩.١**
القيادة	١٣	يجيد مهارة التفاوض مع الآخرين	٣.٦٥٧	٧٣.١
	١٤	يسهم في حل مشكلات العاملين في المدرسة	٣.٦٢٩	٧٢.٦
	١٥	يسمح للعاملين في المدرسة بالمبادرة وطرح الأفكار الجديدة	٣.٦٠٠	٧٢.٠
	١٦	يوجه العاملين في المدرسة باداء واجباتهم بعد مشاروتهم بذلك	٣.٥٤٣	٧٠.٩

	١٧	يمتلك خصائص قيادية تجعله مؤثراً في سلوكيات ادارة المدرسة	٣.٣١٤	٦٦.٣
	١٨	يتمتع بشخصية إنسانية قادرة على الموازنة بين واجباته الوظيفة ورضا العاملين في المدرسة	٣.١٤٣	٦٢.٩
		المجال كاملاً	**٣.٤٨١**	**٦٩.٦**
اتخاذ القرارات	١٩	يطبق مبدأ المشاركة في صناعة القرار واتخاذه	٣.٤٢٩	٦٨.٦
	٢٠	يحاسب على أي تلكؤ في تنفيذ القرارات المتخذة	٣.٣٤٣	٦٦.٩
	٢١	يحرص على تحديد ابعاد المشكلات المدرسية	٣.٢٨٦	٦٥.٧
	٢٢	يجمع البيانات والمعلومات عن المشكلات المدرسية	٣.٢٠٠	٦٤.٠
	٢٣	يعمل على ايجاد اكثر من بديل لحل المشكلات المدرسية	٣.٠٢٩	٦٠.٦
	٢٤	يتابع تنفيذ القرارات المتخذة	٢.٩٧١	٥٩.٤
		المجال كاملا	**٣.٢١**	**٦٤.٢**
تفويض الصلاحيات	٢٥	يفوض الصلاحية لمن يستحقها فعلا من المرؤوسين	٣.٥٧١	٧١.٤
	٢٦	يفهم ان تفويض الصلاحيات من موفرات الوقت	٣.٥٤٣	٧٠.٩
	٢٧	يدرك ان تفويض الصلاحية ينمي الشعور العالي بالمسؤولية عند العاملين في المدرسة	٣.٢٢٩	٦٤.٦
	٢٨	يميل الى الشرح آلية اداء العمل المطلوب قبل تفويض الصلاحية	٣.٢٠٠	٦٤.٠
	٢٩	يمنح العاملين في المدرسة الثقة لممارسة تفويض الصلاحية	٢.٩١٤	٥٨.٣
	٣٠	يفهم معنى تفويض الصلاحية واهميته في العمل الاداري	٣.٣٧١	٥٧.٤
		المجال كاملا	**٣.٣٠٥**	**٦٦.١**
الاتصالات الادارية	٣١	يمتلك قدرة ومرسل مبدع للبيانات والتعليمات	٣.٦٥٧	٧٣.١
	٣٢	يصغي ببراعة الى آراء الاخرين ومقترحاتهم	٣.٦٠٠	٧٢.٠
	٣٣	يشجع على اتباع سياسة الباب المفتوح في ادارة المدرسة	٣.٥٧١	٧١.٤
	٣٤	يؤكد استخدام التغذية المرتدة لتطوير المواقف	٣.٥٤٣	٧٠.٩
	٣٥	يعتمد وسائل متنوعة في الانتقال مثل الاجتماعات واللقاءات الدورية والندوات والاذاعة الداخلية	٣.٣١٤	٦٦.٣
	٣٦	يفهم اللغة غير المنطوقة ويحلل أبعادها عند الاخرين	٣.١١٤	٦٢.٣
		المجال كاملا	**٣.٤٦٧**	**٦٩.٣**

التقويم والمتابعة	٣٧	يصارح ادارة المدرسة بنتائج تقويم أدائها	٣.٨٥٧	٧٧.١
	٣٨	يحدد الإجراءات التصحيحية للانحرافات عن الأهداف المحددة	٣.٣٧١	٧٦.٤
	٣٩	يرصد الانحرافات بالاداء الفعلي عن الاهداف المحددة دون تأخير	٣.٥٧١	٧١.٤
	٤٠	يتابع تنفيذ الخطط المدرسية بإجراءات موضوعية	٣.٤٥٧	٦٩.١
	٤١	يعتمد المعايير الموضوعية في تقويم ادارة المدرسةن في ابعادها المختلفة	٣.١٤٣	٦٢.٩
	٤٢	يعاقب المقصرين في انجاز ادوارهم الوظيفية بموضوعية	٣.١٤٣	٦٢.٩
		المجموع	**٣.٤٢٤**	**٦٨.٥**
		المجموع الكلي	**٣.٤١٦**	**٦٨.٣**

وصف الوظيفة يعني: تحديد منظم للواجبات والمسؤوليات للوظيفة الواحدة، وتتعلق بالجانب الفني الذاتي الوظيفة ولا يتطرق الى الجانب الانساني فيها مواصفات الوظيفة تعني: تحديد الحدود الدنيا المقبولة من الطاقات البشرية الضرورية لاداء الوظيفة.

ونستخلص من الجدول (١) ما يأتي:

(أ) ان التقويم العام لاداء المشرفين لمهماتهم من وجهة نظر المديرين كان (متوسطا) اذ بلغ الوسط المرجح العام (٣.٤١٦) بوزن مئوي (٦٨.٣%) وهذا يعني - في رأي الباحث- ان مستوى الاداء لا زال دون مستوى الطموح، ولم يرق الى الدرجة التي يفترض ان يكون عندها وهي (العالية جدا) أو (العالية)، وان الكثير من المهمات الممارسة تعاني من (الضعف) فضلا عن ان مهمات اخرى تمارس بشكل لا يرقى في احسن الاحوال الى اكثر من (المتوسط) وهذا ما افصح عنه الجدول السابق اذ أشر ان قيم الوسط المرجح واوزانها المئوية للمجالات كافة كانت بين حد أدنى قدره (٢.٨٢٩) بوزن مئوي (٥٦.٦%) للفقرة (١٢) في مجال (التنظيم)، وحد اعلى قدره (٣.٨٥٧) بوزن مئوي (٧٧.١%) للفقرة (٣٧) في مجال (التقويم والمتابعة) .

(ب) ان تقويم اداء المشرفين التربويين لمهماتهم بحسب المجالات كان بين احد اعلى قدره (٣.٥٦٧) بوزن ز (٣.٢١) بوزن مئوي (٦٤.٢%) لمجال (اتخاذ القرارات).

وهذا يعني ان المرتبتين الاولى والسادسة كانت من نصيب المجالين المذكورين آنفاً، اما المرتبة الثانية فحظي بها مجال (القيادة) بوسط مرجح (٣.٤٨١) ووزن مئوي (٦٩.٦%) تلاه مجال (الاتصالات الإدارية) بالمرتبة الثالثة بوسط مرجح (٣.٤٦٧) ووزن مئوي (٦٩.٣%) ثم جاء بالمرتبة الرابعة مجال (التنظيم) بوسط مرجح (٣.٤٥٧) ووزن مئوي (٦٩.١%) أما المرتبة الخامسة فكانت من نصيب مجال (التقويم والمتابعة) بوسط مرجح (٣.٤٢٤) ووزن مئوي (٦٨.٥%).

وعلى العموم، فان جميع المجالات، باستثناء مجال التخطيط، كان اداؤها (متوسطا)، اما اداء مجال (التخطيط) فكان (عاليا)، ويعود السبب في رأي الباحث ان هناك فقرات ضمن المجالات لا زال اداؤها بين (الضعيف والمتوسط) مما اثر بدوره في نتيجة المجال باكمله، ويلاحظ ايضا من نتائج الجدول ان مجال (اتخاذ القرارات) كان ضعيفا موازنة بالمجالات الاخرى وهي نتيجة غير مشجعة لأن هذا المجال يعد محور العملية الادارية والمحرك الأساس لبقية مجالات فضلا عن ذلك ان الادارة في رأي الكثير من الكتاب والباحثين تعد (عملية اتخاذ قرارات).

(ج) ان تقويم أداء المشرفين التربويين لمهماتهم بحسب فقرات المجال الواحد تباينت هي الاخرى من مجال الى آخر، فبالنسبة الى مجال (التخطيط) كانت قيم الوسط المرجح بين حد أعلى (٣.٨٢٩) وبوزن مئوي (٧٦.٦%) للفقرة (١) والتي تؤكد ان المشرفين التربويين يعرفون الاهداف التربوية ومستوياتها بدرجة (عالية)، وحد ادنى قدره (٣.٠٢٩) بوزن مئوي (٦٠.٦%) للفقرة (٦) والتي تؤكد ان مسألة الايصاء بتطبيق مبدأ الاولويات عند وضع خطة المدرسة لا زال اداؤها (متوسطا). وبشكل عام يمكن القول ان (٤) فقرات من أصل (٦) فقرات مكونة لمجال (التخطيط) وتشكل نسبة (٦٧%) من مجموع الفقرات كان اداؤها (عاليا) وهي الفقرات (١،٢،٣،٤)، اما الفقرتان (٥،٦) والتي تشكل نسبة (٣٣%) من مجموع الفقرات فكان اداؤها (متوسطا)، وخلاصة القول ان مستوى اداء مجال (التخطيط) يعد (عاليا) وهي نتيجة مشجعة. اما مجال (القيادة) فقد كانت اقيام اوساطه المرجحة بين حد اعلى قدره (٣.٦٥٧) وبوزن مئوي (٧٣.١٥%) للفقرة (١٣)، وهذا يؤكد ان اداء المشرفين التربويين لمهارة التفاوض مع الاخرين كان (عاليا) وهي نتيجة مشجعة لأن من متطلبات انجاز الاهداف وبلوغ الغايات القدرة على التأثير في الاخرين من خلال التفاوض، أما الحد الادنى فكان للفقرة (١٨) بوسط مرجح (٣.١٤٣) وبوزن مئوي (٦٢.٩%) وهذه اشارة الى ان الموازنة بين واجبات الوظيفة ورضا العاملين في المدرسة لا زال اداؤها (متوسطا) ويعني ذلك في نظر الباحث ان المشرفين التربويين لا يستثمرون بعض الممارسات العالية في تفعيل

ممارسات اخرى، فنلاحظ هنا ان القدرة التفاوضية (عالية) عندهم، وفي الوقت نفسه الموازنة بين الواجبات والرضا كان (متوسطا).

وبشكل عام، فان (٤) فقرات تشكل نسبة (٦٧%) حظيت بمستويات اداء (عالية) وهي (١٤، ١٥، ١٦، ١٧) بينما حظيت فقرتان هما (٣، ١٨) بمستوى اداء متوسط).

وبشأن مجال (الاتصالات الإدارية) فإن الاوساط المرجحة لفقراته كانت بين حد اعلى قدره (٣.٦٥٧) وبوزن مئوي (٧٣.١%) للفقرة (٣١)، وهذا يعني ان المشرفين التربويين يمتلكون قدره على ارسال البيانات والتعليمات بشكل مبدع ويؤدون هذه المهمة بمستوى (عال) اما الحد الادنى فكان للفقرة (٣٦) بوسط مرجح (٣.١١٤) وبوزن مئوي (٦٢.٣%) وتشير هذه النتيجة الى ان أداء المشرفين التربويين لتحليل اللغة غير المنطوقة كان (متوسط) ويرى الباحث ان ذلك يشكل خللا في منظومة الاتصال او عدم توازن فيها اذ من المعلوم ان منظومة الاتصال لكي تكون فاعلة لا بد من التوازن بين (الارسال والاستقبال) فيهما بالمستوى نفسه.

وعلى العموم فان (٤) فقرات تشكل نسبة (٦٧%) من مجموع فقرات المجال وهي الفقرات (٣١، ٣٦،٣٣،٣٢) كان اداؤها (عاليا) وفقرتين هما (٣٤،٣٥) كان اداؤهما (متوسطا).

اما في مجال (التنظيم) فنجد ان الاوساط المرجحة كانت بين حد اعلى قدره (٣.٧١٤) وبوزن مئوي (٧٤.٤%) للفقرة (٧)، وحد ادنى قدره (٢.٨٢٩) وبوزن مئوي (٥٦.٦%) للفقرة (١٢). وتشير هذه النتائج الى وجود ممارسة (عالية) للمشرفين التربويين للاشراف على تأليف اللجان العلمية والفنية والرياضية للمدرسة بدلالة الاهداف، مقابل الالمام بالتشريعات التربوية السارية الذي كان (متوسطا) وهي نتيجة غير مشجعة في نظر الباحث لان من مستلزمات عمل المشرف التربوي الالمام العالي جدا بالتشريعات التربوية لأن جميع الانشطة والممارسات التربوية تحكمها هذه التشريعات.

وعموما فان (٣) فقرات والتي تشكل نسبة (٥٠%) من مجموع الفقرات اداؤها كان (عاليا) وهي الفقرات (١١،١٠،٧) وفقرتين اثنتين وتشكلان نسبة (٣٣%) من مجموع الفقرات كان اداؤها (متوسطا) وهما (٩،١٢) اما الفقرة (٨) فكان اداؤها (ضعيفا).

وفي مجال (التقويم والمتابعة) فان اوساطه المرجحة كانت بين حد اعلى قدره (٣.٨٥٧) وبوزن مئوي (٧٧.١%) للفقرة (٣٧) وحد ادنى قدره (٣.١٤٣) وبوزن مئوي قدره (٦٢.٩%) للفقرتين (٤١،٤٢) وهذا يعني في نظر الباحث ان

قدرة المشرفين التربويين على مصارحة ادارة المدرسة بنتائج تقويم ادائها هي (عالية) مقابل اداء (متوسط) لتصحيح الانحرافات عن الاهداف المحددة ومعاقبة المقصرين في انجاز ادوارهم الوظيفية.

وخلاصة القول ان ثلاث فقرات هي (٣٧، ٣٨، ٣٩) وتشكل نسبة (٥٠%) من مجموع الفقرات كان اداؤها (عاليا)، وثلاث فقرات تشكل نسبة (٥٠%) الاخرى وهي (٤٠، ٤١،٤٢) كان اداؤها (متوسطا).

اما بصدد مجال (تفويض الصلاحيات) فان الحد الاعلى كان للفقرة (٢٥) اذ بلغ (٣.٥٧١) وبوزن مئوي (٧١.٤%) اما الحد الادنى فكان للفقرة (٣٦) بوسط مرجح قدره (٢.٩١٤) وبوزن مئوي (٥٨.٣%) وهذا يعني أن قدرة المشرفين التربويين على ممارسة تفويض الصلاحية كان (عاليا) مقابل ثقة ضعيفة في ممارسة تفويض الصلاحية، وعلى الرغم من ان المتطلع على النتائج بشكلها الظاهري يرى ان هناك تناقضا بين (الحد الاعلى والحد الادني) للنتائج الا ان الباحث له تفسير لذلك مفاده ان الممارسة الضعيفة في منح الثقة ستنعكس على قلة او احيانا ندرة من تفوضهم الاصلاحيات.

وبشكل عام فان فقرتين هما (٢٥، ٢٦) كان اداؤهما (عاليا) وثلاث فقرات هي (٢٧، ٢٨، ٢٩) كان اداؤها (متوسطا)، وفقرة واحدة هي (٣٠) كان اداؤها (ضعيفا)

وأخيرا وبشأن (اتخاذ القرارات) فان الحد الاعلى كان للفقرة (١٩) بوسط مرجح (٣.٤٢٩) وبوزن مئوي (٦٨.٦%) وحد أدنى للفقرة (٢٤) بوسط مرجح (٢.٩٧١) وبوزن مئوي (٥٩.٤%) وتشير تلك النتيجة الى أن هناك ممارسة واسعة للمشاركة في صناعة القرار واتخاذه بين المشرفين التربويين والادارات المدرسية مقابل ضعف في متابعة تنفيذ القرارات المتخذة، وقد يعود السبب الى ان الكثير من المشرفين يعتقدون ان مسألة متابعة تنفيذ القرارات هي ليست من اختصاصهم المباشر، وهذا عكس ما تفرضه المنهجية العلمية لصناعة القرارات واتخاذها والتي تؤكد ان متابعة تنفيذ القرارات يعد خطوة من أهم خطوات المنهجية على القيادات ان تمارس هذه المهمة.

وعموما يمكن القول ان (٥) فقرات كان اداؤها (متوسطا) وفقرة واحدة كان اداؤها (ضعيفا).

ويمكن للباحث بعد هذا العرض أن يلخص النتائج آنفة الذكر بالمخطط البياني الآتي:

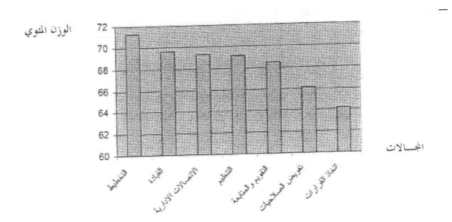

ان الخلاصة التي يخرج بها الباحث من خلال العرض والتحليل السابق يوضحها الجدول (٢):

الجدول (٢) المجالات مبوبة بحسب مستوياتها وعدد الفقرات في كل مستوى

عالية جدا	عالية	وسط	ضعيف	ضعيف جدا	مستويات ممارسة المهمات/ المجالات
-	٤	٢	-	-	التخطيط
-	٤	٢	-	-	القيادة
-	٤	٢	-	-	الاتصالات
-	٣	٢	١	-	التنظيم
-	٢	٤	-	-	التقويم والمتابعة
-	٢	٣	١	-	تفويض الصلاحية
-	-	٥	١	-	اتخاذ القرارات
-	١٩	٢٠	٣	-	المجموع
-	٤٥%	٤٨%	٧%	-	النسبة

ومن خلال ملاحظة الجدول المذكورة آنفاً يظهر ان التركـز في مسـتوى الممارسـة هـو (متوسـط) اذ شـكلت نسبة (٤٨%) تلاها الممارسة بمستوى (عال) بنسبة (٤٥%) وواحد بمسـتوى (ضـعيف) لـذلك فـان الباحـث يطمح ان ترقى نسبة الضعيف والمتوسط الى العالي او العـالي جـدا لان المشرفين التربـويين في نظـره هـم قياديون ويجب ان تتميز ممارستهم لمهارتهم بدرجة عاليـة جـدا مـن الاداء ليكونـوا قـدوة لادارة المدرسـة ومعلميها من جهة وليسهموا في تحقيق الاهداف وبلوغ الغايات باقل الجهود والكلف واعلى العوائد.

ان النتائج آنفة الذكر تتفق مع دراسة (John & Phediqs, 1977) و (دراسة التميمـي، ٢٠٠٠) أو (دراسة الايوبي، ١٩٩٠) ودراسـة (Squiers, 1984) في المهـمات الاشرافيـة الا انهـا تختلـف معـه مـن حيـث عددها وبعض المسميات.

كما تتفق النتائج مع دراسة (Hetzel, 1978) ودراسـة (احمـد، ١٩٨٨) ودراسـة (الايـوبي، ١٩٩٠) والتي اشرت محدودية دور المشرف وعدم ممارستهم لمهماتهم بالشكل الذي يتفق وأهميتها ولكن تختلـف النتائج مع دراسة (الراشد، ١٩٩١) التي اكدت ضعف اهتمام المشرفين بالتغذية الراجعة.

٢- عرض النتائج وتحليلها المتعلقـة بتقـويم اداء المشرفين التربـويين في ضـوء مهماتهـم مـن وجهـة نظـر المعلمين

ويبين الجدول (٣) نتائج تقويم المعلمين لأداء المشرفين التربويين لمهماتهم.

الجدول (٣) الوسط المرجح والوزن المئوي لاستجابات المعلمين لفقرات الاستبانةت الخاصة بتقويم أداء المشرفين في ضوء مهماتهم

المجال	ت	الممارسات	الوسط المرجح	الوزن المئوي
الاشراف على التدريب	١	يسهم في الدرس اثناء الزيارة الاشرافية بشفافية عالية	٣.٩٠٢	٧٨.٠
	٢	يعقد لقاءات فردية مع المعلمين بعد الزيارة الاشرافية ليوجههم بما مطلوب اداءه	٣.٨١٢	٧٦.٢
	٣	يركز في اثناء الزيارة الاشرافية على التحضير اليومي	٣.٧٧١	٧٥.٤
	٤	يطلع على الخطط السنوية للمعلمين وتفصيلاتها الشهرية واليومية	٣.٧١٢	٧٤.٢
	٥	يوجه المعلمين لاستخدام طرائق التدريس المناسبة للموضوع الدراسي	٣.٩٠٢	٦٨.٦
	٦	يتعاون مع المعلمين في التخطيط لبرنامج الزيارة الاشرافية	٣.٠٦٨	٧٢.٣
		المجال كاملا	**٣.٦١٦**	**٧٢.٣**
التطوير المهني	٧	يسهم في تحسين مستوى معرفة المعلمين في مواد تخصصاتهم عن طريق تزويدهم بالمستجدات المعاصرة في التعليم.	٣.٨٧١	٧٧.٤
	٨	يشجع المعلمين على زيادة تأهيلهم التربوي من خلال حضورهم الدورات التدريبية	٣.٥٩٠	٧١.٨
	٩	يبصر المعلمين باساليب تحديد احتياجات الطلبة ذوي التحصيل المتدني	٣.٣٧٣	٦٧.٥
	١٠	يوجه المعلمين باساليب تحديد احتياجات الطلبة الموهوبين من المواد الاثرائية	٣.٢٤٤	٦٤.٩
	١١	يدرب المعلمين على استخدام وسائل تعليمية مختلفة ترتبط بالموضوع التعليمي	٣.٠٤٤	٦٠.٩
	١٢	يشجع المعلمين على القيام باجراء البحوث والدراسات التربوية المتخصصة	٢.٧٧١	٥٥.٤
		المجال كاملاً	**٣.٣١٥**	**٥٥.٤**

تطوير العاملين	١٣	يبصر المعلمين باساليب تطبيق المناهج	٣.٤٥٦	٦٩.١
	١٤	يرشد المعلمين الى طرائق استثمار البيئة المحلية في اثراء المناهج	٣.٤٥٦	٦٩.١
	١٥	يسهم في وضع المناهج التربوية	٣.١٠٠	٦٢.٠
	١٦	يحرص على توصيل مقترحات المعلمين الخاصة بتطوير المناهج والكتب الى الجهات المختصة	٣.٠١٥	٦٠.٣
	١٧	يحلل محتوى الكتاب المدرسي بكفاية	٢.٩٧٨	٥٩.٦
	١٨	يشارك في تأليف الكتب المدرسية المقررة	٢.٨٧٣	٥٧.٥
		المجال كاملاً	**٣.١٢٩**	**٦٢.٦**
العلاقات الانسانية	١٩	يعمل على توثيق علاقاته مع اولياء امور الطلبة للاسهام في حل مشكلاتهم	٣.٣٥١	٦٧.٠
	٢٠	يسهم في الاحتفالات والمناسبات التي تقيمها المدرسة	٣.٢٥٦	٦٥.١
	٢١	يتفهم حاجات المعلمين وظروفهم الشخصية	٣.١٥٩	٦٣.٢
	٢٢	يختار الطرائق الانسانية المناسبة للاتصال بالمعلمين والتواصل معهم	٢.٩٤٦	٥٨.٩
	٢٣	يسهم في معالجة بعض مشكلات الخاصة بالمعلمين	٢.٩٢٩	٥٨.٦
	٢٤	ينمي العلاقات الانسانية بين المعلمين كافة	٢.٥٣٩	٥٠.٨
		المجال كاملا	**٣.٠٣٠**	**٦٠.٦**
القيادة	٢٥	ينمي روح المبادأة والابداع لدى المعلمين	٣.٣٣٤	٦٦.٧
	٢٦	يقنع المعلمين بقيمة الاهداف التي يسعون الى تحقيقها	٣.٣٣٢	٦٦.٦
	٢٧	يؤثر ايجابيا في سلوكيات المعلمين ليكونوا اكثر حرصا على تحقيق الأهداف المرجوة	٣.١٨٣	٦٣.٧
	٢٨	يستثمر الامكانات الفردية للمعلمين في تطوير مستوى الطلبة	٣.١٦٦	٦٣.٣
	٢٩	يتميز بأداء مهامه الاشرافية بشكل يستقطب اهتمام العاملين لطريقة ادائها	٣.٠٨٠	٦١.٦
	٣٠	ينوع في اساليب القيادة الادارية التي يستخدمها في المواقف التربوية المختلفة.	٢.٥٥٦	٥١.١
		المجال كاملا	**٣.١٠٩**	**٦٢.٢**

٨٥.٠	٢.٩٠٠	يجتمع مع المعلمين قبل الزيارة الاشرافية لبحث المشكلات الصفية.	٣١	ادارة
٧٠.٨	٣.٥٤١	يبصر المعلمين بالاساليب الفاعلة لادارة الصف والتفاعل الصفي	٣٢	الصفوف
٦٣.٩	٣.١٩٥	يلاحظ ما يقوم به المعلمون داخل الصف بمهارة عالية	٣٣	
٦٢.٨	٣.١٤١	يرصد التفاعل اللفظي بين المعلمين والطلبة داخل الصف للنهوض بالتعليم الصفي	٣٤	
٦١.٨	٣.٠٨٨	يعطي المعلمين توجيهات لاتباعها في الدروس اللاحقة بشأن ادارة الصف	٣٥	
٥٨.٤	٢.٩٢٠	يحترم افكار المعلمين في حل المشكلات الصفية	٣٦	
٦٢.٦	٣.١٣١	المجال كاملا		
٧.٠٠	٣.٥٠٢	يشجع المعلمين على استخدام التقويم الذاتي وممارسته فعليا	٣٧	التقويم
٦٩.٦	٣.٤٨٠	يوجه المعلمين لاستخدام اساليب تقويم متنوعة مع الطلبة	٣٨	والاختبارات
٦٩.٤	٣.٤٧١	يفسر للمعلمين نتائج الاختبارات والدروس المستخلصة منها	٣٩	
٦٧.٦	٣.٣٧٨	يبصر المعلمين بطريقة صياغة فقرات الاختبار بصورة واضحة ومحددة	٤٠	
٦٥.٨	٣.٢٩٠	يقوم المعلمين وفقا لمعايير التقويم الموضوعة من قبل وزارة التربية	٤١	
٦٥.٥	٣.٢٧٦	يشرح للمعلمين كيفية بناء الاختبارات التحصيلية بدلالة الاهداف التعليمية	٤٢	
٦٨.٠	٣.٤٠٠	المجموع كاملا		
٦٤.٩	٣.٢٤٤	المجموع الكلي		

ونستشف من معلومات الجدول المذكور ما يأتي:

أ- ان التقويم العام لأداء المشرفين التربويين لمهماتهم من وجهة نظر المعلمين كان (متوسطا) اذ بلغ الوسط المرجح العام (٣.٢٤٤) بوزن مئوي (٦٤.٩%) وهذا تأكيد آخر عال ان مستوى ممارسات المهمات لا زال دون مستوى الطموح المعهود لان المطلوب هو اداء عالي جدا ان المشرفين قادة يوجهون العملية التعليمية نحو الافضل ويدركون خطط بلوغها بدقة. وان سبب حصول المشرفين على هذا المستوى من التقويم في نظر الباحث يعود الى وجود ممارسات تشكو ضعفا في ادائها او ان مستوى ادائها يتمركز حول المستوى الوسط وهذا ما اكدته نتائج

الجدول المذكور آنفا اشارت الى ان الحد الادنى للاوساط المرجحة كان (٢.٥٣٩) وبوزن مئوي (٥٠.٨%) للفقرة (٢٤) في مجال العلاقات الانسانية وان الحد الاعلى بلغ (٣.٩٠٢) وبوزن مئوي (٧٨%) للفقرة (١) في مجال الإشراف على التدريسات وبمتوسط عام للحد الادنى والاعلى يبلغ (٣.٢٢١) وبوزن مئوي (٦٤.٤%) ومن المعلوم ان هذا الحد من الوسط المرجح ووزنه المئوي يقع ضمن الفئة (الوسط) مما يؤكد تحليل الباحث لهذه النتيجة.

ب- ان تقويم اداء المشرفين التربويين لمهارتهم بحسب المجالات كان بين حد اعلى لوسط مرجح قدره (٣.٣١٦) وبوزن مئوي (٧٢.٣%) لمجال الاشراف على التدريسات وحد ادنى قدره (٣.٠٣) وبوزن مئوي (٦٠.٦%) لمجال العلاقات الانسانية.

أما المرتبة الثانية فكانت من نصيب التقويم والاختبارات، اذ بلغ الوسط المرجح (٣.٤) ووزن مئوي (٦٨%) وكانت المرتبة الثالثة من نصيب مجال التطوير المهني بوسط مرجح قدره (٣.٣١٥) ووزن مئوي (٦٦.٣%) وحظى بالمرتبة الرابعة مجالا (تطوير المناهج) و (ادارة الصف) بوسط مرجح متساوي بلغ (٣.١٣١) وبوزن مئوي (٦٢.٦%)

وكان مجال القيادة بالمرتبة الخامسة بوسط مرجح (٣.١٠٩) ووزن مئوي (٦٢.٢%) اما المرتبة السادسة والأخيرة فكانت لمجال العلاقات الانسانية وكما مر ذلك ضمن المجالات في الفقرة (ب) المذكور آنفاً.

ان النتيجة التي خلص بها الباحث من خلال العرض السابق هي ان جميع المجالات، باستثناء مجال الاشراف على التدريسات تمركزت عند المستوى (الوسط).

جـ- ان تقويم أداء المشرفين التربويين بحسب فقرات المجال الواحد تباينت من مجال الى آخر، ففي مجال الاشراف على التدريسات كانت الاوساط المرجحة بين حد اعلى (٣.٩٠٢) وبوزن مئوي (٧٨% للفقرة (١)، وحد ادنى (٣.٠٦٨) وبوزن مئوي (٦١.٤%) للفقرة (٦)، ويمثل ذلك في رأي الباحث ان هناك ممارسة عالية لتوجيه المعلمين لاستخدام طرائق التدريس المناسبة للموضوع الدراسي مقابل ممارسة متوسطة للتعاون مع المعلمين في التخطيط لبرنامج الزيادة الاشرافية، وبشكل عام فان (٤) فقرات كانت ممارستها عالية (١،٣،٤،٦) مقابل فقرتين (٢،٥) كانت ممارستها متوسطة.

وبالنسبة لمجال (التقويم والاختبارات) كان الوسط المرجح للحد الاعلى (٣.٥٠٢) وبوزن مئوي

(٧٠%) للفقرة (٣٧) وحد أدنى (٣.٢٧٦) وبوزن مئوي (٦٥,٥%) للفقرة (٤٢) مما يؤكد وجود ممارسة عالية لتشجيع المعلمين على التقويم الذاتي مقابل ممارسة متوسطة في ممارسة بناء الاختبارات التحصيلية واجراء التقويم بالاستناد الى معايير موضوعية، وعموما فان فقرة واحدة هي (٣٧) كانت ممارستها (عالية) وتشكل نسبة (١٧%) من مجموع الفقرات مقابل (٥) فقرات وتشكل نسبة (٨٣%) كانت ممارستها متوسطة وبشأن مجال (التطوير المهني) كان الحد الاعلى للوسط المرجح (٣.٨٧١) وبوزن مئوي (٧٧.٤%) للفقرة (٧) وحد ادنى قدره (٢.٧٧١) بوزن مئوي (٥٥.٤%) للفقرة (١٢) ويعتقد الباحث ان هذا التفاوت في قيم الوسط المرجح بين الحد الادنى والاعلى يعود الى وجود ممارسة عالية لتزويد المعلمين بالمستجدات المعاصرة في التعليم بما يسهم في تحسين مستوى معارفهم مقابل ضعف واضح في ممارسة تشجيع المعلمين على القيام باجراء البحوث والدراسات التربوية، وهذا الضعف قد يسهم في اضعاف كفايات المعلمين في مسألة اجراء البحوث ويقلل من محاولاتهم الابداعية وتقويضهم في مجال التعليم والتدريس فقط دون النظر الى ما هو ابعد لتطوير امكاناتهم.

وبشكل عام فان فقرتين هما (٧،٨) كانت (عالية) وثلاث فقرات هي (٩،١٠،١١) كانت ممارستها (متوسطة) وممارسة واحدة هي (١٢) كانت ممارستها (ضعيفة). اما في مجال (تطوير المناهج) فكان الحد الاعلى للوسط المرجح
(٣.٤٥٦) وبوزن مئوي (٦٩.١%) للفقرة (١٣) وحد ادنى (٢.٨٧٣) وبوزن مئوي (٥٧.٥%) للفقرة (١٨)، ويرى الباحث ان هذا المجال يشكو من وجود ضعف في ممارسة المشرفين لتأليف الكتب المدرسية وتحليل محتوى الكتاب المدرسي، وهذا يؤكد ان المشرفين التربويين لا يمارسون فقرات هذا المجال بالفاعلية المطلوبة اذ كانت اربع فقرات منه هي (١٣،١٤،١٥،١٦) ذات ممارسة (متوسطة) وفقرتين هما (١٧،١٨) ذات ممارسة (ضعيفة)، ولم ترق أي من فقراته الى مستوى الممارسة (العالية).

وبشأن مجال (ادارة الصف) فان الحد الاعلى للوسط المرجح بلغ (٣.٥٤١) بوزن مئوي (٧٠.٨%) للفقرة (٣٢)، وحد ادنى (٢.٩) بوزن مئوي (٥٨%) للفقرة (٣١)، ويرى الباحث ان هناك تباينا بين الحدين يعود الى وجود ممارسة (عالية) لتبصير المعلمين بالأساليب الفاعلة لادارة الصف والتفاعل الصفي مقابل ممارسة (ضعيفة) في توجيه المعلمين لادارة الصف في الدروس اللاحقة، أي يبقى على التوجيه السابق نفسه دون تجديد وهذا يعني ان اعتماد النمطية هو الامر السائد.

وبشكل عام فان ممارسة واحدة تمثلها الفقرة (٣٢) كانت (عالية) مقابل ثلاث ممارسات تمثلها الفقرات (٣٣،٣٤،٣٥) كان اداؤها (متوسطا) وممارستين تمثلهما الفقرتين (٣٥،٣٦) كان اداؤها (ضعيفا)

اما بصدد مجال القيادة فان الحد الاعلى للوسط المرجح كان (٣.٣٣٤) وبوزن مئوي (٦٦.٧%) للفقرة (٢٥)، وحد أدنى (٢.٥٥٦) وبوزن مئوي (٥١.١%) للفقرة (٣٠) ولم ترق أي فقرة من الفقرات لمستوى اعلى من المتوسط، وتشير هذه النتائج في رأي الباحث الى وجود ضعف في ممارسة انماط القيادة وتنويعها تبعا للمواقف التربوية. وعموما يمكن القول ان خمس فقرات هي (٢٥،٢٦،٢٧،٢٨،٢٩) وتشكل نسبة (٨٣%) كان اداؤها (متوسطا) اما الفقرة السادسة (٣٠) فكان اداؤها (ضعيفا)

اما عن مجال العلاقات الانسانية فكان الحد الأعلى لاوساطه المرجحة (٣.٣٥١) بوزن مئوي (٦٧%) للفقرة (١٩) وحد ادنى (٢.٥٣٩) وبوزن مئوي (٥٠.٨) للفقرة (٢٤). ويرى الباحث ان جميع فقرات هذا المجال كانت بين الممارسة (المتوسطة والضعيفة) ولم ترق أي منها الى الممارسة (العالية) على الرغم من اهمية هذا المجال، ويعزو الباحث السبب في ذلك الى ضعف المشرفين في موضوع العلاقات الانسانية وابعاده واساليبه داخل المدرسة.

وفي نهاية هذا العرض والتحليل يمكن وضع النتائج بالشكل البياني الآتي:

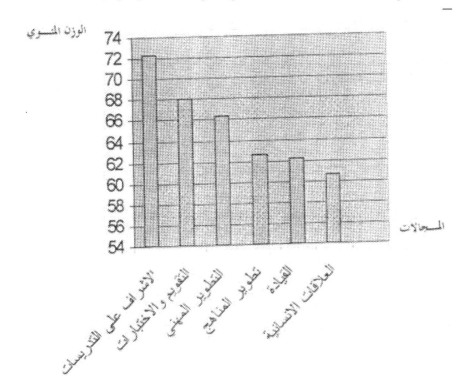

وبعد ما تقدم ذكره يمكن ان يبلور الباحث خلاصة النتائج السابقة بالجدول الآتي:

الجدول (٤) المجالات مبوبة بحسب مستوياتها وعدد الفقرات

مستويات ممارسة المهمات/ المجالات	ضعيفة جدا	ضعيفة	متوسطة	عالية	عالية جدا
الاشراف على التدريسات	-	-	٢	٤	-
التقويم والاختبارات	-	-	٥	١	-
التطوير المهني	-	١	٣	٢	-
تطوير المناهج	-	٢	٤	-	-
ادارة الصفوف	-	٢	٣	١	-
القيادة	-	١	٥	-	-
العلاقات الانسانية	-	٣	٣	-	-
المجموع	-	٩	٢٥	٨	-
النسبة	-	%٢١	%٦٠	%١٩	-

ويستخلص من الجدول السابق ان (٨١%) من المهمات تمارس بدرجة (متوسطة او ضعيفة) مقابل (١٩%) تمارس بدرجة (عالية)، وهذا يعني ان مستوى اداء المهمات لا يمثل مستوى الطموح المطلوب من المشرفين التربويين بوصفهم قادة المستقبل.

ان النتائج السابقة تتفق مع ما توصلت اليه دراسة (Hetzel, 1978) ودراسة (Fraser, 1980) ودراسة (الصايغ، ١٩٨٧) ودراسة (احمد، ١٩٨٨) ودراسة (صالح، ١٩٩٣) والتي اكدت عدم وضوح مهمات المشرف واستخدامه طرائق قديمة وعدم اهتمامه بقضايا المعلمين بتفهم حاجاتهم ومشكلاتهم.

وتختلف النتائج مع دراسة (Smylie, 1992) التي اشرت تنامي العلاقات من خلال الزمالة والتعاون، اذ ظهر في هذه الدراسة ان مجال العلاقات الانسانية لم يكن بالمستوى الطموح وكانت اقيام الوسط المرجح بين (المتوسط والضعيف)

ثانياً: عرض النتائج وتحليلها المتعلقة بتقويم أداء المشرفين التربويين للاتجاهات الحديثة من وجهة نظر المديرين والمعلمين

ويوضح الجدول (٥) النتائج المتعلقة بتقويم أداء المشرفين التربويين للاتجاهات الاشرافية الحديثة من وجهة نظر المديرين والمعلمين.

الجدول (٥) الوسط المرجح والوزن المئوي لاستجابات المديرين والمعلمين لفقرات الاستبانة الخاصة بتقويم اداء المشرفين التربويين للاتجاهات الحديثة

المجال	ت	الممارسات	الوسط المرجح	الوزن المئوي
الاشراف الاكلينيكي	١	يعقد لقاءات مع المعلمين بعد الدرس بهدف تحليل ما تم مشاهدته	٣.٦٦٥	٧٣.٣
	٢	يلم بمهارات الملاحظة وتنظيم الوقت	٣.٤٩٩	٧٠.٠
	٣	يمتلك خبرة واسعة بمهارات التدريس	٣.٤٩٠	٦٩.٨
	٤	يركز على السلوك التدريسي الملاحظ للمعلمين	٣.٤٣٨	٦٩.٨
	٥	يسعى الى ان يكون المعلمون مدركين لادوارهم	٣.٤٩٠	٦٩.٨
	٦	يحسن ادارة الوقت	٣.٤٤٩	٦٩.٠
	٧	يستخدم تقنيات تربوية متطورة في عمله الاشرافيب	٣.٤١٨	٦٨.٨
	٨	يحلل نتائج عمليتي التعليم والتعلم	٣.٤٣٤	٦٨.٧
	٩	يحدث خطته الاكلينيكية بالتشاور مع المعلمين	٣.٣٥٣	٦٧.١
	١٠	يضع خطته الاكلينيكية بالتعاون مع المعلمين	٣.٣١٧	٦٩.١
		المجال كاملا	**٣.٤٥٥**	**٦٩.١**
الاشراف التشاركي	١١	يجدد بمشاركة المعلمين معايير التقويم المناسبة للطلبة	٣.٥٤٤	٧٠.٩
	١٢	يسعى الى تكوين علاقة جيدة بين المعلمين والطلبة	٣.٥٣٥	٧٠.٧
	١٣	يبين مسؤوليات المعلمين تجاه الطلبة	٣.٥٣٥	٧٠.٧
	١٤	يخطط لبرامج النمو العلمي والعملي للمعلمين كافة	٣.٥٣٠	٧٠.٧
	١٥	ينمي مستوى دافعية المعلمين نحو مهنتهم	٣.٥٢٨	٧٠.٦
	١٦	يتبادل الخبرات مع المعلمين باستمرار	٣.٤٧٦	٦٩.٥
	١٧	يشجع جميع افراد العملية التعليمية من خلال اشعار كل فرد انه يقدم عملا مفيدا وان آثاره ستظهر	٣.٣٧٨	٧٦.٦
	١٨	يساعد المعلمين على تنفيذ فقرات المناهج	٣.٣٣٠	٦٦.٦

	١٩	يقوم عمله الاشرافي من خلال اداء الطلبة	٣.٢٢١	٦٤.٤
	٢٠	يضع خطته التشاركية بالتعاون مع المدير والمعلمين	٣.٠٤٩	٦١.٠
		المجال كاملاً	**٣.٤١٣**	**٦٨.٣**
الاشراف التربوي الشامل	٢١	يستفيد من التغذية الراجعة ويعدها اساس التطوير	٣.٤٧٤	٩٦.٠
	٢٢	يسعى الى تكوين علاقات صداقة حميمة مع المعلمين	٣.٤٩٢	٦٩.٨
	٢٣	يحلل الموقف التعليمي الى عناصره الأساسية	٣.٥٤٢	٧٠.٨
	٢٤	يشجع المعلمين على عرض مشكلاتهم الشخصية والعلمية والمهنية ويسهم في حلها قدر الامكان	٣.٤٧٦	٦٩.٥
	٢٥	يهدف الى تحقيق تطوير الشامل في العملية التربوية دون النظرة الجزئية	٣.٤٤٥	٦٨.٩
	٢٦	يضع خطته الشاملة بالتركيز على عناصر العملية التربوية (المعلم والطالب والمنهج)	٣.٤٣٨	٦٨.٨
	٢٧	يعتمد الحوار الحر مع المعلمين والطلبة	٣.٤٢٢	٦٨.٤
	٢٨	يزود المعلمين بالامثلة والوقائع التي تسهل عليهم شرح المفردة العلمية للطلبة	٣.٤٢٠	٦٨.٤
	٢٩	يركز في عمله الاشرافي على جميع اطراف العملية التربوية	٣.٣٩١	٦٧.٨
	٣٠	يقوم الموقف التعليمي بما يستحق من مستوى تقويم	٣.٣٦٩	٦٧.٤
		المجال كاملاً	**٣.٤٧٧**	**٦٨.٩**
الاشراف بالاهداف	٣١	يدرس النتائج التي تم التوصل اليها ويوازنها بالاهداف التي حددها مسبقا	٣.٥٥٣	٧١.١
	٣٢	يحدد مستويات التحكم التي تعد معايير تستخدم في الحكم على مستوى كل منهم في الاداء التعليمي	٣.٥٣٩	٧٠.٨
	٣٣	يتخذ القرارات المناسبة في ضوء النتائج لتحديد الأعمال والاجراءات المطلوبة	٣.٥٠٦	٧٠.١
	٣٤	يعتمد بالاجراءات متسلسلة في المتابعة والتقويم لتعرف ايجابيات العمل وسلبياته أول بأول	٣.٤٧٤	٦٩.٥
	٣٥	يضع خطته الاشرافية بالاتفاق مع المدير والمعلمين والطلبة	٣.٤٤٩	٦٩.٠
	٣٦	يبين في خطته الاساليب والإجراءات المطلوبة لتجسيد اهداف خطته	٣.٤٤٧	٦٨.٩

	٣٧	يحدد الوسائل اللازمة لتقويم كل مرحلة تعليمية	٣.٤٢٩	٦٨.٨
	٣٨	يصوغ اهداف خطته على شكل نواتج تعليمية	٣.٣٩١	٦٧.٨
	٣٩	يوضح للمعلمين العلاقة بين مضمون المنهج والاهداف المحددة له	٣.٣٩١	٦٧.٨
	٤٠	يصوغ اهدافا جديدة للعمل لمرحلة قادمة من خلال الافادة من نظام التغذية الراجعة	٣.١٨٩	٦٣.٨
		المجموع كاملا	**٣.٤٣٧**	**٦٨.٧**
		المجموع الكلي	**٣.٤٣٨**	**٦٨.٨**

ونستنبط من نتائج الجدول المذكور آنفاً ما يأتي:

١- ان التقويم العام لاداء المشرفين للاتجاهات الاشرافية الحديثة كان (متوسطا) اذ بلغ الوسط المرجح (٣.٤٣٨) بوزن مئوي (٦٨.٨%) ويرى الباحث ان المشرفين التربويين لا زالت ممارستهم للاتجاهات الحديثة متواضعة وفي قواعدها الاولية ولم تتقدم نحو اعماق فلسفة إبعاد هذا الاتجاهات وقد يعود السبب في ذلك الى واحد من الأسباب الآتية:

أ- ضعف المام المشرفين التربويين بالمرتكزات الفكرية لهذه الاتجاهات، وتكمن معرفتهم ببعض الاطر العامة لها.

ب- ضعف امكانات ممارسة هذه الاتجاهات.

جـ- ضعف تشجيع المسؤولين في وزارة التربية لممارسة هذه الاتجاهات واسنادها للتقدم بها نحو الافضل.

د- كثرة الاعباء الملقاة على المشرف الواحد بما يجعله محدود الوقت ومن ثم عدم امكانيته من التخطيط لهذه الاتجاهات.

هـ- وجود ممارسات متباينة لهذه الاتجاهات يتسم بعضها بنمو محدد مقابل ضعف في بعضها الاخر.

٢- ان تقويم اداء المشرفين التربويين لممارسة الاتجاهات الاشرافية الحديثة بحسب المجالات تميز بالتقارب الى حد كبير وعلى الرغم من وجود تباين لكنها قد لا تكون واضحة فسمة التقارب ان لم يكن التطابق هي الشائعة.

فقد حظي مجال (الاشراف الاكلينيكي) بالمرتبة الأولى بوسط مرجح (٣.٤٥٥) ووزن مئوي (٦٩.١%) اما المرتبة الثانية فكانت من نصيب مجال (الاشراف التشاركي) بوسط مرجح (٣.٤١٣) وبوزن مئوي (٦٨.٣%) ان النتائج آنفة الذكر تمكن الباحث من القول: ان التقارب والتطابق في مستويات ممارسة هذه الاتجاهات عند المشرفين التربويين كبير جدا وهذا يؤكد على ان المشرفين المذكورين يقعون ضمن مستوى اداء واحد ويتمتعون بالقدرات نفسها دون تمايز بينهم، وهو امر يستحق الوقفة لانه يعني ضعف التأكيد على تطوير امكانات المعنيين نحو هذه الاتجاهات وهذا ما اشر عند مناقشة الفقرة (١٠) آنفة الذكر.

٣- ان تقويم اداء المشرفين لممارسة الاتجاهات الحديثة وبحسب الفقرات المكونة للمجالات، كانت قيم الوسط المرجح لها متقاربة الى حد كبير لكنها تقع ضمن مستويين اثنين هما (الممارسة العالية والممارسة المتوسطة) وكانت السمة الغالبة للممارسة المتوسطة، وعلى النحو الآتي:

أ- مجال الاشراف الاكلينيكي: كانت اقيام الوسط المرجح لفقراته بين حد اعلى (٣.٦٦٥) وبوزن مئوي (٧٣.٣%) للفقرة رقم (١)، وحد ادنى (٣.٧٣١) وبوزن مئوي (٣٦٦%) للفقرة (١)، وتؤكد النتائج السابقة برأي الباحث ان المشرفين التربويين يفتقرون الى كفايات وضع الخطة الاكلينيكية واعدادها بالتعاون مع المعلمين، ويعد هذا السبب هو الاساس في انخفاض مستوى ادائهم لهذا النوع من الاشراف، لان الخطة تعد نقطة البدء المنطقية والاساس الذي تدور حوله مجمل الانشطة الاخرى.

وبشكل عام فان فقرتين اثنتين هما (١و٢) حصلت على تقدير (عال) وتشكل نسبة (٢٠%) من مجمل الفقرات مقابل حصول ثمان فقرات هي (٣.٤.٦.٧.٨.٩.١٠) على تقدير (متوسط) وتشكل نسبة (٨٠%) وهذا تأكيد اخر على سبب حصول هذا المجال على وسط مرجح عام تقديره (متوسط).

ب- مجال الاشراف التشاركي: كانت قيم الوسط المرجح لفقراته بين حد اعلى (٣.٥٤٤) وبوزن مئوي (٧٠.٩%) للفقرة (١٧) وحد ادنى (٣.٠٤٩) ووزن مئوي (٦١%) للفقرة (١١)، ويرى الباحث ان هذه النتيجة اشارت الى ضعف كفايات المشرفين في مسألة اعداد الخطة التشاركية، وتحقيق الاجماع عليها مع المديرين والمعلمين ويعود السبب في رأي الباحث الى ما اكد سابقا والمتمثل بضعف المام المذكورين في فلسفة الاتجاهات الاشرافية الحديثة وابعادها واحدها التشاركي.

وعموما فان (٥) من فقرات هذا المجال وتشكل نسبة (٥٠%) حصلت على تقدير (عالي) هي (١٣،١٦،١٧،١٩،٢٠) مقابل (٥) فقرات حصلت على تقدير (متوسط) هي (١٢، ١١، ١٨، ١٥، ١٤).

جـ- مجال الاشراف الشامل: كانت اقيام الوسط المرجح لهذا المجال بين حد أعلى (٣.٥٤٢) وبوزن مئوي (٧٠.٨%) للفقرة رقم (٢٤)، وحد ادنى (٣.٣٦٩) وبوزن مئوي (٦٧.٤%) للفقرة رقم (٢٥)، وينظر الباحث الى هذه النتيجة بوجود نقص في الكفاية في الامكانيات التقويمية للمشرفين، وهذه الامكانات تعد حجر الزاوية في تطبيق الاشراف الشامل.

وبشكل عام فان فقرة واحدة هي (٢٤) حظيت بتقدير (عال) مقابل (٩) فقرات، وتشكل نسبة (٩٠%) حظيت بتقدير (متوسط) وهذا هو السبب الأساسي في حصول هذا المجال على تقدير عام (متوسط).

د- مجال الاشراف بالأهداف: كانت اقيام الوسط المرجح لهذا المجال بين حد اعلى قدره (٣.٥٥٣) وبوزن مئوي (٧١.١%) للفقرة (٣٦) وحد ادنى قدره (٣.١٨٩) ووزن مئوي (٦٣.٨%) للفقرة رقم (٤٠).

ويعتقد الباحث ان تفاوت النتائج بين الحد (الاعلى والادنى) يعود الى وجود ضعف في قدرة المشرفين على تحديد الأهداف، ومن ثم فانهم يعانون في هذا الجانب المهم والذي يعد الاساس في ممارسة الاشراف بالأهداف.

وعموما فان (٣) فقرات هي (٣٦،٣٧،٣٩) حظيت بتقدير (عال) وتشكل نسبة (٣٠%)، بينما حظيت (٧) فقرات هي (٣١،٣٢،٣٣،٣٤،٣٥،٣٨،٤٠) على تقدير (متوسط) وتشكل نسبة (٧٠%).

ويصور الشكل البياني توزيع المجالات بحسب اوزانها المئوي

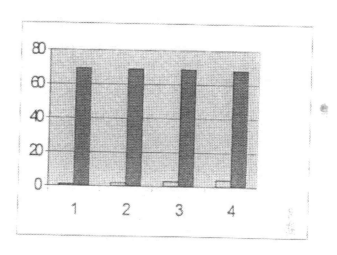

وفي نهاية العرض والتحليل يمكن للباحث ان يلخص خلاصة النتائج السابقة بالجدول (٦)

الجدول (٦)

المجالات مبوبة بحسب المستويات وعدد الفقرات

عالية جدا	عالية	وسط	ضعيف	ضعيف جدا	مستويات ممارسة المهمات/ المجالات
-	٢	٨	-	-	الاكلينيكي
-	١	٩	-	-	الشامل
-	٣	٧	-	-	الاهداف
-	٥	٥	-	-	التشاركي
-	١١	٢٩	-	-	المجموع
-	٢٧%	٧٣%	-	-	النسبة

ويستخلص الباحث في ضوء نتائج هذا الجدول ان مستوى ممارسة الاتجاهات الاشرافية الحديثة محدود ويفترض ان يرقى الى المستوى (العالي والعالي جدا) ليشكل فعلا تطويرا في المسيرة التربوية والتعليمية واضافة الشيء الجديد لها والابتعاد عن الجمود والرتابة.

ويصور الشكل البياني الاتي حركة فقرات كل مجال من المجالات الاربعة السابقة

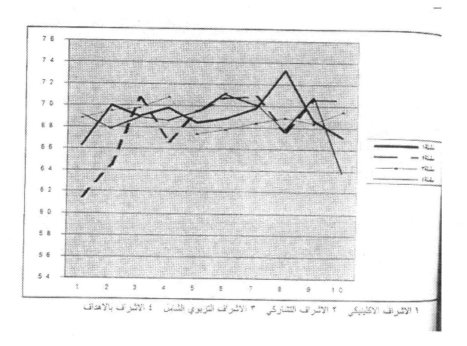

١ الاشراف الاكلينيكي   ٢ الاشراف التشاركي   ٣ الاشراف التربوي الشامل   ٤ الاشراف بالاهداف

ان النتائج المعروضة آنفا تتفق مع ما توصلت اليه دراسة (عبيدات، ١٩٨١)، ودراسة (احمد، ١٩٨٨) ودراسة (الراشد، ١٩٩١) والتي اكدت ان المشرفين لم يتأثروا بالاتجاهات الاشرافية الحديثة كثيرا وان ممارستهم لها محدودة ولا زالوا يستخدمون وبشكل موسع الاساليب الاشرافية القديمة.

ثالثاً: تحري الاختلافات في تقويم الاداء تبعا لمتغيرات (التحصيل العلمي، الجنس، الخبرة الوظيفية)

تشمل معلومات هذه الفقرة وتحليلاتها على تحري الاختلافات في تقويم الاداء تبعا لمتغيرات (التحصيل العلمي، الجنس، الخبرة الوظيفية) في ضوء المهمات والاتجاهات الحديثة ومن وجهة نظر المديرين والمعلمين.

ولكي يكون العرض متسلسلا، سيتبع الباحث الخطوات الآتية:

١- تحري الاختلافات في استجابات المديرين لتقويم اداء المشرفين لمهماتهم تبعا الى:

أ- التحصيل العلمي

ب- الجنس

جـ- الخبرة الوظيفية

٢- تحري الاختلافات في استجابات المعلمين لتقويم اداء المشرفين لمهماتهم تبعا الى:

أ- التحصيل العلمي

ب- الجنس

جـ- الخبرة الوظيفية

٣- تحري الاختلافات في استجابات المديرين والمعلمين لتقويم أداء المشرفين في ضوء الاتجاهات الحديثة تبعا الى:

أ- التحصيل العلمي

ب- الجنس

جـ- الخبرة الوظيفية

١- تحري الاختلافات في استجابات المديرين لتقويم أداء المشرفين لمهماتهم

وسيجري عرض النتائج ومناقشتها على النحو الآتي:

أ- التحصيل العلمي

يوضح الجدول (٦) النتائج المتعلقة بتقويم المديرين لاداء المشرفين التربويين في ضوء مهماتهم وبحسب التحصيل العلمي.

الجدول (٦) قيمة مربع كاي للفروق بين استجابات المديرين لتقويم اداء المشرفين التربويين وبحسب متغير التحصيل العلمي (بكالوريوس، دبلوم عال)

الاستبانةت الخاصة بتقويم أداء المشرفين في ضوء مهماتهم

المجال	ت	الممارسات	مربع كاي X^2
التخطيط	١	يعرف الاهداف التربوية ومستوياتها	٧.١٥
	٢	يجيد تدريب المديرين على اعداد الخطة ورسم برامجها التنفيذية على مدار العام الدراسي	٦.٠١
	٣	يوجه خطة المدرسة استنادا الى توجيهات الوزارة	٤.٣٥
	٤	يلم بالسياسة التربوية	٣.٩١
	٥	يوصي بتطبيق مبدأ الاولويات عند وضع خطة المدرسة بما يناسب الامكانيات البشرية والمادية المتاحة	٢.٣٠
	٦	يفهم الفلسفة التربوية	١.٩٩
التنظيم	٧	يلم بالتشريعات التربوية السارية	٨.١٧
	٨	يمتلك مهارة في تحديد وصف ومواصفاته مديري المدارس	٦.٨٣
	٩	يتابع اساليب حفظ البيانات والمعلومات المدرسية	٤.٨١
	١٠	يبصر ادارة المدرسة بطرائق الرد على المذكرات والمراسلات الرسمية المتعلقة بالامور التربوية	٤.٤٠
	١١	يشرف على تأليف اللجان العلمية والفنية والرياضية للمدرسة بدلالة الاهداف	٤.٣١
	١٢	يؤكد تحديث البيانات والمعلومات المدرسية	١.٦٣
القيادة	١٣	يتمتع بشخصية انسانية قادرة على الموازنة بين واجبات الوظيفة ورضا العاملين في المدرسة	٨.٤٧
	١٤	يمتلك خصائص قيادية تجعله مؤثرا في سلوكيات ادارة المدرسية	٥.٩٠
	١٥	يسهم في حل مشكلات العاملين في المدرسة	٤.٣٥
	١٦	يوجه العاملين في المدرسة باداء واجباتهم بعد مشاورتهم بذلك	٣.٢٢
	١٧	يسمح للعاملين في المدرسة بالمبادرة وطرح الأفكار الجديدة	٢.٦١
	١٨	يجيد مهارة التفاوض مع الاخرين	٢.٣٦
	١٩	يتابع تنفيذ القرارات المتخذة	٨.٠٦
	٢٠	يجمع البيانات والمعلومات عن المشكلات المدرسية	٥.٩١

اتخاذ القرارات	٢١	يحرص على تحديد الابعاد المشكلات المدرسية	٥.٣٣
	٢٢	يحاسب على أي تلكؤ في تنفيذ القرارات المتخذة	٤.٩٦
	٢٣	يعمل على ايجاد اكثر من بديل لحل المشكلات المدرسية	٤.٠٠
	٢٤	يطبق مبدأ المشاركة في صناعة القرار واتخاذه	٢.٩٠
تفويض الصلاحيات	٢٥	يفهم ان تفويض الصلاحيات من موفرات الوقت	١٠.١٠
	٢٦	يميل الى شرح آلية اداء العمل المطلوب من قبل تفويض الصلاحية	٧.٢٦
	٢٧	يمنح العاملين في المدرسة الثقة لممارسة تفويض الصلاحية	٦.٢٢
	٢٨	يفوض الصلاحية لمن يستحقها فعلا من المرؤوسين	٥.٦٠
	٢٩	يدرك ان تفويض الصلاحية ينمي الشعور العالي بالمسؤولية عند العاملين في المدرسة	٥.٥٩
	٣٠	يفهم معنى تفويض الصلاحية واهميته في العمل الاداري	٣.٤٩
الاتصالات الادارية	٣١	يمتلك قدرة مرسل ومبدع للبيانات والتعليمات	٦.٣٠
	٣٢	يشجع على اتباع سياسة الباب المفتوح في ادارة المدرسة	٤.٨١
	٣٣	يفهم اللغة غير المنطوقة ويحلل أبعادها عند الاخرين	٤.٦٨
	٣٤	يعتمد وسائل متنوعة في الانتقال مثل الاجتماعات واللقاءات الدورية والندوات والاذاعة الداخلية	٣.٤٨
	٣٥	يصغي ببراعة الى آراء الاخرين ومقترحاتهم	٣.٢٥
	٣٦	يؤكد استخدام التغذية المرتدة لتطوير المواقف	٢.٩٤
التقويم والمتابعة	٣٧	يعتمد المعايير الموضوعية في تقويم ادارة المدرسة في ابعادها المختلفة	٩.٩٨
	٣٨	يصارح ادارة المدرسة بنتائج تقويم ادائها	٩.٩١
	٣٩	يرصد الانحرافات بالاداء الفعلي عن الاهداف المحددة دون تأخير	٧.٥٤
	٤٠	يحدد الاجراءات التصحيحية للانحرافات عن الأهداف المحددة	٧.٥٣
	٤١	يعاقب المقصرين في انجاز ادوارهم الوظيفية بموضوعية	٦.٨٢
	٤٢	يتابع تنفيذ الخطط المدرسية بإجراءات موضوعية	٦.٨٢

ويظهر من نتائج الجدول السابق ما يأتي:

١- ان (٣٩) فقرة من اصل (٤٢) فقرة وتشكل نسبة (٩٣%) لا توجد فيها فروق ذات دلالة معنوية بين استجابات المديرين من حملة البكالوريوس والدبلوم العالي، لان قيم (X^2) المحسوبة كانت اصغر من الجدولية البالغة (٩.٤٩) عند مستوى دلالة (٠.٠٥) ودرجة حرية (٤).

وقد يعود السبب في ذلك برأي الباحث الى:

أ- تقارب مستوى الخبرة والقدرة القيادية لدى المديرين في مجالات عدة مما جعل نظرتهم متقاربة وغير متباينة في التقويم.

ب- تشابه المناهج والمقررات الدراسية لحملة شهادة البكالوريوس والدبلوم الى حد كبير باستثناء مدة الدراسة وبعض المواد الاضافية لحملة البكالوريوس.

جـ- نمطية اداء المشرفين ولجميع المدارس جعل استجابات المديرين متقاربة.

٢- ان (٣) فقرات من اصل (٤٢) فقرة وتشكل نسبة (٧%) وجد فيها فروق ذات دلالة معنوية، لان قيمة (X^2) المحسوبة اكبر من القيمة الجدولية المشار اليها سابقا وعند مستوى الدلالة ودرجة الحرية نفسها، وعلى النحو الآتي:

- الفقرة (٢٩) وفي مجال تفويض الصلاحيات حيث بلغت قيمة (X^2) المحسوبة فيها (١٠.١)، تشير هذه النتيجة الى وجود فروق بالاستجابات لصالح (حملة الدبلوم) لان الوسط المرجح لاستجاباتهم هو (٣.٩) وهو اعلى من الوسط المرجح لاستجابات (حملة البكالوريوس) البالغ (٣.٤) ويعزو الباحث سبب الاختلاف الى نظرة كل منهم، فحملة الدبلوم يرون ان المشرفين يشجعون على ممارسة تفويض الصلاحيات لان ذلك سيوفر الكثير من الوقت على عكس حملة البكالوريوس.

- الفقرة (٤١) وفي مجال التقويم والمتابعة، حيث بلغت قيمة (X^2) المحسوبة فيها (٩.٩١) وهي اكبر من الجدولية، وتشير الى وجود فروق ذات دلالة معنوية بين الاستجابات ولصالح حملة البكالوريوس لان الوسط المرجح لاستجاباتهم كان (٣.٨٨) مقابل (٣.٦) لصالح حملة الدبلوم، وهذا يعني ان حملة البكالوريوس يؤيدون ممارسة المشرفين التربويين لمهمة مصارحة ادارة المدرسة بنتائج تقويم الأداء.

وخلاصة القول في هذا المجال ان الغالبية العظمى لاستجابات حملة البكالوريوس والدبلوم لا توجد بينهما فروق ذات دلالة معنوية، وهذا يعني انهم

ينتمون الى مجتمع واحد ولا يختلفون في نظرتهم التقويمية لاداء المشرفين الا في شيء محدود لا يتجاوز نسبة (٣%)

جـ- الجنس

يعرض الجدول (٧) النتائج المتعلقة بتقويم اداء المشرفين التربويين من وجهة نظر المديرين وبحسب متغير الجنس

جدول (٧) قيمة مربع كاي للفروق بين استجابات المديرين لتقويم اداء المشرفين التربويين وبحسب متغير الجنس

المجال	ت	الممارسات	مربع كاي X^2
التخطيط	١	يوجه خطة المدرسة استنادا الى توجيهات الوزارة	٥.٦٧
	٢	يوصي بتطبيق مبدأ الاولويات عند وضع خطة المدرسة بما يناسب الامكانيات البشرية والمادية المتاحة	٤.٩٥
	٣	يجيد تدريب المديرين على اعداد الخطة ورسم برامجها التنفيذية على مدار العام الدراسي	٣.٩١
	٤	يعرف الاهداف التربوية ومستوياتها	٣.٦٣
	٥	يفهم الفلسفة التربوية	٣.٩٧
	٦	يلم بالسياسة التربوية	٢.٢٥
التنظيم	٧	يمتلك مهارة في تحديد "وصف ومواصفات" مديري المدارس	٧.٠٥
	٨	يتابع اساليب حفظ البيانات والمعلومات المدرسية	٦.٠٣
	٩	يبصرـ ادارة المدرسة بطرائق الرد على المذكرات والمراسلات الرسمية المتعلقة بالأمور التربوية	٤.٨١
	١٠	يشرف على تأليف اللجان العلمية والفنية والرياضية للمدرسة بدلالة الاهداف	٤.٠٤
	١١	يلم بالتشريعات التربوية السارية	٣.٨٨
	١٢	يؤكد تحديد البيانات والمعلومات المدرسية	٣.٠٨
القيادة	١٣	يتمتع بشخصية انسانية قادرة على الموازنة بين واجبات الوظيفة ورضا العاملين في المدرسة	٨.٣٨
	١٤	يمتلك خصائص قيادية تجعله مؤثرا في سلوكيات ادارة المدرسة	٥.٧٣
	١٥	يسهم في حل مشكلات العاملين في المدرسة	٥.٣٧
	١٦	يجيد مهارة التفاوض مع الاخرين	٣.٦٦
	١٧	يسمح للعاملين في المدرسة بالمبادرة وطرح الأفكار الجديدة	٣.٣٧

	١٨	يوجه العاملين في المدرسة باداء واجباتهم بعد مشاورتهم بذلك	٢.٤٢
اتخاذ القرارات	١٩	يعمل على ايجاد اكثر من بديل لحل المشكلة المدرسية	٧.٥٤
	٢٠	يجمع البيانات والمعلومات عن المشكلات المدرسية	٥.٨٥
	٢١	يتابع تنفيذ قرارات المتخذة	٥.٣٥
	٢٢	يحاسب على أي تلكؤ في تنفيذ القرارات المتخذة	٤.٢٩
	٢٣	يطبق مبدأ المشاركة في صناعة القرار واتخاذه	٣.٩٠
	٢٤	يحرص على تحديد ابعاد المشكلات المدرسية	٣.١٨
تفويض الصلاحيات	٢٥	يدرك ان تفويض الصلاحية ينمي الشعور العالي بالمسؤولية عند العاملين في المدرسة	٨.٥٣
	٢٦	يميل الى شرح آلية اداء العمل المطلوب قبل تفويض الصلاحية	٧.٢٥
	٢٧	يفهم ان تفويض الصلاحيات من موفرات الوقت	٤.٨٣
	٢٨	يفوض الصلاحية لمن يستحقها فعلا من المرؤوسين	٤.٧٨
	٢٩	يفهم معنى تفويض الصلاحية واهميته في العمل الاداري	٣.٩٩
	٣٠	يمنح العاملين في المدرسةة الثقة لممارسة تفويض الصلاحية	٢.٨٥
الاتصالات الادارية	٣١	يصغي ببراعة الى آراء الاخرين ومقترحاتهم	٧.٤٩
	٣٢	يمتلك قدرة مرسل ومبدع للبيانات والتعليمات	٧.١٧
	٣٣	يشجع على اتباع سياسة الباب المفتوح في ادارة المدرسة	٤.٣٧
	٣٤	يؤكد استخدام التغذية المرتدة لتطوير المواقف	٣.٩١
	٣٥	يعتمد وسائل متنوعة في الانتقال مثل الاجتماعات واللقاءات الدورية والندوات والاذاعة الداخلية	٣.٤٧
	٣٦	يفهم اللغة غير المنطوقة ويحلل أبعادها عند الاخرين	٣.١٨
التقويم والمتابعة	٣٧	يعتمد المعايير الموضوعية في تقويم ادارة المدرسة في ابعادها المختلفة	٩.٠٥
	٣٨	يعاقب المقصرين في انجاز ادوارهم الوظيفية بموضوعية	٧.٥٣
	٣٩	يتابع تنفيذ الخطط المدرسية بإجراءات موضوعية	٦.٨٦
	٤٠	يحدد الإجراءات التصحيحة للانحرافات عن الأهداف المحددة	٤.٧٤
	٤١	يرصد الانحرافات بالاداء الفعلي عن الاهداف المحددة دون تأخير	٣.٣٢
	٤٢	يصارح ادارة المدرسة بنتائج تقويم أدائها	٣.٣١

ويتضح من نتائج الجدول (٧) أن جميع (X2) المحسوبة كانت اصغر من القيمة الجدولية البالغة (٩.٤٩) عند مستوى دلالة (٠.٠٥) ودرجة حرية (٤)، وهذا يعني ان المديرين والمديرات يتفقون تماماً في تقويمهم لاداء المشرفين التربويين ولا توجد اختلافات استجاباتهم لانهم ينتمون الى مجتمع واحد، وقد يكون السبب في ذلك الى واحد او اكثر من الأسباب الآتية:

١- تشابه المهات المطلوب تنفيذها من قبل المديرين والمديرات التي يكلفون بها من قبل المشرفين التربويين.

٢- ان المشرفين التربويين المكلفين بالاشراف على مدارس البنين مكلفون في الوقت نفسه بالاشراف على مدارس البنات.

٣- تنقل المديرين والمديرات بين المدارس بسبب التدوير الوظيفي يجعلهم يلتقون بأكثر من مشرف ولاحظوا نمطية تنفيذ المهمات من قبل هؤلاء المشرفين.

جـ- الخبرة الوظيفية: يشير الجدول (٨) الى نتائج تقويم اداء المشرفين التربويين من وجهة نظر المديرين بحسب خبرتهم الوظيفية

الجدول (٨) قيمة مربع كاي للفروق بين استجابات المديرين لتقويم اداء المشرفين التربويين وبحسب خبرتهم الوظيفية

المجال	ت	الممارسات	مربع كاي X^2
التخطيط	١	يلمم بالسياسة التربوية	*٣٠.١٣
	٢	يعرف الاهداف التربوية ومستوياتها	٢٠.٥٤
	٣	يوصي بتطبيق مبدأ الاولويات عند وضع خطة المدرسة بما يناسب الامكانيات البشرية والمادية المتاحة	١٩.٨٨
	٤	يجيد تدريب المديرين على اعداد الخطة ورسم برامجها التنفيذية على مدار العام الدراسي	١١.٠١
	٥	يفهم الفلسفة التربوية	٩.٧٩١
	٦	يوجه خطة المدرسة استنادا الى توجيهات الوزارة	٧.٠٦
التنظيم	٧	يتابع اساليب حفظ البيانات والمعلومات المدرسية	*٢٧.٦٨
	٨	يؤكد تحديث البيانات والمعلومات المدرسية	*٢٦.٣٩
	٩	يلم بالتشريعات التربوية السارية	١٦.٤٨
	١٠	يشرف على تأليف اللجان العلمية والفنية والرياضية للمدرسة بدلالة الاهداف	١٠.٦٨

	١١	يمتلك مهارة في تحديد وصف ومواصفات مديري المدارس	٦.٥١
	١٢	يبصر ادارة المدرسة بطرائق الرد على المذكرات والمراسلات الرسمية المتعلقة بالأمور التربوية	٥.٥٩
القيادة	١٣	يجيد مهارة التفاوض مع الاخرين	١٧.٠٣
	١٤	يوجه العاملين في المدرسة بأداء واجباتهم بعد مشاورتهم بذلك	١٦.٧٣
	١٥	يتمتع بشخصية انسانية قادرة على الموازنة بين واجبات الوظيفة ورضا العاملين في المدرسة	١٥.٤٧
	١٦	يسهم في حل مشكلات العاملين في المدرسة	١٠.٢١
	١٧	يمتلك خصائص قيادية تجعله مؤثرا في سلوكيات ادارة المدرسة	٦.٤٢
	١٨	يسمح للعاملين في المدرسة بالمبادرة وطرح الأفكار الجديدة	٣.٤٣
اتخاذ القرارات	١٩	يطبق مبدأ المشاركة في صناعة القرار واتخاذه	١٤.٧٢
	٢٠	يعمل على ايجاد اكثر من بديل لحل المشكلات المدرسية	١٣.٥١
	٢١	يتابع تنفيذ القرارات المتخذة	١١.٣٤
	٢٢	يحاسب على أي تلكؤ في تنفيذ القرارات المتخذة	٩.٩١
	٢٣	يجمع البيانات والمعلومات عن المشكلات المدرسية	٦.٢٥
	٢٤	يحرص على تحديد ابعاد المشكلات المدرسية	٥.٠٠
تفويض الصلاحيات	٢٥	يفوض الصلاحية لمن يستحقها فعلا من المرؤوسين	١٣.٧٠
	٢٦	يمنح العاملين في المدرسة الثقة لممارسة تفويض الصلاحية	١٢.٨٢
	٢٧	يفهم ان تفويض الصلاحيات من موفرات الوقت	١٠.٨٩
	٢٨	يميل الى شرح آلية أداء العمل المطلوب قبل تفويض الصلاحية	١٠.٣١
	٢٩	يفهم معنى تفويض الصلاحية واهميته في العمل الاداري	٧.٨٤
	٣٠	يدرك ان تفويض الصلاحية ينمي الشعور العالي بالمسؤولية عند العاملين في المدرسة	٦.٧٠
الاتصالات الادارية	٣١	يعتمد وسائل متنوعة في الانتقال مثل الاجتماعات واللقاءات الدورية والندوات والاذاعة الداخلية	١٧.٤١
	٣٢	يصغي ببراعة الى آراء الاخرين ومقترحاتهم	١٧.٠٦
	٣٣	يشجع على اتباع سياسة الباب المفتوح في ادارة المدرسة	١٥.٤٣
	٣٤	يمتلك قدرة مرسل ومبدع للبيانات والتعليمات	١٣.٦٣
	٣٥	يؤكد استخدام التغذية المرتدة لتطوير المواقف	١١.١٩
	٣٦	يفهم اللغة غير المنطوقة ويحلل ابعادها عند الاخرين	٩.٩١

تقويم المتابعة	٣٧	يصارح ادارة المدرسة بنتائج تقويم أدائها	١٤.٤٨
	٣٨	يرصد الانحرافات بالاداء الفعلي عن الاهداف المحددة دون تأخير	١٠.٩٧
	٣٩	يعاقب المقصرين في انجاز ادوارهم الوظيفية بموضوعية	٩.٦٤
	٤٠	يعتمد المعايير الموضوعية في تقويم ادارة المدرسة في ابعادها المختلفة	٩.١٤
	٤١	يتابع تنفيذ الخطط المدرسية باجراءات موضوعية	٦.٨٨
	٤٢	يحدد الإجراءات التصحيحية للانحرافات عن الأهداف المحددة	٣.٧٤

ويتضح من خلال النتائج السابقة ما يأتي:

١- لم تظهر فروق ذات دلالة معنوية في استجابات (٣٩) فقرة وتشكل نسبة (٩٧%) من الفقرات والبالغ عددها (٤٢) وتشير تلك النتيجة الى اتفاق المديرين على اختلاف مدد خبراتهم الوظيفية في تقويمهم لاداء المشرفين التربويين وانهم ينظرون نظرة واحدة في التقويم لتلك الفقرات، وهذا يعني في نظر الباحث ان مدة الخبرة الوظيفية لا تؤثر في استجابات المديرين لانهم متجانسون وينتمون الى مجتمع واحد، وقد يكون السبب الاساس في ذلك النمطية المستمرة في أداء المشرفين لمهماتهم وعدم التغير فيها.

٢- ظهر وجود فروق ذات دلالة معنوية في استجابات (٣) فقرات وتشكل نسبة (٣%) من (٤٢) فقرة. لان قيم (X^2) لهذه الفقرات كان اكبر من القيمة الجدولية البالغة (٢١) عند مستوى دلالة (٠.٠٥) ودرجة حرية (١٢) وهذه الفقرات هي:

- الفقرة (١) وفي مجال التخطيط، حيث بلغت قيمة X^2 (٣٠.١٣) وهي اكبر من القيمة الجدولية المشار اليها لآنفا، وتشير هذه النتيجة في اعتقاد الباحث الى اختلاف نظرة المديرين الى مسألة الما‌م المشرفين التربويين بالسياسة التربوية، وان المشرفين يختلفون في اداء تلك المهمة، وقد يكون هذا ناتجا عن عدم التحاق المشرفين بالبرامج التدريبية أو محدودية تلك البرامج وعدم تركيزها على هذا الموضوع.

- الفقرة (٧) وفي مجال التنظيم: بلغت قيمة X^2 (٢٧.٦٨) وهي اكبر من القيمة الجدولية، وهذا يعني عدم اتفاق المديرين في تقويم أداء المشرفين في موضوع ممارسة المشرفين لمهمة تحديث البيانات والمعلومات المدرسية، وهناك اختلاف في قدراتهم نحو ممارسة المهمة المذكورة، وقد يعود السبب الى اختلاف قدرات

المشرفين في متابعتهم للتطورات العالمية واهمية المعلومات وأثرها في اتخاذ القرارات وحسم المتعلقات في التوقيت المناسب.

- الفقرة (١١) وفي مجال التنظيم: حيث بلغت قيمة X^2 (٢٦.٣٩) وهي اكبر من الجدولية وهذا يعني في - رأي الباحث- ان المديرين لا ينتمون الى مجتمع واحد في هذه الفقرة لانهم مختلفون في نظرتهم الى المشرفين حول موضوع ممارسة مهمة وصف ومواصفات الوظيفة وبالتالي فان المشرفين يختلفون في قدراتهم لتحديد الواجبات والمسؤوليات والقابليات البشرية المطلوبة للمديرين. ومرد ذلك إلى ضعف متابعة المشرفين للمفاهيم الادارية وسبل تجسيدها، وقد يرتبط ذلك بالبرامج التدريبية المقامة للمشرفين ايضا والتي لا تحوي على مثل هذه الموضوعات.

ان النتائج السابقة تتفق مع دراسة (الزعبي، ١٩٩٠) ودراسة (عباس، ١٩٩٢)، اذ توصلت هاتان الدراستان الى عدم وجود فروق ذات دلالة معنوية تعزى الى متغير الجنس مقابل وجود فروق تعزى لمتغير الخبرة.

٢- تحري الاختلافات في استجابات المعلمين لتقويم اداء المشرفين لمهماتهم:

وسيكون عرض النتائج ومناقشتها على النحو الآتي:

أ- التحصيل العلمي

يبين الجدول (٩) نتائج تقويم المشرفين التربويين لاداء مهماتهم من وجهة نظر المعلمين وبحسب تحصيلهم العلمي.

الجدول (٩) قيمة مربع كاي للفروق بين استجابات المعلمين لتقويم اداء المشرفين التربويين وبحسب التحصيل العلمي (بكالوريوس ودبلوم)

المجال	ت	الممارسات	مربع كاي X^2
الاشراف على التدريب	١	يسهم في الدرس اثناء الزيارة الاشرافية بشفافية عالية	٠.٩٤
	٢	يطلع على الخطط السنوية للمعلمين وتفصيلاتها الشهرية واليومية	٠.٦٥
	٣	يعقد لقاءات فردية مع المعلمين بعد الزيارة الاشرافية ليوجههم بما مطلوب اداؤه	٠.٥٧
	٤	يوجه المعلمين الى استخدام طرائق التدريس المناسبة للموضوع الدراسي	٠.٣١

	٥	يركز في اثناء الزيارة الاشرافية على التحضير اليومي	٠.٢٠
	٦	يتعاون مع المعلمين في التخطيط لبرنامج الزيارة الاشرافية	٠.٠٧
التطوير المهني	٧	يسهم في تحسين مستوى معرفة المعلمين في مواد تخصصاتهم عن طريق تزويدهم بالمستجدات المعاصرة في التعليم	٠.٤٤
	٨	يوجه المعلمين الى اساليب تحديد احتياجات الطلبة الموهوبين من المواد الاثرائية	٠.٢٥
	٩	يبصر المعلمين باساليب تحديد احتياجات الطلبة ذوي التحصيل المهني	٠.٢١
	١٠	يشجع المعلمين على القيام باجراء البحوث والدراسات التربوية المتخصصة	٠.١٦
	١١	يدرب المعلمين على استخدام وسائل تعليمية مختلفة ترتبط بالموضوع التعليمي	٠.١٢
	١٢	يشجع المعلمين على زيادة تأهيلهم التربوي من خلال حضورهم الدورات التدريبية	٠.٠٤
تطوير المناهج	١٣	يرشد المعلمين الى طرائق استثمار البيئة المحلية في اثراء المناهج	٠.٥٢
	١٤	يحلل محتوى الكتاب المدرسي بكفاية	٠.٢٥
	١٥	يشارك في تأليف الكتب المدرسية المقررة	٠.١٥
	١٦	يحرص على توصيل مقترحات المعلمين الخاصة بتطوير المناهج والكتب الى الجهات المختصة	٠.١٥
	١٧	يبصر المعلمين باساليب تطبيق المناهج	٠.١٤
	١٨	يسهم في وضع المناهج التربوية	٠.٠٢
العلاقات الانسانية	١٩	يسهم في الاحتفالات والمناسبات التي تقيمها المدرسة	٠.٣٧
	٢٠	يتفهم حاجات المعلمين وظروفهم الشخصية	٠.٢٤
	٢١	يختار الطرائق الانسانية المناسبة للاتصال للمعلمين والتواصل معهم	٠.١٦
	٢٢	ينمي علاقات انسانية بين المعلمين كافة	٠.١٣
	٢٣	يعمل على توثيق علاقاته مع اولياء امور الطلبة للاسهام في حل مشكلاتهم	٠.٠٩
	٢٤	يسهم في معالجة بعض المشكلات الخاصة بالمعلمين	٠.٠٦

القيادة	٢٥	ينمي روح المبادأة والابداع لدى المعلمين	٠.٣٨
	٢٦	ينوع في اساليب القيادة الادارية التي يستخدمها في المواقف التربوية المختلفة	٠.٣٥
	٢٧	يستثمر الامكانات الفردية للمعلمين في تطوير مستوى الطلبة	٠.٣٥
	٢٨	يؤثر ايجابيا في سلوكيات المعلمين ليكونوا اكثر حرصا على تحقيق الاهداف المرجوة	٠.١١
	٢٩	يتميز باداء مهامه الاشرافية بشكل يستقطب اهتمام المعلمين لطريقة ادائها	٠.١٠
	٣٠	يقنع المعلمين بقيمة الاهداف التي يسعون الى تحقيقها.	٠.٠٩
ادارة الصفوف	٣١	يبصر المعلمين بالاساليب الفاعلة لادارة الصف والتفاعل الصفي	٠.٣٥
	٣٢	يلاحظ ما يقوم به المعلمون داخل الصف بمهارة عالية	٠.٣١
	٣٣	يحترم افكار المعلمين في حل المشكلات الصفية	٠.٢٢
	٣٤	يعطي المعلمين توجيهات لاتباعها في الدروس اللاحقة بشأن ادارة الصف	٠.٠٧
	٣٥	يرصد التفاعل اللفظي بين المعلمين والطلبة داخل الصف للنهوض بالتعليم الصفي	٠.٠٦
	٣٦	يجتمع مع المعلمين قبل الزيارة الاشرافية لبحث المشكلات الصفية	٠.٠٦
التقويم الاختبارات	٣٧	يوجه المعلمين لاستخدام اساليب تقويم متنوعة مع الطلبة	1.58
	٣٨	يفسر للمعلمين نتائج الاختبارات والدروس المستخلصة منها	٠.٤٨
	٣٩	يبصر المعلمين بطريقة صياغة فقرات الاختبار بصورة واضحة ومحددة	٠.٤٤
	٤٠	يشجع المعلمين على استخدام التقويم الذاتي وممارسته فعليا	٠.٠٢
	٤١	يشرح للمعلمين كيفية بناء الاختبارات التحصيلية بدلالة الأهداف التعليمية	٠.٨٨
	٤٢	يقوم المعلمين وفقا لمعايير التقويم الموضوعة من قبل وزارة التربية	٠.٢١

ويتضح من نتائج الجدول المذكور آنفا عدم وجود فروق ذات دلالة معنوية بين استجابات المعلمين في تقويم اداء المشرفين يعزى الى متغير التحصيل العلمي، لان جميع قيمه X2 المحسوبة اصغر من القيمة الجدولية البالغة (٩.٤٩) عند مستوى دلالة (٠.٠٥) ودرجة حرية (٤). وهذا يعني من وجهة نظر الباحث ان المعلمين من حملة البكالوريوس والدبلوم متجانسون وينتمون الى مجتمع واحد، وقد يعود السبب في ذلك الى ان المهمات التي يمارسها المشرفون هي واحدة سواء كان ذلك للمعلمين من حملة البكالوريوس او الدبلوم وتتسم تلك الممارسة بالنمطية الواضحة.

ب- الجنس

يوضح الجدول (١٠) نتائج تقويم المشرفين التربويين لمهماتهم من وجهة نظر المعلمين وبحسب الجنس

الجدول (١٠) قيمة مربع كاي للفروق بين استجابات المعلمين لتقويم اداء المشرفين التربويين وبحسب الجنس

المجال	ت	الممارسات	مربع كاي X^2
الاشراف على التدريسات	١	يسهم في الدرس اثناء الزيارة الاشرافية بشفافية عالية	٠.٥٧
	٢	يركز في اثناء الزيارة الاشرافية على التحضير اليومي	٠.٣٥
	٣	يطلع على الخطط السنوية للمعلمين وتفصيلاتها الشهرية واليومية	٠.٢١
	٤	يوجه المعلمين الى استخدام طرائق التدريس المناسبة للموضوع الدراسي	٠.٢٠
	٥	يعقد لقاءات فردية مع المعلمين بعد الزيارة الاشرافية ليوجههم بما مطلوب اداؤه	٠.١٥
	٦	يتعاون مع المعلمين في التخطيط لبرنامج الزيارة الاشرافية	٠.١٤
التطوير المهني	٧	يشجع المعلمين على القيام باجراء البحوث والدراسات التربوية المتخصصة	٠.٣٧
	٨	يسهم في تحسين مستوى معرفة المعلمين في مواد تخصصاتهم عن طريق تزويدهم بالمستجدات المعاصرة في التعليم	٠.٢٥
	٩	يبصر المعلمين باساليب تحديد احتياجات الطلبة الموهوبين من المواد الاثرائية	٠.٢٠

	١٠	يشجع المعلمين على زيادة تأهيلهم التربوي من خلال حضورهم الدورات التدريبية	٠.٦٦
	١١	يبصر المعلمين باساليب تحديد احتياجات الطلبة ذوي التحصل المهني	٠.٩٨
	١٢	يدرب المعلمين على استخدام وسائل تعليمية مختلفة ترتبط بالموضوع التعليمي	٠.٧٢
تطوير المناهج	١٣	يبصر المعلمين باساليب تطبيق المناهج	٠.٤٥
	١٤	يحلل محتوى الكتاب المدرسي بكفاية	٠.٢٢
	١٥	يحرص على توصيل مقترحات المعلمين لخاصة بتطوير المناهج والكتب الى الجهات المختصة	٠.١٨
	١٦	يشارك في تأليف الكتب المدرسية المقررة	٠.١٦
	١٧	يرشد المعلمين الى طرائق استثمار البيئة المحلية في اثراء المناهج	٠.١٤
	١٨	يسهم في وضع المناهج التربوية	٠.٠٦
العلاقات الانسانية	١٩	ينمي العلاقات الانسانية بين المعلمين كافة	٠.٧٨
	٢٠	يسهم في الاحتفالات والمناسبات التي تقيمها المدرسة	٠.١٩
	٢١	يعمل على توثيق علاقاته مع اولياء الأمور الطلبة للاسهام في حل مشكلاتهم	٠.١٣
	٢٢	يتفهم حاجات المعلمين وظروفهم الشخصية	٠.١٠
	٢٣	يسهم في معالجة بعض المشكلات الخاصة بالمعلمين	٠.٠٧
	٢٤	يختار طرائق الانسانية المناسبة للاتصال للمعلمين والتواصل معهم	٠.٠٥
القيادة	٢٥	يؤثر ايجابيا في سلوكيات المعلمين ليكونوا اكثر حرصا على تحقيق الأهداف المرجوة	٠.٣٥
	٢٦	ينوع في اساليب القيادة الادارية التي يستخدمها في المواقف التربوية المختلفة.	٠.٣٢
	٢٧	يستثمر الامكانات الفردية للمعلمين في تطوير مستوى الطلبة	٠.١٦
	٢٨	يتميز بأداء مهامه الاشرافية بشكل يستقطب اهتمام المعلمين لطريقة ادائها	٠.١٤
	٢٩	يقنع المعلمين بقيمة الاهداف التي يسعون الى تحقيقها	٠.١١

...دارة الصفوف	٣٠	ينمي روح المبادأة والابداع لدى المعلمين	٠.٠٧
	٣١	يبصر المعلمين بالاساليب الفاعلة لادارة الصف والتفاعل الصفي	٠.٢٣
	٣٢	يلاحظ ما يقوم به المعلمون داخل الصف بمهارة عالية	٠.١٧
	٣٣	يعطي المعلمين توجيهات لاتباعها في الدروس اللاحقة بشأن الصف	٠.١٧
	٣٤	يرصد التفاعل اللفظي بين المعلمين والطلبة داخل الصف للنهوض بالتعليم الصفي	٠.١٤
	٣٥	يحترم افكار المعلمين في حل المشكلات الصفية	٠.١٠
	٣٦	يجتمع مع المعلمين قبل الزيارة الاشرافية لبحث المشكلات الصفية	٠.٠٨
التقويم والاختبار	٣٧	يوجه المعلمين لاستخدام اساليب تقويم متنوعة مع الطلبة	٠.٧٥
	٣٨	يشرح للمعلمين كيفية بناء الاختبارات التحصيلية بدلالة الاهداف التعليمية	٠.٦٥
	٣٩	يفسر للمعلمين نتائج الاختبارات والدروس المستخلصة منها	٠.٣٩
	٤٠	يقوم المعلمين وفقا لمعايير التقويم الموضوعة من قبل وزارة التربية	٠.١٢
	٤١	يشجع المعلمين على استخدام التقويم الذاتي وممارسته فعليا	٠.١١
	٤٢	يبصر المعلمين بطريقة صياغة فقرات الاختبار بصورة واضحة ومحددة	٠.٠٣

ونستخلص من نتائج الجدول المذكور آنفا عدم وجود فروق ذات دلالة معنوية بين استجابات المعلمين تعزى لجنسهم لان جميع قيم مربع كاي المحسوبة اصغر من الجدولية البالغة (٩.٤٩) عند مستوى دلالة (٠.٠٥) ودرجة حرية (٤)، وهذا يعني ان المعلمين والمعلمات متفقون في استجاباتهم وينتمون الى مجتمع واحد وقد يعود السبب في رأي الباحث الى:

١- ان الدراسة في الكليات التي تخرج فيها هؤلاء المعلمين (الاناث والذكور) غالبا ما تكون مختلطة مما يعني خضوعهم بالتساوي لبرامج الاعداد والتأهيل.

٢- تشابه المدارس سواء أكانت للبنين ام للبنات بالمستلزمات والامكانات الدراسية مما يجعل اداء المشرفين لمهماتهم متقاربا.

جـ- الخبرة الوظيفية:

يشير الجدول (١١) الى نتائج تقويم اداء المشرفين التربـويين لمهماتهـم مـن وجهـة نظـر المعلمـين بحسب خبرتهم الوظيفية

الجدول (١١) قيمة مربع كاي للفروق بين استجابات المعلمين لتقويم اداء المشرفين التربويين وبحسب الخبرة الوظيفية

المجال	ت	الممارسات	مربع كاي X^2
الاشراف على التدريسات	١	يعقد لقاءات فردية مع المعلمين بعد الزيارة الاشرافية ليوجههم بما مطلوب اداءه	١٠.٠٥
	٢	يسهم في الدرس اثناء الزيارة الاشرافية بشفافية عالية	٩.٤٠٧
	٣	يركز في اثناء الزيارة الاشرافية على التحضير اليومي	٤.٥٩٢
	٤	يطلع على الخطط السنوية للمعلمين وتفصيلاتها الشهرية واليومية	٤.٠٧
	٥	يوجه المعلمين لاستخدام طرائق التدريس المناسبة للموضوع الدراسي	١.٤٩٦
	٦	يتعاون مع المعلمين في التخطيط لبرنامج الزيارة الاشرافية	١.٠١
التطوير المهني	٧	يوجه المعلمين باساليب تحديد احتياجات الطلبة الموهوبين من المواد الاثرائية	١١.٧١٦
	٨	يسهم في تحسين مستوى معرفة المعلمين في مواد تخصصاتهم عن طريق تزويدهم بالمستجدات المعاصرة في التعليم	٤.٠٠١
	٩	يبصر المعلمين باساليب تحديد احتياجات الطلبة ذوي التحصل المهني	٢.٣٤٣
	١٠	يشـجع المعلمـين عـلى زيـادة تـأهيلهم التربـوي مـن خـلال حضـورهم الـدورات التدريبية	١.٥١٤
	١١	يشجع المعلمين على القيام باجراء البحوث والدراسات التربوية المتخصصة	٠.٥٤١
	١٢	يدرب المعلمين على استخدام الوسائل تعليمية مختلفة ترتبط بالموضوع التعليمي	٠.٥٣٧
	١٣	يبصر المعلمين باساليب تطبيق المناهج	٣.٢٢٩
	١٤	يسهم في وضع المناهج التربوية	١.٢٧٩
	١٥	يشارك في تأليف الكتب المدرسية المقررة	١.١٩٢

تطوير المناهج	١٦	يحلل محتوى الكتاب المدرسي بكفاية	١.١٨٥
	١٧	يرشد المعلمين الى طرائق استثمار البيئة المحلية في اثراء المناهج	٠.٧٥٥
	١٨	يحرص على توصلي مقترحات المعلمين الخاصة بتطوير المناهج والكتب الى الجهات المختصة	٠.٤٢٠
العلاقات الانسانية	١٩	يتفهم حاجات المعلمين وظروفهم الشخصية	٢.٧٦٦
	٢٠	ينمي العلاقات الانسانية بين المعلمين كافة	١.٤٧١
	٢١	يسهم في معالجة بعض المشكلات الخاصة بالمعلمين	١.١٤١
	٢٢	يسهم في الاحتفالات والمناسبات التي تقيمها المدرسة	١.١٤٠
	٢٣	يعمل على توثيق علاقاته مع اولياء أمور الطلبة للاسهام في حل مشكلاتهم	٠.٨٨٤
	٢٤	يختار الطرائق الانسانية المناسبة للاتصال بالمعلمين والتواصل معهم	٠.٥٢٨
القيادة	٢٥	ينوع في اساليب القيادة الادارية التي يستخدمها في المواقف التربوية المختلفة.	٣.٤٢١
	٢٦	يقنع المعلمين بقيمة الأهداف التي يسعون الى تحقيقها	١.٣١٣
	٢٧	يستثمر الامكانات الفردية للمعلمين في تطوير مستوى الطلبة	١.١١٥
	٢٨	ينمي روح المبادأة والابداع لدى المعلمين	٠.٧٨٠
	٢٩	يؤثر ايجابيا في سلوكيات المعلمين ليكونوا اكثر حرصا على تحقيق الأهداف المرجوة.	٠.٦٤٢
	٣٠	يتميز بأداء مهامه الاشرافية بشكل يستقطب اهتمام المعلمين لطريقة أدائها	٠.٤٨٥
ادارة الصفوف	٣١	يبصر المعلمين بالاساليب الفاعلة لادارة الصف والتفاعل الصفي	٢.٨٨٤
	٣٢	يلاحظ ما يقوم به المعلمون داخل الصف بمهارة عالية	١.٠٥٨
	٣٣	يرصد التفاعل اللفظي بين المعلمين والطلبة داخل الصف للنهوض بالتعليم الصفي	١.٢٦
	٣٤	يحترم افكار المعلمين في حل المشكلات الصفية	٠.٦٧٦
	٣٥	يعطي المعلمين توجيهات لاتباعها في الدروس اللاحقة بشأن ادارة الصف	٠.٥٢٤
	٣٦	يجتمع مع المعلمين قبل الزيارة الاشرافية لبحث المشكلات الصفية.	٠.٤٢١

التقويم والاختبار	٣٧	يشجع المعلمين على استخدام التقويم الذاتي وممارسته فعليا	٤.٦٠٧
	٣٨	يوجه المعلمين لاستخدام اساليب تقويم متنوعة مع الطلبة.	٢.٣٠٣
	٣٩	يفسر للمعلمين نتائج الاختبارات والدروس المستخلصة منها.	١.٣٢١
	٤٠	يبصر المعلمين بطريقة صياغة فقرات الاختبار بصورة واضحة ومحددة	٠.٩٠٩
	٤١	يقوم المعلمين وفقا لمعايير التقويم الموضوعة من قبل وزارة التربية	٠.٩٠١
	٤٢	يشرح للمعلمين كيفية بناء الاختبارات التحصيلية بدلالة الأهداف التعليمية	٠.٥٩٥

ونستنتج من الجدول المذكور آنفا عدم وجود فروق ذات دلالة معنوية عند مستوى دلالة (٠.٠٥) ودرجة حرية (١٢) لان جميع قيم مربع كاي كانت اصغر من الجدولية البالغة (٢١).

وهذا يعني ان المعلمين على اختلاف مدد خبرتهم الوظيفية متفقون على تقويمهم للمشرفين.

ان تجانس الاستجابات كان عاليا وان اختلاف المدد لم يؤثر في انتمائهم لمجتمع واحد، وقد يكون مرد ذلك الى نمطية اداء المشرفين لمهماتهم دون تحديد او تطوير مما جعل نظرة اصحاب الخبرة القليلة مشابها لاصحاب الخبرة الكبيرة.

وخلاصة القول، ان النتائج التي حصلنا عليها تتفق مع نتائج دراسة (الزعبي، ١٩٩٠)، ودراسة (عباس، ١٩٩٢) ودراسة (Munoz, 1988) مع عدم وجود فروق ذات دلالة معنوية تعزى لمتغير الجنس، وتختلف مع دراستي الزعبي وعباس فقط في مجال الخبرة اذ توصلت الدراستان المذكورتان الى وجود فروق ذات دلالة معنوية تعزى الى متغير الخبرة على عكس الدراسة الحالية التي لم تؤشر ذلك.

٣- تحري الاختلافات في استجابات المديرين والمعلمين لتقويم اداء المشرفين في ضوء الاتجاهات الاشرافية الحديثة.

تشتمل تحليلات هذه الفقرة على تحري الاختلافات في استجابات (المديرين والمعلمين) لتقويم المشرفين التربويين في ضوء الاتجاهات الاشرافية الحديثة.

وعليه سيكون العرض والتحليل وفقا للسياق الآتي:

أ- بحسب التحصيل العلمي

ب- بحسب الجنس

جـ- بحسب الخبرة الوظيفية

أ- التحصيل العلمي

تشير نتائج الجدول (١٢) الى استجابات (المديرين والمعلمين) لتقويم اداء المشرفين في ضوء الاتجاهات الاشرافية الحديثة، وبحسب التحصيل العلمي.

جدول (١٢) قيمة مربع كاي للفروق بين استجابات افراد عينة البحث لتقويم اداء المشرفين التربويين وبحسب التحصيل العلمي

المجال	ت	الممارسات	مربع كاي X^2
الاشراف الاكلينكي	١	يحدث خطته الاكلينيكية بالتشاور مع المعلمين.	*٢٢.٤٢٠
	٢	يحلل نتائج عمليتي التعليم والتعلم	٥.٥٥٣
	٣	يعقد لقاءات مع المعلمين بعد الدرس بهدف تحليل ما تم مشاهدته	٤.٧٩١
	٤	يسعى الى ان يكون المعلمون مدركين لادوارهم	٢.٢٩٢
	٥	يلم بمهارات الملاحظة وتنظيم الوقت	٠.٥٩٦
	٦	يحسن ادارة الوقت	٠.٤٠٥
	٧	يستخدم تقنيات تربوية متطورة في عمله الاشرافي	٠.٢٦٢
	٨	يركز على السلوك التدريسي الملاحظ للمعلمين	٠.١٤٣
	٩	يضع خطته الاكلينيكية بالتعاون مع المعلمين	٠.١٢١
الاشراف التشاركي	١٠	يمتلك خبرة واسعة بمهارات التدريس	٠.٢٠
	١١	يبين مسؤوليات المعلمين تجاه الطلبة	٩.٤١٣
	١٢	ينمي مستوى دافعية المعلمين نحو مهنتهم	٩.٢٧٦
	١٣	يقيم عمله الاشرافي من خلال اداء الطلبة	٨.٨١٣
	١٤	يتبادل الخبرات مع المعلمين باستمرار	٨.٤٥٩
	١٥	يضع خطته التشاركية بالتعاون مع المدير والمعلمين	٣.٧٠٢
	١٦	يجدد بمشاركة المعلمين معايير التقويم المناسبة للطلبة	٣.٢٢٥
	١٧	يشجع جميع أفراد العملية التعليمية من خلال اشعار كل فرد انه يقدم عملا مفيدا وان آثاره ستظهر	١.٩١٣

	١٨	يساعد المعلمين على تنفيذ فقرات المناهج	١.٨١٤
	١٩	يخطط لبرامج النمو العلمي والعملي للمعلمين كافة	١.٤٧٠
	٢٠	يسعى الى تكوين علاقة جيدة بين المعلمين والطلبة	٠.٤٣٥
الاشراف التربوي الشامل	٢١	يستفيد من التغذية الراجعة ويعدها اساس التطوير	*١٩.٢٢٠
	٢٢	يهدف الى تحقيق التطوير الشامل في العملية التربوية دون النظرة الجزئية	٦.٩٦٩
	٢٣	يركز في عمله الاشرافي على جميع اطراف العملية التربوية	٤.١١٧
	٢٤	يسعى الى تكوين علاقات صداقة حميمة مع المعلمين	١.٩٩٧
	٢٥	يزود المعلمين بالامثلة والوقائع التي تسهل عليهم شرح المفردة العلمية للطلبة.	١.٩١٣
	٢٦	يضع خطته الشاملة بالتركيز على عناصر العملية التربوية (المعلم والطالب والمنهج)	١.٦٨١
	٢٧	يشجع المعلمين على عرض مشكلاتهم الشخصية والعلمية والمهنية ويسهم في حلها قدر الامكان.	١.٢٠٨
	٢٨	يحلل الموقف التعليمي الى عناصره الأساسية	٠.٩٠٧
	٢٩	يقوم الموقف التعليمي بما يستحق من مستوى تقويم	٠.٨٣٦
	٣٠	يعتمد الحوار الحر مع المعلمين والطلبة	٠.٤٠٧
الاشراف بالاهداف	٣١	يحدد مستويات التحكم التي تعد معايير تستخدم في الحكم على مستوى كل منهم في الأداء التعليمي.	*٢٢.١٦٠
	٣٢	يدرس النتائج التي تم التوصل اليها ويوازنها بالاهداف التي حددها مسبقا.	*١٨.١٦٠
	٣٣	يصوغ اهدافا جديدة للعمل لمرحلة قادمة من خلال الافادة من نظام التغذية الراجعة.	*١٦.٩٩٠
	٣٤	يتخذ القرارات المناسبة في ضوء النتائج لتحديد الأعمال والاجراءات المطلوبة.	*١٠.٨٣٠
	٣٥	يعتمد إجراءات متسلسلة في المتابعة والتقويم لتعرف ايجابيات العمل وسلبياته أول بأول.	*١٠.٨٠٠
	٣٦	يضع خطته الاشرافية بالاتفاق مع المدير والمعلمين والطلبة	٥.٤١٤
	٣٧	يوضح للمعلمين العلاقة بين مضمون المنهج والاهداف المحددة له	٤.٧٢٩

٣٨	يصوغ اهداف خطته على شكل نواتج تعليمية	٣.٧٢٥
٣٩	يحدد الوسائل اللازمة لتقويم كل مرحلة تعليمية	١.٤١٢
٤٠	يبين في خطته الاساليب والاجراءات المطلوبة لتجسيد اهداف خطته.	٠.١٦٠

يظهر من الجدول ما يأتي:

١- عدم وجود فروق ذات دلالة معنوية بين الاستجابات تعزى لمتغير التحصيل العلمي في (٣٣) فقرة وتشكل نسبة (٨٣%) من اصل الفقرات البالغة (٤٠) لان جميع قيم X^2 اقل من القيمة الجدولية البالغة (٩.٤٩) عند مستوى (٠.٠٥) ودرجة حرية (٤). وتؤكد هذه النتيجة في منظور الباحث ان المديرين والمعلمين متفقون في تقويماتهم لاداء المشرفين للاتجاهات الاشرافية الحديثة ولا يختلفون فيها، وانهم ينتمون الى مجتمع واحد، وهذا يعني ان نظرة حملة شهادة البكالوريوس والدبلوم تشير الى ان مستوى اداء المشرفين التربويين لهذه الفقرات لا زالت دون مستوى الطموح وتحتاج الى الكثير لادخال الاتجاهات الاشرافية الحديثة.

٢- ظهر وجود فروق ذات دلالة معنوية بين الاستجابات تعزى لمتغير التحصيل العلمي في (٧) فقرات وتشكل نسبة (١٧%) من اصل الفقرات البالغة(٤٠) فقرة، وهي كما في الجدول (١٣).

الجدول (١٣)

عدد الفقرات	الفقرة	المجال الذي تنتمي إليه	قيمة X^2	النسبة
١	١	الاشراف الاكلينيكي	٢٢.٤٢	١٤%
-	-	الاشراف التشاركي	-	-
١	٢١	الاشراف الشامل	١٩.٢٢	١٤%
٥	٣١	الاشراف بالاهداف	١٠.٨	
	٣٢		١٨.١٦	
	٣٣		١٠.٨٣	٧٢%
	٣٤		٢٢.١٦	
	٣٥		١٦.٩٩	

ونستخلص من الجدول المذكور آنفا ان فقرة واحدة هي (١) في مجال الاشراف الاكلينيكي وجد فروق فيها لان قيمة (X^2) كانت اكبر من الجدولية، وهذا يعني ان المشرفين يختلفون في قدرتهم على تحديث خطتهم الاكلينيكية بالتشاور مع المعلمين.

اما في مجال الاشراف الشامل فقد ظهر اختلاف في فقرة واحدة ايضا هي (٢١) لان قيمة (X^2) كانت اكبر من الجدولية، وهذه اشارة اخرى الى اختلاف المشرفين في افادتهم من التغذية الراجعة واستخدامها مؤشرا للتطوير.

وبشأن الاشراف بالاهداف فقد كان الوزن اكبر، اذ ظهرت في خمسة فقرات هي (٣١، ٣٢، ٣٣، ٣٤، ٣٥) وكانت قيم (X^2) لهذه الفقرات اكبر من الجدولية، وتؤكد هذه النتائج اختلاف المشرفين في ما يأتي:

* اعتماد الاجراءات المتسلسلة في المتابعة والتقويم.

* دراسة النتائج التي تم التوصل اليها وموازنتها مع الاهداف.

* اتخاذ القرارات المناسبة لتحديد الاعمال.

* تحديد مستويات التمكن.

* صياغة الاهداف الجديدة للعمل.

ب- الجنس: توضح نتائج الجدول (١٤) استجابات (المديرين والمعلمين) لتقويم اداء المشرفين في ضوء الاتجاهات الاشرافية الحديثة بحسب الجنس.

الجدول (١٤) قيمة مربع كاي للفروق بين استجابات افراد عينة البحث لتقويم اداء المشرفين التربويين وبحسب الجنس

المجال	ت	الممارسات	مربع كاي X^2
الاشراف الاكلينكي	١	يحدث خطته الاكلينيكية بالتشاور مع المعلمين	٨.٧٣٦
	٢	يحلل نتائج عمليتي التعليم والتعلم	٣.١١٥
	٣	يعقد لقاءات مع المعلمين بعد الدرس بهدف تحليل ما تم مشاهدته	٢.٩٧٣
	٤	يسعى الى ان يكون المعلمون مدركين لادوارهم	٢.٠١٥
	٥	يركز على السلوك التدريسي الملاحظ للمعلمين	١.٠٧٨
	٦	يمتلك خبرة واسعة بمهارات التدريس	٠.١٠٢
	٧	يلم بمهارات الملاحظة وتنظيم الوقت	٠.٠٦٨

	٨	يضع خطته الاكلينيكية بالتعاون مع المعلمين	٠.٠٦
	٩	يحسن ادارة الوقت	٠.٠٥١
لاشراف لتشاركي	١٠	يستخدم تقتنيات تربوية متطورة في عمله الاشرافي	٠.٠٣٠
	١١	يقوم عمله الاشرافي من خلال اداء الطلبة	٦.٥٠٨
	١٢	يبين مسؤوليات المعلمين تجاه الطلبة	٥.٩٢٩
	١٣	يتبادل الخبرات مع المعلمين باستمرار	٥.٦٨٤
	١٤	ينمي مستوى دافعية المعلمين نحو مهنتهم	٤.٨٥٥
	١٥	يضع خطته التشاركية بالتعاون مع المدير والمعلمين	٢.٤٢٣
	١٦	يجدد بمشاركة المعلمين معايير التقويم المناسبة للطلبة	٢.١٠٣
	١٧	يساعد المعلمين على تنفيذ فقرات المناهج	١.٠٧١
	١٨	يشجع جميع افراد العملية التعليمية من خلال اشعار كل فرد انه يقدم عملا مفيدا وان آثاره ستظهر	١.٠١٣
	١٩	يخطط لبرامج النمو العلمي والعملي للمعلمين كافة	٠.٩٤٢
	٢٠	يسعى الى تكوين علاقة جيدة بين المعلمين والطلبة	٠.٣٣١
الاشراف التربوي الشامل	٢١	يستفيد من التغذية الراجعة ويعدها اساس التطوير	*١١.٧٢٠
	٢٢	يهدف الى تحقيق التطوير الشامل في العملية التربوية دون النظرة الجزئية	٤.١٩٧
	٢٣	يركز في عمله الاشرافي على جميع اطراف العملية التربوية	٢.٥٠٩
	٢٤	يشجع المعلمين على عرض مشكلاتهم الشخصية والعلمية والمهنية ويسهم في حلها قدر الامكان	٢.٠٠٦
	٢٥	يزود المعلمين بالأمثلة والوقائع التي تسهل عليهم شرح المفردة العلمية للطلبة	١.١٥٢
	٢٦	يضع خطته الشاملة بالتركيز على عناصر العملية التربوية (المعلم والطالب والمنهج)	١.١٢٨
	٢٧	يقوم الموقف التعليمي بما يستحق من مستوى تقويم	٠.٩٩٣
	٢٨	يسعى الى تكوين علاقات صداقة حميمة مع المعلمين	٠.٩٠٥
	٢٩	يحلل الموقف التعليمي الى عناصره الأساسية	٠.٦٤٠
	٣٠	يعتمد الحوار الحر مع المعلمين والطلبة	٠.١٠١
	٣١	يحدد مستويات التحكم التي تعد معايير تستخدم في الحكم على مستوى كل منهم في الاداء التعليمي	*١٥.١٨٠

الاشراف بالاهداف	٣٢	يدرس النتائج التي تم التوصل اليها ويوازنها بالأهداف التي حددها مسبقا	*١١.٣٨٠
	٣٣	يصوغ اهدافا جديدة للعمل لمرحلة قادمة من خلال الافادة من نظام التغذية الراجعة	*١٠.٧٦٠
	٣٤	يضع خطته الاشرافية بالاتفاق مع المدير والمعلمين والطلبة	٣.٦٠٠
	٣٥	يوضح للمعلمين العلاقة بين مضمون المنهج والأهداف المحددة له	٢.٨٥٥
	٣٦	يصوغ اهداف خطته على شكل نواتج تعليمية	٢.١٦٠
	٣٧	يعتمد اجراءات متسلسلة في المتابعة والتقويم لتعرف ايجابيات العمل وسلبياته أول بأول	١.٨٩١
	٣٨	يتخذ القرارات المناسبة في ضوء النتائج لتحديد الاعمال والاجراءات المطلوبة	١.٤٣٥
	٣٩	يحدد الوسائل اللازمة لتقويم كل مرحلة تعليمية	٠.٧٩١
	٤٠	يبين في خطته الاساليب والإجراءات المطلوبة لتجسيد اهداف خطته	٠.٢٨٠

ونستنتج من الجدول المذكور آنفا المؤشرات الآتية:

١- عدم وجود فروق ذات دلالة معنوية بين الاستجابات تعزى لمتغير الجنس في (٣٦) فقرة وتشكل نسبة (٩١%) من اصل الفقرات البالغ عددها (٤٠) فقرة، لأن قيم (X^2) المحسوبة لهذه الفقرات كان اصغر من الجدولية البالغ عددها (٩.٤٩) عند مستوى دلالة (٠.٠٥) ودرجة حرية (٤).

وتوضح هذه النتيجة انه لا يوجد تأثير للجنس في تقويم اداء المشرفين في هذه الفقرات.

٢- وجود فروق ذات دلالة معنوية في (٤) فقرات ثلاث منها تعود لمجال الاشراف بالأهداف وتشكل نسبة (٨%) من اصل الفقرات، وفقرة واحدة تعود لمجال الاشراف الشامل وتشكل نسبة (١%) من اصل الفقرات البالغ عددها (٤٠) فقرة، وهذه الفقرات هي (٣٠، ٣١، ٣٢، ٣٣) وتتفق هذه النتيجة مع نتيجة (التحصيل العلمي) اذ ظهر اختلاف في هذه الفقرات نفسها وهو تأكيد اخر في اختلاف قدرات المشرفين في تنفيذ هذه الفقرات.

جـ- الخبرة الوظيفية: تبين نتائج الجدول (١٥) استجابات (المديرين والمعلمين) لتقويم اداء المشرفين التربويين في ضوء الاشرافات التربوية الحديثة بحسب الخبرة الوظيفية.

الجدول (١٥) قيمة مربع كاي للفروق بين استجابات افراد عينة البحث لتقويم اداء المشرفين التربويين وبحسب الخبرة الوظيفية

المجال	ت	الممارسات	مربع كاي X^2
الاشراف الاكلينكي	١	يحدث خطته الاكلينيكية بالتشاور مع المعلمين	٨.٠٣٣
	٢	يلم بمهارات الملاحظة وتنظيم الوقت	٥.٤٩٠
	٣	يضع خطته الاكلينيكية بالتعاون مع المعلمين	٥.١٥٤
	٤	يحلل نتائج عمليتي التعليم والتعلم	٣.٥٨٢
	٥	يمتلك خبرة واسعة بمهارات التدريس	٣.١٣١
	٦	يركز على السلوك التدريسي الملاحظ للمعلمين	٣.٠٨١
	٧	يستخدم تقنيات تربوية متطور في عمله الاشرافي	٢.٩٠٦
	٨	يعقد لقاءات مع المعلمين بعد الدرس بهدف تحليل ما تم مشاهدته	٢.٨٤٠
	٩	يحسن ادارة الوقت	٢.٤١٥
الاشراف التشاركي	١٠	يسعى الى ان يكون المعلمون مدركين لادوارهم	٢.٣٤٧
	١١	ينمي مستوى دافعية المعلمين نحو مهنتهم	١٠.١٥٠
	١٢	يضع خطته التشاركية بالتعاون مع المدير والمعلمين	٦.٧٤٠
	١٣	يبين مسؤوليات المعلمين تجاه الطلبة	٥.٨٦٩
	١٤	يجدد بمشاركة المعلمين معايير التقويم المناسبة للطلبة	٥.٤٠٩
	١٥	يتبادل الخبرات مع المعلمين باستمرار	٤.٧٩١
	١٦	يقوم عمله الاشرافي من خلال اداء الطلبة	٤.٢٦٩
	١٧	يساعد المعلمين على تنفيذ فقرات المناهج	٣.٩٤٥
	١٨	يشجع جميع أفراد العملية التعليمية من خلال اشعار كل فرد انه يقدم عملا مفيدا وان آثاره ستظهر	٢.٥٧٩
	١٩	يخطط لبرامج النمو العلمي والعملي للمعلمين كافة	٢.٢٨٣
	٢٠	يسعى الى تكوين علاقة جيدة بين المعلمين والطلبة	١.٩٥٣
	٢١	يحلل الموقف التعليمي الى عناصره الأساسية	*٢٢.٧٩٠

الاشراف التربوي الشامل	٢٢	يستفيد من التغذية الراجعة ويعدها اساسا التطوير	٩.٣٩٠
	٢٣	يهدف الى تحقيق التطوير الشامل في العملية التربوية دون النظرة الجزئية	٥.٥٧٠
	٢٤	يشجع المعلمين على عرض مشكلاتهم الشخصية والعلمية والمهنية ويسهم في حلها قدر الامكان	٣.٦٢٧
	٢٥	يسعى الى تكوين علاقات صداقة حميمة مع المعلمين	٣.٤٦٩
	٢٦	يركز في عمله الاشرافي على جميع اطراف العملية التربوية	٣.٠٠٦
	٢٧	يضع خطته الشاملة بالتركيز على عناصر العملية التربوية (المعلم والطالب والمنهج)	٢.٩٠٠
	٢٨	يزود المعلمين بالامثلة والوقائع التي تسهل عليهم شرح المفردة العلمية للطلبة	٢.٨٩٣
	٢٩	يعتمد الحوار الحر مع المعلمين والطلبة	٢.١١٤
	٣٠	يقوم الموقف التعليمي بما يستحق من مستوى تقويم	١.٧٩٢
الاشراف بالاهداف	٣١	يحدد مستويات التحكم التي تعد معايير تستخدم في الحكم على مستوى كل منهم في الأداء التعليمي	١٤.٨٠٠
	٣٢	يصوغ اهدافا جديدة للعمل لمرحلة قادمة من خلال الافادة من نظام التغذية الراجعة	٨.٧٥٢
	٣٣	يدرس النتائج التي تم التوصل اليها ويوازنها بالأهداف التي حددها مسبقا	٦.٩٥١
	٣٤	يوضح للمعلمين العلاقة بين مضمون المنهج والأهداف المحددة له	٦.١٠٩
	٣٥	يتخذ القرارات المناسبة في ضوء النتائج لتحديد الأعمال والإجراءات المطلوبة	٤.٨٥٥
	٣٦	يضع خطته الاشرافية بالاتفاق مع المدير والمعلمين والطلبة	٤.٤٨٣
	٣٧	يعتمد إجراءات متسلسلة في المتابعة والتقويم لتعرف ايجابيات العمل وسلبياته أول بأول	٤.٠٢٩
	٣٨	يصوغ اهداف خطته على شكل نواتج تعليمية	٣.٦٢٤
	٣٩	يبين في خطته الأساليب والإجراءات المطلوبة لتجسيد اهداف خطته	٢.٦٧٥
	٤٠	يحدد الوسائل اللازمة لتقويم كل مرحلة تعليمية	٢.٥٠٦

وتظهر من نتائج الجدول ما يأتي:

١- عدم وجود فروق ذات دلالة معنوية في (٣٩) فقرة وتشكل نسبة (٩٨%) من اصل الفقرات البالغة (٤٠)، وهذه النتيجة تشير الى اتفاق الاستجابات في تقويم المشرفين، وان (المديرين والمعلمين) ينتمون الى مجتمع واحد في هذا الشأن.

٢- وجود فروق ذات دلالة معنوية في فقرة واحدة وتشكل نسبة (٢%) من اصل الفقرات البالغة (٤٠) فقرة، وهذا يشير الى وجود اختلاف في تقويم أداء المشرفين حول مسألة قدرتهم على تحليل المواقف التعليمية الى عناصرها الأساسية.

وتتفق النتائج التي حصلنا عليها مع ما توصلت إليه دراسة (Hetzel, 1978) التي اشرت اتفاق استجابات (المديرين والمعلمين) الى حد كبير.

وتختلف مع ما توصلت اليه دراسة (Baibara & Dainely, 1990) التي اكدت اختلاف استجابات المديرين عن المعلمين.

المصـادر

١- أحمد إبراهيم أحمد: الإشراف المدرسي، دراسة ميدانية في كتاب تحـديث الإدارة التعليميـة والإشراف الفني ، القاهرة، دار المطبوعات الجديدة، ١٩٨٨.

٢- الافندي: محمد حامد، الإشراف التربوي، الطبعة الثانية، عالم الكتب، القاهرة، ١٩٨٢.

٣- بركات لطفي، دراسة تقويميـة لواقـع الإشراف التربـوي في مـدارس المرحلـة الثانويـة في مـدينتي أبهـا وخميس ومشيط، جنوب غرب المملكـة العربيـة السعودية، مجلـة كليـة التربيـة بالمنصـورة، العـدد الثامن ، الجزء الثالث، ١٩٨٧.

٤- بلقيس: أحمد، تقنيات حديثة في الإشراف التربوي، دار مجدلاوي، عمان، ١٩٨٩.

٥- الجميعي: فؤاد محمد، الأسس النظريـة والتطبيقيـة لوظائـف إدارة الأفـراد، جامعـة الموصل، كليـة الإدارة والاقتصاد، ١٩٨٧.

٦- الحسن: ربحي، تقويم أداء الموظفين، مجلة التنمية الإدارية، بغداد، العدد (١٦) ١٩٨١.

٧- خطاب: حسن، وياسين عوني،أسس البحث العلمي، مطبعة وزارة التربية، بغداد، ١٩٨٦.

٨- الخطيـب: رداح وآخـرون، الإدارة والإشراف التربـوي، اتجاهـات حديثة، ط١، عـمان النـدوة للنشر ـ والتوزيع، ٢٠٠٠.

٩- الخطيب، رواح الخطيب، أحمد والقرح، وجبة، الإدارة والإشراف التربوي - اتجاهـات حديثة، مطلـع الفرزدق التجارية، ١٩٨٧.

١٠- الدباغ : عصام عبد الوهـاب، إطار منطقـي لترشـيد القرار الإداري في المنظمات العراقيـة لاختيـار الأساليب في قياس وتقييم أداء الأفـراد، مجلة التنمية الصناعية، العـددان الثالـث والعشرـون والرابـع والعشرون، بيروت، ١٩٩٠.

١١- الدويك: تيسير وآخرون، أسس الإدارة المدرسية والإشراف التربوي ، دار الفكر للنشر ، ١٩٨٧م.

١٢- ديوب بولدب: وفان دالين، مناهج البحث في التربية وعلم النفس، ترجمة كديل نوفل وآخرون، مكتبة الإنجلو المصرية، القاهرة، ١٩٨٥.

١٣- ذوقان ، عبيدات وآخرون، البحث العلمي، مفهومه، أدواته وأساليبه، دار الفكر، عمان، ١٩٨٤.

١٤- زكي: صالح أحمد، التعليم أسسه ومناهجه ونظرياته، القاهرة مكتبة النهضة العربية، ١٩٨٥.

١٥- الزهراني: أحمد جمعان عطية، تقويم التوجيه التربوي لمدرسي ومدرسات المواد الاجتماعية في المرحلة المتوسطة بمنطقة الباحة، دراسة ميدانية، رسالة ماجستير غير منشورة، الرياض، كلية التربية، جامعة الملك سعود، ١٩٨٠.

١٦- زيتون: عايش محمود، أساسيات الإحصاء الوصفي، ط١/، دار عمان للنشر والتوزيع، عمان ١٩٨٤.

١٧- صالح: عمران، العلاقة بين الممارسات الإشرافية الفعلية للمشرفين التربويين والممارسات الإشرافية المفضلة لدى معلمي مدارس مديرية عمان، رسالة ماجستير، غير منشورة، مقدمة إلى كلية التربية الجامعة الأردنية، عمان، ١٩٩٣.

١٨- عبيدات: محمد صالح، تقييم الأداء، مجلة رسالة المعلم، عمان، المجلد السادس والثلاثون، العدد الثاني، ١٩٩٥.

١٩- عدس: أحمد عبد الحليم، محمد فهمي الدويك، حسن ياسين، الإدارة والإشراف التربوي ، ١٩٨٨.

٢٠- عوده، أحمد وملكاوي، فتحي، أساسيات البحث العلمي، ط٢/، مكتبة الكناني، اربد، ١٩٩٣.

٢١- المركز العربي للبحوث التربوية لدول الخليج العربي، ١٩٨٥.

٢٢- المشهداني: محمود ، وأمير حنا هرمز، الإحصاء، مطبعة التعليم العالي، الموصل، ١٩٨٩.

٢٣- المناصرة: منصور محمد سليمان ، تصورات المعلمين والمشرفين التربويين نحو التخطيط الإداري السائد في المدارس الثانوية في اربد، رسالة ماجستير غير منشورة، جامعة اليرموك، اربد، الأردن، ١٩٩١.

24- Ebel, Robert, Essentials of Educational measurement, Englewood, 1972.

25- Ghiselli, E.E., The Validity of Commonly Employed occupational Tests, Berkeley, university if Califormia press 1994.

26- Good, C.V. Dictionary of Education, third edition, New York , 1973.

27- Harnett, Donald, Statistic Statistical Method, 3 ed ., London , Int Philippings copyright Addition Wesley publishing company, 1982.

28- John , L.T. 7 phelips, M. super Supervision, prinsiplas & supervisory, Educational leadershop, Vol, 35, No, 3, 1977.

29- Junlins, Gould and William L. Kolb, Dictionary of Science, New York: the United Nation Educational and Cultural Organization, 1984.

30- Kerlinger, F.N., Foundation of behaviou- ral Research , Holt Rine hart & Winston, New York, 1979.

31- Profiled L.L., performance in Organization, Glevienw lllinois Brighton: Q uible, Y., personal management and industrial relation, MC Graw – Hill, 1977.

32- Runy ., R.P.& Audrey Haper, Fundamentals of nehevioral ststistics, 3 Ed, Addison Wesley publication co., UK , 1979.

33- Tarra, p, Tenbrink D. Evaluation appractical Quide for teachers, New York , Nco- raw – will, 1974.

34- Tukman, H., perspective on personnel Human Resource management, Hamewoods, Irwin, 1975.

35- Yoder, Dale, Personal Management and Industrial Relations, Pitman & Sons, London, 1978.

التوقعات المستقبلية للإدارة الجامعية في العراق في القرن الحادي والعشرين

أ.د. رياض ستراك   د. مجبل علوان محمود

أهمية البحث

منذ اقدم العصور والمستقبل من المسائل الاساسية التي تشغل حياة الإنسان، فهو يعد العدة ويتهيأ له خوفا مما قد يصيبه من كوارث وسنوات عجاف نتيجة عوامل عديدة، وكان تهيؤه على نحو ما تتطلبه انماط حياته التي كان يعيشها، والى زمن غير بعيد اعتمد الانسان على حسابات النجوم وقراءة الطالع وغير ذلك من الافكار البدائية في التنبؤ بالمستقبل. وبمرور الزمن ونمو السكان وتقدم الحضارة اخذت تزداد وتتعقد حاجات الإنسان ومتطلباته حتى قامت الثورة الصناعية الاولى في اوروبا فغيرت كثيرا من مفاهيمه وأساليب تفكيره وثقافاته وانماط حياته فظهر التخطيط بوصفه حركة علمية في التهيؤ للمستقبل. والتخطيط في هذا المجال كان لا يتعدى مجموعة تدابير يتخذها الانسان لمواجهة مستقبله في ضوء متطلبات حاضره وتحديد حاجات غده.

ان التخطيط بمفهومه العلمي كاستراتيجية تنموية يرجع الى افكار العالم النرويجي (كريستيان ستونهيدر) في بحثه عام ١٩١٠ (٣٧: ٦٤) غير ان هذا التخطيط لم ينل الاهتمام والتطبيق في العالم الا بعد عقدين من السنين حين قام الاتحاد السوفيتي (السابق) في العشرينات بوضع اول خطة تنموية لكهربة البلاد عام ١٩٢٠ كما وضع اول خطة خمسية للاعوام ١٩٢٨-١٩٣٣. اما الولايات المتحدة الامريكية فقد اعقبت هي وكثير من الدول الأوروبية الاتحاد السوفيتي (السابق) في تطبيق التخطيط لقطاعاتها التنموية كالطاقة، وكان ذلك بعد الحرب العالمية الثانية (٢٧: ٢١).

الا ان كثيرا من دول العالم، وعلى وجه التحديد الدول المتخلفة اقتصاديا، لم تلتفت الى التخطيط التفاتة جدية، او ان خططها لم تبن على أسس علمية او تأخذ صفة شمولية لمجالات التنمية، لذلك فان مثل هذا التخطيط لن يحقق الاهداف المحددة له. ونتيجة لذلك فان تلك الدول ستبقى متخلفة عن مسيرة الحضارة الانسانية، وتتفاجأ بما يحمله المستقبل من متغيرات تؤدي بها الى الاختلال

والتخبط مما يترك ضرراً كبيراً على مسيرة التحولات الاجتماعية والاقتصادية والعلمية لذلك المجتمع الذي سيواجه مستقبله بكثير من المخاوف والتشوش والمعاناه.

وقد أشار (Toffler 1970) الى ان نسبة التغير قد تصبح من الضخامة بدرجة المعاناة من الصدمة المستقبلية. وفي رأيه ان وصول المستقبل قبل اوانه ينجم الاختلال والتشوش وهذا قد يكون اكثر امراض الغد اهمية (٨٤: ١٣).

ان كل تخطيط للمستقبل ينبغي ان يأخذ بالحسبان تجربة الماضي التي اكتسبت الانسان من خلالها معلومات وخبرات كثيرة، فيتعرف على ما حققه من خططه التي وضعها وعلى ما لم يحققه منها وأسباب ذلك. وعلى الرغم من انه لا يستطيع تغير شيء من الماضي الا انه قادر على توظيف تلك المعلومات والخبرات التي اكتسبها منه في تحديد وابتكار السبل والطرق التي تؤدي الى تحقيق ما اخفق في تحقيقه من الماضي وتطويره.

يؤكد (نان حوي كي ١٩٨٧) أنه "ليس في وسع الإنسان تغير الماضي ولكنه يعتقد ان باستطاعته التأثير في المستقبل ولكي يفعل ذلك فانه يخترع طرائق متزايدة في التطور في محاولاته التنبؤ بما يخبئه له المستقبل" (٤٤: ٧)

ان عملية توظيف المعلومات المكتسبة من مسيرة الماضي وابتكار السبل والطرق العلمية المتطورة في التهيؤ للمستقبل تحتاج الى موازنة دقيقة بين الموارد البشرية والعلمية والاقتصادية لاي مجتمع، وحاجات ذلك المجتمع ومتطلباته، ولا يمكن تحقيق ذلك الا بتخطيط التربية تخطيطا يلبي حاجات الاقتصاد الوطني ومتطلبات التنمية الاخرى، ان أثر التربية والتعليم في هذا المجال هو اعداد الانسان لاستيعاب تراثه الحضاري وواقعه وما تتطلبه حاجاته لتطوير هذا الواقع، فضلا عن ادراك التحديات الداخلية والخارجية التي تواجهه. وبعبارة اخرى ان أثر التربية والتعليم ينبغي ان يركز في اهدافه وخططه وبرامجه على ما يمكن الطلبة من الاستمرار والتواصل مع عالم الغد الذي سيختلف عن عالم اليوم حتما. لذلك فإنه من المهم جدا ان يولي المربون اهتماما خاصا لتطوير المهارات واساليب التفكير المستقبلي لطلبتهم اذ ان كثيرا من التحولات التي ستحدث في المستقبل يكون لها أثر بارز في وظيفة المعلم والمدرسة في المجتمع.

ولذلك قامت الاتحادات والمنظمات التربوية في الوطن العربي بعقد الندوات والمؤتمرات الفكرية واعداد الابحاث والدراسات العلمية التي تعالج قضايا التربية في المرحلة الراهنة ورسم استراتيجياتها لمواجهة متطلبات المستقبل.

وقد اكد (توفيق ١٩٨٧) على احداث التغيير في الواقع التربوي العربي الراهن في اتجاه تغيرات القرن الحادي والعشرين ومشكلات ذلك التغيير وما يتطلبه على ان يستند الى أسس واضحة تتفق مع خطط التنمية المستقبلية (٥: ٤٢).

ودعى اتحاد المعلمين العرب (١٩٩٤) الى بناء استراتيجية مستقبلية للتعليم في الوطن العربي ذات ملامح تتضمن تطوير اساليب انتقاء المعلم وبرامج اعداده وزيادة الاهتمام بتوفير جميع وسائل الرعاية الاجتماعية والاقتصادية له، ورفع الكفاية الثقافية والتوجيه الفني والمهني للمعلمين، ورفع كفاية الادارة التعليمية بما يتفق مع متطلبات العصر ومتطلبات المستقبل. (٦)

واشار (البزاز واخرون ١٩٩٥) الى الملامح المستقبلية للتربية والتعليم في العراق في القرن الحادي والعشرين في ضوء التغيرات والتطورات والمستجدات المتوقعة والاتجاهات العالمية المعاصرة، والعمل على صياغة استراتيجية تربوية مستقبلية تكون هادية ومرشدة لمزيد من التطور في التربية والتعليم في العراق في العقدين الاولين من القرن الحادي والعشرين (١٠: ١٠٠).

لم تقتصر الدراسات المستقبلية على التربية والتعليم فحسب، بل شملت مختلف ميادين الحياة من علوم وصناعة واقتصاد وسياسة وغير ذلك، وان هذه الدراسات جميعا تهدف الى وضع تصورات لما يحمله المستقبل من تغيرات لرسم السياسات والبرامج المناسبة لمواجهتها. ان عالم اليوم يواجه تحديات كبيرة تتطلب منه استجابات سريعة تتلاءم مع تلك التحديات وتتسم بالأهمية نفسها عند وضع الخطط والبرامج الانمائية العامة على ان يكون هدف هذه الخطط تحقيق التنمية البشرية المستديمة اذ ان التنمية الاقتصادية ينبغي ان توجه الى خدمة التنمية الاجتماعية وهكذا.

وقد تناول (القاضي ١٩٨٠) المكونات الرئيسة لنظم الادارة العلمية وتأثيرها في سلوك الأفراد في ظل الزيادة الهائلة في الانتاج والنمو السريع في الاقتصاد مما يؤدي الى ظهور حالة من عدم التكافؤ وعدم التوازن بين التقدم التكنولوجي وبين هيكل التقدم الصناعي وتنظيماته الادارية، واوصى رجال الادارة لمواجهة مرحلة التطور هذه بكثير من الابحاث العلمية في هذا المجال (٤٣: ٧١-٩٠).

وقدم (يماني ١٩٨٣) ثلاثة افتراضات لمعالم القرن الحادي والعشرين هي: استمرار النفط مصدرا رئيسا للطاقة ربما الى منتصف القرن القادم، وزيادة سرعة النمو الصناعي في دول العالم الثالث مما سيؤدي الى تغيرات عميقة في البيئة الاقتصادية لها وحصول تجمعات سياسية جديدة وعديدة في العالم تؤدي الى اعادة توزيع مراكز القوى والتحالفات السياسية الدولية (٤٩: ٤١-٤٢).

واذا كانت المؤسسات التربوية والاقتصادية والسياسية وغيرها قد ادركت اهمية التهيؤ لمواجهة المستقبل، فان الجامعة ينبغي ان تكون اسرع من هذه المؤسسات في هذا التوجه فهي مطالبة بان تسهم في احداث التغيير الثقافي والعلمي، وان تساعد على النهوض بتنمية بشرية مستديمة، لها مساهمات مميزة في تنظيم المجتمع من خلال الابحاث والدراسات، وفضلا عن ذلك ينبغي عليها ان تعمل على تطوير المؤهلات الاكاديمية والمهنية والصفات الشخصية للافراد. لذلك فان تطوير الجامعة ونموها ينبغي ان ينطلق من فلسفة ومفاهيم واضحة في ادارتها وتنظيماتها وعملياتها الرئيسة على وفق اسس ومفاهيم محددة مركزيا، فالادارة الجامعية هي وسيلة واداة هامة لتحقيق اهداف المجتمع في التطور والتقدم، وان معيار نجاحها هو قدرتها على احداث التغيير وقيادة التطور والنمو في المجتمع.

وبهذا الشأن يشير (Layard 1976) الى ان الجامعة التي تمتلك جهازا اداريا كفوءا وفعالا ستكون قادرة على تطوير مجتمعها كما ستكون انموذجا متقدما للمؤسسات الاخرى في المجتمع (٧٧: ١٥٠).

كما يشير (Ahmate 1980) الى ان بعض الجامعات في الدول النامية قد اوجدت لنفسها الى حد ما نماذج ادارية خاصة، واعدت لها برامج متخصصة تهدف الى حل المشكلات الاجتماعية والاقتصادية القائمة وتقودها نحو النمو والتطور (٦٣: ٧٢١) ويرى (Etton 1981) ان على الجامعة ان تواكب التطورات السريعة من خلال توجيه اتجاهاتها وتطوير نشاطاتها المتنوعة لمواجهة التحديات التي تحمل التغيرات السريعة في مختلف المجالات (٧١: ٢٧)

غير ان عددا من الجامعات في بعض الدول النامية ومنها بعض الاقطار العربية ما زالت تحتاج الى تطوير. كما ان بعضها قد اخفقت في تحقيق بعض الاهداف الموكلة اليها لاسباب عديدة منها ما يتعلق ببنيتها التنظيمية وعدم الاستفادة من المستجدات في هذا المجال، كما ان بعض هذه الجامعات تشكو ضعفا في ادارتها، فضلا عن ضعف التخصيصات المالية لها وابرز (Oxenhame 1980) تخلف الجامعات في الدول النامية مقارنة بجامعات الدول المتقدمة في اعداد عناصر كفوءة لتحقيق التنمية الشاملة، وعزا ذلك في بعض اسبابه الى ضعف الادارة في تلك الجامعات (٨١: ٦٣٤) وعلى مستوى الجامعات العربية يشير (Simmon 1980) بان المتوقع لهذه الجامعات ان تقوم بدور فعال في تقدم وتطور الامة وان تسهم بجدية في حل مشكلاتها الاجتماعية والاقتصادية القائمة الا انها اخفقت في ذلك الى حد ما بسبب وجود المشكلات الكثيرة التي تواجهها، وقلة السند المالي المخصص لها فضلا عن ضعف اجهزتها الإدارية (٨٣: ٥٤)

وهكذا يصبح لزاما على الجامعة ان تتوجه نحو المستقبل في وضع تصوراتها ورسم سياساتها وبناء استراتيجياتها لمواجهة متطلباته في ضوء التغيرات الثقافية والعلمية التي سيشهدها العالم.

وقد وضع (مورافيسك ١٩٨٣) عددا من التصورات التي سيكون لها اثر بارز في الجامعة، منها زيادة سرعة تقدم المعرفة واكتسابها عن طريق مدخل نظامي وعدم انفصال مكوناتها بعضها عن بعض، وزيادة لا مركزية هيكل المجتمع ونشاطاته، وبداية عصر توطين الانسان في الفضاء، واحتمالية تغير قيادة العالم وزيادته وانهيار بعض الدول المهمة وصعود بعض الدول النامية الى مرتبة الدول الريادية (٤٧: ٢٢- ٢٤)

ان تلك التغيرات تشكل تحديات تواجه الجامعات لذلك فانها مطالبة ان تكون لها رؤية واضحة تتخذ في ضوئها الاجراءات المناسبة لها على ان تتسم هذه الاجراءات بالشمولية في الجوانب العلمية والاجتماعية والمرونة والتوازن بين متطلبات التنمية البشرية والتنمية الاقتصادية وعدم التوجه الى التقليد ونقل التجارب الجاهزة من دول اخرى.

وقد اشار (ستراك ١٩٩٨) الى ان النظم التربوية العربية تعتمد على التقليد الغربي، فلا التعليم قادر على تطوير بنيته لمتطلبات الحداثة والتجديد الاقتصادي بفعل عدم وجود المرونة المتوفرة ولا الهيكلية الاقتصادية قادرة على اعطاء المواصفات المهنية المطلوبة والمفردات المنهجية المرغوبة لها لايجاد قوة عمل اكاديمية منسجمة مع متطلباتها وبمرور الزمن تتعزز صلابة النظامين الاقتصادي والتربوي ومن ثم تذهب التوظيفات الاستثمارية الهائلة وتستمر حالة عدم التوازن (٢٢: ١٥-١٦)

وفي السياق نفسه يقترح (جريو ١٩٨٨) اعادة النظر الجاد بالتعليم العالي ومؤسساته المختلفة وذلك بان "يسهم فيها القادة التربويون والجامعيون والعاملون في حقل العمل والمستفيدون من مخرجات مؤسسات التعليم العالي بهدف وضع خريطة متكاملة لجامعات المستقبل وتحديد سبل استحداثها لتلبية احتياجات الاقطار العربية المختلفة على ان يراعي في ذلك الواقع السكاني ومتطلبات التنمية والتكامل العلمي العربي" (١٤: ١٤٦-١٥٢)

وقد توسعت حركة الاهتمام بالمستقبل والتهيؤ له اذ اولت المنظمات والاتحادات التربوية والتعليمية والجامعية اهتماما خاصا لتطوير التعليم العالي وتحديث مؤسساته المختلفة من خلال تنظيماته الجامعية، وركزت هذه المنظمات على تطوير الادارة الجامعية، واتخذت التوصيات والمقترحات اللازمة بهذا الشأن.

ولذلك اوصى مكتب التربية العربي لدول الخليج العربي بتطوير الانظمة والبيئة الادارية للجامعات من خلال اجراء الدراسات الميدانية للتعرف على الصعوبات التي تواجه تطوير وتطبيق الانظمة الادارية واعداد ادلة عمل اداري منبثقة من اهداف الجامعة والاهداف الادارية المعمول بها وتبادل هذه الادلة بين جامعات دول الخليج، ويدعو الى الاهتمام بالجوانب الانسانية والنفسية والسلوكية في التعامل مع منتسبي الجامعات (٥٠: ٤٥)

كما ان اتحاد الجامعات العربية قد اوصى في مجال تحديث الادارة الجامعية بتبني نظرة شمولية عامة والاعتماد على وسائل وأساليب تتفق ومعطيات العلوم الادارية والاجتماعية والتكنولوجية تتناسب وظروف كل جامعة. كما اكد توفير مستلزمات نجاح واستمرارية عمليات الاصلاح والتطوير في الادارة الجامعية بما في ذلك توفير الطاقات البشرية المدربة والموارد المادية ودعم متخذي القرارات في الجامعات لتلك العمليات (٤: ٤٥٥)

اما منتدي الفكر العربي فقد ركز على الادارة التربوية ودعا الاقطار العربية الى تبني سياسات واضحة في مجال كوادرها الادارية من خلال فرص الدراسة والتدريب في الاختصاصات الادارية المختلفة وتوسيع فرص الدراسات العليا في الادارة التربوية، والاعتماد على وسائل واساليب حديثة وواضحة في اختيار وتعيين العناصر الحديثة للعمل الاداري (٥٣: ٧٣-٧٤)

وفيما يتعلق بالعراق فان المجتمع يتوقع من الجامعة استجابات سريعة للاتجاهات العامة في تحقيق متطلبات التنمية البشرية والمادية التي ينبغي عليها النهوض بها، فضلا عن محاولة صياغة آفاق مستقبلية تأخذ بالحسبان ملاءمة انشطتها المختلفة لدور التعليم العالي ومكانته في المجتمع. ان استجابة الجامعة وملاءمتها تحتاج الى عنصر- الجودة العلمية في مستوى ادارتها وهياكلها وبيئتها الاكاديمية وبرامجها وطلبتها، وهذا لا يتحقق الا بالتطور الذاتي للتعليم العالي بوجه عام والجامعة بوجه خاص.

وقد اولت وزارة التعليم العالي والبحث العلمي اهتماما خاصا للجامعات من خلال مؤتمراتها وندواتها فضلا عن البحوث والدراسات العلمية بهدف تطويرها وجعلها قادرة على استيعاب التغيرات الحاصلة في مختلف الميادين وصياغة استراتيجيات علمية لتحقيق اهدافها، فعقدت خمسة مؤتمرات بهذا الشأن كانت في الأعوام ١٩٧١، ١٩٨١، ١٩٨٧، ١٩٨٩، ١٩٩٢، وتعد هذه المؤتمرات مصادر مهمة لوضع استراتيجيات علمية ورسم سياسات عامة وتخطيط بعيد الامد للجامعات، وناقشت هذه المؤتمرات انشطة ومشكلات التعليم العالي ومؤسساته

بشكل تفصيلي، وكانت الادارة الجامعية تأخذ حيزا مناسبا في بعض هذه المؤتمرات.

ناقش المؤتمر الثالث المنعقد عام ١٩٨٧ مسيرة التعليم العالي للفترة التي تلت المؤتمر الثاني الـذي انعقد عام ١٩٨١، واجرى تقييما عاما لما تحقق وما لم يتحقق وتوصل الى استنتاجات عديدة، كـما وضع بعض التوصيات العامة في مجال الافاق المستقبلية. ومن بين هذه التوصيات "ان الجامعات والمعاهد هـي ليست مؤسسات حيادية، بل هي مؤسسات علمية تلتزم باهداف المجتمع وفلسفته واتجاهاته ومطالبـه، وترى هويتها باضطلاعها بمسؤولية المساهمة الفعالة بتحقيق نقلة نوعية عـن طريـق التقـدم وتطويـر المجتمع وتنمية طاقاته البشرية عبر احدث العلوم والمبتكرات ونقله الى حياة ومستوى افضل " (٥٩: ٩٩)

اما المؤتمر الرابع الذي انعقد عام ١٩٨٩ فانه كان يمثل نقلة نوعية في مسيرة التعليم العـالي، اذ اتسم بالصراحة والموضوعية والنقد البناء فحدد الصعوبات والمشكلات التي يواجهها التعليم العالي بدقة وحدد اسبابها تم قام بمحاولات جادة لوضع المعالجات العلمية لها. واكد المؤتمر وضع وتنفيذ استراتيجية لنظام التعليم العالي تستجيب بمرونة وفاعلية للتحديات والتحولات الاقتصاديـة والاجتماعيـة الجـادة باستمرار في القطر وتناول دور الجامعة الرائد وادارتها التي ينبغي ان تكون انموذجـا للمؤسسـات الاخرى، ان تسعى الى خلق تقاليد جديدة في العمل الاداري مبنية عـلى أسـس علميـة تحكمهـا العقلانيـة وتسـيرها الموضوعية (٦٠: ٩٥) وقد اكدت ورقة اصلاح التعليم العالي التي اعدت لهذا المؤتمر عـلى المسؤوليـة المزدوجة للجامعة في مواكبة الجهود المبذولة لتجاوز الواقع وتحقيق الطموح، وان تكون لها رؤيـة واضحـة ودقيقة لما سيحدث في المستقبل (٦٠: ٢١)

وعلى صعيد المؤتمر الخامس المنعقد عام ١٩٩٢ الذي أطلق عليه "ندوة النهوض بـالتعليم العـالي والبحث العلمي" فانه يعد مـن اهـم المـؤتمرات والنـدوات، ذلـك انـه كـان يسـتند الى ملاحظات ميدانيـة ودراسات استطلاعية ووثائق رسمية تم جمعها من مصادرها الاولية وهي المؤسسات الجامعية. وقد توصل المؤتمر الى توصيات عدة منها ما يتعلق بالوزارة واخرى بالجامعات. فعلى مستوى الوزارة اوصى المؤتمر بـان تتوجه الوزارة لممارسة دورها التخطيطي القيادي باصعدته الثلاثة: رسم الاستراتيجيات والاهداف، وضـع المؤشرات التخطيطيـة، والتنسيق والتوحيـد ومتابعـة حسـن تنفيذ مخطط الجامعات. وفيما يتعلق بالجامعات فان عليها اعداد الخطط التفصيلية في مجال انشطتها وصلاحياتها بموجب توجيهـات الـوزارة (٦١: ٧-٩)

وفي ضوء ما تقدم فان اهمية هذا البحث والحاجة اليه تكمن فيما يأتي:

١- اهمية الدراسات المستقبلية بصورة عامة وفي ميدان التعليم العالي بصورة خاصة اذ ان هذه الدراسات ليست مجرد اسقاطات او تنبؤات عشوائية بل هي رؤية مبكرة لما ينبغي ان يتحقق مستقبلا نتيجة لاداء وتجارب وممارسات معاصرة وخبرة بمسارات الماضي.

٢- المتغيرات التي يعيشها العراق في الوقت الحاضر، وحجم الهجمة الامبريالية الصهيونية وما خلفته من نتائج سلبية على الحياة العامة للمجتمع العراقي والتهديدات المستمرة فضلا عن استمرار الحصار الجائر، وخطورة ما يسمى بالنظام الدولي الجديد والعمل على وفق مفاهيم هذا النظام التي ما هي الا استعمار جديد للحضارات البشرية وثقافات المجتمعات المعاصرة.

٣- تأكيد دور الجامعة بوصفها معلما حضاريا متقدما في المجتمع وابراز الدور الذي ينبغي ان تلعبه لمواجهة المتغيرات والمفاجآت التي سيحملها القرن الحادي والعشرون، ووضع مفهوم تربية المستقبل موضع التنفيذ.

٤- مواجهة التحديات الكبيرة التي يشهدها العالم في الميادين العلمية والتكنولوجية والاقتصادية والاجتماعية. والعمل على اعداد الخطط واستراتيجيات طويلة ومتوسطة وقصيرة الامد لمواجهة تلك التحديات.

مشكلة البحث

ينقضي القرن العشرين الذي شهد فيه العالم تغيرات كبيرة جدا لم يسبق للبشرية ان شهدتها من قبل، وها هو العالم على ابواب القرن الحادي والعشرين الذي سيكون قرن المفاجئات العلمية، ولا يمكن ان يقف العالم ينتظر ما يحمله القرن القادم ليضع الحلول والبدائل المناسبة، لذلك بدأت معظم التنظيمات والمؤسسات في مختلف دول العالم تضع تصوراتها وتوقعاتها لما سيحمله هذا القرن، ورسم السياسات والبرامج اللازمة لمواجهتها، مما يتطلب ادارات تعي دورها القادم وتتمكن من استيعاب التحولات المنتظرة ووضع البدائل والحلول اللازمة لها.

وعلى مستوى القطر العراقي فانه شهد خلال العقدين الاخيرين من هذا القرن اوضاعا وظروفا استثنائية كان ابرزها واكثرها ضررا هو العدوان الثلاثيني الظالم بصفحاته العسكرية والسياسية والاقتصادية والعلمية الذي تناول كل مرافق الحياة. والحصار الجائر المفروض حاليا على المجتمع العراقي ومؤسساته العلمية والاقتصادية هو الصفحة التي تمسكت بها الولايات الامريكية بدعم وتحريض من الصهيونية بهدف عرقلة النهوض الحضاري ومنعه اذ اصبح يشكل خطرا كبيرا

على مصالحهم الاستعمارية في الوطن العربي. وفي ظل هذه الحالة الاستثنائية فانه يتطلب من المؤسسات والتنظيمات كافة ان تعي دورها لمواجهة هذا الوضع.

ان الجامعات العراقية وهي المعالم الحضارية المتقدمة ورائدة التحولات المطلوب احداثها في المجتمع، كان نصيبها من آثار الحصار الجائر اكثر من غيرها من المؤسسات، وان الاعباء التي تحملتها وما زالت تتحملها لا يمكن قياسها بالارقام. لذلك فهي مطالبة ان تكون في مقدمة المؤسسات من خلال انشطتها التربوية والعلمية والاجتماعية في تقديم الحلول والبدائل للمشكلات الاقتصادية والاجتماعية التي افرزتها هذه الحالة الصعبة، وهذا يعتمد على نوعية ادارتها وقدرتها على قيادة تلك المعلومات.

ان الباحث وهو يتناول الادارة الجامعية في ضوء ما تقوم به من وظائف ومهمات حاليا في المستقبل، لابد ان يستند الى مشكلة تدفعه للبحث في هذا الموضوع. وقد عمقت دافعية الباحث لهذا الموضوع عوامل كثيرة كان من اهمها ما شخصته اوراق ندوات ومؤتمرات التعليم العالي من مشكلات تعاني منها الادارة الجامعية في المرحلة الراهنة وهي:

١- وجود فروق نوعية قائمة بين اداء ادارات الجامعات وقدرتها على توفير الحالات الجديدة لتسهيل مهماتها (٥٩: ١٥١)

٢- ضعف الالمام التام بوظائف الادارة الجامعية وعدم دقة ادلة العمل والوصف الشامل الدقيق للمهمات الادارية فضلا عن عدم وضوح الاهداف وضعف الادراك بأن الادارة الجامعية هي جزء من الادارة العامة (٦٠: ٩٢)

٣- عدم ترجمة وثائق المؤتمرات التي شخصت واقع التعليم العالي واعطت تصورات ومقترحات للنهوض به الى سياسات وخطط بعيدة او قصيرة الامد بل بقيت وثائق لاغراض الاسترشاد والاستدلال ولم تتحول الى تفاصيل وخطط وبرامج تعكس الواقع المشخص واحتياجات المستقبل (٦١: ١-٩، ٢-٩)

وفضلا عما تقدم فان الباحث يرى ما يأتي:

١- ان الادارة الجامعية في ظل الحالة القائمة والظروف الاستثنائية التي سبقت الاشارة لها تنفذ وظائفها بشكل غير متكامل مما يترك آثارا ضارة في مخرجاتها، وهذا قد يؤدي الى عرقلة وضع خطط التنمية العامة وتنفيذها.

٢- وفي ظل الظروف الراهنة ايضا فان قلة الانفاق المالي لتمويل الجامعات تؤدي الى عرقلة تطوير عملياتها.

٣- ان الجامعات العراقية بحاجة الى تنظيم هياكلها القائمة حاليا وتقويمها في ضوء المستجدات والمتغيرات والاستفادة من التجارب العالمية المتقدمة في هذا المجال.

٤- ان الادارة الجامعية بحاجة الى تقويم وتطوير مجالات وظائفها وعملياتها لتكون قادرة على استيعاب التحولات ووضع الحلول والبدائل العلمية لها وعدم بقائها على نمط الادارة بالازمات.

أهداف البحث

يرمي البحث الحالي الى التعرف على التوقعات المستقبلية والتوقعات المرغوبة منها للادارة الجامعية في العراق خلال الربع الأول من القرن الحادي والعشرين ومن اجل التوصل الى توقعات موضوعية فانه لابد من تناول الواقع ومدى تطبيقه من قبل الادارة الجامعية، لذلك فان الباحث يسعى للحصول على الاجابة عن الاسئلة في ادناه لتحقيق هدف البحث الحالي:

١- ما واقع الادارة الجامعية المطبق حاليا في العراق؟

٢- ما التوقعات المستقبلية للادارة الجامعية في العراق خلال الربع الاول من القرن الحادي والعشرين؟

٣- ما التوقعات المرغوبة من التوقعات المستقبلية للادارة الجامعية في العراق خلال الربع الاول من القرن الحادي والعشرين؟

حدود البحث

يتحدد البحث الحالي بما يأتي:

١- الادارة الجامعية في العراق ومستوياتها المقصودة: رؤساء الجامعات، عمداء الكليات، ورؤساء الاقسام العلمية.

٢- وظائف الادارة الجامعية وهي: التخطيط، التنظيم، التوجيه، الرقابة.

٣- المستقبل المقصود هو الربع الأول من القرن الحادي والعشرين.

٤- الواقع الحالي هو الفترة المحددة بعقد التسعينات.

تحديد المصطلحات

ان المصطلحات التي يحتاج الباحث الى تحديدها لغرض وضع تعريفات اجرائية لها تتناسب طبيعة هذا البحث هي:

١- التوقعات المستقبلية Future Expectation

٢- الجامعة University

٣- الادارة الجامعية University Administration

٤- الوظيفة الادارية Administrational Function

أولاً: التوقعات المستقبلية

١- عرف قاموس (Webester) التوقعات بما يأتي: (٨٦: ٤٩٢)

أ- يتطلع الى ما هو احسن (افضل).

ب- سبب يسوغ النظر او البحث عن شيء متوقع الحصول في المستقبل، مأمول، مرتقب، كحالـة مـن حالات التقدم او التطور الايجابي.

جـ- درجة احتمالية وقوع الشيء (الحدث) معتمدا على الاحصائيات، توقع الحالة التي هي مدار البحث.

٢- وعرفها قاموس (Oxford) كما يأتي (٦٩: ٥٥٧)

أ- حالة الانتظار او توقع شيء ما.

ب- الفعل او الحدث الفكري لتوقع مجئ شخص ما، او توقع حدوث شيء ما.

جـ- ان حالة التوقع او التطلع الفكري او الفعلي لشيء ما: هـي وجهـة النظر الفكريـة للشـخص المتوقع.

د- الخلفية او المسوغ للتوقع: هي حالة وجود الاحتمال لتسلم او تجربة شيء ما في المستقبل.

هـ- درجة الاحتمال لحدوث أي شيء طارئ او عارض.

٣- عرف (الغنام ١٩٨٤) المستقبلية بأنها: "النظرة الطويلة العريضة الى المستقبل يقصد التحرك نحـوه عـلى بصيرة ووفق خطوات هادفة محسوبة " (٤٨: ١٩٣)

٤- واستخدم العالم الفرنسي (Goston Berger) مصطلح (التنبؤ Prospective) ليعني به التنقيـب والفحـص والتدقيق والانتظار وهو اقرب ما يكون الى معنى استشراف المسـتقبل الـذي يؤكد النظر الى الـزمن القادم ببصر جديد ونظر ثاقب بغية تصور المستقبل (١٠: ١٣-١٤)

٥- وحدد العالم الالماني (Ossip Flechtheim 1943) مصطلح "علم المستقبل" الذي يهدف الى اسقاط حالة العالم الراهنة على المستقبل أي يبصر تطوره مسبقا ويميز ما يمكن تجنبه وما يمكن التأثير فيه والسيطرة عليه بالخصائص الاتية (١٠: ١٤):

أ- الجانب الفلسفي متمثلا في تقويم الاهداف والمناهج والقيم الخاصة بالمستقبل.

ب- الجانب التطبيقي من خلال اساليب في مجالات الاقتصاد والتعليم والمواصلات وغيرها.

جـ- الجانب الرياضي متمثلا في رسم التوقعات والاسقاطات والبرمجيات.

وقد تعددت تسميات مفاهيم دراسة المستقبل ووضعت لها مصطلحات مختلفة منها: "استشراف المستقبل، التنبؤ بالمستقبل، صور المستقبل، علم المستقبل، بدائل المستقبل دراسة او دراسات المستقبل المستقبلية، علم المستقبلية، المستقبلات البديلة" غير ان المتداول منها في الوقت الحاضر ثلاثة هي: استشراف المستقبل، المستقبلية، وعلوم المستقبل (٩: ٣٥)

التعريف الاجرائي

التوقعات المستقبلية: وضع تصورات لبرامج وادلة عمل فكرية قابلة للتقويم مستندة الى حاجات الحاضر ومتطلبات المستقبل للادارة الجامعية في العراق في ضوء الفلسفة التربوية العامة وتقاس اجرائيا من خلال درجة اجماع الخبراء عليها.

ثانياً: الجامعة

١- تعريف السلمي ١٩٧٠: ان الجامعة هي تنظيم مكون من عدة عناصر اساسية هي الكليات والمعاهد التابعة لها، وانها تقوم بتحقيق هدف او اهداف محددة باستخدام مجموعة من الموارد والامكانات المتاحة، كما انها تعد احدى المؤسسات الرائدة في المجتمع (٢٣: ٣)

٢- تعريف النشار: "انها المؤسسة التي تلعب دورا رائدا وايجابيا في تحقيق التنمية الاقتصادية والاجتماعية في مجتمعها المحلي وتساهم بقسط وافر ومباشر في تحقيق الرفاهية لبني البشر في المنطقة التي تتواجد فيها فهي احدى الركائز الاساسية التي تعتمد عليها المجتمعات المعاصرة والانسانية كلها في تحقيق آمالها في التقدم والرخاء، بل هي أهم تلك الركائز واعمها أثرا (٥٥: ٢٢)

٣- تعريف المهيني: الجامعة خلية اجتماعية تربوية علمية قيادية حية (٥٣: ١٨١)

٤- وقد ورد في نظام وزارة التعليم العالي والبحث العلمي (قانون رقم ٤٠ لسنة ١٩٨٨) حول الجامعة ما يأتي (١٢: ٤٠٢-٤٠٧):

"الجامعة حرم آمن ومركز اشعاع حضاري فكري وعلمي وتقني في المجتمع يزدهر في رحابها العقل وتعلو فيها قدرة الابداع والابتكار لصياغة الحياة، وتقع عليها المسؤولية المباشرة في تحقيق الأهداف الواردة في هذا القانون، وعليها ان تقوم بالدراسات والبحوث المستمرة في شتى جوانب المعرفة الانسانية والدراسات المتصلة بالحالة العلمية وواقع الاحتياجات الجديدة التي تضمن المستويات العلمية الرفيعة لتناسب العصر ومتطلباته بما يؤدي الى تقليص الفجوة العلمية والتقنية الموجودة بيننا وبين الدول المتقدمة مع مراعاة خصوصية مجتمعنا واستلهام القيم الاصيلة لامتنا واستيعاب كامل لنظرية العمل البعثية وتجسيد الفكر التربوي الذي تستند اليه هذه النظرية في منهاجها وانشطتها العلمية والتربوية والثقافية المختلفة"

وفي ضوء ما تقدم ولغرض مستلزمات هذا البحث فان الباحث في الوقت الذي يستفيد من معطيات التعريفات السابقة وغيرها من التعريفات التي اطلع عليها، فانه يلتزم بالتعريف الذي ورد في نظام وزارة التعليم العالي والبحث العلمي المشار اليه سابقا ولا ضير في وضع تعريف نظري لغرض الاستفادة العامة فحسب كما يأتي:

الجامعة العراقية مؤسسة تربوية وعلمية وتقنية، ومركز اشعاع حضاري وفكري، تستمد فلسفتها واهدافها من فلسفة المجتمع واهدافه. وهي وسيلة لتحقيق اهداف المجتمع من خلال اعداد القوى البشرية المدربة والمؤهلة، والعقول العلمية المتخصصة، واعداد البحوث والدراسات في مختلف مجالات المعرفة لغرض انماء وتطوير المجتمع وهي بذلك مؤسسة خدمية وانتاجية في المجتمع.

ثالثاً: الادارة الجامعية

١- تعريف السلمي ١٩٧٩: ما هي الا نوع انبثق عن الادارة العلمية تتخذ من مفهوم النظام اساسا لتنظيم مجموعة المفاهيم المكونة لها وتشير فكرة النظام الى انه عبارة عن كل متكامل، ويتكامل من اجزاء يختص كل منها بوظيفة محددة ولكنه يعتمد في ادائه لهذه الوظيفة على باقي الاجزاء جميعها، وهي في النهاية محصلة لكفاءات هذا الاجزاء (٢٤: 55)

٢- تعريف الفواخري ١٩٨٢: الكيفية التي يدار بها نظام التعليم الجامعي وفقا لايدولوجية المجتمع الذي يعيش فيه، وظروفه الاقتصادية والاجتماعية والسياسية والثقافية المحيطة به، حتى تتحق الاهداف التي ينشدها المجتمع من هذا ألنوع من التعليم وذلك في اطار ومناخ تتوافر فيه بالضرورة علاقة

انسانية سليمة باحدث الادارات والاساليب العصرية في ميدان الادارة التي تزيد من فاعلية وكفاية الادارة الجامعية (٤٠: ٢٨)

٣- تعريف المجلس القومي للتعليم والبحث والتكنولوجيا ١٩٨٤: هي مجموعة من الانشطة الخاصة بالسياسات والنظم والخطط واساليب التقويم المتعلقة بقيادة الجامعة وبذلك فالادارة الجامعية تمثل نشاطا خاصا بقيادة وتوجيه اداريي الجامعة، وتخطيط وتنظيم ومراقبة العمليات والتصرفات الخاصة بالأفراد والمعدات والمنشآت والأموال الخاصة بعناصر الكيان الجامعي، لتحقيق اهداف الجامعة بأفضل الطرق واقل التكاليف (٤٥: ٤)

٤- تعريف درة وبعيرة ١٩٨٩: ينظران للادارة الجامعية من زاويتين: "الأولى باعتبارها نشاطا لمجموعة من العمليات المتشابكة التي تترابط فيما بينها داخل المؤسسة الجامعية لتحقيق الأغراض المنشودة من الجامعة، والثانية بوصفها حقلا من حقول الدراسة، وتعني مجموعة النظريات والمبادئ والمفاهيم والمهارات التي تعين الباحثين والاداريين على فهم وتحليل وتفسير الظواهر والانشطة الادارية وعلى التنبؤ بها وتوجيهها" (٤: ١)

تتفق التعريفات المشار اليها وغيرها من التعريفات التي اطلع عليها الباحث على ان الادارة الجامعية تنظيم يتكون من ثلاثة عناصر هي الاشخاص وهو القيادات الادارية العليا في الجامعة والاداريون الاخرون العاملون فيها، والعنصر الثاني هو الوظائف والمهمات التي تدار بواسطتها كل الانشطة والعمليات الجامعية، اما العنصر الثالث فهو المفاهيم والاساليب والافكار التي تمارس الادارة الجامعية بموجبها وظائفها ومهماتها لتحقيق اهدافها، وفي ضوء ذلك ولخدمة اغراض البحث الحالي توصل الباحث الى التعريف الاجرائي الاتي:

الادارة الجامعية في العراق هي احد انواع الادارة التربوية المنبثقة عن الادارة العامة، تتولى قيادة الانشطة والعمليات الجامعية وادارتها بموجب الانظمة والمفاهيم الفكرية والتنظيمية المعمول بها، يقاس اداؤها الاداري بمدى تطبيقها، حاليا وفي المستقبل للوظائف الادارية المناطة بها من تخطيط وتنظيم وتوجيه ورقابة، وما تتضمنه هذه الوظائف من عناصر ومهمات.

رابعاً: الوظيفة الادارية

اهتم الباحثون والمعنيون بعلوم الادارة في تحديد مفاهيم الوظيفة الادارية لانها تشكل العنصر الاساسي في العمليات الادارية، فهي النشاط الانساني الذي يمارسه الاداريون في تنظيم اعمال المؤسسات والتنظيمات وصولا الى تحقيق الأهداف المحددة. وتتشابه وظائف الادارة الجامعية في اطرها العامة مع وظائف

الادارة العام، ولكنها تختلف عنها في بعض محتوياتها تبعا لطبيعة النشاط الذي تحتاجه الجامعة التي هـي مؤسسة تربوية وعلمية وانتاجية، وفي ادناه بعض التعريفات لهذه الوظائف:

* تعريف (عبدة ١٩٧٨) "النشاط الاداري الذي يتم على عدة مراحل تتكون منها العملية الادارية وهـذه المراحل خمسة هي: التخطيط والتنظيم وتكوين وتنمية الكفايات الادارية والتوجيه والرقابة" (٣٢: ٢١).

* تعريف (السلمي): "نشاط انساني يهدف الى تحقيق نتائج محددة باستغلال موارد متاحـة، والعمـل عـلى تنمية موارد جديدة، وهذا يتطلب القيام بعـدد مـن الوظائف الاساسية، مـن تحديد الاهـداف الـى التخطيط والتنظيم وتنمية المـوارد والتنسيـق والتوجيـه فضلا عـن الرقابة وتقييم الاداء، والوظائف الادارية الرئيسة ليست منفصلة، بل هي مترابطة بمعنى ان النجاح في تأدية أي منها يتوقف على كفاية اداء باقي الوظائف" (٢٥: ١٧-١٨)

وقد اختلف علماء الإدارة في تحديد عدد وظائفها، فمنهم مـن قسمها الى اربع وظائف هـي التخطيط والتنظيم والتوجيه والرقابة، وبعضهم حددها بخمس وظائف هي التخطيط والتنظيم والتنسيق والحفز والرقابة، واخـر صـنفها الى سبع وظائف هـي التخطيط والتنظيم والتوجيه والرقابة والتجديد والتمثيل (٣٦: ٨١- ٨٧).

واطلع الباحث على تعريفات اخرى فضلا عـن التعريفات السابقة فوجد بها تصف النشاط الإداري بانه نشاط انساني تمارسه الادارة من خلال مهمات ومسؤوليات موزعة عـلى عـدد مـن المجالات الوظيفية التي لم يتفق علماء الادارة على محدد لها باستثمار المـوارد البشرية والمادية المتاحة وتنظيم العمليات الادارية لتحقيق الاهداف المحددة للمؤسسة واعتمد الباحث عـلى اربعة مـن هـذه المجالات الوظيفية التي اتفق معظم علماء الادارة عليها وهي: التخطيط، التنظيم، التوجيه، والرقابة لـذا فالتعريف الاجرائي للوظيفة الادارية الذي يخدم اغراض البحث الحالي هو.

التعريف الاجرائي للوظيفة الادارية

هي مكونات عمليات الادارية تتوزع عـلى اربعة مجالات هـي التخطيط والتنظيم والتوجيه والرقابة، وتشمل كل وظيفة على عـدد مـن المهـمات والمسؤوليات المحـددة بالانظمة واللـوائح الرسمية، تطبقها الادارة الجامعية بصيغ تنظيمية انسانية لتحقيق الاهداف التربوية والعلمية والاجتماعية للجامعة.

القسم الأول

يتضمن إجراءات تحقيق الهدف الأول من البحث وهي التعريف بمجتمع البحث وعينته ثم اجراءات تصميمية واخيرا الوسائل الاحصائية المستخدمة فيه.

مجتمع البحث Research Population

يتكون مجتمع البحث الحالي من عشر جامعات موزعة على كل ارجاء العراق والحلقات المعنية بالدراسة من هذه الجامعات هي قياداتها الإدارية المتكونة من ثلاثة مستويات هي: رؤساء الجامعات، عمداء الكليات، رؤساء الأقسام العلمية.

ترتبط الجامعات العراقية بوزارة التعليم العالي والبحث العلمي وهي تخضع لنظام مركزي واحد هو نظام هذه الوزارة ذي الرقم (٤٠) لسنة (١٩٨٨) (١٣ :٤٠٢-٤٠٧)

وبموجب هذا النظام فان الجامعات العراقية تستمد اهدافها العامة وخططها وسياساتها التربوية والعلمية والإدارية من أهداف وسياسات هذه الوزارة. ان اختيار القيادات للمواقع الادارية في هذه الجامعات يكون بموجب مراسيم جمهورية بالنسبة لرئاسة الجامعة وعمادة الكلية، وبأمر جامعي بالنسبة لرئاسة القسم العلمي. ومن جانب اخر فان ترشيح العناصر القيادية المذكورة لابد ان يخضع لمواصفات محددة منها الشهادة العلمية التي لا تقل عن الدكتوراه، واللقب العلمي الذي لا يقل عن استاذ مساعد، ومن ذوي الخبرة والقدرة العلمية والادارية، فضلا عن السلوك الحسن والولاء المحسوم.

ومن جانب اخر يشكل في كل جامعة مجلس لها يتكون من عمداء الكليات المرتبطة بها ومن عناصر اخرى لها علاقة بالجامعات. كما يشكل في كل كلية مجلسها الذي يضم رؤساء الأقسام العلمية الخاضعة لها، وكذلك الحال بالنسبة للقسم العلمي، وعلى صعيد الوظائف الادارية الجامعية فانها محددة بموجب نظام وزارة التعليم العالي المشار اليه سابقا لكل من مجلس الجامعة ورئيسها ومجلس الكلية وعميدها ومجلس القسم ورئيسه. وفي ضوء ذلك فان النظام الإداري في الجامعات العراقية هو نظام مركزي تتولى تطبيقه الادارة الجامعية، لذلك فان هذه الادارة تعد متجانسة تبعا لهذا النظام. ولكنه لابد من الاشارة الى وجود متغير واحد هو اختلاف الاختصاصات العلمية بين عناصر هذه الادارة، غير ان هذا المتغير لا يؤثر في التجانس الاداري لهذه العناصر طالما لم تكن له علاقة بالعمل الاداري، وتأسيسا على ذلك فان مجتمع الادارة الجامعية موضوع البحث الحالي، يعد مجتمع متجانس.

ان الجامعات المشمولة بهذا البحث هي: بغداد، الموصل، البصرة، المستنصرية، التكنولوجية، الكوفة، تكريت، القادسية، الانبار، وجامعة بابل. وان مجموع افراد الادارة الجامعية لهذه الجامعات (مجتمع البحث) يبلغ (٤٢٢) فردا يتوزعون على ثلاثة مستويات هي: رؤساء جامعات وعمداء كليات ورؤساء اقسام علمية وعلى النحو الآتي:*

١- جامعة بغداد، مجموع افراد اداراتها (١٠٢) فردا، منهم رئيس جامعة واحد، (٢٠) عميد، (٨١) رئيس قسم علمي.

٢- جامعة الموصل، وتتكون من رئيس جامعة واحد، (١٥) عميد، (٤٩) رئيس قسم علمي.

٣- جامعة البصرة، وتتكون من رئيس جامعة واحد (١٣) عميد، (٤٤) رئيس قسم علمي.

٤- جامعة المستنصرية، وتتكون من رئيس جامعة واحد، (٩) عمداء، (٣٣) رئيس قسم علمي.

٥- الجامعة التكنولوجية، وتتكون من رئيس جامعة واحد، (١٠) رؤساء اقسام علمية.

٦- جامعة الكوفة، وتتكون من رئيس جامعة واحد (٦) عمداء، (٢١) رئيس قسم علمي.

٧- جامعة تكريت، وتتكون من رئيس جامعة واحد (٥) عمداء، (٢٢) رئيس قسم علمي.

٨- جامعة القادسية، وتتكون من رئيس جامعة واحد، (٥) عمداء، (١٩) رئيس قسم علمي.

٩- جامعة الانبار، وتتكون من رئيس جامعة واحد، (٧) عمداء، (٢٢) رئيس قسم علمي.

١٠- جامعة بابل، وتتكون من رئيس جامعة واحد، (١٠) عمداء، (٢١) رئيس قسم علمي.

والجدول (١) يوضح احصائية الادارة الجامعية لهذا المجتمع.

---

* وزارة التعليم العالي والبحث العلمي، دائرة الدراسات والتخطيط - قسم الاحصاء.

الجدول (١)

يوضح احصائية الادارة الجامعية لمجتمع البحث

ت	الجامعات	رئيس جامعة	عميد كلية	رئيس قسم علمي	المجموع
١.	بغداد	١	٢٠	٨١	١٠٢
٢.	الموصل	١	١٥	٤٩	٦٥
٣.	البصرة	١	١٣	٤٤	٥٨
٤.	المستنصرية	١	٩	٣٣	٤٣
٥.	التكنولوجية	١	-	١٠	١١
٦.	الكوفة	١	٦	٢١	٢٨
٧.	تكريت	١	٥	٢٢	٢٨
٨.	القادسية	١	٥	١٩	٢٥
٩.	الانبار	١	٧	٢٢	٣٠
١٠.	بابل	١	١٠	٢١	٣٢
	المجموع	١٠	٩٠	٣٢٢	٤٢٢

عينة البحث Research Sample

يعتمد البحث الحالي على المعاينة العشوائية ذات المراحل المتعددة (٦٧، ١٨٧) "Multistage Cluster Sampling" ذلك ان المساحة الجغرافية للمجتمع واسعة جدا وهي تشمل كل ارجاء العراق. تقدم المرحلة الأولى من العينة بسحب (٥٠%) عشوائيا من مجموع الجامعات "المجتمع الاصلي" ولا تشمل هذه المرحلة الادارات الجامعية من العمداء ورؤساء الاقسام. وتستخدم طريقة السحب العشوائي بدلا من الترقيم العشوائي الذي كثيرا ما يستخدم في الاعداد الكثيرة، لتلافي عامل التحيز، كانت نتيجة السحبة خمس جامعات هي: بغداد، البصرة، المستنصرية، الكوفة، والانبار ويبلغ مجموع أفراد هذه المرحلة من المعاينة (٢٦١) فردا من مستويات الإدارية الجامعية الثلاثة كما مبين في جدول (٢)

الجدول (٢)

يبين الاحصائية العددية للمرحلة الأولى من المعاينة

ت	الجامعات	رئيس جامعة	عميد كلية	رئيس قسم علمي	المجموع
١.	بغداد	١	٢٠	٨١	١٠٢
٢.	البصرة	١	١٣	٤٤	٥٨
٣.	المستنصرية	١	٩	٣٣	٤٣
٤.	الكوفة	١	٦	٢١	٢٨
٥.	الانبار	١	٧	٢٢	٣٠
	المجموع	٥	٥٥	٢٠١	٢٦١

وفي المرحلة الثانية من المعاينة تم سحب (٥٠%) من مجتمع البحث، المحدد بخمس جامعات أي بعد إجراءات تشكيل المرحلة الأولى من العينة، باستثناء رؤساء الجامعات الذين تمت معالجة مجتمعهم في المرحلة الأولى. ومن جانب اخر فان الكسور الناتجة عن القسمة النصفية قد أجبرت الى اعداد صحيحة. وبذلك اصبح مجموع الأفراد العينة النهائي لمجتمع البحث الحالي (١٣٦) فردا من مستويات الإدارة الجامعية الثلاثة كما مبينة في جدول (٣)

الجدول (٣)

يبين الاحصائية العددية لافراد العينة النهائية

ت	الجامعات	رئيس جامعة	عميد كلية	رئيس قسم علمي	المجموع
١.	بغداد	١	١٠	٤١	٥٢
٢.	البصرة	١	٧	٢٢	٣٠
٣.	المستنصرية	١	٥	١٧	٢٣
٤.	الكوفة	١	٣	١١	١٥
٥.	الانبار	١	٤	١١	١٦
	المجموع	٥	٢٩	١٠٢	١٣٦

وقد تقلصت هذه العينة الى (١٣٢) فردا وذلك لعدم استجابة (٤) افراد (عميد واحد وثلاثة رؤساء اقسام).

تصميم البحث Research Design

البحث الحالي من البحوث الوصفية، لذلك فإن إجراءاته تخضع الى اجراءات التصميم الوصفي "Description Design Procedures" ولغرض تحقيق الهدف الاول من اهدافه فانه تم الاعتماد على طريقة ليكرت "Likert Method" لتنظيم الاداة المناسبة له.

ومن فوائد هذه الطريقة انها تحقق جهدا ووقتا مناسبين للباحث من ناحية، وان اجراءاتها لا تحتاج الى تحكيم من ناحية ثانية، ومن ناحية ثالثة انها تثير قدر الامكان اهتمام المستجيبين في التعبير عن ارائهم. تبدأ الخطوة الأولى بموجب هذه الطريقة بجمع المعلومات المطلوبة حول الموضوع وتنظم بشكل فقرات قد تكون بعضها مرغوبة واخرى غير مرغوبة والمهم في كلتا الحالتين ان تكونا في حدود الموضوع. وفي الخطوة الثانية ينبغي اخضاع هذه المعلومات الى محاولة فحص لغرض الابقاء على الفقرات المرغوبة والتخلص من الفقرات الغامضة او الفقرات التي لا تتناسب مع طبيعة عمل هذا المقياس. ويمكن استخدام النسب المئوية في التحليل للدلالة على كل استجابة مستقلة، كما تحدد قيم لاوزان كل استجابة لاعطاء وزن متكامل لكل مستجيب، ولا حاجة تبعا لهذا المقياس، لمناقشة كل مفردة من مفردات الفقرات بشكل مستقل، ويتضمن هذا المقياس خمسة اوزان (٦٥: ١٧٥)

تصميم الأداة

انسجاما مع مقياس ليكرت ولغرض تحقيق الهدف الأول من هذا البحث وهو التعرف على واقع الادارة الجامعية المطبق في الوقت الحاضر في العراق، قام الباحث بتصميم الاداة الاستبانية للبحث على النحو الاتي:

١- اجراء دراسة استطلاعية وذلك بتوجيه استبانة مفتوحة الى مجموعة من الخبراء في الادارة الجامعية من مستوياتها الثلاث "رئيس جامعة، عميد كلية، رئيس قسم علمي" تم اختيارهم من ذوي الخبرة والقدرة في العمل الإداري وطلب منهم الاجابة على السؤال الاتي: من خلال ممارساتكم في العمل الإداري الجامعي وخبرتكم التربوية ما واقع عمل الادارة الجامعية في ضوء وظائفها "التخطيط، التنظيم، التوجيه، الرقابة" في العراق في الوقت الحاضر؟

وقد بلغ عدد هؤلاء الخبراء (٤٣) خبيرا وهم بنسبة (٢٥%) من مجموع افراد العينة الاصلية للتطبيق النهائي، قام الباحث بتطبيق هذه الاستبانة بنفسه واجاب على الاستفسارات والتساؤلات التي اثارها الخبراء، وبعد جمع الاستجابات

وتفريغها حصل الباحث على عدد كبير من الفقرات التي تشكل المهمات الوظيفية للادارة الجامعية في العراق.

٢- الاطلاع على القوانين والانظمة والتعليمات ومن ابرزها قانون رقم ٤٠ لسنة ١٩٨٨ نظام وزارة التعليم العالي والبحث العلمي الذي يحدد اختصاصات الادارة الجامعية بمستوياتها الثلاثة فضلا عن اختصاصات مجالس الجامعات والكليات.

٣- مراجعة الادبيات والدراسات الخاصة بشأن التعليم العالي والادارة الجامعية منها اوراق عمل مؤتمرات التعليم العالي، ومؤتمرات اتحاد التربويين العرب، واتحاد الجامعات العربية، ودراسات مكتب التربية العربي، ودراسات اخرى في هذا المجال، لغرض جمع المعلومات التي لها علاقة بموضوع هذا البحث.

٤- وفي ضوء ذلك جمع الباحث عددا كبيرا من الفقرات بلغت (٤٣) فقرة بصيغة اولية وقام بتوزيعها على اربعة مجالات وظيفية هي التخطيط، التنظيم، التوجيه، والرقابة.

بعد ذلك وضع الباحث خمسة بدائل امام كل فقرة تصف درجة الموافقة على تطبيق مهمات الادارة الجامعية لها والبدائل هي "كبيرة جدا، كبيرة، متوسطة، قليلة، قليلة جدا" كما تم وضع اوزان لهذه البدائل على النحو الاتي: (٥) درجات للكبيرة جدا، (٤) درجات للكبيرة، (٣) درجات للمتوسطة (٢) درجتين للقليلة، (١) درجة واحدة للقليلة جدا.

الصياغة اللغوية للفقرات

لغرض التأكد من السلامة اللغوية للفقرات قام الباحث بعرضها على خبير في مجال اللغة العربية اذ اجرى بعض التعديلات الطفيفة على الفقرات، وقد تم اتباع صيغة المصدر في الصياغة اللغوية للفقرات التي وردت في الاستبانة، وبذلك اصبحت استبانة واقع الادارة الجامعية جاهزة بصيغتها الاولية.

الصدق

ولغرض التأكد من صدق الاداة وصلاحيتها قام الباحث بوضع التعليمات على الاستبانة مع اعطاء مثال توضيحي للاجابة على فقراتها ثم عرضها على لجنة من المحكمين من ذوي الخبرة والاختصاص والقدرة التربوية بلغ عددهم (١٥) خبيرا. وطلب منهم وضع علامة (✓) في المكان المناسب امام كل فقرة وعلى النحو الآتي:

١- درجة صلاحية الفقرات "صالحة، غير صالحة".

٢- المجال الذي تنتمي اليه كل فقرة من الفقرات.

٣- الاهمية النسبية لكل فقرة: مهمة جدا (٥) درجات، والمهمة (٤)، والمتوسطة (٣) درجات، والقليلة الاهمية درجتان اثنتان، وقليلة الاهمية جدا درجة واحدة.

٤- بيان التعديل المقترح اذا كان يطلب ذلك من اعطاء الملاحظات بشأنه.

٥- اضافة فقرات مقترحة لم ترد في الاستبانة.

ان الغرض من هذه الاجراءات هو الحصول على اتفاق المحكمين على الفقرات، وهذا ما يسمى بالصدق الظاهري ذلك ان الوسيلة المرجحة للتأكد من الصدق الظاهري لاداة القياس هي عرضها على مجموعة من الخبراء من ذوي الاختصاص لتقرير مدى تمثيلها للصفة المراد قياسها (٧٠: ٥٥٥)

وبعد استرجاع الاداة من المحكمين قام الباحث بتحليل الاستجابات وذلك باستخدام الوسائل الاحصائية المناسبة وهي النسبة المئوية وقد اعتمد الباحث على نسبة (٨٥%) اذ تحذف الفقرة التي تكون دون هذه النسبة وهذا ينطبق على الفقرات التي يقترح عدد من الخبراء دمجها او فصلها، وفي ضوءذلك تم حذف

(٥) فقرات ودمج (٤) فقرات بفقرتين. كما اخذ الباحث ببعض المقترحات والتعديلات بشأن الصياغة واستبدال بعض العبارات بعبارات أخرى، وهكذا اصبحت الاداة بصيغتها النهائية هي تضم (٣٤) فقرة موزعة على اربعة مجالات على النحو الآتي:

١- مجال التخطيط (١٠) فقرات

٢- مجال التنظيم (٩) فقرات

٣- مجال التوجيه (٩) فقرات

٤- مجال الرقابة (٦) فقرات

وضوح التعليمات

ومن المستلزمات المهمة الاخرى في بناء الاداة هي ان تكون التعليمات الواردة فيها حول الاجابة على فقراتها واضحة في معانيها وصياغتها لدى المستجيبين، لذلك قام الباحث بتوزيع (٢٠) استبانة على عينة عشوائية تتكون من (٢٠) اداري من عمداء ورؤساء اقسام علمية اذ اكد هؤلاء بعد استرجاعها بان التعليمات واضحة ومفهومة ولا حاجة لتدخل الباحث للتوضيح والتفسير.

الثبـات

ان الغرض من اخضاع الاداة الى الثبات هو ان يعطي الاختبار النتائج نفسها اذا ما اعيـد تطبيقـه على الافراد انفسهم في الظروف نفسها. ومن الوسائل المستخدمة لقياس الثبـات طرائـق الاتسـاق الـداخلي التي تعرف بانها الثبات في الاداء على جميع فقرات المقياس. وعليه فاذا كان معامـل الارتبـاط بـين فقـرات الاختبار موجبا وقويا فانه يمكن اعتباره متجانسا بغض النظر عن محتوى فقراته وشكلها وعلى النقيض مـن ذلك اذا كانت جميع الفقرات غير مترابطة ارتباطا موجبا فيما بينها فانه يمكن اعتبار الاختبار غير متجانس حتى وان بدت فقراته كانها تقيس الخاصية نفسها. ومن طرائق قياس التجانس او الاتساق الداخلي طريقة "معامل الفا كرونباخ "Cronbach Alpha" والصيغة المستخدمة في استخراجه هي:

$$\text{ر}_{\text{ك ك}} = \frac{\text{ك}}{\text{ك-١}} \left(\text{١} - \frac{3\,\text{ع}^{٢}_{\text{ف}}}{\text{ع}^{٢}_{\text{س}}} \right)$$ .... (٣٠: ١٦٣)

حيث ان ك : عدد فقرات الاداة

$\text{ع}^{٢}_{\text{س}}$: التباين في الاستجابات على المقياس ككل وهي مربع الانحراف المعياري في الاستجابات على القياس.

$\text{ع}^{٢}_{\text{ف}}$: التباين في الاستجابات على كل فقرة من فقرات المقياس

وبعد تطبيق معامل الفا بصيغته اعلاه حصل الباحث على معامل ثبات قدره (٠.٩٢) وهـو يمثـل التجانس الداخلي لفقرات الاداة الذي يدل على مدى اتساق اداء الأفراد واطراده على جميع فقرات الاداة.

الوسائل الاحصائية

استخدم الباحث لتنفيذ اجراءات الهدف الأول، الوسائل الاحصائية الاتية:

١- قانون الوسط المرجح لكل من الفقرات والمجالات:

$$\text{أ- الوسط المرجح للفقرة} = \frac{\text{مجموع الدرجات التي تحصل عليها الفقرة}}{\text{عدد المستجيبين}}$$

$$= \frac{(ت_1 \times ٥) + (ت_2 \times ٤) + (ت_3 \times ٣) + (ت_4 \times ٢) + (ت_5 \times ١)}{مجـ ت}$$

ب- الوسط المرجح للمجال = $\frac{\text{مجموع الدرجات التي يحصل عليها المجال}}{\text{عدد الفقرات × عدد المستجيبين}}$ .... (٣٣: ١٠٢)

حيث ت : تكرار الاستجابات

مجـ ت : مجموع التكرارات

٢- الوزن المئوي = $\frac{\text{الوسط المرجح × ١٠٠}}{\text{القيمة القصوى}}$

ولما كانت الاداة قد صيغت على وفق مقياس ليكرت الخماسي فان القيم هي: (٥) للكبيرة جدا، (٤) للكبيرة، (٣) للمتوسطة، (٢) درجتان للقليلة، ودرجة واحدة للقليلة جدا

ولغرض تطبيقات البحث الحالي في تحليل الاستجابات وحساب اوساطها المرجحة فانه لابد من اعتماد وسط مرجح افتراضي وذلك من خلال استخدام قيم الاوزان المقدرة لاداة البحث على النحو الآتي:

الوسط المرجح الافتراض = $\frac{٥+٤+٣+٢+١}{٥}$ $\frac{١٥}{٥}$ = ٣

اذن الوسط المرجح الافتراضي المطلوب هو (٣) فما زاد عليه يعد بدرجة تطبيق مقبوله وما قل عنه يعد بدرجة تطبيق ضعيفة.

اما الوزن المئوي للفقرة فان معادلته كالآتي:

$$\text{الوزن المئوي} = \frac{\text{الوسط المرجح} \times ١٠٠}{\text{القيمة القصوى}}$$

$$\text{فيكون الوزن المئوي الافتراضي المطلوب} = \frac{٣ \times ١٠٠}{٥} = \frac{٣٠٠}{٥} = ٦٠$$

القسم الثاني

يتضمن هذا القسم الاجراءات المتخذة لتحقيق الهدفين الثاني والثالث من هذا البحث.

الاداة الاستبانية للتوقعات المستقبلية للادارة الجامعية

ان الغرض من بناء هذه الاداة هو تحقيق الهدف الأساس لهذا البحث، وهو وضع توقعات مستقبلية للادارة الجامعية في العراق في الربع الأول من القرن الحادي والعشرين ولبناء الاستبانة وبصيغتها الاولية اعتمد الباحث على ما يأتي:

١- اجراء دراسة استطلاعية وذلك بتوجيه استبانة مفتوحة الى عينة استطلاعية من افراد الادارة الجامعية من مستوى عميد كلية ورئيس قسم علمي وممن سبق لهم العمل في هذه المواقع من ذوي الكفاية والخبرة التربوية والادارية وقد بلغ عدد افراد هذه العينة (٣٠) فرد وتولى الباحث نفسه تطبيق هذه الدراسة وقام بشرح طبيعة هذا البحث والاجابة على الاستفسارات والتساؤلات وبعد جمع الاجابات وتفريغها على نموذج خاص حصل الباحث على عدد من الفقرات التي تمثل توقعات افراد العينة.

٢- اطلع الباحث على الانظمة القوانين الخاصة بالتعليم الجامعي والادارة الجامعية للتعرف على اختصاصا ومهمات افراد هذه الادارة.

٣- مراجعة الادبيات الخاصة بالادارة الجامعية ومنها تقرير مؤتمرات وندوات التعليم العالي ومؤتمرات اتحاد الجامعات العربية ونشريات مكتب التربية العربي لدول الخليج والدراسات السابقة، فضلا عن المهمات التي تعثر تطبيقها في الوقت الحاضر بسبب ظروف الحصار الجائر.

٤- وفي ضوء ما تقدم توصل الباحث الى جمع (٤٥) فقرة تضمنت المهمات المتوقع تطبيقها من قبل الادارة الجامعية في العراق خلال الربع الاول من القرن الحادي والعشرين، وقد تم توزيع هذه المهمات في المجالات الوظيفية المناسبة لها وهي التخطيط، التنظيم، التوجيه، الرقابة.

وقام الباحث بوضع خمسة بدائل امام كل فقرة تصف درجة الموافقة على عمل الادارة الجامعية المتوقعة وهي: "موافق جدا، موافق، متردد، غير موافق، غير موافق جدا". وعلى وفق مقياس (٥) درجات لموافق جدا، (٤) درجات لموافق، (٣) درجات لمتردد، (٢) ودرجتان لغير موافق، ودرجة واحدة لغير موافق جدا. وقد اضيف لهذه الاستبانة ملحق يتضمن تحديد المهمات المرغوب تطبيقها التي تمثل الهدف الثالث من البحث. وقد

تم عرض الاستبانة على عدد من المختصين للتأكد من السلامة اللغوية ووضوح الفقرات، واجتمعت الى اجراءات الصدق الظاهري بنفس الطريقة التي تم استخدامها في استبانة واقع الادارة الجامعية اذ اجريت عليها بعض التعديلات الطفيفة جدا من الصياغة اللغوية ولاختصار وبذلك اصبحت جاهزة للتطبيق بصيغتها النهائية.

قام الباحث بتطبيق هذه الاداة على (٢٠) خبيرا يمثلون مستويات الادارة الجامعية الثلاث" رئيس جامعة، عميد كلية، رئيس قسم علمي" وبعض الخبراء من ذوي الكفاية الادارية والتربوية من غير المستويات الادارية الثلاثة مستخدما اسلوب "Delphi" من خلال جولتين تتراوح المدة بين كل جولة واخرى (٢٠) يوم وعلى النحو الآتي:

الجولة الأولى: تم توزيع الاستبانة على مجموعة الخبراء اعلا، وطلب الباحث من كل خبير دراسة كل فقرة من فقراتها واختيار الاجابة التي تمثل أية بوضع علامة (✓) في المكان المناسب واذا كانت درجة توقعه (٣) فما دون على أي من الفقرات يذكر السبب لتعليل ذلك . فضلا عن تدوين المقترحات والفقرات التي يراها مناسبة كتوقعات مستقبلية.

كما طلب الباحث من كل خبير تأشير التوقعات المرغوبة في ملحق الاستبانة وبالطريقة نفسها وبعد جمع الاستجابات تم تفريغها على نموذج خاص وفصلت منها الفقرات التي حصلت على اجماع الخبراء.

الجولة الثانية : وفي هذه الجولة اعيدت الفقرات التي حصل فيها خلاف في الرأي الى الخبراء انفسهم، وطلب منهم اعادة النظر في اراءهم في ضوء اراء الاغلبية او الابقاء عليها مع ذكر السبب تعليلا لذلك، وبعد جمع الاستجابات وتفريغها على نموذج خاص ظهرت حالة الاجماع بالموافقة على الفقرات التي كان عليها خلاف في الجولة الاولى، وبذلك حصلت الموافقة بالاجماع على فقرات الاستبانة على انها تمثل التوقعات المستقبلية لعمل الادارة الجامعية في العراق.

اما التوقعات المرغوبة التي تم تحديدها بـ ٥٠% من التوقعات اكتفى الباحث بعدد الفقرات المطلوبة التي حصلت على اتفاق اراء (٧) فقرات من مجال التخطيط، (٧) فقرات من مجال التنظيم (٥) فقرات التوجيه (٤) فقرات من مجال الرقابة في الجولة الاولى.

الوسائل الاحصائية

استخدم الباحث لتنفيذ إجراءات الكشف عن التوقعات المستقبلية والتوقعات المرغوبة منها الوسائل الاحصائية التالية:

١- النسبة المئوية

٢- الوسط المرجح للفقرة على وفق القانون الآتي:

$$\text{الوسط المرجح} = \frac{\text{مجموع الدرجات التي تحصل عليها الفقرة}}{\text{عدد المستجيبين}}$$

$$= \frac{(ت_1 \times 5) + (ت_2 \times 4) + (ت_3 \times 3) + (ت_4 \times 2) + (ت_5 \times 1)}{\text{مجـ ت}} \quad \text{.... (٣٣: ١٠٢)}$$

حيث ت : تكرار الاستجابة

مجـ ت : مجموع التكرارات

القسم الأول

عرض نتائج الهدف الأول ومناقشتها

يتحدد الهدف الأول بالكشف عن مدى تطبيق وظائف ومهمات الادارة الجامعية في العراق في الوقت الحاضر، من خلال الإجابة على السؤال الآتي:

- ما واقع الادارة الجامعية في العراق في الوقت الحاضر؟

ولغرض الوصول الى تحقيق هذا الهدف، فقد تم تحليل استجابات افراد العينة على استبانة واقع الادارة في الجامعة في العراق في الوقت الحاضر" وذلك باستخدام الوسط المرجح والوزن المئوي، علما بان مجموع افراد العينة تبلغ (١٣٢) فردا وهم يتوزعون على المستويات الادارية الثلاثة على النحو الآتي:

(٥) رؤساء جامعات.

(٢٨) عميد كلية.

(٩٩) رئيس قسم علمي.

وجرى تحليل الاستجابات على صعيدين، الاول كفقرات منفردة، والثاني كمجالات وظيفية، ولاربعة حالات هي:

الحالة الأولى، وتشمل مستويات افراد الادارة الجامعية مجتمعة.

الحالة الثانية، وتشمل رؤساء الجامعات بشكل منفرد.

الحالة الثالثة، وتشمل عمداء الكليات على انفراد

الحالة الرابعة، وتشمل رؤساء الاقسام العلمية بشكل منفرد.

نتائج استجابات مستويات الادارة الجامعية مجتمعة

١- على صعيد الفقرات:

يوضح الجدول (٤) تحليل استجابات مستويات الادارة الجامعية الثلاثة مجتمعة، وفيما يأتي نتائج التحليل:

أ- حصلت فقرات وظيفة التخطيط (٨،٧،٩،٤،١،٢،٥،٣) بترتيب تنازلي على درجات تطبيق عالية حيث تراوح وسطها المرجح بين (٤.٢٨٨-٣.٤٩٢) وتراوح وزنها المئوي بين (٦٩.٨٤-٨٥.٧٦) وتتضمن هذه الفقرات ما يأتي:

الفقرة (٣): اقتراح خطة القبول للدراسات الاولية والعليا ومتابعة تنفيذها بعد اقرارها من قبل الوزارة.

الفقرة (٥): اعداد خطة العمل الصيفي ومتابعة تنفيذها.

الفقرة (٢): اعداد خطة البحث العلمي وتهيئة مستلزماتها ومتابعة تنفيذها.

الفقرة (١): اعداد البرامج السنوية للسياسة التربوية للتعليم الجامعي ومتابعة تنفيذها.

الفقرة (٤): اعداد خطط التأهيل والتدريب والتعليم المستمر ومتابعة تنفيذها.

الفقرة (٩): اعداد الموازنة المالية وتحديد اولويات صرفها ودقة تنفيذها.

الفقرة (٧): التوصية باستحداث المكاتب والعيادات الاستشارية.

الفقرة (٨) استحداث النشريات والمجلات العلمية والدورية وتطويرها وادامة اصدارها.

اما الفقرات التي كانت درجات تطبيقها ضعيفة- اقل من الدرجة الافتراضية- فهي الفقرة (٦) تخطيط، والفقرة (١٠) تخطيط ايضا، كان الوسط المرجح للفقرة (٦) هو (٢.٣١١) والوزن المئوي (٤٦.٢٢) ومضمون الفقرة هو: اعداد خطة التعريب للعلوم والتأليف والترجمة ومتابعة تنفيذها. اما الفقرة (١٠) فقد حصلت على وسط مرجح قدره (٢.٢٦٥) ووزن مئوي (٤٥.٣٠) ومضمونها: عقد الاتفاقات العلمية والثقافية مع الجامعات والكليات والمعاهد والتدريسين داخل القطر وخارجه.

ب- حصلت فقرات وظيفة التنظيم (١،٩،٨،٥،٣،٢) بترتيب تنازلي على درجات تطبيق تفوق الدرجة الافتراضية، فقد تراوحت اوساطها المرجحة بين (٤.٣٥٦-٣.٣٠٣) واوزانها المئوية بين (٨٧.١٢-٦٦.٠٦) ومضامينها هي:

الفقرة (١): تشكيل اللجان العلمية والتربوية والادارية.

الفقرة (٩): توطيد القيم والمبادئ الروحية والاخلاقية والاجتماعية والعلمية في المحيط الجامعي.

الفقرة (٨): منح الشهادات والالقاب العلمية لمستحقيها.

الفقرة (٥): تنظيم المؤتمرات والحلقات الدراسية والعلمية والمشاركة فيها داخل القطر وخارجه.

الفقرة (٣): التوصية بفتح او الغاء او تعديل الاقسام والفروع العلمية والوحدات الفنية.

الفقرة (٢): تفويض الصلاحيات الممنوحة بموجب الانظمة والقوانين.

اما الفقرة (٤): فقد حصلت على درجة تطبيق مقاربة جدا للدرجة الافتراضية حيث كان وسطها المرجح (٣.٠٠٨) ووزنها المئوي (٦٠.١٥) وهذا لا يعد تطبيقا عاليا، ومضمونها تحسين وتطوير صيغ العمل الاداري والمناخ التنظيمي في المحيط الجامعي.

وكانت نتيجة الفقرتين (٦) و (٧) حصولهما على درجات تطبيق ضعيفة- اقل من الدرجة الافتراضية- فقد حصلت الفقرة (٦) على وسط مرجح قدره (٢.٩٠٩) ووزن مئوي (٥٨.١٨) ومضمونها: تعين التدريسين ومنحهم الاجازات الاعتيادية والدراسية ونقلهم او انهاء خدماتهم والفقرة (٧) حصلت على وسط مرجح قدره (٢.٨٢٦) ووزن مئوي (٥٦.٥٢) ومضمونها: تعيين الموظفين والعاملين ومنحهم الاجازات ونقلهم او انهاء خدماتهم.

جـ- حصلت فقرات وظيفة التوجيه (١،٥،٧،٩،٤،٨،٢،٣،٦) وبترتيب تنازلي على درجات تطبيق عالية تفوق الدرجة الافتراضية اذ تراوحت اوساطها المرجحة بين (٤.٤٦٢-٣.٢٠٥) واوزانها المئوية بين (٨٩.٢٤-٦٤.١٠) اما مضامينها فهي:

الفقرة (٢): متابعة شؤون التدريسين والعاملين الاخرين.

الفقرة (٣): متابعة شؤون الطلبة العلمية والادارية والخدمية.

الفقرة (٦): الاشراف على تنفيذ الخطط الادارية والعلمية وتوجيه مساراتها بما يؤدي الى تحقيق اهدافها.

الفقرة (١): قبول عناوين وبحوث الدراسات العليا وتعيين المشرفين على طلبتها وتسمية لجان مناقشاتهم.

الفقرة (٥): اجراء الاتصالات الرسمية وغير الرسمية افقيا وعموديا.

الفقرة (٧): الاشراف على تطبيق الانظمة والتعليمات واستخدام الصلاحيات وتطبيق المسؤوليات.

الفقرة (٩): فتح قنوات الاتصال والتعاون بين الجامعة والمجتمع وتطوير افاق ذلك.

الفقرة (٤): رعاية شؤون الطلبة والعاملين الاقتصادية من خلال عملية التكافل الاجتماعي.

الفقرة (٨): منح الحوافز والمكافئات المادية والمعنوية للمبدعين والمتميزين في العمل.

د- حصلت فقرات وظيفة الرقابة (٥،٦،٢،١،٣،٤) جميعا وبترتيب تنازلي على درجات تطبيق تفوق الدرجة الافتراضية فقد تراوحت اوساطها المرجحة بين (٤.٧٧٣-٣.٥٩١) واوزانها المئوية بين (٩٥.٤٩-٧١.٨٢) اما مضامينها فهي:

الفقرة (٥): تقويم الاداء الدراسي والعلمي للطلبة من خلال الامتحانات وتشكيل اللجان الامتحانية واجراءاتها والاشراف عليها.

الفقرة (٦): النظر في المشكلات والمخالفات الانضباطية واتخاذ الاجراءات اللازمة لحسمها.

الفقرة (٢): تقويم الاداء العلمي والتربوي للتدريسين.

الفقرة (١): اعداد التقارير الدورية عن سير العمل وسبل الارتقاء به.

الفقرة (٣): تقويم الاداء الوظيفي للموظفين والعاملين.

الفقرة (٤): معايشة واقع العاملين حسب مستوياتهم لتذليل الصعوبات والمعوقات.

ويلاحظ من النتائج المتحققة ان مستويات الادارة الجامعية الثلاثة مجتمعة تطبق معظم مهماتها الادارية بدرجات كبيرة تفوق اوساطها المرجحة، واوزانها المئوية الوسط المرجح الافتراضي (٣) والوزن المئوي الافتراضي (٦٠) مما يدل على ان هذه الفقرات تحمل وصفا حقيقيا لمهمات الادارة الجامعية في الوقت الحاضر. اما الفقرات التي كانت درجات تطبيقها دون الوسط المرجح والوزن المئوي الافتراضيين فان اسباب ذلك. في رأي الباحث تعزى الى ضعف التمويل اللازم لتغطية نفقات تنفيذ تلك المهمات بسبب الوضع الاقتصادي الراهن من جهة، ووجود بعض العناصر الادارية ليس لديها الالمام الكافي بالوظائف الادارية من جهة اخرى.

والجدول (٤) يبين نتائج تحليل استجابات المستويات الإدارية الثلاثة مجتمعة على صعيد الفقرات:

الجدول (٤)

استجابات المستويات الادارية الثلاثة مجتمعة على صعيد الفقرات

مجال الوظيفة	مرتبة التطبيق	تسلسل الفقرات	الوسط المرجح	الوزن المئوي	مجال الوظيفة	مرتبة التطبيق	تسلسل الفقرات	الوسط المرجح	الوزن المئوي	مجال الوظيفة	مرتبة التطبيق	تسلسل الفقرات	الوسط المرجح	الوزن المئوي
التخطيط	١	٣	٤.٢٨٨	٨٥.٧٦	التنظيم	٣	٨	٤.١١٤	٨٢.٢٨	التوجيه	٦	٧	٤.٠٣٠	٨٠.٦٠
-	٢	٥	٤.٢٣٥	٨٤.٧٦	-	٤	٥	٤.٠٦٨	٨١.٣٦	-	٧	٩	٤.٠٠٠	٨٠.٠٠
-	٣	٢	٤.١٨٣	٨٣.٦٤	-	٥	٣	٣.٥١٥	٧٠.٣٠	-	٨	٤	٣.٤٠٩	٦٨.١٨
-	٤	١	٣.٦٥٩	٧٣.١٨	-	٦	٢	٣.٣٠٣	٦٦.٠٦	-	٩	٨	٣.٢٠٥	٦٤.١٠
-	٥	٤	٣.٥٦٨	٧١.٣٦	-	٧	٤	٣.٠٠٨	٦٠.١٥	الرقابة	١	٥	٤.٧٧٣	٩٥.٤٦
-	٦	٩	٣.٥١٥	٧٠.٣٠	-	٨	٦	٢.٩٠٩	٥٨.١٨	-	٢	٦	٤.٥٩٨	٩١.٩٦
-	٧	٧	٣.٥٠٠	٧٠.٠٠	-	٩	٧	٢.٨٢٦	٥٦.٥٢	-	٣	٢	٤.٥٦١	٩١.٢٢
-	٨	٨	٣.٤٩٢	٦٩.٨٤	التوجيه	١	٢	٤.٤٦٢	٨٩.٢٤	-	٤	١	٤.٤٢٤	٨٨.٨٤
-	٩	٦	٢.٣١١	٤٦.٢٢	-	٢	٣	٤.٤٢٤	٨٨.٨٤	-	٥	٣	٤.٤٠٩	٨٨.١٨
-	١٠	١٠	٢.٢٦٥	٤٥.٣٠	-	٣	٦	٤.٣٤٨	٨٦.٩٦	-	٦	٤	٣.٥٩١	٧١.٨٢
التنظيم	١	١	٤.٣٥٦	٨٧.١٢	-	٤	١	٤.٣٤١	٨٦.٨٢	-	-	-	-	-
-	٢	٩	٤.٢٥٨	٨٥.١٦	-	٥	٥	٤.٢٦٥	٨٥.٣٠	-	-	-	-	-

٢- على صعيد المجالات:

يوضح الجدول (٥) نتائج تحليل استجابات مستويات الادارة الجامعية مجتمعة على صعيد المجالات الاربعة (التخطيط، التنظيم، التوجيه، الرقابة) وتدل النتائج ان هذه المستويات الثلاثة تطبق وظائفها الادارية بدرجة تفوق وسطها المرجح ووزنها المئوي الوسط المرجح والوزن المئوي الافتراضين وهي مرتبة تنازليا على النحو الآتي:

أ- الرقابة: جاءت بالمرتبة الأولى وسطها المرجح (٤.٣٨) ووزنها المئوي (٨٧.٦)

ب- التوجيه: جاء بالمرتبة الثانية وسطه المرجح (٤.٠٧) ووزنه المئوي (٨١.٤)

جـ- التنظيم: جاء بالمرتبة الثالثة، وسطه المرجح (٣.٦٤) ووزنه المئوي (٧٢.٨)

د- التخطيط: جاء بالمرتبة الرابعة، وسطه المرجح (٣.٤٢) ووزنه المئوي (٦٨.٤)

ان هذه النتائج وان كانت تدل على ارتفاع في قوة التطبيق الا انها تشير الى حالة ادارية قد تختلف على المألوف في العمل الاداري ذلك ان السياقات الادارية تبدأ بالتخطيط اولا ثم التنظيم فالتوجيه ثم الرقابة، لذلك فان هذه الحالة تشير الى جوانب ضعف المام بالوظائف الادارية.

الجدول (٥)

استجابات المستويات الادارية الثلاثة مجتمعة على صعيد المجالات

ت	المجالات	عدد الفقرات	مرتبة التطبيق	الوسط المرجح	الوزن المئوي
١.	الرقابة	٦	١	٤.٣٨	٨٧.٦
٢.	التوجيه	٩	٢	٤.٠٧	٨١.٤
٣.	التنظيم	٩	٣	٣.٦٤	٧٢.٨
٤.	التخطيط	١٠	٤	٣.٤٢	٦٨.٤

نتائج استجابات مستويات الإدارة الجامعية منفردة

أولاً: استجابات رؤساء الجامعات:

١- على صعيد الفقرات

يوضح الجدول (٦) استجابات رؤساء الجامعات حول فقرات المهمات الادارية اذ كشفت تفوقا عاليا في درجات التطبيق تفوق اوساطها المرجحة وأوزانها المئوية الوسط المرجح والوزن المئوي الافتراضين، وقد اظهرت نتائج التحليل درجات التفوق مرتبة ترتيبا تنازليا وعلى النحو الآتي:

أ- حصلت فقرات التخطيط (٢،٣،٤،٥،٧،٩،١،١٠،٦،٨) جميعا على وسط مرجح يتراوح بين (٥.٠٠-٤.٢) ووزن مئوي يتراوح بين (١٠٠-٨٤) ومضامين هذه الفقرات هي:

الفقرة (٢): اعداد خطة البحث العلمي وتهيئة مستلزماتها ومتابعة تنفيذها.

الفقرة (٣): اقتراح خطة القبول للدراسات الاولية والعليا ومتابعة تنفيذه بعد اقرارها من قبل الوزارة.

الفقرة (٤): اعداد خطة التأهيل والتدريب والتعليم المستمر ومتابعة تنفيذها.

الفقرة (٥): اعداد خطة العمل الصيفي ومتابعة تنفيذها.

الفقرة (٧): التوصية باستحداث المكاتب والعيادات الاستشارية.

الفقرة (٩): اعداد الموازنة المالية وتحديد اولويات صرفها ودقة تنفيذها.

الفقرة (١): اعداد البرامج السنوية للسياسة التربوية للتعليم الجامعي ومتابعة تنفيذها.

الفقرة (١٠): عقد الاتفاقات العلمية والثقافية مع الجامعات والكليات والمعاهد والتدريسيين داخل القطر وخارجه.

الفقرة (٦): اعداد خطة التعريب للعلوم والتأليف والترجمة ومتابعة تنفيذها.

الفقرة (٨): استحداث وتطوير النشريات والمجلات العلمية والدورية وادامة اصدارها.

ب- حصلت فقرات التنظيم (١،٤،٥،٨،٢،٣،٩،٧،٦) جميعا على وسط مرجح يتراوح بين (٥.٠٠-٤.٢) ووزن مئوي يتراوح بين (١٠٠-٨٤) ومضامين هذه الفقرات هي:

الفقرة (١): تشكيل اللجان العلمية والتربوية والادارية.

الفقرة (٤): تحسين وتطوير صيغ العمل الاداري والمناخ التنظيمي في المحيط الجامعي.

الفقرة (٥): تنظيم المؤتمرات والحلقات الدراسية والعلمية والمشاركة فيها داخل القطر وخارجه.

الفقرة (٨): منح الشهادات والالقاب العلمية لمستحقيها.

الفقرة (٢): تفويض الصلاحيات الممنوحة بموجب الانظمة والقوانين.

الفقرة (٣): التوصية بفتح او الغاء او تعديل الاقسام والفروع العلمية والوحدات الفنية.

الفقرة (٩): توطيد القيم والمبادئ الروحية والاخلاقية والاجتماعية والعلمية في المحيط الجامعي.

الفقرة (٧): تعيين الموظفين والعاملين ومنحهم الاجازات ونقلهم او انهاء خدماتهم.

الفقرة (٦): تعيين التدريسين ومنحهم الاجازات الاعتيادية والدراسية ونقلهم او انهاء خدماتهم.

جـ- حصلت فقرات التوجيه (٤،٣،٩،٢،٨،٧،٦،٥،١) جميعا على وسط مرجح يتراوح بين (٥.٠٠-٤.٠٠) ووزن مئوي يتراوح بين (١٠٠-٨٠) ومضامين هذه الفقرات هي:

الفقرة (١): قبول عناوين بحوث الدراسات العليا وتعيين المشرفين على طلبتها وتسمية لجان مناقشاتهم.

الفقرة (٥): اجراء الاتصالات الرسمية وغير الرسمية افقيا وعموديا.

الفقرة (٦): الاشراف على تنفيذ الخطط الادارية والعلمية وتوجيه مساراتها بما يؤدي إلى تحقيق أهدافها.

الفقرة (٧): الاشراف على تطبيق الانظمة والتعليمات واستخدام الصلاحيات وتطبيق المسؤوليات.

الفقرة (٨): منح الحوافز والمكافئات المادية والمعنوية للمبدعين والمتميزين في العمل.

الفقرة (٢): متابعة شؤون التدريسيين والعاملين الاخرين.

الفقرة (٩): فتح قنوات الاتصال والتعاون بين الجامعة والمجتمع وتطوير آفاق ذلك.

الفقرة (٣): متابعة شؤون الطلبة العلمية والادارية والخدمية.

الفقرة (٤): رعاية شؤون الطلبة والعاملين الاقتصادية من خلال عملية التكافل الاجتماعي.

د- حصلت فقرات الرقابة (٤،٥،٣،٦،١،٢) جميعا على وسط مرجح يتراوح بين (٥.٠٠-٤.٢) ووزن مئوي يتراوح بين (١٠٠-٨٤) ومضامين هذه الفقرات هي:

الفقرة (٢): تقويم الاداء العلمي والتربوي للتدريسين.

الفقرة (١): اعداد التقارير الدورية عن سير العمل وسبل الارتقاء به.

الفقرة (٦): النظر في المشكلات والمخالفات الانضباطية واتخاذ الاجراءات اللازمة لحسمها.

الفقرة (٣): تقويم الاداء الوظيفي للموظفين والعاملين.

الفقرة (٥): تقويم الاداء الدراسي والعلمي للطلبة من خلال الامتحانات وتشكيل اللجان الامتحانية واجراءاتها والاشراف عليها.

الفقرة (٤): معايشة واقع العاملين حسب مستوياتهم لتذليل الصعوبات والمعوقات.

الجدول (٦)

استجابات رؤساء الجامعات على صعيد الفقرات

مجال الوظيفة	مرتبة التطبيق	تسلسل الفقرات	الوسط المرجح	الوزن المئوي	مجال الوظيفة	مرتبة التطبيق	تسلسل الفقرات	الوسط المرجح	الوزن المئوي	مجال الوظيفة	مرتبة التطبيق	تسلسل الفقرات	الوسط المرجح	الوزن المئوي
التخطيط	١	٢	٥.٠٠	١٠٠	التنظيم	١	٤	٥.٠٠	١٠٠	التوجيه	١	٧	٥.٠٠	١٠٠
-	١	٣	٥.٠٠	١٠٠	-	١	٥	٥.٠٠	١٠٠	-	١	٨	٥.٠٠	١٠٠
-	١	٤	٥.٠٠	١٠٠	-	١	٨	٥.٠٠	١٠٠	-	٢	٢	٤.٨	٩٦
-	٢	٥	٤.٨	٩٦	-	٢	٢	٤.٨	٩٦	-	٢	٩	٤.٨	٩٦
-	٢	٧	٤.٨	٩٦	-	٢	٣	٤.٨	٩٦	-	٣	٣	٤.٢	٨٤
-	٢	٩	٤.٨	٩٦	-	٢	٩	٤.٨	٩٦	-	٤	٤	٤.٠٠	٨٠
-	٣	١	٤.٦	٩٢	-	٣	٧	٤.٦	٩٢	الرقابة	١	٢	٥.٠٠	١٠٠
-	٣	١٠	٤.٦	٩٢	-	٤	٦	٤.٢	٨٤	-	٢	١	٤.٨	٩٦
-	٤	٦	٤.٤	٨٨	التوجيه	١	١	٥.٠٠	١٠٠	-	٢	٦	٤.٨	٩٦
-	٥	٨	٤.٢	٨٤	-	١	٥	٥.٠٠	١٠٠	-	٣	٣	٤.٦	٩٢
التنظيم	١	١	٥.٠٠	١٠٠	-	١	٦	٥.٠٠	١٠٠	-	٤	٥	٤.٤	٨٨
-	-	-	-	-	-	-	-	-	-	-	٥	٤	٤.٢	٨٤

٢- على صعيد المجالات:

يوضح الجدول (٧) نتائج تحليل استجابات رؤساء الجامعات على مستوى المجالات الوظيفية (التخطيط، التنظيم، التوجيه، الرقابة) حيث اظهرت هذه النتائج ان هذا المستوى الاداري القيادي في الادارة الجامعية قد تفوق تفوقا عاليا في درجات تطبيق وظائفه ومهماته الادارية وان هذه النتيجة تدل على قدرة وكفاية هذه العناصر في مجال عملها الاداري اذ انها تمتلك السلطات والصلاحيات اللازمة تنفيذ مسؤولياتها، فضلا عن خبراتها المتراكمة في هذا المجال. ولكن الملاحظة التي لابد من الاشارة اليها هي ان وظيفة التخطيط جاءت بالمرتبة الثالثة في درجات التطبيق وكان ينبغي ان تأتي بالمرتبة الاولى ذلك ان التخطيط من مهمات القيادة الادارية العليا على وفق ما هو مألوف في العمل الاداري واولويات سياقاته الوظيفية.

وفيما يأتي نتائج الاستجابات مرتبة ترتيبا تنازليا

أ- مجال التنظيم ويشمل (٩) فقرات حصل على المرتبة الاولى بوسط مرجح (٤.٨٠) ووزن مئوي (٩٦)

ب- مجال التوجيه ويشمل (٩) فقرات حصل على المرتبة الثانية بوسط مرجح (٤.٧٦) ووزن مئوي (٩٥.٢)

جـ- مجال التخطيط ويشمل (١٠) فقرات حصل على المرتبة الثالثة بوسط مرجح (٤.٦٦) ووزن مئوي(٩٣.٢)

د- مجال الرقابة ويشمل (٦) فقرات حصل على المرتبة الرابعة بوسط مرجح (٤.٦٠) ووزن مئوي (٩٢)

الجدول (٧)

استجابات رؤساء الجامعات على صعيد المجالات

ت	المجالات	عدد الفقرات	مرتبة التطبيق	الوسط المرجح	الوزن المئوي
١.	التنظيم	٩	١	٤.٨٠	٩٦
٢.	التوجيه	٩	٢	٤.٧٦	٩٥.٢
٣.	التخطيط	١٠	٣	٤.٦٦	٩٣.٢
٤.	الرقابة	٦	٤	٤.٦٠	٩٢

ثانيا: استجابات عمداء الكليات:

١- على صعيد الفقرات

يوضح الجدول (٨) استجابات عمداء الكليات حول فقرات المهمات الادارية حيث اظهرت معظمها تفوقا في درجات التطبيق تفوق اوساطها المرجحة واوزانها المئوية الوسط المرجح والوزن المئوي الافتراضيين، وقد كشفت نتائج التحليل درجات التفوق مرتبة تنازليا للفقرات على النحو الاتي:

أ- حصلت فقرات التخطيط (٣،٢،٧،٩،٥،١،١٠،٤) على وسط مرجح يتراوح بين (٤.٥٤-٣.٦٨) ووزن مئوي بين (٩٠.٨-٧٣.٦) ومضامين هذه الفقرات هي:

الفقرة (٣): اقتراح خطة القبول للدراسات الاولية العليا ومتابعة تنفيذها بعد اقرارها من قبل الوزارة.

الفقرة (٢): اعداد خطة البحث العلمي وتهيئة مستلزماتها ومتابعة تنفيذها.

الفقرة (٧): التوصية باستحداث المكاتب والعيادات الاستشارية.

الفقرة (٩): اعداد الموازنة المالية وتحديد اولويات صرفها ودقة تنفيذها.

الفقرة (٥): اعداد خطة العمل الصيفي ومتابعة تنفيذها.

الفقرة (١): اعداد البرامج السنوية للسياسة التربوية للتعليم الجامعي ومتابعة تنفيذها.

الفقرة (١٠): عقد الاتفاقات العلمية والثقافية مع الجامعات والكليات والمعاهد والتدريسيين داخل القطر وخارجه.

الفقرة (٤): اعداد خطة التأهيل والتدريب والتعليم المستمر ومتابعة تنفيذها.

اما الفقرتان (٦) و (٨) فلم تحصلا على درجات تفوق الوسط المرجح والوزن المئوي الافتراضيين، فقد حصلت الفقرة (٦) على وسط مرجح قدره (٣.٠٠) ووزن مئوي قدره (٦٠) وحصلت الفقرة (٨) على وسط مرجح (٢.٨٢) ووزن مئوي (٥٦.٤) مضمون الفقرة (٦) هو اعداد خطة التعريب للعلوم والتأليف والترجمة ومتابعة تنفيذها. ومضمون الفقرة (٨) هو استحداث وتطوير النشريات والمجلات العلمية والدورية وادامة اصدارها. ويمكن ان يعزى سبب الضعف في درجة تطبيق هاتين الفقرتين الى قلة التخصيصات المالية لمثل هذه الانشطة.

ب- حصلت فقرات التنظيم (٧،٦،٢،٤،٥،٣،٨،٩،١) جميعا على وسط مرجح يتراوح بين (٤.٧٩-٣.٧٥) ووزن مئوي يتراوح بين (٩٥.٨-٧٥.٠٠) اما مضامينها فهي:

الفقرة (١): تشكيل اللجان العلمية والتربوية والادارية.

الفقرة (٩): توطيد القيم والمبادئ الروحية والاخلاقية والاجتماعية والعلمية في المحيط الجامعي.

الفقرة (٨): منح الشهادات والالقاب العلمية لمستحقيها.

الفقرة (٣): التوصية بفتح او الغاء او تعديل الاقسام والفروع العلمية والوحدات الفنية.

الفقرة (٥): تنظيم المؤتمرات والحلقات الدراسية والعلمية والمشاركة فيها داخل القطر وخارجه.

الفقرة (٤): تحسين وتطوير صيغ العمل الاداري والمناخ التنظيمي في المحيط الجامعي.

الفقرة (٢): تفويض الصلاحيات الممنوحة بموجب الانظمة والقوانين.

الفقرة (٦): تعيين التدريسيين ومنحهم الاجازات الاعتيادية والدراسية ونقلهم او انهاء خدماتهم.

الفقرة (٧): تعيين الموظفين والعاملين ومنحهم الاجازات ونقلهم او انهاء خدماتهم.

جـ- حصلت فقرات التوجيه (١،٣،٢،٦،٧،٥،٨،٩،٤) جميعا على وسط مرجح يتراوح بين (٤.٧٥-٣.٦٨) ووزن مئوي بين (٩٥-٧٣.٦) ومضامينها هي:

الفقرة (١): قبول عناوين بحوث الدراسات العليا وتعيين المشرفين على طلبتها وتسمية لجان مناقشاتهم.

الفقرة (٣): متابعة شؤون الطلبة العلمية والادارية والخدمية.

الفقرة (٢): متابعة شؤون التدريسيين والعاملين الاخرين.

الفقرة (٦): الاشراف على تنفيذ الخطط الادارية والعلمية وتوجيه مساراتها بما يؤدي الى تحقيق اهدافها.

الفقرة (٧): الاشراف على تطبيق الانظمة والتعليمات واستخدام الصلاحيات وتطبيق المسؤوليات.

الفقرة (٥): اجراء الاتصالات الرسمية وغير الرسمية افقيا وعموديا.

الفقرة (٨): منح الحوافز والمكافئات المادية والمعنوية للمبدعين والمتمزين في العمل

الفقرة (٩): فتح قنوات الاتصال والتعاون بين الجامعة والمجتمع وتطوير آفاق ذلك.

الفقرة (٤): رعاية شؤون الطلبة والعاملين الاقتصادية من خلال عملية التكافل الاجتماعي.

د- حصلت فقرات الرقابة (٤،١،٣،٢،٦،٥) جميعا على اوساط مرجحة تتراوح بين (٤.٩٣-٣.٦٨) واوزان مئوية تتراوح بين (٩٨.٦-٧٣.٦) ومضامينها هي:

الفقرة (٥): تقويم الاداء الدراسي والعلمي للطلبة من خلال الامتحانات وتشكيل اللجان الامتحانية واجراءاتها والاشراف عليها.

الفقرة (٦): النظر في المشكلات والمخالفات الانضباطية واتخاذ الإجراءات اللازمة لحسمها.

الفقرة (٢): تقويم الاداء العلمي والتربوي للتدريسيين.

الفقرة (٣): تقويم الاداء الوظيفي للموظفين والعاملين.

الفقرة (١): اعداد التقارير الدورية عن سير العمل وسبل الارتقاء به.

الفقرة (٤): معايشة واقع العاملين حسب مستوياتهم لتذليل الصعوبات والمعوقات.

ويلاحظ من هذه النتائج ان مستوى عمداء الكليات قد حقق درجات عالية في تطبيق معظم مهماته الادارية مما يدل على قدرة هذا المستوى الاداري واستيعابه لمهماته. اما اخفاقه في درجة تطبيق الفقرتين (٦)، (٨) في مجال التخطيط فان سبب ذلك يعزى الى ان هاتين الفقرتين تتضمنان مهمتين تحتاجان الى نفقات مالية قد لا تكون متوافرة في الوقت الحاضر.

الجدول (٨)

استجابات عمداء الكليات على صعيد الفقرات

مجال الوظيفة	مرتبة التطبيق	تسلسل الفقرات	الوسط المرجح	الوزن المئوي	مجال الوظيفة	مرتبة التطبيق	تسلسل الفقرات	الوسط المرجح	الوزن المئوي
التخطيط	١	٣	٤.٥٤	٩٠.٨	التنظيم	٧	٧	٣.٧٥	٧٥.٠٠
-	٢	٢	٤.٤٦	٨٩.٢	التوجيه	١	١	٤.٧٥	٩٥.٠٠
-	٣	٧	٤.٤٢	٨٨.٤	-	٢	٣	٤.٦٨	٩٣.٦
-	٤	٩	٤.٢٥	٨٥.٠	-	٣	٢	٤.٦١	٩٢.٢
-	٥	٥	٤.١٨	٨٣.٦	-	٤	٦	٤.٥٧	٩١.٤
-	٦	١	٣.٩٦	٧٩.٢	-	٤	٧	٤.٥٧	٩١.٤
-	٧	١٠	٣.٧٩	٧٥.٨	-	٥	٥	٤.٤٦	٨٩.٢
-	٨	٤	٣.٦٨	٧٣.٦	-	٦	٨	٤.١١	٨٢.٢
-	٩	٦	٣.٠٠	٦٠.٠	-	٧	٩	٤.٠٤	٨٠.٨
-	١٠	٨	٢.٨٢	٥٦.٤	-	٨	٤	٣.٦٨	٧٣.٦
التنظيم	١	١	٤.٧٩	٩٥.٨	الرقابة	١	٥	٤.٩٣	٩٨.٦
-	٢	٩	٤.٥٤	٩٠.٨	-	٢	٦	٤.٨٢	٩٦.٤
-	٣	٨	٤.٣٩	٨٧.٨	-	٣	٢	٤.٧٥	٩٥.٠
-	٤	٣	٤.٣٦	٨٧.٢	-	٤	٣	٤.٧٥	٩١.٤
-	٤	٥	٤.٢١	٨٧.٢	-	٥	١	٤.٥٤	٩٠.٨
-	٥	٤	٤.٠٠	٨٤.٢	-	٦	٤	٣.٦٨	٧٣.٦
-	٦	٢	٤.٠٠	٨٠.٠	-	-	-	-	-
-	٧	٦	٣.٧٥	٧٥.٠	-	-	-	-	-

٢- على صعيد المجالات

يوضح الجدول (٩) استجابات عمداء الكليات على مستوى المجالات الوظيفية (التخطيط، التنظيم، التوجيه، الرقابة) اذ اظهرت النتائج ان هذا المستوى الاداري الذي هو مستوى قيادي في الكلية قد يفوق في تطبيق درجات وظائفه الادارية باوساط مرجحة واوزان مئوية تفوق الوسط المرجح والوزن المئوي الافتراضيين وتأتي هذه النتائج مرتبة ترتيبا تنازليا على النحو الآتي:

أ- مجال الرقابة ويشمل (٦) فقرات حصل على المرتبة الاولى بوسط مرجح (4.55) ووزن مئوي (٩١).

ب- مجال التوجيه ويشمل (٩) فقرات حصل على المرتبة الثانية بوسط مرجح (٤.٣٨) ووزن مئوي (٨٧.٦)

جـ- مجال التنظيم ويشمل (٩) فقرات حصل على المرتبة الثالثة بوسط مرجح (٤.٢٤) ووزن مئوي (٨٤.٨)

د- مجال التخطيط ويشمل (١٠) فقرات حصل على المرتبة الرابعة بوسط مرجح (٣.٩١) ووزن مئوي (٧٨.٢)

الجدول (٩)

استجابات عمداء الكليات على صعيد المجالات

ت	مجال الوظيفة	عدد الفقرات	مرتبة التطبيق	الوسط المرجح	الوزن المئوي
١.	الرقابة	٦	١	٤.٥٥	٩١.٠٠
٢.	التوجيه	٩	٢	٤.٣٨	٨٧.٦
٣.	التنظيم	٩	٣	٤.٢٤	٨٤.٨
٤.	التخطيط	١٠	٤	٣.٩١	٧٨.٢

ثالثاً: استجابات رؤساء الأقسام العلمية

١- على صعيد الفقرات

يوضح الجدول (١٠) نتائج استجابات رؤساء الأقسام العلمية على مستوى الفقرات اذ اظهرت معظمها تفوقا في درجات تطبيق مهماتهم الادارية باوساط مرجحة واوزان مئوية تفوق الوسط المرجح والوزن المئوي الافتراضيين، وتأتي هذه النتائج بترتيب تنازلي على النحو الآتي:

أ- حصلت فقرات التخطيط (٥،٣،٢،٨،١،٤،٩،٧) على اوساط مرجحة تتراوح بين (٤.٢٢-٣.١٧) واوزان تتراوح بين (٨٤.٤-٦٣.٤) ومضامينها ما يأتي:

الفقرة (٥): اعداد خطة العمل الصيفي ومتابعة تنفيذها.

الفقرة (٣): اقتراح خطة القبول للدراسات الاولية والعليا ومتابعة تنفيذها بعد اقرارها من قبل الوزارة.

الفقرة (٢): اعداد خطة البحث العلمي وتهيئة مستلزماتها ومتابعة تنفيذها.

الفقرة (٨): استحداث وتطوير النشريات والمجلات العلمية والدورية وادامة اصدارها.

الفقرة (١): اعداد البرامج السنوية للسياسة التربوية للتعليم الجامعي ومتابعة تنفيذها.

الفقرة (٤): اعداد خطط التأهيل والتدريب والتعليم المستمر ومتابعة تنفيذها.

الفقرة (٩): اعداد الموازنة المالية وتحديد اولويات صرفها ودقة تنفيذها.

الفقرة (٧): التوصية باستحداث المكاتب والعيادات الاستشارية.

اما الفقرتان (٦) و(١٠) فقد كان تطبيقهما بدرجة ضعيفة، فقد حصلت الفقرة (٦) على وسط مرجح (٢.٥١) ووزن مئوي (٥٠.٢) وحصلت الفقرة (١٠) على وسط مرجح (١.٧١) ووزن مئوي (٣٤.٢)، ومضامينها هي: الفقرة (٦) اعداد خطة التعريب والتأليف والترجمة ومتابعة تنفيذها، اما الفقرة (١٠) فتتضمن عقد الاتفاقات العلمية والثقافية مع الجامعات والكليات والمعاهد والتدريسيين داخل القطر وخارجه.

ب- حصلت فقرات التنظيم (٤،١،٩،٨،٥،٣) على اوساط مرجحة تتراوح بين (٤.٢٠-٣.٠٦) واوزان مئوية تتراوح بين (٨٤-٦١.٢) ومضامينها ما يأتي:

الفقرة (١): تشكيل اللجان العلمية والتربوية والادارية.

الفقرة (٩): توطيد القيم والمبادئ الروحية والاخلاقية والاجتماعية والعلمية في المحيط الجامعي.

الفقرة (٨): منح الشهادات والالقاب العلمية لمستحقيها.

الفقرة (٥): تنظيم المؤتمرات والحلقات الدراية والعلمية والمشاركة فيها داخل القطر وخارجه.

الفقرة (٣): التوصية بفتح او الغاء او تعديل الاقسام والفروع العلمية والوحدات الفنية.

الفقرة (٤): تحسين وتطوير صيغ العمل الاداري والمناخ التنظيمي في المحيط الجامعي.

اما الفقرات (٢،٦،٧) فانها لم تحصل على درجات تطبيق تفوق اوساطها المرجحة واوزانها المئوية الوسط المرجح والوزن المئوي الافتراضيين فقد حصلت الفقرة (٢) على وسط مرجح (٣.٠٣) ووزن مئوي (٦٠.٦) وبذلك تكون متساوية

مع الدرجتين الافتراضيين ومضمونها تفويض الصلاحيات الممنوحة بموجب القوانين، وحصلت الفقرة (٦) على وسط مرجح (٢.٦١) ووزن مئوي (٥٢.٢) ومضمونها تعيين التدريسيين ومنحهم الاجازات الاعتيادية والدراسية ونقلهم او انهاء خدماتهم. اما الفقرة (٧) فقد حصلت على وسط مرجح (٢.٤٧) ووزن مئوي (٤٩.٤) ومضمونها تعيين الموظفين والعاملين ومنحهم الاجازات الاعتيادية ونقلهم او انهاء خدماتهم.

جـ- حصلت فقرات التوجيه (٢،٣،٦،١،٥،٧،٩،٤) على اوساط مرجحة تتراوح بين (٤.٤٠-٣.٣٠) واوزان تتراوح بين (٨٨-٦٦) ومضامينها كما يأتي:

الفقرة (٢): متابعة شؤون التدريسين والعاملين الاخرين.

الفقرة (٣): متابعة شؤون الطلبة العلمية والادارية والخدمية,

الفقرة (٦): الاشراف على تنفيذ الخطط الادارية والعلمية وتوجيه مساراتها بما يؤدي الى تحقيق اهدافها.

الفقرة (١): قبول عناوين وبحوث الدراسات العليا وتعيين المشرفين على طلبتها وتسمية لجان مناقشاتهم.

الفقرة (٥): اجراء الاتصالات الرسمية وغير الرسمية افقيا وعموديا.

الفقرة (٧): الاشراف على تطبيق الانظمة والتعليمات واستخدام الصلاحيات وتطبيق المسؤوليات.

الفقرة (٩): فتح قنوات الاتصال والتعاون بين الجامعة والمجتمع وتطوير آفاق ذلك.

الفقرة (٤): رعاية شؤون الطلبة والعاملين الاقتصادية من خلال عملية التكافل الاجتماعي.

وحصلت الفقرة (٨) على وسط مرجح (٢.٨٨) ووزن مئوي (٥٧.٦) وبذلك تكون درجة تطبيقها ضعيفة، ومضمونها: منح الحوافز والمكافئات المادية والمعنوية للمبدعين والمتميزين في العمل.

د- وحصلت فقرات الرقابة (٤،٣،١،٢،٦،٥) جميعا على اوساط مرجحة تتراوح بين (٤.٧٥-٣.٥٤) واوزان مئوية تتراوح بين (٩٥-٧٠.٨) ومضامينها ما يأتي:

الفقرة (٥): تقـويم الاداء الـدراسي والعلمـي للطلبـة مـن خـلال الامتحانـات وتشـكيل اللجـان الامتحانيـة واجراءاتها والاشراف عليها.

الفقرة (٦): النظر في المشكلات والمخالفات الانضباطية واتخاذ الإجراءات اللازمة لحسمها.

الفقرة (٢): تقويم الاداء العلمي والتربوي للتدريسين.

الفقرة (١): اعداد التقارير الدورية عن سير العمل وسبل الارتقاء به.

الفقرة (٣): تقويم الاداء الوظيفي للموظفين والعاملين.

الفقرة (٤): معايشة واقع العاملين حسب مستوياتهم لتذليل الصعوبات والمعوقات.

الجدول (١٠)

استجابات رؤساء الأقسام العلمية حول الفقرات

مجال الوظيفة	مرتبة التطبيق	تسلسل الفقرات	الوسط المرجح	الوزن المئوي	مجال الوظيفة	مرتبة التطبيق	تسلسل الفقرات	الوسط المرجح	الوزن المئوي	مجال الوظيفة	مرتبة التطبيق	تسلسل الفقرات	الوسط المرجح	الوزن المئوي
التخطيط	١	٥	٤.٢٢	٨٤.٤	التنظيم	٣	٨	٣.٩٩	٧٩.٨	التوجيه	٦	٧	٤.٠٧	٨١.٤
-	٢	٣	٤.١٨	٨٣.٦	-	٤	٥	٣.٩٤	٧٨.٨	-	٧	٩	٣.٩٥	٧٩
-	٣	٢	٤.٠٦	٨١.٢	-	٥	٣	٣.٢١	٦٤.٢	-	٨	٤	٣.٣٠	٦٦
-	٤	٨	٣.٦٥	٧٣	-	٦	٤	٣.٠٦	٦١.٢	-	٩	٨	٢.٨٨	٥٧.٦
-	٥	١	٣.٤٧	٦٩.٤	-	٧	٢	٣.٠٣	٦٠.٦	الرقابة	١	٥	٤.٧٥	٩٥
-	٦	٤	٣.٤٦	٦٩.٢	-	٨	٦	٢.٦١	٥٢.٢	-	٢	٦	٤.٥٣	٩٠.٦
-	٧	٩	٣.٣٤	٦٦.٨	-	٩	٧	٢.٤٧	٤٩.٤	-	٣	٢	٤.٤٨	٨٩.٦
-	٨	٧	٣.١٧	٦٣.٤	التوجيه	١	٢	٤.٤٠	٨٨	-	٤	١	٤.٣٧	٨٧.٤
-	٩	٦	٢.٥١	٥٠.٢	-	٢	٣	٤.٣٨	٨٧.٦	-	٥	٣	٤.٣٥	٨٧
-	١٠	١٠	١.٧١	٣٤.٢	-	٣	٦	٤.٢٥	٨٥	-	٦	٤	٣.٥٤	٧٠.٨
التنظيم	١	١	٤.٢٠	٨٤	-	٤	١	٤.١٩	٨٣.٨	-	-	-	-	-
-	٢	٩	٤.١٥	٨٣	-	٥	٥	٤.١٧	٨٣.٤	-	-	-	-	-

٢- على صعيد المجالات:

يبين الجدول (١١) نتائج تحليل استجابات رؤساء الأقسام العلمية على صعيد المجالات الوظيفية (التخطيط، التنظيم، التوجيه، الرقابة) اذ اظهرت نتائج التحليل تفوق هذا المستوى الاداري في درجات تطبيق وظائفه باوساط مرجحة واوزان مئوية مرتبة ترتيبا تنازليا على النحو الآتي:

أ- مجال الرقابة (٦) فقرات جاء بالمرتبة الاولى، وسطها المرجح (٤.٣٤) ووزنها المئوي (٨٦.٨).

ب- مجال التوجيه (٩) فقرات جاء بالمرتبة الثانية، وسطه المرجح (٣.٥٦) ووزنه المئوي (٧١.٢)

جـ- مجال التخطيط (١٠) فقرات جاء بالمرتبة الثالثة، وسطه المرجح (٣.٣٣) ووزنه المئوي (٦٦.٦)

د- مجال التنظيم (٩) فقرات جاء بالمرتبة الرابعة، وسطه المرجح (٣.٠٧) ووزنه المئوي (٦١.٤).

الجدول (١١)

استجابات رؤساء الأقسام على صعيد المجالات

ت	مجال الوظيفة	عدد الفقرات	مرتبة التطبيق	الوسط المرجح	الوزن المئوي
١.	الرقابة	٦	١	٤.٣٤	٨٦.٨
٢.	التوجيه	٩	٢	٣.٥٦	٧١.٢
٣.	التخطيط	١٠	٣	٣.٣٣	٦٦.٦
٤.	التنظيم	٩	٤	٣.٠٧	٦١.٤

القسم الثاني

يتناول هذا القسم عرض نتائج اجراءات تحقيق الهدفين الثاني والثالث ومناقشتهما وهما وضع توقعات مستقبلية للادارة الجامعية في العراق في الرابع الاول من القرن الحادي والعشرين، وتحديد التوقعات المرغوبة من التوقعات المستقبلية لهذه الادارة، من خلال الاجابة على السؤالين في ادناه.

* ما التوقعات المستقبلية للادارة الجامعية في العراق في الربع الأول من القرن الحادي والعشرين؟

* ما التوقعات المرغوبة من التوقعات المستقبلية للادارة الجامعية في العراق في الربع الأول من القرن الحادي والعشرين؟

ولغرض تحقيق هذين الهدفين قام الباحث بتطبيق استبانة التوقعات المستقبلية والتوقعات المرغوبة منها على مجموعة الخبراء العشرين مستخدما طريقة دلفي (Delphi) من جولتين. وقد حدد الباحث نسبة (٨٠%) كحد ادنى لقبول الفقرة وهو يتفق بذلك مع دراسة (عليمات ١٩٩٧) وعلى النحو الآتي:

الجولة الأولى:

تم تحليل استجابات مجموعة الخبراء العشرين الذين عرضت عليهم استبانة التوقعات المستقبلية والتوقعات المرغوبة منها للادارة الجامعية في العراق في الجولة الاولى اذ اظهرت نتائج الاستجابات على فقرات التوقعات المستقبلية الموزعة في اربعة مجالات هي (التخطيط، التنظيم، التوجيه، الرقابة) ما يأتي:

أولاً: مجال التخطيط:

كانت النسبة المئوية والوسط المرجح لاستجابات مجموعة الخبراء العشرين على فقرات التوقعات المستقبلية للادارة الجامعية في مجال التخطيط، المبينة في الجدول (١٢)، حصول الموافقة في الرأي بنسبة (٩٥%) على (١٣) فقرة من مجموع (١٤) كتوقعات مستقبلية في حين لم تحصل الموافقة على فقرة واحدة هي الفقرة (١٢) على درجة الاتفاق او المحايدة او المعارضة حيث حصلت على نسبة (٧٥%) بجانب الموافقة وهذه النسبة غير مقبولة بموجب رأي الباحث الذي حدد نسبة (٨٠%) فاكثر كحد ادنى المقبول، وقد علل معظم الخبراء اسباب عدم قبولها بان عملية تعريب العلوم عملية سبق اعتمادها واثبت عدم جدواها. اما مضمون هذه الفقرة فهو: (اعداد خطط التعريب للعلوم والتأليف والترجمة ومتابعة تنفيذها) وقد أضيفت هذه الفقرة الى استبانة الجولة الثانية لعرضها على الخبراء مرة اخرى.

ان الفقرات التي حصلت على درجة الاجماع في اراء الخبراء بالموافقة هي (١٣،٨،٧،٦،٥،٤،٣،٢،١،١٤) اذ كانت الموافقة بنسبة (١٠٠%) وتتراوح اوسطها المرجحة بين (٤.٩٠-٤.٦٠) في حين حصلت الفقرات (١١،١٠،٩،٧) على نسبة (٩٥%) وتتراوح اوسطها بين (٤.٧٠-٤.55) اما مضامين هذه الفقرات مرتبة ترتيبا تنازليا كما يأتي:

الفقرة (١): الاعتماد على مبدأ مركزية التخطيط ولا مركزية التنفيذ.

الفقرة (٢): الاعتماد على مبادئ التخطيط الاستراتيجي بالمشاركة الواسعة وبما يقتضي من المرونة.

الفقرة (٣): تبني انظمة معلومات اكثر تطورا لأتمتة العمل الاداري.

الفقرة (٤): توسيع مراكز البحوث والتطوير والاستشارات وتنويعها ورصد الاموال اللازمة لها.

الفقرة (٥): التوسع في اشراك العاملين في رسم الاهداف واتخاذ القرارات.

الفقرة (٦): الاهتمام بالتدريب والتأهيل اثناء الخدمة والتوسع في الدراسات الادارية لتنمية القدرات المهنية والعلمية وتطويرها.

الفقرة (٨): الاعتماد على معايير اكثر حداثة وملاءمة في اختيار القيادات الادارية والعاملين في حقل الادارة الجامعية.

الفقرة (١٣): عقد الاتفاقات العلمية والثقافية مع الجامعات والكليات والمعاهد داخل القطر وخارجه.

الفقرة (١٤): التطبيق العلمي للحرية الاكاديمية للتدريسين والطلبة في ضوء الفلسفة التربوية للدولة.

الفقرة (٧): الاهتمام الجاد بالبحث العلمي طريقا لتحقيق التقدم واختزال الزمن والمكان.

الفقرة (٩): الاعتماد على مبدأ الموازنة بين مدخلات الجامعة ومخرجاتها بما يخدم تدفق القوى العاملة بصورة مناسبة للتنمية الشاملة.

الفقرة (١٠): التوسع في المؤسسات الملحقة بالجامعات كالمستشفيات والمزارع والمشاغل.

الفقرة (١١): وضع الخطط والسياسات لتمويل التعليم الجامعي برسوم رمزية.

الجدول (١٢)

استجابات مجموعة الخبراء على فقرات التوقعات المستقبلية للادارة الجامعية/ التخطيط

تسلسل	درجات الموافقة					النتائج						الوسط
الفقرات	موافق جداً	موافق	محايد	معارض	معارض جدا	الموافقون	النسبة %	المحايدون	النسبة %	المعارضون	النسبة %	المرجح
١	١٥	٥	صفر	صفر	صفر	٢٠	١٠٠	صفر	صفر	صفر	صفر	٤.٧٥
٢	١٢	٨	صفر	صفر	صفر	٢٠	١٠٠	صفر	صفر	صفر	صفر	٤.٦٠
٣	١٨	٢	صفر	صفر	صفر	٢٠	١٠٠	صفر	صفر	صفر	صفر	٤.٩٠
٤	١٤	٦	صفر	صفر	صفر	٢٠	١٠٠	صفر	صفر	صفر	صفر	٤.٧٠
٥	١٣	٧	صفر	صفر	صفر	٢٠	١٠٠	صفر	صفر	صفر	صفر	٤.٦٥
٦	١٢	٨	صفر	صفر	صفر	٢٠	١٠٠	صفر	صفر	صفر	صفر	٤.٦٠
٧	١٥	٤	صفر	١	صفر	١٩	٩٥	صفر	صفر	١	٥	٤.٥٥
٨	١٢	٨	صفر	صفر	صفر	٢٠	١٠٠	صفر	صفر	صفر	صفر	٤.٦٠
٩	١٠	٩	١	صفر	صفر	١٩	٩٥	١	صفر	١	٥	٤.٥٥
١٠	١٦	٣	صفر	١	صفر	١٩	٩٥	صفر	صفر	صفر	صفر	٤.٧٠
١١	١٣	٦	١	صفر	صفر	١٩	٩٥	١	٥	صفر	صفر	٤.٦٠
١٢	١٢	٣	٣	٢	صفر	١٥	٧٥	٣	١٥	٢	١٠	٤.٢٥
١٣	١٦	٤	صفر	صفر	صفر	٢٠	١٠٠	صفر	صفر	صفر	صفر	٤.٨٠
١٤	١٥	٥	صفر	صفر	صفر	٢٠	١٠	صفر	صفر	صفر	صفر	٤.٧٥

ثانياً: مجال التنظيم

اظهرت نتائج الاستجابات المبينة في الجدول (١٣) ان مجموع الفقرات البالغ عددها (١٤) فقرة قد حصلت على الاتفاق في الرأي بنسبة (٩٠% فاكثر) بالموافقة على انها توقعات مستقبلية، ولم تظهر أي فقرة بالمحايدة او المعارضة، ان الفقرات التي حصلت على نسبة الاجماع بنسبة (١٠٠%) عددها (١٠) فقرات هي (١،٢،٣،٤،٨،٩،١٠،١١،١٢،١٤) تراوحت اوسطها المرجحة بين (٤.٨٥-٤.٥٠) وحصلت فقرتان اثنتان على نسبة (٩٥%) بالموافقة هما الفقرة (٧) والفقرة (١٣) بوسطين مرجحين هما (٤.٥٠) و (٤.٤٥) على التوالي. اما الفقرتان (٥) و(٦) فقد حصلنا على نسبة (٩٠%) ووسطين مرجحين هما (٤.٤٥) و(٤.٢٥) على التوالي.

ان هذه النتائج تدعم دقة وموضوعية الفقرات التي وضعها افراد العينة الاستطلاعية الـذين اجابوا علىالاستبانة المفتوحة الخاصة بالتوقعات المستقبلية. ومضامين الفقرات مرتبة ترتيبا تنازليا فهي على النحو الآتي:

الفقرة (١): تحديث الهياكل التنظيمية للجامعات في ضوء المستجدات مع مراعاة البساطة والمرونة فيها.

الفقرة (٢): الاعتماد على الاستقلالية الذاتية في الهياكل التنظيمية في العمل الاداري للجامعات.

الفقرة (٣): تأكيد دور القيادة الادارية في تهيئة المناخ التنظيمي للابداع.

الفقرة (٤): الاهتمام ببناء الشخصية المتكاملة والمتوازنة للطلبة.

الفقرة (٨): تصميم الابنية الجامعية بما يخدم أهدافها وافاق تطورها.

الفقرة (٩): الاهتمام بالحاجات الانسانية للعاملين.

الفقرة (١٠): التوسع في مساحة العمل الجامعي في الادارة الجامعية.

الفقرة (١١): تحقيق انفتاح الجامعة على المجتمع.

الفقرة (١٢): تشجيع النمو الوظيفي والاهتمام بالتوصيف والتصنيف الوظيفي.

الفقرة (١٤): استحداث ادلة عمل مرنة ومتطورة.

الفقرة (٧): وضع انظمة مرنة في القبول والانتقال بين الجامعات والاقسام الدراسية.

الفقرة (١٣): التوسع في التعليم الجامعي غير النظامي (جامعة مفتوحة)

الفقرة (٥): مراعاة مبادئ النظم الخاصة بوحدة القيادة.

الفقرة (٦): العمل على اكمال تطبيق المقررات الدراسية مع توفير مستلزماتها.

الجدول (١٣)

استجابات مجموعة الخبراء على فقرات التوقعات المستقبلية للادارة الجامعية/ التنظيم

تسلسل	درجات الموافقة					النتائج						الوسط
الفقرات	موافق جدا ٥	موافق ٤	محايد ٣	معارض ٢	معارض جدا١	الموافقون	النسبة %	المحايدون	النسبة %	المعارضون	النسبة %	المرجح
١	١٥	٥	صفر	صفر	صفر	٢٠	١٠٠	صفر	صفر	صفر	صفر	٤.٧٥
٢	١٧	٣	صفر	صفر	صفر	٢٠	١٠٠	صفر	صفر	صفر	صفر	٤.٨٥
٣	١٦	٤	صفر	صفر	صفر	٢٠	١٠٠	صفر	صفر	صفر	صفر	٤.٨٠
٤	١٧	٣	صفر	صفر	صفر	٢٠	١٠٠	صفر	صفر	صفر	صفر	٤.٨٥
٥	١١	٧	٢	صفر	صفر	١٨	٩٠	٢	١٠	صفر	صفر	٤.٤٥
٦	١٠	٨	صفر	١	١	١٨	٩٠	صفر	صفر	٢	١٠	٤.٢٥
٧	١٢	٧	صفر	١	صفر	١٩	٩٥	صفر	صفر	١	٥	٤.٥٠
٨	١٥	٥	صفر	صفر	صفر	٢٠	١٠٠	صفر	صفر	صفر	صفر	٤.٧٥
٩	١٧	٣	١	صفر	صفر	٢٠	١٠٠	صفر	صفر	صفر	صفر	٤.٨٥
١٠	١٠	١٠	صفر	صفر	صفر	٢٠	١٠٠	صفر	صفر	صفر	صفر	٤.٥٠
١١	١٥	٥	١	صفر	صفر	٢٠	١٠٠	صفر	صفر	صفر	صفر	٤.٧٥
١٢	٩	١١	٣	صفر	صفر	٢٠	١٠٠	صفر	صفر	صفر	صفر	٤.٤٥
١٣	١١	٨	صفر	١	صفر	١٩	٩٥	صفر	صفر	١	صفر	٤.٤٥
١٤	١٢	٨	صفر	صفر	صفر	٢٠	١٠٠	صفر	صفر	صفر	صفر	٤.٦٠

ثالثاً: مجال التوجيه:

يوضح الجدول (١٤) نتائج استجابات مجموعة الخبراء العشرين على فقرات التوقعات المستقبلية للادارة الجامعية في مجال التوجيه، اذ حصلت (٩) فقرات من مجموع الفقرات البالغ عددها (١٠) فقرات على اتفاق في الرأي بنسبة (٩٥% فاكثر) بالموافقة على انها توقعات مستقبلية، في حين ظهرت فقرة واحدة هي الفقرة (٤) لم تحصل على درجة الموافقة فقد حصلت على نسبة (٧٠%) من اراء مجموعة الخبراء بالموافقة وهي أقل من نسبة الحد الأدنى المقبولة، وقد أجاب (١٠) خبراء بموافق جدا و(٤) خبراء بموافق (٤) بمحايد و(٢) بمعارض، وتنص

الفقرة على (التوسع في تفويض السلطات الصلاحيات الادارية) وقد طلب أحد الخبراء المعارضين تعديل الفقرة الى (التوسع المنضبط في..) اما الخبير الثاني فلم يذكر سببا لمعارضته لذلك فقد اضيفت هذه الفقرة الى استبانة الجولة الثانية.

اما الفقرات التي حصلت على درجة الاجماع بنسبة (١٠٠%) بالموافقة فهي (١،٣،٥،٦،٨،٩،١٠) وتراوحت اوسطها المرجحة بين (٤.٩٠-٤.٦٠) وحصلت الفقرتان (٢) و(٧) على نسبة ٩٥% لكل منها وبوسط مرجح (٤.٦٠) لكل منها ايضا.

اما مضامين الفقرات التي حصلت عليها الموافقة كتوقعات مستقبلية فهي مرتبة ترتيبا تنازليا على النحو الآتي:

الفقرة (١): الاعتماد على الصيغ الديمقراطية في الادارة الجامعية.

الفقرة (٣): الاعتماد على التقاليد العلمية في العمل الاداري.

الفقرة (٥): تبني نظم تحفيز وتكريم حديثة لتحقيق مخرجات أفضل.

الفقرة (٦): منح المكافئات العادلة لجميع مستحقيها.

الفقرة (٨): توفير معلومات دقيقة ومستحدثة تخدم في اتخاذ القرارات.

الفقرة (٩): اجراء الاتصالات الرسمية وغير الرسمية باساليب متطورة.

الفقرة (١٠): توجيه مسارات العمل بصيغ متطورة تعكس دور الجامعة في تطوير المؤسسات الاخرى.

الفقرة (٢): الاستفادة من خبرات المستشارين والاساتذة المتخصصين.

الفقرة (٧): تحليل وتقويم الانظمة والتعليمات بشكل مستمر وبما يتناسب مع التطورات والمستجدات.

الجدول (١٤)

استجابات مجموعة الخبراء على فقرات التوقعات المستقبلية للادارة الجامعية/ التوجيه

تسلسل الفقرات	درجات الموافقة					النتائج						الوسط المرجح
	موافق جدا ٥	موافق ٤	محايد ٣	معارض ٢	معارض جدا١	الموافقون	النسبة %	المحايدون	النسبة %	المعارضون	النسبة %	
١	١٦	٤	صفر	صفر	صفر	٢٠	١٠٠	صفر	صفر	صفر	صفر	٤.٨٠
٢	١٢	٦	١	صفر	صفر	١٩	٩٥	١	٥	صفر	صفر	٤.٦٠
٣	١٨	٢	صفر	صفر	صفر	٢٠	١٠٠	صفر	صفر	صفر	صفر	٤.٩٠
٤	١٠	٤	٤	٢	صفر	١٤	٧٠	٤	٢٠	٢	١٠	
٥	١٥	٥	صفر	صفر	صفر	٢٠	١٠٠	صفر	صفر	صفر	صفر	٤.٧٥
٦	١٢	٨	صفر	صفر	صفر	٢٠	١٠٠	صفر	صفر	صفر	صفر	٤,٦٠
٧	١٤	٥	١	صفر	صفر	١٩	٩٥	١	٥	صفر	صفر	٤.٦٠
٨	١٣	٧	صفر	صفر	صفر	٢٠	١٠٠	صفر	صفر	صفر	صفر	٤.٦٥
٩	١٥	٥	صفر	صفر	صفر	٢٠	١٠٠	صفر	صفر	صفر	صفر	٤.٧٥
١٠	١٣	٧	صفر	صفر	صفر	٢٠	١٠٠	صفر	صفر	صفر	صفر	٤.٦٥

رابعاً: مجال الرقابة

يوضح الجدول (١٥) ان جميع فقرات البالغ عددها (٧) فقرات فقد حصلت على اتفاق في الراي بالموافقة بنسبة تتراوح بين (١٠٠%-٨٥%) كتوقعات مستقبلية، فقد حصلت الفقرات (١،٢،٥،٦) على نسبة (١٠٠%) لكل منها وباوساط مرجحة تتراوح بين (٤.٥٧-٤.٦٠) اما الفقرتان (٣) و(٧) فقد حصلتا على نسبة (٩٥%) لكل منها وبوسطين مرجحين (٤.٦٠) و(٤.٥٠) على التوالي لكل منها، في حين حصلت الفقرة (٤) على نسبة (٨٥%) من اراء الخبراء وبوسط مرجح (٤.١٥)

اما مضامين الفقرات فهي مرتبة ترتيبا تنازليا على النحو الآتي:

الفقرة (١): تطوير نظم الرقابة والتدقيق المالية على أسس علمية.

الفقرة (٢): الاعتماد على معايير موضوعية في تقويم أداء العاملين.

الفقرة (٥): استخدام اساليب القياس والتقويم في العمل الرقابي.

الفقرة (٦): استخدام اساليب التحليل والتفسير العلمية للنتائج المتحققة.

الفقرة (٣): الاعتماد على صيغ الاختبارات والامتحانات الموضوعية والمعيارية في تقـويم انجـازات الطلبـة في سائر المراحل.

الفقرة (٧): استخدام نتائج التقويم في التغذية الراجعة وتصحيح مسارات العمل.

الفقرة (٤): الاستمرار في تطبيق اسلوب معايشة العاملين لتذليل الصعوبات والمعوقات.

الجدول (١٥)

استجابات مجموعة الخبراء على فقرات التوقعات المستقبلية للادارة الجامعية/ الرقابة

تسلسل الفقرات	درجات الموافقة					النتائج						الوسط المرجح
	موافق جدا ٥	موافق ٤	محايد ٣	معارض ٢	معارض جدا١	الموافقون	النسبة %	المحايدون	النسبة %	المعارضون	النسبة %	
١	١٣	٧	صفر	صفر	صفر	٢٠	١٠٠	صفر	صفر	صفر	صفر	٤.٦٥
٢	١٥	٥	صفر	صفر	صفر	٢٠	١٠٠	صفر	صفر	صفر	صفر	٤.٧٥
٣	١٣	٦	١	صفر	صفر	١٩	٩٥	١	٥	صفر	صفر	٤.٦٠
٤	٦	١١	٣	صفر	صفر	١٧	٨٥	٣	١٥	صفر	صفر	٤.١٥
٥	١٢	٨	صفر	صفر	صفر	٢٠	١٠٠	صفر	صفر	صفر	صفر	٤.٦٠
٦	١٣	٧	صفر	صفر	صفر	٢٠	١٠٠	صفر	صفر	صفر	صفر	٤.٦٥
٧	١٣	٦	١	صفر	صفر	١٩	٩٥	٥	٥	صفر	صفر	٤.٥٠

اما نتائج استجابات الخبراء على الفقرات التي لم يحصل عليها اتفاق الحد الادنى وهو (٨٠% فاكثر) كتوقعات مستقبلية فهي كما موضحة في الجدول (١٦) فقد حصلت الفقرة (١٢- تخطيط) على نسبة (٧٥%) موافقة و(١٥%) محايدة و(١٠%) معارضة وبوسط مرجح قدره (٤.٣٥) والفقرة (٤-توجيه) فقد حصلت على نسبة (٧٠%) موافقة و(٢٠%) محايدة و(١٠%) معارضة وبوسط مرجح قدره (٤.٢٠) لذلك سنقتصر الجولة الثانية على هاتين الفقرتين، وعلى (٦) خبراء فقط وهو الخبراء الذين لم يتفقوا مع اراء الاغلبية في الجولة الاولى.

الجدول (١٦)

الفقرات التي لم تحصل على درجة الموافقة في الجولة الاولى

تسلسل الوظيفة	تسلسل الفقرة في الاستبانة	درجات الموافقة					النتائج					
		موافق جدا	موافق	محايد	معارض	معارض جدا	الموافقون	النسبة %	المحايدون	النسبة %	المعارضون	النسبة %
التخطيط	١٢	١٢	٢	٣	٢	صفر	١٥	٧٥	٣	١٥	٢	١٠
التوجيه	٤	١٠	٤	٤	٢	صفر	١٤	٧٠	٤	٢٠	٢	١٠

الجولة الثانية:

بعد تحليل استجابات مجموعة الخبراء الذين اختلفوا في الرأي مع الاغلبية حول التوقعات المستقبلية فقد عرضت عليهم الفقرات التي لم يحصل عليها اتفاق بنسبة (٨٠%) كحد ادنى الذين كان عددهم (٦) خبراء، وعدد الفقرات كان فقرتان اثنتان في الجولة الثانية ظهرت النتائج كما موضحة في الجدول (١٧) اذ حصلت الفقرة (١٢-تخطيط) بالموافقة بنسبة (١٠٠%) وبوسط مرجح قدرة (٤.٦٧) والفقرة (٤-توجيه) حصلت على نسبة (١٠٠%) وبوسط مرجح قدره (٥٠٠) على انها توقعات مستقبلية.

الجدول (١٧)

استجابات الخبراء على فقرات التوقعات المستقبلية في الجولة الثانية

تسلسل الوظيفة	تسلسل الفقرة في الاستبانة	درجات الموافقة					النتائج					
		موافق جدا	موافق	محايد	معارض	معارض جدا	الموافقون	النسبة %	المحايدون	النسبة %	المعارضون	النسبة %
التخطيط	١٢	٤	٢	صفر	صفر	صفر	٦	١٠٠	صفر	صفر	صفر	صفر
التوجيه	٤	٦	صفر	صفر	صفر	صفر	٦	١٠٠	صفر	صفر	صفر	صفر

وبذلك يكون الهدف الثاني وهو الهدف الرئيسي من البحث الحالي قد تحقق وتم وضع (٤٥) فقرة موزعة على (٤) مجالات هي (التخطيط، التنظيم، التوجيه،الرقابة) تتضمن مهمات ادارية كتوقعات مستقبلية للادارة الجامعية في العراق في الربع الاول من القرن الحادي والعشرين باستخدام طريقة دلفي (Delphi) من جولتين.

الهدف الثالث:

* ما التوقعات المرغوبة من التوقعات المستقبلية للادارة الجامعية في العراق في الربع الاول من القرن الحادي والعشرين؟

لغرض الوصول الى تحقيق الهدف الثالث المتضمن في السؤال في اعلاه فقد قام الباحث بتنظيم استبانة ملحقة باستبانة التوقعات المستقبلية للجولة الاولى وبالطريقة ذاتها وطلب من كل خبير من مجموعة الخبراء العشرين تأشير درجة رغبته على كل فقرة من فقرات الاستبانة. وقد تم الاعتماد على نسبة (٨٥%) فاكثر كدرجة اتفاق بين مجموعة الخبراء على أي فقرة من الفقرات، وان أي فقرة تحصل على أقل من هذه النسبة يعاد تنظيمها لجولة لاحقة وعلى وفق طريق دلفي (Delphi) علما بان الباحث طلب وضع عدد محدد من الفقرات المرغوبة بنسبة (٥٠%) في كل مجال وعلى النحو الآتي:

(٧) فقرات في مجال التخطيط و(٧) فقرات في مجال التنظيم و(٥) فقرات في مجال التوجيه و(٤) فقرات في مجال الرقابة.

الجولة الأولى:

بعد جمع استجابات مجموعة الخبراء العشرين حول التوقعات (المرغوبة) من التوقعات المستقبلية وتحليلها باستخدام النسبة المئوية والوسط المرجح ظهرت النتائج المثبتة في الجداول المبينة لاحقا تبعا لمجالاتها:

* **مجال التخطيط:**

يوضح الجدول (١٨) نتائج استجابات مجموعة الخبراء حول التوقعات المرغوبة من التوقعات المستقبلية للادارة الجامعية في العراق اذ اظهرت هذه النتائج حصول (٧) فقرات على درجة الموافقة بنسبة اكثر من (٨٥%) هي الفقرات (٢،٣،٥،٧،١٠،١٣،١٤) اذ حصلت هذه الفقرات على نسبة (١٠٠%) لكل منها كما حصلت على اوساط مرجحة تتراوح بين (٤.٩٠-٤.٩٥) اما الفقرات الاخرى ومنها الفقرات (١،٤،٨،١١) فقد حصلت على نسبة تتراوح بين (٨٠%-٩٥%) بالمعارضة وباوساط مرجحة تتراوح بين (١.٦٠-١.٩٥) وهناك فقرتان هما (٦)

و(١٢) حصلت الاولى على نسبة (٦٥%) بالمعارضة والثانية (٧٥%) بالمعارضة ايضا، وحصلت الفقرة (٩) على نسبة (٢٥%) بالمعارضة.

الجدول (١٨)

استجابات مجموعة الخبراء على فقرات التوقعات المرغوبة للادارة الجامعية/ التخطيط

تسلسل	درجات الموافقة					النتيجة						الوسط
الفقرات	كبيرة جدا٥	كبيرة٤	محايد٣	قليلة ٢	قليلة جدا ١	الموافقون	النسبة %	المحايدون	النسبة %	المعارضون	النسبة %	المرجح
١	صفر	صفر	٣	٨	١٠	صفر	صفر	٢	١٠	١٨	٩٠	١.٦٠
٢	٢	١٩	١	صفر	صفر	٢٠	١٠٠	صفر	صفر	صفر	صفر	٤.٩٥
٣	٢٠	صفر	صفر	صفر	صفر	٢٠	١٠٠	صفر	صفر	صفر	صفر	٥.٠٠
٤	١	صفر	٣	٩	٧	١	٥	٣	١٥	١٦	٨٠	١.٩٥
٥	١٨	٢	صفر	صفر	صفر	٢٠	١٠٠	صفر	صفر	صفر	صفر	٤.٩٠
٦	٢	صفر	٥	٦	٧	٢	١٠	٥	٢٥	١٣	٦٥	٢.٢٠
٧	١٨	٢	صفر	صفر	صفر	٢٠	١٠٠	صفر	صفر	صفر	صفر	٤.٩٠
٨	١	صفر	صفر	٩	١٠	١	٥	صفر	صفر	١٩	٩٥	١.٦٥
٩	١	صفر	٤	٧	٨	١	٥	٤	٢٠	١٥	٢٥	١.٩٥
١٠	١٩	١	صفر	صفر	صفر	٢٠	١٠٠	صفر	صفر	صفر	صفر	٤.٩٥
١١	٢	صفر	صفر	٩	٩	٢	١٠	صفر	صفر	١٨	٩٠	١.٨٥
١٢	١	٢	٢	٩	٦	٣	١٥	٢	١٠	١٥	٧٥	٢.١٥
١٣	١٨	٢	صفر	صفر	صفر	٢٠	١٠٠	صفر	صفر	صفر	صفر	٤.٩٠
١٤	٢٠	صفر	صفر	صفر	صفر	٢٠	١٠٠	صفر	صفر	صفر	صفر	٥.٠٠

والجدول (١٩) يبين الفقرات التي حصلت على درجة الموافقة على انها توقعات مرغوبة من التوقعات المستقبلية:

الجدول (١٩)

استجابات الخبراء حول الفقرات المرغوبة الحاصلة على درجة الموافقة/ التخطيط

تسلسل	تسلسل	درجات الموافقة					النتائج						الوسط
الوظيفة	الفقرة في الاستبانة	كبيرة جدا ٥	كبيرة ٤	محايد ٣	قليلة ٢	قليلة جدا ١	الموافقون	النسبة %	المحايدون	النسبة %	المعارضون	النسبة %	المرجح
١	٢	١٩	١	صفر	صفر	صفر	٢٠	١٠٠	صفر	صفر	صفر	صفر	٤.٩٥
٢	٣	٢٠	صفر	صفر	صفر	صفر	٢	١٠٠	صفر	صفر	صفر	صفر	٥.٠٠
٣	٥	١٨	٢	صفر	صفر	صفر	٢٠	١٠٠	صفر	صفر	صفر	صفر	٤.٩٠
٤	٧	١٨	٢	صفر	صفر	صفر	٢٠	١٠٠	صفر	صفر	صفر	صفر	٤.٩٠
٥	١٠	١٩	١	صفر	صفر	صفر	٢٠	١٠٠	صفر	صفر	صفر	صفر	٤.٩٥
٦	١٣	١٨	٢	صفر	صفر	صفر	٢٠	١٠٠	صفر	صفر	صفر	صفر	٤.٩٠
٧	١٤	٢٠	صفر	صفر	صفر	صفر	٢٠	١٠٠	صفر	صفر	صفر	صفر	٥.٠٠

*** مجال التنظيم**

يظهر الجدول (٢٠) نتائج استجابات مجموعة الخبراء العشرين على فقرات التوقعات المرغوبة من التوقعات المستقبلية اذ حصلت الفقرات (١،٢،٤،٥،٧،٩،١٣) على درجة الموافقة بنسبة تتراوح بين (٩٥%-١٠٠%) وكانت اوساطها المرجحة تتراوح بين (٤.٧٥-٥.٠٠) وحصلت الفقرات (٣،٦،٨،١٠،١١،١٢،١٤) على درجة الرفض بنسبة تتراوح بين (٦٥%-٨٥%) والفقرات (٦،١٠،١٢) حصلت كل منها على نسبة (٨٥%) بالرفض وبأوساط مرجحة تتراوح بين (١.٧٥-٢.٠٥) وحصلت الفقرة (٣) على نسبة (٨٠%) بالرفض وبوسط مرجح قدره (٢.٠٢) وحصلت الفقرة (١١) على نسبة (٧٥%) بالرفض وبوسط مرجح قدره (٢.٠٠) اما الفقرتان (٨،١٤) فقد حصلت كل منهما على نسبة (٦٥%) بالرفض ايضا وبوسط مرجح (٢.٢٠) و (٢.٣٥) على التوالي.

الجدول (٢٠)

استجابات الخبراء على فقرات التوقعات المرغوبة للادارة الجامعية/ التنظيم

تسلسل الفقرات	درجات الموافقة					النتيجة						الوسط المرجح
	كبيرة جدا٥	كبيرة٤	محايد٣	قليلة ٢	قليلة جدا ١	الموافقون	النسبة %	المحايدون	النسبة %	المعارضون	النسبة %	
١	٢٠	صفر	صفر	صفر	صفر	٢٠	١٠٠	صفر	صفر	صفر	صفر	٥.٠٠
٢	١٩	١	صفر	صفر	صفر	٢٠	١٠٠	صفر	صفر	صفر	صفر	٤.٩٥
٣	٣	١	صفر	٩	٧	٤	٢٠	صفر	صفر	١٦	٨٠	٢.٢٠
٤	١٩	١	صفر	صفر	صفر	٢٠	١٠٠	صفر	صفر	صفر	صفر	٤.٩٥
٥	١٦	٣	١	صفر	صفر	١٩	٩٥	١	٥	صفر	صفر	٤.٧٥
٦	١	صفر	٢	٧	١٠	١	٥	٢	١٠	١٧	٨٥	١.٧٥
٧	١٨	٢	صفر	صفر	صفر	٢٠	١٠٠	صفر	صفر	صفر	صفر	٤.٩٠
٨	٣	صفر	٤	٤	٩	٣	١٥	٤	٢٠	١٣	٦٥	٢.٢٠
٩	٢٠	صفر	صفر	صفر	صفر	٢٠	١٠٠	صفر	صفر	صفر	صفر	٥.٠٠
١٠	١	صفر	٢	٨	٩	١	٥	٢	١٠	١٧	٨٥	١.٨٠
١١	٢	٣	٨	٧	٢	٢	١٠	٣	١٥	١٥	٧٥	٢.٠٠
١٢	صفر	٣	صفر	١٢	٥	٣	١٥	صفر	صفر	١٧	٨٥	٢.٠٥
١٣	١٩	١	صفر	صفر	صفر	٢٠	١٠٠	صفر	صفر	صفر	صفر	٤.٩٥
١٤	٢	١	٣	١٠	٣	٢	١٠	٣	١٥	١٣	٦٥	١.٣٥

الجدول (٢١) يبين الفقرات التي حصلت على نسبة الموافقة كفقرات مرغوبة من التوقعات المستقبلية للادارة الجامعية:

الجدول (٢١)

استجابات الخبراء حول الفقرات المرغوبة الحاصلة على درجة الموافقة/ التنظيم

تسلسل الوظيفة	تسلسل الفقرة في الاستبانة	درجات الموافقة					النتائج						الوسط المرجح
		كبيرة جدا ٥	كبيرة ٤	محايد ٣	قليلة ٢	قليلة جدا ١	الموافقون	النسبة %	المحايدون	النسبة %	المعارضون	النسبة %	
١	١	٢٠	صفر	صفر	صفر	صفر	٢٠	١٠٠	صفر	صفر	صفر	صفر	٥.٠٠
٢	٢	١٩	١	صفر	صفر	صفر	٢٠	١٠٠	صفر	صفر	صفر	صفر	٤.٩٥
٣	٤	١٩	١	صفر	صفر	صفر	٢٠	١٠٠	صفر	صفر	صفر	صفر	٤.٩٥
٤	٥	١٦	٣	١	صفر	صفر	١٩	٩٥	١	٥	صفر	صفر	٤.٧٥
٥	٧	١٨	٢	صفر	صفر	صفر	٢٠	١٠٠	صفر	صفر	صفر	صفر	٤.٩٠
٦	٩	٢٠	صفر	صفر	صفر	صفر	٢٠	١٠٠	صفر	صفر	صفر	صفر	٥.٠٠
٧	١٣	١٩	١	صفر	صفر	صفر	٢٠	١٠٠	صفر	صفر	صفر	صفر	٤.٩٥

* مجال التوجيه

يوضح الجدول (٢٢) استجابات مجموعة الخبراء على فقرات التوقعات المرغوبة من التوقعات المستقبلية للادارة الجامعية في مجال التوجيه. وقد اظهرت نتائج هذه الاستجابات حصول الموافقة بنسب عالية على خمس فقرات هي

(١،٥،٧،٨،١٠) اذ تراوحت نسب الموافقة عليها بين (٩٥%-١٠٠%) باوساط مرجحة تراوحت بين (٤.٨٥- ٥.٠٠) في حين حصلت الفقرات الاخرى وهي

(٢،٣،٤،٦،٩) على الرفض بنسب تراوحت بين (٧٥%-٨٥%) باوساط مرجحة تتراوح بين (١.٧٥-٢.٢٥)

الجدول (٢٢)

استجابات الخبراء على فقرات التوقعات المرغوبة للادارة الجامعية/ التوجيه

تسلسل الفقرات	درجات الموافقة					النتيجة						الوسط المرجح
	كبيرة جدا٥	كبيرة٤	محايد٣	قليلة ٢	قليلة جدا ١	الموافقون	النسبة %	المحايدون	النسبة %	المعارضون	النسبة %	
١	١٩	صفر	١	صفر	صفر	١٩	٩٥	١	٥	صفر	صفر	٤.٩٠
٢	صفر	٣	٣	٤	١٠	٣	١٥	٢	١٥	١٤	٧٠	١.٩٥
٣	١	٢	صفر	٥	١٢	٣	١٥	صفر	صفر	١٧	٨٥	١.٧٥
٤	٢	٢	صفر	٨	٨	٤	٢٠	صفر	صفر	١٦	٨٠	٢.١٠
٥	٢٠	صفر	صفر	صفر	صفر	٢٠	١٠٠	صفر	صفر	صفر	صفر	٥.٠٠
٦	٣	٢	صفر	٧	٨	٥	٢٥	صفر	صفر	١٥	٧٥	٢.٢٥
٧	٢٠	صفر	صفر	صفر	صفر	٢٠	١٠٠	صفر	صفر	صفر	صفر	٥.٠٠
٨	١٨	١	١	صفر	صفر	١٩	٩٥	١	٥	صفر	صفر	٤.٨٥
٩	١	٤	صفر	٨	٧	٥	٢٥	صفر	صفر	١٥	٧٥	٢.٢٠
١٠	١٩	١	صفر	صفر	صفر	٢٠	١٠٠	صفر	صفر	صفر	صفر	٤.٩٥

الجدول (٢٣) يبين نتائج استجابات الخبراء للفقرات التي حصلت على درجة الموافقة كفقرات مرغوبة من التوقعات المستقبلية للادارة الجامعية

الجدول (٢٣)

استجابات الخبراء حول الفقرات المرغوبة الحاصلة على درجة الموافقة/ التوجيه

تسلسل الوظيفة	تسلسل الفقرة في الاستبانة	درجات الموافقة					النتائج					
		كبيرة جدا ٥	كبيرة ٤	محايد ٣	قليلة ٢	قليلة جدا ١	الموافقون	النسبة %	المحايدون	النسبة %	المعارضون	النسبة %
١	١	١٩	صفر	صفر	صفر	صفر	١٩	٩٥	١	٥	صفر	صفر
٢	٥	٢٠	صفر	صفر	صفر	صفر	٢٠	١٠٠	صفر	صفر	صفر	صفر
٣	٧	٢٠	صفر	صفر	صفر	صفر	٢٠	١٠٠	صفر	صفر	صفر	صفر
٤	٨	١٨	١	١	صفر	صفر	١٩	٩٥	١	٥	صفر	صفر
٥	١٠	١٩	١	صفر	صفر	صفر	٢٠	١٠٠	صفر	صفر	صفر	صفر

* **مجال الرقابة**

يوضح الجدول (٢٤) نتائج تحليل استجابات مجموعة الخبراء على الفقرات المرغوبة من التوقعات المستقبلية للادارة الجامعية في العراق في مجال الرقابة. فقد حصلت الفقرات (١،٣،٦،٧) على درجة الموافقة بنسبة تتراوح بين (٩٥%- ١٠٠%) كتوقعات مستقبلية مرغوبة، بوسط مرجح يتراوح بين (٤.٨٥-٥.٠٠) اما الفقرات الاخرى وهي (٢،٤،٥) فقد حصلت على درجة المعارضة بنسبة تتراوح بين (٧٥%-٨٠%) وبوسط مرجح يتراوح بين (١.٩٠-٢.٠٥).

الجدول (٢٤)

استجابات الخبراء حول الفقرات المرغوبة للادارة الجامعية/ الرقابة

تسلسل الفقرات	درجات الموافقة					النتيجة						الوسط المرجح
	كبيرة جدا٥	كبيرة٤	محايد٣	قليلة ٢	قليلة جدا ١	الموافقون	النسبة %	المحايدون	النسبة %	المعارضون	النسبة %	
١	١٩	١	صفر	صفر	صفر	٢٠	١٠٠	صفر	صفر	صفر	صفر	٤.٩٥
٢	صفر	٤	صفر	٩	٧	٤	٢٠	صفر	صفر	١٦	٨٠	٢.٠٥
٣	١٨	١	١	صفلا	صفر	١٩	٩٥	١	٥	صفر	صفر	٤.٨٥
٤	صفر	٣	٢	٨	٧	٣	١٥	٢	١٠	١٥	٧٥	٢.٠٥
٥	٢	صفر	صفر	١٠	٨	٢	١٠	صفر	صف	١٨	٩٠	١.٩٠
٦	١٩	١	صفر	صفر	صفر	٢٠	١٠٠	صفر	صفر	صفر	صفر	٤.٩٥
٧	٢٠	صفر	صفر	صفر	صفر	٢٠	١٠٠	صفر	صفر	صفر	صفر	٥.٠٠

الجدول (٢٥) يبين نتائج تحليل استجابات مجموعة الخبراء على الفقرات التي حصلت على نسبة (٨٥%) فاكثر على انها مرغوبة كتوقعات مستقبلية في مجال الرقابة.

الجدول (٣٥)

استجابات الخبراء حول الفقرات المرغوبة الحاصلة على درجة الموافقة/ الرقابة

تسلسل الوظيفة	تسلسل الفقرة في الاستبانة	درجات الموافقة					النتائج					
		كبيرة جدا ٥	كبيرة ٤	محايد ٣	قليلة ٢	قليلة جدا ١	الموافقون	النسبة %	المحايدون	النسبة %	المعارضون	النسبة %
١	١	١٩	١	صفر	صفر	صفر	٢٠	١٠٠	صفر	صفر	صفر	صفر
٢	٣	١٨	١	١	صفر	صفر	٩	٩٥	١	٥	صفر	صفر
٣	٦	١٩	١	صفر	صفر	صفر	٢٠	١٠٠	صفر	صفر	صفر	صفر
٤	٧	٢٠	صفر	صفر	صفر	صفر	٢٠	١٠٠	صفر	صفر	صفر	صفر

وبعد الانتهاء من تطبيق طريقة دلفي بجولتيها حصل الباحث على (٤٥) فقرة موزعة على اربعة مجالات وظيفية هي التخطيط، التنظيم، التوجيه، الرقابة وهي ما اجمع عليها الخبراء العشرون، تمثل التوقعات المستقبلية للادارة الجامعية في العراق، كما حصل على (٢٣) فقرة وهي بنسبة (٥٠%) من الفقرات المتوقعة كتوقعات مرغوبة التطبيق في الادارة الجامعية خلال الربع الاول من القرن الحادي والعشرين وفي ادناه الفقرات المتوقعة حسب مجالاتها:

أولاً: مجال التخطيط:

١- الاعتماد على مبدأ مركزية التخطيط ولا مركزية التنفيذ.

٢- الاعتماد على مبادئ التخطيط الاستراتيجي بالمشاركة الواسعة وبما يقتضي من المرونة.

٣- تبني انظمة المعلومات اكثر تطورا لاتمتة العمل الاداري.

٤- توسيع مراكز البحوث والتطوير والاستشارات وتنويعها ورصد الاموال اللازمة لها.

٥- التوسع في اشراك العاملين في رسم الاهداف واتخاذ القرارات.

٦- الاهتمام بالتدريب والتأهيل في اثناء الخدمة والتوسع في الدراسات الادارية لتطوير القدرات المهنية والعلمية.

٧- الاهتمام الجاد بالبحث العلمي طريقا لتحقيق التقدم واختزال الزمن والمكان.

٨- الاعتماد على معايير اكثر حداثة وملاءمة في اختيار القيادات الادارية والعاملين في حقـل الادارة الجامعية.

٩- الاعتماد على مبدأ الموازنة بين مدخلات الجامعة ومخرجاتها بمـا يخـدم تـدفق القـوى العاملـة بصـورة مناسبة للتنمية الشاملة.

١٠- التوسع في المؤسسات الملحقة بالجامعات كالمستشفيات والمزارع والمشاغل.

١١- وضع الخطط والسياسات لتمويل التعليم الجامعي برسوم رمزية.

١٢- اعداد خطط التأليف والترجمة ورصد التمويل اللازم لها ومتابعة تنفيذها.

١٣- عقد الاتفاقات العلمية والثقافية مع الجامعات والكليات والمعاهد داخل القطر وخارجه.

١٤- التطبيق العلمي للحرية الاكاديمية للتدريسين والطلبة في ضوء الفلسفة التربوية للدولة.

ثانياً: مجال التنظيم:

١- تحديث الهياكل التنظيمية للجامعات في ضوء المستجدات مع مراعاة البساطة والمرونة فيها.

٢- الاعتماد على الاستقلالية الذاتية في الهياكل التنظيمية في العمل الاداري للجامعات.

٣- تأكيد دور القيادة الادارية في تهيئة المناخ التنظيمي للابداع.

٤- الاهتمام ببناء الشخصية المتكاملة والمتوازنة للطلبة.

٥- مراعاة مبادئ النظم الخاصة بوحدة القيادة.

٦- العمل على اكمال تطبيق المقررات الدراسية مع توفير مستلزماتها.

٧- وضع انظمة مرنة في القبول والانتقال بين الجامعات والاقسام العلمية.

٨- تصميم الابنية الجامعية بما يخدم اهدافها وآفاق تطورها.

٩- الاهتمام بالحاجات الانسانية للعاملين.

١٠- التوسع في مساحة العمل الجماعي في الادارة الجامعية.

١١- تحقيق انفتاح الجامعة على المجتمع.

١٢- تشجيع النمو الوظيفي والاهتمام بالتوصيف والتصنيف الوظيفي.

١٣- التوسع في التعليم الجامعي وغير النظامي (الجامعة المفتوحة)

١٤- استحداث ادلة عمل مرنة ومتطورة.

ثالثاً: مجال التوجيه:

١- الاعتماد على الصيغ الديمقراطية في الادارة الجامعية.

٢- الاستفادة من خبرات المستشارين والاساتذة المتخصصين.

٣- الاعتماد على التقاليد العلمية في العمل الاداري.

٤- التوسع المنضبط في تفويض السلطات والصلاحيات الادارية.

٥- تبني نظم تحفيز وتكريم حديثة لتحقيق مخرجاته افضل.

٦- منح المكافئات العادلة لجميع مستحقيها.

٧- تحليل وتقويم الانظمة والتعليمات بشكل مستمر وبما يتناسب مع التطورات والمستجدات.

٨- توفير معلومات دقيقة ومستحدثة تخدم في اتخاذ القرارات.

٩- اجراء الاتصالات الرسمية وغير الرسمية باساليب متطورة.

١٠- توجيه مسارات العمل بصيغ متطورة تعكس دور الجامعة في تطوير المؤسسات الاخرى.

رابعاً: مجال الرقابة:

١- تطوير نظم الرقابة والتدقيق المالية على أسس علمية.

٢- الاعتماد على معايير موضوعية في تقويم اداء العاملين.

٣- الاعتماد على صيغ الاختبارات والامتحانات الموضوعية والمعيارية في تقويم انجازات الطلبة في سائر المراحل.

٤- الاستمرار في تطبيق اسلوب معايشة العاملين لتذليل الصعوبات والمعوقات.

٥- استخدام اساليب القياس والتقويم في العمل الرقابي.

٦- استخدام اساليب التحليل والتفسير العلمية للنتائج المتحققة.

٧- استخدام نتائج التقويم في التغذية الراجعة وتصحيح مسارات العمل.

اما الفقرات المرغوبة (المتمناة) من التوقعات المستقبلية التي حصل عليها الباحث في الجولة الاولى فهي موزعة على المجالات الوظيفية على النحو الآتي:

أولاً: مجال التخطيط:

١- الفقرة ٢ : اعتماد مبادئ التخطيط الاستراتيجي بالمشاركة الواسعة وبما يقتضي من المرونة.

٢- الفقرة ٣ : تبني انظمة معلومات اكثر تطورا لاتمتة العمل الاداري.

٣- الفقرة ٥ : التوسع في اشراك العاملين في رسم الاهداف واتخاذ القرارات.

٤- الفقرة ٧ : الاهتمام الجاد بالبحث العلمي طريقا لتحقيق التقدم واختزال الزمن والمكان.

٥- الفقرة ١٠: التوسع في المؤسسات الملحقة بالجامعات كالمستشفيات والمزارع والمشاغل.

٦- الفقرة ١٣: عقد الاتفاقات العلمية والثقافية مع الجامعات والكليات والمعاهد داخل القطر وخارجه.

٧- الفقرة ١٤: التطبيق العلمي للحرية الاكاديمية للتدريسين والطلبة في ضوء الفلسفة التربوية للدولة.

ثانياً: مجال التنظيم:

١- الفقرة ١: تحديث الهياكل التنظيمية للجامعات في ضوء المستجدات مع مراعاة البساطة والمرونة فيها.

٢- الفقرة ٢: الاعتماد على الاستقلالية الذاتية في الهياكل التنظيمية في العمل الاداري للجامعات.

٣- الفقرة ٤: الاهتمام ببناء الشخصية المتكاملة والمتوازنة للطلبة.

٤- الفقرة ٥: مراعاة مبادئ النظم الخاصة بوحدة القيادة.

٥- الفقرة ٧: وضع انظمة مرنة في القبول والانتقال بين الجامعات والاقسام الدراسية.

٦- الفقرة ٩: الاهتمام بالحاجات الانسانية للعاملين.

٧- الفقرة ١٣:التوسع في التعليم الجامعي غير النظامي (الجامعة المفتوحة)

ثالثاً: مجال التوجيه

١- الفقرة ١: الاعتماد على الصيغ الديمقراطية في الادارة الجامعية.

٢- الفقرة ٥: تبني نظم تحفيز وتكريم حديثة لتحقيق مخرجات افضل.

٣- الفقرة ٧: تحليل وتقويم الانظمة والتعليمات بشكل مستمر وبما يتناسب مع التطورات والمستجدات.

٤- الفقرة ٨: توفير معلومات دقيقة ومستحدثة تخدم في اتخاذ القرارات.

٥- الفقرة ١٠: توجيه مسارات العمل بصيغ متطورة تعكس دور الجامعة في تطوير المؤسسات الأخرى.

رابعاً: مجال الرقابة

١- الفقرة ١: تطوير نظم الرقابة والتدقيق المالية على أسس علمية.

٢- الفقرة ٣: الاعتماد على صيغ الاختبارات والامتحانات الموضوعية والمعيارية في تقويم انجازات الطلبة في سائر المراحل.

٣- الفقرة ٦: استخدام اساليب التحليل والتفسير العلمية للنتائج المتحققة.

٤- الفقرة ٧: استخدام نتائج التقويم في التغذية الراجعة وتصحيح مسارات العمل.

المصـــادر

١. اتحاد الجامعات العربية "بحوث مختارة" ندوة تحديث الادارة الجامعية، جامعة اليرموك (٢٨-٣٠) اذار (مارس)، ١٩٨٩، بالتعاون مع منظمة اليونسكو اربد ١٩٨٩.

٢. اتحاد التربويين العرب، الامانة العامة "المؤتمر الفكري الرابع للتربويين العرب، والمؤتمر العام الثالث لاتحاد التربويين العرب" مستقبل التربية في الوطن العربي، التقرير النهائي، بغداد للمدة (٢٧-٣٠) حزيران ١٩٨٧.

٣. بريش، محمد "حاجتنا الى علوم المستقبل" في المستقبل العربي اصدار مركز دراسات الوحدة العربية، بيروت، السنة الثالثة عشرة، العدد (١٤٠) شباط فبراير ١٩٩١.

٤. البزاز، حكمت عبد الله وآخرون "ملامح التربية والتعليم في العراق في القرن الحادي والعرين" ط١، جمهورية العراق، وزارة التربية، بغداد١٩٩٥.

٥. جريدة الوقائع العراقية "قانون رقم ٤٠ لسنة ١٩٨٨ نظام وزارة التعليم العالي والبحث العلمي" العدد ٣١٩٦، ١٧ شعبان ١٤٠٨هـ- ٤ نيسان ١٩٨٨م.

٦. جريو، داخل حسن، التعليم العالي في الوطن العربي، نظرة مستقبلية "مجلة اتحاد الجامعات العربية" العدد ٢٣ كانون الثاني يناير ١٩٨٨.

٧. ستراك، رياض بدري، العلاقة بين تخطيط التعليم العالي وتخطيط القوى العاملة، بحث مقدم الى المؤتمر العلمي الثاني لكلية المعلمين، ديالي ١٩٨٨.

٨. السلمي، علي "بعض الاقتراحات لتطوير الادارة الجامعية" بحث في ندورة الادارة الجامعية، المجلس الاعلى للجامعات، القاهرة، ١٩٧٠، مجلة اتحاد الجامعات العربية، العدد الثاني ١٩٧١م

٩. ـــــــ نظم المعلومات في الادارة الجامعية الحديثة "المؤتمر العام الثالث للاتحاد العربي" بغداد (٢١-١٧) نوفمبر ١٩٧٦، البحث الثاني، القاهرة ١٩٧٩م

١٠. ـــــــ "الادارة المعاصرة" مكتبة غريب، القاهرة، (بدون تاريخ)

١١. عبد الدايم، عبد الله "التخطيط التربوي: اصوله واساليبه الفنية وتطبيقاته في البلاد العربية، بيروت، دار العلم للملايين، ط٢، ١٩٧٢.

١٢. عبده، علي عبد المجيد، الاصول العلمية للادارة والتنظيم، ط١٠، دار النهضة العربية، القاهرة، ١٩٧٨.

١٣. العريض، جليل ابراهيم، جوانب من الفكر الاداري المعاصر دراسات ووثائق، مجلة التربية الجديدة، العدد العشرين، السنة السابعة، ايار آب، ١٩٨٠، مكتب اليونسكو الاقليمي في البلاد العربية.

١٤. عمر، حسين، التخطيط الاقتصادي، القاهرة، دار المعارف بمصر ١٩٦٧.

١٥. الفواخري، محمد الصغير منصور، دراسة مقارنة للاتجاهات المتبعة في ادارة التعليم الجامعي في كل من انكلترا وجمهورية مصر العربية، رسالة ماجستير غير منشورة كلية التربية جامعة الزقازيق ١٩٨٢.

١٦. القاضي، فؤاد محمد الادارة في عالم الغد، في مجلة البحوث الاقتصادية والادارية، وزارة التعليم العالي والبحث العلمي، مركز البحوث الاقتصادية والادارية، العدد٢، ١٩٨٠.

١٧. كي نان جوي، الشكل المستقبلي للتربية، في كتاب مستقبل التربية وتربية المستقبل، تونس المنظمة العربية للتربية والثقافة والعلوم، ١٩٨٧.

١٨. المجلس القومي للتعليم والبحث العلمي والتكنولوجيا شعبة التعليم الجامعي، تقرير للعرض على المجلس حول الادارة الجامعية، القاهرة، ١٩٨٤.

١٩. مكتب التربية العربي لدول الخليج وقائع ندوة التطورات المستقبلية لجامعة الخليج العربي البحوث والدراسات، البحرين ٢٦ رجب- ١ شعبان، ١٤٠٣هـ- (٩-١٢ مايو آذار ١٩٨٣م)

٢٠. ـــــــ الاتجاهات العالمية المعاصرة في القيادة التربوية، تجديد الادارة ثورة استراتيجية لتطوير النظم التربوية في البلدان العربية، ١٤٠٤هـ- ١٩٨٤م

٢١. ـــــــ وقائع ندوة التطورات المستقبلية لجامعة الخليج العربي، البحوث والدراسات والتوجيهات، البحرين الرياض ١٤٠٧هـ- ١٩٨٦م

٢٢. ـــــــ وقائع الندوة الفكرية الثانية لرؤساء ومديري الجامعات في الدول الاعضاء، الطبعة الاولى، ١٤٠٧هـ-١٩٨٧م

٢٣. منتدي الفكر العربي والمؤتمر السنوي السابع للهيئة العامة، تعليم الامة في القرن الحادي والعشرين، عمان ١٢-١٩٩٠/٥/٦ مسودة التقرير التلخيصي للمشروع مستقبل التعليم في الوطن العربي "الكارثة والامل" تحرير د. سعد الدين ابراهيم، مارس آذار ١٩٩٠.

٢٤. المهيني، محمد، الادارة الجامعية، ط١، مطابع الرسالة، الكويت ١٩٨٤.

٢٥. النشار، محمد حمدي، الادارة الجامعية "التطوير والتوقعات" اتحاد الجامعات العربية، الامانة العامة، القاهرة ١٩٦٠.

٢٦. وزارة التعليم العالي والبحث العلمي، المؤتمر الثالث للتعليم العالي، الافاق المستقبلية، بغداد ٢١-٢٨ آذار ١٩٨٧.

٢٧. ______ اصلاح التعليم العالي في العراق، صفر، ايلول ١٤١٠هـ- ١٩٨٩م

٢٨. ______ ندوة النهوض بالتعليم العالي والبحث العلمي، ٢٢ حزيران ١٩٩٢م.

29. Drandav- Follis, The Oxford English Dictionary, 2nd, Vol. V, Clardendon press Oxford, 1984.

30. Etton, L., Can Universities Change Studies in Higher Education, Vol. 6 No. 1, 1981.

31. Koont, Harold, and Cyril O, Donell, Principle of Management, NewYork, McGraw-Hill, 1979.

32. Oxenhams,J. The University and High Level Man- Power, The International Journal of Higher Education, Vol. 2, No. 6, 1980.

33. Simmon, J. The Education Dilemma Policy Issues for Developing in the 1980, exeter, A- Weatan, 1980.

34. Toffler, Alvin, Future Shock, Random House, Ine., NewYork, 1970.

35. Webesters, New World Dictionary of The American Language, Second College Edition, William Colins + World Publishing Co. Inc, 1978.

المناخ التنظيمي في المدارس الثانوية من وجهة نظر الادارة المدرسية والهيئة التدريسية في وهران (الجزائر)

أ.د. رياض ستراك   د. محمد مصطفى رريب الله

أهمية البحث:

عند زيارتك لأي مؤسسة كانت تربوية أو صناعية أو إدارية تشاهد وتسمع بعض مقولات أفراد هذه المؤسسات كأن يقولون مثلا (ساغادر هذه المؤسسة لان المناخ فيها لا يحتمل) وتسمع البعض الآخر يقول (احب أن اعمل في هذه المؤسسة لان المناخ فيها رائع وعلاقتي مع زملائي ورؤسائي جيدة، هذا ما يساعدني على البقاء فيها).

مثل هذه العبارات جذبت انتباه الباحث ودفعته الى التطرق لموضوع من اهم الموضوعات الذي يمكن دراسته الا وهو "المناخ التنظيمي" الذي يصنف ضمن مجال الإدارة التربوية والتي من مهامها أن تقوم بدور إشرافي وتنظيمي وتوجيهي على السير الحسن للعملية التربوية، وهذا كله لتحقيق الأهداف المنشودة التي تسعى إليها، ومن بين هذه الأهداف هي محاولة تهيئة المناخ المدرسي المناسب لأفراد المؤسسة التربوية لرفع كفاية ادائهم وتحسين مردود العملية التعليمية.

١- إذن ما يمكن استنتاجه هو أن أهمية هذه الدراسة تتمثل في دور الادارة التربوية والإدارة المدرسية في تكوين مناخ تنظيمي جيد يساعد أفراد المؤسسة التربوية للقيام بواجبهم على احسن ما يرام لتحقيق الأهداف التربوية للمدارس الثانوية.

٢- وان سر نجاح العملية التربوية في المؤسسات التربوية يعتمد على متغيرات عدة فطبيعة العمل داخل المدرسة ونوع العلاقات والتفاعلات السائدة بين العاملين تقوم هذه المتغيرات بدور كبير في نجاح وتحقيق الأهداف التي تنشدها العملية التربوية (احمد ١٩٩٨، ص ١٦٧).

إن الإدارة التربوية تتفرع إلى فروع ومن بين فروعها الإدارة المدرسية الثانوية ولتحقيق أهدافها يمكن ذلك في تنظيم العمل المدرسي، وتهيئة المناخ الملائم لاقامة العلاقات الإنسانية ورفع الروح المعنوية لجميع أعضاء هيئة الإدارة المدرسية، وذلك لتكوين الشعور بالانتماء للمجتمع المدرسي، وزيادة الحماس للعمل

الجاد والصادق الذي يهدف إلى سرعة إنجاز أهداف المدرسة (عبود ١٩٩٢، ص٩٨)

المدرسة ليست غاية في حد ذاتها انما هي وسيلة لتحقيق الأهداف التربوية، ولتحقيق ذلك يجب توفر بعض الشروط الإجرائية التي من الواجب أن تقوم بها الادارة المدرسية الثانوية.

١- تشجيع كل عضو من أعضاء الهيئة التدريسية على الاحساس بانتسابه لهذه الهيئة.

٢- توفير الثقة بين أعضاء الهيئة التدريسية والإدارة المدرسية الثانوية.

٣- اشراك مدير المدرسة أعضاء الهيئة التدريسية في كل قرار يقع في حدود سلطته.

٤- تمكين مدير المدرسة أعضاء الهيئة التدريسية على إبداء رأيهم بحرية تامة.

٥- وضع كل عضو من أعضاء الهيئة التدريسية في العمل الذي يناسب قدراته (الرجل المناسب في المكان المناسب).

٦- تشجيع مدير المدرسة مدرسيه على تقويم ذواتهم ومساعدتهم على تقويم تلاميذهم (حجازي ١٩٩٤، ص ٧٢)

تعد المرحلة التعليمية الثانوية من أهم المراحل الدراسية فهي بمثابة العتبة الاخيرة للاجتياز الى المرحلة الجامعية أو هي الجسر الذي يربط بين المرحلة الأساسية والمرحلة الجامعية.

فهذه المرحلة تتيح الفرصة لمتابعة ما انتهى اليه الطلاب في المرحلة الأساسية، تبنى عليه وتكمله وهي في الوقت نفسه اعداد للتعليم الجامعي من خلال تحري مطالبه وحاجاته (المعمري ١٩٩٥، ص١٥)

يحتل التعليم الثانوي منذ نشأته مكانة متميزة في السلم التعليمي ويلقي عناية كبيرة من المهتمين بشؤون التعليم ويتمتع التعليم الثانوي بمنزلة كبيرة في نفوس الاباء والابناء لأنه يتيح الفرص التعليمية والاجتماعية المختلفة للملتحقين به (متولى، ١٩٩٩، ص١١)

ولكي يقوم التعليم الثانوي بمهامه ووظائفه في احسن الاحوال فلابد من ان تتوفر فيه الشروط الآتية:

- توفر مناخ ملائم ومساعد يرتاح فيه الطالب والأستاذ.

- يجب ان يكون تحت إشراف إدارة ناجحة.

- رفع من معنويات الهيئة التدريسية للقيام بدورها المنوط.

- قدرة إدارة المدرسة الثانوية على إقامة علاقات انسانية.

- قدرة إدارة المدرسة الثانوية على قيادة العمل التربوي.

إذن تأتي أهمية هذه الدراسة من ضرورة الكشف عن واقع المناخ التنظيمي في المدارس الثانوية في الجزائر.

ويمكن إيجاز أهم النقاط التي لها أهمية في هذه الدراسة كالآتي:

١- استفادة رجال الادارة التربوية في هذه الدراسة في اتخاذ الاجراءات اللازمة ولا سيما في عملية التنظيم.

٢- محاولة لفت انتباه المديرين في تغير أساليبهم القيادية التي يستخدمونها في المدارس الثانوية.

٣- إسهام هذه الدراسة في مساعدة المديرين للتعرف على سلوكهم التنظيمي والعمل على تطوير علاقاتهم التنظيمية مما تراه الهيئة التدريسية.

٤- الايمان بأن المناخ التنظيمي يحدد نجاح المؤسسة بشكل كبير، إذ يعتقد بأن المنظمة التي تمتلك مناخاً ضعيفاً أو رديئا سيصيبها الفشل في الأمد الطويل لا محالة (مؤيد ١٩٨٧، ص ٣٧)

٥- تبيان نقاط الضعف في بعض جوانب العمل الإداري أمام المسؤولين في وزارة التربية، ومديري التربية بالجزائر، لاتخاذ الإجراءات الصائبة لتطوير العلاقات التنظيمية داخل المؤسسات التربوية الأخرى.

٦- تهيئة الإدارة المدرسية لظروف العمل الجيدة كتوفر المناخ المناسب حتى يمكن الطلبة من الكشف عن قدراتهم ومواهبهم، وطاقاتهم، والتغير بالمبادرة والإبداع.

٧- يضاف إلى ذلك افتقار المكتبة الجزائرية المركزية لمثل هذه الدراسات.

٨- تعد هذه الدراسة على حد علم الباحث أول دراسة تعالج المناخ التنظيمي في المدارس الثانوية، لان تخصص الإدارة التربوية غير موجود في الجامعات الجزائرية مما أدى الى عدم التطرق إلى مثل هذه الدراسات.

مشكلة البحث:

الدراسات الأجنبية والعربية التي أجريت الى اليوم حول المناخ التنظيمي في المدارس الثانوية دليل على ما تعانيه هذه المدارس من مشاكل عديدة وهذا ما أثبته الباحثون فعلا في دراساتهم مثل دراسة ثومسون (Thomson, 1991) ودراسة جيري (Jerry, 1984) ودراسة (محمود ١٩٨٧) ودراسة (شهاب ١٩٩٢)

فمشكلة البحث استقصاها الباحث من خلال ملاحظته في المدارس الثانوية، وهو يحاول تطبيق أداة بحث لرسالة التخرج في البكالوريوس ١٩٩٥، وهذا اثر بعض المقابلات الشخصية مع الأساتذة ومع الطلبة وهي كذلك واقع عايشه المجتمع الجزائري وما زال إلى حد الآن.

إن المدرسة الجزائرية الثانوية تعاني من مشاكل كثيرة يستوجب إجراء دراسات عدة حولها، فنظرا لتراكم هذه المشكلات التي انفجرت في السنوات الأخيرة كثرت الشكاوى وأصبح الكل ينادي برفع المستوى وتحسين المردودية، وزيادة على ظروف العمل البيئية الصعبة المحيطة بهيئة التدريس مما جعل أغلبية الأساتذة ينتقلون من مدرسة إلى أخرى، ومن مدينة الى مدينة ومن بلد الى آخر، وكذا الأفكار السلبية التي يحملها الأساتذة عن مهنة التعليم، فالكل اصبح ينفر منه فأصبحت مهنة من دون مستقبل، وهذا طبعا نظرا للوضعية الاجتماعية المزرية التي يعيشها الأستاذ وفضلا عن الحالة المعيشية الصعبة التي سادت الجزائر في هذه السنوات الأخيرة.

زيادة على سوء العلاقة مع الإدارة اذ لم تتح للأستاذ فرصة المبادرات وعدم مشاركته في اتخاذ القرارات المتعلقة بالبرامج والقوانين المرتبطة بعمله، وحتى إن بادر في هذا الشأن نجد أن اقتراحاته لا تصل إلى الإدارة المعنية بسبب نظام الاتصال المعقد ذي الاتجاه الواحد، وهذا ما يجعله يشعر بالاغتراب في مؤسسته. (طوطاوي، ١٩٩٣، ص٤)

فنظراً للضغوطات والصعوبات الكبيرة التي جابهت الأستاذ الجزائري، تولد عن ذلك مشكلات عدة تمثلت في التوقف عن الدراسة، وشن إضرابات متكررة مست كل المراحل التعليمية بما فيها المرحلة الثانوية وكان ذلك سنة ١٩٩٩ وفيها قدمت شكاوي واحتجاجات الى المعنيين بالأمر مطالبين بإعادة النظر حول تغير المناهج وسياسة التعليم الأساسية التي من سلبياتها كثافة المواد الدراسية والتي كانت عبئا ثقيلا على الأستاذ وعلى الطالب مما جعل الأستاذ يطالب بتغيير هذه السياسة وتخفيف عدة ساعات العمل وكذلك إعادة النظر في الراتب الشهري للاستاذ الذي يساوي أو لا يتجاوز راتب شهري لموظف عادي في مؤسسة أخرى.

وهناك مشكلات أخرى نعتقد انها كانت سببا في إعاقة مسيرة التعلم بالمدرسة الثانوية وهذا ما توصل اليها هالين في دراسته ١٩٦٦ (معن ١٩٨٩، ص٢١)

وتمثلت هذه المشكلات في سوء العلاقة بين الأستاذ ونظيره، وبين الأستاذ والادترة ويمكن تلخيص تلك المشكلات فيما يأتي:

- عمل المدرسين على شكل أفراد وليس على شكل فريق.
- إحساس المدرسين بأن الإدارة تثقل كاهلهم بالأعمال الروتينية.
- عدم شعور المدرسين بالرضا أو الانتماء للمدرسة لعدم تلبية حاجاتهم الاجتماعية وذلك لضعف العلاقات الاجتماعية الطيبة بينهم.
- اتسام سلوك المدير بالتسلط فالمدير يطبق القوانين تطبيقاً حرفياً من دون مراعاة الظروف المتغيرة.
- شعور المدرسين بوجود حاجز بينهم وبين المدير.
- تأكيد المدير إنجاز العمل وحرصه على الإشراف والتوجيه المباشر للأساتذة دون أن يكون قدوة لهم في الإنجاز الجيد.
- شكوى المدرسين من سلوك المدير ومعاملته غير الودية (Holpin 1966, p31)

إن إدارة المدرسية الثانوية الجزائرية تعاني من ضعف العلاقات التنظيمية السائدة بين المديرين والمدرسين، تؤدي لا محالة إلى ضعف نشاطهم التربوي والعلمي وآرائهم للعمل في مدارسهم، وهذا ينعكس بالضرورة على تحصيل الطلبة.

الأمر الذي يتطلب إجراء مثل هذه الدراسة لمعرفة المناخ التنظيمي السائد في مدارسنا الثانوية، وتشخيص الجوانب والعوامل التي تقف مانعا دون تحقيق المدرسة الثانوية أهدافها التربوية.

أهداف البحث

لما كان موضع البحث منصبا حول المناخ التنظيمي في المدارس الثانوية، كان هدفه هو الكشف عن واقع هذه المدارس من خلال معرفة مناخها التنظيمي وهذا من خلال الإجابة عن الأسئلة الآتية:

١- ما المناخ التنظيمي السائد في المدارس الثانوية من وجهة نظر الإدارة المدرسية والهيئة التدريسية؟ في ضوء ما يحدده استبيان وصف المناخ التنظيمي؟ بمعنى هو المناخ التنظيمي المفتوح؟ أم المناخ التنظيمي المغلق؟

٢- هل هناك فروق ذات دلالة احصائية كما تراه الإدارة المدرسية والهيئة التدريسية في وصفهم للمناخ التنظيمي في المدارس الثانوية؟

حدود البحث

يقتصر البحث على الإدارة المدرسية الممثلة بالمديرين على الهيئة التدريسية الممثلة بالأساتذة، بالغرب الجزائري أي في ولاية وهران للعام الدراسي ١٩٩٨-١٩٩٩.

تحديد المصطلحات

المناخ:

مصطلح المناخ غامض المعنى بعض الشيء سواء عنينا به الناحية الجوية لمدينة بغداد أو لمدينة لندن، أو لمدينة عمان مثلا أو عنينا به المناخ الصحراوي او الجوي الجبلي أو القطبي (سليمان، ١٩٨٧، ص ٣٧)

فهو في حقيقة الأمر كلمة مجازية في الأدب الإداري لان كلمة المناخ بالمعنى الحرفي مصطلح جغرافي يتعلق بالبيئة وبطبيعة المناخ من حيث البرودة أو الدفء والأوقات المختلفة في السنة (القريوتي ١٩٩٤، ص ٧٩) واستعمال هذا المصطلح في الجانب الإداري تأكيدا على البيئة الداخلية للمدرسة الثانوية.

التنظيم:

هو عبارة عن علاقات تسود بين أشخاص يعملون مع بعضهم البعض من أجل تحقيق الأهداف المشتركة.

بمعنى هو وسيلة أو أداة لتحقيق غايات مخططة ومرسومة من قبل مخططين واخصائيين، ولا يمكن التوصل اليها إلا عندما يجتمع الأفراد ويعملون سوية.

أما اصطلاحا فالتنظيم هو طريقة لتجزئة المهام العريضة الشاملة الى مسؤوليات محددة قابلة للاضطلاع بها وضمان تنسيق العمل (البيجاني ١٩٩٢، ص١١)

المناخ التنظيمي:

أما تعريف المناخ التنظيمي فهو يعبر عن منظومة من الخصائص والمميزات لاي منظمة كانت والتي في ضوئها يتم إدراك العاملين لتلك المميزات المحاطة بالمنظمة، وهذا عن طريق خبرتهم وتجاربهم فيها.

او هو عبارة عن الخصائص او الصفات التي ترتبط أو تميز أساسا بالبيئة الداخلية للعمل في المؤسسة التربوية، بحيث يمكن من خلالها التمييز بين المنظمة وغيرها من المنظمات الأخرى.

استعمل الكتاب والباحثون عدة تسميات لهذا المصطلح فمنهم من أطلق عليه المناخ التنظيمي (Organizational Climate) وآخرون المناخ الإداري (Managerial Climate) والذي يقتصر على طبيعة العلاقات السائدة بين المستويات الادارية (القريوتي، ١٩٩٧، ص ٧٢)

وهناك من استعمل المناخ السيكولوجي (Psychological Climate) أي المناخ الذي يوفر للفرد بموجبه ما يمكنه من القيام بمهنته بفاعلية بالقدر الذي يكون ملائما لرغبات الفرد وحاجاته النفسية (الهيتي، ١٩٨٧، ص٧)

أطلق آخرون عليه المناخ المؤسسي والمناخ التربوي، والمناخ الصحي والمناخ المدرسي والجو التنظيمي.

أما الباحث فيفضل تسمية المناخ التنظيمي والسبب في ذلك أن معظم الدراسات المتناولة لحد الآن استعملت هذا المصطلح ونذكر على سبيل المثال ودراسة فيشر ـ (Fisher 1996) دراسة فورد (Ford 1996) دراسة شان (Chen 1995) دراسة بالمر (Palmer 1996) دراسة ليتل (Little 1996) دراسة (خضر ـ ١٩٩٥) دراسة (العواملة ١٩٩٤) دراسة (عليان ١٩٩١).

وان من المشكلات الأكبر أهمية والتي تعترض سبل البحث فيه هي مشكلة التمييز بين البيئة والمناخ التنظيمي.

حيث تتعلق البيئة بما يدور خارج التنظيم، وداخله على المستوى الواسع (الكلي) Macro بينما المناخ التنظيمي يتعلق بما يدور داخل التنظيم على المستوى الضيق (الجزئي) فقط Micro ، وعلى هذا المناخ التنظيمي هو الصفات التي تتعلق بفعاليات ونشاط التنظيم داخليا (الهيتي، ١٩٨٧، ص٧) وتزامن مع هذا الاختلاف في التسمية اختلاف آخر في وضع تعريف محدد لمصطلح المناخ التنظيمي.

١- تعريف نيول (Newell) ١٩٨٨ ص ٢٠٥ :

"المناخ التنظيمي يشير إلى العلاقات في أي موقف كما يحسب بها ويتأثر بها الأفراد في ذلك الموقف".

٢- تعريف هالين (Halpin) :

"بأنه مجموعة المميزات والخصائص التي تتصف بها منظمة ما وتجعلها تختلف عن غيرها من المنظمات الأخرى، وهو الانطباع العام والمتكون لدى أفراد المنظمة، والمتضمن متغيرات عدة كأسلوب معاملة المديرين لمرؤوسيهم، وفلسفة الإدارة العليا وجو العمل أو ظروفه ونوعية الأهداف التي تسعى المنظمة لتحقيقها (عكاشة ١٩٩٠، ص ٤)

إن المؤسسات التعليمية تختلف في المناخات التنظيمية باختلاف الأفراد في شخصياتهم ويمكن ملاحظة الفروق في المناخات التنظيمية للمدارس عندما تزورها، وففي إحدى المدارس تجد الأساتذة والمديرين مرحبين ممتلئين ثقة في أثناء عملهم، ومستمتعين في العمل معا وينتقل هذا المرح الى تلاميذهم، بينما في مدارس أخرى يكون عدم رضا الاساتذة وعدم اقتناعهم واضحا وملموسا ويحاول المدير إخفاء ضعفه وعدم كفايته وحاجته إلى التوجيه وراء قناع من السلطة، فيظره الاحباط وعدم الرضا الذي يشعر به المدرسون (عكاشة ١٩٩٠، ص ٤).

٣- تعريف هبتون (Hampton) :

"انه يمثل البيئة الانسانية التي يعمل في إطارها العاملون، وهو يعكس التطلعات المستقبلية للعاملين والمتمثلة في البناء التنظيمي والعلاقات والقواعد المؤثرة في الفاعلية وتحقيق الأهداف" (عليان ١٩٩١، ص ١٠٤)

٤- تعريف ليكرت (Likert) :

"المناخ التنظيمي السائد في أية مؤسسة يحدد سلوك القيادة المسيطرة على المؤسسة" (الخطيب ١٩٩٠، ص ١١٦)

٥- تعريف بيرجون Bergeon, 1990 وآخرون ص ٢٠٠ :

"هو مجموعة الخصائص دائمة نسبياً للمنظمة والمدركة من طرف أعضائها، والتي لها دور في إعطاء بعض الشخصية للمنظمة للتأثير في سلوك الاعضاء واتجاهاتهم"

٦- تعريف التمان، دون، هليجارد (Altman, Dunn, Heilgard) :

"بأنه مجموعة من الخصائص لبيئة العمل يدركها الأفراد العاملون فيها، وتشكل المؤثر الأكبر في سلوكهم" (جرادات ١٩٩٦، ص ١٣)

٧- تعريف جيري وفريدريك (Jerry and Fredrick, 1984, P. 105)

"هو نوعية البيئة الداخلية المنظمة معينة المدركة مـن أعضـائها والمتمثلـة لمجموعـة مـن القيـم والخصائص والاتجاهات التي لها سمة الاستقرار النسبي وتؤثر في سلوكهم"

٨- تعريف شاربلين (Sharplin, 1985, P. 69) :

"هو نظام من القيم المشتركة والمعتقدات والعادات التي تتفاعل مع الأفراد والهيكل التنظيمـي وانظمة الرقابة لانتاج أو تكوين أنماط سلوكية معينة تتمثل بالتصرفات والسلوك".

٩- تعريف ريدر، ليزورس (Ryder, Lysors, 1989, P 69) :

"على انه عملية الاتفاق بين مجموع المناخات النفسية للعينة التي تمثل جميع أعضاء المنظمة".

١٠- تعريف كارول وتوزي (Rizzo & Caroll, 1990, P. 158) :

"يعد المناخ التنظيمي المدرك محصلة لعملية التفاعل بين خصائص الفرد وخصائص المنظمة إذ كما يتأثر الفرد بطبيعة خصائص البيئة الإنسانية التي يعمل ضمنها فهو يؤثر بدوره في تكوين أو تطوير تلك الخصائص، ومن ثم فان عملية التفاعل هذه بين الخصائص الفردية والعناصر الخاصة لبيئة المنظمة ستحدد طبيعة سلوك الفرد"

١١- تعريف القريوتي ١٩٩٧، ص ٧٢ :

"المناخ التنظيمي هو الهيكل النفسي للمنظمة، وهو مجموعة الخصائص والصفات التي تشكـل البيئة الانسانية التي يعمل من خلالها الموظفون".

١٢- تعريف الخطيب ١٩٩٠، ص ٢١٥ :

"المناخ التنظيمي يشير إلى الجو العام الذي يسود مدرسة ما وان التنوع والاختلاف في الجو العام بين المدارس يستشعره أي مراقب عندما ينتقل من مدرسة إلى أخرى"

١٣- تعريف عائشة ١٩٩٦، ص ١٣:

"هو مجموعة الخصائص التي تميز مكان العمل والتي يمكن إدراكها بشكل مباشر أو غـير مباشر من قبل السلوك الفردي والجماعي والتنظيمي عن طريق تأثيرها في مسببات السلوك".

١٤- تعريف البيجاني ١٩٩٢، ص ٧:

"المناخ التنظيمي السائد في المؤسسة التربوية هو حصيلة التفاعل بين سلوك القائد والمرؤوسين الذي يلعب فيها دوراً اساسيا في فعالية الأداء وبالتالي في تحقيق أهداف التنظيم قيادة ومرؤوسين".

١٥- يعبر المناخ التنظيمي عن الحالة الادراكية لمجموعة من الخصائص التي تدور في البيئة الداخلية للمنظمة وتكون ما يسمى بالبيئة الانسانية فيها. (سلطان، ١٩٩٦، ص ١١)

١٦- المناخ التنظيمي يمتاز بخصائص غير ثابتة فهو يتكون وفقاً لتفاعلات تبادلية بين الفرد وبين المنظمة (عكاشة، ١٩٥٠، ص ٤)

١٧- يعبر المناخ التنظيمي عن الحالة المعنوية التي تشكل مصدر ضغط في توجيه نشاط المنظمة (سلطان، ١٩٩٦، ص ١١).

١٨- يؤثر المناخ التنظيمي بشكل مباشر في سلوك العامل ويتغير عبر الزمن (عكاشة، ١٩٩٠، ص ٤)

المدارس الثانوية:

هي المرحلة الدراسية التي تقع بين المرحلة الأساسية والمرحلة الجامعية، أو هي المرحلة التي تستقبل التلاميذ من المدرسة الأساسية وتكون مدة الدراسة فيها ثلاث سنوات (المجموعة الاحصائية السنوية الجزائر ١٩٩٦، ص ٦٥)

الإدارة المدرسية:

"هي كل نشاط منظم مقصود وهادف تتحقق من ورائه الأهداف التربوية المنشودة من المدرسة، وهي ليست غاية في حد ذاتها وإنما هي وسيلة لتحقيق أهداف العملية التربوية" (حجازي ١٩٩٤، ص ٦٦)

والإدارة المدرسية في هذه الدراسة ممثلة بالمدير الذي يعتبر أحد اعضائها ويفضل أن تكون له أقدمية (خبرة) في مهنة التدريس تقدر بخمس سنوات فما فوق، يحصل منها على الكفاءة العلمية والتربوية وان يكون متخرجاً من جامعة أو معهد (كلية) له علاقة بأحد ميادين الدراسة الثانوية.

الهيئة التدريسية:

هي الممثلة باساتذة التعليم الثانوي وهم المتخرجون في الجامعة والحاصلون على الشهادة العليا (شهادة ليسانس La License) وتقابلها بالعراق (شهادة البكالوريوس) وقد يكون من خريجي المعهد العالي للأساتذة.

التعريف الإجرائي للمناخ التنظيمي:

هم مجموعة العلاقات التنظيمية التي تسود بين الإدارة المدرسية الممثلة بالمدير والهيئة التدريسية الممثلة بالأساتذة في المدارس الثانوية ولاية وهران على وفق ثمانية مجالات للمناخ التنظيمي وهي:

١- الانفكاك.

٢- الاعاقة.

٣- الروح المعنوية.

٤- الود.

٥- الشكلية في العمل.

٦- التركيز على الإنتاجية.

٧- التحفيز.

٨- الاعتبارية.

إجراءات البحث

قبل التطرق إلى إجراءات البحث إليك هذا الشكل الذي يوضح نظرة عامة عن موضوع البحث انظر الشكل (٢)

أولاً: عينة البحث الأساسية:

قبل وصف عينة الدراسة يجب علينا تحديد المجتمع الأصلي الذي أخذت منه عينة البحث الأساسية.

أولاً: المجتمع الأصلي:

تكون المجتمع الأصلي للدراسة من مديري وأساتذة مدارس التعليم الثانوي بالجزائر على مستوى مدينة وهران للعام الدراسي ١٩٩٧-١٩٩٨ اذ بلغ عدد المدارس الثانوية بمدينة وهران ٢٦ مدرسة ثانوية عامة.

ثانياً: عينة البحث:

بعد أن تم تحديد المجتمع الأصلي للمدارس الثانوية العامة أخذ الباحث من هذا المجتمع ما يناسبه لدراسته وهو ٢٢ مدرسة ثانوية عامة/ وبما ان دراسة الباحث منصبة حول التعليم الثانوي العام، فاستبعدت المدارس الثانوية التقنية.

أما الموقع الجغرافي لعينة البحث والتي بلغت ٢٢ مدرسة موزعة على ١٥ مدرسة ثانوية تقع في مركز مدينة وهران وباقي المدارس والتي بلغت ٧ مدارس خارج المدينة.

أما عينة الهيئة التدريسية فبلغ عددها ٣٠٩ من المدرسين والمدرسات أي ١٦٨ مدرسا و١٤١ مدرسة أما الإدارة المدرسية فبلغت عددها ٢٢ مدرسة بمعنى ٢٠ مدير ومديرتين.

---

* اخذت هذه الاحصائيات من مصلحة التكوين والتفتيش التابعة لمديرية التربية لولاية وهران.

الشكل (٢)

مخطط يوضح نظرة عامة عن موضوع البحث حسب منظور الباحث

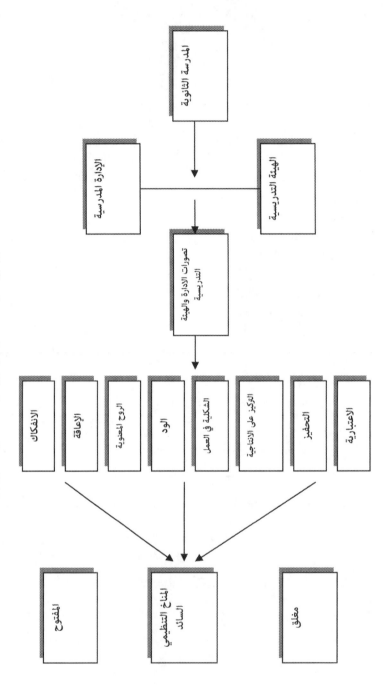

جدول (٢)

يبين عدد عينة البحث الأساسية

الجنس	الذكور	اناث	المجموع الكلي
الهيئة التدريسية	١٦٨	١٤١	٣٠٩
الإدارة المدرسية	٢٠	٢	٢٢

واختيرت العينة على أساس متغير الخدمة واذي تراوح ما بين (٤-٣٣ سنة) اذ بلغ عدد الأفراد الذين لديهم مدة خدمة ما بين (٤-٨) حوالي ٨٠ فرداً أي نسبة ٢٤.١٧% من مجموع العينة وقدر عدد أفراد الذين لديهم خدمة ما بين (٩-١٣) ١٠٠ فرداً أي نسبة ٣٠.٢١% واما الذين تراوحت مدة خدمتهم ما بين (١٤-١٨) بلغ عدد الأفراد ٦٠ فردا ما يقارب ١٨.١٣% وبلغ الذين لديهم مدة الخدمة ما بين (١٩-٢٣) قدر عدد الأفراد بـ ٥٠ فردا بنسبة ١٥.١١% بينما الذين لديهم مدة الخدمة ما بين (٢٤-٢٨) بلغ عددهم ٢٠ فردا بنسبة قدرها ٧.٥٣ اما الذين لديهم مدة الخدمة ما بين (٢٩-٣٣) قدر عددهم بـ ١٠ أفراد بنسبة ٤.٨٤% . أما العينة فاختيرت بطريقة عشوائية حين وضعت أسماء الهيئة التدريسية لكل مدرسة في كيس وسحب العدد المطلوب منها عشوائياً.

جدول (٣)

يبين توزيع أفراد العينة حسب مدة الخدمة

التسلسل	الفئة لمدة الخدمة	العدد	النسبة المئوية
١	٤ – ٨	٨٠	%٢٤.١٧
٢	٩ – ١٣	١٠٠	%٣٠.٢١
٣	١٤ – ١٨	٦٠	%١٨.١٣
٤	١٩ – ٢٣	٥٠	%١٥.١١
٥	٢٤ – ٢٨	٢٥	%٧.٥٣
٦	٢٩ – ٣٣	١٦	%٤.٨٤
المجموع	-	٣٣١	%١٠٠

ثانياً: إجراءات بناء أداة البحث:

لتحقيق أهداف الدراسة تم استخدام أداة قياس استبيان وصف المناخ التنظيمي وهذا وفق الإجراءات الآتية Organizational Climate Description Questionnaire (O.C.D.Q)

أ- تكييف مقياس المناخ التنظيمي:

لقد استخدم الباحث مقياس وصف المناخ التنظيمي الذي أعده (هالبن) سنة ١٩٦٦، ويعود استخدام هذا المقياس لعدة اعتبارات هي:

١- يتضمن أسئلة دقيقة ومحددة لوصف المناخ التنظيمي.

٢- امتيازه بخصائص سيكومترية جيدة.

٣- استخدمه عدة باحثين متخصصين في الإدارة أمثال (ولدون) (Weldon 1996) في جامعة Auburn بأمريكا. كما استخدمه (توماس) (Thomas 1996) في جامعة Texas بامريكا واستخدمه (شحادة ١٩٩٤) بالأردن واستخدمه (معن ١٩٨٨) العراق.

قام الباحث بتكييف هذا الاستبيان على البيئة الجزائرية.

ب- وصف المقياس:

يتكون مقياس هالبن Halpin لوصف المناخ التنظيمي من ٦٤ فقرة موزعة على بعدين: بعد سلوك الهيئة التدريسية ويتكون من أربعة مجالات هي:

* سلوك الهيئة التدريسية:

١- الانفكاك: Disengagement

يشير هذا البعد إلى عدم انسجام الأساتذة مع بعضهم البعض ومع المناخ (الجو) السائد في مدرستهم، كما يصف هذا البعد طبيعة علاقة العمل الانفصالية.

٢- الإعاقة: Hindrance

يشير هذا البعد إلى شعور الأساتذة بأن الإدارة تحملهم الواجبات الروتينية ويكلفهم بأعمال أخرى غير ضرورية وأنها تعيق العمل بدل من تيسيره.

٣- الروح المعنوية: Espirt

يشير هذا البعد إلى إحساس الأساتذة بالرضا الارتياح ويشعرون بالانتماء الى المدرسة وتتولد فيهم الرغبة قوية في إنجاز العمل.

٤- الود: Intimation

يشير هذا المتغير إلى أن هناك علاقات إنسانية حميمة تسود بين الأساتذة ينتج عنها إشباع الحاجات الاجتماعية.

٢- السلوك القيادي للإدارة المدرسية

أ- الشكلية في العمل: Aloofness

يشير هذا المتغير الى الطابع الرسمي الذي يتخذه المدير في تطبيقه الحرفي للقوانين دون مراعاة الظروف الشخصية والاجتماعية للهيئة التدريسية مع العمل على إيجاد مانع لعدم التقرب إليهم.

ب- التركيز على الإنتاجية: Production Emphasis

يشير هذا المتغير إلى اهتمام الإدارة المدرسية كليا بإنجاز العمل، والإشراف المباشر على أعضاء الهيئة التدريسية وهنا نحبذ الإدارة المدرسية أسلوب الاتصال ذو اتجاه واحد.

جـ- التحفيز : Thrust

يشير هذا المتغير إلى سلوك الإدارة المدرسية بسعيها إلى تحفيز وتشجيع الهيئة التدريسية نحو إنجاز العمل من خلال ما تقدمه من أمثلة يحتذى بها في العمل الجاد والقدرة الحسنة بنفسه فهي تعطي اكثر مما تطلب وهذا ما جعل الهيئة التدريسية تميل الى سلوكها.

د- الاعتبارية: Consideration

يشير هذا المتغير الى تركيز الإدارة المدرسية إلى إقامة علاقات إنسانية طيبة بينها وبين الهيئة التدريسية في التنظيم.

ويتكون مقياس المناخ التنظيمي من خمسة بدائل ولكل بديل درجة تقيس مستوى ممارسة بعد سلوكي وذلك كما يلي:

الشكل (٣)

مخطط يوضح مقياس وصف المناخ التنظيمي O.C.D.Q حسب منظور الباحث

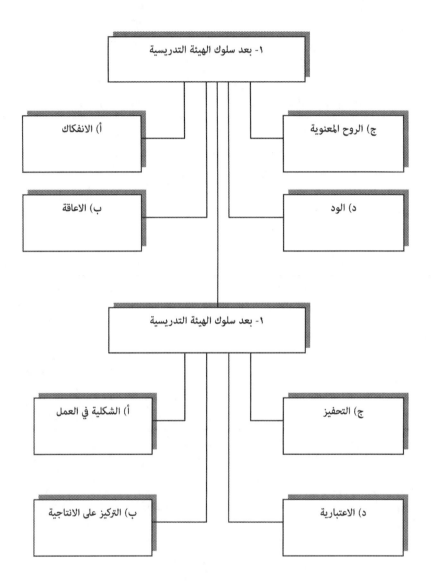

ويمثل رقم (١) أدنى درجة من الممارسة لبعد السلوك في حين يمثل رقم (٥) أعلى درجة من الممارسة لبعد السلوك

*** الفقرة السالبة:**

دائما ، غالبا ، أحيانا ، نادرا ، مطلقا

١ ٢ ٣ ٤ ٥

هذا يعكس الترقيم فالبديل (مطلقا) يمثل أعلى درجة من الممارسة لبعد السلوك، في حين يمثل البديل (دائما) اقل درجة.

أما علامة المجال فيتم حسابها من خلال جمع علامات المستجيب على فقرات المجال مع مراعاة متوسط درجات المقياس فإذا زاد عنه يشير إلى وصف المناخ التنظيمي، وما قل عن ذلك لا يشير إلى وصف المناخ التنظيمي.

الدراسة الاستطلاعية:

جـ- صدق الأداة:

اخذ الباحث الاستبيان الأصلي (الانجليزي) مع نسخة مترجمة منه وعرضه على محكمين مختصين في مجال علم النفس وعلوم التربية لغرض تبيان مدى صلاحية فقرات الاستبيان وتكييفه على البيئة الجزائرية.

وبعد استلام الباحث تلك الاستبيانات كانت النتيجة الرفض بالاجماع لبعض فقرات الاستبيان ومنها رقم (٣٤، ٣٩، ٤٣، ٤٥) لانها لا تتلاءم مع المجتمع الجزائري فبعد ما كان الاستبيان يحتوي على (٦٤ فقرة) وبعد الحذف صار يحتوي على (٦٠ فقرة).

وكانت هناك تعديلات على بعض الفقرات فمثلا الفقرة رقم (٣) في كلمة (الدوام) في المجتمع الجزائري تلفظ (بالوقت) وعرض الباحث الاستبيان بعد التعديل على نفس المحكمين.

اتفاق المحكمين نسبة ١٠٠% على صلاحية فقرات الاستبيان وبإمكانية تطبيقها على البيئة الجزائرية وهذا ما يسمى بالصدق الظاهري للأداة.

ولغرض الكشف عن صدق المفحوصين بالنسبة للإدارة المدرسية عمد الباحث الى زيادة (٦) فقرات في الاستبيان تكون مشابهة في المعنى ومختلفة في التركيب مع (٦) فقرات الاستبيان الأصلية وهذا للكشف عن مصداقية إجابات الادارة المدرسية فقط.

ومن بين هذه الفقرات فمثلا الفقرة رقم (١) والتي هي:

- تصرفات الاساتذة في هذه الثانوية مزعجة، تقابلها في الفقرة المذكورة رقم (٥٢) والتي هي سلوك بعض الاساتذة في الثانوية، لا تتناسب ودورهم التربوي وهكذا ما بقية الفقرات الخمسة للاستبيان.

جدول (٤)

يوضح الفقرات الستة (٦) التي كررها الباحث في الاستبيان للكشف عن الكذب للإدارة المدرسية

رقم الفقرة في الاستبيان	فقرات الاستبيان	رقم الفقرة	الفقرات المكررة في الاستبيان
١	تصرفات الاساتذة في هذه الثانوية مزعجة.	٥٢	سلوك بعض الأساتذة في الثانوية لا يتناسب ودورهم التربوي.
٤٧	يشخص المدير قابليات الأساتذة في المواد الدراسية التي يدرسونها	١٨	يتأكد المدير من قابلية الأساتذة في المادة العلمية.
٥٤	يقدم المدير مثالا يقتدي به في عمله الجاد.	٢٩	يكون المدير نموذجا للعمل الجاد للاساتذة.
٤	يسعى الأساتذة للحصول على امتيازات من المدير.	٤٤	يحاول المدير الحصول على مكافآت افضل للأساتذة.
٤٠	لا تناقش القرارات الموضوعة من قبل المدير اطلاقا.	٦٢	التعليمات التي يضعها المدير غير قابلة للنقاش.
٥٨	يسعى المدير لصالح الأساتذة.	١١	يتصرف المدير بطريقته الخاصة لمساعدة الأساتذة.

- تم عرض الاستبيان مرة ثالثة على نفس المحكمين لغرض تأييدهم على الفقرات التي أضافها الباحث، وأخيرا قبلت بإجماع المحكمين على هذه الطريقة لمعرفة صدق المفحوصين، ووضع الباحث معيار لذلك فإذا أجاب المفحوص ثلاث إجابات صحيحة من بين (٦) تعد مقبولة واذا قلت فهي مرفوضة.

- بعد الانتهاء من فقرات الاستبيان عرضها الباحث على عينة صغيرة المتمثلة بمدرسة واحدة والممثلة بمدير و ١٠ أساتذة بطريقة عشوائية، وهذا لمعرفة مدى وضوح تعليمات الاستبيان عند المفحوصين بكيفية الإجابة على فقراتها وأخيرا اتضح ان الاستبيان واضح مفهوم.

د- الثبات:

لقد عمد الباحث إلى استخدام طريقة (إعادة الاختيار) في حساب الثبات ولضرورة حسابه لانه يشير إلى الدقة والاتساق في درجات المقياس، وباعتباره

من الخصائص السيكرمترية المهمة التي ينبغي توفرها في المقياس ليكون صالحا (الدوود ١٩٩٧، ص ٥٣)

قام الباحث بتطبيق الاستبيان على عينة اختبرت بطريقة عشوائية وبلغت ٢٠ استاذ ١٠ ذكور و١٠ إناث ومن بينهم مدير المدرسة.

وبعد أسبوعين أعيد تطبيقه على نفس العينة ثم استخرج معامل الثبات باستخدام معامل ارتباط بيرسون Pearson فبلغت قيمة معامل الثبات (٠.٩٢)

الدراسة الأساسية:

بعد الانتهاء من الدراسة الاستطلاعية والتي بها أصبح الاستبيان جاهزا للاستعمال على العينة الأساسية وهذا تم وفق إجراءات ترى ما هي هذه الإجراءات؟

رابعاً: خطوات إجراء البحث

تمت إجراءات البحث على النحو التالي:

١- تم الحصول على الموافقة الرسمية من مدير التربية لمدينة وهران موجه إلى مدراء المدارس الثانوية التي تقوم عليها الدراسة.

٢- بعد الحصول على عناوين هذه المدارس من مديرية التربية قام الباحث بزيارة استكشافية لتحديد مواقع هذه المدارس وهذا لتسهيل مهمة الباحث في توزيع الاستبيانات.

٣- القيام بتحديد العينة الأساسية في (٢٦) مدرسة ثانوية وتم ذلك وفق:

- مقابلة الباحث مع مدير كل مدرسة وذلك لتحديد أفراد عينة الدراسة وتحديد مواعيد توزيع الاستبيانات.

٤- توزيع الاستبيانات شخصيا باليد لاصحابها، وتم توزيعها على ٢٢ مدرسة ثانوية وبلغت عدد النسخ الاستبيانات الموزعة ٤٨٢ الاستبيان تم استرجاع ٣٣١ استبيان، حيث تم استبعاد مدرستان وذلك نظرا لعدم استلام الباحث لاستبياناتهم وكذلك تم استبعاد نسختين من الاستبيان من الإدارة المدرسية، نظرا لعدم توفر شروط الاستبيان التي وضعها الباحث حيث كانت إجابة المديرين الاثنين إجابة غير صادقة وبالتالي ألغي الاستبيانين وهكذا صار عدد العينة المكملة (٣٣١) موزعة على ٢٢ مدرسة ثانوية.

٥- إدخال البيانات على الحاسوب الآلي، ومن ثم تحليلها.

جدول (٥)

توزيع الاستبيان البحث على المدارس الثانوية والاستبيانات المسترجعة ونسبة الإعادة لكل مدرسة

نسبة الإعادة	مجموع الاستبيانات المسترجعة	مجموع الاستبيانات الموزعة	الإدارة	الهيئة التدريسية	المدرسة الثانوية
٧١.٤٣%	١٥	٢١	١	٢٠	١. يوتليليس (قرية)
٦٦.٦٧%	١٤	٢١	١	٢٠	٢. الشيخ المهدي يوعبدلي (ارزيو)
٨٠.٩٥%	١٧	٢١	١	٢٠	٣. حاسي بونيف
٩٠.٤٨%	١٩	٢١	١	٢٠	٤. الاخوة مفتاحي (الحياة)
٥٢.٣٩%	١١	٢١	١	٢٠	٥. مهاجي محمد الحبيب (مارا فال)
٦٦.٦٧%	١٤	٢١	١	٢٠	٦. ابن باديس
٧١.٤٣%	١٥	٢١	١	٢٠	٧. باستور (٢)
٧١.٤٣%	١٥	٢١	١	٢٠	٨. العقيد احمد بن عبد الرزاق
٤٧.٦١%	١٠	٢١	١	٢٠	٩. اسامة بن زيد
٦٦.٦٧%	١٤	٢١	١	٢٠	١٠. سويح الهواري
٩٧.٦٨%	٤٢	٤٣	١	٤٢	١١. محمد بن عثمان الكبير
٦١.٩٠%	١٣	٢١	١	٢٠	١٢. العقيد عثمان (عين الترك)
٩٠.٤٨%	١٩	٢١	١	٢٠	١٣. حي الضاية
٥٧.٨٩%	١١	١٩	١	١٨	١٤. سيدي الهواري
٥٢.٣٩%	١١	٢١	١	٢٠	١٥. العقيد لطفي
٥٧.١٤%	١٢	٢١	١	٢٠	١٦. النسخ ابراهيم التازي (الصديقية)
٥٢.٣٩%	١١	٢١	١	٢٠	١٧. مصطفى هدام
٨٥.٧١%	١٨	٢١	١	٢٠	١٨. ابن المحرز الوهراني
٦٦.٦٧%	١٤	٢١	١	٢٠	١٩. الياجوري عبد القادر
٥٧.١٤%	١٢	٢١	١	٢٠	٢٠. بئر الجير
٥٧.١٤	١٢	٢١	١	٢٠	٢١. بطيوة
٥٧.١٤	١٢	٢١	١	٢٠	٢٢. الكرمة
٦٨.٦٧%	٣٣١	٤٨٢	٢٢	٤٦٠	المجموع

سادساً: الوسائل الاحصائية:

استخدمت الوسائل الاحصائية حسب أهداف الدراسة ومن بين هذه الوسائل:

١- معامل ارتباط بيرسون (Pearson) لحساب معامل الثبات

$$r = \frac{n\sum xy - \left(\sum x\right)\left(\sum y\right)}{\sqrt{\left[n\sum x^2 \left(\sum x\right)^2\right]\left[n\sum y^2 - \left(\sum y\right)^2\right]}}$$

(Gliffs,1970)

٢- الوسط الحسابي لتجديد المناخ التنظيمي السائد في المدارس الثانوية

٣- الاختبار التائي (T-Test) : لعينتين مستقلتين لايجاد الفروق بين مجالات وصف المناخ التنظيمي للإدارة المدرسية والهيئة التدريسية

$$t = \frac{\overline{X}_1 - \overline{X}_2}{\sqrt{\frac{S_1^2(n_1 - 1) + S_2^2(n_2 - 1)}{n_1 + n_2 - 2}\left(\frac{1}{n_1} + \frac{1}{n_2}\right)}}$$

(Gliffs, 1970, P. 295)

المعالجة الإحصائية:

طبق الاستبيان على أفراد العينة والبالغ عدد ٣٣١ في المدارس المذكورة سابقا والبالغ ٢٢ واتبعت الخطوات التالية في تفريغ البيانات وتحليلها.

١- تم إعطاء درجة لكل فقرة من فقرات الاستبيان خمسة (٥) درجات لخمسة (٥) بدائل وهي دائما (٥ درجات) غالبا (٤ درجات)، أحيانا (٣ درجات) نادرا (درجتين) مطلقا (درجة واحدة) هذا بالنسبة الفقرات المرجحة.

أما الفقرات السالبة كانت درجتها بطريقة معاكسة مثلا دائما (درجة واحدة)، غالبا (درجتين) أحيانا (٣ درجات)، نادرا (٤ درجات)، مطلقا (٥ درجات)

٢- تم تفريغ استجابات الهيئة التدريسية والإدارة المدرسية في كل مدرسة على حدة، وذلك بالنسبة لكل متغير من المتغيرات الثمانية التي يقيسها الاستبيان.

٣- جمعت درجات الفقرات التي تقيس كل متغير ثم قسم المجموع على عـدد الفقـرات التـي تقـيس كـل متغير في الاستبيان وهكذا يكون لكل فرد من الأفراد العينة أي ثمـاني علامـات (درجات) لكـل متغـير من الاستبيان.

٤- جمعت درجات جميع الأفراد في المدرسة الواحدة على كل متغير من المتغيرات الثمانية في الاستبيان ثـم قسم المجموع على عدد الأفراد في تلك المدرسة وهكذا يصبح لكـل مدرسة ثمانيـة درجات أي ثمـاني متوسطات (متوسط لكل متغير).

٥- جمعت متوسطات جميع الأفراد في كل المدارس المشتركة للدراسة على كل متغير من المتغيرات الثمانية في الاستبيان ثم قسم المجموع عـلى عـدد المـدارس المشـتركة للدراسة معنـى ذلك حسـاب الوسـط الحسابي العام لكل متغير في جميع المدارس الثانوية انظر الجدول (٦)

٦- تم استخراج الانحراف المعياري لكل متغير في المدارس المشتركة للدراسة (انظر الجدول ٦)

٧- تم تحويل درجات الخام المتحصل عليها في الخطوات السابقة الى درجات تائية (انظر الجدول (٧)

٨- تم تصميم مدرجات تكرارية وفق درجات التائية وهذا لتبيان المناخات التنظيمية السـائدة في المـدارس الثانوية المشتركة للدراسة (انظر الشكل ٤)

٩- تم استخدام الاختبار التـائي (T-Test) لعينتـين مستقلتين بـين مـا تـراه الهيئـة التدريسـية وبـين الإدارة المدرسية، وهذا وفق الخطوات التالية:

* حساب الوسط الحسابي للادارة المدرسية في المتغيرات الثمانية لكل دراسة.

* حساب الوسط الحسابي العام لكل متغير في كل المدارس، مع استخراج الانحراف المعياري (انظر الجدول (١٠

* حساب الوسط الحسابي للهيئة التدريسية في المتغيرات الثمانية لكل مدرسة (انظر الجدول ١١)

* حساب الوسط الحسابي العام لكل متغير في كل المدارس مع استخراج الانحراف المعياري.

عرض نتائج الدراسة:

هدفت هذه الدراسة الى الكشف عن المناخ التنظيمي السائد في المدارس الثانوية لولاية وهران، بمعنى آخر فقد حاولت هذه الدراسة الإجابة عن السؤالين التاليين:

١- ما المناخ التنظيمي السائد في المدارس الثانوية من وجهة نظر الإدارة المدرسية والهيئة التدريسية؟ بمعنى أهو المناخ المفتوح أم المناخ المغلق؟

٢- هل هناك فروق ذات دلالة احصائية كما تراه الإدارة المدرسية والهيئة التدريسية في وصفهم للمناخ التنظيمي في المدارس الثانوية؟

أولاً: النتائج المتعلقة بالسؤال الأول:

للإجابة عن هذا السؤال فقد تم حساب المتوسطات الحسابية والانحرافات المعيارية للأبعاد الثمانية للمناخ التنظيمي في كل مدرسة من المدارس المشمولة للدراسة وتم ذلك في خطوات إجراءات التصحيح (انظر الخطوة الثالثة والرابعة والخامسة والسادسة).

ويبين الجدول رقم (٦) المتوسط الحسابي والانحراف المعياري لكل متغير من المتغيرات الثمانية في جميع المدارس الثانوية المشمولة بالدراسة الجدول (٦)

أما الخطوة السابعة في الجدول (٧) قمنا بحساب الدرجة التائية بعد تحويلها من الدرجات الخام على أساس متوسط حسابي (٥٠) وانحراف معياري (١٠)، ثم بعد ذلك تم تطبيق معادلة الانفتاح/ الانغلاق لهالبن (Halpin) والتي تقيس المناخ التنظيمي وهذه المعادلة هي:

معادلة الانفتاح/ الانغلاق: درجة التحفيز + درجة الروح المعنوية- درجة الانفكاك

الهدف من استخدام هذه المعادلة لمعرفة المدارس الثانوية التي يسود فيها المناخ التنظيمي المفتوح والمدارس الثانوية التي يسود فيها المناخ التنظيمي المغلق، وهذا على أساس الدرجات التائية التي تم الحصول عليها تبين ان المدرسة التي حصلت على درجة فوق (٥٠) في المتغيرات الثمانية للمناخ التنظيمي هي فوق المتوسط وبالتالي نقول على ان هذه المدرسة يسود فيها المناخ التنظيمي المفتوح، والعكس صحيح يقال إذا حصلت مدرسة على درجة اقل من (٥٠) فان هذه المدرسة يسود فيها المناخ التنظيمي المغلق (انظر الجدول ٧)

جدول (٦)

المتوسط الحسابي والانحراف المعياري لكل متغير من المتغيرات الثمانية في جميع الثانويات المشمولة بالدراسة

رقم المدرسة	عدد المستجيبين	الانفكاك	الاعاقة	الروح المعنوية	الود	الشكلية في العمل	التركيز على الانتاجية	التحفيز	الاعتب
١	٤٢	٣.٢٢	٣.٢٩	٣	٣.٠٦	٣.١٥	٣.٢٠	٣.٥٩	.٦٦
٢	١٤	٢.٩٢	٣.٥٦	٣.٢٤	٢.٨٨	٣.٥٨	٣.٥٤	٣.٩٩	.٢٥
٣	١٧	٢.٩٧	٣.٤٦	٣.٠٧	٢.٩٥	٣.٣٦	٣.٩٦	٣.٧١	.٢١
٤	١٩	٢.٧٩	٣.٦٢	٣.١	٢.٨٤	٣.٤٢	٣.٦٨	٣.٩٠	.٩٠
٥	١١	٣.٢٥	٣.٣٦	٣.٢٣	٢.٩٥	٣.٣٩	٣.٥٦	٣.١٩	.٨٥
٦	١٤	٢.٩٥	٣.٤٣	٣.١٦	٢.٨١	٣	٣.٠٧	٣.٢٥	.٦٩
٧	١٥	٣.٢٦	٣.٠٢	٢.٩٦	٢.٤٩	٣.٣٣	٣.٣٨	٣.٤٦	.٧١
٨	١٥	٢.٩	٣.٤٢	٣.١٤	٢.٨٧	٣.٤١	٣.٦٠	٣.٧٩	.٠٧
٩	١٠	٢.٨١	٣.٦٥	٣.١٩	٣.٣١	٣.٠٩	٣.١٦	٣.٤٦	.٣٨
١٠	١٤	٢.٩١	٣.٠٨	٢.٧٦	٢.٧٤	٣.٠٢	٢.٦٦	٢.٩٣	.٦٢
١١	١٥	٢.٧١	٢.٨٢	٢.٧٨	٢.٨٢	٢.٨٨	٣.١٣	٣.١٣	.٠٧
١٢	١٣	٢.٤٤	٣.٠٨	٢.٩٥	٢.٩٨	٣.٥٥	٣.٦٩	٣.٩٨	.٣٨
١٣	١٩	٢.٦٦	٣.١٤	٢.٧٩	٣.٠٤	٣.٢٧	٣.١٩	٣.٤٦	.٣٧
١٤	١١	٢.٩٧	٢.٨٨	٣.٠٣	٣.٠٢	٣.٠٨	٣.١٧	٣.٢٩	.٦٢
١٥	١١	٢.٨٢	٢.٦٢	٢.٦٨	٢.٣٩	٢.٩٧	٢.٩٧	٢.٧٦	.٨٤
١٦	١٢	٢.٧٢	٣.٣٣	٣.٣٥	٣.٢١	٣.٦٦	٣.٦٥	٣.٦٧	.٧٥
١٧	١١	٢.٩٩	٢.٩٢	٢.٨٦	٢.٤٢	٢.٩٢	٢.٨٨	٢.٦٢	.٢٧
١٨	١٨	٣.٠٦	٣.٥٩	٣.١٩	٣.١٩	٣.٣٧	٣.٦٥	٣.٧٩	.٩١
١٩	١٤	٣.٠٤	٢.٦٨	٢.٦٥	٢.٥٢	٢.٦٦	٢.٧٠	٢.٧٨	.٤١
٢٠	١٢	٣	٣.٢٣	٣.٣٦	٣.١٥	٣.٢٢	٣.٦٣	٣.٩١	.٤٥
٢١	١٢	٢.٨١	٣.٥١	٣.٠٩	٢.٩٦	٣.٥٤	٣.٧٩	٣.٨٩	.٩٣
٢٢	١٢	٢.٦٨	٣.١٣	٣.٢٣	٣.٢٥	٣.٨٦	٣.٦٧	٤.٠٣	٣.٢
الوسط الحسابي العام لكل متغير في جميع الثانويات		٢.٩٠	٣.٢٣	٣.٠٤	٢.٩٠	٣.٢٦	٣.٣٦	٣.٤٨	.٨٠
الانحراف المعياري		٠.١٨	٠.٣١	٠.٢٠	٠.٢٥	٠.٤٠	٠.٤٢	٠.٣٨	.٣٩

جدول (٧)

توزيع درجات التائية الخاصة بمتغيرات المناخ التنظيمي في المدارس الثانوية

رقم المدرسة	المتغيرات المتعلقة بسلوك الهيئة التدريسية				المتغيرات المتعلقة بسلوك الادارة المدرسية				درجة دليل
	الانفكاك	الاعاقة	الروح المعنوية	الود	الشكلية في العمل	التركيز على الانتاجية	التحفيز	الاعتبارية	الانفتاح/ الانغلاق
١	٦٧.٨	٥١.٩٤	٤٨	٥٦.٤	٤٦.٠٧	٤٦	٥٢.٦٢	٤٦.٣٢	٣٢.٨٢
٢	٥١.١١	٦٠.٦٥	٦٠	٤٩.٢	٦١.٤٣	٥٤.٥	٦٢.١٤	٦١.٨٤	٧١.٠٣
٣	٥٣.٨٩	٥٧.٤٢	٥١.٥	٥٢	٥٣.٥٧	٦٥	٥٥.٤٨	٦٠.٧٩	٥٣.٠٩
٤	٤٣.٨٩	٦٢.٥٨	٥٣	٤٧.٦	٥٥.٧١	٥٨	٦٠	٥٢.٦٣	٦٩.١١
٥	٦٩.٤٤	٥٠.٥٦	٥٩.٥	٥٢	٥٤.٦٤	٥٥	٤٣.١	٥١.٣٢	٣٣.١٦
٦	٥٢.٧٨	٤٥.٥٦	٥٦	٤٦.٤	٤٠.٧١	٤٢	٤٤.٥٢	٤٧.١١	٤٧.٧٤
٧	٧٠	٤٣.٢٣	٤٦	٣٣.٦	٥٢.٥	٥٠.٥	٤٩.٥٢	٤٧.٦٣	٢٥.٥٢
٨	٥٠	٥٦.١٣	٥٥	٤٨.٢	٥٥.٣٦	٥٦	٥٧.٣٨	٥٧.١١	٦٢.٣٨
٩	٤٥	٦٣.٥٥	٥٧.٥	٦٦.٤	٤٣.٩٣	٤٥	٤٩.٥٢	٣٨.٩٥	٦٢.٠٢
١٠	٥٠.٥٦	٤٥.١٦	٣٦	٤٣.٦	٤١.٤٣	٣٢.٥	٣٦.٩	٤٥.٢٦	٢٢.٣٤
١١	٣٩.٤٤	٣٦.٧٧	٣٧	٤٦.٨	٣٦.٤٣	٤٤.٢٥	٤١.٦٧	٥٧.١١	٣٩.٢٣
١٢	٢٤.٤٤	٤٥.١٦	٤٥.٥	٥٣.٢	٦٠.٣٦	٥٨.٢٥	٦١.٩٠	٦٥.٢٦	٨٢.٩٦
١٣	٣٦.٦٧	٤٧.١	٣٧.٥	٥٥.٦	٥٠.٣٦	٤٥.٧٥	٤٩.٥٢	٣٨.٦٨	٥٠.٣٥
١٤	٥٣.٨٩	٣٨.٧١	٤٩.٥	٥٤.٨	٤٣.٥٧	٤٥.٢٥	٤٥.٤٨	٤٥.٢٦	٤١.٠٩
١٥	٤٥.٥٦	٣٠.٣٢	٣٢	٢٩.٦	٣٩.٦٤	٤٠.٢٥	٣٢.٨٦	٢٤.٧٤	١٩.٣
١٦	٤٠	٥٣.٢٣	٦٥.٥	٦٠	٦٤.٢٩	٥٧.٢٥	٤٥.٥٢	٤٨.٦٨	٨٠.٠٢
١٧	٥٥	٤٠	٤١	٣٠.٨	٣٧.٨٦	٣٨	٢٩.٥٢	٣٦.٠٥	١٥.٥٢
١٨	٥٨.٨٩	٦١.٦١	٥٧.٥	٦١.٦	٥٣.٩٣	٥٧.٢٥	٥٧.٣٨	٥٢.٨٩	٥٥.٩٩
١٩	٥٧.٧٨	٣٢.٢٦	٣٠.٥	٣٤.٨	٢٨.٥٧	٣٣.٥	٣٣.٣٣	٣٩.٧٤	٦.٠٥
٢٠	٥٥.٥٦	٥٠	٦٦	٦٠	٣٥.٧١	٥٦.٧٥	٦٠.٢٤	٥٠.١٧	٧٠.٦٨
٢١	٤٥	٥٩.٠٣	٥٢.٥	٥٢.٤	٦٠	٦٠.٧٥	٥٩.٧٦	٥٣.٤٢	٦٧.٢٦
٢٢	٣٧.٧٨	٤٦.٧٧	٥٩.٥	٦٤	٧١.٤٣	٥٧.٧٥	٦٣.١	٦٠.٥٣	٨٤.٨٢

معادلة الانفتاح/ الانغلاق =درجة التحفيز + درجة الروح المعنوية - درجة الانفكاك

يتضح من خلال الجدول (٧) ان الـدرجات التائيـة التـي وصـفت بهـا الادارة المدرسية والهيئـة التدريسية بالمناخ التنظيمي لمدارسهم بالنسبة للمتغيرات المتعلقة بسلوك الهيئة التدريسية كانت كالتالي:

- بعد الانفكاك – تراوحت ما بين (٢٤.٤٤ – ٧٠)

- بعد الاعاقة – تراوحت ما بين (٣٠.٣٢ – ٦٣.٥٥)

- بعد الروح المعنوية – تراوحت ما بين (٦٦-٣٢)

- بعد الود – تراوحت ما بين (٣٠.٨-٤٤.٦)

* أما الدرجات بالنسبة للمتغيرات المتعلقة بسلوك الإدارة المدرسية كانت كالتالي:

- بعد الشكلية في العمل – تراوحت ما بين (٢٨.٥٧ – ٧١.٤٣)

- بعد التركيز على الإنتاجية – تراوحت ما بين (٣٢.٥ – ٦٥)

- بعد التحفيز – تراوحت ما بين (٢٩.٥٢ – ٦٣.١)

- بعد الاعتبارية – تراوحت ما بين (٢٤.٧٤ – ٦٥.٢٦)

- ويتجلى كذلك من خلال الجدول (٧) ان درجة دليل الانفتاح أو الانغلاق تراوحت ما بين (٦.٠٥ – ٨٤)

* ويتضح في الجدول (٨) أن درجة دليل الانفتاح تراوحت ما بين (٥٠.٣٥-٨٤.٨٢).

وبلغ عدد المدارس الثانوية الذي يسود فيها المناخ المفتوح (١٢) مدرسة

* أما في الجدول (٩) يبين أن درجة دليل الانغلاق تراوحـت مـا بـين (٦.٠٥-٤٧.٧٤) في الحـين بلـغ عـدد المدارس الثانوية ذات المناخ المغلق (١٠) مدارس.

* أما في الخطوة الثامنة تم تصميم مدرجات تكرارية لكل مدرسة من المدارس الثانوية المشمولة بالدراسـة وهذا وفق معادل الانفتاخ والانغلاق للمناخ التنظيمي (انظر المدرجات تكرارية)

الجدول (٨) المدارس الثانوية ذات المناخ التنظيمي المفتوح

رقم المدرسة	اسم المدرسة الثانوية	درجة دليل الانفتاح
٢	ثانوية الشيخ المهدي البوعبدلي (أرزيو)	٧١.٠٣
٣	ثانوية حاسي بونيف	٥٣.٠٩
٤	ثانوية الأخوة مفتاحي (الحياة سابقاً)	٦٩.١١
٨	ثانوية العقيد أحمد بن عبد الرزاق	٦٢.٣٨
٩	ثانوية أسامة بن زيد	٦٢.٠٢
١٢	ثانوية العقيد عثمان (عين الترك)	٨٢.٩٦
١٣	ثانوية حي الضاية	٥٠.٣٥
١٦	ثانوية الشيخ ابراهيم التازي (الصديقية)	٨٠.٠٢
١٨	ثانوية ابن المحرز الوهراني	٥٥.٩٩
٢٠	ثانوية بير الجير	٧٠.٦٨
٢١	ثانوية بطيوة	٦٧.٢٦
٢٢	ثانوية الكرمة	٨٤.٨٢

الجدول (٩) المدارس الثانوية ذات المناخ التنظيمي المغلق

رقم المدرسة	اسم المدرسة الثانوية	درجة دليل الانفتاح
١	ثانوية محمد بن عثمان الكبير	٣٢.٨٢
٥	ثانوية مهاجي محمد الحبيب	٣٣.١٦
٦	ثانوية ابن باديس	٤٧.٧٤
٧	ثانوية باستور ٢	٥٢.٥٢
١٠	ثانوية سويح الهواري	٢٢.٣٤
١١	ثانوية بوتليليس	٣٩.٢٣
١٤	ثانوية سيدي الهواري	٤١.٠٩
١٥	ثانوية العقيد لطفي	١٩.٣٠
١٧	ثانوية مصطفى هدام	١٥.٥٢
١٩	ثانوية الياجوري عبد القادر	٦.٠٥

جدول (١٠)

متوسط درجات الادارة المدرسية في متغيرات الثمانية لمقياس المناخ التنظيمي لكل مدرسة

رقم المدرسة	عدد المستجيبين	الانفكاك	الاعاقة	الروح المعنوية	الود	الشكلية في العمل	التركيز على الانتاجية	التحفيز	الاعتبا
١	١	٢.٩	٣.٣٣	٣.٢	٣.٢٨	٣.٥٧	٣.٨٣	٣.٨٩	٣.٨
٢	١	٢.٤	٣.٦٧	٣.١	٣	٤	٤.٣٣	٤.٨٩	٣.٢
٣	١	٣.٥	٣.٥	٣.٧	٣.٤٣	٣.٨٦	٤.١٧	٤.٤٤	٣.٨
٤	١	٢.٧	٣.٦٧	٣.٥	٢.٤٣	٣.٢٩	٣	٢.٧٨	٢.٤
٥	١	٣.٢	٣.٥	٣.٢	٢.٧١	٣.٥٧	٣	٣.٤٤	١.٤
٦	١	٣.٥	٣.٣٣	٢.٩	٣.٨٥	٣.١٤	٣.٨٣	٣.٨٩	٢.٦
٧	١	١.٩	٢.٦٧	٣	٢.٧١	٣.٤٣	٣.٦٧	٣.٨٩	٣.٤
٨	١	٢.٥	٣.٣٣	٢.٨	٣.٤٣	٣.٢٩	٣.٥	٣.٧٨	٤.٤
٩	١	٣.٥	٣.٦٧	٣.٤	٤.١٤	٣.٤٣	٣.١٧	٣.٤٤	٢.٦
١٠	١	٣.٢	٣	٣.٣٣	٢.٧١	٣-	٢.٦٧	٣.٤٤	١.٤
١١	١	٣.٢	٢.٣٣	٣.٩	٣.١٤	٣.٥٧	٤	٤.٢٢	٤.٢
١٢	١	٢.١	٤	٢.٩	٣.٢٩	٣.٥٧	٤.١٧	٤	٣.٢
١٣	١	٢.٧	٤.١٤	٣.٥	٢.٤٣	٣.٢٩	٤.١٧	٤.٥٦	٣.٢
١٤	١	٣.٥	٢.٨٣	٣.٨	٣.٤٣	٤.٨٦	٣.٤٤	٤.٧	٤.٦
١٥	١	٢.٩	١.٥	١.٨	٣	٢.٤٢	٣.١٧	٢.٧٨	١.٤
١٦	١	٢.٢	٣.١٧	٣.٦	٣.٥٧	٣.٧١	٤.٣٣	٤.٣٣	٣.٦
١٧	١	٢.٥	٣.٦٧	٣.٦	٣.٢٩	٣.١٤	٣.٦٧	٣.٣٣	٢.٨
١٨	١	٣.٥	٣.١٧	٣.٢	٣.٢٩	٣.١٤	٣.٣٣	٢.٣٣	١.٨
١٩	١	٣.٦	٣.٨٣	٤.٥	٤.٧١	٤.٢٩	٣.٨٣	٥	٥
٢٠	١	٣.٥	٢.٣٣	٤.٢	٣.١٤	٤.١٤	٤.٦٧	٤.٧٨	٣.٤
٢١	١	٢.٧	٢.٨٣	٢.٩	٣.٢٩	٣.٥٧	٤.١٧	٤.٢٢	٣.٢
٢٢	١	٢.٨	٣.١٧	٣.١	٣.٢٩	٣.٧١	٣.٦٧	٣.٧٨	٣.٦
حساب المتوسط العام لكل متغير للادارة المدرسية		٢.٩٣	٣.٢١	٣.٣٢	٣.٢١	٣.٥٥	٣.٧٦	٣.٩٥	٣.١٤
الانحراف المعياري		٠.٥٢	٠.٦١	٠.٥٤	٠.٥٤	٠.٤٩	٠.٥٢	٠.٧٢	١

جدول (١١)

متوسط درجات الهيئة التدريسية في متغيرات الثمانية لمقياس المناخ التنظيمي لكل مدرسة

رقم المدرسة	عدد المستجيبين	الانفكاك	الاعاقة	الروح المعنوية	الود	الشكلية في العمل	التركيز على الانتاجية	التحفيز	الاعتبارية
١	٢٠	٣.٢٢	٣.٤٦	٣	٣.٠٦	٣.١١	٣.١٨	٣.٥٩	٢.٦٦
٢	١٤	٢.٩٢	٣.٥٦	٣.٢٤	٢.٩٣	٣.٥٨	٣.٥٤	٣.٩٩	٣.٢٦
٣	١٧	٢.٩٧	٣.٤٦	٣.٠٧	٢.٩٥	٣.٣٦	٣.٩٦	٣.٧١	٣.٢١
٤	١٩	٢.٧٩	٣.٦٢	٣.١	٢.٨٤	٣.٤٢	٣.٦٨	٣.٩٠	٢.٩١
٥	١١	٢.٩٧	٣.٣٦	٣.٢٤	٢.٩٥	٣.٣٩	٣.٦٠	٣.١٩	٢.٨٥
٦	١٤	٢.٨٩	٣.٤٣	٣.٠٢	٢.٨٢	٣	٣.٠٧	٣.٢٥	٢.٦٩
٧	١٥	٢.٣٦	٣.٠٢	٢.٩٥	٢.٤٩	٣.٣٣	٣.٣٩	٣.٤٦	٢.٧١
٨	١٥	٢.٨٤	٣.٤٢	٣.١٤	٢.٨٧	٣.٤١	٣.٥٩	٣.٧٩	٣.٠٧
٩	١٠	٢.٨١	٣.٦٥	٣.٢	٣.٥١	٣.٠٨	٣.١٦	٣.٤٦	٢.٣٨
١٠	١٤	٢.٩١	٣.٠٨	٢.٨٧	٢.٧٤	٣.٠٢	٢.٦٦	٢.٩٣	٢.٦٢
١١	١٥	٢.٧١	٢.٨٢	٢.٧٨	٢.٨٢	٢.٨٩	٣.١٣	٣.٢٠	٣.٠٧
١٢	١٣	٢.٤٤	٣.٠٨	٢.٩٥	٢.٩٨	٣.٥٥	٣.٦٩	٣.٩٨	٣.٣٨
١٣	١٩	٢.٦٦	٣.١٣	٢.٧٩	٣.٠٨	٣.٢٧	٣.٤٤	٣.٤٦	٢.٣٧
١٤	١١	٢.٩٧	٢.٨٨	٣.٠٣	٣.٠٢	٣.٠٨	٣.١٧	٣.٢٩	٢.٦٢
١٥	١١	٢.٨٢	٢.٦٢	٢.٧	٢.٣٩	٢.٩٧	٢.٩٧	٢.٨٥	١.٨٤
١٦	١٢	٢.٧٢	٣.٣٣	٣.٣٥	٣.٣٠	٣.٦٦	٣.٥٧	٣.٦٨	٢.٦٦
١٧	١١	٢.٩٩	٢.٩٢	٢.٨٦	٢.٤١	٢.٩٢	٢.٨٩	٢.٦٢	٢.٢٧
١٨	١٨	٣.٠٦	٣.٥٩	٣.١٩	٣.١٩	٣.٣٦	٣.٦٥	٣.٧٩	٢.٩٢
١٩	١٤	٣.٠٤	٢.٦٨	٢.٨٦	٢.٥٢	٢.٦٦	٢.٧٠	٢.٧٨	٢.٤١
٢٠	١٢	٣	٣.٣٦	٣.٣٦	٣.١٦	٣.٣٠	٣.٦٣	٣.٩١	٣.٣٨
٢١	١٢	٢.٨٢	٣.٥١	٣.٠٢	٢.٩٦	٣.٥٣	٤.٠٤	٣.٨٩	٢.٩٣
٢٢	١٢	٢.٦٧	٣.١٣	٣.٢٢	٣.٢٥	٣.٨٦	٣.٦٧	٤.٠٣	٣.٢
حساب المتوسط العام لكل متغير للادارة المدرسية		٢.٨٤	٣.٢٣	٣.٠٤	٢.٩٢	٣.٢٦	٣.٣٨	٣.٤٩	٢.٧٩
الانحراف المعياري		٠.٠٤	٠.٠٨	٠.٠٥	٠.٠٨	٠.٠٨	٠.٠٩	٠.١	٠.١

مدرجات تكرارية توضح توزيع الدرجات التائية لمعرفة المناخ التنظيمي السائد في المدارس الثانوية المشمولة للدراسة

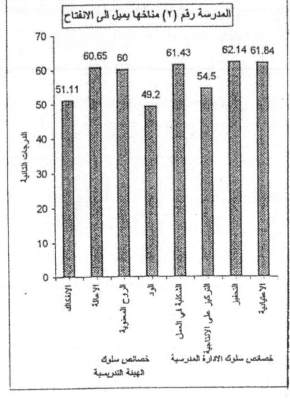
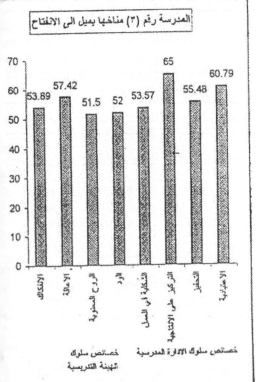
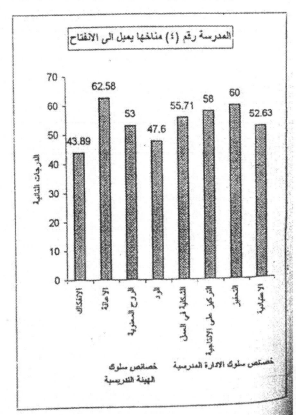

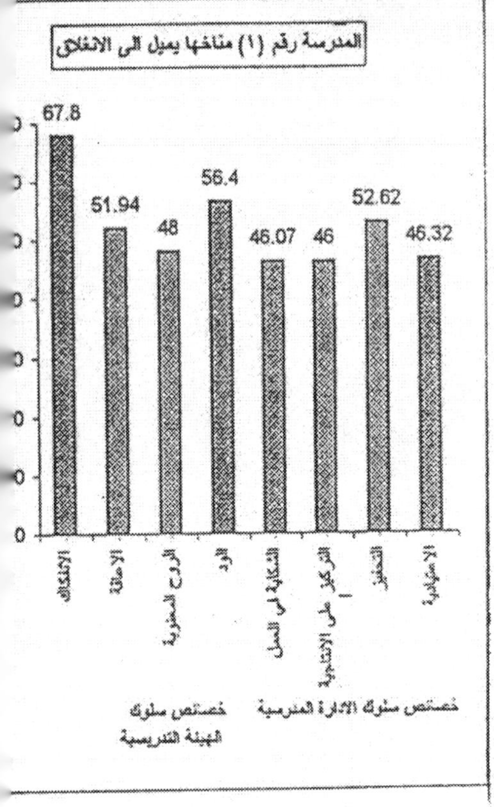

المدرسة رقم (٥) مناخها يميل الى الانغلاق

المدرسة رقم (٦) مناخها يميل الى الانغلاق

المدرسة رقم (٧) مناخها يميل الى الانغلاق

المدرسة رقم (٨) مناخها يميل الى الانفتاح

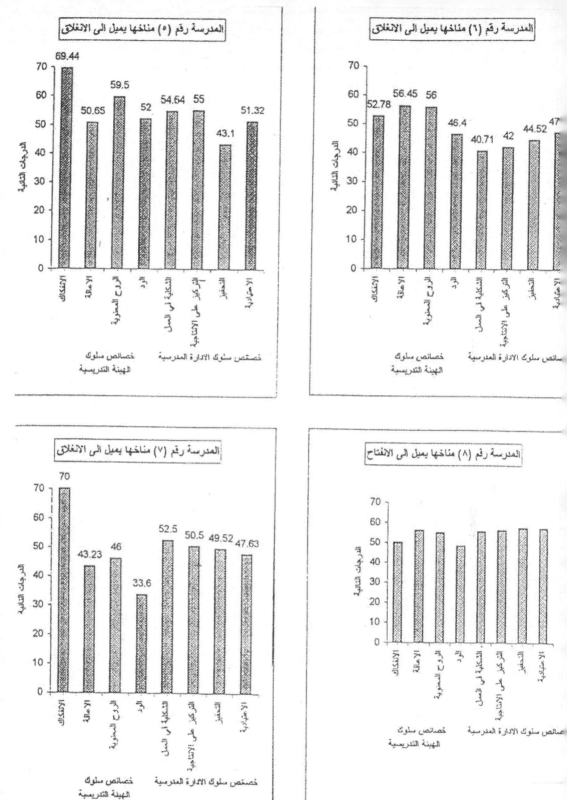

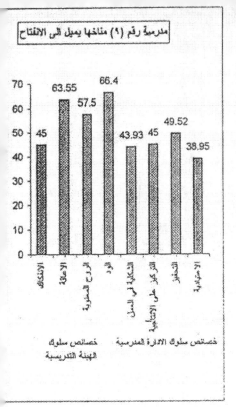

مدرسة رقم (٩) مناخها يميل الى الانفتاح

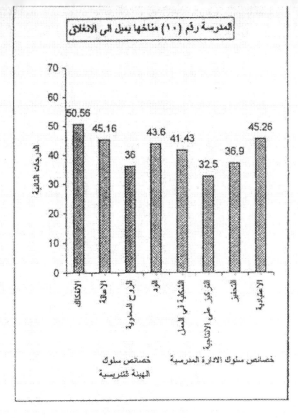

المدرسة رقم (١٠) مناخها يميل الى الانغلاق

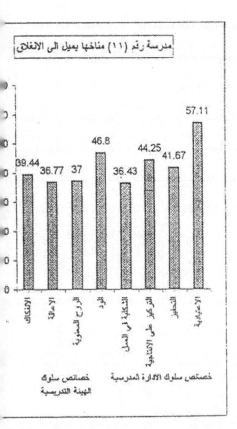

مدرسة رقم (١١) مناخها يميل الى الانغلاق

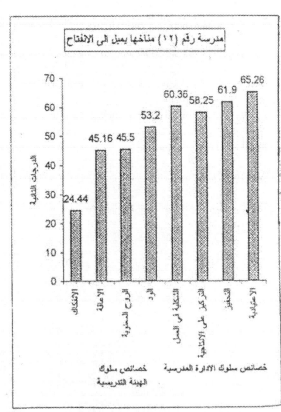

مدرسة رقم (١٢) مناخها يميل الى الانفتاح

المدرسة رقم (١٣) مناخها يميل الى الانفتاح
الدرجات التائية
70
60
50
40
30
20
10
0
36.67
47.1
37.5
55.6
50.36
45.75
49.52
38.68
الانفكاك
الاعاقة
الروح المعنوية
الود
الشكلية في العمل
التركيز على الانتاجية
التحفيز
الاعتبارية
خصائص سلوك الهيئة التدريسية
خصائص سلوك الادارة المدرسية

المدرسة رقم (١٤) مناخها يميل الى الانغلاق
الدرجات التائية
70
60
50
40
30
20
10
0
53.89
38.71
49.5
54.8
43.57
45.25
45.48
45.2
الانفكاك
الاعاقة
الروح المعنوية
الود
الشكلية في العمل
التركيز على الانتاجية
التحفيز
الاعتبارية
خصائص سلوك الهيئة التدريسية
خصائص سلوك الادارة المدرسية

مدرسة رقم (١٥) مناخها يميل الى الانغلاق
الدرجات التائية
70
60
50
40
30
20
10
0
45.56
30.32
32
29.6
39.64
40.25
32.85
24.74
الانفكاك
الاعاقة
الروح المعنوية
الود
الشكلية في العمل
التركيز على الانتاجية
التحفيز
الاعتبارية
خصائص سلوك الهيئة التدريسية
خصائص سلوك الادارة المدرسية

مدرسة رقم (١٦) مناخها يميل الى الانفتاح
الدرجات التائية
70
60
50
40
30
20
10
0
40
53.23
65.5
60
64.29
57.25
54.52
48.
الانفكاك
الاعاقة
الروح المعنوية
الود
الشكلية في العمل
التركيز على الانتاجية
التحفيز
الاعتبارية
خصائص سلوك الهيئة التدريسية
خصائص سلوك الادارة المدرسية

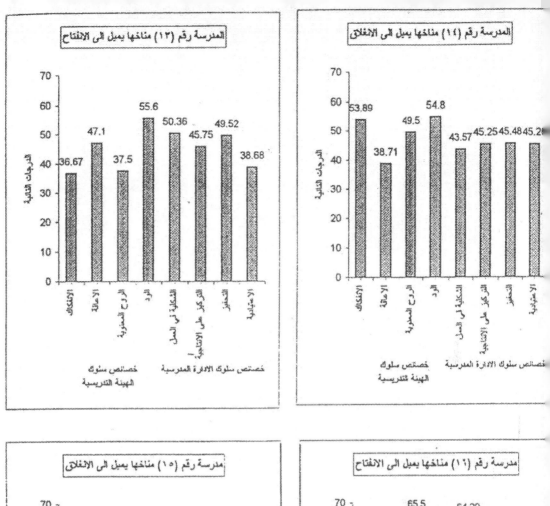

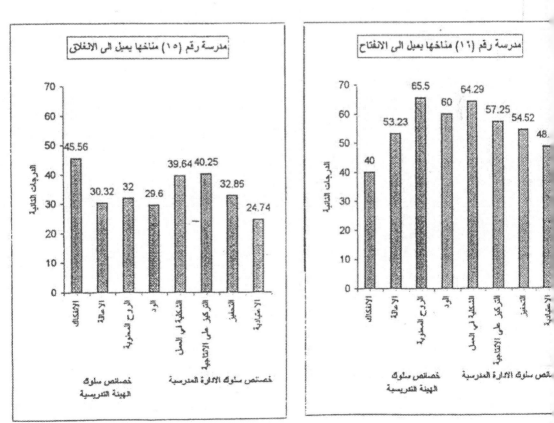

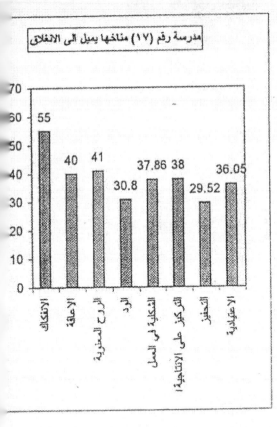

مدرسة رقم (١٧) مناخها يميل الى الانغلاق

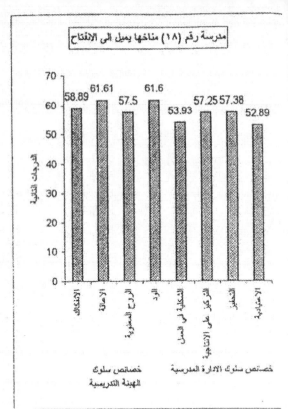

مدرسة رقم (١٨) مناخها يميل الى الانفتاح

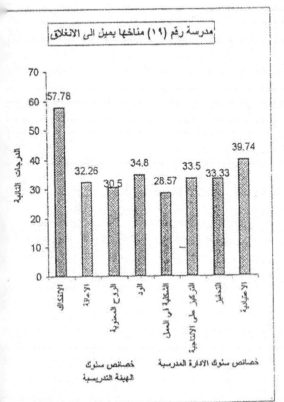

مدرسة رقم (١٩) مناخها يميل الى الانغلاق

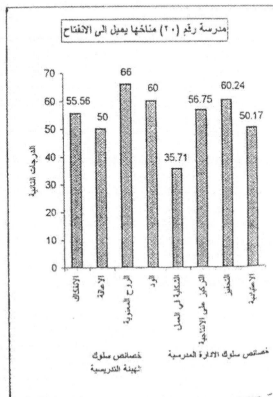

مدرسة رقم (٢٠) مناخها يميل الى الانفتاح

مدرسة رقم (٢٢) مناخها يميل الى الانفتاح
الدرجات التائية
37.78
46.77
59.5
64
71.43
57.75
63.1
50.53
الانفكاك
الاعاقة
الروح المعنوية
الود
الشكلية في العمل
التركيز على الانتاجية
التحفيز
الاعتبارية
خصائص سلوك الهيئة التدريسية
خصائص سلوك الادارة المدرسية

مدرسة رقم (٢١) مناخها يميل الى الانفتاح
الدرجة التائية
45
59.03
52.5
52.4
60
60.75
59.76
53.42
الانفكاك
الاعاقة
الروح المعنوية
الود
الشكلية في العمل
التركيز على الانتاجية
التحفيز
الاعتبارية
خصائص سلوك الهيئة التدريسية
خصائص سلوك الادارة المدرسية

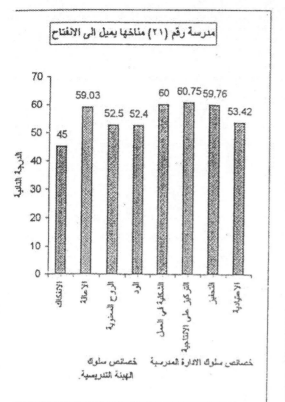

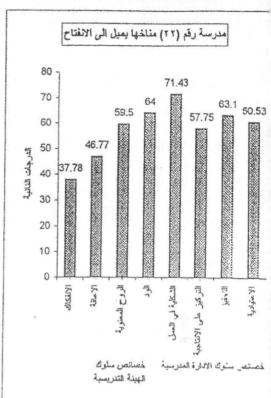

النتائج المتعلقة بالسؤال الثاني:

للإجابة على هذا السؤال تم توظيف الأسلوب الاحصائي وهو الاختيار التائي (T-Test) لمعرفة الفروق الموجودة ما بين الإدارة المدرسية والهيئة التدريسية في وصفهم للمناخ التنظيمي، ويتوقع الباحث وجود فروق ذات دلالة احصائية فقد تم حساب المتوسط الحسابي والانحراف المعياري للإدارة المدرسية والهيئة التدريسية في المتغيرات الثمانية لقياس المناخ التنظيمي والجدول (١٠) و (١١) يوضح ذلك.

جدول (١٢)

يبين القيمة التائية المحسوبة بين الإدارة المدرسية والهيئة التدريسية لوصف المناخ التنظيمي

وصف المناخ التنظيمي السائد	المتوسط الحسابي	الانحراف المعياري	القيمة التائية المحسوبة	القيمة التائية الجدولية	مستوى الدلالة عند ٠.٠١
الادارة المدرسية	٣.٣٨	٠.٦٢	٨.٦٧	٣.٢٩١	دالة إحصائيا
الهيئة التدريسية	٣.١٢	٠.٠٨			

يبين الجدول أعلاه لمعرفة الفرق بين الإدارة المدرسية والهيئة التدريسية في وصفهم للمناخ التنظيمي، فكان المتوسط الحسابي للإدارة المدرسية بـ ٣.٣٨ بانحراف معياري (٠.٦٢) بينما قدر المتوسط الحسابي للهيئة التدريسية (٣.١٢) بانحراف معياري (٠.٠٨) وعند تطبيق الاختبار التائي لعينتين مستقلتين كانت القيمة التائية المحسوبة (٨.٦٧) في حين بلغت القيمة التائية الجدولية (٣.٢٩١) بما أن القيمة التائية المحسوبة اكبر من القيمة التائية الجدولية اذا فهي دالة احصائيا عند مستوى دلالة ٠.٠١ بدرجة حرية ٣٢٩ وعليه يوجد فروق بين ما تراه الإدارة المدرسية والهيئة التدريسية في وصفهم للمناخ التنظيمي السائد.

ثالثاً: مناقشة النتائج

هدفت هذه الدراسة الى الاجابة عن السؤالين الآتيين:

١- ما المناخ التنظيمي السائد في المدارس الثانوية من وجهة نظر الادارة المدرسية والهيئة التدريسية؟ بمعنى أهو المناخ التنظيمي المفتوح ام المناخ التنظيمي المغلق؟

٢- هل هناك فروق ذات دلالة احصائية كما تراه الإدارة المدرسية والهيئة التدريسية في وصفهم للمناخ التنظيمي في المدارس الثانوية؟

سوف يتم مناقشة هذين السؤالين من خلال ما توصل اليه الباحث من نتائج.

*** مناقشة السؤال الأول:**

ما المناخ التنظيمي السائد في المدارس الثانوية من وجهة نظر الإدارة المدرسية والهيئة التدريسية؟

توصلت الدراسة الى أن المدارس الثانوية المشمولة بالدراسة تتصف بمناخين هما المناخ التنظيمي المفتوح وبلغ عدد المدارس التي اتصفت بها المناخ المفتوح (١٢) مدرسة بنسبة ٥٤.٥٤% في حين أتصفت المدارس الثانوية الأخرى وهي (١٠) بالمناخ المغلق بنسبة ٤٥.٤٥%

ويقدم الباحث وصفا موجزا عن المناخ التنظيمي لكل مدرسة ثانوية.

المدرسة الأولى:

تتصف هذه المدرسة بالمناخ التنظيمي المغلق (٣٢.٨٢) وهي درجة تحت المتوسط (٥٠) فلو تمعنا النظر في الجدول (٧) لاحظنا ان الروح المعنوية بين الأساتذة كانت ضعيفة مما يدل على أن شعور الأساتذة بالانتماء في هذه المدرسة كان ضعيفا والدليل على ذلك ان بعد الانفكاك كانت درجته مرتفعة مما يوحي ان اساتذة هذه المدرسة لا يعملون كفريق واحد متكامل ومتجانس فكل منهم يعمل باتجاه مختلف. ولا أظن ان سلوك الإدارة له أثره في ذلك لأن بعد الشكلية في العمل منخفض هذا مما يثبت ان الإدارة مهتمة بالعلاقات الشخصية والاجتماعية للأساتذة والمدير لا يطبق القوانين تطبيقا حرفيا مع مراعاة الظروف الشخصية لهم، اذا المناخ التنظيمي السيء في هذه المدرسة سببه الهيئة التدريسية.

المدرسة الثانية:

تمتاز هذه المدرسة بالمناخ التنظيمي المفتوح حيث بلغت درجة الانفتاح (٧١.٠٣) وهي درجة فوق المتوسط. افراد هذه المدرسة يتمتعون بدرجة عالية من الروح المعنوية هذا مما يدل على ان افراد هذه المدرسة يشعرون بانتمائهم الى مدرستهم ولهم دافعية أكبر للعمل وهذا الاحساس القوي نتيجة للمعاملة الودية من جانب الإدارة وهي تحاول ان تقدم خدمات شخصية تدل على الاهتمام الكبير لهم، وتعمل كذلك على التشجيع والتحفيز نحو إنجاز العمل، وتحاول ان تقدم المثل الأعلى أو القدوة الحسنة بنفسها.

إلا أن الجانب السلبي هو ارتفاع بعد الشكلية في العمل والتركيز على الانتاجية في هـذه المدرسـة وهذا لا يؤثر على الجـو المـدرسي ولا عـلى الهيئـة التدريسية. فمـا دام أن الهيئـة التدريسية تعمل سـويا وبانسجام وتكامل.

المدرسة الثالثة:

المناخ التنظيمي السائد في هذه المدرسة هو المناخ المفتوح وكانت درجة دليل الانفتاح (٥٣.٠٩) في هذه المدرسة يتمتع الأساتذة بروح معنوية متوسطة. الا انهم يشكون مـن الأعمال الروتينيـة الإداريـة وهذا ما يعيقهم عـن اداء اعمالهـم. والشيء الملفت للانتباه هـو ان اجابات الهيئـة التدريسية في هـذه المدرسة هو ادراكم لسلوك المدير على انه كثير التركيز في الانتاجية دون مراعاة لمشكلات وظروف السيئة للهيئة التدريسية فهو غير كثير الاشراف والتوجيه. هذا يعني أن العلاقة بين الهيئـة التدريسية والادارة هـي علاقة احادية الاتجاه. رغم ذلك فان العلاقة بين الاساتذة ليست علاقة انفصالية. انما هـي علاقة تفاعليـة وتكامل وانسجام هذه الاخيرة اعطت الاساتذة قوة دافعية للعمل وانهـم لا يتأثرون بمـا حولهم مـن استفزازات الادارة بمعنى ان الهيئة التدريسية تحاول تكوين جو مدرسي اجتماعي جيد يساعد عـلى العمـل اكثر.

المدرسة الرابعة:

يتصف المناخ التنظيمي في هذه المدرسة بالمناخ المفتوح فقـدرت درجـة دليل الانفتاح فيه بـ (٦٩.١١) فالروح المعنوية مرتفعة نسبيا للعاملين، مما يشير الى ان العاملين في هـذه المدرسـة يشعرون بالسرور والرضا والارتياح للعمل مع دافعية قوية في العطاء.

والـدليل عـلى ذلك هـو ان درجـة بعد الانفكاك منخفضة (٤٣.٨٩) ممـا يشير الى العلاقـة الانسجامية واللاانفصالية بين الاساتذة والادارة المدرسية، وهذه العلاقة تتسم بنوع مـن الثقة وتشير الى وجود جو من المحبة والمودة وتشيع بينهم روح الصداقة.

اما فيما يتعلق بسلوك الادارة فأن اجابات الاساتذة في هذه المدرسة تتصف بأنها كثيرة الاشراف والتوجيه نحو انجاز العمل، واعطاء المثل والقدوة الحسنة بنفسها.

كما أن الادارة تحاول ان تكون انسانية في تعاملها فمثلا كأن تقدم لهم يـد مسـاعدة في مواجهـة مشاكلهم الخاصة والعقبات التي يصادفونها في عملهم.

الا ان الادارة تحاول التركيز اكثر على الانتاجية وانجاز العمل، هذا لا يعني ان الادارة لا تهتم بالاستاذ وانما الغرض من ذلك هو تحسين مستوى التعليم في هذه المدرسة أو اعطاء صورة الحقيقية للمدرسة في العمل والانضباط وفي عدم تعكير الجو الدراسي لكل هذا الغرض تحقيق اهداف المدرسة.

المدرسة الخامسة:

المناخ التنظيمي السائد في هذه المدرسة هو المناخ المغلق بدرجة دليل الانفتاح (٣٣.١٦) والذي يثبت على انغلاق هذا المناخ هو ان متغير الانفكاك درجته مرتفعة هذا يدل على عدم التزام الاساتذة في هذه المدرسة بعملهم، ولعل السبب راجع الى تباعد الاساتذة فيما بينهم وكل واحد يعمل بمعزل عن الاخر وهذا لا يؤدي الى نتيجة افضل والعكس صحيح أي كلما كان هناك تقارب بين الاساتذة في وجهات النظر وتبادل الافكار يساعد ذلك الى انشاء جو اجتماعي عملي وبالتالي ترتفع الروح المعنوية لديهم للعمل.

اما سلوك الادارة في هذه المدرسة يتصف بالتشدد في تطبيق اللوائح والقوانين في المدرسة، دون اخذ بعين الاعتبار لارائهم وافكارهم ومقترحاتهم، مع التركيز الشديد كذلك على الانتاجية هدفه الوحيد هو انجاز العمل والسير فيه وتحقيق الأهداف والدليل على ذلك انه لا يحاول اية مبادرة تشجيعية منه للاساتذة تحفزهم على العمل كما يتضح ذلك في بعض التحفيز (٤٣.١)

وقد وجب على الإدارة اعادة النظر في تغير سياستها التسلطية الى اسلوب مرن يهتم برغبات ومتطلبات الهيئة التدريسية كأن يراعي حقوقهم ويحترم افكارهم الادارة هي السبيل الوحيد لتغير اجواء هذه المدرسة من جو ديكتاتوري الى جو ديمقراطي لبناء علاقات اجتماعية تسودها الثقفة والحبة والاخلاص.

المدرسة السادسة:

يمتاز مناخ هذه المدرسة بالانغلاق بدرجة دليل الانغلاق (٤٧.٧٤) فالعاملين في هذه المدرسة يتمتعون بروح معنوية مرتفعة نسبيا، ولكن هذا لا يعني انهم لا يشعرون بان هناك معوقات تعيق سير عملهم ويتمثل ذلك في عدم تعاون الاساتذة فيما بينهم وعدم الانسجام في العمل كفريق واحد. وهذا يدل على عدم وجود علاقات طيبة بينهم. وهذا يؤدي الى ضعف الاقدام على المشاركة في واجبات العمل ومتطلباته.

والذي ضاعف من كثرة الحواجز والعوائق هي الادارة بانعزالها التام عن الاساتذة وعدم التدخل في محاولة التخلص من المشكلات ولا حتى مبادرة معنوية تخفف عنهم بدليل ان معدل درجة التحفيز (٤٤.٥٢)

المدرسة السابعة:

المناخ التنظيمي السائد في هذه المدرسة هو المناخ المغلق وقد تراوحت درجة دليل الانغلاق (٢٥.٥٢)

هذه الدرجة توصي بان هناك اضطراب في هذه المدرسة اضطراب في العلاقة بين الاساتذة انفسهم فبعد الانفكاك يؤشر ذلك بدرجة (٧٠) كما ان الاساتذة يشعرون بانهم يكلفون باعمال اضافية روتينية بعيدة عن مجال عملهم تعيق قيامهم بانجاز العمل الرسمي. كما انهم لا يشعرون بالارتياح والسرور والرضا لانتمائهم في هذه المدرسة، فالملل والضجر يعمان هذه المدرسة.

من المفروض ان الادارة يجب ان تقوم بدور التغيير في هذا الجو المعكرالا انها تبين من خلال النتائج هذه الدراسة انها زادت في تعكير الجو المدرسي في هذه المدرسة سياستها الانعزالية فهي لا تهتم على الاطلاق بمشاكل واحاسيس الاساتذة كما انها تريد الحرص والتشديد على تحقيق أهداف المدرسة فقط غير ذلك فهي لا تتحمل مسؤولية الأستاذ، كما انها لا تحث الهيئة التدريسية على العمل عن طريق اعطاء المثل والقدوة بنفسها.

فعلى الادارة ان تعيد النظر في تغيير نهج سياستها الى اسلوب مناسب يساعد الهيئة التدريسية القضاء على مشاكلهم واعطاء دافعية وحماس اكثر في انجاز العمل ثم تحسين المناخ التنظيمي في هذه المدرسة.

المدرسة الثامنة:

المناخ التنظيمي السائد في هذه المدرسة هو المناخ المفتوح بدرجة دليل الانفتاح (٦٢.٣٨) فالعاملين يتمتعون بدرجة عالية من الروح المعنوية (٥٨)

الا ان الادارة تكلف الاساتذة باعمال اضافية زيادة على واجباتهم التدريسية وربما هو السبب الوحيد الذي يعيق عملهم في هذه المدرسة فدرجة متغير الاعاقة يشير ذلك (٥٦.١٣) وهي اعلى درجة بين المتغيرات الثمانية.

اما فيما يخص سلوك الادارة هو مناسب للاساتذة باستثناء الاعمال الروتينية الادارية، ان الادارة المدرسية احيانا تركز على الانتاجية واحيانا تحث الاساتذة على التشجيع للعمل ومحاولة اعطاء معنويات ودافعية اكثر لانجاز العمل فدرجة التائية للتحفيز تدل على ذلك (٥٧.٣٨) مما يشير الى ان المناخ التنظيمي في هذه المدرسة متفتح.

المدرسة التاسعة:

المناخ التنظيمي السائد في هذه المدرسة هو المناخ المفتوح فكانت درجة دليل الانفتاح (٦٢.٠٢) وعموما هذه المدرسة تشبه المدرسة الثامنة في خصائص الهيئة التدريسية وخصائص سلوك الإدارة من حيث درجة الروح المعنوية مثلا (٥٧.٥).

المدرسة العاشرة:

هذه المدرسة تمتاز بمناخ تنظيمي مغلق بدرجة دليل الانغلاق (٢٢.٣٤) ويتجلى ذلك في الروح المعنوية المنخفضة للعاملين في هذه المدرسة بدرجة (٣٦) مما يثبت لنا ان العاملين لا يتمتعون بتلك الدافعية والحماس لانجاز العمل زيادة على العلاقة السيئة بينهم حيث يشير متغير الود الى درجة منخفضة (٤٣.٦) وهذا يعني ان العلاقات الاجتماعية بين العاملين وغير وثيقة، أي ان الجو الاجتماعي قليل التماسك.

اما خصائص سلوك الإدارة يظهر ان درجة متغير الاعتبارية منخفضة (٤١.٤٣) مما يشير الى ان المدير منفتح مع الاساتذة وغير متشدد في تطبيق اللوائح والقوانين تطبيقا حرفيا حتى لا يضع حاجز بينه وبين الاساتذة ويريد ان تكون هناك علاقة صداقة بينه وبين الاساتذة والدليل على ذلك ان درجة التركيز على الانتاجية منخفضة (٣٢.٥) هذا يدل الى ان المدير يهمل مراقبة ومتابعة انتظام الاساتذة في عملهم ولا يهتم بمقدار ما انجزوه من العمل ولا يهتم بمتابعة الاساتذة في طريقة التدريس في عملهم او تمكن هؤلاء الاساتذة من عملهم وامتلاكهم للمهارات اللازمة لهذه العمل فالمهم عند المدير هو كسب الاساتذة وبناء علاقة وطيدة معهم، وهذا يدل على ضعف الادارة في تسيير شؤون الادارة وتنظيمها وهذا كله تنتج عنه مناخ تنظيمي سيء.

المدرسة الحادية عشر:

يسود هذه المدرسة المناخ التنظيمي المغلق نظرا لانخفاض درجة دليل الانفتاح والتي قدرت بـ (٣٣.٢٣) فنجد ان الروح المعنوية لدى الهيئة التدريسية في هذه المدرسة منخفضة (٣٧). على الرغم من ذلك يبدو ان الاساتذة متعاونين فيما بينهم ومنسجمين تسودهم علاقة اخوية، فعلامة متغير الانفكاك المنخفضة (٣٩.٤٤) تثبت صدق الكلام، ويستدل كذلك من درجة متغير الاعاقة التي بلغت (٣٦.٧٧) فهي درجة منخفضة تشير الى ان الاساتذة لا يشكون من الاعمال الاضافية الروتينية الادارية التي تثقل كاهلهم.

هذا السؤال يطرح نفسه لما الروح المعنوية منخفضة؟ ولما هذه المدرسة مناخها مغلق؟

ربما السبب يعود للادارة المدرسية (المدير) أي ان المدير لا يحثهم على العمل وان الاساتذة بحاجة الى تشجيع ورفع معنوياتهم والاهتمام بمشاكلهم وهو بحاجة الى دعم مادي كذلك خاصة ان البلد تعيش مستوى اقتصادي صعب. ولهذا يجب مراعاة المشاكل الاساتذة لمحاولة التخلص منها وهذا لدفع مسيرة العلم في هذه المدرسة الى الاحسن.

المدرسة الثانية عشر:

المناخ التنظيمي السائد في هذه المدرسة هو المناخ المفتوح والذي قدرت درجة انفتاحه بـ (٨٢.٩٦) ففي هذه المدرسة الهيئة التدريسية تتمتع بعلاقة قوية من الصداقة والمحبة والسرور والارتياح مما ينعكس ايجابيا على التحصيل الدراسي للطلاب اضافة التشجيع والتحفيز الذي يتلقوه من الادارة (المدير) والمتابعة المستمرة في التوجيه والاشراف، وتقديم النقد الموجب بدل من النقد السالب الذي يؤثر على شخصية الاستاذ.

فلهذا الاساتذة يعملون في جو هادئ جو اجتماعي ملائم للعمل وهذا بفضل العلاقة الانفتاحية العملية (أي في اطار العمل) للادارة المدرسية. وبناءا على ذلك يسود المدرسة المفتوح.

المدرسة الثالثة عشر:

تتصف هذه المدرسة بالمناخ التنظيمي المفتوح بدرجة دليل الانفتاح/ الانغلاق (٥٠.٣٥)

تميل هذه المدرسة الى الانفتاح رغم ان العاملين فيها يتمتعون بدرجة عالية من الروح المعنوية، وبدرجة اقل من الانفكاك هذا يدل على ان هناك تقارب بين اعضاء الهيئة التدريسية في الرأي وفي التفكير، مكونين علاقات اجتماعية تسودها الالفة والمحبة من اجل انجاز افضل في العمل.

ويفضل للادارة ان تستخدم الاسلوب الديمقراطي في المدرسة فمثلا في التعامل مع اعضاء الهيئة التدريسية واحترام شخصيتهم والعمل سويا أي الادارة والهيئة التدريسية للتغلب على الصعاب والمشاكل التي تصادفهم اثناء العمل، وكذلك فتح قنوات الاتصال بين الادارة والهيئة التدريسية وترتب على هذا كله تكوين جو مدرسي يلائم الهيئة التدريسية للعمل.

المدرسة الرابعة عشر:

المناخ السائد في هذه المدرسة هو المناخ المغلق بدرجة دليل الانغلاق (٤١.٠٩) فان الجدول رقم (٧) يبين لنا ان الدرجة الثانية لمتغير الانفكاك مرتفعة (٥٣.٨٩) مما يدل أن الاساتذة يتصفون بضعف التزامهم بعملهم وكل واحد منهم يعمل على انفراد بمفرده الخاص هذا يثبت لنا عدم وجود علاقة صداقة داخل العمل ويثبت لنا كذلك انهم كانوا كثيري المشاكل والشكاوى وكانوا غير مهتمين بعملهم، بحيث يقومون بعملهم بنفسية محبطة مليئة بالملل والضجر وعدم الارتياح. أي ان شعور الاساتذة بالانتماء لهذه المدرسة كان ضعيفا نظرا لفقدان الدافعية والحماس في العمل وهذه درجة الروح المعنوية في الجدول رقم (٧) تثبت ذلك والتي بلغت (٤٩.٥) اضافة الى السلوك الإداري فاتضح أن المدير غير مهتم بمراقبة ومتابعة انتظام الأساتذة بمتطلبات وواجبات عملهم الأمر الذي أدى بالأساتذة الى استغلال هذه الفرص لعدم العمل بجدية ويتجلى ذلك في درجة متغير التركيز على الانتاجية (٤٥.٧٥) كما أن المدير كان يهمل مشاعر الاساتذة ولا يعمل على تلبية احتياجاتهم الشخصية والمهنية ولهذا فإن المناخ التنظيمي السائد في هذه الكلية هو المناخ المغلق.

المدرسة الخامسة عشر:

المناخ التنظيمي السائد في هذه المدرسة هو المناخ المغلق بدرجة دليل الانغلاق (١٩.٣) في الجدول (٧) وهذه المدرسة تشبه المدرسة (١٤) في خصائص سلوك الهيئة التدريسية وخصائص سلوك الإدارة المدرسية (المدير).

المدرسة السادسة عشر:

هذه المدرسة تمتاز بمناخ تنظيمي مفتوح وهذا ما يتجلى في الجدول رقم (٧) بدرجة دليل الانفتاح (٨٠.٠٢) فهي درجة مرتفعة تدل على ارتفاع درجة الروح المعنوية للعاملين في هذه المدرسة والتي بلغت (٦٥.٥) هذا يعني أن العاملين يشعرون فعلا بالارتياح في العمل والرضا وبالانتماء الحقيقي لمدرستهم. كما انهم يشعرون انهم قريبون من الإدارة (المدير) وأنهم يعملون بروح الفريق الواحد وهدفهم هو رفع مستوى التحصيل العلمي للطلبة، وأن الإدارة (المدير) بدورها تشعرهم ان لهم دوراً رئيساً في صنع القرار وهذا بذلك ساعدهم في رفع الروح المعنوية.

وأن الإدارة في هذه المدرسة تمتاز بتحمل المسؤولية وتستطيع القيام بكل المهمات الموكلة إليها وانجازها بدقة، كما أن لديها القدرة على تغلب الصعوبات والمشاكل التي تصادفها في المدرسة وخاصة المشاكل التي تتعلق بالأساتذة والطلبة

فالإدارة بهذا الأسلوب تؤثر على مشاعر الاساتذة وتمنحهم الدافعية والحماس للعمل، وبهذا يكون المناخ التنظيمي يمتاز بالانفتاح داخل هذه المدرسة.

المدرسة السابعة عشر:

يبين نتائج الدراسة ان المناخ التنظيمي السائد في هذه المدرسة هو المناخ المغلق والجدول رقم (٧) يوضح درجة الانغلاق هي (١٥.٥٢) فالمناخ التنظيمي في هذه الدراسة تغلب عليه صفة السيطرة لدى الإدارة المدرسية (المدير) على أعضاء الهيئة التدريسية. حيث يحدهم من اعطاء الحرية الكافية لابداء أرائهم، أو التجديد في عملهم، وهذا بالتالي يؤثر على الروح المعنوية للأساتذة في مدرستهم حيث تكون في أدنى مستوياتها بسبب ممارسات المدير القائمة على مبدأ السيطرة والجدول رقم (٧) يبين درجة الروح المعنوية التي بلغت بـ (٤١) وهي درجة منخفضة، كما أن الإدارة غير مهتمة باشباع حاجات الأساتذة الاجتماعية، وتركيزه الشديد على المظاهر كل هذا يؤثر سلبا على المناخ السائد في المدرسة وبالتالي على درجة دافعية الأساتذة وأرائهم لعملهم وبالتالي على تحصيل الطلبة.

(قطينة، ١٩٩٥، ص ٧٩)

المدرسة الثامنة عشر:

المناخ التنظيمي في هذه المدرسة مناخ مفتوح بدرجة دليل الانفتاح في الجدول رقم (٧) والتي بلغت (٥٥.٩٩) فهذه المدرسة تشبه كثيرا المناخ التنظيمي في المدرسة الثالثة في خصائص سلوك الهيئة التدريسية وخصائص سلوك الإدارة المدرسية.

المدرسة التاسعة عشر:

المناخ التنظيمي السائد في هذه المدرسة هو المناخ المغلق، بدرجة دليل الانغلاق (٦.٠٥) فالعاملون في هذه المدرسة يتمتعون بروح معنوية منخفضة والسبب يعود إلى:

أولاً: العلاقة السيئة بين الاساتذة بمعنى أنهم لا يميلون الى العمل سويا كفريق متكامل متجانس بل يميلون الى الانعزال عن بعضهم البعض والدليل على ذلك الدرجة التائية لمتغير الانفكاك المرتفعة (٥٧.٧٨) رغم أن الإدارة المدرسية (المدير) لا تثقل كاهلهم الأعمال الاضافية الإدارية التي قد تعيق الأساتذة في إنجاز العمل.

ثانياً: السبب يعود الى سلوك الإداري حيث أنها لا تركز كثيرا على الانتاجية وهـذا يشير الى عدم الاهتمام بالهيئة التدريسية (الاساتذة) كمراقبتهم ومتابعتهم في الانضباط والانتظام بمتطلبات وواجبات عملهم. واحترام اوقات اعمالهم، خاصة في كثرة الغيابات فالإدارة أحيانا تغض النظر في ذلك وخاصة مقربي الإدارة المدرسية (المدير) فالدرجة التائية المنخفضة لمتغير التركيز على الانتاجية تشير الى ذلك (٣٣.٥) زيادة على هذا فان الإدارة كذلك لا تهتم بمشاعر وأحاسيس الأساتذة ولا يعمل على تلبية احتياجاتهم المهنية والشخصية. فان هذه المدرسة مناخها التنظيمي أكثر انغلاقا عن باقي المدارس الأخرى.

المدرسة العشرون:

المناخ التنظيمي السائد في هذه المدرسة هو المناخ المفتوح وبدرجة عالية جدا (مما يوحي لنا أن الأساتذة يعملون بدون مشاكل تعرقلهم في عملهم وبروح معنوية مرتفعة، هذا دليل على روح المحبة والأخوة بين اعضاء الهيئة التدريسية والادارة المدرسية فبفضل هذه العلاقة القوية تعطي دافعية اكثر للعمل، زيادة على حب العمل والرغبة فيه بدون الملل والضجر الذي يسود بعض المدارس ذات المناخ المغلق. وعليه فإن الإدارة المدرسية تعمل جاهدة الى رفع معنويات أعضاء الهيئة التدريسية من أجل تكوين أجواء مناخية مساعدة للعمل وتعمل الإدارة كذلك على المتابعة الجيدة للأساتذة في كيفية إنجاز أعمالهم من حيث الكفاءة العلمية، والعمل كذلك على تصحيح أخطاء الأساتذة في العمل وهذا يشجعهم اكثر على انجاز العمل وعلى التحصيل الجيد للطالب، وهذا ما يشير فعلا الدرجة التائية في الجدول رقم (٧) التي بلغت (٦٠.٢٤) وعلى هذا الأساس أن نمط المناخ التنظيمي السائد في هذه المدرسة هو المناخ المفتوح بدرجة دليل الانفتاح (٧٠.٨٨)

المدرسة الواحدة والعشرون:

تتصف هذه المدرسة بالمناخ التنظيمي المفتوح هذا ما تشير اليه درجة دليل الانفتاح التي قدرت بـ (٦٧.٣٦) وعموما فإن الدرجات التائية لمتغيرات المناخ التنظيمي لهذه المدرسة في الجدول رقم (٧) تقريبا تشبه الدرجات التائية لمتغيرات المناخ التنظيمي في المدرسة العشرين هذا ما يثبت بان هذه المدرسة تمتاز بنفس خصائص سلوك الهيئة التدريسية وخصائص سلوك الادارة المدرسية في المدرسة العشرين (٢٠)

المدرسة الثانية والعشرين:

كذلك هذه المدرسة تمتاز بنفس المناخ التنظيمي السائد في المدرسة الثانية عشر (١٢) وهو المناخ المفتوح نظرا لتقارب النسبي في الدرجات التائية لمتغيرات

المناخ التنظيمي بين المدرستين ما عدا الدرجة التائية لروح المعنوية والتي بلغت في المدرسة رقم (١٢) بـ (٤٥.٥) بينما في المدرسة رقم (٢٢) بـ (٥٩.٥)

هذا النتائج التي توصل اليها الباحث تتفق مع بعض الدراسات السابقة مثل دراسة (Mari Ellen, 1983) ودراسة (Morten, 1981) ودراسة (شهاب، ١٩٩٢) ودراسة (النبهان، ١٩٩٥) ودراسة (Thomson, 1991) ودراسة (جرادات، ١٩٩٦) هؤلاء الباحثين توصلوا الى وجود تباين في المناخات التنظيمية السائدة في المدارس الثانوية.

في حين اختلفت نتائج هذه الدراسة مع نتائج دراسة (شيخ وزاهر، ١٩٨٠) والتي توصل الى أن من الصعب تحديد المناخ التنظيمي في المدارس الثانوية.

*** مناقشة السؤال الثاني:**

هل هناك فروق ذات دلالة احصائية كما تراه الإدارة المدرسية والهيئة التدريسية في وصفهم للمناخ التنظيمي في المدارس الثانوية؟

فقد اظهرت النتائج الدراسة وجود فروق ذات دلالة احصائية لما تراه الإدارة المدرسية والهيئة التدريسية في وصفهم للمناخ التنظيمي في المدارس الثانوية المشمولة بالدراسة عند مستوى دلالة (٠.٠١)

فقد اتفقت نتائج هذه الدراسة مع ما توصلت اليه دراسة (معن، ١٩٨٩) التي تقر بوجود فروق ذات دلالة احصائية لما تراه الإدارة المدرسية والهيئة في ابعاد المناخ التنظيمي.

ودراسة (Monley-Nancy Ann, 1994) اتفقت نتائجها مع نتائج هذه الدراسة في وجود فروق ذات دلالة احصائية عند مستوى دلالة ٠.٠١ في جميع أنواع الستة للمناخات. كما اختلفت نتائج هذه الدراسة مع نتائج دراسة (قطينة، ١٩٩٥) التي تقر بعدم وجود فروق ذات دلالة احصائية عند مستوى (٠.٠٥) في وصفهم للمناخ التنظيمي.

الفروق الموجودة بين ما تراه الإدارة المدرسية والهيئة التدريسية في وصفهم للمناخ التنظيمي يعني ان ما تراه الهيئة التدريسية في وصفها للمناخ التنظيمي يعكس وجهة نظر الادارة المدرسية في وصفها للمناخ التنظيمي. بمعنى آخر ان الهيئة التدريسية ترى بأن المناخ التنظيمي السائد في المدارس الثانوية المشمولة بالدراسة هو المناخ المغلق. أما الادارة المدرسية ترى عكس ذلك ان المناخ السائد هو المناخ المفتوح.

فوجهة نظر الهيئة التدريسية التي تقر بوجود فروق ذات دلالة احصائية في وصفها للمناخ التنظيمي ربما السبب يعود الى ان أعضاء هيئة التدريس تعاني من تأثيرات داخلية وخارجية فالتأثيرات الداخلية راجعة لسوء العلاقة بين الادارة المدرسية والهيئة التدريسية الأمر الذي جعل الادارة تهمل العامل الشخصي لاعضاء الهيئة التدريسية واهمالها للحاجات الاجتماعية تولد عن ذلك انخفاض في الروح المعنوية والشعور بعدم الرضا والارتياح في جو غير ملاءم للعمل. وربما هذا هو السبب في تسرب الاساتذة وتنقلهم من مدرسة الى مدرسة أخرى باحثين عن جو اجتماعي ملائم لهم. زيادة على ذلك مركزية التعليم له دور، أي القرارات الفوقية والتي تطبق تطبيقا حرفيا على الأساتذة ادى الى عدم مشاركتهم في صنع القرارات وبالتالي عدم احترام أرائهم ومقترحاتهم.

اما التأثيرات الخارجية ربما تعود الى البيئة الخارجية أي المنطقة التي توجد بها المدرسة، ويقصد بذلك المدارس الثانوية البعيدة عن مركز المدينة مما يصعب على الاستاذ التنقل.

اما من وجهة نظر الإدارة المدرسية التي تقر بوجود مناخ تنظيمي مفتوح داخل المدارس الثانوية وهذا ما اثبته فعلا نتائج هذه الدراسة اذ ان اغلبية هذه المدارس مناخها مفتوح.

المصـــادر

١. احمد، ابراهيم احمد، "الجوانب السلوكية في الإدارة المدرسية دار الفكر العربي، القاهرة، ١٩٩٨.

٢. البيجاني، سهيلة إبراهيم عرفات، العلاقة بين متغيرات المناخ التنظيمي وبين مشاركة اعضاء هيئة التدريس في اتخاذ القرار لكليات المجتمع التي تدرس المهن التعليمية، رسالة ماجستير، الجامعة الأردنية، ١٩٩٢.

٣. جرادات، محمد ناظم، "دور مدير المدرسة الثانوية في تحسين المناخ التنظيمي من وجهة نظر المشرفين التربويون والمعلمين في محافظة اربد"، رسالة ماجستير، جامعة اليرموك، عمان ١٩٩٦.

٤. حجازي- لوسيا، "الإدارة المدرسية"، ط٣، منشورات جامعة دمشق، مطبعة جامعة دمشق ١٩٩٤.

٥. الخطيب، رداح، "المناخ التنظيمي في المدارس الأردنية" بحث علمي منشور، الجامعة المستنصرية، مجلة كلية التربية، بغداد ١٩٩٠.

٦. سلطان، فلاح علي "المناخ التنظيمي وأثره في تحديد السلوك والخيار الاستراتيجي تطبيقا في عينة من الشركات الصناعية المساهمة الخاصة/ نينوى رسالة ماجستير، جامعة بغداد، ١٩٩٦.

٧. سليمان، مؤيد، "المناخ التنظيمي مفهوم حديث في الفكر الإداري المعاصر" المجلة العربية للإدارة، العدد ١١، المجلد الأول، ١٩٨٧.

٨. شهاب، حليمة عبد الفتاح، "اثر المناخ التنظيمي على الرضا الوظيفي لدى معلمي ومعلمات المدارس الثانوية في وادي الأردن" رسالة ماجستير الجامعة الأردنية، عمان ١٩٩٢.

٩. طوطاوي، زوليخة "الجو التنظيمي في الجامعة الأردنية وعلاقته برضا الاساتذة وأدائهم" رسالة ماجستير، جامعة الجزائر، ١٩٩٣.

١٠. عبود، عبد الغني وآخرون، إدارة المدرسة الابتدائية، مكتبة النهضة المصرية، ١٩٩٢.

١١. عثامنة، نوال عبد الله محمد "تقييم المناخ التنظيمي في جامعة اليرموك من وجهة نظر أعضاء هيئة التدريسي" رسالة ماجستير، جامعة اليرموك، الأردن ١٩٩٦.

١٢. عكاشة، علي احمد "المناخ التنظيمي في المدارس الأردنية" بحث علمي منشور، الجامعة المستنصرية، مجلة كلية التربية، بغداد ١٩٩.

١٣. عليان محمد الدقس خليل، "تقيم المناخ التنظيمي لشركة مناجم الفوسفات الأردنية الجامعة الأردنية، مجلة الدراسات، العدد١، مجلد ١٨، ١٩٩١.

١٤. القريوتي، محمد "السلوك التنظيمي" ط٢، المكتبة الوطنية، عمان- الأردن، ١٩٩٧.

١٥. القريوتي، محمد "السلوك التنظيمي في الجامعات الأردنية من وجهة نظر أعضاء هيئة التدريس"، جامعة مؤتة للبحوث والدراسات، العدد ٥، مجلد (٩)، ١٩٩٤.

١٦. قطينة، رلي عبد الغني رشاد، "اثر السمات الشخصية للمديرين على أنماط المناخ التنظيمي السائد في المدارس الثانوية الحكومية في الأردن"، رسالة ماجستير، الجامعة الأردنية، ١٩٩٥.

١٧. متولي، مصطفى محمد، "التعليم الثانوي، نظام التعليم في المملكة العربية السعودية، ط٣، الرياض، دار الخريجي للنشر والتوزيع ١٩٩٥.

١٨. المجموعة الاحصائية السنوية للجزائر، رقم ١٧ ديسمبر ١٩٩٦.

١٩. محمود، حسين ياسين محمد، "تحليل انماط المناخ التنظيمي السائد في المدارس الثانوية الحكومية في الأردن" رسالة ماجستير، الجامعة الأردنية، ١٩٨٧.

٢٠. المعمري، سيف بن سعيد بن ماجد، "المشكلات التي تواجهها مديرو المدارس الثانوية ومساعديهم في سلطنة عمان وعلاقتها ببعض المتغيرات" رسالة ماجستير بجامعة سلطان قابوس، سلطنة عمان، ١٩٩٠.

٢١. معن، الربيعي لطيف كشكول، "المناخ التنظيمي في المدارس الاعدادية من وجهة نظر المديرين والمدرسين"، رسالة ماجستير، جامعة بغداد، ١٩٨٩.

٢٢. نيول، كلانس، "السلوك الانساني في الإدارة التربوية" ترجمة طه الحاج الياس، محمد خليل الحاج خليل، ط١، دار العربية للتوزيع والنشر، عمان- الأردن، ١٩٨٨.

٢٣. الهيتي، خالد عبد الرحيم، طارق شريف يونس "العلاقة بين المناخ التنظيمي والمخرجات التنظيمية، المجلة العربية للإدارة، العدد ٤، مجلد ١١، عمان- الأردن، ١٩٨٧.

24. Bergeon, Jean, Louis, ET les autres: les aspects humains de l'organisation Montreal associes, 1986.

25. Jerry, Gray, l and starke, Fredrick, A., "Organizational behavior (Published by Charles E. Merrill starke. Publishing company, third edition, 1984)

26. Ryder, Lysors, Art and Paul, an application of Jones and James perceived climate, Questionnaire in Australian Higher Educational. Institutions, Higher, Education Vol. 18, 1989.

27. Sharplin, A. Strategic management (international student. Edition 1985).

28. Thomson, Jane "The Relationship between dimensions of organizational climate and selected staff characteristics in two secondary buildings (shoal climate) dissertation abstracts international, 1991, P. 54.

القدرة القيادية لادارات معاهد اعداد المعلمين والمعلمات في العراق

أ.د. رياض ستراك   احمد علي محمد الجبوري

مشكلة البحث:

تبلورت مشكلة البحث الحالي من خلال تسليط الضوء على الادارة التربوية في المؤسسات التعليمية بشكل عام وعلى معاهد المعلمين والمعلمات بشكل خاص، ويتناول البحث مجال القيادة التربوية وهو احد عناصر الادارة التربوية، اذ سيركز البحث على أساليب القيادة الناجعة والكشف عن قدرات الإداريين في معاهد اعداد المعلمين والمعلمات في ضوء مبادئ القيادة التربوية واتجاهاتها وادوارها وتمكين ادارات المعاهد من احداث نقلة نوعية في أساليب الادارة بما يحقق اهداف العملية التربوية.

وعلى الرغم من المحاولات المستمرة لاصلاح القيادة التربوية في ادارات معاهد اعداد المعلمين والمعلمات الا ان هناك سلبيات عدة لا زالت متأصلة فيها إلى الوقت الحاضر (الحدراوي: ١٩٩٨: ص ٢٣).

وتبرز المشكلة اكثر في معاهد اعداد المعلمين والمعلمات لما لها من أثر فاعل في خلق جيل جديد من المعلمين والمعلمات لأهم مرحلة دراسية وهي مرحلة الدراسة الابتدائية التي تمثل مرحلة التعليم والبناء الاساس للطالب في المراحل التعليمية كافة.

فالاداري الذي يحسن الاداء يساعد من يتعامل معه على تأديه عمله بشكل فعال مما يمكن هؤلاء من التأثير في من يتعاملون معهم (كلارنس: ١٩٨٨: ص٤٢)

وان نتائج هذه العملية منوطة إلى حد كبير بادارتها التي تمثل القيادة المسؤولة عن سير العملية التربوية وحسب توجيهها على اساس ان الادارة هي حجر الاساس لبناء أي مجتمع وتقدمه (القريوتي وزويلف: ١٩٩٣: ص٩)

ولمدير المعهد موقع مهم كونه يقف في اعلى الهرم التنظيمي لإدارة المعهد وهو المسؤول عن تمشية الأمور الإدارية كافة وتوفير الأجواء الملائمة للطلاب من خلال متابعته للمناهج الدراسية ومحاولة وضع الحلول لمشكلات الطلبة وتطوير

مهارات المدرسين وقدراتهم، وبلا شك فان هذا الموقع يعطي سلطة شاملة للمدير تمكنه من التأثير في الطالب والمدرس والمنهج وبالتالي في تحصيل الطلبة او مخرجات عملية التعليم والتعلم، وهناك اعتقاد ان مدير المدرسة هو الشخص القادر على قيادة المدرسة وتوجيهها وتفعليها والاخذ بها نحو المجد والصدارة (Hallinger & Hall 1996) ومن هذا المنطلق سيقوم الباحث بالكشف عن القدرة القيادية لإدارات معاهد إعداد المعلمين والمعلمات، ومعرفة نقاط القوة والضعف في قدرات تلك الادارات وفي ضوء المتغيرات ومجالات الاختبار المطبق والتي تعد مشكلة الدراسة الحالية.

أهمية البحث والحاجة اليه:

برزت أهمية التربية بوصفها مفهوماً حضارياً واسعاً في حياة المجتمعات من خلال اثرها في تطوير هذه المجتمعات والارتقاء بها إلى مستويات علمية وخلق جيل واع قادر على استيعاب متطلبات الحياة الاخذة بالتطور ومواكبة مسيرة التقدم الحضاري في العالم.

ولما كانت التربية عملية تهدف إلى تحقيق النمو الشامل والمتكامل للفرد بما يؤدي إلى تكيفه مع ذاته ومجتمعه، كما تهدف إلى بناء المجتمع وتطويره فانها -أي التربية- من خلال ممارساتها لتحقيق هذه الأهداف تؤثر وتتأثر بثقافة المجتمع وتاريخه واقتصادياته وعاداته وآماله وطموحاته المستقبلية. (صلاح: ١٩٨٦، ص١٥)

ولذا فان اعادة بناء الاستراتيجيات التربوية وتجديد الأطر الفلسفية بما يتناسب مع خصائص ومتطلبات القرن الحالي امر ضروري لا يمكن الاستغناء عنه، ان الحاجة إلى تقويم واقع النظم التربوية، وبلورة أطر فلسفية لها في عالمنا العربي، هو امر في غاية الضرورة، ليتسنى لهذه النظم اداء دورها في بناء الأجيال العربية القادمة والنهوض بالواقع العربي من حالته الحاضرة. (الخزرجي: ٢٠٠٠، ص ١١-١٢)

ويبين (بلات Platt) هذه الحقيقة ويقول: تلعب التربية دوراً أساسياً في التقدم الثقافي والاقتصادي اذ انها تعني بتنمية اثمن الامكانات في المجتمع وهو الانسان (Platt: 1961: P2)

والمجتمع الذي يرغب ان يسير في طريق الرقي عليه ان ينقي تراثه الثقافي من العيوب التي علقت به، وان عجز الجيل القديم عن ذلك اصبح على الجيل الجديد مسؤولية القيام بهذه المهمة (العمايرة: ١٩٩٩: ص١٥)

وتبرز اهمية التربية بكونها عملية ذات أثر كبير في تطوير الشخصية والاسهام في تقدم المجتمعات وان النجاح الذي يتحقق من هذه العملية ينعكس بالدرجة الاساس على من يشغلون المناصب الإدارية والتي تتمثل بالقيادات التربوية المسؤولة من النشاط التربوي والاداري داخل المؤسسة التعليمية.

ويبرز دور الادارة التربوية في ميدان العمل التربوي في حل الازمات والمشكلات التي تواجه المؤسسات التعليمية وتنمية وتطوير قدرات العاملين في مجال التربية والتعليم وكفايتهم من خلال وضع برامج وخطط محددة ذات اولوية لحل هذه المشكلات واجراء تغييرات ذات مردود سريع فعال لمواجهة الصعوبات الادارية كافة.

وعلى كل حال فان هذه التغييرات اذا اريد لها ان تتم يجب ان تكون بشكل منسق ومدروس ومخطط لها بطريقة منظمة ومتكاملة كما ان هذه التغييرات ينبغي الا تطبق لمجرد اشباع رغبات وطموحات افراد او مجموعات معينة أو لتحقيق مكتسبات آنية محددة (هوانه: ١٩٩٩: ص ٤٣)

ان الادارة التربوية الجيدة والفاعلة هي الاداة الرئيسة المنظمة للممارسات التربوية وبها تستثمر الامكانيات المادية والبشرية افضل استثمار ممكن وتفجر الطاقات الخلاقة من اجل تحقيق الأهداف. لذا اصبحت الحاجة ماسة الى تطوير الادارة التربوية، بما يمكنها من تسيير العملية التربوية ومؤسساتها التعليمية المختلفة ولا سيما ان المؤسسات التربوية تنظيمات ذات طبيعة بشرية تستوجب وجود قيادة لأحداث التغيير المناسب لأشباع الحاجات البشرية، وقد تجلى هذا الاهتمام في المحاولات التي تبذل في اساليب ومعايير اختيار القادة من العاملين في الادارة التربوية لأن التعرف على عناصر القيادة الفعالة والقدرات القيادية مطلب اساس لغايات تطوير المدير الى قائد لان الاداري القائد مربي ودوره الاضافي ان يلهم ويشجع ويرشد ويوجه العمل التربوي. (النجيجي: ١٩٨١: ص١٦٩) داخل المؤسسة التعليمية. فالإدارة مهنة مثيرة، وهي في حقل التربية على الاخص، مثمرة لأنها تهتم بنمو الناس وتطورهم. (الحاج: ١٩٨٤: ص ١٣)

ويتوقف نجاح الادارة التعليمية والمدرسية على امتلاكها للقدرات القيادية، وذلك ان القائد التربوي يؤدي دوراً مهماً في تحديد الاهداف وفي رسم الطرق وتحديد الوسائل الموصلة اليها وللقائد دوره في وضع خطط النشاط المختلفة ومعنى قولنا ان القائد يؤدي دوراً مهماً وان هناك ادواراً اخرى للجماعة تتسق مع دور قائدها، وان القائد يعمل على تنظيم جهود جماعته والتنسيق بين اعضائها لتحقيق اهداف العملية التربوية (حجي: ٢٠٠٠: ١٨٥)

وتتولى القيادة التربوية مسؤولية تحقيق العملية التربوية لأهدافها، وذلك من خلال قيـام جميـع العاملين في المؤسسات التربوية بالأعمال والواجبات المنوطة بهم.

والقيادة التربوية ليست متقصرة على من يشغل المركز القيادي- بحكم وظيفته الرسمية- بل انها تنبثق من الجماعة. فالقيادة اذن ملازمة للجماعة. اذ لا يمكن لأية جماعة ان تحقق اهدافها دون ان يكون هناك قائد يوجه نشاطاتها ومهامها، كما لا يمكن لأي قائد ان يـؤدي دوره القيـادي دون وجـود الجماعـة وتضافر جهودها (العرفي ومهدي: ١٩٩٦: ص ٢٠٩)

فالقيادة ظاهرة اجتماعية توجد في الكثير من المواقف الاجتماعية وتتطلبها كل جماعة صغيرة او كبيرة، لأن القيادة هي التي تنظم نشاط الجماعة وتعمل على استمرار وجودها وتحقق اهدافها من خلال التأثير في سلوكها.(جلال: ١٩٨٤: ص ١٤)

إذ تعد الادارة التربوية عملية شاملة متكاملـة دائمـة التطور تتضمن مجموعـة مـن السياسـات والإجراءات التي تصمم لتأمين الحد الاقصى من كفاية العملية التعليمية وفاعليتها وتحقيق أهداف النظام، وبهذا المفهوم فهي تشكل وسيلة تخدم العملية التعليمية وتحقق اهداف السياسة التربوية.

ويلاحظ ان المفاهيم السابقة توضح ان الإدارة التعليميـة تهتـم بالعمـل عـلى تحقيـق الأهداف التربوية داخل المؤسسات التعليمية وذلك من خلال الاستثمار الأمثل للامكانـات المادية والبشريـة المتاحـة بهدف تحقيق التنمية البشرية.

ولما كانت الادارة التربوية تقوم في جوهرها على التأثير الـذي يمارسـه القائـد في مرؤوسيه، فأن اختلاف وسائل التأثير التي يستخدمها القائد لتوجيه مرءوسيه تعكس تباينـاً في أساليب القيـادة وأنماطهـا. وعلى الرغم من تعدد التصنيفات لأنماط القادة، فأن اكثر المعايير شيوعاً في الفكر الإداري هو ما يقـوم عـلى اساس النظر للقيادة من حيث مصدر السلطة التي يعتمد عليها القائد في توجيه موظفيه، سواء كانـت سلطته رسمية - مقننة - نابعة من مركزه الـوظيفي، أو ان سـلطته غـير رسـمية - تلقائيـة - مسـتمدة مـن سمات ومهارات شخصية تؤدي بصاحبها الى اختياره بصفة غير رسمية مـن قبـل مجموعـة مـن المرؤوسـين (كنعان: ١٩٩٩: ص ١٢٥- ١٢٦).

ان فاعلية المؤسسة التربوية بمختلف مستوياتها يعود بالدرجة الاساس على النمط القيادي الـذي يمارسه المدير مع معلميه ويتوقف على سلوكه القيادي النجاح الذي تحققه المؤسسة، متمثلاً بمـدى قدرتـه على اختيار النمط القيادي المناسب. (العاني: ١٩٩٦: ص ٨٢).

اما في معاهد اعداد المعلمين والمعلمات، تلك المؤسسات التربوية المهمة، فان الامر يتطلب من المديرين والمديرات ممارسة اساليب فعالة تهتم اهتماماً عالياً بالعمل والعاملين. (الحدراوي: ١٩٩٨: ص ١٩).

من خلال الضبط الإداري الجيد والقدرة على اتخاذ القرارات بصورة صائبة وبحكمة تنم عن خبرة ودراية وتمكن من شؤون العمل الإداري بشكل عام والتربوي بشكل خاص لان معاهد اعداد المعلمين والمعلمات مسؤولة عن عملية اعداد الكوادر التعليمية في المستقبل مما يضيف مسؤولية مضاعفة على عاتق تلك المعاهد في اعداد الطلبة اعداداً خلقياً وتربوياً وإعدادهم علمياً ليكونوا معلمين تناط بهم مهمة تعليم الجيل الجديد.

وهنا يبرز دور ادارات المعاهد ومدى تفاعلها وقدرتها على ادارة المعهد بشكل مثمر وبناء.

أهداف البحث:

يهدف البحث الحالي الى:

١- الكشف عن القدرة القيادية لإدارات معاهد اعداد المعلمين والمعلمات في العراق باعتماد اختبار القدرة على القيادة التربوية.

٢- الكشف عن دلالة الفروق الاحصائية في مستوى القدرة القيادية تبعاً للمتغيرات الآتية:

أ- الموقع الاداري (مدير - معاون).

ب- الجنس (ذكور - اناث)

جـ- التخصص (علمي - انساني).

د- مدة الخدمة في الادارة (٥ سنوات فأقل - اكثر من ٥ سنوات).

ولتحقيق الهدف الثاني وضع الباحث الفرضيات الصفرية الآتية:

١- لا يوجد فروق بدلالة احصائية في متوسط درجات القدرة القيادية عند مستوى (٠.٠٥) بين المديرين والمعاونين.

٢- لا يوجد فروق بدلالة احصائية في متوسط عند مستوى (٠.٠٥) بين المديرات والمعاونات.

٣-لا يوجد فرق بدلالة احصائية في متوسط عند مستوى (٠.٠٥) بين المديرين والمديرات.

٤- لا يوجد فروق بدلالة احصائية في متوسط عند مستوى (٠.٠٥) بين المعاونين والمعاونات.

٥- لا يوجد فرق بدلالة احصائية في متوسط عند مستوى (٠.٠٥) بين الذين اختصاهم علمي وبين الذين اختصاصهم انساني من المديرين والمديرات والمعاونين والمعاونات.

٦- لا يوجد فرق بدلالة احصائية في متوسط عند مستوى (٠.٠٥) بين الذين خدمتهم بالادارة (٥) سنوات فأقل وبين الذين خدمتهم بالادارة اكثر من (٥) سنوات.

حدود البحث:

تحدد البحث الحالي (المديرين والمديرات والمعاونين والمعاونات) في معاهد اعداد المعلمين والمعلمات في العراق والبالغ عددها (٤٠) معهداً وللعام الدراسي (٢٠٠٠-٢٠٠١)

تحديد المصطلحات:

تعرض البحث الحالي الى المصطلحات الاساسية ذات الصلة وهي:

القدرة ، القيادة ، القيادة التربوية ، القدرة القيادية.

١- القدرة: Ability

أ- عرفها تومسون (Tomson, 1972) : بأنها وحدة سلوكية تقابل استجابة ما او امكانية على اداء استجابة ما (صالح: ١٩٧٢: ص١١).

ب- عرفها كود (Good, 1973) : بانها القوة الفعلية الموجودة عند الكائن العضوي لانجاز أي فعل معطي وتجعل التكيف بصورة ناجحة (Good: 1973: P1)

جـ- عرفها دسوقي ١٩٨٨: بأنها المعرفة او المهارة الحاضرة وما يمكن اثباته منها بالأداء او بالاختبار وتشمل كلا من الاستعداد aptitude والانجاز achievment (دسوقي: ١٩٨٨: ص ٣٩).

د- عرفها ناصر ١٩٩٦: بأنها كل ما يستطيع الفرد اداءه في اللحظة الحاضرة من أعمال عقلية سواء اكان ذلك نتيجة تدريبه ام من دونه (المكلس: ١٩٩٧: ص١٠١)

هـ- كنعان ١٩٩٩: بأنها المقدرة - فطرية كانت ام مكتسبة- على القيام بأعمال ذهنية او حركية (كنعان: ١٩٩٩: ص ٣٠٥).

و- عرفها حميدة ٢٠٠٠: بأنها سمة اكثر عمومية للفرد يستدل عليها من تماسك الاستجابات الصادرة منها. (حميدة: ٢٠٠٠: ص ١٤).

٢- القيادة: Leadership

أ- عرفها جواد ١٩٩٥: هي القدرة او القابلية على التأثير وتحفيز الاخرين وتوجيههم نحو تحقيق الأهداف (جواد: ١٩٩٥: ص ٢٠٤).

ب- عرفها العرفي ١٩٩٦: بأنها عملية التأثير في الاخرين بغية تحقيق اهداف محددة. العرفي: ١٩٩٦: ص ٢٠٧-٢٠٨).

جـ- عرفها الطويل ١٩٩٧: بأنها نشاط دينامي يؤثر في الجهاز الإداري حيث انه ينقله من الحالة الاستاتيكية الراكدة الى الحالة الدينامية المتحركة. (الطويل: ١٩٩٧: ص ٢٤٧).

د- عرفها سالم ١٩٩٨: (انها العملية التي يتم من خلال التاثير في سلوك الافراد والجماعات وذلك من اجل دفعهم للعمل برغبة واضحة لتحقيق أهداف محددة) (سالم: ١٩٩٨: ص ١٩٣).

هـ- علافها العلاونة ١٩٩٩: عملية التوجيه والتأثير في النشاطات ذات العلاقة بالمهمة التي يؤديها أفراد الجماعة. (العلاونة: ١٩٩٩: ص ١٧٢)

و- عرفها حافظ ٢٠٠٠: بأنها تفاعل نشط مؤثر وموجه وليس مجرد مركز وقوة ومكانه والقائد هو الشخص المركزي في الجماعة الذي يؤثر في نشاطات الأفراد وسلوكهم لتحقيق اهداف مشتركة (حافظ: ٢٠٠٠: ص ١٨٧)

ز- عرفها رفاعي ٢٠٠٠: بأنها السلوك الذي يقوم به الفرد حين يوجه نشاط جماعة نحو هدف مشترك. (رفاعي: ٢٠٠٠: ص ١٥٩)

٣- القيادة التربوية:

أ- عرفها كريم مهدي ١٩٨٧: بأنها سلوك يقوم به المدير في التأثير على المدرسين والطلبة وجميع العاملين في سبيل توجيه جهودهم للعمل الفعال وتحسين التعاون والانسجام وجعلهم يرتبطون معاً في مجموعة واحدة والمحافظة على بناء علاقات انسانية فيما بينهم لأجل تحقيق الأهداف التربوية. (كريم مهدي: ١٩٨٧: ص٤٠)

ب- عرفها العرفي ١٩٩٦: بأنها نشاط او السلوك الذي يمارسه التربوي للتأثير في جميع العاملين بغية توجيه سلوكهم، وتنظيم جهودهم وتحسين مستوى ادائهم من اجل الارتقاء بالعملية التربوية. (العرفي: ١٩٩٦: ص ٢١٠)

جـ- الحدراوي ١٩٩٨: بأنها الممارسات والنشاطات التي يقوم بها مديرو ومديرات معاهد أعداد المعلمين بغية التأثير في العاملين الآخرين بما فيها الطلبة والمدرسين ودفعهم لتحقيق الأهداف المطلوبة. (الحدراوي: ١٩٩٨: ص ٢٩)

د- عرفها الكبيسي ١٩٩٩: بأنها السلوك الذي يمارسه المدير في التأثير في الهيئة التدريسية والطلبة وأولياء الأمور على وفق المجالات المحددة من اجل تحقيق الأهداف التربوية. (الكبيسي: ١٩٩٩: ص ٧٢٠)

٤- القدرة القيادية: Ability to Leadership

أ- عرفها نيول ١٩٩٨: استخدام المعرفة والسلوك المكتسب بالاضافة الى التبصرـ في تقدير الحاجات وتوفير القيادة في موقف معين. (كلارنس: ١٩٨٨: ص ٢٨٠)

ب- عرفها كنعان ١٩٩٩: هي سمة أو مجموعة من السمات يتمتع بها فرد معين ويمكن ان يكون قائداً ناجحاً في كل المواقف (كنعان: ١٩٩٩: ص ٣٠٩)

التعريف الإجرائي:

وهي ما يمتاز به مدير المعهد من مهارات وسمات وخصائص تساعده على اداء دوره على ان ينعكس هذا الدور بفعل سلوكي من خلال سلطة التي يمارسها في سياق اضطلاعه بمهامه ومسؤولياته الوظيفية وما يظهره الاختبار المعد لهذا الغرض.

يتضمن هذا الفصل الإجراءات التي اتبعها الباحث لتحقيق أهداف البحث بدءا بتحديد مجتمع البحث ومؤشراته واختيار العينة المناسبة وتكييف الاداة المستخدمة لقياس القدرة القيادية لادارات معاهد اعداد المعلمين والمعلمات في العراق، وتحديد الوسائل الاحصائية التي استخدمت في هذا البحث سواء في إجراءاته ام في تحليل نتائجه.

أولاً: مجتمع البحث: لما كان البحث الحالي قد تحدد بمديري ومعاوني معاهد اعداد المعلمين والمعلمات في العراق (انظر حدود البحث) لذاع فأن مجتمع البحث يتكون من (١٧٣) * مديراً ومديرة ومعاوناً ومعاونة بواقع (٢٨، ٣٧، ٤٢، ٦٦) على التوالي موزعين على محافظات جمهورية العراق بعد استبعاد محافظات الحكم الذاتي كما في الجدول (٢)

* حصل الباحث على هذه البيانات من مديرية العامة للتخطيط التربوي قسم الاحصاء في وزارة التربية، التقرير السنوي (٢٠٠٠-٢٠٠١)

الجدول (٢)

حجم مجتمع البحث موزعين بحسب الجنس والموقع الإداري على محافظات العراق

ت	المحافظة	مدير	مديرة	معاون	معاونة	المجموع
١.	بغداد	٦	٩	٨	٢١	٤٤
٢.	نينوى	٢	٣	٥	٦	١٦
٣.	التأميم	١	٢	٣	٢	٨
٤.	صلاح الدين	١	٥	١	٤	١١
٥.	ديالي	٢	١	٣	٢	٨
٦.	الانبار	٤	٤	٣	٧	١٨
٧.	بابل	٢	٢	٣	١	٨
٨.	واسط	١	١	٢	٢	٦
٩.	القادسية	١	١	٢	٢	٦
١٠.	النجف	١	١	٢	٢	٦
١١.	كربلاء	١	٢	٣	٣	٩
١٢.	ميسان	١	١	٢	٢	٦
١٣.	ذي قار	١	١	٣	٣	٩
١٤.	المثنى	١	١	١	٢	٥
١٥.	البصرة	٢	٣	١	٧	١٣
١٦.	المجموع	٢٨	٣٧	٤٢	٦٦	١٧٣

عينة البحث:

تم اختيار عينة البحث بنسبة (٥٠%) من مجتمع البحث اذ تعد هذه النسبة مناسبة جدا وقد اشار (عودة وملكاوي، ١٩٩٢) إلى أن نسبة عينة البحث تكون مناسبة اذا كانت (٥٠%) حينما يكون المجتمع صغيرا ويعد بالمئات، وقد اختيرت هذه العينة على وفق الخطوات الآتية:

١- اختيرت عشوائيا (٩) محافظات من محافظات قطر العراق وتمثل (٥٠%) من مجموع المحافظات (بما فيها منطقة الحكم الذاتي الثلاث*)

٢- قام الباحث باختيار (٥٠%) عينة لبحثه من كل فئة من فئات عينة البحث (مدير، مديرة، معاون، معاونة)

وكان عدد افراد عينة البحث على وفق هذه النسبة لهذه الفئات الأربعة (١٤، ١٩، ٢١، ٣٣) على التوالي، وقد اختيرت هذه الاعداد من عينة المحافظات البالغ عددها (٩) محافظات ولما كانت بعض المحافظات لا يوجد فيها سوى فرد واحد من بعض فئات العينة لذلك تم اختيار هذا الفرد، في حين استخدم الاختيار العشوائي من المحافظات التي يكون فيها عدد افراد الفئات اكثر من واحد بنسبة تتناسب تقريبا مع عددهم في مجتمع البحث. والجدول (٣) يوضح حجم عينة البحث موزعة على المحافظات وبحسب فئات العينة.

الجدول (٣)

حجم عينة البحث بحسب الجنس والموقع الإداري وموزع على المحافظات

ت	المحافظة	مدير	مديرة	معاون	معاونة	المجموع
١.	بغداد	٤	٦	٧	١١	٢٨
٢.	نينوى	١	٢	٤	٤	١١
٣.	البصرة	١	٢	١	٥	٩
٤.	صلاح الدين	١	٣	١	٣	٨
٥.	الانبار	٣	٢	٢	٥	١٢
٦.	ديالي	١	١	٢	١	٥
٧.	ميسان	١	١	١	١	٤
٨.	واسط	١	١	١	١	٤.
٩.	ذي قار	١	١	٢	٢	٦
١٠.	المجموع	١٤	١٩	٢١	٣٣	٨٧

* لم تدخل هذه المحافظات في مجتمع البحث عند اختيار العينة.

ثالثاً: **أداة البحث**: لما كان البحث الحالي يتطلب مقياساً لقياس القدرة القيادية لإدارات معاهد إعداد المعلمين والمعلمات في العراق لذلك اطلع الباحث على بعض المقاييس التي يمكن استخدامها في البحث الحالي فوجد ان افضل مقياس يمكن استخدامه هو (اختبار القدرة على القيادة التربوية) الذي اعده الدكتور محمد مرسى عام ١٩٧٨، وبعد عرضه على مجموعة من الخبراء، أيدوا امكانية استخدامه في البحث الحالي بعد تكييفه على البيئة العراقية وكان اختيار هذا الاختبار للأسباب الآتية:

١- استخدامه في دراسات عدة في العراق مثل دراسة (الشريفي ١٩٨٨) ودراسة (مهدي وآخرون ١٩٨٨)، ودراسة (ميسر ١٩٨٩) فضلا عن استخدامه في دراسات في بعض الأقطار العربية الاخرى مثل دراسة (يوسف نبراي وآخرين ١٩٨٧) في دولة الامارات العربية المتحدة ودراسة (اشرف اباظة ١٩٩٠) في الأردن.

٢- شمول هذا الاختبار لخمسة من مجالات القدرة القيادية وهي (الموضوعية، استخدام السلطة، المرونة، فهم الآخرين، معرفة مبادئ الاتصال) لا سيما ان الباحث اعتمد القدرات القيادية التي حددها (سيمرفيل Semervil) (انظر الاطار النظري) والتي لا تختلف كثيراً عن القدرات التي يقيسها هذا الاختبار.

٣- يتمتع هذا الاختبار بصدق وثبات عاليين في الدراسات التي استخدمته.

ولتكييف هذا الاختبار على مجتمع البحث الحالي قام الباحث بالإجراءات الآتية:

أ- التثبت من ملاءمة الاختبار لمجتمع البحث الحالي لا سيما من حيث شكله الظاهري ومفرداته، لان في الاختبار بعض المفردات مصاغه بلهجة مصرية، قد لا تتلاءم مع البيئة العراقية، وقد عرض الاختبار على مجموعة من الخبراء المتخصصين بالادارة التربوية والقياس وبعض العاملين في هذا المجال في وزارة التربية ومدراء المعاهد، والبالغ عددهم (١٠) خبراء.

وفي ضوء ملاحظاتهم وآرائهم حظيت جميع الفقرات الاختبار البالغ عددها (٥٠) فقرة بموافقة الخبراء وبنسبة لا تقل عن ٨٠% بعد اجراء التعديلات على صياغة معظم الفقرات إذ اعتمدت موافقة الخبراء على هذه النسبة عن كل فقرة معياراً للحكم على صلاحيتها في قياس ما اعدت لقياسه كما تبدو في شكلها الظاهري والجدول (٤) يوضح نسبة موافقة الخبراء على كل فقرة من فقرات الاختبار.

وبعد ان اجريت هذه التعديلات في ضوء آراء الخبراء واعيد الاختبار بصورته المعدلة على بعض الخبراء الذين قاموا بالتحكيم عليه في صورته الأولى قبل التعديل* وللتأكد من دقة الباحث في اجراء التعديلات المطلوبة وقد أيد هؤلاء الخبراء هذه التعديلات بنسبة اتفاق (١٠٠%)

الجدول (٤)

عدد الخبراء الموافقون وغير الموافقين ونسبة الموافقين على فقرات الاختبار

الفقرة	الموافقون	غير الموافقين	نسبة الموافقين
١.	٩	١	%٩٠
٢.	٨	٢	%٨٠
٣.	١٠	صفر	%١٠٠
٤.	٩	١	%٩٠
٥.	١٠	صفر	%١٠٠
٦.	١٠	صفر	%١٠٠
٧.	٨	٢	%٨٠
٨.	١٠	صفر	%١٠٠
٩.	١٠	صفر	%١٠٠
١٠.	٨	٢	%٨٠
١١.	٨	٢	%٨٠
١٢.	٩	١	%٩٠
١٣.	٩	١	%٩٠
١٤.	١٠	صفر	%١٠٠
١٥.	٨	٢	%٨٠

* ١- أ.د. رياض بدري ستراك.
٢- أ.د. كامل ثامر الكبيسي
٣- أ.د.كاظم غيدان الخزرجي.

.١٦	٩	١	%٩٠
.١٧	٩	١	%٩٠
.١٨	١٠	صفر	%١٠٠
.١٩	١٠	صفر	%١٠٠
.٢٠	٩	١	%٩٠
.٢١	١٠	صفر	%١٠٠
.٢٢	١٠	صفر	%١٠٠
.٢٣	٩	١	%٩٠
.٢٤	٩	١	%٩٠
.٢٥	٩	١	%٩٠
.٢٦	١٠	صفر	%١٠٠
.٢٧	٩	١	%٩٠
.٢٨	١٠	صفر	%١٠٠
.٢٩	١٠	صفر	%١٠٠
.٣٠	٩	١	%٩٠
.٣١	٩	١	%٩٠
.٣٢	١٠	صفر	%١٠٠
.٣٣	١٠	صفر	%١٠٠
.٣٤	٨	٢	%٨٠
.٣٥	١٠	صفر	%١٠٠
.٣٦	١٠	صفر	%١٠٠
.٣٧	٨	٢	%٨٠
.٣٨	٩	١	%٩٠
.٣٩	١٠	صفر	%١٠٠

٩٠%	١	٩	.٤٠
٨٠%	٢	٨	.٤١
٨٠%	٢	٨	.٤٢
٨٠%	٢	٨	.٤٣
١٠٠%	صفر	١٠	.٤٤
٨٠%	٢	٨	.٤٥
٩٠%	١	٩	.٤٦
٩٠%	١	٩	.٤٧
٨٠%	٢	٨	.٤٨
١٠٠%	صفر	١٠	.٤٩
١٠٠%	صفر	١٠	.٥٠

ب- للتأكد من وضوح تعليمات الاختبار للمجيبين وفهمهم لعباراته وطريقة الإجابة عنه تم تطبيق الاختبار على عينة مكونة من (٨) افراد بواقع فردين من كل فئة (مدير، مديرة، معاون، معاونة) اختيروا عشوائيا من محافظة بغداد، وقد تمت الإجابة عنها بشكل انفرادي لتأشير جوانب عدم الوضوح والمفردات غير المفهومة والإجابة عن استفساراتهم، وقد تم التأكد من خلال هذا الإجراء ان تعليمات الاختبار واضحة وطريقة الإجابة عنه ومفرداته مفهومة من قبل المجيبين، واتضح ان متوسط الوقت الذي استغرقه هؤلاء في الإجابة كان (٤٥) دقيقة.

التحليل الإحصائي للفقرات

لما كانت معظم الفقرات قد عدلت من قبل الخبراء لذلك وجد من الضروري تحليلها إحصائيا، لان التحليل الاحصائي اكثر أهمية من التحليل المنطقي لها والذي يقوم به الخبراء، مـما قد يكون مضـللا لكونه يعتمد على الآراء الذاتية لهم في تقدير صلاحيتها في حين ان التحليل الاحصائي يكشف عـن محتوى الفقرات وارتباطه بالخاصية التي اعدت لقياسها (الكبيسي، ١٩٨٧، ص٨٦) لذلك تم تطبيق الاختبار علـى (٥، ٦، ٧، ١٢) من هذه الفئات على التوالي. وقد تم اختيار هذا العدد من كل فئة

بحسب نسبة عددها في مجتمع البحث. وقد اختيرت هذه العينة من معاهد اعداد المعلمين والمعلمات في المحافظات التي لم تشملها عينة البحث، وبعد تطبيق الاختبار على هذه العينة وتحليل الاجابات وحساب الدرجات حللت الفقرات احصائيا بهدف حساب قوتها التمييزية ومعاملات صدقها وعلى النحو:

* **القوة التمييزية للفقرات:** تتطلب مثل هذه المقاييس عادة حساب القوة التمييزية لفقراتها بهدف استبعاد الفقرة التي لا تميز بين المجيبين والابقاء على الفقرات التي تميز بينهم (Mathock: 1997: p9) لان هناك علاقة قوية بين دقة المقياس والقوة التمييزية لفقراته (Cronbach & Cleser: 1965: P64) واعتمدت طريقة المجموعتين المتطرفتين في الدرجة الكلية وفي حساب القوة التمييزية للفقرات وبنسبة (٥٠%) في كل مجموعة إذ يشير (عودة، ١٩٩٨) الى ان حجم المجموعتين المتطرفتين يفضل ان يكون (٥٠%) في كل مجموعة اذا كانت العينة صغيرة (٦٠) فردا فأقل (عودة، ١٩٩٨، ص ٥١) لذلك رتب أفراد عينة تحليل الفقرات احصائيا من اعلى درجة كلية الى اقل درجة كلية، وقسموا على مجموعتين، المجموعة العليا والمجموعة الدنيا وكان عدد افراد كل مجموعة (١٥) فردا،واستخدم الاختبار التائي لعينتين مستقلتين لمعرفة دلالة الفرق في كل فقرة بين هاتين المجموعتين فأتضح ان جميع الفقرات لها قدرة على التمييز بمستوى دلالة لا يقل عن (٠.٠٥) اذ ان القيمة التائية المحسوبة التي تمثل القوة التمييزية للفقرة (Edward: 1957: P154) كانت في جميع الفقرات اكبر من القيمة التائية الجدولية عند مستوى (٠.٠٥) في بعض الفقرات وعند مستوى (٠.٠١) في بعض الفقرات وعند مستوى (٠.٠٠١) في بعضها الاخر والجدول (٥) يوضح ذلك، وعليه لم يستبعد الباحث أي فقرة من فقرات الاختبار بأن جميع فقراته مميزة.

* **صدق الفقرات:** يعد صدق الفقرات مؤشرا على قدرتها على قياس المفهوم نفسه الذي تقيسه الدرجة الكلية للمقياس من خلال ارتباطها بمحك خارجي او داخلي وحينما لا يتوفر محك خارجي فان افضل محك داخلي هو الدرجة الكلية للمقياس (Anastasis, 1988, P211) ولذلك اعتمدت الدرجة الكلية للمقياس محكاً لصدق الفقرات فحسب معامل الارتباط بين درجات كل فقرة والدرجات الكلية للمقياس باستخدام معامل الارتباط بوينت بايسيريال فاتضح ان جميع معاملات ارتباطات الفقرات بالدرجة الكلية بدلالة احصائية عند مستوى لا يقل عن (٠.٠٥) مما يؤشر هذا صدق فقرات الاختبار الحالي في قياس ما اعدت قياسه، والجدول (٥) يوضح معاملات صدق فقرات الاختبار، الذي يبدو منه ان بعضها كان بدلالة احصائية عند مستوى (٠.٠٥) وان بعضها كان بدلالة احصائية عند مستوى

(٠.٠١) وبعضها الآخر عند مستوى دلالة (٠.٠٠١) لذلك لم تستبعد أيضا اية فقرة من فقـرات الاختبـار لكونها جميعا صادقة في قياس ما اعدت لقياسه.

الجدول(٥)

معاملات صدق فقرات الاختبار

ت	القوة التمييزية للفقرة	صدق الفقرات
١.	٣٣%	٠.٣٠
٢.	٤٠%	٠.٥٧
٣.	٤٤%	٠.٦١
٤.	٥٣%	٠.٥٨
٥.	٤٧%	٠.٣٧
٦.	٣٣%	٠.٣٤
٧.	٤٠%	٠.٦٦
٨.	٣٣%	٠.٣٧
٩.	٦٧%	٠.٦٥
١٠.	٣٣%	٠.٣٧
١١.	٤٠%	٠.٤٨
١٢.	٤٠%	٠.٤٥
١٣.	٣٣%	٠.٣٠
١٤.	٤٧%	٠.٤٣
١٥.	٤٠%	٠.٣٦
١٦.	٥٣%	٠.٥٩
١٧.	٤٠%	٠.٤٢
١٨.	٤٠%	٠.٤٩

١٩.	%٤٧	٠.٥٢
٢٠.	%٥٣	٠.٥٥
٢١.	%٤٠	٠.٣٩
٢٢.	%٣٣	٠.٢٩
٢٣.	%٥٣	٠.٥١
٢٤.	%٤٧	٠.٤٦
٢٥.	%٤٧	٠.٥٠
٢٦.	%٤٠	٠.٤٨
٢٧.	%٤٧	٠.٣٨
٢٨.	%٥٣	٠.٥٨
٢٩.	%٤٠	٠.٣٤
٣٠.	%٣٣	٠.٢٨

* **ثبات الاختبار:** يعد ثبات الاختبار احد مؤشرات التحقق من دقته واتساق فقراته فيما يجب قياسه، وعليه يشير الى درجة استقرار الاختبار والتناسق بين اجزائه (Croker: 1986: P 9) (Marant: 1984: 125) واعتمد الباحث طريقة تحليل التباين باستخدام معادلة هويت لكونها تؤشر التجانس الداخلي لفقرات الاختبار في قياس ما اعد لقياسه في حساب ثبات الاختبار، اذ تم تحليل درجات عينة تحليل الفقرات احصائيا والبالغ حجمها (٣٠) فردا باستخدام تحليل التباين الثنائي بدون تفاعل فكانت نتائج هذا التحليل كما في الجدول (٦) وبعد استخدام معادلة هويت التي تعتمد على تباين الخطأ والتباين بين الافراد كان معامل الثبات (٠.٧١)

الجدول (٦)

نتائج تحليل التباين لدرجات افراد عينة الثبات

مصدر التباين	مجموع المربعات S.S	درجة الحرية d.F	متوسط المربعات M.S
بين الفقرات	٨٨.٧٦٤	٤٩	١.٨١٢
بين الافراد	١٨.٥٧٤	٢٩	٠.٦٤٠
الخطأ	٢٦١.٨٩٦	١٤٢١	٠.١٨٤
الكلي	٣٦٩.٢٣٤	١٤٩٩	٢.٦٣٦

* **صدق الاختبار:** يعد صدق الاختبار من أهم الخصائص القياسة التي يجب ان تتوفر فيه والذي يشير الى دقة المقياس وقدرته على قياس ما اعد لقياسه (Ebel:1972: P432) وكما تشير (رابطة علماء النفس الامريكية A.P.A) فإن هناك ثلاثة مؤشرات للصدق هي صدق المحتوى وصدق المرتبط بمحك، وصدق البناء (A.P.A: 1985: P9) وعليه فقد تم التحقق من هذه المؤشرات الثلاثة لصدق هذا الاختبار وعلى النحو الآتي:

أ- الصدق الظاهري: على الرغم من ان الباحث لم يقم بإعداد الاختبار في صورته الاصلية الا انه ارتأى التحقق من صدقه الظاهري عند تكييفه على البيئة العراقية وذلك لأن معظم فقراته قد عدلت بعد التكييف، ويستخدم الصدق الظاهري عادة بدلا من صدق المحتوى في كثير من الدراسات لأن من الصعوبة تحديد مستوى السلوك المراد قياسه وبنسب أجزائه ومكوناته (AndersonL 1976: p136) فقد تم التحقق من الصدق الظاهري للاختبار عندما عرضت فقراته على الخبراء وقيامهم بفحصها منطقياً وتقدير صلاحيتها كما تبدو ظاهرياً في قياس القدرة القيادية .

ب- الصدق التلازمي: يعد الصدق التلازمي احد نوعي الصدق المرتبط بمحك ويعبر عنه بمعامل الارتباط بين الاختبار واي محك ثبت صدقه وثباته، ويؤشر السلوك الذي يقيسه الاختبار. (عباس: ١٩٩٦: ص٢٥) واعتمدت تقديرات المدرسين للمدراء والمعاونين محكاً لصدق هذا الاختبار وقد اعد الباحث مقياساً لتقدير سلوك المدير او المعاون (مدير او معاونة) يتضمن المكونات الاساسية للقدرة القيادية التي شملها الاختبار ومقياساً متدرجاً للتقدير يتكون من خمس درجات وبعد عرضه على الخبراء والتحقق من صلاحيته قدم الى عينة مكونة

من (٩٠) مدرساً او مدرسة اذ قام كل ثلاثة مدرسين بتقدير القدرة القيادية للمدير او المعاون وكل ثلاث مدرسات لتقدير القدرة القيادية للمديرة أو المعاونة، وقد قام هؤلاء بتقدير القدرة القيادية لأفراد عينة التحليل البالغ حجمها (٣٠) فرداً والمشار اليها في الجدول (٢)

ثم حسب متوسط تقديرات المدرسين والمدرسات للمدير الواحد او المديرة وكذلك للمعاون او المعاونة وكانت هذه المتوسطات هي المحك الذي استخدم في الصدق التلازمي للاختبار. وبعد حساب معامل ارتباط بيرسون بين درجات الاداريين على الاختبار ومتوسط درجات تقديرات المدرسين والمدرسات كان معامل الارتباط (٠.٦٤) الذي يمثل معامل الصدق التلازمي للاختبار في هذا البحث.

٣- **صدق البناء:** يعتمد صدق البناء او كما يسمى صدق التكوين الفرضي على بعض الافتراضات النظرية والتحقق منها تجريبياً فاذا تطابقت نتائج التجريب مع الافتراضات اشر هذا صدق بناء الاختبار (Allen & Yen: 1979: 108)

وهناك بعض المؤشرات على صدق البناء مثل قدرة فقرات الاختبار على التمييز وتجانسها اذا كان الاختبار معداً على هذا الأساس (فرج: ١٩٨٠: ص٦٢)

ولما كانت جميع فقرات هذا الاختبار لها القدرة على التمييز في البحث الحالي وان فقراته متجانسة كما تم التأكد منها من خلال معاملات ارتباطاتها بالدرجة الكلية لذا يمكن ان نقول ان الاختبار الحالي يتمتع بمؤشرات صدق البناء على مجتمع مديري ومعاوني ومعاونات معاهد اعداد المعلمين والمعلمات في العراق.

* **وصف الاختبار:** بعد ان تم التأكد من قدرة فقرات الاختبار على التمييز ومعاملات صدقها في قياس القدرة القيادية ومن ثبات الاختبار وصدقه اصبح اختيار القدرة القيادية ملائماً لاستخدامه في البحث الحالي والذي يتكون بصيغته النهائية من (٥٠) فقرة على شكل مواقف لفظية وكل فقرة لها اربعة بدائل للاجابة على شكل مواقف لفظية، ولها اربعة بدائل ايضا للإجابة على شكل عبارات واحدة منها صحيحة والاخرى خاطئة. وتعطى الإجابة الصحيحة عند التصحيح درجة واحدة، والاجابة الخاطئة درجة (صفر) وبذلك تكون اعلى درجة ممكنة للاختبار (٥٠) درجة واقل درجة ممكنة لها (صفر) وبمتوسط نظري مقداره (٢٥) درجة ، ويقيس هذا الاختبار خمسة مجالات لكل مجال عشر- فقرات موزعة بحسب ترتيب هذه المجالات وهي (الموضوعية، استخدام السلطة، المرونة، فهم الآخرين، معرفة مبادئ الاتصال).

ويتم حساب الدرجة النهائية لأفراد العينة عن طريقة جمع عدد الاجابات الصحيحة من مجموع الأسئلة الكلي وبواسطة مفتاح التصحيح المعد من قبل الباحث، وكان في الاختبار معيار مرفق لتقدير درجة المستجيب على وفق ستة تقديرات هي على النحو الاتي:

الدرجات	التقديرات
١. (٤٥-٥٠)	"ممتاز"
٢. (٤٠-٤٤)	"جيد جدا"
٣. (٣٥-٣٩)	"جيد"
٤. (٢٥-٣٤)	"مقبول"
٥. (٢٠-٢٤)	"ضعيف"
٦. (اقل من ٢٠)	"ضعيف جدا"

وفيما يأتي تعريف بمجالات التي يقيسها الاختبار والتي تمثل مكونات القدرة القيادية:

١- **الموضوعية:** وتعني قدرة القائد على النظر بتجرد واستبعاد العواطف الشخصية في الحكم على الأمور ودون تأثر بمن حوله من أشخاص لا علاقة لهم بموضوع القرار (مرسى: ١٩٧٨: ص ٢) والأسئلة من (١-١٠) تضم هذا المجال.

٢- **استخدام السلطة:** وتعني قدرة الإداري على استخدام السلطة والصلاحية المخولة له في اتخاذ القرارات بصورة صحيحة في الوقت والمكان المناسبين وبطريقة تعزز من موقعه ومكانته بين العاملين، والأسئلة من (١١-٢٠) تضم هذا المجال.

٣- **المرونة:** وتعني قدرة القائد على تعديل وتغيير خططه ووسائله وتطويرها اذا اقتضى الامر في الوقت المناسب (درة: ١٩٨٤: ص١٣) والاسئلة من (٢١-٣٠) تضم هذا المجال.

٤- **فهم الآخرين:** وتعني قدرة القائد على فهم الحركة الذاتية للجماعة (الدينامية) والدوافع التي تحركها وكذلك القدرة على فهم افكار الآخرين واتجاهاتهم (مهدي: ١٩٨٨: ص١١٤) والاسئلة من (٣١-٤٠) تضم هذا المجال.

٥- **معرفة مبادئ الاتصال**: وتعني قدرة القائد على معرفة مبادئ الاتصال ونقل الافكار الى الآخرين عن طريق اختبار الكلمات او الوسيلة المناسبة. (الشريفي: ١٩٨٨: ص ٦٨) والاتصال بالمؤسسات الادارية سواء أكان مكتوبا ام شفويا، رسميا ام غير رسمي ويكون موجها نحو هدف معين، وبشكل عام يقصد منه ضمان تحقيق الاداء على المستويات كافة بحيث ينتج عنه تنفيذ القرارات وتحقيق الاهداف التنظيمية (Anderson: 1980: P426) والاسئلة من (٤١-٥٠) تضم هذا المجال.

الوسائل الاحصائية

استعمل الباحث الوسائل والطرق الاحصائية الاتية في معرفة نتائج بحثه وتحليلها وهي كما يأتي:

١- تحليل التباين الاحادي دون تفاعل:

استخدام لحساب معامل الثبات واستخدام معادلة هويت

$$\text{معامل الثبات} = \frac{\text{التباين بين الافراد} - \text{تباين الخطأ}}{\text{التباين بين الافراد}}$$

(عبد الرحمن، ١٩٨٢، ص ٢١١)

٢- معامل ارتباط بوينت بايسيريل:

استخدم في حساب علاقة درجة الفقرة بالدرجة الكلية عند حساب صدق الفقرات.

٣- معامل ارتباط بيرسون:

استخدم لحساب معامل الصدق التلازمي بين درجات تقديرات المدرسين ودرجات الاختبار

$$r = \frac{\sum xy - \sum x \sum y}{\sqrt{n \sum X^2 \left(\sum X\right)^2 \left[n \sum Y^2 - \left(\sum Y\right)^2\right]}}$$

(البياتي واثناسيوس: ١٩٧٧: ص ١٨٠)

٤- الاختبار التائي لعينة واحدة:

استخدم لمعرفة دلالة الفرق بين متوسط درجات القدرة القيادية لفئات عينة البحث والمتوسط النظري

$$r = \frac{r}{\sqrt{\frac{1-r^2}{n-2}}}$$

(البياتي واثناسيوس: ١٩٧٧: ص ٢٧٥)

٥- الاختبار التائي لعينتين مستقلتين:

استخدم لمعرفة دلالة الفرق بين كل فئتين من متغيرات البحث (الموقع المثالي، الجنس، الاختصاص، مدة الخدمة)

$$t = \frac{X_1 - X_2}{\sqrt{\frac{\int_1^2 (n_1 - 1) + \int_2^2 (n2 - 1)}{n_1 + n_2 - 2} \times \left[\frac{1}{n_1} + \frac{1}{n_2}\right]}}$$

(مايرز: ١٩٩٠: ص ٣٥٦)

٦- معادلة هويت:

استخدمت في حساب معامل الثبات للاختيار باستخدام طريقة تحليل التباين.

$$\text{الثبات} - ١ = \frac{\text{تباين الخطأ}}{\text{التباين بين الأفراد}}$$

يتضمن هذا الفصل عرض نتائج البحث الحالي وتحليلها ومناقشتها على وفق أهدافه وعلى النحو الآتي:

أولاً: مستوى القدرة القيادية لدى إدارات معاهد إعداد المعلمين والمعلمات بعد تطبيق اختبار القدرة على القيادة التربوية على عينة البحث وتحليل الاجابات وحساب الدرجات الكلية، اعتمد الباحث في الكشف عن مستوى القدرة القيادية للمديرين والمعاونين (المديرات، المعاونات) متوسط درجات اجاباتهم على

الاختبار ومقارنته بالمتوسط النظري له والبالغ (٢٥) درجة فكانت النتائج كما في الجدول (٧)

الجدول (٧)

المتوسط الحسابي والانحراف المعياري لدرجات أفراد العينة وفئاتها في القدرة القيادية والقيمة التائية لدلالة الفرق بينه وبين المتوسط النظري

فئات العينة	العدد	المتوسط الحسابي	الانحراف المعياري	القيمة التائية		مستوى الدلالة
				المحسوبة	الجدولية	
١. العينة (ككل)	٨٧	٢٨.١٥٥	٤.٣٣٩	٦.٧٨٢	٣.٤٢٧	دال عند مستوى ٠.٠٠١
٢. المديرين	١٤	٢٨.٩٢٨	٣.٠٧٥	٤.٧٧٩	٤.١٤٠	دال عند مستوى ٠.٠٠١
٣. المديرات	١٩	٢٩.١٥٧	٢.٨٤٦	٦.٣٦٧	٣.٨٨٣	دال عند مستوى ٠.٠٠١
٤. المعانون	٢١	٢٩.٧٥٧	٣.٣٣٣	٦.٥٤١	٣.٨١٩	دال عند مستوى ٠.٠٠١
٥. المعاونات	٣٣	٢٦.٢٧٢	٥.٤٩٠	١.٣٣١	٢.٠٤٠	دال عند مستوى ٠.٠٠١
٦. اختصاص انساني	٦٦	٢٧.٦٤٧	٤.٤٨٤	٤.٧٩٥	٣.٤٥٥	دال عند مستوى ٠.٠٠١
٧. اختصاص علمي	٢١	٢٩.٩٥٢	٣.١٢٤	٧.٢٦١	٣.٨٥٠	دال عند مستوى ٠.٠٠١
٨. الخدمة اكثر من ٥ سنوات	٥٤	٢٨.٤٦٣	٤.٢١٩	٦.٠٣٣	٣.٤٦٤	دال عند مستوى ٠.٠٠١
٩. الخدمة ٥ سنوات فأقل	٣٣	٢٧.٧٠٦	٤.٥٨٩	٣.٣٨٧	٢.٧٤٦	دال عند مستوى ٠.٠٠١

ويبدو من الجدول (٧) ما يلي:

١- ان متوسط درجات أفراد عينة البحث (ككل) (٢٨.١٥٥) درجة وبانحراف معياري مقداره (٤.٣٣٩) وكان هذا المتوسط اكبر من المتوسط النظري للمقياس وبفرق دال احصائيا عند مستوى (٠.٠٠١) اذا كانت القيمة التائية المحسوبة لدلالة الفرق بينهما (٦.٧٨٢) وهي اكبر من القيمة التائية الجدولية والبالغة (٣.٤٢٧) بدرجة حرية (٨٦) والجدول (٧) يوضح ذلك. مما تشير هذه النتيجة الى ان عينة البحث تمتلك قدرة قيادية في إدارة معاهد اعداد المعلمين والمعلمات اعلى من المتوسط النظري للاختبار البالغ (٢٥) درجة، ويقع هذا المتوسط في تقدير "مقبول" حسب معيار تقديرات هذا الاختبار.

٢- بلغ متوسط درجات المديرين في عينة البحث (٢٨.٩٢٨) درجة، وبانحراف معياري مقداره (٣.٠٧٥) وكان هذا المتوسط اكبر من متوسط النظري للاختبار وبفرق دال احصائيا عند المستوى (٠.٠٠١) اذ بلغت القيمة التائية المحسوبة لدلالة الفرق بينهما (٤.٧٧٩) وهي اكبر من القيمة التائية الجدولية (٤.١٤٠) درجة حرية (١٣)، والجدول (٧) يوضح ذلك، ويقع متوسط درجات القدرة القيادية للمديرين في تقدير "مقبول" بحسب معيار التقديرات.

٣- بلغ متوسط درجات المديرات في عينة البحث (٣٩.١٥٧) درجة، وبانحراف معياري مقداره (٢.٨٤٦) وكان هذا المتوسط اكبر من متوسط النظري للاختبار وبفرق دال احصائيا عن المستوى (٠.٠٠١) اذ بلغت القيمة التائية المحسوبة لدلالة الفرق بينهما (٦.٣٦٧) وهي اكبر من القيمة التائية الجدولية والبالغة (٣.٨٨٣) وبدرجة حرية (١٨) والجدول (٧) يوضح ذلك، ويبدو من درجات التقديرات المعتمدة في هذا البحث ان متوسط درجات المديرات يقع في تقدير "مقبول" أيضا.

٤- بلغ متوسط درجات المعاونين في عينة البحث (٢٩.٧٥٧) درجة، وبانحراف معياري مقداره (٣.٣٣٣) وكان هذا المتوسط اكبر من متوسط النظري للاختبار وبفرق دال احصائيا عند المستوى (٠.٠٠١) لان القيمة التائية المحسوبة (٦.٥٤١) اكبر من القيمة التائية الجدولية (٣.٨١٩) والجدول (٧) يوضح ذلك، ويقع متوسط درجات المعاونين ففي القدرة القيادية في تقدير "مقبول" ايضا على وفق معيار التقديرات.

٥- بلغ متوسط درجات المعاونات في عينة البحث (٢٦.٢٧٢) درجة، وبانحراف معياري قدره (٥.٤٩٠) وهو اكبر من متوسط نظري للاختبار البالغ (٢٥) درجة، الا ان الفرق بين هذين المتوسطين لم يكن بدلالة احصائية عند مستوى (٠.٠٥) اذ كانت القيمة التائية المحسوبة (١.٣٣١) اصغر من القيمة التائية الجدولية (٢.٠٤٠) بدرجة حرية (٣٢) والجدول (٧) يوضح ذلك. مما تشير هذه النتيجة الى ان معاونات اعداد المعلمات يمتلكن قدرة قيادية متوسطة مقارنة بالمتوسط النظري للاختبار، ولكن كما يبدو في معيار التقديرات ان متوسط الدرجات المعاونات في القدرة القيادية يقع في تقدير "مقبول" أيضا.

٦- بلغ متوسط درجات الذين اختصاصهم (انساني) في عينة البحث (٢٧.٦٤٧) درجة وبانحراف معياري مقداره (٤.٤٨٤) وهو اكبر من المتوسط النظري للاختبار وبفرق دال احصائيا عند المستوى (٠.٠٠١) لان القيمة التائية المحسوبة (٤.٧٩٥) اكبر من القيمة التائية الجدولية (٣.٤٥٥) بدرجة حرية

(٦٥) والجدول(٧) يوضح ذلك، ويقع متوسط درجات الذين اختصاصهم (انساني) في القدرة القيادية على وفق معيار التقديرات في تقدير "مقبول".

٧- بلغ متوسط درجات الذين اختصاصهم (علمي) في عينة البحث (٢٩.٩٥٢) درجة، وبانحراف معياري مقداره (٣.١٢٤) وهو اكبر من المتوسط النظري للاختبار وبفرق دال احصائيا عند المستوى (٠.٠٠١) لان القيمة التائية المحسوبة (٧.٢٦١) اكبر من القيمة التائية الجدولية (٣.٨٥٠) بدرجة حرية (٢٠) والجدول (٧) يوضح ذلك، ويبدو من معيار التقديرات ان متوسط درجات القدرة القيادية عند الذين اختصاصهم (علمي) يقع في تقدير "مقبول".

٨- بلغ متوسط درجات الذين خدمتهم في الإدارة أكثر من ٥ سنوات (٢٨.٤٦٣) درجة، وبانحراف معياري مقداره (٤.٢١٩) وهو اكبر من المتوسط النظري للاختبار وبفرق دال احصائيا عند مستوى (٠.٠٠١) لان القيمة التائية المحسوبة (٦.٠٣٣) اكبر من القيمة التائية الجدولية (٣.٤٦٤) والجدول (٧) يوضح ذلك، ويقع متوسط درجات القدرة القيادية عند الذين خدمتهم في الإدارة اكثر من (٥) سنوات في تقدير "مقبول".

٩- بلغ متوسط درجات افراد العينة الذين لديهم خدمة في الادارة (٥) سنوات فأقل في عينة البحث (٢٧.٧٠٦) درجة وبانحراف معياري مقداره (٤.٥٨٩) هو اكبر من المتوسط النظري للاختبار وبفرق دال إحصائيا عند المستوى (٠.٠١) لان القيمة التائية المحسوبة لدلالة الفرق (٣.٣٨٧) اكبر من القيمة التائية الجدولية (٢.٧٤٦) بدرجة حرية (٣٢) والجدول (٧) يوضح ذلك، وعند الاطلاع على معيار التقديرات يتضح ان متوسط درجات القدرة القيادية عند الذين خدمتهم في الإدارة (٥) سنوات فأقل يقع في تقدير "مقبول".

ثانياً: دلالة الفرق في القدرة القيادية تبعا لمتغيرات الموقع والجنس والتخصص ومدة الخدمة:

١- متغير الموقع الإداري (مدير، معاون):

بعد استخدام الاختبار التائي t-test لعينتين مستقلتين بين متوسطي درجات المدراء والمعاونين وبين متوسطي درجات المديرات والمعاونات في القدرة القيادية اتضح:

أ- ان الفرق بين متوسطي درجات المديرين والمعاونين في القدرة القيادية لم يكن بدلالة إحصائية عند المستوى (٠.٠٥) لان القيمة التائية المحسوبة (٠.٧٤٣) اصغر من القيمة التائية الجدولية، بدرجة حرية (٣٣) والجدول (٨) يوضح ذلك ، وعليه تقبل الفرضية الصفرية الاولى التي تشير الى عدم وجود فروق

بدلالة احصائية عند مستوى (٠.٠٥) في متوسط درجات القدرة القيادية بين المدراء والمعاونين مـمـا توضـح هذه النتيجة ان المديرين والمعاونين لا يختلفون في قـدراتهم القيادية في إدارة المعاهـد، وقـد يعـود ذلك الى ان المعاونين يمارسون معظم المهام الإدارية التي يمارسها مدير المعهد فضلا عن انهم جميعها يحملون شهادة جامعية، ولا يختلفون في إعدادهم لمهنة التـدريس إذ لا يوجـد اعـداد خاصة لإدارة التي يتولاها مدرس بتكليف من المديريات العامة للتربية.

الجدول (٨)

نتائج الاختبار التائي لمعرفة دلالة الفرق بين المديرين والمعاونين في القدرة القيادية

دلالة الفرق	القيمة التائية		التباين	المتوسط الحسابي	العدد	الموقع / ذكور
	الجدولية	المحسوبة				
لا يوجد فرق عند مستوى ٠.٠٥	٢.٠٤٦	٠.٧٤٣	٩.٤٥٦	٢٨.٩٢٨	١٤	مدير
			١١.١٠٩	٢٩.٧٥٧	٢١	معاون

ب- ان الفرق بين متوسط درجات المديرات والمعاونات في القدرة القيادية كان بدلالة إحصائية عنـد المستوى (٠.٠٥) لان القيمـة التائيـة المحسوبة (٢.١٢٤) وهـي اكبر مـن القيمـة التائيـة الجدوليـة (٢.٠١١) بدرجة حرية (٤٠)، وكان هذا الفرق لصالح المديران لان متوسط درجاتهن اكبر من متوسط درجات المعاونات والجدول (٩) يوضح ذلك، وعليه ترفض الفرضية الصفرية الثانية التي تشير إلى عدم وجود فروق بدلالة احصائية عند مستوى (٠.٠٥) في متوسط درجـات القدرة القيادية بـين المديرات والمعاونات وتقبل الفرضية البديلة أي ان المديرات افضل من المعاونات في قدرتهن القيادية وقد يعود هذا الى ان المديرات يعتمدن عـلى أنفسهن في معظم الأمـور الإدارية ونادرا مـا يكلفـن المعاونات بمهمات إدارية.

الجدول (٩)

نتائج الاختبار التائي في معرفة دلالة الفرق بين المديرات والمعاونات في القدرة القيادية

الموقع / اناث	العدد	المتوسط الحسابي	التباين	القيمة التائية		دلالة الفرق
				المحسوبة	الجدولية	
مديرة	١٩	٢٩.١٥٧	٨.١٠٠	٢.٢١٤	٢.٠١١	دال عند مستوى (٠.٠٥) لصالح المديرات
معاونة	٣٣	٢٦.٢٧٢	٣٠.١٤٠			

٢- متغير الجنس (ذكر ، أنثى):

بعد استخدام الاختبار التائي لعينتين مستقلتين بين متوسطي درجات المديرين (ذكور) والمديرات (إناث) وبين متوسطي درجات المعاونين (ذكور) والمعاونات (إناث) في القدرة القيادية اتضح ما يأتي:

أ- ان الفرق بين متوسط درجات المديرين والمديرات في القدرة القيادية لم يكن بدلالة إحصائية عند المستوى (٠.٠٥) لان القيمة التائية المحسوبة (٠.٢٢١) اصغر من القيمة التائية الجدولية (٢.٠٤٠) بدرجة حرية (٣٣) والجدول (١٠) يوضح ذلك، وعليه تقبل الفرضية الصفرية الثالثة التي تشير الى عدم وجود فرق بدلالة احصائية عند مستوى (٠.٠٥) في متوسط درجات القدرة القيادية بين المدراء والمديرات لذا فان متغير الجنس في إدارة المعهد لم يؤثر في القدرة القيادية، وهذا ما توصلت اليه دراسة "حسين، ١٩٩٨"، التي اثبتت عدم وجود فرق بدلالة احصائية في القدرة القيادية بين مديري ومديرات المدارس الثانوية.

الجدول (١٠)

نتائج الاختبار التائي لمعرفة دلالة الفرق بين المديرين والمديرات في القدرة القيادية

الموقع / الجنس	العدد	المتوسط الحسابي	التباين	القيمة التائية		دلالة الفرق
				المحسوبة	الجدولية	
مدير	١٤	٢٨.٩٢٨	٩.٤٥٦	٠.٢٢١	٢.٠٤٦	لا يوجد فرق عند مستوى ٠.٠٥
مديرة	١٩	٢٩.١٥٧	٨.١٠٠			

ب- ان الفرق بين متوسطي درجات المعاونين والمعاونات في القدرة القيادية كان بدلالة احصائية عند المستوى (٠.٠٥) لان القيمة التائية المحسوبة (٢.٦١٢) اكبر من القيمة التائية الجدولية (٢.٠١٠) بدرجة حرية (٥٢) وكان هذا الفرق لصالح المعاونين، والجدول (١١) يوضح ذلك، وعليه ترفض الفرضية الصفرية الرابعة التي تشير الى عدم وجود فرق بدلالة احصائية عند مستوى (٠.٠٥) في متوسط درجات القدرة القيادية بين المعاونين والمعاونات وتقبل الفرضية البديلة وقد يعود تفوق المعاونين على المعاونات في القدرة القيادية الى ان المعاونين يمارسون مهمات إدارية مخولين بها من قبل المدير اكثر من المعاونات وهذا ما اتضح للباحث من خلال مقابلته لعدد من المديرين والمعاونين والمديرات والمعاونات، وهذه النتيجة تتفق الى حد ما مع ما توصلت اليه الدراسة "الشريفي، ١٩٨٨" التي وجدت ان الذكور اكثر قدرة على القيادة من الاناث في المدارس الابتدائية.

الجدول (١١)

نتائج الاختبار التائي لمعرفة دلالة الفرق بين المعاونين والمعاونات في القدرة القيادية

الموقع / ذكور	العدد	المتوسط الحسابي	التباين	القيمة التائية		دلالة الفرق
				المحسوبة	الجدولية	
معاون	٢١	٢٩.٧٥٧	١١.١٠٩	٢.٦١٢	٢.٠١٠	دالة عند المستوى (٠.٠٥) لصالح المعاونين
معاونة	٣٣	٢٦.٢٧٢	٣٠.١٤٠			

٣- متغير الاختصاص (علمي، إنساني):

بعد استخدام الاختبار التائي لمعرفة دلالة الفرق بين متوسطي درجات أصحاب الاختصاص العلمي وأصحاب الاختصاص الانساني في عينة البحث، اتضح ان الفرق كان بدلالة إحصائية عند مستوى (٠.٠٥) اذ كانت القيمة التائية المحسوبة (٢.٠٦٩) اكبر من القيمة التائية الجدولية (١.٩٩٥) بدرجة حرية (٨٥) وكان هذا الفرق لصالح الاختصاص العلمي والجدول (١٢) يوضح ذلك. وعليه ترفض الفرضية الصفرية الخامسة التي تشير إلى عدم وجود فروق بدلالة احصائية عن مستوى (٠.٠٥) في متوسط درجات القدرة القيادية بين الذين اختصاصهم (علمي) والذين اختصاصهم (انساني) من المديرين والمديرات والمعاونين والمعاونات وتقبل الفرضية البديلة.

ويرى الباحث أن سبب ذلك قد يعود الى ان اصحاب الاختصاص العلمي كانوا عند قبولهم في الكليات بدرجات أعلى مما هي عند اصحاب الاختصاص الإنساني، أو بمعنى آخر أن القدرة العلمية لديهم افضل من القدرة العلمية عند أصحاب الاختصاص الانساني، مما قد ينعكس ذلك على تفوقهم في القدرة القيادية.

الجدول (١٢)

نتائج الاختبار التائي لمعرفة دلالة الفرق بين الاختصاص في القدرة القيادية

الاختصاص	العدد	المتوسط الحسابي	التباين	القيمة التائية		دلالة الفرق
				المحسوبة	الجدولية	
علمي	٢١	٢٩.٩٥٢	٩.٧٦٠	٢.٠٦٩	١.٩٩٥	دال عند المستوى (٠.٠٥) لصالح التخصص العلمي
انساني	٦٦	٢٧.٦٤٧	٢٠.١١٠			

٤- متغير الخدمة (اكثر من (٥) سنوات ، (٥) سنوات فأقل :

بعد استخدام الاختبار التائي لعينتين مستقلتين لمعرفة دلالة الفرق بين متوسطي درجات الذين لديهم خدمة في الإدارة اكثر من خمس سنوات والذين لديهم خدمة في الإدارة (٥) سنوات فأقل، اتضح ان الفرق لم يكن بدلالة احصائية عند المستوى (٠.٠٥) اذا كانت القيمة التائية المحسوبة (٠.٧٨٤) اصغر من القيمة التائية الجدولية (٢.٠٦٩) بدرجة حرية (٨٥) والجدول (١٣) يوضح ذلك، وعليه تقبل الفرضية الصفرية السادسة التي تشير إلى عدم وجود فرق بدلالة احصائية عند مستوى (٠.٠٥) في متوسط درجات القدرة القيادية بين الذين خدمتهم بالإدارة (٥) سنوات فأقل والذين خدمتهم بالإدارة اكثر من (٥) سنوات، لذا فان متغير الخدمة لم يؤثر في القدرة القيادية. وهذه النتيجة تتفق الى حد ما مع دراسة (مهدي، ١٩٨٨) التي توصلت الى عدم وجود فرق بدلالة عند مستوى (٠.٠٥) بين رؤساء الأقسام في الكليات الذين لديهم خدمة (٥) سنوات فأقل والذين لديهم خدمة في الإدارة أكثر من (٥) سنوات.

الجدول (١٣)

نتائج الاختبار التائي لمعرفة دلالة الفرق بين سنوات الخدمة في القدرة القيادية

دلالة الفرق	القيمة التائية		التباين	المتوسط الحسابي	العدد	الخدمة
	الجدولية	المحسوبة				
غير دالة عند المستوى (٠.٠٥)	٢.٠٦٩	٠.٧٨٤	١٧.٨٠	٢٨.٤٦٣	٥٤	اكثر من (٥) سنوات
			٢١.٠٦٢	٢٧.٧٠٦	٣٣	(٥) سنوات فأقل

خلاصة عامة لنتائج البحث الحالي:

يبدو مما تقدم من نتائج ان القدرة القيادية لدى عينة البحث (مدير- معاون- مديرة- معاونة) بشكل عام كانت قدرة مقبولة على الرغم من ان درجاتها كانت أعلى من المتوسط النظري للاختبار وبفرق دال احصائيا ما عدا المعاونات، اللواتي كان متوسط درجات القدرة القيادية لديهن يقترب من المتوسط النظري للاختبار وبفرق غير دال إحصائيا.

واتضح أيضا أن الموقع الإداري لم يؤثر في القدرة القيادية وعند الذكور في حين كان له تأثير عند الإناث.

ولم يكن لمتغير الجنس اثر في القدرة القيادية عند المديرين والمديرات في حين كان له أثر في هذه القدرة عند المعاونين والمعاونات اذ كان المعاونون اكثر قدرة قيادية من المعاونات.

أما متغير الاختصاص فكان له تأثير في القدرة القيادية وإذ كان أصحاب الاختصاص العلمي افضل من أصحاب الاختصاص الانساني في القدرة القيادية، كما اتضح أن متغير الخدمة لم يكن له تأثير في القدرة القيادية.

الاستنتاجات:

١- اتضح ان مستوى القدرة القيادية لإدارات معاهد إعداد المعلمين والمعلمات في العراق كان دون المستوى المطلوب اذ كان عند مستوى "مقبول".

٢- لا يوجد تأثير لعامل الجنس (مدير، مديرة) في القدرة على القيادة التربوية.

٣- لا يوجد تأثير لعامل الموقع الإداري (مدير، معاون) في القدرة على القيادة التربوية.

٤- هناك تأثير لعامل الاختصاص في القدرة على القيادة التربوية ولصالح الاختصاص العلمي.

٥- لا يوجد تأثير لعامل الخدمة في القدرة على القيادة ا لتربوية في مدة الخدمة المحددة بالبحث.

التوصيات:

١- وضع معايير دقيقة وموضوعية في انتقاء مديري ومديرات المعاهد إضافة إلى المعايير المتبعة حالياً.

٢- وضع شروط محددة لترشيح المعاونين والمعاونات في معاهد اعداد المعلمين والمعلمات.

٣- تدريب ادارات المعاهد على وفق برامج تدريبية متخصصة في مجال الإدارة التربوية وتشمل كـل مـن المديرين والمعاونين على حد سواء.

٤- تطوير ملاكات المشرفين الإداريين الاختصاصيين على ادارات معاهد اعداد المعلمين والمعلمات.

المقترحات:

١- إجراء دراسة للكشف عن القدرة القيادية الصفية لمدرسي معاهد إعداد المعلمين والمعلمات.

٢- إجراء دراسة للكشف عن العلاقة بين القدرة على القيادة التربوية لادارات المعاهد وتحصيل الطلبة.

٣- إجراء دراسة للكشف عن العلاقة بين رضا المدرسين عن المهنة والقدرة على القيادة التربوية لإدارات المعاهد.

٤- إجراء دراسة مماثلة للبحث الحالي تعتمد في تقدير القدرة القيادية للإدارات على المدرسين والمدرسات.

المصـــادر

١. البياتي، عبد الجبار توفيق وزكريا زكي اثناسيوس، الاحصـاء الوصـفي والاسـتدلالي في التربيـة وعلـم النفس، مطبعة مؤسسة الثقافة العمالية، بغداد ١٩٧٧.

٢. جلال، سعد، علم النفس الاجتماعي، منشأة المعارف، الاسكندرية، ١٩٨٤.

٣. جواد، شوقي ناجي، إدارة الأعمال منظور كلي، دار الكتب للطباعة والنشر بغداد، ١٩٩٥.

٤. حافظ، نبيل عبد الفتاح وآخرون، علم النفس الاجتماعي، مكتبة زهراء الشرق، القاهرة، ٢٠٠٠.

٥. حجي، أحمد إسماعيل، الإدارة التعليمية والإدارة المدرسية، دار الفكر العربي، القاهرة، ٢٠٠٠.

٦. الحدراوي، حسين عبد الله، أسـاليب القيادـة التربويـة لمـديري ومـديرات معاهـد إعـداد المعلمـين والمعلمات كما يراها المدرسون والمدرسات وعلاقاتها بمعنوياتهم، أطروحة دكتـوراه (غـير منشـورة)، كلية التربية، ابن رشد، جامعة بغداد، ١٩٩٨.

٧. حميدة، امام مختار وآخرون، مهارات التدريس، مكتبة زهراء الشرق، القاهرة، ٢٠٠٠.

٨. الخررجي، عبد السلام ورضية حسن، السياسات التربوية في الوطن العربي الواقع والمستقبل، دار الشروق للنشر، عمان، ٢٠٠٠.

٩. درة، عبد الباري وآخرون، الإدارة الحديثة المفاهيم والعمليات منهج علمي تحليلي، المركز العربي للخدمات الطلابية، عمان، ١٩٩٤.

١٠. دسوقي، كمال، ذخيرة علوم النفس، المجلد الأول، مطبعة الأهرام، القاهرة، ١٩٨٨.

١١. رفاعي، فيصل الراوي وآخرون، الإدارة التعليمية نظرياتها وتطبيقاتها في التعلـيم ورياض الأطفـال، مكتبة الفلاح للنشر، ٢٠٠٠.

١٢. سالم، فؤاد الشيخ وآخرون، المفاهيم الإدارية الحديثة، ط٦، مركز الكتب الأردني، ١٩٩٨.

١٣. الشريفي، شافي، القدرة على القيادة التربوية لمديري المدارس الابتدائية وعلاقاتها ببعض المتغيرات، رسالة ماجستير (غير منشورة)، كلية التربية، ابن رشد، جامعة بغداد، ١٩٨٨.

١٤. صالح، احمد زكي، علم النفس التربوي، ط١٣، مكتبة النهضة المصرية، القاهرة، ١٩٧٢.

١٥. الطويل، هاني عبد الرحمن، الإدارة التربوية والسلوك المنظمي، (ط٢) دار وائل للطباعة والنشر، عمان، ١٩٩٧.

١٦. العاني، محمد، ملامح دراسة مقارنة لنظم التعليم المهني في الدول العربية، رسالة المعلم، م(٣٧). وزارة التربية والتعليم، الأردن ١٩٩٦ .

١٧. عباس، محمد علي، القيادة التربوية الجامعية لعمداء الكليات ورؤساء الأقسام العلمية كما يراها تدريسيو جامعة بغداد وعلاقاتها بمعنوياتهم، أطروحة دكتوراه، كلية التربية/ ابن رشد، جامعة بغداد، ١٩٩٤.

١٨. عبد الرحمن، اسعد، القياس النفسي، مكتبة الفلاح، الكويت، ١٩٨٢.

١٩. العرفي، عبد الله بالقاسم وعباس عبد مهدي، مدخل الى الادارة التربوية، جامعة قاريونس، بنغازي، ١٩٩٦.

٢٠. العلاونة، علي وآخرون، أساسيات الإدارة ووظائف المنظمة (ط١) دار رند للنشر، الكرك، ١٩٩٩.

٢١. العمايرة، محمد حسن، مبادئ الإدارة المدرسية، دار المسيرة للنشر والتوزيع، عمان، ١٩٩٩ .

٢٢. عودة، احمد سليمان، القياس والتقويم في العملية التدريسية، دار الأمل للنشر، عمان، ١٩٩٨.

٢٣. فرج، صفوت، القياس النفسي، دار الفكر العربي، القاهرة، ١٩٨٠.

٢٤. الكبيسي، كامل ثائر، بناء وتقنين مقياس السمات الشخصية ذات الأولوية للقبول في الكليات العسكرية لدى طلاب الصف السادس الاعدادي في العراق، اطروحة دكتوراه (غير منشورة) كلية التربية/ ابن رشد، جامعة بغداد، ١٩٨٧.

٢٥. كريم، مهدي صالح، السلوك القيادي بين الواقع والطموح لمديري ومديرات المدارس المتوسطة، رسالة ماجستير (غير منشورة) كلية التربية/ ابن رشد، جامعة بغداد، ١٩٨٧.

٢٦. كلارنس، نيول، السلوك الإنساني في الإدارة التربوية، ترجمة طه الحاج الياس ومحمد خليل الحاج، الدار العربية للتوزيع والنشر، عمان، ١٩٨٨.

٢٧. كنعان، نواف، القيادة الإدارية، مكتبة دار الثقافة والنشر، عمان، ١٩٩٩.

٢٨. مايرز، آن، علم النفس التجريبي، ترجمة خليل ابراهيم البياتي، جامعة بغداد، ١٩٩٠.

٢٩. مرسي، محمد منير، اختبار القيادة التربوية، عالم الكتب، القاهرة، ١٩٧٨.

٣٠. المكلس، عبدة، تحليل المناهج النظرية والتطبيق، المنار للطباعة، صنعاء، ١٩٩٧.

٣١. مهدي، عباس عبد وآخرون، قياس القدرة على القيادة التربوية لرؤساء الأقسام العلمية في جامعة بغداد، مجلة العلوم التربوية والنفسية، العدد (١٠)، بغداد، ١٩٨٨ .

٣٢. النجيجي، محمد لبيب، في الفكر التربوي (ط٢)، دار النهضة العربية، بيروت، ١٩٨١.

٣٣. هوانه، وليد وعلي تقي، مدخل إلى الإدارة التربوية والوظائف المحلية، مكتبة الفلاح للنشر، ١٩٩٩ .

34. Allen, M, J & Yen , W. N. Introduction to measurement theory montery. Calfornia, Broo Kole, (1979).

35. Anastasis, A. Psychological testing, NewYork, Macmillan Publishing, (1988).

36. Anderson, S.B & Associates. Encyclopedia of educational evaluation. San Francisco, Jossey Bass. (1976)

37. Cronbach, L. J. & Cleser, G.C. Psychological testing and personnel decisions, 2nd , ed. Urbana; University of Illinois Press (1965)

38. Ebel. R.L., Essentials of educational measurment New Jersey Prentice, Hall, Inc. (1972)

39.   Edwards, A.L. techniques of attitude Scale Constraction, NewYork, Appleton, Country Crofts – Ince – (1957)

40.   Good, C, V, Dictionery of Education, 3rd, ed NewYork: Mc Graw – Hill. Com. (1973)

41.   Hallinger, P. & Heck, R. Reassessing the principl's role in school effectiveness : Areview of empirical (1996)

42.   Marant, G. Hand book of psychological assessment, Nosel Reinhold Company, (1984)

43.   Matlock, Susan, Basic Concepts in item and test analysis, Taxas A & muniversity, (1997)

T0147823

Printed in the United States
By Bookmasters